Carsten Frerk

Finanzen und Vermögen der Kirchen

Carsten Frerk

Finanzen und Vermögen der Kirchen in Deutschland

Alibri Verlag
Aschaffenburg

2002

Deutsche Bibliothek – CIP-Einheitsaufnahme

Ein Titeldatensatz für diese Publikation ist bei
Der Deutschen Bibliothek erhältlich.

Alibri Verlag
Aschaffenburg
Mitglied in der Assoziation Linker Verlage (*aLiVe*)

1. Auflage 2002

Copyright 2002 by Alibri Verlag, Postfach 100 361, 63703 Aschaffenburg

Umschlaggestaltung: KomistA, Sternstr. 35, 63450 Hanau
Druck und Verarbeitung: GuS Druck, Stuttgart

ISBN 3-932710-39-8

Inhaltsverzeichnis

1. Einleitung

Finanzen / Vermögen / Kirchen / Wirtschaft im Raum der Kirchen /
Bearbeitung des Themas / Zahlenangaben

Zentraler Punkt dieses Buches ist die Frage nach 'dem Geld'. Die Kirchen als Institutionen und ihre inneren Probleme spielen dabei nur am Rande eine Rolle.

Eine Umfrage im Freundes- und Bekanntenkreis erbrachte auf die Frage: „Was meinst du: Sind die Kirchen reich?" zwei stereotype Antworten. Die eine war: „Nein. Die können ja noch nicht einmal Ihre Mitarbeiter bezahlen und müssen Einrichtungen schließen", und die andere: „Die Evangelische Kirche nicht, aber die Katholiken, die haben so viel Grundbesitz aus der Vergangenheit, die wissen gar nicht, wohin mit dem ganzen Geld." Und: Auf die Nachfrage, ob sie denn wüssten, wie viel Kirchensteuern die beiden großen 'Amtskirchen' im vergangenen Jahr erhalten haben, wusste keiner eine Zahl zu nennen. Die dann genannte Zahl (rund DM 17 Milliarden) bestätigte bei den einen nur ihr Vorurteil, die anderen waren irritiert. Es besteht also Aufklärungsbedarf.

Schon allein deshalb, weil die konfessionellen Organisationen traditionell dazu keine Fragen detailliert beantworten. Bereits die Frage 'nach dem Geld' wird von manchen 'Betroffenen' als indiskret, schamlos und obszön betrachtet. In einem Land wie Deutschland, in dem es streng verpönt ist, irgend jemanden zu fragen, wie viel er monatlich verdient – das wird allenfalls im Vertrauen unter engen Freunden erzählt –, sind die Kirchen anscheinend integraler Teil dieser Gesellschaft geworden, in der einseitig über die Kosten und Belastungen geklagt wird.

Wie wir sehen werden, eine einerseits verständliche Argumentation, denn das Alltagsproblem der Bistümer wie Landeskirchen, und insbesondere der Kirchengemeinden, ist der Rückgang der Einnahmen aus dem Kirchensteueraufkommen und die Verteilung der knapper werdenden Mittel. Andererseits sind derartige Klagen unverständlich, da die weiteren Einnahmen, Rücklagen und insbesondere die Vermögenswerte normalerweise verschwiegen oder nur teilweise benannt werden. Auf die Frage nach ihren Finanzen und ihrem Vermögen wird somit von Seiten der Kirchen selber in einer Weise reagiert, die zu den genannten Vermutungen und Unterstellungen führt.

Katholischerseits wird als Antwort auf solche Fragen u.a. lapidar geschrieben: „Die Kirche ist immer auch ein Spiegelbild der Gesellschaft. Deutschland gehört zu den wohlhabendsten Ländern der Erde. Entspre-

chend 'reich' sind auch die Kirchen bei uns."[1] Und dann folgt sofort die
Klage über die hohen Erwartungen an die Kirchen und die damit verbundenen Kosten.

Die Evangelische Kirche in Deutschland hat darauf auch keine präzise
Antwort, aber eine Finanzstatistik, die 1984 veröffentlicht wurde. Diese
'Finanzstatistik' beschreibt unseren ersten Begriff: die **Finanzen** – als
Übersicht der laufenden Einnahmen und der laufenden Ausgaben.

Diese Untersuchung wird sich dabei so gut wie ausschließlich auf die
laufenden **Einnahmen** konzentrieren. Es ist damit ein doppelter Reflex
auf einerseits den Versuch, die 'Dunkelziffer' gerade der Einnahmen zu
erhellen, über den sich kirchliche Institutionen gerne ausschweigen, und
andererseits die Tatsache, dass die Ausgaben in direkter Relation zu den
Einnahmen stehen (sollten) und damit Variablen sind, die bei geringeren
Einnahmen auch entsprechend reduziert werden (müssen).

Da die kirchlichen Haushalte keinen Gewinn ausweisen (dürfen),
werden sie, bis auf wenige Ausnahmen, in der Logik einer einfachen
Einnahme-/ Überschussrechnung geführt, so wie es jeder kleine Selbständige auch tut – was allerdings bei den Kirchen verwunderlich ist, wenn
man sich allein die Zahl der Beschäftigten ansieht.

Wie viel jemand sozusagen in der Kasse hat, wie 'flüssig' jemand ist,
beschreibt aber nur den vordergründigen Aspekt der Frage nach dem
Reichtum. Im Kern zielt die Frage nach dem **Vermögen** darauf, wie viel
der Befragte 'besitzt' – und das durchaus im wahrsten Sinne des Wortes:
auf welchem Eigentum er sitzt und was ihm nicht als laufende Einnahmen
und Ausgaben 'durch die Finger rinnt'. Es ist die Frage nach dem Kapitalvermögen, dem Grund- und Immobilienbesitz, nach Aktien, Firmen-
beteiligungen, etc. – alles, worüber jemand als Besitz oder Eigentum
verfügen kann, was er aber als Substanz behält und nicht für seinen laufenden Haushalt verwendet. So kann es vorkommen, dass jemand sehr
reich (im Sinne von Vermögen) aber nicht 'flüssig' ist, da sein Vermögen
fest liegt und er es nicht veräußern will oder kann.

Aufgrund der Datenlage wird auch nur das **'Bruttovermögen'** erfasst,
d.h. ohne Berücksichtigung der Verschuldung, Abschreibungen, etc. Der
mögliche Einwand, Einnahmen seien eine Stromgröße, die sich auf einen
bestimmten Zeitraum bezieht, und Vermögen sei eine Bestandsgröße zu
einem bestimmten Zeitpunkt, weshalb sich Einnahmen und Vermögen
nicht zusammenfassen ließen, spielt für diese Untersuchung keine Rolle,

---

[1] Barbara Nichtweiß (Hrsg.): *Hat die Kirche unser Geld verdient?*, Limburg: Lahn-Verlag,
1996, S. 14.

da es sich um das Erfassen eines Finanzvolumens handelt und sich in diesem Sinne in den Zahlen jeweils ein Bezugsjahr abbildet.

Vermögen hat zusätzlich die politische und soziale Bedeutung, welchen Einfluss jemand besitzt, im Sinne von Machtausübung oder Potenz (wörtlich als 'Einflussvermögen') und damit eine *Fähigkeit* beschreibt. Häufig wird aufgrund eines wirtschaftlichen Vermögens auch ein politisches oder soziales Vermögen angenommen, Entscheidungen oder Menschen zum eigenen Vorteil beeinflussen zu können.

Auch wenn sich diese Untersuchung auf das wirtschaftliche Vermögen bezieht, wird der politische Aspekt manches Mal eine Rolle spielen. In dieser Koppelung von wirtschaftlichem Vermögen und politischer Macht, wird in der Frage „Wie reich sind die Kirchen?" implizit auch die Frage nach ihrer 'verschwiegenen Macht' gestellt. So, wie der Generalvikar der Erzdiözese Köln gesagt haben soll: „Geld ist Macht. Sollte es jemand leugnen, müsste man prüfen, ob er wegen mangelnder Eignung und Heuchelei zu entlassen ist."[2]

Was heißt nun aber: **Kirche**? Abgesehen von der geläufigen Bezeichnung eines Gebäudes als Kirche, bezeichnet 'Kirche' vier unterschiedliche Organisationen, die jedoch als eine einheitliche Organisation auftreten und entsprechend wahrgenommen werden.

'Kirche' ist realiter jeweils für sich und gleichzeitig in einem:

- *eine Bekenntnisgemeinschaft* (Ecclesia = die Gemeinde oder Gruppe von Menschen desselben Glaubens),
- eine *juristische Person und konfessioneller Interessenverband* (als rechtsfähige Religionsgesellschaft, die festgelegte formale Kriterien erfüllen muss – nach den Bestimmungen des bürgerlichen und kirchlichen Rechts),
- ein *Steuerverband* (d.h. eine Zwangsgemeinschaft zur Erhebung der 'Mitgliedsbeiträge', der vom deutschen Staat mit der Verleihung des Status einer privilegierten „Körperschaft des öffentlichen Rechts" [K.d.ö.R.] ein eigenes Besteuerungsrecht zuerkannt wurde – mit der Besonderheit, dass der Staat für die Kirchen als Inkassounternehmen tätig ist), und
- Eigentümer, Besitzer oder 'Nießbraucher' von *Wirtschaftsunternehmen* und gewerblichen Aktivitäten.

In öffentlichen Diskussionen geht manches deshalb durcheinander, weil nicht deutlich wird, von *welcher* Kirche jeweils die Rede ist.

---

[2]   Hanspeter Oschwald: *Vatikan – die Firma Gottes*. München: Piper, 2000, S. 150.

Wenn, als Beispiel, der frühere Erzbischof von Fulda erklärte: „Die Kirche wird auch ohne Kirchensteuer überleben!", dann meinte er damit eigentlich, dass die römisch-katholische Bekenntnisgemeinschaft nicht auf der Grundlage des staatlich geförderten Steuerverbandes begründet ist. Dabei übersah er jedoch, dass 'die Kirche' in Deutschland mit dem Wegfallen des privilegierten Steuerverbandes auch ihre besondere Form der Körperschaft des öffentlichen Rechts verlieren könnte und, zum 'religiösen Verein' herabgestuft, in ihrer heutigen Form sehr wohl existenzielle Probleme bekäme. Allerdings wäre das Erzbischof Johannes Dyba wohl egal gewesen, da er zu der katholischen Fraktion gezählt wurde, der eine geschrumpfte, glaubensstarke (d.h. gehorsame) Gemeinschaft lieber wäre, als das heutige 'Durcheinander' und die abweichenden Meinungen 'aufmüpfiger Laien'.

Eine ähnliche Aussage wird auch von dem Pressereferenten im Sekretariat der Deutschen Bischofskonferenz, Rudolf Hammerschmidt, berichtet, der versicherte: „Die Kirche in Deutschland wird auch ohne Kirchensteuer überleben bis an das Ende der Welt."[3]

Zusätzlich ist noch die Frage zu stellen, ob die Bekenntnisgemeinschaft überhaupt eine Gemeinschaft ist und was Religionsgesellschaft als Organisation bedeutet.

Innerhalb der Evangelischen Kirche in Deutschland (EKD) bestehen drei verschiedene Bekenntnisgemeinschaften nebeneinander: die (dominierende) evangelisch-lutherische Kirche, aber auch die evangelisch-reformierte Kirche und die Kirche der Union. Die Unterschiedlichkeit in den Bekenntnissen ist so stark, dass beispielsweise in Hamburg (Lutheraner) evangelische Christen aus Lippe (Reformierte) nur unter Schwierigkeiten als Taufpaten zugelassen wurden, da sie einem anderen Glaubensbekenntnis angehören.

Zudem ist die EKD nicht *die* Evangelische Kirche, sondern selber nur der (geduldete) Dachverband der 24 selbständigen evangelischen Landeskirchen in Deutschland.[4]

Innerhalb der katholischen Kirche sind die unterschiedlichen Gruppierungen nicht so deutlich voneinander abgegrenzt, aber z.B. sind die inhaltlichen Auffassungen der 'Volks-Kirchen-Bewegung' den Alt-Katholiken näher als den Verlautbarungen ihres zuständigen Diözesanbischofs. (Die 'Alt-Katholiken', auch eine Körperschaft des öffentlichen Rechts,

---

[3] Oschwald, *Vatikan – die Firma Gottes*, S. 150.
[4] Die beiden anderen evangelischen Verbände EKU (Evangelische Kirche der Union, 7 Landeskirchen) und VELKD (Vereinigte Evangelisch-Lutherische Kirche Deutschlands, 8 Landeskirchen) werden im Rahmen dieser Studie nicht gesondert bearbeitet.

trennten sich 1870/71 von der römisch-katholischen Kirche, da sie u.a. die Unfehlbarkeit des Papstes nicht anerkennen, das Zölibat aufgehoben und eine Synodalverfassung eingeführt haben.) Entsprechend der EKD gibt es in der geographischen Aufteilung auch nicht *die* katholische Kirche, sondern 27 (Erz-)Bistümer.

Für unsere Fragestellung ist es dabei ohne Interesse, dass ein Bistum (oder eine Diözese) nur einen Sprengel, also Teilbereich, *der* römisch-katholischen Bekenntnisgemeinschaft auf der ganzen Welt darstellt. Unser Thema bezieht sich auf Deutschland und als juristische Person und Religionsgesellschaft nach deutschem Recht ist jedes Bistum, ebenso wie als Steuerverband, rechtlich und finanziell unabhängig von Rom. So hat jede Bistumsverwaltung nicht nur die eigene Finanzhoheit, sondern z.b. auch eigene 'Außenminister'. Entsprechend hat der Dachverband auch nicht eine Bezeichnung, die eine Gesamtkirche verheißt, wie die EKD, sondern nennt sich schlicht zutreffend: Deutsche Bischofs*konferenz* (mit einem *Sekretariat*).

Mit der formellen Untergliederung in zusammengerechnet 51 regionale Körperschaften sind die beiden großen Religionsgesellschaften aber nicht hinreichend beschrieben, denn die weitere Untergliederung der Landeskirchen/Bistümer beinhaltet im evangelischen Sektor rund 18.000 Kirchengemeinden und im katholischen 13.300 Pfarreien, die wiederum alle eigenständige Körperschaften des öffentlichen Rechts sind. Diese 31.300 'Kirchturm-Körperschaften', 51 regionalen Körperschaften und zwei Gesamt-Körperschaften sind das, was in Deutschland als „verfasste Kirche" bezeichnet wird und in der ein Mensch, der einer dieser beiden Konfessionen angehört, juristisch gesehen, Mitglied ist.

Damit wir uns nicht in den unterschiedlichen Facetten der Kirchenorganisation verwirren und verlieren, werde ich für das allgemein gemeinte 'Kirche' den Begriff **Sektor** verwenden. Neutral bedeutet Sektor 'Teil eines größeren Ganzen' und verdeutlicht, dass es sich bei den Evangelischen und den Katholischen um Teilbereiche der größeren Einheit 'Christlicher Glaube' handelt, zu dem dann noch andere Sektoren, wie die Orthodoxen, Freien Evangelischen, die Alt-Katholiken, die Zeugen Jehovas, die Mormonen, Mennoniten, Adventisten, u.v.a.m. gehören, die jedoch nicht berücksichtigt werden, da die Beschränkung auf die beiden großen Sektoren bereits unübersichtlich genug sein wird.

Gleichzeitig ist die politische Assoziation für 'Sektor' gewollt und zutreffend. Die Sektoren-Einteilung Berlins (Amerikanisch, Russisch, Englisch, Französisch), mit der zusammengefassten Ein- bzw. Ausgrenzung Deutschlands in 'Ost' und 'West', verdeutlicht die unterschiedlichen

Rechtssysteme, Traditionen, Wirtschaftsfragen, mentalen Orientierungen, etc. in den jeweiligen Sektoren – auch wenn sie immer die Absicht beibehielten, wieder ein Ganzes zu werden (Ökumene).

Dem deutschen Staat ist es gleichgültig, wie die Bekenntnisgemeinschaften, die sich als Religionsgesellschaften im Rahmen der bürgerlichen Rechtsordnung bewegen, ihre inneren Angelegenheiten organisieren, denn dieser 'Freiraum' ist verfassungsrechtlich geschützt. Die Religionsgesellschaften stehen deshalb auch *nicht* unter dem staatlichen Zwang, als von Steuern befreite Körperschaften des öffentlichen Rechts, ihre Werke und Verbände aus der „verfassten Kirche" formal auszugliedern, da die Steuerbefreiung für alle Werke und Einrichtungen der Kirchen gilt. Das gesamte Diakonische Werk e.V. (mit 88 Fachverbänden) im evangelischen Sektor, die Caritas e.V., die Hilfs- und Missionswerke e.V., das Kolpingwerk, die Ordensgenossenschaften im katholischen Sektor, der Evangelische Kirchentag und der Katholikentag, usw. gehören dennoch *nicht* zur „verfassten Kirche".

Nach den bereits verwirrenden Facetten der Kirchen entsteht dadurch noch eine weitere Unterteilung in die 'formelle Kirche' als *Rechtsträger* und die 'inhaltliche Kirche' als *gelebtes Christentum* in ihren Werken. In dieser Unterteilung ist die 'formelle Kirche' dabei nur der weitaus kleinere Teil dessen, was der normale Mensch inhaltlich unter 'Kirche' versteht.

Diese Unterscheidungen von unterschiedlichsten 'Rechtsträgern' in verschiedenen Rechtsformen – als eingetragener Verein, GmbH, Stiftung, Genossenschaft oder Kapitalanlagegesellschaft – sind für den normalen Bürger und das konfessionelle Mitglied ohne Bedeutung, da ihm die Inhalte wichtig sind und nicht die Rechtsform. Die formal richtige Argumentation, dass z.B. die Mönche und Nonnen *nicht* zur katholischen Kirche gehören und der Evangelische Kirchentag *nicht* zur evangelischen Kirche, wird nur ein mildes Lächeln hervorrufen. Das wird als gleiche Spitzfindigkeit betrachtet, wie die Frage, ob Jesus katholisch oder evangelisch war. (Er war übrigens beides nicht, sondern jüdischen Glaubens.)

Aus diesen unübersichtlichen **Rechtsträgerschaften**, die sich dann auch noch weiter entwickeln wie die Spaltpilze – kaum gibt es ein neues Problem, gibt es einen neuen Rechtsträger und umgekehrt, kaum gibt es einen neuen Rechtsträger, gibt es ein neues Problem –, folgt jedoch für die Kirchenleitungen, dass noch nicht einmal sie selber übersehen und genau beziffern können, was innerhalb ihrer regionalen Kirche alles passiert, von einer Kenntnis dessen, was im gesamten konfessionellen Sektor passiert, ganz zu schweigen.

Ob die kirchlichen Amtsträger das selber nicht wissen, sei dahingestellt, aber aufgrund meiner Informationen und vieler Gespräche halte ich das für überaus wahrscheinlich und zutreffend. Jeder Rechtsträger konnte, sofern er wollte, nur etwas über seinen eigenen Bereich sagen, da alle Rechtsträger ihre finanziellen Informationen anscheinend gegenüber jedem anderen Rechtsträger fest verschlossen halten.

Das braucht uns aber nicht zu irritieren, da wir, wie jeder Normalbürger, die Rechtskonstruktionen als formal-juristische Äußerlichkeiten bewerten und die 'Kirche' so betrachten werden, wie sie sich selber auch sieht und inhaltlich darstellt: als Gesamtheit aller ihrer mit ihnen verbundenen Einrichtungen, Werke und Organisationen – und viele von ihnen haben Zahlen veröffentlicht oder bereitwillig übermittelt.

Wirtschaft im Raum der Kirchen ist der zweite Aspekt dieses Buches und ist die eigene Standardformulierung von Organisationen, deren wirtschaftliche Tätigkeit sich auf kirchliche Körperschaften oder Mitarbeiter begrenzt (Banken und Versicherungen) oder die sich im kirchlichen Eigentum befinden, ohne dass dies offenkundig ist (Siedlungsgesellschaften, Handelsunternehmen). Weiterhin sind es die Wirtschaftsunternehmen, die weder mit Seelsorge noch mit Diakonie/Caritas etwas zu tun haben, sich aber entweder im kirchlichen Besitz oder Eigentum befinden oder im kirchlichen Umfeld agieren (Brauereien, Verlage, etc.).

Allerdings hat gerade dieser Bereich „im Raum der Kirchen" unscharfe Grenzen von fließenden Übergängen.

A. Die „verfasste" Kirche.

B. Werke und Organisationen, die von den Kirchen selber zu „ihren" Organisationen gezählt werden.

C: Unternehmen und Werke, die 1. den Kirchen, Bischöfen, etc. rechtlich gehören 2. exklusiv von Kirchenfunktionären geleitet werden 3. nur Organisationen oder Mitarbeiter der Kirchen als Mitglieder aufnehmen.

D: Unternehmen und Werke, die sich zwar im oder für den Raum der Kirchen wirtschaftlich betätigen, ihnen aber weder rechtlich, finanziell, organisatorisch oder personell verbunden sind.

Um diese fließenden Ränder einzugrenzen, sind zumindest vier Bereiche deutlich zu unterscheiden. In Veröffentlichungen der Kirchen über ihre Finanzen ist der Bereich A unstrittig, B ist bereits formal ausgegliedert, C existiert anscheinend gar nicht, wird aber für diese Untersuchung eindeutig mit einbezogen, während Unternehmen des Bereichs D genau zu prüfen sind und im Zweifelsfall zwar erwähnt aber nicht berücksichtigt werden.

Hilfreich werden dabei die Definitionen des Bürgerlichen Gesetzbuches (BGB) sein. In § 854 heißt es: „Der *Besitz* einer Sache wird durch die Erlangung der tatsächlichen Gewalt über die Sache erworben" und in § 903: „Der *Eigentümer* einer Sache kann, soweit nicht das Gesetz oder Rechte Dritter entgegenstehen, mit der Sache nach Belieben verfahren und andere von jeder Einwirkung ausschließen."

In diesem Sinne ist z.B. eine Versicherung auf Gegenseitigkeit das Eigentum der Mitglieder, befindet sich jedoch im Besitz der Religionsgesellschaft, wenn Aufsichtsrat/Vorstand/Beiräte exklusiv von kirchlichen Amtsträgern gebildet werden.

Bestätigt wird diese Auffassung durch einen Blick in die konfessionellen Adressbücher, die von beiden Religionsgesellschaften herausgegeben werden.[5] Darin finden sich nicht nur alle Organisationen, die formal aus der „verfassten Kirche" ausgegliedert sind (Kirchentage, Diakonie und Caritas, Mission, etc.) sondern unter der Rubrik: „Kirchliche Zweckverbände" (evangelisch) und „Sonstige Arbeitsbereiche und Zusammenschlüsse" (katholisch) sind auch alle Banken, Versicherungen, Siedlungsgesellschaften, Reisebüros, etc. aufgelistet, denen wir im Verlaufe dieses Buches begegnen werden.

Die letzte sachbezogene Veröffentlichung, die sich unserem Thema widmete, ist vor dreißig Jahren erschienen: Klaus Martens, *Wie reich ist die Kirche?* (1969) und nennt sich im Untertitel: „Versuch einer Bestandsaufnahme in Deutschland" – ein deutlicher Vorbehalt, das Thema tatsächlich bearbeiten zu können. Dieser Vorbehalt bleibt bestehen – auch für diese Untersuchung, die ebenfalls nur den 'sichtbaren Teil' der Finanzen und des Vermögens beschreiben kann und zudem auf einer sehr hohen 'Aggregatsebene' verbleiben muss, d.h. auf der Ebene der Landeskirchen und Diözesen, der verschiedenen Werke und Organisationen und normalerweise, leider, nicht auf sehr viele Details eingehen kann, die sich inzwischen in meinem Archiv angesammelt haben. Es würde den Rahmen der Arbeit zu sehr erweitern.

So werden den Generalisierungen immer vereinzelte, spezifisch andere Zahlen oder Regelungen entgegengestellt werden können, aber aus den vielen vorliegenden Einzelinformationen lassen sich noch weniger Verallgemeinerungen ableiten.

---

[5] *Adressenwerk der evangelischen Kirche* und das *Adressbuch für das katholische Deutschland.*

Andere Buchtitel, die eine sachgerechte Aufarbeitung vermuten lassen, gehen am Thema 'vorbei'. Horst Herrmanns *Die Kirche und unser Geld* (1990) bietet relativ viel einzelnes Material, ist aber eher eine wütende Agitation gegen die katholische Amtskirche. Gerhard Besiers *Konzern Kirche* (1997) ist eine sachliche, materialreiche Darstellung der inneren Probleme (beinahe ausschließlich) der evangelischen Großkirche als 'Volkskirche' und keine ökonomische Untersuchung.

Auch wenn sich in den vergangenen dreißig Jahren die Publizitätsscheu der Kirchen verringert hat und die Datenlage besser geworden ist, war die Arbeit zur Datenbeschaffung oft ein mühevolles Suchen, Zusammentragen und Zusammensetzen von Informationen – als ob man ein Puzzle zusammenfügt, von dem die Anzahl der Teile noch gar nicht bekannt ist.

Diese Untersuchung vermittelt – im Rahmen des nur begrenzt Möglichen – einen differenzierten Überblick, wie es mit den Finanzen und dem Vermögen der beiden großen Amtskirchen tatsächlich bestellt ist und in welchen Wirtschaftsbereichen die Kirchen, ihre Werke und Organisationen aktiv sind. Sie sieht sich in der Tradition der Aufklärung, dass erst einmal die Tatsachen bekannt sein müssen, bevor man über die Bewertungen sprechen kann.

Ein Hinderungsgrund der kirchlichen Amtsträger über das kirchliche Vermögen offen zu sprechen ist m. E. nicht die Aussage „Wen interessiert das denn schon?", sondern die Furcht, Analysen und Mutmaßungen dadurch zu bestätigen. Dass dieses Aufklärungsinteresse bei kirchlichen Amtsträgern aber durchaus vorhanden ist, belegt die Aufforderung des Bischöflichen Generalvikariats Osnabrücks, das publizierte Faltblatt der Diözese „mit den wichtigsten Einnahmen und Ausgaben in diesem Jahr [... könne] auch zum Thema kirchliche Finanzen für den Religionsunterricht genutzt werden".[6]

Die vorliegende Untersuchung ist selber auch nicht 'wertfrei', da sie sich in einem Bewertungsraum bewegt, in dem schon alleine diese Fragen häufig als 'bösartig' oder 'voreingenommen' abgelehnt werden.

Und manche Widersprüche forderten geradezu eine persönliche Kommentierung heraus, der ich mich auch als ein der Sachlichkeit verpflichteter Wissenschaftler nicht enthalten konnte. Im Gegensatz zur 'normalen' Wirtschaft, die stolz ihre Zahlen präsentiert und die sozialen Probleme, mit denen diese Erfolge verbunden sind, verschweigt, ist es im 'Raum der Kirchen' genau umgekehrt. Immer wird das Sorgende, Hel-

---

[6]   http://www.kath.de/bistum/osnabrueck/4/4/4-1-6-html (*Kirchenbote des Bistums Osnabrück* – Kirche vor Ort – Aktuelles, Januar 2001)

fende, Miteinander herausgestellt, die finanzielle Seite jedoch möglichst verborgen gehalten.

Alle **Zahlenangaben** in diesem Buch sind jedoch nach ihrer Quelle oder Fundstelle exakt belegt und für jeden Leser nachprüfbar. Sofern Schätzungen anzusetzen waren, sind sie hinsichtlich ihrer Logik, Ableitung und Angemessenheit genau begründet und somit rational diskutierbar, also auch veränderbar.

Unvermeidlich entsteht dadurch teilweise das seltsame Nebeneinander aus Milliardensummen, die auf den Pfennig genau ausgewiesen werden und anderen Summen verschiedenster Größenordnung, die nur Schätzungen sein können. Die Zahlenangaben zentrieren sich um die Jahre 1998 bis 2001, da viele Statistiken erst ein, zwei, drei Jahre nach ihrem Bezugsjahr veröffentlicht werden.

Dem Grundsatz entsprechend, dass jede Zahlenangabe belegt wird und jede Schätzung nachvollziehbar und begründet ist, sind die einzelnen Kapitel dieser Studie sehr unterschiedlich. Manche sind detailliert mit Zahlen belegt, analytisch. Andere sind eher beschreibend, bleiben noch an der Oberfläche und sind weiterer Recherche überantwortet. Manche Kapitel sind eher 'trocken', andere 'spannende' Annäherungen.

Danken möchte ich den vielen Menschen, die mich erst durch ihre Gesprächsbereitschaft, ihre Auskünfte und Hinweise viele der Informationen zusammentragen ließen.

Besonders zu danken habe ich Gerhard Czermak, Albrecht Gach, Gerhard Rampp und Gunnar Schedel, die das fertige Manuskript durchgesehen und mir in vielen Hinweisen hilfreiche Kritik und Anregungen gegeben haben.

Einladen möchte ich alle interessierten Leser, sich nicht nur an der Diskussion zu beteiligen, sondern auch, sofern sie über weitergehende Daten verfügen, diese zugänglich zu machen.

C. F.

2. Kirchenlohn- und -einkommensteuer

Kirchensteuer / Kirchensteuerhebesätze /
Kurze Geschichte der Kirchensteuer / 'Kappung' der Kirchensteuer / Staatliches
Inkasso / Einnahmen aus der Kirchensteuer auf Einkommen /
Regionale Differenzierung / Transferzahlungen / Arbeitslosigkeit und
Kirchensteuern / Kirchenmitglieder / Kindertaufen /Gottesdienstbesuch

Vorbemerkung: Zu der Frage der staatlich eingezogenen Kirchensteuern gibt es eine Fülle juristischer Literatur mit unterschiedlichsten Standpunkten und diverse Entscheidungen des Bundesverfassungsgerichtes. Sie können in unserem Zusammenhang nur beiläufig erwähnt werden.

Steuern würde man ja auch einsichtig bezahlen – wenn man wüsste, wofür. Aber das Eigentümliche an Steuern ist, dass der Steuerschuldner nicht weiß und auch nicht bestimmen kann, wofür sie detailliert verwendet werden, denn Steuern sind: „Alle Abgaben, die der Staat oder eine öffentliche Körperschaft ohne bestimmte Gegenleistung von seinen Bürgern oder ihren Mitgliedern einmalig oder laufend in Form von Geld- oder Naturalleistungen erhebt."[7] „Sie sind laufende Geldleistungen, die nicht eine Gegenleistung für eine besondere Leistung darstellen und von einem öffentlich-rechtlichen Gemeinwesen zur Erzielung von Einkünften allen auferlegt werden, bei denen der Tatbestand zutrifft, an den das Gesetz die Leistungspflicht knüpft."[8]

Bei den staatlich verordneten Steuern fügen wir uns nicht ohne wieteres und bekommen eine ganze Reihe von Tipps, wie man die Bezahlung vermeiden oder zumindest deren Höhe verringern kann. Aber: Kirche und Zwangsabgaben? Steht das nicht in einem direkten Gegensatz zur 'Freiheit des Glaubens'?

2.1. Kirchensteuer

Auch wenn manchmal kirchlicherseits argumentiert wird, der Begriff „Steuer" sei nur formal und von Staats wegen,[9] eigentlich sei es inhaltlich ein Kirchen*beitrag*, ist das *Lexikon für Theologie und Kirche* da sehr

---

[7]   Reinhart Beck: *Sachwörterbuch der Politik*. Stuttgart: Kröner, 1977, S. 840.
[8]   *Meyers Lexikon*, Siebente Auflage, 1929, Bd. 11, S. 895.
[9]   z.B. Jörg Meuthen: Die Eignung der Kirchensteuer als Einnahmequelle von Religionsgemeinschaften aus finanzwissenschaftlicher Sicht, in: Wolfgang Ockenfels/Bernd Kettern: *Streitfall Kirchensteuer*, Paderborn: Bonifatius, 1993, S. 151.

eindeutig: „Die Kirchensteuer ist eine Zwangsabgabe an eine öffentlich-rechtl. Religionsgemeinschaft, die auf staatsgesetzl. Grdl. in der Regel v. der staatlichen Finanzverwaltung für Rechnung u. im Namen dieser Religionsgemeinschaft erhoben wird u. im Wege des Verwaltungszwanges 'hoheitlich' (d.h. ohne vorherige Klageerhebung) beigetrieben werden kann. [...] Sie ist eine sozial adäquate, gerechte u. theologisch legitime Form der Kirchenfinanzierung."[10]

In den Kirchen war, und ist, diese staatlich eingezogene Kirchenlohnsteuer aber auch umstritten. So hat Hans Barion, Professor des kanonischen Rechts, bereits in den sechziger Jahren zu bedenken gegeben, „dass der Katholik nach kanonischem Recht nicht aus der Kirche austreten kann und dass es daher unzulässig und verfassungswidrig sei, ihn vom Staat aus vor die Alternative zu stellen, entweder zu zahlen oder auszutreten".[11]

Der Unterschied zwischen der Kirche als staatlich verfügtem Steuerverband wie als Religionsgesellschaft, aus denen der Einzelne nach staatlich gesetzten Formalien austreten kann, und der Kirche als Bekenntnisgemeinschaft, die auf Grundlage ihrer eigenen inneren Regeln festlegt, welcher Gläubige Mitglied dieser Gemeinschaft ist,[12] verschiebt sich damit vom religiösen Bekenntnis zu dem staatlichen Kriterium.

Reduziert sich die Kirche mit einer derartigen Haltung nicht auf eine äußerliche Zwangsgemeinschaft, der ihr christliches Glaubensbekenntnis anscheinend abhanden gekommen ist? Entsprechend wird auch von kirchen-internen Kritikern betont: „Kirchenmitgliedschaft und Kirchensteuerpflicht müssen getrennt werden. Die Kirche tauft ihre Mitglieder auf Jesus Christus, nicht auf die Kirchensteuer."[13]

Hinsichtlich des Steuerverbandes heißt es in der Sprache der konservativen 'Staatskirche' (1968): „Wenn es richtig ist, dass Staat und Kirche dem Menschen zu dienen haben, und beide dies in göttlichem Auftrag tun, erscheint mir doch die Erwägung berechtigt, dass auch beide für ihren zwar unterschiedlichen aber gemeinsamen Dienst eine Übereinkunft

---

[10] Walter Kasper (Hg.): *Lexikon für Theologie und Kirche*. Freiburg: Herder, 1997, Sechster Band, S. 64.

[11] Zitiert nach: Klaus Martens, *Wie reich ist die Kirche?*, München, 1969, S. 42.

[12] Diesen Unterschied und seine Konsequenzen behandelt sehr präzise: Isnard W. Frank: Kirchensteuer und Kirchengemeindeverständnis. Zur Entstehungsgeschichte der Kirchensteuer, in: Wolfgang Ockenfels/Bernd Kettern (Hg.): *Streitfall Kirchensteuer*, Paderborn: Bonifatius, 1993, S. 185-212.

[13] So Pfarrer Dietrich Blaufuß (Erlangen) auf dem Symposium des *Bundes gegen Kirchensteuermissbrauch*. November 1997 in Bremen. Zitiert nach: http://www.cina.de/news/news666.html

auch auf der Ebene des Rechts suchen."[14] Dieser 'gemeinsame göttliche Auftrag' heißt bürokratisch einwandfrei: Kirchensteuerhebesätze.

2.1.1. Kirchensteuerhebesätze

In den Bundesländern Baden-Württemberg, Bayern und Bremen betragen diese 8%, in allen anderen Bundesländern 9%. Als Bemessungsgrundlage dient die Lohn- und Einkommensteuer unter Berücksichtigung der Kinderfreibeträge als 'Maßstabsteuer', d.h. die Kirchensteuer ist eine „Zuschlagsteuer" zur Einkommensteuer.

Die Höhe dieses Kirchensteuerhebesatzes ist die relativ autonome Entscheidung der Kirchen, der Prozentsatz muss nur für ein jeweiliges Bundesland (politische Ordnung der Finanzämter) für die Landeskirchen wie für die Bistümer einheitlich sein (nach neuester Rechtsprechung auch innerhalb einer länderübergreifenden Landeskirche).

In der Bundesrepublik Deutschland hat sich der historische Kreis des 'Zehnten', der an die Kirche abzuführen war, beinahe wieder geschlossen. (Allerdings ist es nur der Zehnte der Maßstabsteuer, nicht zehn Prozent des Einkommens wie in früheren Zeiten.) Waren es 1930 noch 5 Prozent, tastete man sich nach dem Krieg (1948) langsam von 6 Prozent auf 7 Prozent (1949), um ab 1952 bei 8-10 Prozent angekommen zu sein.

Übersicht 1: Historische Kirchensteuerhebesätze

Jahr	Kirchensteuerhebesatz
1930	5% mit Kirchensteuerabzug
1939	4,2 – 4,5 und 6%
1942-1947	Etwa 3,5%
1948 (2. Halbjahr)	6%, höchstens 2% vom Einkommen
1949	7%, höchstens 2% vom Einkommen
Ab 1952	8-10%, höchstens 4% vom Einkommen

Quelle: Klaus Martens: Wie reich ist die Kirche? [2]1969, S. 31.

Wählt ein Arbeitgeber aus Vereinfachungsgründen bei Mitarbeitern mit geringerem Einkommen die Lohnsteuerpauschalierung, so ist er selber der Kirchensteuerschuldner und zahlt 4,5 bis 7 Prozent Kirchensteuer.

Nach den Vereinbarungen zwischen Kirchen und Staat sind die staatlich anerkannten Religionsgesellschaften berechtigt, bis zu zehn Prozent Hebesatz festzulegen, ohne den Staat noch einmal fragen zu müssen. Das war nicht immer so.

---

[14] Heinrich Köppler, parlamentarischer Staatssekretär im Bundesinnenministerium und früherer Generalsekretär des Zentralkomitees der deutschen Katholiken, 1968 auf dem Deutschen Katholikentag. Zit. nach Martens, *Wie reich ist die Kirche?*, S. 40.

2.1.2. Kurze Geschichte der Kirchensteuer

Entstanden ist die Kirchensteuer im 19. Jahrhundert. Auch wenn einzelne Bistümer die Kirchensteuer als „ein wichtiges Stück kirchlicher Freiheit"[15] betrachten, ist die offizielle Darstellung der Bischofskonferenz, man habe der Kirche die Kirchensteuer seinerzeit „aufgezwungen".[16] Das hört sich nicht nur schrecklich an – ist aber die Opfertheorie nicht grundlegendes Element christlicher Religion? –, sondern ist in diesem Falle schlicht unzutreffend. Historisch korrekt ist die Tatsache, dass 1803 linksrheinische deutsche Territorien an Frankreich verloren gingen und die davon betroffenen Fürsten als Ausgleich rechtsrheinische Kirchengüter erhielten („Säkularisation"). Als Entschädigung für diese verloren gegangenen „Pfründen" (aus deren Erträgen auch die Geistlichen ihre Einkommen erhielten) wurden die Fürsten, die diese ehemaligen Kirchengüter erhalten hatten, verpflichtet, die Besoldung der Priester nun aus der Staatskasse zu übernehmen. (Genaueres im Kapitel *Staatliche Leistungen*.)

Die Aufgaben der Kirchen wuchsen (Industrialisierung, Wanderbewegung, Bildung neuer Kirchengemeinden, die keine Pfründe mehr hatten) und der Staat war gefordert, diese Aufgaben zu finanzieren, womit er sich immer schwerer tat. Ab 1873 fand dann (insbesondere gegen die katholische Kirche) der „Kulturkampf" Bismarcks statt. Der preußische Staat war unter anderem nicht mehr willens, die Priester aus der 'eigenen' Tasche allgemeiner Steuern zu bezahlen und „1875 wurde gegen den Protest der Kirche das Kirchensteuerrecht erlassen. Mit diesem Gesetz befreite sich der Staat von seinen 1803 übernommenen Verpflichtungen gegenüber der Kirche und wälzte sie auf die Gläubigen ab."[17] Neutraler formuliert: „Damit die Kirchen ihre öffentlichen Aufgaben wahrnehmen konnten, lieh der Staat ihnen seine Steuerhoheit. Er gab den Gemeinden das Recht, Kirchensteuern zu erheben. Für deren Eintreiben als öffentliche Abgaben stellte er seine Zwangsexekution zur Verfügung."[18]

Diese Steuern durften nur für die Bedürftigkeit der einzelnen Kirchengemeinde durch eben die Gemeinden erhoben werden – was zu sehr unterschiedlichen Steuersätzen führte (zwischen null und 25 Prozent) – und dieser 'Geldsegen' hatte – aus katholischer Sicht – einen gravierenden Nachteil: die staatlich verfügte Bildung von *Kontrollgremien* aus Gemeindemitgliedern über die ordnungsgemäße Erhebung und Verwendung

---

[15] So die Diözese Trier, in: http://www.dioezese-trier.de. Artikel „Kirchensteuer", 8/2000.
[16] Sekretariat der Deutschen Bischofskonferenz: *Kirchensteuer*, in: http://www.debk.de/ stichwoerter/in_sw-steu.html, S. 1 vom August 1999.
[17] Sekretariat der Deutschen Bischofskonferenz: *Kirchensteuer*.
[18] Frank, Kirchensteuer und Kirchengemeindeverständnis, in: Ockenfels/Kettern (Hg.), *Streitfall Kirchensteuer*, 1993, S. 188.

dieser Gelder. Da nach amts-katholischer Auffassung das Pfarrvolk nichts anderes als ein Untertanenverband ist, war das ein gravierendes Problem. Aber auch die katholische Kirche brauchte und wollte das Geld, und so fand man einen Weg, um gegenüber den eigenen Gläubigen die Hände in Unschuld zu waschen: Man ließ sich „das Besteuerungsrecht vom Staat zudiktieren"[19] und fand im selbständigen Bischöflichen Stuhl juristische Wege, um die 'Kontrolle von unten' zu umgehen.

Im Laufe der Jahre entwickelte sich die Kirchensteuer immer weiter weg von den Gemeinden hin zu den übergeordneten Kirchenverbänden. „Abgeschlossen wurde diese Zentralisierung und Vereinheitlichung allerdings erst nach 1945. Man ging zum Kirchenlohnsteuerabzug über [...], verzichtete auf die eigenen kirchlichen Steuerbehörden und übertrug deren Aufgaben, die aus einem den Kirchen zuerkannten staatlichen Hoheitsrecht stammen, wieder staatlichen Behörden."[20] Steuergläubiger waren nun die Diözesen bzw. die Landeskirchen. Die Kirchengemeinden waren endgültig 'entmachtet'.

Die Zuordnung der Kirchensteuereinnahmen zu den Landeskirchen und Diözesen, die dann Teile davon nach bestimmten Schlüsselzuweisungen an die Kirchengemeinden weiter leiten, hat zu einer Verarmung der Gemeinden geführt, die in einem seltsamen Kontrast zu dem jahrzehntelang ständig steigenden Kirchensteueraufkommen steht. So zahlt z.B. das Bistum Limburg 46,5 Prozent des Kirchensteueraufkommens an die Gemeinden, das Bistum Speyer 41,1 Prozent, die Landeskirche Baden 45 Prozent und die Landeskirche Kurhessen-Waldeck 48 Prozent.[21]

Die Logik der Vereinfachung in der zentralen Erhebung und Abrechnung der Kirchensteuer, die ja im Prinzip durch die Kirchenmitglieder und Geistlichen 'vor Ort' erbracht wird, hat jedoch zur Folge, dass die Kirchenleitungen erst einmal festlegen, was für zentrale, gesamtkirchliche und weltkirchliche Aufgaben einbehalten wird – Aufgaben, die für die Gemeinden relativ unerheblich sind – und dann die Gemeinden den 'Rest' bekommen. So hat nach Ansicht des früheren Bundesfinanzministers Hans Apel der zentrale Einzug der Kirchensteuer zu einer „menschenfernen Bürokratie" in der (evangelischen) Kirche geführt. Sie habe zu „Selbstgerechtigkeit und Selbstherrlichkeit, insbesondere aber zur Politisierung der kirchlichen Gremien" geführt, da man „vom Unmut austretender Kirchensteuerzahler nicht unmittelbar getroffen und damit abge-

---

[19] Frank, Kirchensteuer und Kirchengemeindeverständnis, S. 198.
[20] Frank, Kirchensteuer und Kirchengemeindeverständnis, S. 190.
[21] Angaben entsprechend der Kommentare bzw. Ausgaben bei den Haushaltsplänen der Bistümer und Landeskirchen.

straft wird".[22] (Allerdings: Ist es nicht seltsam, wenn das ein ehemaliger 'Parteisoldat', Politiker und Minister äußert, da diese Möglichkeit – seine Steuern zu verweigern und damit die Politiker 'abzustrafen' – im politischen Bereich überhaupt nicht besteht?)

2.1.3. 'Kappung' der Kirchensteuer

Schon bald nach Beginn der Bundesrepublik Deutschland haben die Kirchen allerdings auf einen anderen Unmut reagiert und eine so genannte Kappung der Kirchensteuer beschlossen, d.h. für hohe Einkommen wird ein Höchstsatz von 3 bis 4 Prozent des Einkommens genehmigt. Übersteigt die zu zahlende Kirchensteuer diesen Prozentsatz des Einkommens, wird sie, in neun Bundesländern automatisch, in sechs nach Antrag, in Bayern nicht, auf diesen Prozentsatz reduziert, d.h. 'gekappt'.

Dieser 'Rabatt' für Großverdiener verstößt auch nicht gegen das Gleichheitsgebot des Grundgesetzes, da den Kirchen freigestellt ist, innerhalb der mit dem Staat vereinbarten Höchstsätze, jedem ihrer Mitglieder das Geld abzunehmen, was sie bekommen können. (Als der Schauspieler Günter Strack seinerzeit trotz Rabatt noch DM 73.000 Kirchensteuer bezahlen sollte, wurden ihm nach Protest DM 20.000 erlassen.)

2.1.4. Staatliches Inkasso

Nicht jedem gläubigen Arbeitnehmer wird diese Kirchenlohnsteuer von seinem Lohn/Gehalt durch den Arbeitgeber abgezogen und an die staatlichen Finanzämter überwiesen, sondern nur den Mitgliedern der kirchensteuerberechtigten Religionsgesellschaften.

Dass die Arbeitgeber damit zum 'Handlungsgehilfen' der Kirche werden, kann auch ein konfessionsloser Arbeitgeber nicht verweigern. Auch in dieser Frage haben die Gerichte zugunsten der Kirchen entschieden[23] – wie überhaupt das ganze Kirchensteuersystem juristisch durch Dutzende von Entscheidungen abgesichert ist.

Um an diesem staatlichen Inkasso teilnehmen zu können, muss eine Religionsgemeinschaft kirchensteuerberechtigt, das heißt, sie muss 'staatlich anerkannt' sein. In Bayern ist beispielsweise eine Mindestzahl von 25.000 Mitgliedern der Körperschaften vorgeschrieben, damit sie am staatlichen Kirchensteuereinzugsverfahren im Freistaat teilnehmen kann.

Nun könnte man meinen, es sei eine Absprache, um sich die lästige Konkurrenz vom Hals zu halten bzw. es ihr schwerer zu machen, denn die nicht anerkannten Religionsgesellschaften müssen immer noch mit dem

---

[22] Auf dem Symposium des *Bundes gegen Kirchensteuermissbrauch* im November 1997 in Bremen. Zitiert nach: http://www.cina.de/news/news666.html

[23] Ausführlicher im Kapitel: *Staatliche Zuwendungen / Verzicht auf Einnahmen*.

Klingelbeutel herumgehen. Aber diese staatlich 'nicht anerkannten' Religionsgemeinschaften, die von den religiösen Marktführern als 'Sekten' diskriminiert werden, haben schon früh die wichtigste Lücke in der Marketingstrategie der beiden Marktführer erkannt – die fehlende Gewissheit, ob der Gläubige tatsächlich in den Himmel kommt oder nicht – und haben darauf ihre eigene Strategie aufgebaut: Wer das und das tut, sitzt zur Rechten Gottes, und wer besonders viel Geld gibt, sitzt näher bei Gott, als die mit weniger Spendenfreudigkeit. Das 'Seelenheil' wird also berechenbar. Ein Versprechen, das beinahe so etwas ist, wie eine Lizenz zum Geld drucken. Viele dieser 'Sekten' können also auf die staatlich genehmigten Kirchensteuerhebesätze gerne verzichten.

Bei den kleineren evangelischen Glaubensgemeinschaften oder den 'Freikirchen' – wobei zu fragen ist, wovon sind sie eigentlich 'frei'? –, wie beispielsweise den Mennoniten, die aufgrund ihres Glaubens auf dieses staatliche Inkasso verzichten, liegt die Organisation der Finanzen bei den Gemeinden. Die Art der Verwaltung („kreatives Finanzchaos") und die Höhe der Einkünfte ruft bei Mitgliedern der befreundeten evangelischen Amtskirche nur ein ironisches Lächeln hervor.[24] Das durchschnittliche Aufkommen pro Mitglied von DM 300 erscheint „eher als wenig".[25]

Woher dieses freundlich herablassende Lächeln resultiert, bleibt allerdings unverständlich, da die evangelischen Landeskirchen bei gleicher Abgabefreudigkeit ihrer Gläubigen immerhin (1983) Kirchensteuereinnahmen von etwa 10 Milliarden erzielt haben müssten. Eingenommen haben sie aber (1983) nur 5 Milliarden.

Was zieht der Staat nun mit seinem Inkasso der Zuschlagsteuer für die beiden großen Religionsgemeinschaften ein und wie wird es verteilt?

2.2. Einnahmen aus der Kirchensteuer auf Einkommen

Seit 1953 existiert für die Evangelische Kirche in Deutschland (EKD) eine veröffentlichte Einnahmeübersicht. Sie beginnt mit 336 Millionen und steigt kontinuierlich an. 1961 sind es bereits mehr als eine Milliarde Mark, 1970 mehr als zwei Milliarden, 1972 wird die Drei-Milliarden-Grenze übersprungen und wiederum bereits zwei Jahre später sind es bereits vier Milliarden Einnahmen. Jedes Jahr mehr und mehr, geradezu traumhafte Ertragssteigerungen. Der 'Ausrutscher nach unten' in den

---

[24] Peter J. Foth: Die Mennoniten und ihr Geld. Nachfolge Christi im kreativen Finanzchaos, in: Wolfgang Lienemann (Hg.): *Die Finanzen der Kirche*, München: Chr. Kaiser, 1989, S. 797-816.
[25] Peter J. Foth, Die Mennoniten und ihr Geld, S. 801.

Jahren 1975 und 1976 ist durch zwei Faktoren zu erklären: zum einen durch eine Steuerreform (Kinderfreibeträge) und zum anderen durch eine Veränderung des Hebesatzes. 1992 ist der 'Gipfel' erreicht mit 8,4 Milliarden Jahreseinnahme.

Übersicht 2:   *Einnahmen aus Kirchenlohnsteueraufkommen (ohne Kirchgeld und sonstige Kirchensteuern) der Evangelischen Kirche (EKD) in Deutschland*

Jahr	Deutsche Mark	Plus in %	Plus in DM
1953	336.000.000	0	----
1954	365.600.000	8,8	29.600.000
1955	385.800.000	5,5	20.200.000
1956	486.600.000	26,1	100.800.000
1957	500.100.000	2,8	13.500.000
1958	533.400.000	6,6	33.300.000
1959	637.200.000	19,5	103.800.000
1960	793.400.000	24,5	156.200.000
1961	1.028.400.000	29,6	235.000.000
1962	1.191.800.000	15,9	163.400.000
1963	1.321.600.000	10,9	129.800.000
1964	1.454.200.000	10,0	132.600.000
1965	1.513.300.000	4,1	59.100.000
1966	1.600.500.000	5,8	87.200.000
1967	1.601.200.000	0,0	700.000
1968	1.717.700.000	7,3	116.500.000
1969	1.946.800.000	13,3	229.100.000
1970	2.194.800.000	12,7	248.000.000
1971	2.676.700.000	21,9	481.900.000
1972	3.134.700.000	17,1	458.000.000
1973	3.618.900.000	15,5	484.200.000
1974	4.000.100.000	10,5	381.200.000
1975	3.456.900.000	− 13,6	− 543.200.000
1976	3.818.700.000	10,5	361.800.000
1977	4.193.000.000	9,8	374.300.000
1978	4.280.800.000	2,1	87.800.000
1979	4.428.000.000	3,4	147.200.000
1980	4.840.500.000	9,3	412.500.000
1981	4.819.200.000	− 0,4	− 21.300.000
1982	4.941.700.000	2,5	122.500.000
1983	5.050.100.000	2,2	108.400.000
1984	5.157.000.000	2,1	106.900.000
1985	5.549.200.000	7,6	392.200.000
1986	5.792.000.000	4,4	242.800.000
1987	6.226.863.000	7,5	434.863.000
1988	6.440.444.000	3,4	213.581.000
1989	6.763.273.000	5,0	322.829.000
1990	6.516.235.000	− 3,7	− 247038.000-,
1991	7.583.969.000	16,4	1.067.734.000
1992	8.388.410.000	10,6	804.441.000
1993	8.346.250.000	− 0,5	42.160.000

1994	8.196.448.000	− 1,8	− 149.802.000
1995	8.340.573.000	1,8	144.125.000
1996	7.903.548.000	− 5,2	− 437.025.000
1997	7.563.986.000	− 4,3	− 339.562.000
1998	7.752.452.000	2,5	188.466.000
1999	8.226.589.000	6,1	474.137.000

Quellen: (1953-1986) Hans Peter Bareis: Entwicklung und Bestimmungsfaktoren der Kirchensteuer. Einnahmen der Gliedkirchen der EKD, in: Wolfgang Lienemann (Hg.), Die Finanzen der Kirche, München, 1989, S. 33-108; (1987-1998) Statistisches Jahrbuch der Bundesrepublik Deutschland. (1953-1990 „früheres Bundesgebiet", ab 1991 „Deutschland")

Diagramm 1:
EKD - Kirchenlohnsteueraufkommen 1953 bis 1999

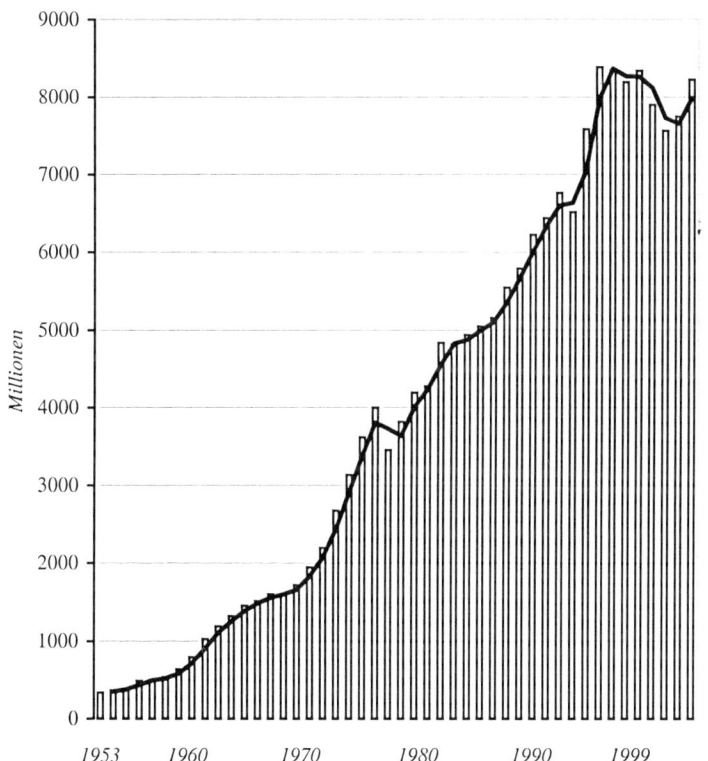

Und im Gegensatz zu Industrieunternehmen, die ihren Absatzmarkt vergrößern, ihre Produktivität steigern oder ihre Produktpalette erweitern müssten, um diese Einnahmesteigerungen zu erreichen, brauchten die konfessionellen Steuerverbände dies alles nicht zu tun. Und das, obwohl

sich die zahlende Kundschaft verringerte. Es ist die Leistung der arbeitenden Menschen, der Wirtschaftsunternehmen und der Gewerkschaften
(der Tarifparteien) und die des Staates. Die Steuerverbände der Kirchen
erhielten und erhalten die Erträge des „Wirtschaftswunders" und der
„Lohnkämpfe" mit Hilfe der staatlichen Steuerprogression (bei der die
steigenden Einkommen höher besteuert werden) als Zuschlagsteuer automatisch in ihre Kasse gespült.

Allerdings ist noch nicht einmal auf diese offiziellen Zahlen Verlass.
Ein Vergleich der Zahlengaben in den Statistischen Jahrbüchern mit den
Angaben des Steuerreferenten der EKD ergibt das überraschende Ergebnis, dass der evangelische Steuerreferent für 1997 hinsichtlich des evangelischen Steueraufkommens 257 Millionen Mark zu wenig angibt, für
den katholischen Bereich dagegen 264 Millionen zuviel.[26]

Grundlage dafür ist anscheinend die Tatsache, dass es drei verschiedene Zahlen zum Kirchensteueraufkommen gibt: Erstens, die Brutto-
Planzahl, zweitens, das erwartete oder geschätzte Brutto-Aufkommen,
und drittens, das reale Netto-Aufkommen.[27] Aber belassen wir es bei den
Zahlen der Statistischen Jahrbücher, da sie zumindest die gleiche Logik
haben.

Und da gab es richtig 'fette' Jahre – 1971, 1972, 1973, 1976, 1977,
1985 – wo jeden Tag des Jahres mehr als eine Million Mark zusätzlich in
die Kassen kamen – bei beiden konfessionellen Steuerverbänden. (In
dieser Übersicht ist zwar vorerst nur die Evangelische Kirche in
Deutschland berücksichtigt, sie erzielt aber in etwa den gleichen Betrag
wie der katholische Sektor.) Doch die Zeiten ändern sich: 1997 hatte die
Evangelische Kirche nur noch die gleichen Einnahmen wie 1991 und
1995/1996 dramatische reale Einnahmerückgänge wie vorher die Zuge-
winne – mehr als eine Million pro Tag im Jahr. Und, das war nur die
EKD. Die zusammengefassten Zahlen für beide Sektoren zeigen ein be-
eindruckendes Kirchensteueraufkommen. 1992, im bislang besten Jahr,
waren es 17,2 Milliarden, 1997 immer noch 15,7 Milliarden.

Aufgrund der sinkenden Steuereinnahmen ab 1993 stellten sich alle
Landeskirchen und Bistümer auf Sparen ein, kürzten Stellen, wo es nur
ging, forderten den Verzicht auf Weihnachtsgeld und Zusatzgratifikatio-
nen, verringerten die Zuweisungen an die Kirchengemeinden, erhöhten
ihre Rücklagen für die schlechteren Zeiten.

---

[26] EKD-Text: *Die Kirchensteuer* von Jens Petersen, Steuerreferent im Kirchenamt der
      EKD, Hannover 2000, Tabelle 6.1. Siehe: http://www.ekd.de und dort „Texte".
[27] Vgl. Evangelische Landeskirche in Württemberg: *Jahresbericht 2000. Kirche. Mehr als
      man glaubt*, S. 66.

Übersicht 3: Das gesamte Kirchenlohnsteueraufkommen der Evangelischen Kirche (EKD)
und der Bistümer in Deutschland

Jahr	Kirchensteuer DM	Plus in %	Volkseinkommen DM	Plus in%
1968	3.080.996.000	0	418.000.000.000	0
1970	4.069.130.000	32,1	530.400.000.000	2,7
1977	8.023.031.000	97,2	933.700.000.000	76,0
1984	10.267.145.000	28,0	1.347.100.000.000	44,5
1989	13.871.496.000	35,1	1.738.100.000.000	29,2
1990	13.306.320.000	− 4,1	1.892.200.000.000	8,9
1991	15.469.682.000	16,3	2.227.400.000.000	8,0
1992	17.156.753.000	10,9	2.373.800.000.000	6,6
1993	17.041.995.000	− 0,7	2.400.500.000.000	1,1
1994	16.690.802.000	− 2,1	2.510.000.000.000	4,6
1995	16.785.132.000	0,6	2.615.000.000.000	4,2
1996	16.661.631.000	− 1,0	2.674.200.000.000	2,3
1997	15.699.032.000	− 5,5	2.746.700.000.000	2,7
1998	15.627.866.000	− 0,5	2.823.200.000.000	2,8
1999	16.598.069.000	6,2	2.863.300.000.000	1,4

Quellen: Statistische Jahrbücher der Bundesrepublik Deutschland, ab 1991 'Deutschland'. Die Steigerungsraten des Volkseinkommens sind auf das identische Staatsgebiet bezogen.

Im Jahr 2000 kamen die Kirchen dann gegenüber den Mitarbeitern und Gemeinden in plötzliche Erklärungsnot: Das Aufkommen aus der Kirchensteuer 1999 war (vornehmlich durch das Auslaufen von steuermindernden Sonderabschreibungen) für beide Kirchen zusammengerechnet um 984 Millionen Mark höher als 1998, d.h. pro jeden Tag des Jahres 1999 kamen 2,7 Millionen mehr in die Kassen als in 1998.

2.2.1. Regionale Differenzierung

Diese Zusammenfassung sagt aber über die gravierenden Unterschiede zwischen den einzelnen Landeskirchen/Diözesen nichts aus. Eine regionale Differenzierung (Vergleich der Jahre 1996/1998/1999) verdeutlicht die Unterschiedlichkeit der finanziellen Situation. Auffallend daran ist:
Die Verteilung innerhalb der evangelischen Landeskirchen ist stärker durch 'viel' und 'wenig' gekennzeichnet, als es bei den katholischen Diözesen der Fall ist:

• Die einnahmestärksten fünf Landeskirchen ziehen 56 Prozent des gesamten Aufkommens in ihre Kassen, während die fünf 'reichsten' Diözesen nur 43 Prozent des katholischen Aufkommens in den Kassen haben.

Darin zeigt sich, dass die evangelischen Landeskirchen (zum Teil noch) die Besonderheit ihrer Entstehung in sich tragen – als Landeskirche eines kleinen Fürstentums im 'Flickenteppich' der deutschen Kleinstaaterei.

Übersicht 4:   Kirchensteuereinnahmen (Kirchensteuer auf Einkommen und Kirchgeld)
der (Erz-)Diözesen, 1996 / 1998 / 1999

(Erz-)Diözese	(1996) TDM	(1998) TDM	% '96 - '98	(1999) TDM	% '98 – '99
Köln	926.807	902.449	- 2,6	967.630	+ 7,2
München-Freising	712.418	706.986	- 0,8	718.338	+ 1,6
Rottenburg-Stuttgart	637.882	679.950	+ 6,6	679.445	- 0,1
Freiburg	640.228	623.498	- 2,6	680.877	+ 9,2
Münster	587.633	621.187	+ 5,7	669.703	+ 7,8
Paderborn	555.730	565.372	+ 1,7	608.188	+ 7,6
Trier	431.477	428.313	- 0,7	453.301	+ 5,8
Aachen	408.872	400.838	- 0,2	427.889	+ 6,7
Augsburg	388.826	388.304	- 0,1	415.856	+ 7,1
Essen	338.250	329.759	- 2,5	354.389	+ 7,5
Mainz	315.457	304.944	- 3,3	324.652	+ 6,5
Limburg	290.955	287.262	- 1,3	318.615	+ 10,9
Regensburg	280.402	286.276	+ 2,1	309.837	+ 8,2
Würzburg	233.654	235.135	+ 0,7	234.612	- 0,2
Bamberg	222.448	224.711	+ 1,0	238.953	+ 6,3
Speyer	198.353	193.058	- 2,7	202.884	+ 5,1
Hildesheim	184.778	184.545	- 0,1	191.428	+ 3,7
Osnabrück	130.858	133.440	+ 2,0	137.944	+ 3,4
Fulda	126.949	125.326	- 1,3	154.727	+ 23,5
Eichstätt	118.640	114.399	- 3,6	123.816	+ 8,2
Hamburg	112.482	116.815	+ 3,9	109.792	- 5,9
Berlin	109.498	118.748	+ 8,5	130.748	+ 10,1
Passau	103.727	103.268	- 0,4	114.446	+ 10,8
Dresden / Meissen	32.727	33.633	+ 2,8	35.544.	+ 5,7
Erfurt	21.616	20.745	- 4,0	23.580	+ 13,7
Magdeburg	18.538	17.979	- 3,0	18.156	+ 1,0
Görlitz	6.908	6.571	- 4,9	6.990	+ 6,4
Insgesamt	*8.136.113*	*8.153.511*	*+ 0,2*	*8.660.479*	*+ 6,2*

Quellen: Statistische Jahrbücher 1997, 1999 und 2000 aufgrund der Angaben des Verbandes der Diözesen Deutschlands, Münster.   / Prozentangaben eigene Berechnung

Übersicht 5:   Gesamtes Kirchensteueraufkommen der Landeskirchen, 1996 / 1998 / 1999

Landeskirche	(1996) TDM	(1998) TDM	% '96-'98	(1999) TDM	% '98-'99
Rheinland	1.092.614	1.127.857	+ 3,2	1.147.071	+ 1,7
Westfalen	862.589	854.911	- 0,9	913.092	+ 6,8
Bayern	837.252	836.731	- 0,6	885.254	+ 5,8
Hannover	818.902	831.729	+ 1,6	851.845	+ 2,4
Württemberg	837.322	896.940	+ 7,1	938.203	+ 4,6
Hessen und Nassau	719.855	733.710	+ 1,9	762.447	+ 3,9
Nordelbien	680.570	593.965	- 12,7	691.536	+ 16,4
Baden	420.532	404.325	- 3,9	424.100	+ 4,9
Berlin-Brandenburg	398.085	300.287	- 24,6	374.458	+ 24,7
Kurhessen-Waldeck	275.090	263.655	- 4,2	294.694	+ 11,8
Pfalz	199.171	183.884	- 7,3	188.556	+ 2,5

Sachsen	141.353	126.868	- 10,3	134.868	+ 6,3
Braunschweig	140.243	142.198	+ 1,4	136.767	- 3,8
Oldenburg	112.619	115.541	+ 2,6	117.375	+ 1,6
Kirchenprov. Sachsen	70.665	61.078	- 13,6	63.620	+ 4,2
Lippe	64.815	66.096	+ 2,0	67.305	+ 1,8
Thüringen	59.941	48.581	- 19,0	50.825	+ 4,6
Bremen	55.546	61.173	+ 10,1	76.832	+ 25,4
Reform. Kirche	47.990	48.555	+ 1,2	49.657	+ 2,3
Mecklenburg	39.729	34.189	- 13,9	33.663	- 1,5
(Militärseelsorge)	22.650	23.055	+ 1,8	25.728	+ 11,6
Schaumburg-Lippe	16.618	16.810	+ 1,2	17.220	+ 2,4
Pommern	12.000	9.035	- 24,7	11.269	+ 24,7
Oberlausitz	9.466	8.569	- 9,5	8.912	+ 4,0
Anhalt	9.591	7.931	- 17,3	8.018	+ 2,2
*Insgesamt *)*	*7.945.217*	*7.797.672*	*- 1,9*	*8.275.313*	*+ 6,1*

Quellen: Statistische Jahrbücher 1997, 1999 und 2000 aufgrund der Angaben der Evangelischen Kirche in Deutschland (EKD) / Prozentangaben eigene Berechnung.
*) Alle *Kirchensteuern, einschl. Militärseelsorge (Kirchenlohnsteuern der Soldaten)*

- Von den 24 Landeskirchen bleiben immerhin 10 unterhalb von 100 Millionen Mark Einnahmen aus der Kirchensteuer, während es von den 27 Diözesen nur 4 sind, die zu den 'Kleinverdienern' gehören.

Die Veränderungen zwischen 1996 und 1998 sind in den evangelischen Landeskirchen gravierender als in den beständigeren Diözesen. Während für 8 Landeskirchen das Kirchensteueraufkommen im zweistelligen Prozentbereich sinkt – Pommern (-24,7%), Berlin-Brandenburg (-24,6%), Thüringen (-19%), Anhalt (-17,3%), Mecklenburg (-13,9%), Kirchenprovinz Sachsen (-13,6%), Nordelbien (-12,7%) und Sachsen (-10,3%) – bleibt bei den Diözesen alles im einstelligen Bereich.

- Nicht nur die Erzdiözese Köln ist und bleibt (wie wir es alle schon wussten) die 'reichste' Diözese mit DM 902 Millionen Kirchensteueraufkommen, sondern auch die Landeskirche Rheinland ist mit 1,1 Milliarden Einnahmen die 'reichste' evangelische Landeskirche.

- Das gleichermaßen geringste Kirchensteueraufkommen für beide Kirchen haben die Kirchenprovinzen der 'Oberlausitzischen' um Görlitz und die Anhaltiner um Magdeburg.

- Bei den ostdeutschen Evangelischen weisen von 1996 auf 1998 alle sieben Landeskirchen Verluste in den Einnahmen auf, während bei den fünf katholischen Ost-Diözesen nur drei Verluste aufweisen.

- Von 1998 auf 1999 steigen in den Landeskirchen und Diözesen (bis auf jeweils zwei) die Einnahmen wieder deutlich. Während jedoch im katholischen Sektor nur zwei Bistümer unterhalb des Einkommens von 1996 bleiben (Hamburg und Magdeburg), sind es im evangelischen Sektor *alle* ostdeutschen Landeskirchen und zwei im Westen

(Braunschweig und die Pfalz), die unterhalb ihrer Einnahmen von 1996 bleiben.

2.2.2. Transferzahlungen

Neben den staatlichen Transferzahlungen für die ostdeutschen Bundesländer gibt es, nicht ohne „heftiges Gerangel um die Höhe des Ausgleichvolumens",[28] entsprechende Zahlungen innerhalb der beiden konfessionellen Sektoren. Beispielhaft die Zahlen für die EKD, deren Transferzahlungen sich (1996) auf 350 Millionen Mark belaufen.

Übersicht 6: EKD Finanzausgleich 1996

Gliedkirche	Geberkirchen	Empfängerkirchen
Anhalt		7.500.919
Baden	19.891.436	
Bayern	39.262.505	
Berlin-Ost		50.408.826
Berlin-West	14.392.271	
Braunschweig	6.249.223	70.000
Bremen	2.896.161	
Hannover	31.491.394	
Hessen / Nassau	36.889.621	
Kirchenprov. Sachsen		57.521.170
Kurhessen-Waldeck	13.113.399	93.333
Lippe	3.082.365	
Mecklenburg	24.236.027	
Nordelbien	28.775.624	
Oberlausitz		7.568.056
Oldenburg	3.879.479	
Pfalz	9.453.618	
Pommern		16.401.920
Reformierte Kirche	1.914.064	
Rheinland	53.946.860	
Sachsen		113.909.380
Schaumburg-Lippe	628.963	
Thüringen		63.878.702
Westfalen	38.552.402	
Württemberg	45.580.675	
EKU		3.745.000
(Herrnhut)		3.010.000
Summe	*350.000.000*	*350.000.000*

Quelle: EKD Kirchenamt, zit. nach: Gerhard Besier, Konzern Kirche, S. 46f.

Die Tatsache, dass auch die westdeutschen Landeskirchen Braunschweig und Kurhessen-Waldeck zu den Empfängerkirchen gehören, beruht dar-

---

[28]　Gerhard Besier: *Konzern Kirche. Das Evangelium und die Macht des Geldes.* Neuhausen-Stuttgart: Hänssler, 1997, S. 45.

auf, dass diese Landeskirchen nach der Wiedervereinigung ostdeutsche Teile dazu bekommen haben – und dafür wollen sie 'natürlich' einen Ausgleich.

Nach den geringer werdenden Einnahmen aus der Kirchensteuer wurden diese Transferzahlungen in den vergangenen Jahren stetig reduziert. So zum Beispiel das Bistum Erfurt: „Aufgrund der Sparmaßnahmen bei den westlichen Geberbistümern wurden die Solidaritätszuschüsse (Sonderumlage Ost) im Jahr 1997 um 7,5% und für das Jahr 1998 um weitere 2,4% reduziert."[29] Ebenfalls ist das Volumen des EKD-Finanzausgleichs von DM 350 Millionen (in 1996) auf 300 Millionen (in 2000) abgesenkt worden. Diese Hinweise mögen genügen, um zu verdeutlichen, dass die finanziellen Fragen sich für die einzelnen Landeskirchen/Diözesen sehr unterschiedlich darstellen.

Die Unterschiede im Kirchensteueraufkommen sind in verschiedener Hinsicht genauer zu erklären – Größe und Bevölkerungszahl der Kirchenprovinz, Anteil der Konfessionen innerhalb der Bevölkerung, Altersaufbau und Einkommensverteilung innerhalb der Kirchenprovinzen, Wanderungsveränderungen, Kirchenaustritte, wirtschaftliche Konjunktur etc. – ein Gesichtspunkt betrifft alle Provinzen und die ostdeutschen insbesondere: die Arbeitslosigkeit.

2.3. Arbeitslosigkeit und Kirchensteuern

Ein 'Missverständnis', gegen das sich die Kirchen immer wieder zur Wehr setzen müssen, ist die Behauptung, dass auch die Arbeitslosen Kirchenlohnsteuer zahlen müssen (so der katholische Kirchenkritiker Horst Herrmann[30]). „Die Antwort lautet eindeutig NEIN. Kein Arbeitsloser zahlt in irgendeiner Form Kirchensteuer."[31]

Einerseits stimmt dieser 'Aufschrei', da die Kirchen tatsächlich kein Geld von den Arbeitsämtern überwiesen bekommen, andererseits stimmt diese 'Entrüstung' aber doch nicht, da die Arbeitsämter bei der Berechnung des Arbeitslosengeldes alle Abzüge die „gewöhnlich anfallen"[32] zugrunde legen, also auch die Kirchenlohnsteuer – und nun eine böse Überraschung –, auch wenn der Arbeitslose gar keiner Religionsgemeinschaft angehört.

---

[29] http://www.kath.de/bistum/erfurt, Pressemitteilung vom 10.12.1997.

[30] Horst Herrmann: *Die Caritas Legende. Wie die Kirchen die Nächstenliebe vermarkten*, Hamburg: Rasch & Röhring, 1993, S. 127.

[31] Evangelische Kirche in Berlin-Brandenburg: *Was Sie über die Kirchensteuer wissen sollten*, in: http://www.ekibb.com/info/steuer/index.htm (Juli 1999, S. 1); Großschreibung dort.

[32] *Arbeitsförderungsgesetz* § 11 Abs. 2 Satz 2 Nr. 2

Eine konfessionslose Frau hatte dagegen geklagt, dass ihr bei der Berechnung des Arbeitslosengeldes diese 'fiktive' Kirchensteuer abgezogen worden war und verlangte deren Auszahlung. Schließlich landete die Frage beim Bundesverfassungsgericht und das höchste deutsche Gericht bestätigte 1994 die Verfahrensweise der Bundesanstalt für Arbeit, dass bei Arbeitslosengeld, Kurzarbeitergeld, Schlechtwettergeld und für die Höhe des Altersübergangsgeldes in den neuen Bundesländern auch Konfessionslosen die Kirchenlohnsteuer 'fiktiv' abgezogen werden dürfe. Die Urteilsbegründung sei auszugsweise zitiert:

„Die von der Vorlage für geboten erachtete Folge, dass Arbeitslose, die einer Kirche nicht angehören, mit dem derzeit geltenden Nettolohnsystem mehr Arbeitslosengeld zu erhalten hätten, ohne dass die Mehrleistung durch einen Mehrbedarf erklärt werden könnte oder bei den einer Kirche angehörenden Arbeitslosen ein der Mehrbelastung entsprechender Betrag zugunsten der jeweils steuerberechtigten Kirche abgeführt werde, dürfte auf allgemeines Unverständnis stoßen, weil die Mehrleistung an kirchenfremde Arbeitslose als Prämie der Arbeitslosenversicherung für das Fernbleiben von der Kirche empfunden werden müsse. Es könne dahingestellt bleiben, ob eine Gestaltung der Arbeitslosenversicherung der weltanschaulich-religiösen Neutralität des Staates gerecht würde. Jedenfalls werde die Regelung schon durch das Ziel gerechtfertigt, den Eindruck zu vermeiden, dass durch die Gewährung eines höheren Arbeitslosengeldes Einfluss auf die Entscheidung von Arbeitnehmern genommen werde, ob sie einer Kirche angehören wollen."[33]

Die Bundesanstalt für Arbeit hatte argumentiert, dass bei der Nicht-Berechnung, die für 15 Prozent der Arbeitslosen zutreffen würde, ein um zwei Prozent höheres wöchentliches Arbeitslosengeld zu zahlen wäre: Auf der Basis von 1985 wären das Mehrausgaben der Bundesanstalt für Arbeit von insgesamt DM 56,5 Millionen.[34]

Den konfessionslosen Arbeitslosen kann es allerdings egal sein, ob dieser Abzug nur 'fiktiv' ist, da die Kirchen das Geld nicht bekommen, denn für sie, als Betroffene, ist der Abzug faktisch.

---

[33] Beschluss des Bundesverfassungsgerichts vom 23.3.1994 (1 BvL 8/85), S. 13. Den Hinweis verdanke ich dem *Internationalen Bund der Konfessionslosen und Atheisten* (IBKA) e.V., unter: http://www.ibka.org/Artikel/miz94/arbeitslose.html

[34] Beschluss des Bundesverfassungsgerichts vom 23.3.1994 (1 BvL 8/85), S. 7.

2.4. Kirchenmitglieder

Das Absinken des Aufkommens aus der Kirchenlohnsteuer war bereits seit 1990 sichtbar und wurde nur durch die 'Vereinigungsgewinne' überdeckt. (Ob das Ansteigen für 1999 eine 'Trendwende' bedeutet, muss sich erst zeigen.) Schuld daran ist dieses Mal nicht der 'böse' Staat, der mit seiner Steuerpolitik nur an die eigenen Taschen denke und die Kirchen 'benachteilige', sondern ein innerkirchlicher Erosionsprozess, der in den Gesamtzahlen verdeckt wird.

War 1968 die Relation zwischen den evangelischen Landeskirchen und den katholischen Bistümern noch 56 zu 44 Prozent im Aufkommen der Kirchenlohnsteuer, hat sich dieser Vorsprung der Evangelischen 1989 (noch vor der Wiedervereinigung) egalisiert und seitdem haben die katholischen Bistümer die höheren Einnahmen. Die Relation für 1996 beträgt 48 zu 52 und für 1999 immer noch 49 zu 51 zugunsten der Katholiken. In Zahlen des Kirchenlohnsteueraufkommens für 1999: Die Evangelischen Landeskirchen (EKD) nahmen 8,3 Milliarden ein (DM 8.275.313.000), die katholischen Bistümer dagegen 8,7 Milliarden (DM 8.660.479.000); also ein Plus von 385 Millionen für den katholischen Sektor.

Übersicht 7: Kirchenmitglieder) in den beiden großen Amtskirchen in Deutschland*

Jahr	Evangelische	Unterschied	Katholiken	Unterschied
1957	26.650.000	0	24.973.000	0
1970	28.480.000	+ 1.830.000	27.195.000	+ 2.222.000
1980	26.104.000	− 2.376.000	26.713.000	− 482.000
1981	25.898.000	− 206.000	26.707.000	− 6.000
1982	25.701.000	− 197.000	26.606.000	− 101.000
1983	25.501.000	− 200.000	26.491.000	− 115.000
1984	25.316.000	− 185.000	26.395.000	− 96.000
1985	25.106.000	− 210.000	26.307.000	− 88.000
1986	24.910.000	− 196.000	26.284.000	− 23.000
1987	25.413.000	+ 503.000	26.306.000	+ 22.000
1988	25.176.000	− 237.000	26.483.000	+ 177.000
1989	25.132.000	− 44.000	26.746.000	+ 263.000
1990	29.442.000	+ 4.310.000	28.252.000	+ 1.506.000
1991	29.202.000	− 240.000	27.718.000	− 534.000
1992	28.875.000	− 327.000	27.663.000	− 55.000
1993	28.460.000	− 415.000	27.552.000	− 111.000
1994	28.197.000	− 263.000	27.465.000	− 87.000
1995	27.922.000	− 205.000	27.347.000	− 118.000
1996	27.659.000	− 333.000	27.168.000	− 179.000
1997	27.398.000	− 261.000	27.020.000	− 148.000
1998	27.099.000	− 299.000	26.794.000	− 226.000
1999	26.848.000	− 251.000	26.659.000	− 135.000

Quellen: Statistische Jahrbücher der Bundesrepublik Deutschland sowie das Statistik-Referat der Deutschen Bischofskonferenz und das Kirchenamt der EKD. (Bis einschließlich 1989 „frühere Bundesrepublik")
*) Die Zahlenangaben variieren je nach Quelle um bis zu 300.000 Mitglieder und können so nur für die generelle Tendenz der Entwicklung stehen, da sie auch von den Kirchen nur „fortgeschrieben" werden. Dadurch erklärt sich wahrscheinlich auch das überraschende Plus für die Evangelische Kirche in 1987, dessen konkrete Zahlen auf der letzten Volkszählung beruhen, wobei allerdings Doppelzählungen bei mehreren Wohnsitzen oder die teilweise Einbeziehung von evangelischen Freikirchen nicht ausgeschlossen werden können.

Mit Beginn der 80er Jahre hatten die katholischen Bistümer mehr Mitglieder als die evangelischen Landeskirchen, d.h. es gab seitdem mehr Katholiken in West-Deutschland als Evangelische. Auch der überproportionale Zugewinn der Evangelischen mit der Wiedervereinigung (der deutsche 'Osten' ist überwiegend – wenn überhaupt – protestantisch) baut sich beständig ab und schmilzt dahin wie religiöse Butter in der gleichgültigen Sonne.

Diagramm 2: Kirchenmitglieder 1957 bis 1999

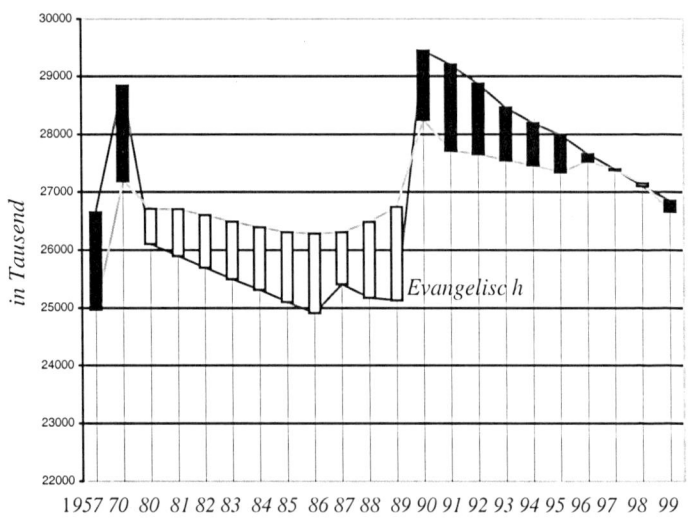

Die Tatsache, dass 1957 noch rund 1,5 Millionen mehr West-Deutsche Mitglied der Evangelischen Kirche waren, hatte sich 1980 bis 1989 ziemlich genau ins Gegenteil gewandelt: Es gab rund 1,5 Millionen mehr römisch-katholische als evangelische Kirchenmitglieder. Dass die evangelischen Landeskirchen lange Jahre aber dennoch höhere Einnahmen verbuchen konnten, lag u.a. an zwei Gründen: Erstens erzielen evangelische Christen im Durchschnitt höhere Einkommen als die römisch-katholischen, und zweitens sind Katholiken immer noch 'gebärfreudiger'.

Damit kommen die Diözesen in ein (typisch) katholisches Werte-Dilemma zwischen Bekenntnisgemeinschaft und Steuerverband: Auf der einen Seite dürfen einfache Katholiken keine Verhütungsmittel verwenden, keine Abtreibungen vornehmen lassen und sollen beim Geschlechtsverkehr ausschließlich an die Zeugung eines Kindes denken – andererseits (aber das hat ja der Staat gemacht – konkret eine SPD-Bundesregierung) wird die Höhe der Einkommensteuer, d.h. die Maßstabsteuer, als sozialpolitische Maßnahme um die Kinderfreibeträge gemindert und kinderreiche Katholiken zahlen deshalb weniger Einkommensteuer und entsprechend weniger Kirchensteuer.

Während im katholischen Sektor der Bestand (durch Geburten, Aussiedler, Übertritte, Ausländer und 'Rückkehrer') von 1980 bis 1989 relativ stabil blieb, verlor der evangelische Sektor im gleichen Zehnjahreszeitraum eine Million (oder vier Prozent) der Mitglieder. Für die 'bereinigten' Kirchenaustritte, das heißt die Kirchenaustritte abzüglich der Neuaufnahmen und Wiedereintritte, zeigen sich unterschiedliche Entwicklungen.

Hatte die EKD bis zum Mauerbau 1961 noch ein Plus an Mitgliedern, zeigte sich Mitte der sechziger Jahre eine 'Austrittswelle': Die Kirchenaustritte stiegen und blieben im Bereich von über Einhunderttausend im Jahr (also mehr als vierhundert pro Werktag). Die Katholiken haben (ohne Zuwanderer) zwar auch ein ansteigendes Minus-Saldo, waren von der Kirchenaustrittswelle aber nur hälftig betroffen.

Die hohen Austrittszahlen in den neunziger Jahre verweisen dabei auf die noch nicht abgeschlossenen Klärungsfragen im Osten Deutschlands.

Übersicht 8: Kirchenaustritte aus der Evangelischen und Katholischen Kirche

Jahr	Evangelische Kirche in Deutschland (EKD)		
	Aufnahmen	Austritte	Saldo
1957	33.756	28.864	+ 4.892
1961	36.517	30.568	+ 5.949
1966	31.517	38.213	– 6.696
1969	21.097	108.844	– 87.747
1976	20.442	128.394	– 107.952
1995	57.502	296.782	– 239.280
1996	58.779	225.602	– 166.823
1997	61.522	196.620	– 135.098
1998	61.528	182.730	– 121.202
1999	24.000	191.072	– 167.072

Jahr	Römisch-Katholische Kirche			
	Übertritte	*Wiedereintritt*	*Austritte*	*Saldo*
1957	13.251	6.106	20.371	– 1.014
1961	14.279	5.576	23.285	– 3.430
1966	9.646	3.407	22.043	– 8.990
1969	5.283	2.025	38.712	– 31.404
1976	3.500	2.298	69.370	– 63.572
1995	3.797	6.344	168.244	– 158.103
1996	3.860	6.981	133.275	– 122.434
1997	4.105	7.450	123.813	– 112.348
1998	4.078	7.867	119.265	– 107.320
1999	8.432	4.066	131.225	– 118.727

Quelle: Statistische Jahrbücher. (1999: Bischofskonferenz und EKD)

Die 'unbereinigten' Kirchenaustritte zeigen dabei – wenn auch auf unterschiedlichen Niveaus – eine auffallende Parallelität.

Diagramm 3: Kirchenaustritte Evangelisch/ Katholisch

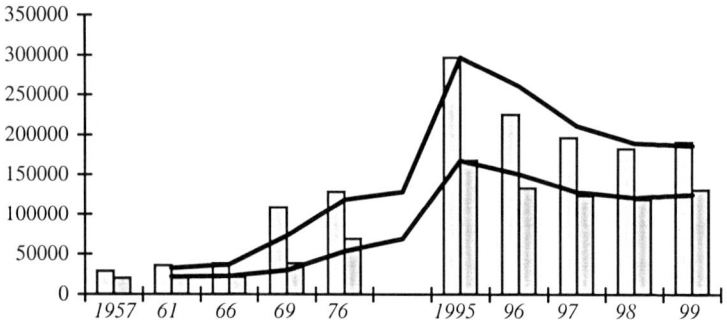

Die Kirchenaustritte sind jedoch nur die eine Seite der Zange, in die beide Amtskirchen geraten. Die andere Seite der Zange ist der rapide sinkende Anteil der Mitglieder der beiden Amtskirchen mit Bezug auf die Gesamtbevölkerung.

Übersicht 9:   Gesamtbevölkerung Bundesrepublik / Deutschland und Mitglieder der beiden großen Amtskirchen

Jahr	Bevölkerung	Kirchenmitglieder	%
1950	49.842.600	47.747.200	95,8
1961	56.174.800	53.511.700	95,3
1970	60.650.600	56.757.300	93,6
1980	61.538.000	52.817.000	85,8
1987	61.077.042	51.735.576	84,5

1989	62.063.000	51.878.000	83,6
1991	79.984.000	56.920.000	71,2
1996	81.896.000	55.192.000	67,4
1997	82.052.000	54.781.000	66,8
1998	82.029.000	54.253.000	66,1
1999	82.163.500	53.507.000	65,1

Quelle: Statistische Jahrbücher und Informationen der Bischofskonferenz und der EKD (1950, 1961, 1970, 1987 Basis = Volkszählungen)

Konnte 1950 und auch noch 1970 davon gesprochen werden, dass „so gut wie alle" (West-)Deutschen Mitglied einer der beiden großen Kirchen waren, ist dieser Anteil seitdem kontinuierlich gesunken und liegt gegenwärtig bei nur noch zwei Dritteln, mit weiter absinkender Tendenz.

Diese Tatsache ist bereits in der früheren Bundesrepublik deutlich sichtbar gewesen und ist nicht ausschließlich auf die 'religionsferne' Bevölkerung der ostdeutschen Länder zurückzuführen – sie hat sich durch die deutsche 'Wiedervereinigung' nur verstärkt. Die Unterschiedlichkeit der regionalen konfessionellen Bindung war auch bereits im alten Bundesgebiet vorhanden.

Übersicht 10: Bevölkerung und Religionszugehörigkeit / Bundesländer. Prozentualer Anteil der Konfessionen an der Bevölkerung, 1987

Bundesland	Evangelisch	Katholisch	Summe	Ohne/Andere
Saarland	21,7	72,7	94,4	2,5
Rheinland-Pfalz	37,2	54,5	91,7	4,1
Bayern	23,9	67,2	91,2	4,5
Baden-Württemberg	40,7	45,3	86,0	5,7
Niedersachsen	65,2	19,6	84,8	9,4
Nordrhein-Westfalen	35,2	49,4	84,6	6,6
Hessen	51,7	30,4	82,1	9,0
Schleswig-Holstein	73,3	6,2	79,5	14,8
Bremen	61,0	10,0	71,0	15,0
Berlin (West)	48,3	12,8	61,1	25,9
Hamburg	50,3	8,6	58,9	27,3
Bundesgebiet	*41,6*	*42,9*	*84,5*	*8,0*

Quelle: (Letzte) Volkszählung 1987, Bundesrepublik Deutschland, in: Statistisches Jahrbuch 1999, S. 61 (Die Differenzen der Quersummen auf 100 Prozent sind die Angehörigen anderer Konfessionen.)

Die Angaben der letzten (westdeutschen) Volkszählung (1987) zeigen zwischen den Bundesländern eine Spanne von 59 Prozent Konfessionsangehörigen in Hamburg bis 94 Prozent im Saarland. Nicht 'die Bayern' waren seinerzeit die 'Schwärzesten', sondern die Saarländer und die Rheinland-Pfälzer.

Deutlich wird insgesamt eine Nord-Süd-Verteilung (der Norden ist weniger mit den Kirchen verbunden) und der Einfluss der Stadt-Land-Orientierung. Die Stadtbewohner sind die 'Kirchenfernen' – so wie es früher hieß: 'Stadtluft macht frei'.

Wenn es nur diese beiden Faktoren der Kirchenaustritte und Verstädterung wären, brauchten die Finanzdirektoren der konfessionellen Steuerverbände nur bedingt nervös zu werden. Doch nicht nur die zahlenden Mitglieder werden weniger zahlreich, auch ein Ende der hohen Arbeitslosigkeit ist nicht abzusehen und immer mehr Kirchenmitglieder erreichen das Rentenalter – das heißt, die Zahl der Einkommensteuerpflichtigen (Maßstabsteuer) wird geringer und damit werden auch die Beitragszahler für die Kirchenlohnsteuer immer weniger.

Zudem sind die Kirchenmitglieder auch in anderer Hinsicht „überaltert". Es ist nicht nur die demographische Entwicklung der sinkenden Geburtenraten, sondern zusätzlich sinkt der Anteil der Zahl der getauften Kinder, und das sind die zukünftigen Kirchensteuerzahler. Eine Tatsache, die sich finanziell erst in den kommenden Jahrzehnten bemerkbar machen wird.

2.5. Kindertaufen / Kirchliche Trauungen

Wurden Anfang der sechziger Jahre noch rund 93 Prozent der Geborenen getauft, so ist der Anteil der getauften Kinder an den sowieso sinkenden Zahlen der Geburten inzwischen auf 63 Prozent abgesunken.

Übersicht 11: Kindertaufen in der Bundesrepublik / Deutschland

	Kindertaufen		Taufen	Geborene*)	
Jahr	*Evangelisch*	*Katholisch*	*Insgesamt*	*Insgesamt*	*%*
1961	442.400	494.900	*937.300*	1.012.687	*92,6*
1964	483.300	513.500	*996.800*	1.065.437	*93,6*
1966	475.843	500.200	*976.043*	1.050.129	*92,9*
1970	345.994	369.852	*715.846*	1.047.737	*68,3*
1976	217.249	249.821	*467.070*	602.851	*77,5*
1980	221.982	257.584	*479.566*	620.657	*77,3*
1986	231.535	264.752	*496.287*	625.963	*79,3*
1991	299.228	299.504	*598.732*	830.019	*72,1*
1994	265.141	269.025	*534.166*	769.603	*69,4*
1996	254.076	259.313	*513.389*	796.013	*64,5*
1997	255.646	262.891	*518.537*	812.173	*63,9*
1998	247.444	248.014	*495.458*	785.034	*63,1*

*Quellen: Statistische Jahrbücher der Bundesrepublik Deutschland.   *) Lebendgeborene*

Zusätzlich hat sich auch die Anzahl der kirchlichen Trauungen in den vergangenen dreißig Jahren (in absoluten und relativen Zahlen) auf weniger als die Hälfte reduziert. Während der Anteil der kirchlichen Trauungen – bezogen auf alle Eheschließungen in West-Deutschland – 1966 noch 78 Prozent betrug, hat er sich 1998 im Gesamt-Deutschland auf 34 Prozent der gleichzeitig absinkenden realen Zahl der Eheschließungen verringert.

Übersicht 12: Kirchliche Trauungen / Eheschließungen

	Kirchliche Trauungen			Eheschließungen	
Jahr	Evangelisch	Katholisch	Insgesamt		%
1961	205.900	217.500	423.400	529.901	79,9
1964	202.400	204.600	407.000	506.182	80,4
1966	190.900	188.900	379.800	484.525	78,4
1976	99.359	135.069	234.428	365.728	64,1
1986	93.800	110.470	204.270	372.112	54,9
1996	81.626	79.453	161.169	427.297	37,7
1997	76.781	73.781	150.562	422.776	35,6
1998	73.763	69.032	142.795	417.420	34,2

Quelle: Statistische Jahrbücher der Bundesrepublik Deutschland.

Der Trost: Die Kinder können ja noch immer später getauft werden und auch Eltern, die nicht kirchlich geheiratet haben, können ihre Kinder schließlich christlich erziehen, so dass sie später Mitglied in der Amtskirche werden – er basiert auf dem Prinzip Hoffnung.

Allein aufgrund der demographischen Entwicklung wird die Kirche „bis 2030 rund zwanzig Prozent ihrer Mitglieder und damit Einnahmen verlieren".[35] Damit würde sich der Anteil der Konfessionsmitglieder schon sehr der 50 Prozent-Marke nähern und sie möglicherweise unterschreiten, d.h. die Kirchenmitglieder werden hinsichtlich ihres Bevölkerungsanteils in die Minderheit geraten.

2.6. Trends zur Entwicklung des Kirchensteueraufkommens

Nur zwei Aspekte, die Verringerung der Arbeitslosigkeit und die Tarifabschlüsse, werden sich auf die Einnahmen aus der Kirchenlohnsteuer positiv auswirken.

Alle anderen Aspekte werden das Aufkommen verringern. Es wäre also nur konsequent, wenn die Kirchen in Schulterschluss mit den Gewerkschaften kämen, denn nur sie können für höhere Löhne = mehr Lohnsteuer = mehr Kirchensteuer streiten.

---

[35] So die evangelische Landeskirche Baden, zit. nach: *stern* Nr. 8, vom 17.2.2000 (Teilzeit-Pfarrer).

Am 9. Februar 2000 hat es bereits ein Spitzengespräch zwischen EKD, Bischofskonferenz und dem DGB-Bundesvorstand gegeben (konkreter Anlass: Schutz des Sonntags, Ladenschlussgesetz), in dem man vereinbarte, im Gespräch miteinander zu bleiben und gemeinsame Arbeitsgruppen zu bilden.[36]

Übersicht 13: Trends zur Entwicklung des Kirchensteueraufkommens

Aspekt	Trend	Kirchensteuer.
Bevölkerung	⇓	⇓
Kirchenmitglieder	⇓	⇓
Arbeitslosigkeit	⇓	⇑
Sozialhilfeempfänger	⇑	⇓
Zahl der Rentner	⇑	⇓
Zahl der Geburten	⇓	⇓
Kirchenaustritte	⇑	⇓
Anzahl der Taufen	⇓	⇓
Steuerreform / Steuerbelastung	⇓	⇓
Tarifabschlüsse	⇑	⇑

2.7. Gottesdienstbesuch

Doch es ist nicht nur die 'hedonistische Gesellschaft' (Kirchenaustritte, Materialismus, Geburtenziffern, ...) oder der Staat (Steuerreform, Sozialpolitik), die dies alles bewirken – ein weiterer Trend verweist auf eine gravierende innerkirchliche Problematik: Die stetig sinkende Zahl der Gottesdienstbesucher.

Übersicht 14: Gottesdienstbesuch

Jahr	Mitglieder	Gottesdienstbesucher	in Prozent d. Mitglieder
Katholische Kirche			
1960	24.710.000	11.895.000	48,1 %
1966	27.816.000	11.601.000	41,7 %
1970	27.190.000	10.159.000	37,4 %
1980	26.720.000	7.769.000	29,1 %
1985	26.308.000	6.800.000	25,9 %
1987	26.306.000	6.430.000	24,4 %
1989	26.746.000	6.092.000	22,8 %
1990	28.252.000	6.190.000	21,9 %
1992	28.128.000	5.654.000	20,1 %
1994	28.003.000	5.404.000	19,3 %
1996	27.533.000	4.957.000	17,4 %
1997	27.383.000	4.823.000	17,6 %
1998	27.154.000	4.633.000	17,1 %

---

[36] Pressemitteilung des Sekretariats der Deutschen Bischofskonferenz, vom 9.2.2000.

Evangelische Kirche (EKD)			
1994	28.197.000	1.284.000	4,55 %
1996	27.659.000	1.102.000	3,98 %
1997	27.398.000	1.080.000	3,94 %
1998	27.099.000	1.141.000	4,21 %

Quellen: Statistische Jahrbücher der Bundesrepublik Deutschland und Statistisches Bundesamt Deutschland: „Datenreport 1999. Zahlen und Fakten über die Bundesrepublik Deutschland", S. 173.

Selten gibt es eine so eindeutige und ununterbrochene Entwicklung nach unten: Nur noch jeder sechste Katholik (17,1%) und – gleich bleibend – jeder fünfundzwanzigste Evangelische (4%) fühlten sich 1998 der Amtskirche in Gestalt ihrer Gottesdienste noch innerlich verbunden.

*Diagramm 4: Katholische Gottesdienstbesucher
in Prozent aller Katholiken*

Diese Zahlen widersprechen der Auffassung der konfessionellen Amtsträger, ihre Gläubigen wollten nur die Kirchenlohnsteuer sparen, wenn sie aus der Kirche austreten.

Empirische Untersuchungen der katholischen Sozialwissenschaftlichen Zentralstelle Mönchengladbach verweisen sehr eindringlich auf die verborgene Problematik: „Die heute gängige Differenzierung zwischen (wenig bedeutsamer) Kirchlichkeit und (davon unabhängiger, wesentlicher) Religiosität und Moral, die auf eine Abwertung des regelmäßigen Gottesdienstbesuchs hinausläuft, ist aus sozialwissenschaftlicher Sicht ein Trugschluss. Die durch den Kirchgang beeinflusste Nähe oder Distanz zur

Kirche scheint vielmehr eine 'Schlüsselfrage' unterscheidbar christlichen Lebens zu sein."[37]

Kirchennahe Christen unterscheiden sich eindeutig in ihren Einstellungen zu Staat und Gesellschaft von den kirchenfernen Christen, die sich in enger Nachbarschaft zu den Konfessionslosen befinden. Unter anderem: „Kirchennahe Christen [haben] mehr Vertrauen zu den staatlichen Ordnungskräften und erklärten sich eher bereit, deren Einschreiten zu rechtfertigen und praktisch zu unterstützen. Diesen Einzelbefunden entspricht die Grundüberzeugung einer Dreiviertelmehrheit der kirchennahen Christen, dass 'unsere Gesellschaftsordnung, so wie sie jetzt (in der Bundesrepublik) ist, wert ist, verteidigt zu werden.'"[38]

Auch wenn die Kirchen als Bekenntnisgemeinschaft dagegen einwenden können, dass ihre Aufgabe nicht die funktionale Wertevermittlung von Staatstreue sei, sondern Glaubensmission und Seelsorge, gerät dadurch aber dennoch die Arbeitsteilung zwischen Staat und religiösen Körperschaften in eine derartige Schieflage, d.h. in ein kirchliches *Leistungsdefizit*, dass Politiker sich irgendwann einmal die Frage stellen werden müssen, ob die Kirchen ihre besondere Privilegierung und Finanzierung durch den Staat überhaupt noch 'verdienen'.

Allerdings steht einer solchen politischen Diskussion entgegen, dass in einer Allensbach-Umfrage (1995) auf die Frage „Finden Sie es richtig oder nicht richtig, dass in Deutschland der Staat die Kirchensteuer einzieht?" nur 33 Prozent der Führungskräfte der Wirtschaft das staatliche Inkasso für richtig erachteten, hingegen 66 Prozent der Führungskräfte in der Politik dies als richtig ansahen (Bevölkerung: 40 Prozent Zustimmung).[39]

In den demoskopischen Umfragen sind es besonders die Jüngeren, denen die konfessionellen Bekenntnisgemeinschaften als Orientierung immer weniger bedeuten.[40] In einer Gesellschaft, die sich in ihren Lebenschancen immer stärker 'individualisiert', in der jeder Einzelne sich nicht mehr als Teil einer überschaubaren Gemeinschaft verstehen kann, weil Flexibilität, Mobilität und Funktionalität gefordert sind, weil klare mentale Orientierungen – und damit Ein- und Ausgrenzungen – verloren gehen, verliert auch die Kirche im Zuge einer (scheinbaren) Liberalisierung

---

[37] Andreas Püttmann: *Leben Christen anders?* Befunde der empirischen Sozialforschung. Köln: Bachem, 1998, S. 13.

[38] Püttmann, *Leben Christen anders?*, S. 10.

[39] *Allensbacher Jahrbuch der Demoskopie*, 1993-1997, München: Sauer und Allensbach am Bodensee: Verlag für Demoskopie, 1997, S. 282.

[40] Vgl. dazu *Allensbacher Jahrbuch der Demoskopie* 1993-1997, Kapitel G: Kirche – Glaube – Aberglaube, S. 257 ff.

ihre Bindungsfähigkeit für den Einzelnen. Für eine geringer werdende Zahl der Bevölkerung, die zur Zeit etwa bei 20 Prozent liegt, wird die konfessionelle Orientierung als mentales 'Werteraster' wichtiger werden, für alle anderen ist die Kirche mit ihren Amtsträgern ein mentales 'Auslaufmodell'.

Und das wird sich auch in ihren Finanzen zeigen. Hat die Kirche also andere Einnahmequellen?

3. Weitere Kirchensteuern

Kirchgeld / Besonderes Kirchgeld in glaubensverschiedenen Ehen /
Einnahmen aus den weiteren Kirchensteuern /
Warum das Problem mit den Kirchensteuern?

Neben der Kirchenlohn- und -einkommensteuer, die im allgemeinen Sprachgebrauch als alleinige 'Kirchensteuer' verstanden wird, erheben die Kirchen noch weitere Steuern von ihren Mitgliedern: Kirchensteuern auf Grundbesitz und das Kirchgeld.

3.1. Kirchgeld

Das Kirchgeld ist eine staatlich genehmigte Abgabe (zwischen DM 3 bis 30 bzw. DM 6 bis 120 pro Jahr), die in den Gemeinden (als „Ortskirchensteuer") von allen Kirchenmitgliedern erhoben werden darf, deren jährliches Einkommen einen Mindestbetrag (z.B. DM 3.600 im Jahr) übersteigt. Begünstigte sind in diesem Fall nicht die Landeskirchen/ Diözesen, sondern die Kirchengemeinden.

3.2. Besonderes Kirchgeld in glaubensverschiedenen Ehen

Diese so genannte „Heidensteuer", die böses Blut und Streit zwischen Eheleuten aufwallen ließ, da z.B. ein Ehemann, der nicht Kirchenmitglied ist, für seine Ehefrau, die ohne Einkommen aber Mitglied der Kirche ist, in einigen Bundesländern von seinem Einkommen für die Ehefrau die Kirchenlohnsteuer zu bezahlen hat. Das Besondere Kirchgeld beträgt zwischen DM 216 bis 4.500 jährlich und wird in zehn Bundesländern für beide Kirchen von den Finanzbehörden eingezogen.

Als die evangelischen Landeskirchen in Westfalen, im Rheinland, in der Pfalz und in Oldenburg im Jahr 2000 und 2001 ebenfalls diese „Gerechtigkeitslücke" schlossen (mit den aktualisierten Beträgen DM 180 bis 7.200), gaben sie Merkblätter und Informationen heraus, in denen sie dieses Besondere Kirchgeld erläuterten und verteidigten: „Auf diesem Wege soll eine Gerechtigkeitslücke geschlossen werden und in der allgemein angespannten Finanzlage eine zusätzliche Einnahmequelle erschlossen werden."[41]

---

[41] http://www.ekvw.de/aktuell/presse (25.10.2000)

Von allen zusammen lebenden Paaren sind dabei nur die verheirateten Ehepaare die Betroffenen – wenn sie den finanziellen Vorteil der gemeinsamen Steuerveranlagung in Anspruch nehmen. Mit anderen Worten: Die kirchlichen Steuerverbände haben nur einen Zugriff auf diejenigen Paare, die sich unter den christlich begründeten staatlichen Schutz und die Förderung von Ehe und Familie stellen.

Aufgrund des vergleichsweise geringen Aufkommens ist die katholische Kirche klug beraten, das „Besondere Kirchgeld in glaubensverschiedenen Ehen" 2000/2001 in den fünf Bundesländern nicht 'paritätisch parallel' einzuführen, da die Beträge in der Größenordnung unerheblich sind und nicht nur der Finanzdirektor der Erzdiözese Köln befürchtet, dass der konfessionslose Ehemann seine katholische Frau und die katholisch getauften Kinder eher bedrängen wird, aus der Kirche auszutreten, als dass er dieses Zwangsgeld für sie bezahlen wird.

3.3. Einnahmen aus den weiteren Kirchensteuern

Die Einnahmen aus dem Kirchgeld und der Kirchensteuer auf Grundbesitz, die von den Kirchen selber erhoben werden, sind aus finanzieller Sicht nicht sehr bedeutend.

Betrug der Anteil des Aufkommens aus dem sonstigen Kirchensteueraufkommen plus Kirchgeld am gesamten Kirchensteueraufkommen der EKD 1953 noch 6,6 Prozent, sank er (trotz eigener Steigerung) bis 1964 auf 4,8 Prozent, lag dann 1968 bei 2,8 Prozent, um 1987 bei 0,28 Prozent und schließlich im Jahre 1999 bei 0,59 Prozent Anteil am Gesamtsteueraufkommen der Evangelischen Kirche angekommen zu sein.

Übersicht 15: Kirchenlohn- und -einkommensteuer, weitere Kirchensteuern und Kirchgeld im Bereich der Evangelischen Kirche in Deutschland (EKD)

Jahr	Kirchensteuern auf Einkommen	Weitere Ki.Steuern	Kirchgeld	Weitere Ki.St + Kirchgeld Summe	%
1953	336.019.000	14.999.000	8.562.000	23.561.000	6,6
1954	365.590.000	15.730.000	9.137.000	24.867.000	6,4
1955	385.763.000	15.051.000	10.800.000	25.851.000	6,3
1956	486.585.000	20.226.000	12.665.000	32.891.000	6,3
1957	500.057.000	22.172.000	14.030.000	36.202.000	6,8
1958	533.382.000	23.950.000	15.043.000	38.993.000	6,8
1959	637.205.000	31.982.000	17.532.000	49.514.000	7,2
1961	987.843.000	31.496.000	25.200.000	56.696.000	5,4
1962	1.126.041.000	38.310.000	27.553.000	62.683.000	5,3
1963	1.245.744.000	37.585.000	29.530.000	67.115.000	5,1
1964	1.370.543.000	39.052.000	29.967.000	69.019.000	4,8
1965	1.424.265.000	25.903.000	28.106.000	54.009.000	3,7
1966	1.600.531.000	25.469.000	43.174.000	68.643.000	4,1

1967	1.601.155.000	26.109.000	45.881.000	*71.990.000*	*4,3*
1968	1.719.875.000	19.337.000	30.440.000	*49.777.000*	*2,8*
1977	4.193.004.000	4.238.000	11.634.000	*15.872.000*	*0,38*
1985	5.549.198.000	3.188.000	14.733.000	*17.921.000*	*0,32*
1986	5.792.009.000	3.527.000	14.489.000	*18.016.000*	*0,31*
1987	6.226.863.000	3.365.000	14.521.000	*17.886.000*	*0,29*
1988	6.440.444.000	3.308.000	14.463.000	*17.771.000*	*0,28*
1989	6.763.273.000	3.563.000	15.495.000	*19.058.000*	*0,28*
1990	6.516.235.000	3.536.000	15.347.000	*19.031.000*	*0,29*
1991	7.583.969.000	3.263.000	33.283.000	*36.546.000*	*0,48*
1992	8.388.420.000	4.070.000	34.558.000	*38.628.000*	*0,46*
1993	8.346.250.000	4.025.000	35.277.000	*39.302.000*	*0,47*
1994	8.196.448.000	3.212.000	35.000.000	*38.212.000*	*0,46*
1995	8.340.573.000	2.990.000	38.573.000	*41.563.000*	*0,50*
1996	7.903.548.000	3.026.000	38.643.000	*41.669.000*	*0,52*
1997	7.563.986.000	3.493.000	39.805.000	*43.298.000*	*0,57*
1998	7.752.452.000	3.275.000	41.944.000	*45.219.000*	*0,58*
1999	8.226.589.000	4.121.000	44.603.000	*48.724.000*	*0,59*

Quellen: 1953-1965 (ohne Berlin-West): Kirchliches Jahrbuch für die Evangelische Kirche in Deutschland, 1966-1968 (mit Berlin-West): Kirchenstatistisches Amt der Evangelischen Kirche in Deutschland. Beides zitiert nach: Klaus Martens: „Wie reich ist die Kirche", München, 1969, S. 34-35. (1960 fehlt, da „Rumpfjahr" 1.4.-31.12.1960) 1985ff.: Statistisches Jahrbuch der Bundesrepublik Deutschland und Statistik des Kirchenamtes der EKD. (Ab 1991 Deutschland insgesamt.)

Summierten sich diese Einnahmen für die Evangelische Kirche 1953 noch auf DM 23,6 Millionen, stiegen sie zwar für 1967 auf 72 Millionen, um dann aber 1977 auf 16 Millionen abzusinken – also sogar noch unter das Aufkommen von 1953 – und 1990/1991 wieder auf diesem Niveau von 1953 angekommen zu sein: Was nach Inflationsraten, Lohnsteigerungen und Kaufkraftverlust real aber nur etwa ein Fünftel des Aufkommens von 1953 bedeutet.

Die evangelischen Zahlen lassen sich in der Tendenz auch auf die katholischen Bistümer übertragen. Ihre Quote ist allerdings noch geringer und beläuft sich auf nur 0,07 Prozent ihrer Einnahmen aus der Kirchensteuer auf Einkommen.

Übersicht 16: Das katholische Kirchensteueraufkommen (in TDM)

	1997	*%*	*1998*	*%*
Kirchenlohnsteuern	7.846.733	99,92	8.147.631	99,93
Sonstige Kirchensteuern	6.357	0,08	5.880	0,07
Insgesamt	*7.853.270*	*100*	*8.153.511*	*100*

Quelle: Statistisches Jahrbuch der Bundesrepublik Deutschland, 1999.

Die Verringerung dieser Einnahmen, die nicht durch staatliche Stellen eingezogen werden, verweist auf die besondere emotionale und juristische Problematik von Kirche und Geld.

Während die meisten Mitglieder der Kirchen sich anscheinend an das automatische Abzugsverfahren der Kirchenlohnsteuer bei der Lohn- und Gehaltsabrechnung gewöhnt haben – was man nicht bekommt, vermisst man auch nicht, und nur etwa 40 Prozent aller Kirchenmitglieder wissen, wie viel Kirchensteuer ihnen vom Lohn abgezogen wird –, reagieren sie empfindlicher und ablehnender, wenn sie es 'zwangsweise' direkt bezahlen sollen. „Jahr um Jahr habe die Kirche Gerichtsvollzieher losschicken müssen, um die meist nur kleinen Beträge eintreiben zu lassen. Einen Gerichtsvollzieher zu schicken, widerspricht dem Wesen der Kirche."[42] Also verzichtete man weitestgehend auf diese Einnahmen, die man selber „eintreiben" muss und setzte lieber auf das eingezogene Kirchgeld. Auffallend ist dabei die Entschlossenheit im evangelischen Bereich, diese zu den Kirchensteuern auf Einkommen marginalen Summen einzuziehen.

Diagramm 5: Weitere Kirchensteuern in der EKD, 1953 bis 1999

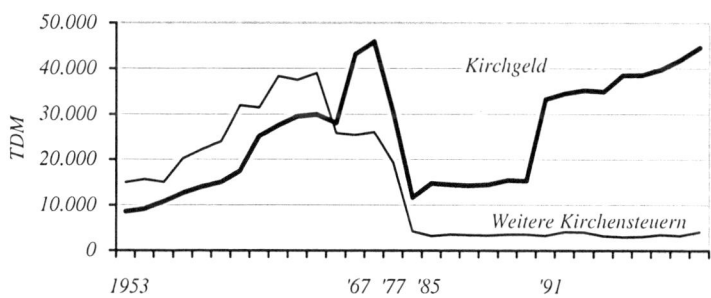

Was kommt nun insgesamt an Kirchensteuern zusammen?

Übersicht 17: Kirchenlohnsteuer, weitere Kirchensteuern und Kirchgeld (in DM)

	1998		
	Evangelisch (EKD)	*Diözesen*	*Insgesamt*
Lohnki.St.	7.752.452.000	8.147.631.000	15.900.083.000
Weitere KiSt.	45.219.000	5.880.000	51.099.000
Summe	*7.797.672.000*	*8.153.511.000*	***15.951.182.000***

---

[42]   So 1968 der Propst der Propstei Pinneberg, zitiert nach Martens, *Wie reich ist die Kirche?*, S. 56.

1999		
Lohnki.St.	8.226.589.000	8.657.909.000	16.893.155.909
Weitere KiSt.	48.724.000	2.569.000	51.293.000
Summe	*8.275.313.000*	*8.660.479.000*	*16.944.448.909*

Quelle: Statistische Jahrbücher 1999, 2000

Es sind für 1999 insgesamt DM 16.944.448.909. In Kurzfassung: 17 Milliarden Mark, wobei die katholischen Diözesen, die manchmal immer noch den Eindruck erwecken, als seien die Katholiken in Deutschland in der Minderheit, DM 385 Millionen mehr Einnahmen verbuchen können als die evangelischen Landeskirchen.

Exkurs: Warum das Problem mit den Kirchensteuern?

Frage: Wie wird man Mitglied in diesen Körperschaften? Antwort: Ganz einfach. Das besorgen die Eltern mit der Taufe. Und nach dem kanonischen Recht (Can. 849 CIC, „untilgbares Prägemal") kann ein Mensch, einmal getauft, auch nie wieder austreten. Die Taufe und damit die Mitgliedserklärung ist ein massiver und verfassungswidriger Eingriff in das bürgerliche Grundrecht jedes Neugeborenen auf Glaubensfreiheit!

Diese Auffassung können Sie zwar privat haben, juristisch ist das Vorgehen aber in Ordnung, denn die bürgerlichen Rechte verlieren an der Kirchentür ihre Gültigkeit. Alle Landesverfassungsgerichte und auch das Bundesverfassungsgericht stellen zwar einstimmig fest, dass es nicht ihre Aufgabe und ihr Recht sei, sich in innerkirchliche Fragen einzumischen, erklären aber gleichzeitig die Taufe als zulässige Aufnahmeerklärung in die Kirche, da die Eltern im Rahmen ihrer Personensorge für das Kind handeln.[43] Und: „Die Taufe von Säuglingen erscheint als besonders sachgemäß, weil an ihr der reine Geschenkcharakter des zugeeigneten Heils sichtbar wird."[44]

In der Formulierung des Steuerreferenten im Kirchenamt der EKD klingt das sachbezogener[45]: Die Kirchensteuerpflicht beginnt mit der Taufe, und zwar „beginnend mit dem ersten Tag des Kalendermonats, der dem Ereignis der Taufe folgt. Dies bezieht auch das getaufte Kind ein, welches beim Taufakt durch die Eltern/Paten wirksam vertreten wurde. Erzielt ein Kind nunmehr einkommensteuerpflichtige Einkünfte, weil es z.B. im Alter von drei Jahren ein Mietshaus geerbt hat, wird es neben der

---

[43] Vgl. Bundesverfassungsgericht: KirchE, 12, 101.
[44] EKD-Text: *Taufe und Kirchenaustritt*, II. Zum Verständnis der Taufe. (Juni 2000).
[45] EKD-Text: *Die Kirchensteuer*. Eine kurze Information, von Jens Petersen, Steuerreferent im Kirchenamt der EKD, Kapitel 4, S. 5, unter: http://www.ekd.de/EKD-Texte/steuer (Diese 'kurze' Information ist übrigens 58 Seiten lang.)

Einkommensteuer auch zur Kirchensteuer veranlagt. Diese Fälle sind jedoch selten."

Kirche ist zwar kein rechtsfreier, aber ein rechtseigener Raum und solange ein Mensch jung ist, ein juristisch unbefragter Raum, in dem einiges passiert: Gottesdienste, Bibelstunden, Pfadfinder, Konfirmations- und Kommunionsunterricht, schließlich Konfirmation/Kommunion, zu der es einiges an Geschenken gibt – nach kirchlicher Tradition ist man jetzt volljährig – und dann beginnt der Mensch zu arbeiten und zahlt plötzlich Kirchensteuern: Für alles, was es bisher umsonst gab, soll man plötzlich bezahlen. Kein Problem: Sie können ja schließlich austreten.

Damit ist allerdings ein emotionaler Themenkreis berührt, den wir einmal ironisch betrachten wollen: Was bedeutet der Austritt, d.h. der Verlust der konfessionellen Mitgliedschaft? Die 'Hochzeit in Weiß' – das Traumkleid und der Höhepunkt jeder Mode-Kollektion – und dann die Taufe der Kinderlein mit Orgelklang und der Täufling im Spitzenhemdchen, wenn er dann so niedlich schreit, falls das Taufwasser nicht angewärmt wurde... – alles das gibt es dann nicht mehr! (Tränen, Schluchzen!) Oh, nein, besser: Ja. Von der Wiege bis zur Bahre: Christliche Talare.

Aber nur dafür, dass die Eltern einen als hilflosen Säugling (der das Tauf-Geschenk nicht ablehnen konnte) in die Kirche getragen haben, und weil es unbedingt das Hochzeitsfoto mit dem weißen Brautkleid sein sollte, werden die Amtshandlungen gut honoriert. 1997 hat es im Bereich der EKD insgesamt 1.047.515 'Amtshandlungen' mit Talar gegeben (Taufen, Konfirmationen, Trauungen [x 2] und Bestattungen). Rechnet man die Kirchensteuer auf diese einzelnen kirchlichen Feierlichkeiten um, ergeben sich DM 7.585,10 pro teilnehmender Person. Im katholischen Sektor gibt es das auch nicht billiger, im Gegenteil, dort kostet es DM 7.882,37. Aber: Auf alles das Stimmungsvolle (sind die Kirchensteuern eine Art Gutes-Empfinden-Versicherung oder Beiträge für eine Event-Agentur?) soll man wegen der paar Mark im Monat verzichten?

Legen wir einmal modellhaft zu Grunde, dass ein Lohnempfänger mit DM 3.321 brutto im Monat DM 43,70 pro Monat an Kirchenlohnsteuer bezahlt, dann sind das DM 14,90 pro Woche oder eine dreiviertel Arbeitsstunde pro 38-Stunden-Woche – für die bekommt er pro Stunde DM 20,90 brutto. Hochgerechnet sind das 37 Stunden pro Jahr und in 50 Arbeitsjahren kommen 1.863 Arbeitsstunden zusammen, was zurück gerechnet 49 Wochen bedeutet, also (einschließlich Urlaub) rund ein Jahr. Mit anderen Worten: Ein ganzes Jahr seines Lebens arbeitet ein kirchengläubiger Mensch nur für seine Kirchensteuer.

Könnte man dieses Jahresgehalt nun sparen und dafür wirklich auf die Hochzeit in Weiß und eine kirchliche Beerdigung verzichten? Das tun nun allerdings schon einige, seit Ende der sechziger Jahre die Kirchenaustrittswelle anschwoll. So begannen auch innerkirchlich konkrete Überlegungen von kirchenamtlichen akademischen Vordenkern, was man dagegen tun könne.

4. Kirchensteuerreform

*Probleme des gegenwärtigen Kirchensteuersystems /
Kirchensteueraufkommen der Landeskirchen und Diözesen /
Personalkosten / Europäische Regelungen / Steuerreform /
Andere mögliche Berechnungen der Kirchensteuern*

„Über mindestens zwei Jahrzehnte hinweg unkten die Kirchen in internen Verlautbarungen, das Steueraufkommen werde aufgrund von Steuerreformen und/oder Kirchenaustritten etc. zurückgehen. Stets hatten sich die Prognosen als falsch erwiesen. [...] Wegen des falschen Alarms vielfach sorglos geworden, traf die katastrophale Finanzentwicklung den kirchlichen Apparat seit Anfang der 90er Jahre umso härter."[46]

Der relative Rückgang der Zuwachsraten hatte bereits 1984 differenzierte Überlegungen innerhalb der Wissenschaftler der evangelischen Kirche ausgelöst, die für einen Außenstehenden verblüffend sind, wenn man sich vergegenwärtigt, dass ein Mann der Kirche diese Überlegungen anstellt und öffentlich vorträgt.

4.1. Probleme des gegenwärtigen Kirchensteuersystems

Während der Titel des Beitrages noch nichts Seltsames verheißt: „Probleme und Möglichkeiten bei der Ausgestaltung eines Kirchensteuersystems aus theologischer und ökonomischer Sicht"[47], sind die Überlegungen ein Beispiel dafür, wie der Funktionär des konfessionellen Steuerverbandes nicht nur dem Staat, sondern auch den Mitgliedern der Bekenntnisgemeinschaft vorwirft, sie würden die Religionsgesellschaft zu wenig fördern.

Zuerst wird sachlich die „Anbindung der Kirchensteuer an die Einkommensteuer" beschrieben, dann wird das Problem behandelt, „dass sich jegliche Bestimmung und Änderung der staatlichen Einkommensteuer auch auf die Kirchensteuer auswirkt". Dadurch kommt es zu „einer unbefriedigenden und kirchlicherseits nur schwer zu rechtfertigenden ungleichen Verteilung der kirchlichen Finanzlast auf die Mitglieder der

---

[46] Besier, *Konzern Kirche*, S. 22.
[47] von Dieter Kleinmann, S. 919-944, in: Wolfgang Lienemann (Hg.): *Die Finanzen der Kirche*, Forschungen und Berichte der Evangelischen Studiengemeinschaft, Band 43, München, 1989. (Der Autor ist studierter Theologe und Ökonom, müsste also eigentlich mit *beiden* Beinen im Thema stehen.)

Kirche". Aber dann kommt Punkt für Punkt heraus, wo die Probleme liegen. Aufgrund der staatlichen Ausgestaltung der Einkommensteuer:

* sind es nur 40 v.H. aller Kirchenmitglieder, die fast den gesamten Finanzbedarf der Amtskirchen zu tragen haben.

40 Prozent!? Da die Kirchensteuer als Zuschlagsteuer an die Einkommensteuer gekoppelt ist, wäre die tatsächliche Bezugsgröße die kirchenzugehörigen Einkommensbezieher. Mit dem Bezug auf *alle* Kirchenmitglieder (vom Säugling bis zum Greis) sinkt dieser Prozentsatz auf solche geringen Anteile. Und im übrigen wird, wie wir bald auf der Basis von Finanzangaben der konfessionellen Steuerverbände sehen werden, der „gesamte Finanzbedarf der Amtskirchen" nicht nur durch die Kirchensteuereinnahmen gedeckt.

Zu dem Teil der Erwerbstätigen, „die nicht oder – falls überhaupt – nur in bescheidenem Umfang zur Einkommensteuer und damit auch zur Kirchensteuer herangezogen werden", gehören:

* jene Forst- und Landwirte, die gesetzlich nicht verpflichtet sind, Bücher zu führen – „wobei die für die Einkommensermittlung relevanten Tatbestände nur unbefriedigt aufgezeigt und berücksichtigt werden".
* Durch Freibeträge oder Abschreibungsmöglichkeiten können Bezieher hoher Einkommen ganz oder jahrelang steuerfrei bleiben.
* Renten, Pensionen und andere Versorgungsbezüge, die (1986) unter DM 3.187,15 bleiben, sind steuerfrei – also fällt auch keine Kirchensteuer an.
* Kinderreiche Familien haben so hohe Kinderabzugsfreibeträge, dass für die Berechnung der Kirchensteuer kaum noch etwas übrig bleibt.
* Die Abzugsfähigkeit von Spenden und Mitgliedsbeiträgen an politische Parteien ist befremdlich: „Für die Staatssteuer mögen diese Regelungen durchaus ihre Berechtigung haben, aber aus kirchlicher Sicht ist schwer zu verstehen, dass die Zuwendungen an Parteien automatisch zu einer Minderung der Kirchensteuer führen."

Fazit: „Die hohe Zahl derer, die infolge der Anhängung der Kirchensteuer an die Einkommensteuer nicht zum Finanzbedarf der Kirchen beitragen, kann insofern nicht befriedigen."[48]

Jahrelang gab es erhebliche Zuwächse der Kirchensteuer durch die Lohnzuwächse, die in die höhere Steuerprogression wanderten und nicht nur dem Staat, sondern auch den Kirchen Einnahmen mit Steigerungsraten bescherten, die über denen der Realeinkommen der Erwerbstätigen lagen. „Während die Löhne und Gehälter im gesamten Bundesgebiet von

---

[48] Kleinmann, Probleme und Möglichkeiten..., in: Lienemann (Hg.), *Die Finanzen der Kirche*, S. 919-925.

1950 bis 1963 um etwa 155 Prozent zunahmen und gleichzeitig die Lebenshaltungskosten um rund 30 Prozent stiegen, zeigt das Aufkommen aus der Kirchensteuer eine Steigerung von etwa 650 Prozent."[49] Darüber hat sich bisher meines Wissens kein Amtsträger der Kirche beschwert. Ganz im Gegenteil. 1968 hat Erzbischof Dr. Joseph Höffner schon beklagt, „er habe in der Geschichte der Menschheit noch nie ein Volk gesehen, das einen so geringen Anteil des Volkseinkommens für das Sakrale übrig gehabt hat wie die moderne Wohlstandsgesellschaft. [...] Für Zigaretten und Tabakwaren sind 9,7 Milliarden D-Mark ausgegeben worden. An Kirchensteuern sind dagegen für sämtliche Bistümer Deutschlands 1,2 Milliarden D-Mark gezahlt worden."[50]

Was offensichtlich nur den Schluss zulässt, dass Tabak rauchen süchtiger macht oder genussvoller ist als Kirche und Weihrauch – oder sollte das deutsche Volk sich endlich einmal schämen und Buße tun? Das geht allerdings nicht mehr, da der evangelische Buß- und Bettag mittlerweile abgeschafft wurde – außer in Sachsen, wo sich die evangelische Bevölkerung schon immer gegen den (ehemals katholischen) Staat behauptete. Da es inzwischen genügend dieser legalen Drogen in Deutschland zu kaufen gibt, ist historisch damit auch das Wort von Karl Marx widerlegt, „Religion sei das Opium des Volkes". Das ist heute wohl eher, neben Schnaps und Zigaretten, das Fernsehen. (Nebenbei bemerkt sind die beiden Bezugsgrößen Tabaksteuer – d.h. alle verkauften Zigaretten und Zigarren, d.h. alle rauchenden Deutschen und Touristen – und die kirchensteuerzahlenden römisch-katholischen Kirchenmitglieder wohl kaum miteinander zu vergleichen.)

Auch eine andere Argumentation wird, als evangelische Variante, gerne geäußert: „Wie schon in früheren Jahren wird erneut ausdrücklich darauf hingewiesen, dass sich im Vergleich über einen längeren Zeitraum hinweg die Einnahmen an Kirchenlohn- und -einkommensteuern in der EKD bei weitem nicht in dem Ausmaß erhöht haben wie Lohn- und die veranlagte Einkommensteuer im Bundesgebiet." 1966 bis 1986 stieg die Lohn- und veranlagte Einkommensteuer um das Fünffache – von 35 Milliarden auf 182 Milliarden –, der Kirchenlohn- und Einkommensteueranteil der EKD hingegen nur um das Dreieinhalbfache: von 1,6 Milliarden auf 5,8 Milliarden.[51]

Als ob es eine Tröstung wäre, dass „der Staat" seinen Bürgern mehr aus der Lohntüte zieht, als die Kirche es bei ihren Mitgliedern vermag.

---

[49] Martens, *Wie reich ist die Kirche?*, S. 38.
[50] Katholische Nachrichten Agentur, August 1968.
[51] *Kirchliches Jahrbuch* für die Evangelische Kirche in Deutschland, 1986, S. 127f.

Wenn Vertreter der Kirche eine solche Mentalität vertreten, dabei zutiefst misstrauisch, dass die Kundschaft freiwillig genügend herausgeben würde, um sie anständig zu bezahlen, neidisch gegenüber der Parteienfinanzierung, die man, Gott bewahre!, nicht in Frage stellt, nur getrieben von der Überlegung, wie man für die „Gegebenheiten volkskirchlicher Aufgaben" – was immer das sein mag – das entsprechende Geld auftreiben kann, dann wird darin ein Anspruchsdenken von Amtsträgern deutlich, dem eine christliche Gemeinschaftsmoral abhanden gekommen zu sein scheint.

Diese einseitige Betrachtung der Kirche als Steuerverband und die der Gläubigen als Kirchensteuerzahler verweist exakt auf die innerkirchliche Problematik der immer schwächeren Bindungen der Mitglieder als Bekenntnisgemeinschaft. Bleiben wir in der Logik des Steuerverbandes, so verdeutlicht eine genauere Übersicht hinsichtlich Anzahl der Kirchenmitglieder, der Höhe des Kirchensteueraufkommens und die Umrechnung auf das Pro-Kopf-Aufkommen ansatzweise, wo, neben der sinkenden Zahl der Kirchenmitglieder, die Probleme liegen.

4.2. Kirchensteueraufkommen der Landeskirchen und Diözesen

In der Reihenfolge (Rangplatz) des Pro-Kopf-Aufkommens und der Eindeutigkeit, mit der alle ostdeutschen Landeskirchen auf den unteren Plätzen rangieren, verweist es auf die drei Faktoren Arbeitslosigkeit, Altersaufbau (viele Jugendliche und viele Rentner ohne steuerpflichtiges Einkommen) und die Einkommensverteilung.

Übersicht 18: Kirchenmitglieder / Kirchensteueraufkommen: Gesamt / Pro Kopf der Evangelischen Landeskirchen, 1997 / 1998

Landeskirche	Kirchenmitglieder		Kirchensteuer		DM pro Kopf	
Württemberg	2.402.000	4	896.940.000	2	373	1
Hessen und Nassau	1.944.000	9	733.710.000	6	368	2
Hannover	2.282.000	6	831.729.000	5	364	3
Rheinland	3.114.000	1	1.127.857.000	1	362	4
Lippe	213.000	19	66.096.000	15	310	5
Bayern	2.707.000	3	836.731.000	4	309	6
Westfalen	2.817.000	2	854.911.000	3	303	7
Braunschweig	469.000	16	142.198.000	12	303	8
Baden	1.369.000	7	404.325.000	8	295	9
Pfalz	660.000	12	183.884.000	11	279	10
Kurhessen-Waldeck	1.028.000	10	263.655.000	10	256	11
Nordelbien	2.364.000	5	593.965.000	7	251	12
Schaumburg-Lippe	67.000	24	16.810.000	21	251	13
Reformierte Kirche	202.000	20	48.555.000	19	240	14
Oldenburg	493.000	15	115.541.000	13	234	15
Bremen	271.000	17	61.173.000	16	226	16

Berlin-Brandenburg	1.344.000	8	300.287.000	9	223	17
Mecklenburg	244.000	18	34.189.000	20	140	18
Sachsen	1.021.000	11	126.868.000	14	124	19
Schles. Oberlausitz	72.000	22	8.569.000	23	119	20
Anhalt	70.000	23	7.931.000	24	113	21
K.provinz Sachsen	585.000	14	61.078.000	17	104	22
Thüringen	534.000	13	48.581.000	18	91	23
Pommern	138.000	21	9.035.000	22	65	24
*Insgesamt *)*	*27.398.000*		*7.797.672.000*		*283*	

Quellen: Statistische Jahrbücher 1997 und 1999 aufgrund der Angaben der Evangelischen Kirche in Deutschland (EKD). Eigene Umrechnung pro Kopf.
*) Alle Kirchensteuern, einschl. Militärseelsorge (einbehaltene Kirchenlohnsteuern der Soldaten und Soldatinnen: DM 23.055.000)

Übersicht 19: Kirchenmitglieder / Kirchensteueraufkommen: Gesamt / Pro Kopf der Diözesen Deutschlands, 1997 / 1998

(Erz-)Diözesen	Kirchenmitglieder		Kirchensteuer		DM pro Kopf	
Limburg	734.000	15	287.262.000	13	391	1
Köln	2.332.000	1	902.449.000	1	387	2
München und Freising	1.930.000	5	706.986.000	2	366	3
Mainz	833.000	13	304.944.000	11	366	4
Rottenburg-Stuttgart	2.058.000	4	679.950.000	3	330	5
Aachen	1.247.000	10	400.838.000	8	321	6
Essen	1.054.000	11	329.759.000	10	313	7
Paderborn	1.828.000	6	565.372.000	6	309	8
Speyer	645.000	17	193.058.000	16	299	9
Münster	2.094.000	3	621.187.000	5	297	10
Freiburg	2.174.000	2	623.498.000	4	287	11
Hamburg	408.000	23	116.815.000	21	286	12
Berlin	419.000	22	118.748.000	20	283	13
Bamberg	814.000	14	224.711.000	15	276	14
Fulda	455.000	20	125.326.000	19	275	15
Hildesheim	705.000	16	184.545.000	17	262	16
Würzburg	905.000	12	235.135.000	14	260	17
Trier	1.669.000	7	428.313.000	7	257	18
Eichstätt	455.000	21	114.399.000	22	251	19
Augsburg	1.558.000	8	388.304.000	9	249	20
Osnabrück	584.000	18	133.440.000	18	229	21
Regensburg	1.338.000	9	286.276.000	12	214	22
Dresden-Meißen	176.000	26	33.633.000	24	191	23
Passau	543.000	19	103.268.000	23	190	24
Görlitz	50.000	27	6.571.000	27	131	25
Erfurt	187.000	25	20.745.000	25	110	26
Magdeburg	190.000	24	17.979.000	26	95	27
*Insgesamt *)*	*27.383.000*		*8.153.511.000*		*298*	

Quellen: Statistische Jahrbücher 1997 und 1999 aufgrund der Angaben der Steuerkommission des Verbandes der Diözesen Deutschlands
*) Alle Kirchensteuern (nach Abzug der Verwaltungskostenabgabe)

Die typische West-Ost-Verteilung in den Rangplätzen des Pro-Kopf-Aufkommens ist bei den katholischen Diözesen (erwartungsgemäß) die gleiche wie bei den evangelischen Landeskirchen. Da die Betrachtung dieser
Aspekte hier nicht weiter vertieft werden soll, nur noch drei Bemerkun-
gen.

- Die 'Anprangerung', dass die Erzdiözese Köln die reichste in
  Deutschland sei, stimmt so nicht, da sie die größte Mitgliederzahl aller
  deutschen Diözesen organisiert und entsprechend die höchsten Einnahmen hat. Die 'reichste' Diözese ist Limburg, mit dem besten Pro-
  Kopf-Einkommen von DM 391.
- Die Kirchenleitungen sollten sich die Landeskirchen Württemberg,
  Hessen/Nassau, Lippe und Braunschweig, sowie die Diözesen Limburg und Mainz genauer betrachten, da sie, bezogen auf ihre Mitgliederzahl ein deutlich besseres Kirchensteueraufkommen verbuchen
  können als die anderen Landeskirchen und Diözesen.
- Legt man die Angabe zugrunde, dass (in den westlichen Bundesländern) nur 40 Prozent der Kirchenmitglieder tatsächlich Kirchensteuern
  bezahlen, dann sind die Pro-Kopf-Werte jeweils mit 2,5 zu multipli-
  zieren. In Württemberg zahlt dann das zahlende evangelische Mitglied
  im Schnitt DM 932 pro Jahr.

Wofür werden diese Einnahmen aus der Zuschlagsteuer nun überwiegend
ausgegeben? Oder anders gefragt: Gibt es Ausgaben, die ein strukturelles
Problem der Finanzlage beider Kirchen sind?

4.3. Personalkosten

Für wen oder was ist die Kirche als Organisation wichtig? Erst einmal,
wie bei allen Organisationen, ist sie wichtig für diejenigen, die in ihr
arbeiten und mit dieser Arbeit ihren Lebensunterhalt verdienen (*Selbstzweck*). Zum Zweiten ist sie denen wichtig, für die eine Organisation
vorgibt, Gutes oder Notwendiges zu tun *(Aufgabe)*. Und drittens: welchen
Anteil hat sie als Organisation in einer arbeitsteiligen Gesellschaft *(Funktion)*. Wenn nun 55-80 Prozent der Einnahmen für das eigene Personal
ausgegeben werden,[52] ist der Selbstzweck der primäre.

Mit der Argumentation: „Seelsorge ist Dienst am Menschen und wird
entsprechend personalintensiv betrieben",[53] wird damit jedoch jede Perso-
nalausgabe *und Baumaßnahme* der Kirche in einen seelsorgerischen Zusammenhang gestellt – was allerdings m.E. nicht zu verstehen ist, denn
beispielsweise Dienstwohnungen und Kirchenbauten, so wichtig sie sind,

---

[52] So z.B. „zwei Drittel" in Nichtweiß (Hrsg.), *Hat die Kirche unser Geld verdient*, S. 10.
[53] Nichtweiß (Hrsg.), *Hat die Kirche unser Geld verdient*, S. 12

bedeuten nicht automatisch Seelsorge. Und inwieweit die Kirchenleitungen noch seelsorgerisch tätig sind, das mag jeder selber beurteilen.

Der Generalvikar des Erzbischofs von Köln hat hinsichtlich der Personalkosten für die Erzdiözese Köln 1993 differenzierte Zahlen vorgelegt. „Etwa 55 Prozent der Kirchensteuereinnahmen des Erzbistums Köln dienen der unmittelbaren oder mittelbaren Finanzierung von Personalkosten. In finanzschwächeren Bistümern dürfte dieser Anteil etwas höher liegen. Überraschend ist dann allerdings, dass nur 13,6 Prozent der Mitarbeiter (ca. 6.500) ausschließlich aus Kirchensteuermitteln bezahlt werden."[54] Die weiteren Prozentangaben des Generalvikars und meine eigene Umrechnung der aus Kirchensteuer-/staatlichen Geldern bezahlten Mitarbeiter sind dann allerdings noch überraschender.

Übersicht 20: Mitarbeiter der Erzdiözese Köln und ihre Finanzierung

Bereich	Anzahl der Mitarbeiter	Bezahlung durch Kirche/KiSt	„Fremd"/Staat
Krankenhäuser, Heime	29.200	0	29.200
Schulen, Fachhochsch.	2.800	280	2.520
Caritas	2.200	440	1.760
Kindergärten, Ausländerz.	6.300	1.575	4.725
Bildung, Beratung	1.000	500	500
Seelsorge, Verw., Leitung	6.500	6.500	0
Insgesamt	*48.000*	*9.295*	*38.705*

Quelle: Norbert Feldhoff: Wo bleibt die Kirchensteuer?, S. 48/60.

Von den 48.000 Mitarbeitern der Erzdiözese Köln (ohne Orden, Mitarbeiter in Einrichtungen, die mit der Kirche rechtlich verbunden sind – Verlage, Wohnungsbaugesellschaften –, sowie Religionslehrer) werden nur 9.295 (19,4%) aus dem Kirchensteueraufkommen bezahlt, die 'restlichen' 38.705 Mitarbeiter (80,6%) vom Staat und den Sozialversicherungsträgern.

Für die selbst finanzierten 9.300 Mitarbeiter zahlt das Erzbistum DM 583.631.000 (55% des Diözesanhaushaltes) aus dem Kirchensteueraufkommen. Für die weiteren Mitarbeiter in kirchlichen Diensten zahlen der Staat und die Sozialversicherungsträger (auf der gleichen Lohngrundlage) jährlich DM 2.430.286.950. Diese 2,4 Milliarden erscheinen aber nicht im Haushalt des Erzbistums. Die Abhängigkeit vom Kirchensteueraufkommen stellt sich somit als sehr relativ heraus.

Da die formalen Tatsachen, warum das Kirchenlohnsteueraufkommen sinkt, hinlänglich bekannt sind, ist 1999 etwas Neues angedacht worden:

---

[54] Norbert Feldhoff: Wo bleibt die Kirchensteuer?, in: Wolfgang Ockenfels/Bernd Kettern (Hg.): *Streitfall Kirchensteuer*. Paderborn: Bonifatius, 1993, S. 27-60, hier S. 48.

die Abkoppelung der Kirchensteuer von der Einkommensteuer und ihre
direkte Anbindung an die verdienten *Brutto*löhne – die steigen nach wie
vor, auch wenn netto dem Lohnempfänger weniger bleibt. Dieser Vorschlag wurde nicht von einem konfessionellen Amtsträger in die Diskussion gebracht, sondern von dem sozialdemokratischen Ministerpräsidenten Beck (Rheinland-Pfalz).[55]

Alle diese Reformideen haben zur Grundlage, dass sich die konfessionellen Steuerverbände nicht von der Ankoppelung an die Einkommensteuer, an die staatlichen Finanzämter und das Berechnen der Kirchensteuer durch die Arbeitgeber lösen. Aber schon allein die Faktoren Altersaufbau, Einkommensunterschiede und Arbeitslosigkeit führen jede Idee
einer Zuschlagsteuer immer in die bekannten Probleme.

Die Absicht, die Einnahmen zumindest zu stabilisieren, ist allerdings
verständlich, denn es sind sehr viele Mitarbeiter zu versorgen. Der kurze
Vorgriff auf die Arbeitsplätze soll nur illustrieren, dass insbesondere im
evangelischen Sektor in den 'fetten' Jahren des Kirchensteueraufkommens ein großer Kranz von Mitarbeitern geschaffen wurde, der zudem mit
Pensions- und Witwenrentenansprüchen ausgestattet ist.

Während im katholischen Sektor die Zahl der Geistlichen von 1957 bis
1997 von 25.000 auf 11.000 absank, stieg im gleichen Zeitraum die Zahl
der evangelischen Theologen genau umgekehrt von 10.600 auf 24.800,
d.h. um 14.000 oder mehr als das Doppelte. 14.000 Theologen mehr bedeutet eine aktuelle Mehrausgabe von rund DM 2 Milliarden pro Jahr. Da
für einen 'diensthabenden Theologen' in einer Kirchengemeinde üblicherweise vier weitere Mitarbeiter zum 'Stab' gehören (Sekretariat,
Küster, Diakon, Gemeindeschwester), ziehen diese 14.000 Theologen
dann 50.000 weitere Mitarbeiter nach sich. Und auch alle diese anderen
Mitarbeiter wollen jeden Monat ihr vereinbartes Gehalt sehen.

Der katholische Sektor ist in dieser Hinsicht ökonomisch besser gestellt. Es gibt einen akuten und bedrohlichen Nachwuchsmangel, die
Welt- und Ordensgeistlichen werden zudem nicht in Anlehnung an den
Bundesangestellten-Tarif bezahlt und eine Hinterbliebenenversorgung für
sie gibt es auch nicht. Der katholische 'Apparat' schrumpft also von alleine, ein Teil der Belegschaft ist auch mit 'Gottes-Lohn' zufrieden und
die Kassen sind besser gefüllt als bei der evangelischen Konkurrenz – wer
wollte da behaupten, die katholische Kirche sei ökonomisch nicht über-
lebensfähiger?

Hinsichtlich der Kosten für den 'kirchlichen Apparat' wird im evangelischen Sektor von einzelnen Pastoren bereits gefragt, „wie und warum sie

---

[55] Vgl. *Badische Zeitung* vom 10.4.1999 (http://www.bz-online.de)

als Glieder ihrer Landeskirchen noch einer 'Überkirche' zugehören müssen. Und die will bezahlt sein. 469 Millionen Mark für die EKD im Jahre 1997."[56]

4.4. Europäische Regelungen

Von diesen internen Problemen jetzt einmal abgesehen bereiten mögliche europäische Regelungen den konfessionellen Steuerverbänden Sorgen.

In dieser sensiblen Diskussion (schließlich geht es ums Geld) gibt es aber auch klare, glaubensstarke Standpunkte: „Die Kirche überlebt auch ohne Steuer." So der verstorbene Erzbischof Dyba aus Fulda, der in der nahen Zukunft die Abschaffung der Kirchensteuer in Deutschland erwartete, da sie kommenden europäischen Regelungen der Kirchenfinanzierung und den Bestimmungen des Datenschutzes, dass niemand seine Religionszugehörigkeit offen legen müsse, widersprechen würde.[57]

Eine Bestimmung, die für die Bundesrepublik Deutschland bereits 1949 im Grundgesetz formuliert wurde: „Niemand ist verpflichtet, seine religiöse Überzeugung zu offenbaren."[58]

Obwohl die Europäische Kommission kein Mandat für Fragen der Kirchenfinanzierung hat, wird politisch und publizistisch von Seiten der Kirchen schon vorsorglich daran gearbeitet, dass die Subsidiarität (was gesellschaftliche Organisationen machen können, braucht der Staat nicht zu tun) auch in europäischen Regelungen berücksichtigt wird.[59] Immer wird wiederholt – fast wie eine Gebets- oder Beschwörungsformel –, nicht nur für die Bundesrepublik Deutschland, sondern auch auf die Europäische Union bezogen: „Sie kann ihre Probleme auch nur auf der Basis geistig-moralischer Grundlagen bewältigen und lösen, die von den Kirchen mit in die Gesellschaft eingebracht und gefestigt wurden."[60]

Gleichzeitig gingen die kirchlichen Lobbyisten in den Schulterschluss mit den deutschen Bundesländern – ihren Vertragspartnern in den Staat-Kirche-Verträgen/Konkordaten. Die Bundesländer betrachten zwar den Gedanken der politischen Subsidiarität als Erhaltung ihrer eigenen politischen Kompetenzen gegenüber Bund und Europäischer Union, aber in der

---

[56] Aus einem Leserbrief des Erlanger Pfarrers Dietrich Blaufuß in der FAZ, zit. bei Besier, *Konzern Kirche*, S. 102.

[57] Vgl. *Hamburger Abendblatt* vom 18./19. März 2000, S. 5.

[58] *Grundgesetz,* Art. 140, in Übernahme des Art. 136 (3) Satz 1, der Deutschen Verfassung vom 11. August 1919 (Weimarer Verfassung).

[59] Detlef Merten: *Subsidiarität als verfassungsrechtliche Perspektive für Europa.* Köln: Bachem, 2000, 16 S.

[60] Wilhelm Schätzler: *Die europäische Einigung und die Kirchen.* Köln: Bachem, 1998, S. 9.

Forderung der Nicht-Änderung und Beibehaltung bisheriger 'kultureller' Regelungen vertreten sie ein paralleles Interesse zu den religionsgesellschaftlichen Finanzreferenten und -direktoren.

Der aktuelle Stand einer europäischen Bedrohung der deutschen Kirchenreservate – es könnte ja auch eine deutsche Frau vor dem europäischen Gerichtshof auf Gleichberechtigung und Zulassung zum Priesterberuf klagen – ist ein vereinbarter Status quo: Es bleibt vorerst bei den geltenden nationalen Regelungen. Auch der 'wegweisende' EU-Gipfel in Nizza (Dezember 2000) hat jedem Land für kulturelle Fragen ein Veto-Recht eingeräumt. Das hatten für Deutschland die Bundesländer gefordert. Die Kirchen brauchten sich nicht darum zu kümmern.

4.5. Steuerreform

Der Vorschlag des rheinland-pfälzischen Ministerpräsidenten Beck, die Kirchenlohnsteuer an die *Bruttolöhne* anzukoppeln, wurde zu einem Zeitpunkt geäußert, als die Konturen einer Steuerreform der 'rot-grünen' Bundesregierung sichtbar wurden. Diese Steuerreform, die seit 2001 gilt, hat u.a. die Absicht, die Einkommensteuer im Eingangssatz und im Höchstsatz abzusenken. Bei einer Reduzierung des Volumens des Einkommensteueraufkommens bis im Jahr 2005 um jährlich 60,5 Milliarden Mark[61] könnte das für die konfessionellen Steuerverbände eine Mindereinnahme in der Größenordnung von bis zu vier Milliarden Mark bedeuten. Auch für den Fall, dass sich die Zahl der Arbeitslosen um eine Million verringern würde, wäre das für die Kirchen nur ein schwacher Trost, denn damit kämen nur etwa 600 Millionen mehr in die Kassen und die Einnahmeverluste beliefen sich dann immer noch auf mehr als drei Milliarden Mark.

Entsprechend intervenieren sie und stellen in den Raum, dass sie ihre Sozialleistungen (Kindergärten, Schulen, etc.) reduzieren werden, wenn der Staat sich nicht in einem (noch) höheren Maß an der Finanzierung beteiligt. „Hart trifft es die Kirche auch deswegen, weil sie sich hierzulande wie nirgends sonst in Europa für den Dienst an und für die Gesellschaft hat in die Pflicht nehmen lassen." So das Bistum Augsburg.[62]

Diese Umkehrung der Tatsachen, dass die Kirchen sich nun als Opfer einer Entwicklung darstellen, die sie selbst fünfzig Jahre lang gefordert haben, nämlich dass die subsidiären Bereiche als ihr Aufgaben- und Einflussgebiet zu gelten haben, ist zwar verständlich, bleibt aber dennoch falsch. Sie wird auch nicht durch den Schulterschluss der Bundestags-

---

[61] Vgl. *Der SPIEGEL* vom 17.7.2000, S. 23.
[62] http://www.bistum-augsburg.de/geld/geld11.htm (Juni 2000)

fraktion von Bündnis 90/Die Grünen mit den Kirchen richtig, die mit der gleichen Begründung „vor allem auf unseren bündnisgrünen Druck" durch das *Gesetz zur Regelung der Bemessungsgrundlage der Zuschlagsteuern* einen Teil der drohenden Einnahmeverluste an Kirchensteuern von den konfessionellen Steuerverbänden abgewendet haben.[63]

Gleichzeitig drohen den konfessionellen Steuerverbänden noch von einer anderen Seite weitere finanzielle Einbußen. Sowohl in der Europäischen Union wie auch in Deutschland werden politische Absichten laut, die Steuereinnahmen stärker auf die indirekten Verbrauchssteuern (u.a. die Erhöhung der Mehrwertsteuer) zu verlagern, um damit die Einkommensteuern noch weiter absenken zu können, woran auch die Wirtschaft Interesse zeigt. Damit stünden die konfessionellen Steuerverbände dann erneut auf der Minus-Seite. Sie werden dieses Problem auch nicht so einfach lösen können, denn „eine direkte Beteiligung der Kirchen an indirekten Steuern oder einer ersatzweise staatlich erhobenen Sozialsteuer für Nichtkirchenmitglieder [dürfte] vor allem aus verfassungsrechtlichen Gründen nicht in Betracht kommen."[64]

Warum die konfessionellen Steuerverbände, insbesondere die katholischen Bischöfe, das tradierte System der Kirchenlohnsteuer in Deutschland trotz aller Klagen über die Abhängigkeit von staatlichen Regelungen als bestes und gerechtes System verteidigen, lässt sich an zwei Vergleichen verdeutlichen.

4.6. Andere mögliche Berechnungen der Kirchensteuern

In Deutschland bestehen noch andere öffentlich-rechtliche Körperschaften, die nach staatlichem Recht und politisch genehmigten Höchstsätzen Mitgliederbeiträge einziehen – in diesem Fall Gebühren: die öffentlich-rechtlichen Rundfunk- und Fernsehanstalten ARD und ZDF – mit eigenem Inkasso durch die GEZ (Gebühren Einzugs Zentrale).

1998 zahlte jeder Haushalt, der ein Fernseh- und Rundfunkgerät besaß, monatlich DM 28,25, pro Jahr also DM 339 an Gebühren – egal, wie viele Menschen im Haushalt lebten, egal, wie oft Fernsehen geschaut oder Radio gehört wurde. Das vereinfachte das Inkasso erheblich und von den 10,79 Milliarden an Gebühreneinnahmen brauchten nur 2,9 Prozent (DM 311 Millionen) dafür aufgewendet werden.[65]

---

[63] Pressemitteilung Nr. 0686/2000 der Bundestagsfraktion Bündnis90/Die Grünen vom 10.11.2000.

[64] http://www.bistum-augsburg.de/geld/geld11.htm (Juni 2000)

[65] Vgl. *ARD-Jahrbuch 1999*, S. 338, und *Jahrbuch des ZDF 1999*, S. 293.

Nach der gleichen Logik, die bei den Kirchen ja auch nicht fragt, wie oft man in die Kirche geht oder ob man das 'Programm' gut oder schlecht findet, müsste bei 25 Millionen christlichen Mitgliedshaushalten[66] der Kirchen jeder dieser Haushalte pro Jahr DM 628 bezahlen, um die bisherigen Einnahmen aus der Kirchensteuer zu erhalten. Da nun auch jeder Rentner, jeder Arbeitslose, alle kinderreichen Familien und die Bezieher eines geringen Einkommens diese DM 628 zu bezahlen hätten, würde vermutlich genau das passieren, was die konfessionellen Steuerverbände am meisten fürchten: eine neue Austrittswelle.

Betrachtet man jetzt die Logik eines Vereinsbeitrages, den jeder zu bezahlen hat, der Mitglied in einem Verein ist, dann beliefe sich der individuelle kirchliche Vereinsbeitrag (bei 54,8 Millionen Mitgliedern der beiden Kirchen) auf DM 287 pro Jahr pro Mitglied. Für alle erwerbstätigen Alleinstehenden ein deutlich geringerer Jahresbeitrag als bisher, für eine kinderreiche (eher katholische) Familie mit vier getauften Kindern, Mutter und Vater dann allerdings eine Summe von DM 1.722 pro Jahr und die Austrittswelle zeigt sich schon wieder drohend am Horizont.

Es verwundert also nicht, dass die konfessionellen Steuerverbände nicht am Hergebrachten rütteln wollen.

Die Vorschläge, die Kirchenfinanzierung (entsprechend den USA) auf freiwillige Spenden umzustellen, stößt nicht nur auf innerkirchlichen Widerstand, sondern auch auf die Tatsache, dass deutsche Pfarrer und Pastoren nicht in Betriebswirtschaftslehre und 'Fund-raising' ausgebildet werden und es nicht gewohnt sind, sich ökonomisch zu verhalten.

In Köln hat es 1993 ein seltenes, und bisher einmaliges Experiment gegeben: Der Wirt des *Weißen Holunder* predigte von der Kanzel der Christuskirche und der Pastor schenkte anstelle des Wirtes in dessen Gaststätte das Bier aus. Wirt und Pastor waren eifrig bei der Sache und zum Schluss war nur der Wirt etwas unglücklich. Der Pastor hatte nicht nur zu langsam gezapft (die Gäste mussten warten und das Bier war inzwischen schal und ohne Schaum), er hatte auch noch aus den vier Hektolitern Bier statt 2.000 nur 1.600 Gläser Kölsch abgefüllt und zum Schluss, als die Gäste ihre Bierdeckel zur Abrechnung korrekt auf den Tresen legten, großherzig gemeint: „Sag selber, wat du zahlen willst."[67]

Aber seitdem sind ein paar Jahre vergangen und es gibt inzwischen auch Beispiele, wie es ökonomisch besser geht. Seit 1998 können die

---

[66] Berechnet auf der Basis, dass es (1998) in Deutschland 37,5 Millionen Haushalte gab und 67 Prozent der Bevölkerung Kirchenmitglied sind.
[67] Detlef Schmalenberg / Jochen Arntz: Vom Tresen auf die Kanzel, in: *stern*, Nr. 44 vom 20.10.1993, S. 264.

Kirchgänger in der evangelischen Petrus-Kirche in Bernhausen bei Stuttgart ihre Kollekte bargeldlos abgeben. „Neben Gebäck und Kaffee steht im Kirchen-Foyer ein Terminal für ec- und Geldkarten, das auf Wunsch auch Spendenquittungen ausspuckt." Umsatzsteigerung: rund 60 Prozent.[68]

---

[68] *stern*, Nr. 42 vom 8.10.1998, S. 22 (High-Tech-Pfarrer).

5. Kirchensteuern und übrige Einnahmen

Gesamteinnahmen / Haushaltspläne der Diözesen, Landeskirchen /
Haushalte der Kirchengemeinden / Einnahmen und Bedarfsdeckung

Hinsichtlich der Kirchensteuern haben die Kirche ihre Publizitätsscheu[69]
aufgegeben, da die 'Kirchenaustrittswelle' insbesondere mit dem zwangs-
weisen Abzug der Kirchensteuer vom Lohn/Gehalt begründet wurde. Da
jeder Kirchensteuerzahler auf seiner Lohn- oder Gehaltsabrechnung den
Betrag der Kirchensteuer nachlesen kann, der vom Lohn/Gehalt einbehalten wird, ist das im Prinzip keine 'Dunkelziffer' und die Zahlen des
gesamten Kirchensteueraufkommens werden aufgrund der Angaben der
Religionsgesellschaften in den Statistischen Jahrbüchern der Bundesrepublik Deutschland veröffentlicht.

Hinsichtlich der 'weiteren Einnahmen' werden die Zahlen dann aber
spärlich. Während für den katholischen Sektor solche Zahlen über die
gesamten Einnahmen bei dem Sekretariat der Deutschen Bischofskonferenz nicht bekannt sind, wird im evangelischen Sektor seit 1979 eine
Gesamtstatistik der Einnahmen und Ausgaben erhoben, die 1984 verfei-
nert und veröffentlicht wurde.

Die Absicht der EKD, alle sieben Jahre eine derartige Finanzstatistik
zu erheben, hat sich 1990/91 nicht realisiert, da die Finanzordnungen der
östlichen Gliedkirchen noch nicht mit den westlichen Kriterien überein-
stimmten. Nachdem sich die Angelegenheiten inzwischen geordnet haben, sollen voraussichtlich im Jahr 2002 die Zahlen für 1999 veröffentlicht werden.

5.1. Gesamteinnahmen

Für 1984 weisen die Evangelischen Kirchen in Deutschland neben den
damaligen DM 5,2 Milliarden Einnahmen aus Kirchensteuern weitere 4,4
Milliarden 'übrige Einnahmen' aus. Der Anteil der Kirchensteuer beträgt
54 Prozent aller Einnahmen, also gut die Hälfte. Der nächstgrößere Ein-
nahmeposten sind die 'Zuschüsse von Dritten' (DM 1,5 Milliarden), gefolgt von den 'Gebühren, Entgelten, etc.' (1 Milliarde) und den Zinsen
aus Kapital- und Vermögensbesitz (700 Millionen).

---

[69] Während die EKD in ihren Kirchlichen Jahrbüchern 'schon immer' ihre Kirchensteuereinnahmen offen legte, hat die katholische Kirche erstmalig im Jahre 1968 ihre Einnahmen aus Kirchensteuern veröffentlicht (vgl. Martens, *Wie reich ist die Kirche?*, S. 33).

Übersicht 21: Einnahmen der EKD im Rechnungsjahr 1984 (in DM)

Einnahmeart (Gruppierung)	DM	%
Gesamte Kirchensteuern	5.156.986.368	53,9
Zuschüsse von Dritten	1.457.479.498	15,2
Aus Geldvermögensanlagen, Grundvermögen, Beteiligungen und Rechten	698.086.547	7,3
Gebühren, Entgelte, etc.	1.003.621.960	10,5
Nachgewiesene Kollekten, freiwillige Beiträge, Opfer und Spenden	248.924.890	2,6
Schuldenaufnahme	130.386.370	1,4
Sonstige vermögenswirksame Einnahmen	871.977.441	9,1
Summe	*9.567.463.074*	*100*

Quelle: Kirchliches Jahrbuch für die E. K. D., 1987, Lieferung 3, Dieter Rohde: Kirchliche Statistik, S. 312

Auch wenn die Einnahmen aus der Kirchensteuer gut die Hälfte darstellen, werden die anderen Einnahmen gerne vernachlässigt, und sind – wie wir noch sehen werden – zudem noch unvollständig. Belassen wir es aber erst einmal bei diesen Angaben.

Eine Übersicht beider konfessioneller Sektoren, neun Jahre später für 1993, zeigt die Ähnlichkeiten und die Unterschiede. Allgemein betrachtet, ist die Herkunft der Einnahmen für beide Kirchenorganisationen vergleichbar, was allerdings bei etwa gleich großen Mitgliederzahlen, gleichen Kirchensteuerhebesätzen und den gleichen Rechtsgrundlagen für die Staatsleistungen auch zu erwarten ist.

Übersicht 22: Einnahmen der evangelischen und katholischen Kirche, 1993 (in DM)

Aus:	Evangelische Kirche	%	Katholische Kirche	%
Kirchensteuern	8.400.000.000	51,6	8.400.000.000	45,4
Staatsleistung	3.100.000.000	19,0	3.900.000.000	21,1
Vermögen	2.300.000.000	14,1	2.800.000.000	15,1
Entgelte	800.000.000	4,9	2.200.000.000	11,9
Spenden	1.500.000.000	9,2	900.000.000	4,9
Schuldenaufnahme	200.000.000	1,2	300.000.000	1,6
Gesamt	*16.300.000.000*	*100*	*18.500.000.000*	*100*

Quelle: Gerhard Besier: Konzern Kirche, 1997, S. 26f. Dort ohne weitere Quellenangaben.[70]

---

[70] Auf Nachfrage bei dem Autor Gerhard Besier erhielt ich die Auskunft, die Quelle seien die veröffentlichten Haushaltspläne der beiden Kirchen. Eine Auskunft, die unzutreffend ist, da die EKD für diese Jahre keine Finanzstatistik erhoben, also auch nicht veröffentlicht hat, und die Katholische Bischofskonferenz überhaupt über keine derartigen Gesamtzahlen verfügt oder solche veröffentlicht. Die Quelle für diese Zahlenangaben ist offensichtlich eine Recherche des Magazins DER SPIEGEL, das diese Zahlen dreimal veröffentlicht hat: für 1992 in den Ausgaben 40/1993, S. 117 sowie 2/1994, S. 25, und für 1993 in der Ausgabe 10/1995, S. 80.
Der einzige Unterschied zwischen den Angaben für 1992 und 1993 ist die Höhe der Einnahmen aus den Kirchensteuern. Alle übrigen Einnahmen bleiben für beide Jahre in der-

Im Vergleich zu 1984 ist 1993 der Anteil der Kirchensteuern an den Gesamteinnahmen aber relativ leicht gesunken (52 und 45%) und die öffent-
lichen/staatlichen Leistungen und Zuschüsse sind (absolut um das Doppelte) zusammen auf sieben Milliarden Mark gestiegen, ebenso wie die
Einnahmen aus Vermögen, die sich (in absoluten Zahlen) verdreifacht
haben (auf 5,1 Milliarden).

Obwohl diese Zahlen nicht exakt belegt wurden, sind es die einzigen
(plausiblen) Angaben für *beide* Großkirchen und sollen deshalb – trotz
der beschriebenen Vorbehalte – vorerst beibehalten werden. Insgesamt
werden für die „verfassten" Kirchen in Deutschland (in 1993) Gesamteinnahmen in der Größenordnung von zusammen rund DM 35 Milliarden
aufgelistet, wovon das Kirchensteueraufkommen (nur noch) gut bzw.
knapp die Hälfte ausmacht.

Immerhin kann man somit feststellen, dass die tatsächlichen und veröffentlichten Einnahmen doppelt so hoch sind wie das Aufkommen aus
den Kirchensteuern. Die Abhängigkeit der Kirchen von den Erträgen aus
der Kirchenlohnsteuer ist demnach nicht ganz so dramatisch, wie es
manches Mal klingt.

Selbstkritisch wird zudem die offizielle evangelische Gesamtstatistik
der Einnahmen kommentiert: „Bei der ausschließlich auf den Bereich der
verfassten Kirche bezogenen EKD-Finanzstatistik 1984 ergibt sich die
Schwierigkeit, dass aus erhebungstechnischen Gründen solche kirchlichen
Dienste, Werke und Einrichtungen im Bereich der EKD, die nicht in die
verfasste Kirche eingegliedert sind, sondern ihre Aufgaben selbständig
innerhalb privatrechtlicher Organisationsformen wahrnehmen (z.B. als
Verein, GmbH, Stiftung und dergl.) mit ihren Einnahmen und Ausgaben
nicht unmittelbar aufgenommen werden konnten."

Es fehlen insbesondere: die Gesamtheit der vielfältigen diakonischen
Einrichtungen, die kirchliche Entwicklungshilfe (u.a. die Spenden für
Brot für die Welt), die Weltmission, die Innere Mission, die kirchliche
Publizistik, das Erziehungs- und Bildungswesen, die Dienste an einzelnen
Gruppen, der Evangelische Kirchentag...[71]

Eine besondere Schwierigkeit besteht beim Zusammentragen der Informationen darin, dass sich nicht nur die Zahlen für den evangelischen
Sektor in Deutschland ausschließlich auf die 'verfasste Kirche' beziehen,

---

selben Größe, was allerdings nicht sein kann, da sich beispielsweise die staatlichen Zuschüsse jährlich erhöhen (siehe Kapitel: *Staatsleistungen*). Da die SPIEGEL-Recherchen
jedoch als vergleichsweise zuverlässig anzunehmen sind und diesen Zahlenangaben
(nach Auskunft des SPIEGEL) auch nicht von Seiten der Kirchen widersprochen wurde,
sollen sie als richtige Größenordnung vorläufig beibehalten werden.

[71]   Vgl. *Kirchliches Jahrbuch 1987*, S. 309

sondern auch hinsichtlich des katholischen Sektors dessen besonderes Selbstverständnis zu berücksichtigen ist.

„Das kirchliche Finanzwesen wird von den Regeln des Staatskirchenrechts und von den kirchenrechtlichen Vorschriften über 'die Ordnung und Verwaltung der zeitlichen Güter der Kirche' bestimmt. Aus den kirchenrechtlichen Vorschriften folgt die Tendenz zur (dezentralisierten, subsidiären) Selbstverwaltung. So nehmen der Bischöfliche Stuhl, das Domkapitel, die Pfarreien (Kirchengemeinden), die örtlichen Gemeindeverbände, die religiösen Genossenschaften (Ordensgemeinschaften) und alle sonstigen kirchlichen juristischen Personen (z.B. Caritas) die Verwaltung ihrer Finanzen in eigener Regie und Verantwortung im Rahmen ihres jeweiligen Haushaltsplanes wahr. Diesem Zug zur Dezentralisation entspricht es, dass es keinen zusammengefassten Haushaltsplan gibt, ähnlich der 'konsolidierten Bilanz' in der Wirtschaft. Auch der Haushaltsplan eines Bistums ist keine derartige Zusammenfassung."[72]

So werden zum Beispiel für jeden katholischen Diözesanhaushalt – und alles entsprechend für jeden Haushalt einer evangelischen Landeskirche – die Kirchensteuern in voller Höhe ausgewiesen (sie werden erst einmal komplett an die Diözese überwiesen, die sie dann weiter verteilt), die staatlichen Zuweisungen und Zuschüsse aber nur mit 8-10 Prozent angegeben, da nur die Zuweisungen aufgelistet werden, die direkt an die Diözese gehen – alle weiteren werden nur in den Haushalten der Gemeindeverbände und Kirchengemeinden ausgewiesen.

In den Haushalten der Diözesen sind wiederum die Einnahmen des „Bischöflichen Stuhls", d.h. des Diözesanbischofs und seines Stabes *nicht* enthalten. So berichtet ein ehemaliger Diözesanrat: „Der Diözesanrat kontrolliert natürlich nur den Diözesanhaushalt. Was er nicht kontrollieren kann, ist das Vermögen des bischöflichen Stuhls; was nur am Rande erwähnt wird, ist das Kapitalvermögen. Es gibt eine ganze Reihe von Dingen, die überhaupt nicht im Haushalt sind: Beteiligungen der Diözese an Hotels, an einem Verlag, am Siedlungswerk der Diözese – alles Dinge, die Erträge abwerfen und von denen eigentlich niemand im Diözesanhaushalt weiß, wo sie stecken."[73]

Die bereits erwähnte Finanzstatistik der EKD bleibt zwar auch im Rahmen der 'verfassten evangelischen Kirche', aber durch die Befragung aller Kirchengemeinden erfasst sie zumindest für diesen 'inneren' Bereich

---

[72] http://www.erzbistum-koeln.de/frame/lexikon/einträge/finanzen
[73] Gerhard Rampp: Kirche und Geld: Die untrennbaren siamesischen Zwillinge, in: Clara und Paul Reinsdorf (Hg.): *Drahtzieher Gottes. Die Kirchen auf dem Marsch ins 21. Jahrhundert*. Berlin/Aschaffenburg: IBDK/Alibri Verlag, 1995, S. 23.

auch die Einnahmen, die nur bei den Kirchengemeinden verbucht werden (z.B. Zuschüsse und Refinanzierung der Kindertageseinrichtungen). Diese Statistik vermittelt zumindest ein genaueres Bild für einen größeren Ausschnitt kirchlicher Organisationen.

Hinsichtlich der Vermögensfrage werden allerdings keine Informationen veröffentlicht. Das ist kein Zufall und betrifft nicht nur die katholische Kirche. So heißt es etwa in dem „Kirchengesetz über das Haushalts-, Kassen- und Rechnungswesen in der Nordelbischen Evangelisch-Lutherischen Kirche" im § 13: „(1) Dem Haushaltsplan sind beizufügen [...] b) eine Übersicht über das Vermögen, insbesondere das Kapitalvermögen und Rücklagen," und dann wird erläuternd präzisiert: „Eine Darstellung des beweglichen und unbeweglichen Vermögens (Abs. 1 Buchst. b) ist nicht erforderlich."[74] Um zu verdeutlichen, was diese Aussagen für unsere Fragestellung bedeuten, sei das an dem Aspekt der Finanzen in den Haushaltsplänen illustriert.

5.2. Haushaltspläne der Diözesen und Landeskirchen

Die Landeskirchen und Diözesen veröffentlichen seit geraumer Zeit ihre Haushaltspläne. Was wird in diesen Haushaltsplänen tatsächlich erfasst und veröffentlicht? Das nachfolgende *Diagramm 6* gilt sowohl für die Diözesen wie für die Landeskirchen. Der einzige Unterschied ist die besondere Rechtsstellung des Bischöflichen Stuhls in der körperschaftlichen Untergliederung der verfassten katholischen Kirche, die im evangelischen Sektor unbekannt ist.

Nach den jeweiligen Haushaltsrechnungen wird nur das im jeweiligen 'Haushaltsbuch' erfasst, was bei dem jeweiligen Rechtsträger 'ankommt'. Die veröffentlichten Zahlen der Diözesen (und der Landeskirchen) entsprechen den ankommenden 'Geld-Pfeilen' im mittleren, dicker umrandeten Feld „Diözesanhaushalt". Von den (beispielhaften) 24 Verteilungs-Pfeilen kommen nur vier im Diözesanhaushalt an.

Das weitere Finanzgeschehen spielt sich außerhalb der Buchhaltung des Diözesan- oder Landeskirchenhaushaltes ab. Allein die Kirchensteuern kommen exklusiv im Diözesanhaushalt an, von dem aus sie dann weiter verteilt werden.

---

[74] *Kirchengesetz, Rechtsverordnung und Ausführungsbestimmungen zum Haushalts-, Kassen- und Rechnungswesen*, Lutherische Verlagsgesellschaft Kiel, 1986, S. 21.

Diagramm 6: Kirchliche Rechtsträger / Einnahmen

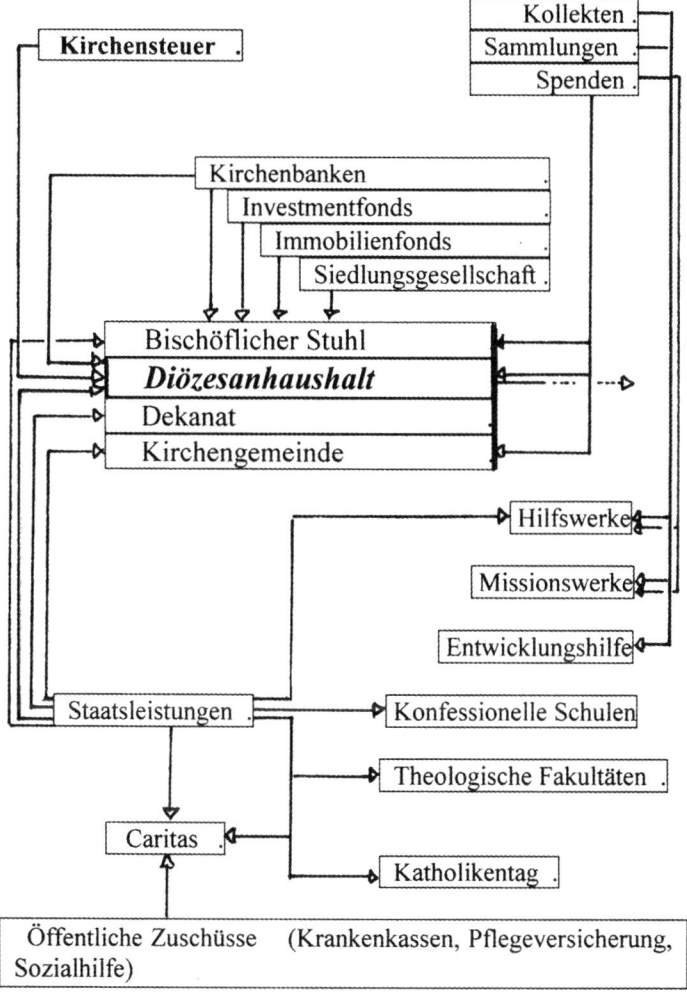

Der größte Teil der Staatsgelder (z.B. für Kindergärten, die von den Kirchengemeinden betrieben werden) und der größte Teil der Spenden/ Sammlungen erscheinen nicht im Haushalt der Diözese und von den gesamten Zuschüssen und Refinanzierungen der Caritas aus öffentlichen Kassen überhaupt nichts. Von den Staatsleistungen und öffentlichen Zuschüssen (ohne den karitativen Bereich) taucht nur ein geringer Teil im

Haushalt auf.[75] Obwohl die Vertreter beider konfessioneller Sektoren unisono erklären, sie hätten „gläserne Taschen",[76] und damit ihre veröffentlichten Haushalte meinen, muss man sich fragen, ob sie das 'reinen Herzens' tun, weil die Sichtweise der juristischen Rechtsträgerschaft ihr Alltag ist, oder ob sie tatsächlich selber nicht merken, was es bedeutet, wenn sie einen Teil als das Ganze ausgeben.

Jeder normale Mensch darf zu Recht erwarten – da er über keine Kenntnisse in Kirchenrecht, Kirchenverfassung und Prinzipien der kirchlichen Haushaltsführung und -systematik verfügt –, dass in einer offiziellen Übersicht mit der Überschrift: Haushalt des Bistums ... (der Landeskirche ...) auch tatsächlich das gesamte Finanzgeschehen des Bistums / der Landeskirche enthalten ist. Realiter ist es nur etwa ein Fünftel der Finanzen des Bistums / der Landeskirche. Bezeichnend dafür ist, dass, auf Anfrage, die Dachverbände beider Konfessionen (die EKD in Hannover und das Sekretariat der deutschen Bischofskonferenz in Bonn) keine Angaben zum Gesamthaushalt im jeweiligen Sektor machen konnten.

Den Unterschied in den verschiedenen Berechnungen der Haushaltspläne verdeutlicht ein Vergleich der Angaben des Generalvikars des Erzbischofs von Köln (gleichzeitig Finanzdirektor für die Diözese) hinsichtlich des Haushalt der Erzdiözese Köln (der seiner Aussage nach dem aller anderer Diözesen in seiner Struktur entspricht) mit der bereits erwähnten Übersicht für alle katholischen Diözesen.

Übersicht 23: Einnahmen des Erzbistums Köln und aller Diözesen, 1993

Einnahmen aus:	Erzdiözese	Alle Diözesen
Kirchensteuern	75,3%	45,4%
Zuschüsse aus öffentlichen Kassen	9,6%	21,1%
Erträge aus Vermögen	–	15,1%
Erträge aus Verwaltung, Betrieb	11,9%	11,9%
Kollekten und Spenden	0,3%	4,9%
Vermögenswirksame Einnahmen	2,7%	1,6%
Sonstige Einnahmen	0,2%	–

Quellen: (Köln) Norbert Feldhoff: Wo bleibt die Kirchensteuer?, in: Ockenfels/Kettern, Streitfall Kirchensteuer, S. 27-60. (Diözesen) Gerhard Besier, Konzern Kirche, S. 27.

---

[75] So im *Jahresbericht 2000* der Evangelischen Landeskirche in Württemberg, S. 68/69. Die Landeskirche erhält 70,9 Millionen Staatsdotationen, 40,1 Millionen für den Religionsunterricht (= 111 Millionen), die Kirchengemeinden erhalten 225 Millionen an Öffentlichen Zuschüssen.

[76] So z.B. für die evangelische Kirche die Broschüre *Die Kirche hat gläserne Taschen*, Hamburg, (1970), 24 Seiten; für die katholische Kirche: „Die Kirche hat gläserne Taschen und keinen Grund, etwas zu verstecken" (Prälat Norbert Feldhoff, Generalvikar der Erzdiözese Köln im Interview mit dem *Rheinischen Merkur* vom 13.1.1995).

Der gravierendste Unterschied zwischen den beiden Angaben ist bei den Zahlen des Generalvikars der Erzdiözese Köln der erheblich geringere Anteil der staatlichen Leistungen und das völlige Fehlen der Einnahmen aus Vermögen. Umgerechnet fehlen allein in den Angaben zu den Finanzen für diesen Diözesanhaushalt rund 400 Millionen Mark.

Allerdings entsprechen die veröffentlichten Zahlen zu Finanzen/Haushalt der Landeskirchen im evangelischen Bereich der gleichen Logik. In den evangelischen Kirchen Bayerns liegt ein achtseitiges Faltblatt zum Thema: „Zahlen, Fakten, Daten" aus, in dem zu den Gesamteinnahmen der bayerischen Landeskirche für 1999 die Zahlen des Haushaltes veröffentlicht werden.

Wieder ist der Anteil der Kirchensteuer im Vergleich zur gesamten EKD zu hoch angegeben (statt 52% sind es 76%) und die Einnahmen aus Vermögen zu niedrig (statt 19% nur 3,2%).

Übersicht 24: Einnahmen Landeskirche Bayern, 1999, und EKD, 1993

Einnahmen aus:	Landeskirche		E K D
Kirchenlohnsteuern	75,5%		51,6%
Zuschüsse aus öffentlichen Kassen	17,5%		19,0%
Erträge aus Vermögen und Verwaltung	3,2%		19,0%
Spenden, Rücklagen, Sonstiges		3,8%	
10,4%			

Quellen: (Landeskirche Bayern) Landeskirchenamt, Zahlen, Daten, Fakten. Stand: Oktober 1999; (EKD) Gerhard Besier, Konzern Kirche, 1997, S. 26.

Die Logik dieser Haushaltspläne ist eigenartig und wird in den Kommentaren zu den Haushaltsplänen deutlich: Immer wieder wird eindringlich darauf hingewiesen, wie wichtig und bedeutend die Einnahmen aus der Lohnkirchensteuer seien und wie gering der Anteil der öffentlichen Zuschüsse ist. So erklärte der Vorsitzende der Deutschen Bischofskonferenz, Bischof Lehmann, noch im Januar 2000: „Die beiden großen Kirchen beziehen bis zu 90% ihrer Einnahmen aus der Kirchensteuer."[77] Diese Aussage ist, bezogen auf „die Kirche", sachlich falsch.

Eine Übersicht über die Angaben zu den im Internet veröffentlichten Haushaltsplänen verdeutlicht die unterschiedlichen Angaben der einzelnen (Erz-)Bistümer. Die Angaben zu den **öffentlichen Zuschüssen** haben die Spannweite von 27,4 Prozent im Bistum Berlin und 0,92 Prozent im Bistum Dresden-Meißen.

---

[77] *Westdeutsche Allgemeine Zeitung* vom 24.1.2000, zitiert nach: http://www.kirchensteuern.de/Texte/Lehmann/Obergrenze.htm

Eine 'Gegenprobe' der Angaben muss sich auf die Bistümer beschränken, da die evangelischen Landeskirchen sich hinsichtlich finanzieller Fragen öffentlich sehr bedeckt halten. Während von allen 27 katholischen (Erz-) Bistümern nur eines (Görlitz) keine Angaben zu seinem Haushalt ins Internet stellt, machen von den 24 evangelischen Landeskirchen nur zwölf Angaben zu ihren Finanzen.

Übersicht 25: Einnahmen in den Diözesanhaushalten (in TDM)

(Erz-) Bistum	Jahr	KiSt.	KiSt %	Staatliche Zuwendg.	Sonstige Einnahmen	Summe
Aachen	1998	(627.750)	(81)	-	(147.250)	775.000
Augsburg	2000	439.650	88	32.056	25.750	497.456
Bamberg	2000	(207.846)	(81)	(15.396)	(33.358)	256.600
Berlin*)	1998	115.000	41	77.500	53.900	246.400
Dresden-M*)	1998	30.000	46	18.300	16.800	65.100
Eichstätt	2000	124.420	84	11.141	7.320	142.881
Erfurt*)	2001	20.500	27	8.500	4.500	33.500
Essen	2000	314.738	76	64.694	35.607	415.039
Freiburg	2000	668.300	85	46.123	71.398	785.822
Fulda	2001	153.657	(81)	-	(36.043)	189.700
Görlitz						-
Hamburg	2001	123.700	79	-	33.800	157.500
Hildesheim	1999	(219.186)	(81)	-	(51.414)	270.600
Köln	2000	888.000	69	-	390.000	1.278.000
Limburg	2000	296.400	84		55.200	351.600
Magdeburg*)	1999	17.000	38	21.800	5.700	44.500
Mainz	2000	330.600	68	109.300	45.500	485.400
München/Fr	2000	701.000	89	46.749	33.050	784.749
Münster	1999	(523.260)	(81)		(122.740)	646.000
Osnabrück*)	2000	140.561	75	5.160	35.534	181.255
Paderborn	1997	618.300	90	-	68.700	687.000
Passau*)	2000	108.000	80	10.600	17.000	135.600
Regensburg	1998	383.300	80	(28.887)	(69.272)	481.460
Rott.-Stuttg.	2000	269.000	69	-	138.942	448.200
Speyer	2000	199.200	76	-	62.800	262.000
Trier	1999	439.000	78	-	111.000	550.000
Würzburg	2001	230.000	89	14.724	14.475	259.200
Summen		8.1883.69			1.687.053	10.430.562

In Klammern gesetzte (Zahlen) sind Umrechnungen, wenn nur der Gesamtetat und Prozentzahlen angegeben wurde.
*) Ohne den innerkirchlichen Finanzausgleich (Sonderumlage Ost der westdeutschen Bistümer, Diasporakommissariat der Deutschen Bischöfe [=Transferzahlungen], Bonifatiuswerk und Finanzausgleich), der betrug in den (Erz-)Bistümern: Berlin: 36.330.000/ Dresden-Meißen: 44.200.000/ Erfurt: 41.600.000/ Magdeburg: 42.000.000 / Osnabrück: 5.964.200/ Passau: 15.800.000 / ...

Wir müssen uns bei dieser 'Gegenprobe' zudem auf den Freistaat Bayern beschränken, da sowohl beide Kirchen wie auch die Landesregierung detailliert die Einnahmen und Zahlungen veröffentlicht haben.

Die sieben katholischen Bistümer in Bayern und die evangelische Landeskirche in Bayern weisen in ihren Haushaltsplänen zusammengerechnet DM 273.846.335 an Staatsleistungen und öffentlichen Zuschüssen aus. Der Haushaltsplan des Freistaates führt dagegen 1.403.381.800 an Staatsleistungen und Zuschüssen auf. Mit anderen Worten, nur 20 Prozent der Staatlichen Zuwendungen tauchen in den Haushalten der Diözesen und der Landeskirche auf und es 'fehlen' (nur in Bayern) mehr als eine Milliarde Mark (DM 1.129.535.465). Die Einnahmen befinden sich bei den Kirchengemeinden und weiteren Rechtsträgern.

Übersicht 26: Staatliche Zahlungen*) in Kirchlichen Haushalten und die Zahlungen des Freistaates Bayern (in DM)

Staatliche Zuwendungen in den Kirchlichen Haushalten:	
Evangelische Landeskirche in Bayern	114.292.100
Sieben bayerische Bistümer	159.554.235
Summe	***273.846.335***
Zahlungen aus dem Haushalt des Freistaates Bayern an die Kirchen:	
- Staatsdotationen	160.841.800
- Baulast	20.950.000
- Religionsunterricht	128.600.000
- Konfessionsschulen	576.939.000
- Anstaltsseelsorge	750.000
- Denkmalpflege	19.540.000
Zwischensumme **)	*907.620.800*
- Kindergärten ***)	*495.761.000*
Summe	***1.403.381.800***
Differenz Angaben Haushaltspläne / Staat	1.129.535.465

*) Staatsleistungen (im engeren Sinne) und Ersatz für Personal- und Ruhegehälter.
**) Entsprechend der Übersichten im Kapitel „Staatliche Zuwendungen"
***) Zehn Prozent der Gesamtzahlungen in Deutschland.

Es drängt sich geradezu der Eindruck auf, dass die begrenzte (aber stets nicht ausgewiesene) Rechtsträgerschaft dazu benutzt werden soll, um den fragenden Mitgliedern den Kirchenaustritt zu erschweren, indem die große Bedeutung ihrer Kirchensteuerzahlung betont wird, insbesondere für den karitativen Bereich, der doch allen zugute komme.

Weiter oben hatten wir bereits die Personalkosten der Erzdiözese Köln aufgelistet und festgestellt, dass nur 18,4 Prozent der Mitarbeiter im Kirchendienst auch aus Kirchensteuermitteln bezahlt werden. Wenn es „hauptamtliche Mitarbeiter im kirchlichen Dienst" sind, heißt es, dass die Diözese selber der 'Dienstherr', also der Arbeitgeber ist. Entsprechend gut sieht die Leistungsbilanz aus. Dementsprechend müssten aber alle Gehälter und Löhne auch als Ausgaben bei der Diözese auftauchen. Das geschieht aber nicht, da diese Personalkosten direkt an die verschiedenen Rechtsträger gezahlt und nicht refinanziert werden.

Dieses neue Schlüsselwort 'Refinanzierung' bedeutet, dass von den Zahlungen aus öffentlichen Kassen nur die Personalausgaben erfasst werden, die im ersten Schritt von der Diözese direkt ausbezahlt und dann im zweiten Schritt der Diözese aus öffentlichen Kassen erstattet werden, z.B. Religionslehrer im kirchlichen Dienst, deren Gehälter der Staat aufgrund von 'Gestellungsverträgen' dann der Diözese zurückzahlt. Refinanzierung ist also ein 'Nullsummenspiel', da die Ausgaben durch die Einnahmen abgedeckt sind.

Als korrekter 'Dienstherr' müsste die Erzdiözese aber die gesamten Personalkosten „seiner Mitarbeiter" in den Haushalt einstellen. Da sich diese von anderen bezahlten Personalkosten auf rund 2,4 Milliarden DM belaufen, würde sich der Bistumshaushalt auf das Volumen von insgesamt 3,7 Milliarden summieren, von denen dann allerdings die 'Zuschüsse aus öffentlichen Kassen' nicht mehr, wie bisher immer betont, nur 9,6 Prozent betragen würden, sondern realiter rund 75 Prozent, also drei Viertel der Einnahmen des Bistumshaushaltes.

Rechnet man jetzt noch weitere Zahlungen aus öffentlichen Kassen zusammen (beispielsweise die Zuschüsse für die Kindergärten der Pfarrgemeinden, die Zahlungen der Landesämter für Denkmalpflege für Gemeindekirchen, die Zuschüsse für konfessionelle Akademien, Familienbildungsstätten, etc., die sich nicht in der formellen Trägerschaft des Bistums befinden, die aber jeder normale Mensch als kirchliche Einrichtung erkennt), dann beträgt die 'Staatsquote' der kirchlichen Haushalte rund 90 Prozent – und dieses 'Eingeständnis' wollen die Amtsträger anscheinend vermeiden.

5.3. Haushalte der Kirchengemeinden

Im Gegensatz zu den Haushalten der 51 regionalen konfessionellen Körperschaften ist über die Haushalte der rund 31.000 Kirchengemeinden kaum etwas bekannt. Das Bistum Münster hat dazu Angaben veröffentlicht,[78] die als Basis einer Hochrechnung dienen sollen.

Die 559 Kirchengemeinden im zu Nordrhein-Westfalen gehörenden Teil des Bistums verfügen über ein Haushaltsvolumen von 834 Millionen Mark, das sind durchschnittlich 1,492 Millionen pro Gemeinde. Auf die

---

[78] „Haushalte der Kirchenvorstände höher als das Budget des Vatikans" (Text vom 6.11.2000) unter: http://www.bistum-muenster.de/aktuelles/monatsarchiv

31.329 Kirchengemeinden in Deutschland hochgerechnet bedeutet das ein finanzielles Gesamtvolumen der deutschen Kirchengemeinden von DM 46.742.868.000. Davon sind von dem bereits erfassten Kirchensteueraufkommen rund 46 Prozent, die an die Kirchengemeinden fließen, wiederum abzuziehen (./. DM 7.820.000.000), ebenso die Zuschüsse der Länder und Kommunen zu den Kindertagesstätten (./. DM 4.957.610.000), so dass sich ein nicht doppelt gezähltes Volumen von 34 Milliarden (DM 33.965.258.000) errechnet, die sich aus eigenen Einnahmen, Zinsen, Kollekten und weiteren Zuschüssen ergeben.

Als 'Gegenprobe' betrachten wir als Beispiel den Haushalt einer evangelischen Kirchengemeinde in Norddeutschland, eine 'Doppelgemeinde' mit zwei Kirchen, rund 5.000 Mitgliedern und einem Anteil von 23 Prozent der Evangelischen unter der Bevölkerung. Der Haushalt dieser Kirchengemeinde hat ein Gesamtvolumen von rund DM 2,4 Millionen und sie betreibt einen Kindergarten und ein Kindertagesheim.

Übersicht 27: Haushalt einer Evangelischen Kirchengemeinde, 2001
Zusammenfassungen nach Einzelplänen

Einzelpläne	Einnahmen	Ausgaben	Saldo
Allgemeine kirchl. Dienste	136.200	870.500	- 734.300
Besondere kirchliche Dienste	65.300	66.500	- 1.200
Kirchliche Sozialarbeit	1.288.700	1.303.500	- 14.800
Gesamtkirchliche Aufgaben	0	1.300	- 1.300
Öffentlichkeitsarbeit	2.500	10.400	- 7.900
Bildungswesen	0	800	- 800
Leitung, Verwaltung	500	51.600	- 51.100
Allg. Finanzvermögen	172.000	77.100	+ 94.900
Allgemeine Finanzwirtschaft	716.500	0	+ 716.500
Summen	2.381.700	2.381.700	0

Es sind im Bereich der 'Allgemeinen kirchlichen Dienste' die Personalkosten, die so sehr 'zu Buche schlagen' und die nur durch Umlagen und eine Entnahme aus den Rücklagen ausgeglichen werden können.

In diesem Allgemeinen Bereich beschäftigt die (Doppel-) Kirchengemeinde hauptamtlich zwei Pastoren, einen Diakon, einen Küster und als Teilzeitkräfte zwei Kirchenmusiker, zwei Putzkräfte und einen Angestellten. Auf Vollzeitbasis berechnet kostet die Gemeinde (inkl. der Arbeitgeberanteile der Sozialabgaben) ein(e) Pastor(in) DM 140.000, ein(e) Kirchenmusiker(in) DM 108.000, ein(e) Diakon(in) DM 105.000, ein(e) Küster(in) DM 73.500 und eine Putzkraft DM 62.200.

Bemerkenswert ist jedoch, was in diesem Haushaltsplan nur indirekt erscheint (als Zinsen aus Geldanlagen und Entnahme aus den Rücklagen). Es ist das Geldvermögen der Gemeinde, das in einer gesonderten Übersicht verborgen bleibt, was insofern unverständlich ist, da jede Gemeinde schließlich Rücklagen bilden muss. Der Rücklagenbetrag in Höhe von 1,04 Millionen, der auf einem Konto bei einer Kirchenbank liegt, wirft schon einen Blick voraus (Kapitel: Banken), was uns dort erwarten wird.

Übersicht 28: Vermögensbestand einer evangelischen Kirchengemeinde

Geldanlagen bei Kirchlichen Geldinstituten	1.037.003,55
Geldanlagen bei Banken	580,88
Beteiligungen	4.508,32
Äußere Darlehen	3.376,04
Summe Geldvermögen	*1.045.468,77*
Die Summe setzt sich zusammen aus Betriebsmittelrücklagen für / von:	
- Kirche	2.049,20
- ohne Bindung	20.848,12
- Kindergarten	107.640,28
- Jugendfreizeithaus	17.182,99
- Diakoniekasse	15.608,16
- Gemeindefreizeiten	1.482,77
- Basarerlös	17.996,07
- Ferienfreizeiten	19.685,53
- Donnerstagskreis	2.513,05
- Musiknachmittage	4.700,00
- Sondermaßnahmen	24.443,59
- Schönheitsreparaturen Objekt 1	4.362,12
- Schönheitsreparaturen Objekt 2	7.887,39
- Schönheitsreparaturen Objekt 3	4.382,04
- Allgemeine Ausgleichsrücklage	537.144,70
- Baurücklage, Baupauschalen	247.277,54
- Genossenschaftsanteil Kirchenbank	600,00
- Beteiligungen Oikocredit	1.408,32
- Wohnungsgesellschaft	2.500,00
- Sonstiges	5.756,90

Daran ist wiederum bemerkenswert, dass 'Vermögen' nur auf das 'Bargeld' bezogen wird und die Immobilien der Kirchengemeinde, die einen Verkehrswert von rund 2 Mio. Mark haben, in keiner Anlage oder Übersicht als Vermögenswert erwähnt werden. Ob diese „Verkleinerung" der Vermögenslage nur in der Logik der Einnahme-Überschuss-Rechnung liegt, lässt sich im Rahmen dieser Studie nicht feststellen.

5.4. Einnahmen und Bedarfsdeckung

Bleiben wir aber, nach diesem 'kommunalen' kleinen Ausflug, bei den regionalen Körperschaften und betrachten dort die verschiedenen Einnahmequellen genauer.

Die Finanzstatistik der EKD von 1984 beinhaltet eine detaillierte Übersicht nach Einnahmequellen und der Bedarfsdeckung der Aufgaben nach zweckgebundenen Einnahmen/Zuschüssen und verweist dadurch auf die Bedeutung der Kirchenlohnsteuer für die verschiedenen Bereiche der konfessionellen Tätigkeit. Dabei ist allerdings z.B. zu beachten, dass bei den Kindertagesstätten die Investitionskosten (Schaffung von Anlagevermögen) eingerechnet sind.

Sich selbst tragen in dieser Übersicht nur die kirchlichen Friedhöfe, die immerhin 99,8 Prozent der Ausgaben aus ihren Einnahmen bestreiten.

Von einem Rückgang der Kirchensteuer besonders betroffen wären in der EKD alle Bereiche, deren Bedarfsdeckung durch zweckgebundene Einnahmen unter 20 Prozent liegt:

Übersicht 29: Einnahmen im Bereich der EKD nach Einnahmen / Bedarfsdeckung / Kirchensteuern und Aufgabenbereichen (in DM), 1984.

Einnahmen aus Ausgaben für: ... davon:	Summe der Einnahmen	Bedarfs- deckung	Zusatz aus Kirchensteuer	Ausgaben Insgesamt
Allgemeine kirchl. Dienste	**1.078.301.484**	**29,9 %**	**2.524.309.273**	**3.602.610.757**
Gottesdienst	*171.803.558*	*37,9 %*	*280.912.006*	*452.715.564*
Kirchenmusik	*24.737.617*	*13,9 %*	*153.783.470*	*178.521.087*
Allg. Gemeindearbeit	*247.063.573*	*31,5 %*	*536.672.590*	*783.736.163*
Kirchl. Unterweisung	*118.602.199*	*56,0 %*	*93.308.406*	*211.910.605*
Pfarrdienst	*274.811.539*	*18,9 %*	*1.176.777.020*	*1.451.588.559*
Ausbildung f.d. Pfarrdienst	*10.161.500*	*12,2 %*	*73.471.713*	*83.633.213*
Küster- (Mesner-)dienst	*5.553.696*	*2,6 %*	*208.889.264*	*214.442.960*
Kirchhof- (Friedhof-)wesen	*225.567.799*	*99,8 %*	*494.812*	*226.062.611*
Besondere kirchl. Dienste	**157.972.120**	**33,9 %**	**308.332.155**	**466.304.275**
Dienst an der Jugend	*107.349.074*	*38,2 %*	*173.584.820*	*280.933.894*
Studentenbetreuung	*4.674.345*	*23,1 %*	*15.602.583*	*20.276.928*
Männer-/Frauenarbeit	*22.505.293*	*40,2 %*	*33.497.614*	*56.002.907*
Seelsorge an Kranken	*7.006.376*	*15,4 %*	*38.421.672*	*45.428.048*
Telefonseelsorge	*1.363.108*	*21,3 %*	*5.024.800*	*6.387.908*
Kirchliche Sozialarbeit	**1.402.985.658**	**67,5 %**	**674.652.885**	**2.077.638.543**
Allgemeine soziale Arbeit	*88.173.723*	*29,9 %*	*206.699.011*	*294.872.734*
Kindertagesstätten	*857.682.177*	*76,3 %*	*266.426.878*	*1.124.111.055*
Beratungseinrichtungen	*26.447.538*	*48,8 %*	*27.736.131*	*54.183.669*
Gemeindeschwestern, ...	*169.119.671*	*70,9 %*	*69.331.656*	*238.451.327*
Gesamtkirchl. Aufgaben	**128.905.361**	**25,3 %**	**380.090.680**	**508.996.041**
Entwicklungshilfe	*58.395.724*	*33,7 %*	*114.733.202*	*173.128.926*
Weltmission	*11.962.108*	*11,5 %*	*91.847.137*	*103.809.245*
Öffentlichkeitsarbeit	**9.083.082**	**10,6 %**	**76.308.197**	**85.391.279**
Bildung und Wissenschaft	**129.864.061**	**46,6 %**	**148.641.761**	**278.505.822**
Erwachsenenbildung	*53.356.503*	*44,9 %*	*65.598.836*	*118.955.339*
Rechtstzg., Leitung, Verw.	**80.772.373**	**10,3 %**	**702.131.708**	**782.904.081**
Allg. Finanzvermögen	**701.947.458**	**+22,6%**	**0**	**572.769.153**
Pfarreivermögen	*105.475.473*	*+71,4%*	*0*	*61.524.453*
Allg. Finanzwirtschaft	**5.877.631.477**	**+ 414%**	**0**	**1.143.645.297**
Insgesamt	9.567.463.074		4.814.466.659	9.518.765.248

Quelle: Dieter Rohde, Kirchliche Statistik, in: Kirchliches Jahrbuch für die E.K.D., 1987. Lieferung 3. S. 307 ff. (Eigene Zusammenfassung der dortigen Angaben.)

Besonders betroffen, d.h. nicht mehr in der bisherigen Form zu finanzieren wären von allen Bereichen, in aufsteigender Gefährdung: die Kirchenmusik, der Pfarrdienst, die innerkirchliche Ausbildung zum Pfarrdienst, die Seelsorge an Kranken und Behinderten, die Weltmission, die Öffentlichkeitsarbeit, und, am stärksten (abgesehen vom Küsterdienst): die Kirchenleitung, Verwaltung und Rechtsetzung.

Insbesondere die Institution der Kirchenleitungen, mit anderen Worten: die Amtsträger (mit Ausnahme der katholischen Bischöfe, die direkt vom Staat bezuschusst werden) sind zu 90 Prozent von der Kirchensteuer abhängig und so verwundert es nicht, wenn gerade sie die Bedeutung und die Abhängigkeit der Kirche (!) von der Kirchensteuer betonen.

Es wäre wahrscheinlich eine Lebensaufgabe, zu versuchen, alle Informationen über die verschiedenartigsten Teile dieses Kirchen-Finanz-Puzzles zusammenzutragen – sofern es überhaupt möglich ist, denn die Bischöfe bzw. die Bistümer/Landeskirchen besitzen die Finanzhoheit über ihre Haushaltspläne und niemand kann sie veranlassen, mehr zu sagen, als sie es selber wollen. Obwohl die beiden großen Amtskirchen formal den Status einer 'Körperschaft des Öffentlichen Rechts' besitzen, sind sie gesetzlich nicht zur Publizierung ihrer kompletten Haushaltspläne verpflichtet, wie zum Beispiel der Staat selbst oder andere Körperschaften (Rundfunkanstalten, Industrie- und Handelskammern), die eine Bilanz erstellen und veröffentlichen.

Und wenn sie eine **Bilanz** veröffentlichen, wird deutlich, was darin *nicht* erscheint. So veröffentlicht die Landeskirche in Württemberg eine Bilanz über ihr Vermögen und schreibt zu den Finanzanlagen, die sie mit DM 330 Millionen ausweist: „Die zum 31. Dezember 1998 noch ausgewiesenen Forderungen gegen die evangelische Ruhegehaltskasse Darmstadt (ERK) wurden durch eine Verdreifachung der landeskirchlichen Beteiligung auf nahezu 100% erhöht und werden im Sinne einer Bilanzverkürzung ebenso wie die bisher bei Rückstellungen ausgewiesenen Verpflichtungen der Landeskirche gegenüber Personen aus dem Pfarrdienst nicht mehr ausgewiesen."[79] Allein diese 'Umbuchung' der Landeskirche bedeutete eine Einmalzahlung von 1,193 Milliarden, die zur „*Bilanzverkürzung*" zukünftig nicht mehr ausgewiesen werden. Frage: Was wird denn zur „Bilanzverkürzung" alles sonst noch nicht ausgewiesen? Bei einer Verdreifachung als Einmalzahlung bedeutet das einen realen Pensionsfonds in der Größenordnung von 1,6 Milliarden.

---

[79] Evangelische Landeskirche in Württemberg: *Jahresbericht 2000*, S. 55.

Des Weiteren wird ein genauer Unterschied gemacht zwischen der „Landeskirche im engeren Sinn" und der „Landeskirche Gesamt". Für das Vermögen an Immobilien und Grundstücken weist die Landeskirche im engeren Sinn DM 312 Millionen nach, für die gesamte Landeskirche (einschließlich der Stiftungen und des Treuhandvermögens der Gemeinden) sind es dann aber 928 Millionen Mark.[80] Eine Differenz von 616 Millionen.

So muss jede Aufstellung immer berücksichtigen, welche Organisation für welchen Bereich ihre Zahlen veröffentlicht – oder auch nicht. Vergleichbar wären die Kirchen in dieser Hinsicht etwa mit einer großen Handelsflotte, die sich aus einer Vielzahl von verschiedenartigsten Schiffen zusammensetzt – sowohl in der Größe wie in der Funktion – und man würde meinen, wenn man von dem Flaggschiff rede, sei damit schon die ganze Flotte beschrieben.

In den folgenden Kapiteln sollen uns entsprechend die anderen Schiffe der 'Kirchenflotte' genauer beschäftigen.

---

[80] Evangelische Landeskirche in Württemberg: *Jahresbericht 2000*, S. 54-57.

6. Staatliche Zuwendungen

Religiös-weltanschauliche Gemeinschaften als Körperschaften des öffentlichen Rechts im System des Grundgesetzes / Konkordate und Staatskirchenverträge / Staatlicher Verzicht auf Einnahmen:
Staatlicher Einzug der Kirchenlohnsteuer / Kirchenlohnsteuern sind Sonderausgaben / Steuerbefreiung / Gebührenbefreiung / Zinsabschlagssteuer / 'Pflichtleistungen' des Staates:
Dotationen Bundesländer / Kommunale Dotationen / Baulasten / Religionsunterricht / Militärseelsorge / Anstaltsseelsorge / Polizeiseelsorge / Konfessionsschulen / Kindertageseinrichtungen / Kulturelle Betreuung / Auslandsarbeit / 'Freiwillige' Leistungen des Staates:
Denkmalpflege / Bauzuschüsse / Kirchentage / Gerichtliche Bußgelder / ABM

In den „Zuschüssen von Dritten" bei den „übrigen Einnahmen" der Religionsgesellschaften sind insbesondere die staatlichen Zuwendungen erfasst. Bevor wir uns mit den staatlichen Zahlungen beschäftigen, erscheint es angesichts der Situation, dass davon jeder Staatsbürger betroffen ist, angebracht, sich den aktuellen juristischen Rahmen dieser Zuwendungen – insbesondere den Körperschaftsstatus – und die historische Entstehung dieser Zahlungen kurz zu vergegenwärtigen.

Exkurs: Religiös-weltanschauliche Gemeinschaften als *Körperschaften des öffentlichen Rechts* im System des Grundgesetzes

Die rechtliche Bedeutung des insbesondere den Kirchen zustehenden Körperschaftsstatus ist im Einzelnen umstritten. (Sie war es schon beim Inkrafttreten der Weimarer Verfassung im Jahr 1919 und ist der Kompromiss, wie dann auch 1948 im Parlamentarischen Rat,[81] zwischen christlich-konservativen Auffassungen und der sozialistischen Forderung: „Religion ist Privatsache".) Dieser Status ist jedenfalls Voraussetzung dafür, dass die Mitgliedsbeiträge der Kirchenzugehörigen in Form einer Steuer nach Maßgabe staatlicher Daten und gegebenenfalls mit staatlichem Zwang eingezogen werden können.

Nach herkömmlicher Definition ist eine KdöR (Körperschaft des öffentlichen Rechts) „ein durch staatlichen Hoheitsakt aufgrund eines Gesetzes geschaffener Verband natürlicher oder juristischer Personen, der unter staatlicher Aufsicht öffentliche Aufgaben erfüllt, ohne den Rang

---

[81] Vgl. Grundmann/Rust: Art. 140, in: *Kommentar zum Bonner Grundgesetz* (Bonner Kommentar), 20. Lieferung, S. 3-7.

eines Staatsorgans zu besitzen. Körperschaften des öffentlichen Rechts können Gebietskörperschaften sein (z.b. Gemeinden und Gemeindeverbände) oder Personalkörperschaften (z.b. Industrie- und Handelskammern, [...]). Der Wirkungsbereich einer Gebietskörperschaft ist räumlich, der einer Personalkörperschaft durch die ihr angehörenden Personen (Mitglieder) bestimmt."[82]

Artikel 140 GG sichert den Kirchen einen Status als KdöR. Mit diesem GG-Artikel wurden nahezu alle Weimarer „Kirchenartikel" als vollwertiger Bestandteil in das Grundgesetz übernommen: „Die Bestimmungen der Artikel 136, 137, 138, 139 und 141 der Deutschen Verfassung vom 11. August 1919 sind Bestandteil dieses Grundgesetzes." Satz 1 des somit in das GG „inkorporierten" Artikels 137 Abs. 5 WRV lautet: „Die Religionsgemeinschaften bleiben Körperschaften des öffentlichen Rechtes, soweit sie solche bisher waren." Gemäß Satz 2 dieser Vorschrift muss anderen religiös-weltanschaulichen Gemeinschaften dieser Status unter bestimmten Voraussetzungen ebenfalls zuerkannt werden.[83]

Dabei ist jedoch unter Juristen unbestritten, dass die Kirchen nicht eine der eingangs beschriebenen Körperschaften des öffentlichen Rechts sind (wie Handelskammern, Bauernverband, etc.), da sie aufgrund des Artikel 137 Absatz 3 ein besonderes Privileg besitzen: „Jede Religionsgesellschaft ordnet und verwaltet ihre Angelegenheiten selbständig innerhalb des für alle geltenden Gesetzes. Sie verleiht ihre Ämter ohne Mitwirkung des Staats oder der bürgerlichen Gemeinde."

Was der Körperschaftscharakter im speziellen Sinn des Art. 137 Abs. 5 WRV und das Selbstbestimmungsrecht im Einzelnen bedeuten, ist streitig und gehört zu den schwierigen Fragen des Religionsverfassungsrechtes (ein Rechtsgebiet, das traditionell, aber inhaltlich missverständlich, „Staatskirchenrecht" genannt wird). Die rechtliche Interpretation ist von großer Bedeutung, da viele Gesetzesvorschriften verschiedener Rechtsgebiete sich auf diesen Körperschaftscharakter der Kirchen beziehen.

Betrachtet man das religionsrechtliche System des GG insgesamt, so enthält es mehr trennende als verbindende Elemente zwischen Staat und Religion/Weltanschauung[84] und stellt die „Religionsgesellschaften" (so

---

[82] Beck, *Sachwörterbuch der Politik*, S. 454: „Körperschaft".

[83] Siehe den Streit um den Körperschaftsstatus der *Zeugen Jehovas* beim Bundesverfassungsgericht, BVerfG-Urteil vom 19.12.2000.

[84] Gerhard Czermak: *Staat und Weltanschauung,* Eine Auswahlbibliographie. Mit einer Abhandlung zu Entwicklung und Gegenwartslage des sogenannten Staatskirchenrechts, Berlin/Aschaffenburg: IBDK, 1993, sowie Band 2 (1993-1997), Aschaffenburg: Alibri, 1999; Bernd Jeand'Heur und Stefan Korioth: *Grundzüge des Staatskirchenrechts*, Stuttgart u.a.: Boorberg, 2000; Ludwig Renck, Die Trennung von Staat und Kirche, in: *BayVBl* (Bayerische Verwaltungsblätter) 1988, S. 225ff.

die Terminologie der Weimarer Reichsverfassung) mit den (nichtreligiö-
sen) Weltanschauungsgemeinschaften formal auf eine gleichberechtigte
Stufe (Art. 137 Abs. 7 WRV; Art. 4 Abs. 1 GG u.a.).

Dieses Trennungsprinzip (Hauptnorm: Art. 137, Abs. 1 WRV: „Es besteht keine Staatskirche") wird zwar nicht konsequent durchgehalten
(insbesondere bei den schulrechtlichen Bestimmungen des GG und der
Kirchensteuer), aber deutlich bekräftigt durch den unbestritten ebenfalls
heute noch geltenden Art. 138 WRV, der die – auch nach 80 Jahren erst
ausnahmsweise erfolgte – Ablösung, d.h. Beendigung, aller (nachgewiesenermaßen schon 1919 bestehender [!]) Staatsleistungen zwingend vor-
schreibt und nach Wortlaut und Sinn keineswegs eine Neubegründung
von Staatsleistungen zulässt. („Die auf Gesetz, Vertrag oder besonderen
Rechtstitel bestehenden Staatsleistungen an die Religionsgesellschaften
werden durch die Landesgesetzgebung abgelöst. Die Grundsätze hierfür
stellt das Land auf.")

Die Zulässigkeit der Neubegründung von Staatsleistungen folgert frei-
lich die herrschende kirchlich orientierte Rechtsauffassung aus dem Fehlen eines bundesrechtlichen Rahmengesetzes und dem bis dahin – nach
ihrer Auffassung – generell gewährleisteten Bestandsschutz. Damit wird
der Sinn des Art. 138 WRV, d.h. die Beendigung der staatlichen Lei-
stungspflichten, in sein Gegenteil verkehrt,[85] denn Art. 138 WRV ergänzt
und bekräftigt das allgemeine (hauptsächlich organisatorische) Trennungsprinzip konsequent auf den Sektor des Vermögensrechts. Die Frage,
inwieweit nachgewiesenermaßen 1919 bestehende, aber seitdem theoretisch abzulösende Leistungsansprüche heute nach allgemeinen Rechts-
grundsätzen nicht längst abgegolten sind, wird wohlweislich in der Regel
gar nicht erst gestellt.[86]

Das Trennungsprinzip hängt eng mit dem Neutralitätsprinzip zusammen, ist aber mit diesem keineswegs identisch. Ohne die institutionelle
Trennung von Staat und Religion ist ein neutrales Verhalten des Staates
zwar schwerlich möglich, aber auch bei strenger formaler Trennung kann
sich der Staat bei Förderungsmaßnahmen neutralitätswidrig verhalten,
und er tut das auch – verfassungswidrig – ständig.

Das Bundesverfassungsgericht leitet das Neutralitätsprinzip zusammenfassend aus einer ganzen Anzahl von Verfassungsbestimmungen ab.
In seinen Worten: „Das Grundgesetz legt durch Art. 4 Abs. 1 [Bekennt-

---

[85]   So jetzt auch Martin Morlock, in: H. Dreier, *Grundgesetz, Band III*, 2000, S. 1.352,
       RdNr 22 (mit weiteren Nachweisen).
[86]   Hierzu aber sehr eindringlich Ludwig Renck, in: *DÖV* (Die öffentliche Verwaltung)
       2001, S. 103-109, anhand des Beispiels der kommunalen Kirchenbaulastverträge.

nisfreiheit], Art. 3 Abs. 3 [Gleichheit], Art. 33 Abs. 3 [Staatsbürgerliche Rechte] GG sowie durch die Art. 136 Abs. 1 [Positive Religionsfreiheit] und 4 [Negative Religionsfreiheit] und Art. 137 Abs. 1 [Es besteht keine Staatskirche] WRV i.V.m. Art. 140 GG dem Staat als Heimstatt aller Bürger ohne Ansehen der Person weltanschaulich-religiöse Neutralität auf. Es verwehrt die Einführung staatskirchlicher Rechtsformen und untersagt auch die Privilegierung bestimmter Bekenntnisse."[87]

Verfassungsrechtlich haben das Trennungs- und Neutralitätsprinzip, insbesondere der Aspekt der gebotenen formalen Gleichbehandlung aller religiösen und weltanschaulichen Vereinigungen, gemäß Art. 31 GG Geltungsvorrang vor allem widersprechenden Landes- und auch Bundesrecht. Dennoch ist in der Bundesrepublik – vor allem auch mit Hilfe der in verfassungsrechtlicher und demokratiestaatlicher Hinsicht recht problematischen[88] Staat-Kirche-Verträge – ein weltweit einzigartig dichtes juristisches Beziehungsgeflecht mit erheblichen Vorteilen für die beiden Großkirchen entstanden.

Betrachten wir jetzt noch kurz die historische Entwicklung. Auch wenn es heute so aussieht, als ob in Deutschland der Staat und die Religionsgesellschaften ein tolerantes Miteinander pflegen, war das beileibe nicht immer so – stets waren sie Konkurrenten in der Machtfrage. „Do ut des" (Ich gebe, damit du gibst) ist der Kompromiss.

Wurden diese Kompromisse früher recht kriegerisch erzwungen, so geht das seit einiger Zeit formal friedlicher zu. Man redet über Macht- und insbesondere Besitzansprüche, einigt sich, anerkennt sich gegenseitig und schließt Verträge miteinander.

6.1. Konkordate und Staat-Kirche-Verträge

Für diese Konkordate und Kirchenverträge ist beispielhaft der „Lateranvertrag" zwischen dem Vatikan und dem italienischen Staat. 1871 verlor der Vatikanstaat seine mittelitalienischen Besitztümer und der Papst residierte ohne eigenes Einkommen im kleinen städtischen Rest der früheren Besitztümer, dem heutigen Vatikan. Als Reaktion lehnte der Papst die italienische Republik ab und verbot allen Katholiken Italiens jegliche politische Betätigung. Seine einzige Einkommensquelle war der 'Peters-

---

[87] BVerfGE 19, 206, S. 216 (1965). Wiederholt in der „Kruzifix-Entscheidung" (1995), in: BVerfGE 93, 1, S. 16f. – Klammerzusätze vom Verfasser.

[88] Eingehend mit zahlreichen Nachweisen: Gerhard Czermak, Rechtsnatur und Legitimation der Verträge zwischen Staat und Religionsgemeinschaften, in: *Der Staat*, 2000, S. 69-85.

pfennig' (Sammlung der Katholiken in aller Welt für den Papst, der seine Pfründe verloren hatte; 1998: DM 95 Millionen[89]).

Nachdem Mussolini an die Macht gekommen war, suchte er die Anerkennung des faschistischen Staates durch die Kirche – also verhandelte man im Lateranpalast und schloss dann 1929 einen Vertrag. Kernpunkte waren die gegenseitige Anerkennung als Staat, die staatliche Garantie des verbliebenen und vereinbarten Kirchenbesitzes in Italien, die Gewährung kirchlicher Rechte in der Religionsausübung (wozu auch die Schulen, Heirat und Scheidung gehörten) und schließlich Ausgleichszahlungen des Staates an die Kirche für die verloren gegangenen früheren Pfründen (nach damaliger Umrechnung: 92 Millionen US-Dollar[90]).

„Auch die Bundesrepublik trägt an einem solchen ungeliebten Erbe, das man nicht gerne vorzeigt – das Reichskonkordat vom 20. Juli 1933. Das Datum sagt alles. Aus Platzmangel kann hier nicht weiter darauf eingegangen werden, aus welchen Opportunitätsüberlegungen es beide Seiten bis heute bei diesem Konkordat belassen haben."[91] Um das (höflich) zu verschweigen, wird kirchlicherseits regelmäßig auf das preußische Konkordat von 1929 verwiesen.

Wie sollen sich aber – aus der Sicht der Kirchen – die banale Macht der Welt und die geistliche Macht des Himmels anders einigen? „In der Bibel des Neuen Testamentes suchen wir vergeblich nach Hinweisen für eine abstrakte oder konkrete Regelung des Verhältnisses zwischen Kirche und Staat. [...] Weil es also keine für alle Zeiten und Orte gültige Lösung des Kirche-Staat-Verhältnisses gibt, muss jede Generation ihre zeitgemäße und damit auch zeitbedingte Regelung suchen und finden."[92]

Die heutige deutsche Situation hat dennoch eine lange Geschichte und beinhaltet für die Katholiken und Evangelischen sowohl eine unterschiedliche Ausgangssituation als auch eine andere Entwicklung – auch wenn heute nahezu identische Regelungen für beide Religionsgesellschaften gelten.

Die **katholische Kirche** hielt sich historisch nach einiger Zeit inniger Verbindung in ziemlicher Distanz zum Staat und besaß große Ländereien (Pfründen). Aus deren Erträgen (Eigenbewirtschaftung und Verpachtung) und aus den Geldmitteln der innerkirchlichen Kollekten und 'guten Gaben' finanzierte sie ihre Ausgaben und Aufwendungen.

---

[89] *Hamburger Abendblatt* vom 13.7.1999, S. 21 (Vatikan: Gewinne mit Börsen- und Immobilienspekulationen).

[90] Horst Herrmann, *Die Kirche und unser Geld*, S. 135.

[91] Knut Walf: Querelles allemandes?, in: Georg Denzler (Hg.): *Kirche und Staat auf Distanz*, München: Kösel, 1977, S. 218.

[92] Vorwort des Herausgebers, in: Georg Denzler (Hg.): *Kirche und Staat auf Distanz*, S. 7.

1803 überführte der Reichsdeputationshauptschluss (RDH) des Heiligen Römischen Reiches deutscher Nation den reichsunmittelbaren katholischen kirchlichen Besitz, der nicht unmittelbar der Seelsorge diente,
zurück in das staatliche Eigentum („Säkularisation" = Verweltlichung).
Den RDH auf die „Enteignung" der Kirche zu reduzieren, ist jedoch zu
einseitig, denn den einzelnen Paragraphen lagen unterschiedliche Inten-
tionen zugrunde. Der kirchliche Besitz auf der Ebene der Pfarrgemeinde
blieb garantiert. Verändert wurde durch diese „Fürstenrevolution" die
territoriale Reichsgliederung, indem die geistlichen Territorien (u.a. der
Fürstbischöfe) aufgehoben wurden und in staatliche Territorien übergingen. Der Grundbesitz dieser geistlichen Territorien war erheblich größer
als zur Seelsorge nötig. Absicht war dabei die „Entfeudalisierung der
Kirche", denn die reiche Ausstattung der Bischofsstühle, Domkapitel und
Reichsabteien war die Basis der regelmäßigen Besetzung aller leitenden
Kirchenämter mit Angehörigen der katholischen Aristokratie.[93]

Ob diese Verfassungsänderungen als legal anzusehen sind, ist eine
Frage der Rechtstradition und der Interessenlage. Mit der Säkularisation
wurde allerdings kein freies Staatseigentum geschaffen, sondern der Staat
übernahm damit verbundene Belastungen: Als Ausgleich erhielten die
vorherigen Besitzer „Dotationen" und obwohl seit 1803 fünf Staatsfor-
men in Deutschland existierten gelten diese Regelungen noch heute.

Die **evangelische Tradition** ist anders gelagert, da es keine Trennung
zwischen Kirche und evangelischem Staat gab. Kirchengemeinde war
gleichzeitig staatliche Gemeinde und unterstand dem Patronat des Lan-
desherrn, der normalerweise auch gleichzeitig Landesbischof war. Die
Pfarrer hatten ihre Pfründen, beackerten schwitzend ihre Gärten und wenn
es finanziell nicht reichte, gab der Staat das fehlende Geld dazu. Als üblich entwickelte sich eine Dreiteilung: Ein Drittel mussten die Pastoren
selber aus ihrer Pfründe erwirtschaften, das zweite Drittel kam aus Spenden der Gemeinde und den Stolgebühren bei Amtshandlungen, das letzte
Drittel zahlte der Staat.

In dieser Abhängigkeit musste die Kirche den Staat immer um Erlaubnis fragen, wenn sie beispielsweise weniger Gebühren erheben wollten,
da der Staat die dann fehlenden Mittel ausgleichen musste. Als Februar
1875 im Deutschen Kaiserreich die obligatorische Zivilehe eingeführt
wurde, verringerte sich umgehend die Zahl der kirchlichen Trauungen
und die Pastoren baten um Aufhebung der 'Stolgebühren' für die Trauung
– was ihnen erlaubt wurde.

---

[93] Ernst Rudolf Huber: *Deutsche Verfassungsgeschichte seit 1789*. Band I, S. 52/53.

Als sich diese Identität zwischen christlicher Kirchenmitgliedschaft und staatsbürgerlichen Rechten lockerte, die vorher Anlass und Zwang für viele deutsche Juden war, sich taufen zu lassen (so wurde aus Harry Heine dann Heinrich Heine), und der Staat sich allmählich von der Kirche trennte, war das Grundmuster der offenen und durchaus fordernden evangelischen Hand: Man habe, als Beispiel, bisher keine Kirchenverwaltung gehabt und wenn der Staat nun verlange, dass es eine eigene Kirchenverwaltung geben solle (Erfordernis geordneter Verhältnisse und Mittelverwendung), dann müsse er das auch bezahlen.

Nun darf man aber nicht meinen, die evangelischen Kirchen könnten sich wie in einem Selbstbedienungsladen bedienen. Das ist eher wie das Verhältnis zwischen Eltern und Kindern, wenn die Kinder das Elternhaus verlassen haben oder hinaus komplimentiert wurden und nun meinen, die Eltern müssten immer noch bezahlen. Da muss dann ein Ausgleich gefunden werden – zwischen der Androhung der Mittelkürzung oder sogar Zahlungsverweigerung seitens der Eltern und dem angedrohten Zuwendungsverlust durch die Kinder. Und wenn das nicht reicht, kann man ja immer noch die Gerichte anrufen, um seine 'legitimen' Ansprüche durchzusetzen oder es zumindest zu versuchen.

Während die Konkordate in einer langen Rechtstradition stehen, beginnen die Vereinbarungen zwischen Staat und evangelischen Kirchen erst mit Beendigung der Staatskirche, als das Verhältnis zwischen Staat und Kirche vertraglich neu geregelt werden musste. Diese „Staatskirchenverträge" (sie heißen immer noch so, obwohl es keine Staatskirche mehr gibt; erst in den östlichen Bundesländern heißen sie: Staat-Kirche-Verträge) haben durchgehend die gleiche Struktur. Verdeutlicht werden soll das am „Vertrag des Landes Sachsen-Anhalt mit den Evangelischen Landeskirchen in Sachsen-Anhalt" vom 15. September 1993, der in der Folge der deutschen 'Wiedervereinigung' abgeschlossen wurde (wie dann folgend 1994 mit Mecklenburg-Vorpommern, Thüringen, Sachsen und 1996 mit Brandenburg).[94]

Artikel 1: Glaubensfreiheit und Eigenständigkeit der Kirchen
Artikel 2: Zusammenwirken von Landesregierung und Kirchen
Artikel 3: Staatliche Theologenausbildung
Artikel 4: Kirchliche Hochschulen (staatlich anerkannt)
Artikel 5: Religionsunterricht als ordentliches Lehrfach
Artikel 6: Kirchliche Schulen (staatlich anerkannt)
Artikel 7: Schutz des Kirchenvermögens (und das ihrer Anstalten, Stiftungen, Verbände und Einrichtungen)

---

[94] Vgl. *Kirchliches Jahrbuch der Evangelischen Kirche in Deutschland*, 1994, S. 334ff.

Artikel 8: Kirchen und ihre Verbände sind Körperschaften des öffentlichen
            Rechts
Artikel 9: Widmungsgarantie und Kirchengebäude (Eigentumsübertragungen
            und Regelung der Baulast)
Artikel 10: Denkmalpflege (angemessene Berücksichtigung)
Artikel 11: Patronatsrecht (wird aufgehoben)
Artikel 12: Anstaltsseelsorge wird gefördert
Artikel 13: Staatsleistung: (1992) 25.750.000 DM. Ändert sich die Besoldung
            der Beamten im Staatsdienst...
Artikel 14: Kirchensteuer und Kirchgeld dürfen von der Kirche erhoben werden
Artikel 15: Verwaltung der Kirchensteuer (Finanzämter; Arbeitgeber sind gesetz-
            lich zu verpflichten)
Artikel 16: Spenden und Sammlungen sind erlaubt
Artikel 17: Gebührenbefreiung der Kirchen
Artikel 18: Diakonie – Anspruch auf Förderung
Artikel 19: Feiertagsschutz
Artikel 20: Seelsorgegeheimnis wird staatlich geschützt
Artikel 21: Kirchliche Friedhöfe haben staatlichen Schutz
Artikel 22: Rundfunk – Angemessene Vertretung der Kirchen
Artikel 23: Meldewesen – Übermittlung staatlicher Daten
Artikel 24: Kirchliche Gerichtsbarkeit ist erlaubt
Artikel 25: Parität
Artikel 26: Freundschaftsklausel zwischen Staat und Kirchen

Dass es sich dabei überwiegend um Kirchenrechte und Geldfragen handelt und wie das formuliert wird, soll der kurze Artikel 25 in voller Länge
illustrieren:

„Artikel 25: Parität. Sollte das Land anderen vergleichbaren Religionsgemeinschaften über diesen Vertrag hinausgehende Rechte und Leistungen gewähren,
werden die Vertragsparteien gemeinsam prüfen, ob wegen des Grundsatzes der
Parität Änderungen dieses Vertrages notwendig sind."

Mit anderen Worten: Falls die katholische Religionsgesellschaft ertragreicher verhandelt, bekommen die Evangelischen Landeskirchen paritätisch dasselbe und umgekehrt. Beispielsweise erhielt so die katholische
Kirche, die erst 1965 ein Konkordat mit dem Land Niedersachsen vereinbarte (die Evangelische Kirche hatte bereits 1955 den ‘Loccumer Vertrag’
mit dem Land abgeschlossen), als „Paritätsausgleich" für die schlechter
honorierten Jahre 1955 bis 1965 einmalig zusätzliche Staatsleistungen
von DM 6.905.312 ausbezahlt.

Die weiteren finanziellen Konsequenzen dieser einseitigen vertraglichen Verpflichtungen des Staates sollen uns im Folgenden beschäftigen.

Zuerst jetzt also die bestehenden staatlichen ‘Pflichtleistungen’ (aufgrund der Staatskirchenverträge, Konkordate, anderer Rechtsvereinbarungen und Gesetze) und dann die ‘freiwilligen’ Zuschüsse und Leistungen.

6.2. Staatlicher Verzicht auf Einnahmen

Bevor wir aber betrachten, was der Staat an die Kirchen zahlt, wollen wir erst einmal zusammenzählen, was der staatliche Verzicht auf Einnahmen finanziell bedeutet. Verzicht klingt eher passiv, doch was Verzicht auf Einnahmen und Begünstigungen der Kirchen im Steuerrecht bedeuten, hat das Bundesverfassungsgericht genau erklärt:

„Der Begriff der 'Staatsleistungen' in Art. 138 WRV umfasst nicht nur die Geldzahlungen und Naturalleistungen, die der Staat zu den sächlichen und persönlichen Kosten der Religionsgesellschaften beiträgt. Zweck des Art. 138 WRV sollte sein, 'die vermögensrechtliche Stellung der Kirche [...] bis zur Neuregelung des finanziellen Verhältnisses zwischen Staat und Kirche aufrecht zu erhalten. [...] Von diesem Grundsatz ausgehend, hat das Reichsgericht in mehreren Entscheidungen die Befreiung der Kirchen von verschiedenen Steuern als Staatsleistungen anerkannt mit der Begründung, dass die Steuerfreiheit 'einen wesentlichen Teil derjenigen Unterstützung bildete, die der Staat den Kirchen zur Bestreitung ihrer Bedürfnisse gewährte, und dass er, wenn sie nicht bestanden hätte, statt ihrer entsprechende Leistungen an die Kirche hätte machen müssen.'"[95]

Gibt es, außer der Übernahme von Regelungen aus der 'Weimarer Republik', eine Erklärung für diese aktiven staatlichen Unterstützungen an die Kirchen?

Betrachtet man die heutige deutsche Situation, die staatlichen Zuschüsse und „fragt man nach den Ursachen solcher offenkundiger Begünstigung christlicher und kirchlicher Positionen, dann stehen sie in einem auffallenden Missverhältnis zu der tatsächlichen Substanz kirchlichen Lebens und christlichen Glaubens. Jedenfalls weisen die Beobachtungen und Erfahrungen aus der kirchlichen Praxis deutlich darauf hin, dass die Partizipation der Kirchenmitglieder am gemeindlichen Leben auffallend gering geworden ist und im umgekehrten Verhältnis zu dem Öffentlichkeitsanspruch der Kirche steht. Wenn dennoch die Kirchen einen so hohen öffentlichen Rang erhalten konnten, liegt es wohl in erster Linie daran, dass sich ihnen gegenüber keine adäquaten Gegenpositionen zu entwickeln vermochten. So geriet die säkulare, partikularistische Gesellschaft in die Verlegenheit, dass sie zwar gemeinsamer Wertvorstellungen bedarf, dafür aber wenig Alternativangebote vorfindet."[96]

Dieser Beschreibung von 1977, also vor fast fünfundzwanzig Jahren, ist nichts hinzuzufügen, da sich seitdem wenig geändert hat. Die Tatsache, dass sich Wertvorstellungen des Humanismus und der Aufklärung in der 'rheinisch-christlichen' Bundesrepublik bisher nicht haben durchsetzen können, steht dabei auf einem anderen (politischen) Blatt.

---

[95] BVerfGE 19, 1 (Religionsgemeinschaften), S. 13
[96] Eberhard Stemmler: Evangelische Kirche und Staat in der Bundesrepublik Deutschland, in: Georg Denzler (Hg.): *Kirche und Staat auf Distanz*, München: Kösel, 1977, S. 132

Betrachten wir diese Vergünstigungen oder Vorteilsgaben also im Einzelnen und versuchen ihren Geldwert zu ermitteln.

6.2.1. Staatlicher Einzug der Kirchensteuer

Für den Einzug der Kirchensteuer auf die Einkommen erhalten die staatlichen Finanzbehörden je nach Bundesland eine Kostenerstattung von 2 bis 4 Prozent des Kirchensteueraufkommens. Von der evangelischen Landeskirche in Bayern jedoch nur 1,5 Prozent, da sie ihre Kirchensteuer auf die Einkommensteuer durch eigene Kirchensteuerämter einzieht.

Für 1997 waren das bundesweit insgesamt rund DM 700 Millionen. Ein Betrag und Prozentsatz der, seitdem das Aufkommen aus der Kirchenlohnsteuer sinkt, von Seiten der Kirche als zu hoch kritisiert wird. Die Finanzdirektoren der Kirchen argumentieren damit, dass dieser Prozentsatz vereinbart wurde, als die staatliche Finanzverwaltung noch zeitaufwändig und personalintensiv 'per Hand' arbeitete, während sie heute, durch den Einsatz der elektronischen Datenverarbeitung, viel schneller und damit billiger arbeite. In den bereits laufenden Verhandlungen ist ein Betrag von 1,5 Prozent angepeilt.

Das finanzielle Problem der konfessionellen Steuerverbände besteht in diesem Zusammenhang darin, dass sie hinsichtlich vorhandener Überlegungen, sich von dem staatlichen Einzug der Kirchensteuer zu 'befreien', bisher stets davon abgesehen haben, weil das kirchlich organisierte Einziehen der Kirchenlohnsteuern – für das die bürgerlichen Steuerlisten staatlicherseits zur Verfügung gestellt werden müssten – 8 bis 12 Prozent des Kirchenlohnsteueraufkommens aufzehren würde (EKD-Schätzung: 15%[97]). Für 1999 müssten die Kirchen also etwa 2 Milliarden bereit stellen, um durch eigenes Personal und Ämter ihre Kirchensteuern einzuziehen. Dass sie es nicht tun, dafür werden sie intern, von den Kirchen-Ökonomen, gelobt: „Die Kirchen ersparen sich (und damit allen ihren Mitgliedern) dadurch einen ganz immensen Verwaltungsaufwand. Die KiSt-Mittel können so zu einem weit größeren Teil in jene Verwendungen fließen, für welche diese Abgabe eigentlich erhoben wird, und versickern nicht in einer unnötig aufgeblähten kirchlichen Finanzverwaltung."[98]

In dieser Sichtweise erbringt der Staat eine geldwerte Leistung von etwa DM 2 Milliarden für die Kirchen, die davon nur 700 Millionen erstatten müssen. Die Bundesländer wären also gut beraten, ihren Verwal-

---

[97] EKD-Text: *Die Kirchensteuer*, Abschnitt 3.5.9.: Einbindung der Finanzverwaltung
[98] Meuthen, Die Eignung der Kirchensteuer als Einnahmequelle von Religionsgemeinschaften, in: Ockenfels/Kettern (Hg.), *Streitfall Kirchensteuer*, S. 154.

tungsanteil (als Hälfte der „Alleinstellungsverluste") auf 4 bis 8 Prozent zu erhöhen. Das tun sie aber nicht. Somit erhalten die Kirchen vom Staat einen geldwerten Vorteil von 1,3 Milliarden DM weniger Ausgaben.

Hierbei bleibt unberücksichtigt, dass die deutschen **Arbeitgeber** die Lohnsteuer berechnen, einbehalten und abführen, und damit eine kostenlose Leistung für die Kirchen erbringen. Das meinte zumindest ein Arbeitgeber, der als Konfessionsloser diesen kostenlosen Dienst für die Kirche nicht erbringen wollte. Da hat ihm dann das Bundesverfassungsgericht höchstselbst gesagt, was Trennung von Staat und Kirche realiter bedeutet: „Da der Staat sich der Kirche gegenüber zur Mitwirkung bei der Einziehung der Kirchensteuer aus Lohn- und Einkommen verpflichtet habe, erfülle der Arbeitgeber mit der Einziehung nur eine ihm dem Staat gegenüber obliegende Pflicht."[99]

Wenn wir für diese „dem Staat gegenüber obliegende Pflicht" der Arbeitgeberleistungen in der Berechnung und Abführung der Kirchenlohnsteuer nur den gleichen Betrag einsetzen, den die staatlichen Finanzämter für das schlichte Überweisen der Zahlungseingänge bekommen (700 Millionen), so ergibt sich: Subventionierung der Kirchen durch den staatlichen Einzug der Kirchenlohnsteuer: DM 2 Milliarden.

6.2.2. Kirchensteuern sind Sonderausgaben

In der Berechnung der Lohn- und Einkommensteuer sind die Kirchensteuern *in voller Höhe* als Sonderausgaben von dem zu versteuernden Lohn / Einkommen abzugsfähig. (EStG § 10 I, 4.)

Das ist ungewöhnlich, da z.B. andere Aufwendungen der Steuerpflichtigen (Unterhaltsleistungen, Berufsausbildung, Vorsorgeaufwendungen) als Sonderausgaben nur bis zu einer begrenzten Höhe absetzbar sind. Mit dieser Berücksichtigung von Aufwendungen als Sonderausgaben werden politische Ziele gefördert, z.B. die Aus- und Weiterbildung von Einzelnen, die bessere Altersversorgung, etc.

Der Widerspruch der Absetzung der Kirchenlohnsteuer in voller Höhe als Sonderausgaben besteht zusätzlich darin, dass in höchstrichterlichen Entscheidungen von einer Annahme ausgegangen wird, die sachlich nicht zutrifft: dass so gut wie alle Bundesbürger Mitglied einer Kirche sind. Allerdings: Wenn nun alle Bürger diese Ausgaben haben sollten, sind sie dann in diesem Sinne noch *Sonder*ausgaben? Nein.

---

[99] Bundesverfassungsgericht KirchE 16, 75, 77 und Bayerischer Verfassungsgerichtshof KirchE 2, 245, 252. Zitiert nach: Hans-Martin Niemeier: Die Rechtsprechung staatlicher Gerichte in Kirchensteuersachen in der Bundesrepublik Deutschland, in: Lienemann, Wolfgang (Hg.), *Die Finanzen der Kirche*, München: Chr. Kaiser, 1989, S. 223.

Die Erzdiözese Köln hat einen „Kirchensteuerrechner" ins Internet gestellt[100] und jeder Interessierte kann sein zu versteuerndes Jahreseinkommen eingeben und bekommt seine Einkommensteuer und seine Kirchensteuer ausgerechnet. Die Angaben sind dann zweifach: Ein(e) Ledige(r) mit einem zu versteuernden Jahreseinkommen von DM 50.000 erhält die Informationen: „954 DM beträgt Ihre Kirchensteuer. (Das sind 9% Ihrer Einkommensteuer). 648 DM beträgt dabei Ihre tatsächliche Belastung. (Die Kirchensteuer gehört zu den abzugsfähigen Sonderausgaben, die ihre Steuerlast mindern.)"

Wir wollen diesen Faden jetzt nicht weiter verfolgen, sondern einfach feststellen, welchen Einnahmeverlust der Staat durch diese steuerlich absetzbare 'Sonderausgabe' hat. Es sind (im Jahr 2000) DM 6,8 Milliarden[101] (2,9 Milliarden [= 42%] zu Lasten des Bundes und 3,9 Milliarden [= 58%] zu Lasten der Länder und Gemeinden).

Und es ist sehr seltsam, was in dem Subventionsbericht dazu erläutert wird: „Zeitpunkt der Einführung und Zielsetzung. 1922/1948: Begünstigung anerkannter Religionsgesellschaften und ihnen gleichgestellter Religionsgemeinschaften aus kirchen- und sozialpolitischen Erwägungen. Befristung: unbefristet. Stellungnahme: Gründe bestehen fort. Im übrigen Einschränkung nicht sinnvoll, da Kirchensteuer jedenfalls mit Spenden gleichbehandelt werden müsste."

Die Auffassung, dass der Staat in dieser Weise die Kirche subventioniert, wird auch durch die Argumentation der Kirchen gestützt, die immer betonen, dass die Kirchenlohnsteuer zu den Kirchenaustritten führen würde. Entsprechend versuchen die Kirchen den Austrittsabsichten entgegenzuwirken, indem sie schreiben: „Wer aus der Kirche austritt, muss daher durch den Wegfall der Kirchensteuer, seinem jeweiligen Steuersatz entsprechend, mehr Lohn- oder Einkommensteuer zahlen."[102]

Das ist halb richtig und halb falsch. Erläutert werden soll das an dem Beispiel eines durchschnittlichen Einkommens im Jahr 2000 in Deutschland: Arbeitnehmer, nicht verheiratet, keine Kinder: Richtig ist, dass die zu zahlende staatliche Lohnsteuer steigt, wenn die Kirchensteuer nicht als Sonderausgabe abgesetzt werden kann. Falsch ist, dass die Lohnsteuer sich um mehr als den Betrag der wegfallenden Kirchenlohnsteuer erhöht.

---

[100] http://www.kirchensteuer-koeln.de/rechner
[101] Deutscher Bundestag, 14. Wahlperiode, *Drucksache 14/1500*: „Bericht der Bundesregierung über die Entwicklung der Finanzhilfen des Bundes und der Steuervergünstigen gemäß § 12 des Gesetzes zur Förderung der Stabilität und des Wachstums der Wirtschaft (StWG) vom 8. Juni 1967 für die Jahre 1997 bis 2000 *(17. Subventionsbericht)*, S. 194.
[102] So die Evangelische Kirche in Berlin-Brandenburg, siehe: http://www.ekibb.com/info/steuer/index.htm

In unserem Beispiel hat der konfessionslose Lohnsteuerpflichtige letztendlich DM 367 pro Jahr mehr zur Verfügung – ein monatlicher Betrag von DM 30,58 – was zeigt, dass die tatsächliche finanzielle Einsparung geringfügig ist und sicherlich nicht der ausschlaggebende Grund sein kann, aus dem jeweiligen konfessionellen Steuerverband (= der Kirche) auszutreten.

Übersicht 30: Berechnungsbeispiel des zu versteuernden Einkommens

Kirchenmitglied	'Konfessionsloser'	
Bruttoarbeitslohn (DM)	**49.650**	**49.650**
./. Arbeitnehmer-Pauschbetrag	2.000	2.000
./. Versorgungsaufwendungen	3.888	3.888
./. Kirchensteuer	674	
./. Sonderausgaben-Pauschbetrag		108
Zu versteuerndes Einkommen	43.088	43.654
./. Steuer lt. Grundtabelle	8.232	8.421
./. Solidaritätszuschlag	453	463
Einkommen nach Steuern	*34.403*	*34.770*

6.2.3. Steuerbefreiung
Körperschaftssteuer

Körperschaftsteuergesetz vom 31.8.1976, § 5, Abschnitt 1, Punkt 9: „Von der Körperschaftssteuer sind befreit, Körperschaften, Personenvereinigungen und Vermögensmassen, die nach der Satzung, dem Stiftungsgeschäft oder der sonstigen Verfassung und nach der tatsächlichen Geschäftsführung ausschließlich und unmittelbar gemeinnützigen, mildtätigen oder kirchlichen Zwecken dienen (§§ 51-68 der Abgabenordnung). Wird ein wirtschaftlicher Geschäftsbetrieb unterhalten, ist die Steuerbefreiung insoweit ausgeschlossen."

Die Befreiung von der Körperschaftssteuer erklärt somit einiges:
1. Warum die Kirchen jede Mehreinnahme aus der Kirchensteuer für die Erweiterung ihrer Tätigkeiten verwenden haben – sie dürfen keinen Gewinn erzielen – und dadurch unter anderem das Problem der hohen Kosten für das Personal erzeugt haben, die bei sinkenden Einnahmen nicht mehr zu finanzieren sind.
2. Warum kirchliche Unternehmen und Einrichtungen, die „einer nachhaltigen wirtschaftlichen Tätigkeit dienen", sofort (oder spätestens, wenn es öffentlich bekannt wird) aus *der Kirche* ausgegliedert werden.
3. Warum die Kirchen für jede ihrer Aktivitäten einen der steuerbegünstigenden Begriffe „gemeinnützig", „mildtätig" oder „kirchlich" verwenden *müssen*.

Was ist diese Befreiung von der Körperschaftssteuer nun an Geld wert? Nichts, denn die Kirchen erwirtschaften keinen ausgewiesenen Gewinn. Die Geldeinlagen bei den Kirchenbanken sind erlaubte Rücklagen.

Würden wir jedoch davon ausgehen, dass die Mitgliedsbeiträge steuerpflichtig sein würden, dann würde das 1999 für die 17 Milliarden Kirchensteuereinnahmen eine Umsatzsteuer von DM 2,3 Milliarden beinhalten, auf die der Staat durch die Steuerbefreiung verzichtet.

Vermögensteuer

Vermögensteuergesetz § 3, (1) 4: „Von der Vermögenssteuer sind befreit: Einrichtungen, die unmittelbar dem Unterrichts-, Erziehungs- und Bildungswesen, der körperlichen Ertüchtigung, der Kranken-, Gesundheits-, Wohlfahrts- und Jugendpflege dienen, ohne Rücksicht auf die Rechtsform, in der sie bestehen, wenn sie gehören a) dem Bund, einem Land, [...], b) den Religionsgesellschaften, die Körperschaften des öffentlichen Rechts sind, sowie ihren Einrichtungen."

Aber das ist nicht aktuell, da die Vermögensteuer in Deutschland zur Zeit nicht erhoben wird. Und falls wieder einmal irgendein 'sozialistischer Umverteiler' die Aktivierung dieser Steuer vorschlagen sollte, die Kirchen und ihre Werke, Verbände, Organisationen (ohne Rücksicht auf die Rechtsform) werden davon nicht betroffen sein.

Grundsteuer

Grundsteuergesetz § 3 (1): „Von der Grundsteuer sind befreit: [...] 4. Grundbesitz, der von einer Religionsgesellschaft, die Körperschaft des öffentlichen Rechts ist, einem ihrer Orden, einer ihrer religiösen Genossenschaften oder einem ihrer Verbände für Zwecke der religiösen Unterweisung, des Unterrichts, der Erziehung oder für Zwecke der eigenen Verwaltung benutzt wird."

§ 3 (1) 5: „Von der Grundsteuer sind befreit: Dienstgrundstücke und Dienstwohnungen der Geistlichen und Kirchendiener der Religionsgesellschaften, die Körperschaften des öffentlichen Rechts sind."

§ 5 (1) Dient Grundbesitz, der für steuerbegünstigte Zwecke benutzt wird, zugleich Wohnzwecken, gilt die Befreiung nur für 1. Gemeinschaftsunterkünfte der Bundeswehr, [...]. 2. Wohnräume in Schülerheimen, Ausbildungs- und Erziehungsheimen sowie Prediger- und Priesterseminaren [...]." § 5 (2) „Wohnungen sind stets steuerpflichtig, auch wenn die Voraussetzungen des Absatzes 1 vorliegen." Es sei denn, es ist die Dienstwohnung eines Kirchendieners einer Religionsgesellschaft, die Körperschaft des öffentlichen Rechts ist (§ 3,5). Sie ist auch steuerfrei.

6.2.4. Gebührenbefreiung

In einem Rechtsstaat müssen bei Staatsbehörden Gebühren entrichtet werden: Für Beurkundungen, Amtshandlungen, u.a.m. Alles das zahlen die religiösen Körperschaften nicht.

So heißt es in den Staatskirchenverträgen und Konkordaten: „Mit dem Inkrafttreten dieses Vertrages wird das Land die auf Landesrecht beruhenden Gebührenbefreiungen für das Land auf die Kirchen, ihre Kirchengemeinden und Gliederungen sowie ihre öffentlich-rechtlichen Anstalten, Stiftungen und Verbände erstrecken."[103] Der Geldwert dieser Gebührenbefreiung lässt sich schwerlich ermitteln oder auch nur abschätzen.

6.2.5. Zinsabschlagssteuer / Kapitalertragssteuer

Während der Staat bei Firmen, Banken und Privatpersonen durch Kriminalpolizei und Steuerfahndung nach den illegalen Verschiebungen von (zinsbringenden) Geldern ins Ausland nachforschen lässt, 'Kapitalschlupflöcher' findet und Anklagen wegen Steuerhinterziehung erhoben werden, haben die Kirchen und ihre Verbände keinen Anlass, ihr Geld im Koffer nach Luxemburg, Monaco oder auf die Kanalinseln zu tragen – die Zinsen ihres Kapitalvermögens bleiben ebenfalls steuerfrei.

6.2.6. Fazit

Worauf der Staat hinsichtlich der Steuerbefreiung der Kirchen verzichtet, lässt sich (im Vorgriff auf spätere Berechnungen) in etwa beziffern.

Übersicht 31: Wert der Steuerbefreiung der Kirchen

Umsatzsteuer auf Kirchensteuer 1999 =		2.337.165.367
Grundsteuer: 717.364 Hektar x DM 100/ha =		71.736.400
Hausbesitz: 110 Milliarden =	z.Zt. nicht erhoben	
Kapitalvermögen: (150 Milliarden) =	z.Zt. nicht erhoben	
Zinsabschlagssteuer: (Zinserträge (1993): = 5,1 Milliarden) x 30% =		1.530.000.000
x (restliche) Kapitalertragssteuer (23%)		1.173.000.000
+ Solidaritätszuschlag (3%)		153.000.000
Staatlicher Verzicht auf Steuern durch Steuerbefreiung der Kirchen DM 5.264.901.767		

Insgesamt verzichtet der Staat also auf Einnahmen – durch den staatlichen Einzug der Kirchenlohnsteuer und die Absetzung der Kirchensteuer als Sonderausgabe (8,8 Milliarden) und den Einnahmeverlust an Steuern (5,2 Milliarden) – von insgesamt DM 14 Milliarden. Weitere Steuerbegünstigungen werden bei den entsprechenden Kapiteln behandelt.

---

[103]   Vertrag des Landes Sachsen-Anhalt mit den Evangelischen Landeskirchen in Sachsen-Anhalt, Artikel 17, in: *Kirchliches Jahrbuch für die Evangelische Kirche in Deutschland*, 1994, S. 341.

Wenden wir uns jetzt den „positiven" Staatsleistungen zu; zuerst den bestehenden staatlichen 'Pflichtleistungen' (aufgrund der Staatskirchenverträge, Konkordate und anderer älterer Rechtsvereinbarungen) und dann den 'freiwilligen' Zuschüssen und Leistungen.

6.3. Staatliche 'Pflichtleistungen'

Bereits in dem (über Art. 140 GG übernommenen) Artikel 138 Abs. 1 der Weimarer Verfassung von 1919 hieß es: „Die auf Gesetz, Vertrag oder besonderen Rechtstiteln beruhenden Staatsleistungen an die Religionsgesellschaften werden durch die Landesgesetzgebung abgelöst. Die Grundsätze hierfür stellt das Reich auf."

Dass dieser Verfassungsauftrag seit nunmehr 82 Jahren nicht befolgt wurde – und politisch zur Zeit wohl auch keine Mehrheiten fände – steht auf einem Blatt. Auf einem anderen Blatt steht die Frage, was denn diese Ablösung 'kosten' würde, die entsprechend Artikel 18 des Reichskonkordats von 1933 nur in einem „freundschaftlichen Einvernehmen [zwischen Staat und der katholischen Kirche] herbeigeführt werden" könnte.

6.3.1. Besoldung von Bischöfen, Geistlichen und Sachbedarf

Kern dieser Zahlungen sind seit Jahrhunderten die rechtsverbindlichen Zuschüsse zur Besoldung der Geistlichen und (katholischen) Bischöfe, sozusagen die 'Altlasten'. In der Bundesrepublik sind die Kirchen der Kultur zugeordnet und da die Bundesländer im föderativen Staatsaufbau Deutschlands die Kulturhoheit besitzen, beruhen diese Zahlungen auf Verträgen der Religionsgesellschaften mit den Bundesländern, in denen die alten Rechte fortgeschrieben und erweitert werden. Und dennoch, soll es – als historischer Exkurs – nicht unerwähnt bleiben, dass es über Jahrzehnte Zahlungen der Bundesregierung an die Kirchen gegeben hat.

(Ehemalige) Dotationen und Zuschüsse des Bundes

Bis 1993 wurden aus dem Etat des Bundesministeriums des Innern Zuschüsse und Dotationen an die Kirchen bezahlt, die sich 1980 bis auf den Spitzenwert von 40 Millionen Mark gesteigert hatten und dann bis 1993 auf 17 Millionen verringerten. Die Dotationen bezogen sich auf die ehemals deutschen bischöflichen Verwaltungen und evangelischen Landeskirchen jenseits der Oder und Neiße, die nach dem Krieg geflüchtet und in der Bundesrepublik sozusagen 'im Exil' ansässig geworden waren.

Übersicht 32: Ehemalige Staatsleistungen / Dotationen der Bundesregierung (DM)

Jahr	Zuschüsse*)	Dotationen**)	Summe
1966	15.349.000	775.000	16.124.000
1967	16.350.000	820.000	17.170.000
1968	20.000.000	820.000	20.820.000
1978	29.712.000	1.064.000	30.776.000
1979	37.065.000	989.000	38.054.000
1980	38.732.000	901.000	39.633.000
1984	37.450.000	744.000	38.194.000
1985	36.000.000	704.000	36.704.000
1986	36.000.000	824.000	36.824.000
1991	29.500.000	954.000	30.454.000
1992	29.000.000	987.000	29.987.000
1993	16.500.000	987.000	17.487.000

Quelle: Bundeshaushaltspläne, Einzelplan 06: Bundesministerium des Inneren, Kapitel 0602: Allgemeine Bewilligungen. / „Dotationen" seit 1986 im Kapitel 0640: Bewilligungen für Vertriebene, Flüchtlinge und Kriegsgeschädigte.
*) „Zuschuss an die Evangelische und Katholische Kirche für die Versorgung der Heimatvertriebenen und sonstigen verdrängten Seelsorger, Kirchenbeamten und -angestellten sowie ihrer Hinterbliebenen."
Erläuterung: „Der Bund hat mit der Evangelischen Kirche und der katholischen Kirche sowie mit Freikirchen, die am 8. Mai 1945 öffentlich-rechtliche Körperschaften waren, vereinbart, dass diese die Versorgung der Heimatvertriebenen und sonstigen verdrängten versorgungsberechtigten Seelsorger, Kirchenbeamten (einschl. Forstbeamte), Kirchenangestellten sowie ihrer Hinterbliebenen regeln. Zu den Kosten der Versorgung gewährt der Bund einen Zuschuss, den die Kirchen in vollem Umfang für die Versorgung des bezeichneten Personenkreises zu verwenden haben."
Seit 1984: Erläuterung: „[...] Der Zuschuss entfällt mit Ablauf des Jahres 1993 gemäß der mit den Kirchen abgeschlossenen Pauschalabkommen."
**) Dotationen des Bundes für die in der Bundesrepublik Deutschland ansässigen bischöflichen Verwaltungen der ehemals ostdeutschen Diözesen jenseits der Oder und Neiße sowie für kirchenregimentliche Zwecke der Evangelischen Kirche der Union für das obengenannte Gebiet.
Erläuterung: „[...] Dotationszahlungen auf Grund des Preußen-Konkordats von 1929 [...] und auf Grund des Kirchenvertrages des Freistaates Preußen mit den Evangelischen Landeskirchen in Preußen von 1931 [...]."

Die Zuschüsse beruhten auf Vereinbarungen nach dem Krieg, mit den Kirchen, die am 8. Mai 1945 (Kapitulation des Deutschen Reiches) öffentlich-rechtliche Körperschaften waren, und die Versorgung der heimatvertriebenen Seelsorger und Kirchenmitarbeiter regelten. 1984 wurde vereinbart, diese Zahlungen 1993 (48 Jahre nach Kriegsende) zu beenden.

Nach der Ausgliederung der Kultur aus dem Innenministerium zum Kanzleramt werden seit 1999 aus dem Etat des Bundesministeriums des Innern nur noch die Zuschüsse für die Kirchentage und für den Bundesgrenzschutz die seelsorgerische Betreuung (s. *Polizeiseelsorge*) bezahlt. Die Zahlungen aus Bundesmitteln anderer Ministerien werden bei den entsprechenden Themen berücksichtigt (z.B. Studienförderung durch das

Bundesministerium für Bildung, Wissenschaft und Forschung bei der *Ausbildung des Nachwuchses*).

Dotationen der Bundesländer

Die Standardformulierung in den Staatskirchenverträgen und Konkordaten lauten weitgehend einheitlich: „Das Land zahlt an die Kirchen im Land [...] anstelle früher gewährter Dotationen für kirchenregimentliche Zwecke und Zuschüsse, für Zwecke der Pfarrbesoldung und -versorgung sowie anderer auf älteren Rechtstiteln beruhenden Zahlungen einen Gesamtzuschuss (Staatsleistung)."[104]

Das ist die Rechtsgrundlage in den Staatskirchenverträgen und dann folgt das Jahr und die exakte Summe. Danach folgt die Gleitklausel – nicht irgendwie vage freundschaftlich, sondern sehr exakt: „Ändert sich in der Folgezeit die Besoldung der Beamten im Staatsdienst, so ändert sich die Staatsleistung auf der Grundlage der für das Jahr (....) vereinbarten Höhe entsprechend. Zugrunde gelegt wird das Eingangsamt für den höheren nichttechnischen allgemeinen Verwaltungsdienst, Besoldungsgruppe A 13 der Bundesbesoldungsordnung, 7. Dienstaltersstufe, zwei Kinder." („A 13" ist die Besoldungsgruppe für Studienräte, Verwaltungsräte, Kriminalräte, etc.). Während die Tarifparteien sich in den Verhandlungen über die Beamtenbesoldung des öffentlichen Dienstes streiten müssen, können die Kirchen das Ergebnis in aller Ruhe abwarten und den Betrag ausrechnen, um den sich die Staatsleistung für die Kirchen erhöht.

Entsprechend ihrem staatlich anerkannten 'Marktanteil' erhalten die beiden großen Amtskirchen zum Beispiel im Saarland rund 82 Prozent (DM 1.270.000) der staatlichen Zuschüsse für Religionsgesellschaften.

Übersicht 33: Zuschüsse des Saarlandes an Kirchen, 2001

Titel	Zweckbestimmung	DM
684 31	Besoldungen und Zuschüsse an die evangelischen Kirchen	126.000
684 33	Bedürfniszuschläge an Gemeinden der	
	Selbständigen Evangelisch-Lutherischen Kirche	
	für die Besoldung ihrer Geistlichen	147.000
684 33	Besoldungen und Zuschüsse an die katholische Kirche	242.000
684 36	Dotationen zum Unterhalt des Bischöflichen Stuhls in Trier	755.000
684 37	Bedürfniszuschüsse zur Pfarrbesoldung	
	[...] der altkatholischen Kirche	86.000
684 38	Zuschüsse an die Synagogengemeinde in Saarbrücken	200.000
	Gesamtausgaben	1.556.000

Quelle: Haushaltsplan des Saarlandes, Haushaltsjahr 2001, Kap. 06 34, S. 346.

---

[104] Vertrag mit Sachsen-Anhalt, 1993, Artikel 13 (Auszug).

In der Auflistung der staatlichen Zuschüsse des Bistumshaushaltes Trier tauchen aber nur die Zuschüsse für die katholische Kirche auf, da die Einnahmen des Bischöflichen Stuhls (DM 755.000) nicht zum Diözesanhaushalt gehören.

Übersicht 34: Saarland, Zuwendungen: Katholische Kirche / Bischöflicher Stuhl, 2001

Titel 684 34 (an die katholische Kirche)	.
- Staatsgehälter der Pfarrer aufgrund älterer Gesetzgebung auf linksrheinischem Gebiet	132.000
- Dotationszuschüsse an Hilfsgeistliche im ehemaligen pfälzischen Teil des Saarlandes	12.000
- Zuschuß zum Gehalt des Hilfsgeistlichen zur kirchlichen Versorgung der Kirchengemeinde Biringen-Oberesch	2.900
- Emeritenversorgung der Geistlichen im pfälzischen Teil des Saarlandes	42.000
- Zuschuß zum Gehalt des Caritaspfarrers	53.100
Zwischensumme (1)	*242.000*
Titel 684 36 (Bischöflicher Stuhl)	.
- Sachdotation	95.000
- Personaldotation	660.000
Zwischensumme (2)	*755.000*
Insgesamt	997.000

Nach dem Wortlaut des Landeshaushaltsplanes gehört der Bischof also nicht zur katholischen Kirche. Auch die anderen Staatszahlungen an die Gemeinden und für den Caritaspfarrer werden nicht im Bistums-Haushalt erscheinen.

Beispielhaft listet das Land Rheinland-Pfalz die Rechtsgrundlagen für die Staatsleistungen an die katholische Kirche auf:[105]

„Rechtsgrundlagen: Preußisches Konkordat vom 14.6.1929, Französisches Konkordat vom 15.7.1801, Fundationsinstrumente des Großherzogs von Hessen vom 26.8.1820 und 12.10.1829, Bayerisches Konkordat vom 29.3.1924, Feststehende Bezüge auf Grund des französischen Konkordats vom 15.7.1801 (sog. napoleonische Staatsgehälter) und Feststehende, auf speziellen Rechtstiteln beruhende Staatsleistungen an einzelne Kirchengemeinden und Pfarrstellen (sog. Katasterzuschüsse).“

Die Rechtsgrundlagen („ältere Rechtstitel“) gehen also noch weiter zurück als nur bis zur Säkularisation im Jahr 1803.

Die folgenden Staatsleistungen/Dotationen umfassen *nur* die Zahlungen, die auf derartigen „älteren Rechtstiteln“ und Konkordaten/Staatskirchenverträgen beruhen.

---

[105] Rheinland-Pfalz: Haushaltsplan 2000/2001, Ministerium für Kultur, Jugend Familie und Frauen, Titel 09 50: Kirchen, S. 148.

Übersicht 35: Jährliche Staatsleistungen / Dotationen der deutschen Bundesländer (DM)

Land	Jahr	Evangelische	Katholiken.	Summe	%
Baden-Württemberg	2000	93.139.000	92.645.900	185.784.900	22,9
Bayern	2000	39.479.800	121.362.000	160.841.800	19,8
Berlin	2000	16.934.000	5.589.000	22.523.000	2,8
Brandenburg	2000	17.000.000	1.800.000	18.800.000	2,3
Bremen *)	2000	0	0	0	0
Hamburg *)	2000	0	0	0	0
Hessen	2000	54.662.400	22.168.900	76.831.300	9,5
Mecklenburg-Vorp.	2000	15.950.000	1.332.600	17.282.600	2,1
Niedersachsen	2000	57.276.600	14.370.600	71.647.200	8,8
Nordrhein-Westfalen	2000	15.480.000	23.473.000	38.953.000	4,8
Rheinland-Pfalz	2000	37.408.000	47.416.800	84.824.800	10,4
Saarland	2000	268.000	979.500	1.247.500	0,2
Sachsen	2000	31.000.000 **)		31.000.000	3,8
Sachsen-Anhalt	2000	35.716.400	9.353.000	45.069.400	5,6
Schleswig-Holstein	2000	21.146.000	371.000	21.517.000	2,7
Thüringen	2000	35.468.000		35.468.000	4,4
Summen		*404.460.200*	*340.862.300*		
plus pauschale Angaben		*66.468.000*			
*aufgeteilt 80 : 20 ***)*		*53.174.000*	*13.294.000*		
Insgesamt		*811.790.500*		*811.790.500*	*100,1*
In den Sektoren:		*457.634.200*	*354.156.300*		
Anteile von Gesamtsumme		*56%*	*44%*		

Quellen: Haushaltspläne der einzelnen Bundesländer
**) Die Bundesländer Bremen und Hamburg vereinbaren mit Religionsgesellschaften
keine Staatskirchenverträge, die sie zu ständigen Pauschalzahlungen verpflichten.
Die 1965 in Hamburg erfolgte „Ablösung" von Staatsdotationen (durch Übertragung
von Grundstücken) betraf nur die ehemals preußischen Stadtteile, die auf Grund des
„Groß-Hamburg-Gesetz" 1937 zum Stadtgebiet neu dazu gekommen waren.
**) Sachsen weist nur pauschal DM 34 Mio. für alle Religionsgesellschaften aus, inklu-
sive der jüdischen Gemeinden. Dafür wurden rund DM 3 Mio. abgezogen.
***) Durchschnittliche Relation der östlichen Bundesländer.*

Insgesamt werden von den Bundesländern (für das Jahr 2000) rund 812
Millionen (DM 811.790.500) als Staatsdotationen an die beiden großen
Religionsgesellschaften bezahlt. Die Haushaltsansätze entsprechen dabei
auch den tatsächlichen Zahlungen, da hinsichtlich dieser Zahlungen nicht
'nachgerechnet' wird.

Der evangelische Sektor hat (obwohl insgesamt weniger Mitglieder)
die höheren Einnahmen (DM 458 Millionen gegenüber den 354 Millionen
des katholischen Sektors), da sich die katholischen Gläubigen auf weniger
Bundesländern 'ballen' als die evangelischen Kirchenmitglieder.

Die Spitzenleistungen erbringen die Bundesländer Baden-Württemberg
(DM 186 Millionen) und der Freistaat Bayern (DM 161 Millionen). In
diesen beiden Bundesländern leben 13,3 Millionen (= 33,2 Prozent) der
Kirchenmitglieder beider Konfessionen, die Länder zahlen jedoch 42,7
Prozent aller Staatsdotationen. Dort gibt es zwar nur drei Landeskirchen

aber immerhin sind sieben Diözesen und sieben (Erz-)Bischöfliche Stühle mit Finanzmitteln auszustatten.

Bemerkenswert sind auch die Bundesländer Bremen und Hamburg, die überhaupt keine derartigen Staatsleistungen zahlen, da sie in hanseatischer Tradition keinerlei Staatskirchenverträge oder Konkordate abschließen. Dort setzt man sich von Fall zu Fall zusammen und löst anstehende Fragen pragmatisch.

Wie sich diese Staatsdotationen im einzelnen untergliedern, sei auch noch an dem Beispiel des Bundeslandes Bayern aufgeschlüsselt.

Übersicht 36: Staatsdotationen an die katholische Kirche in Bayern, 2000

- Jahresrenten für 7 Bischöfe/Erzbischöfe	1.267.000
- Gehaltszulagen für 12 Weihbischöfe	194.000
- Jahresrenten der 14 Dignitäre	1.726.000
- Jahresrenten der 60 Kanoniker	7.252.000
- Jahresrenten der 42 Domvikare	3.571.000
- Dienstentschädigungen für 7 Generalvikare	48.000
- Dienstentschädigungen für 7 bischöfliche Sekretäre	113.000
- Einkommensergänzung der 7 Ordinariatsoffizianten	288.000
- Einkommensergänzungen der 7 Meßner an Domkirchen	299.000
- Einkommensergänzungen der 15 Leiter und 33 Erzieher an den bischöfl. Priester- und Knabenseminaren	1.365.000
- Leistungen an Pfarrer, Prediger, Benefiziaten	1.169.000
- Leistungen an sonstige Kirchendiener	30.000
- Zuschüsse an die Emeritenanstalten	18.111.000
- Unterstützung an Geistliche ohne Emeritenbezüge	4.244.000
- Zuschuss zur Besoldung der Seelsorgegeistlichen	78.200.000
- Beiträge zum Sachbedarf der Ordinariate	650.000
- Beiträge zum Sachbedarf der Domkirchen	2.150.000
- Beiträge zum Unterhalt der bischöfl. Priester- und Knabenseminare	320.000
- Pflichtgemäße Reichnisse an Kirchenstiftungen	3.000
- Beiträge zum Sachbedarf der Kirchen	82.000
- Außerordentliches (Orgeln, Glocken, Uhren etc.)	280.000
Summe	*121.362.000*

Quelle: Freistaat Bayern: Haushaltsplan 2000, Einzelplan 05, Kapitel 05 50, S. 236ff.

Im Jahr 2000 zahlte das Bundesland Bayern DM 121 Millionen Staatsleistungen an die katholischen Diözesen in Bayern. Bezahlt wurden u.a. die Jahresrenten für 7 Bischöfe/Erzbischöfe, Gehaltszulagen für 12 Weihbischöfe, Jahresrenten der 14 Dignitäre, 60 Kanoniker und 42 Domvikare, Dienstentschädigungen für 7 Generalvikare und 7 bischöfliche Sekretäre, Einkommensergänzungen der 7 Ordinariatsoffizianten, der 7 Meßner an Domkirchen und der 15 Leiter und 33 Erzieher an den bischöfl. Priester- und Knabenseminaren usw. usw.

Wie kommt nun die größte Einzelsumme (DM 78 Millionen Zuschüsse zur Besoldung der Seelsorgegeistlichen) zustande?

In Bayern wird für alle Weltanschauungsgemeinschaften pro Kopf der jeweiligen Mitglieder abgerechnet. 1997 gab es DM 9,62, für 1998 DM 9,89, in 1999 DM 9,81 und 2000 DM 9,97 pro Bekenntnisangehörigem.[106] Das gleiche gilt im Freistaat Bayern für die evangelische Landeskirche, deren 39 Millionen Zuschüsse sich nach der gleichen Logik für Kirchenleitung und Versorgung der Seelsorgegeistlichen unterteilen.

Übersicht 37: Staatsdotationen an die evangelische Landeskirche in Bayern, 2000

- Personalaufwand des Landeskirchenrates (pauschal)	2.891.000
- Versorgung der Kirchenbeamten des Landeskirchenrates	578.000
- Leistungen an Pfarrer, Prediger, Vikare	229.000
- Leistungen an Kirchendiener	1.800
- Zuschuss zur Besoldung der Seelsorgegeistlichen	27.700.000
- Zuschuss zur Ruhestands- und Hinterbliebenen- versorgung der Seelsorgegeistlichen	7.660.000
- Zuschuss zu den Kosten der Landessynode	20.000
- Sachbedürfnisse des Landeskirchenrates (pauschal)	220.000
- Außerordentliches (Orgeln, Glocken, Uhren, etc.)	180.000
Summe	*39.479.800*

Quelle: Freistaat Bayern Haushaltsplan 2000, Einzelplan 05, Kapitel 05 50, S. 240 f.

Diese Berechnung wird in Schleswig-Holstein anders durchgeführt. 2000 gibt es für die Nordelbische Evangelisch-lutherische Kirche, Teilbereich Schleswig-Holstein, DM 2,9 Millionen auf Grundlage des Vertrages vom 23. April 1957, „dazu aufgrund der Gleitklausel des Kirchenvertrages zur Angleichung an die jetzige Besoldung der Landesbeamten 18.246.000 DM".[107] Der Sockelbetrag von 2,9 Millionen hat sich durch die Gleitklausel inzwischen auf DM 21,2 Millionen DM erhöht.

Allerdings muss angefügt werden, dass nicht nur die beiden großen Amtskirchen diese Dotationen erhalten, sondern „aus Paritätsgründen" ebenfalls die Alt-Katholiken, die jüdischen Gemeinden, freie evangelische Gemeinschaften und andere 'Weltanschauungsgemeinschaften' – so unter anderem in Bayern auch der *Bund für Geistesfreiheit* (seit 1925 eine Körperschaft des öffentlichen Rechts).

Wenn Sie also im Fernsehen eine bischöfliche Messe sehen, freuen Sie sich – egal ob sie Kirchenmitglied sind oder nicht. Sie haben aus Ihren Steuergeldern auch dafür bezahlt. Und wenn ein Priester sie anlächelt, auch wenn sie nicht in der Kirche sind: Er will sich nur dafür bedanken, dass jeder Steuerzahler ein Scherflein zu seinem Gehalt beiträgt.

---

[106] Freistaat Bayern, *Haushaltsplan 2000*, Einzelplan 05, Kapitel 05 50.
[107] *Landeshaushaltsplan Schleswig-Holstein*, Haushaltsjahr 2000, Einzelplan 07 02.

Kommunale Dotationen

Nach Auskunft des für Kirchenfragen zuständigen Referenten in einer Staatskanzlei ist es bisher eine nicht zu bewältigende Aufgabe gewesen (obwohl das Interesse vorhanden sei), alle Dotationen, Zuschüsse, Vorteilsgaben, geldwerten Leistungen etc. zu erfassen, die in dem Bundesland den Kirchen auf kommunaler Ebene zukommen, da sie aus den unterschiedlichsten Etats bezahlt werden.

So wurden beispielsweise auf Veranlassung der Stadt Mainz im August 2000 für drei Schilder, die an den Autobahnen A 60 und A 63 auf den Mainzer Dom verwiesen, insgesamt 16.000 Mark aus dem hessischen Wirtschafts-/Verkehrsetat[108] bezahlt.

Anlässlich dieses Beispiels ist noch ein Bereich zu erwähnen, von dem ich zufällig durch einen Campingplatzbesitzer Kenntnis erhielt. Für das kleine Hinweisschild (an der Bundesstraße) auf seinen Campingplatz verlangt das zuständige Amt jährlich DM 4.000 für Anfertigung, Aufstellung, Säuberung und evtl. Ersatz bei Beschädigung. Der gleiche Ansatz dürfte auch für die Hinweisschilder auf die örtlichen Kirchen und ihre Gottesdienstzeiten gelten. Wenn wir nun davon ausgehen, dass von den rund 14.000 deutschen Gemeinden 10.000 diese Hinweisschilder an beiden Ortseingängen für beide Religionsgesellschaften aufgestellt haben, beläuft sich das auf einen Aufwand von rund 160.000.000 Mark geldwerter Leistung für die Kirchen.

Die von Kirchenkritikern in den Raum gestellte Schätzung von DM 5 Milliarden[109] kommunaler Dotationen erscheint jedoch problematisch. Bei dieser Angabe erscheint deshalb ein Vorbehalt geboten, da keine Belege dafür genannt werden und sie vermutlich alle kommunalen Zahlungen (Denkmalschutz, Büchereien, Kindergärten, u.a.m.) zusammen erfasst, also Doppelzählungen bedeuten würde.

Diese 5 Milliarden Mark wären, auf die Steuereinnahmen der deutschen Gemeinden (in 1998) bezogen (DM 117,3 Milliarden[110]), ein Anteil von 4,3 Prozent oder, auf die rund 14.000 Gemeinden bezogen, eine durchschnittliche Zahlung von DM 357.000 pro Gemeinde. Das erscheint auf den ersten Blick nicht unrealistisch, da 'die Kirchen' und die ihnen nahe stehenden politischen Vertreter in den kommunalen Körperschaften direkt vor Ort vertreten sind und der zuständige Pfarrer seine Anliegen dem Bürgermeister unvermittelt näher bringen kann als ein Bischof einem

---

[108] http://ww.kath.de/bistum/Mainz. Bistumsnachrichten Nr. 25 vom 9. August 2000
[109] Rampp, *Kirche und Geld*, S. 43.
[110] Vgl. „Steuereinnahmen von Bund, Ländern und Gemeinden sowie EG-Anteile", Zahlen für 1998, in: *Der Fischer Weltalmanach 2000*, Sp. 253/254. Berechnung der ausgewiesenen Gemeindesteuern und der anteiligen Prozente an Bundessteuern.

Ministerpräsidenten. Diese Annahme wird allerdings nicht durch die Realität von Gemeinderatssitzungen bestätigt, in denen zäh um jede Ausgabe gerungen wird. Beispiele solcher Zahlungen gibt es jedoch einige.

Die einzig verlässliche Zahlenangabe war über das Statistische Bundesamt zu erhalten.[111] Danach zahlten die Gemeinden und Gemeindeverbände im gesamten Bundesgebiet – das sind alle Gemeinden und Städte, jedoch ohne die drei Stadtstaaten Hamburg, Bremen und Berlin – im Jahr 1998 insgesamt rund 98 Millionen (DM 97.856.000) an die Kirchen.

Diese Angabe enthält die zusammengefassten Titel 3700 der kommunalen Haushaltssystematik „Kirchliche Angelegenheiten" und bezieht sich ausschließlich auf die Dotationen, die den Kirchen direkt zugute kommen. So zahlt beispielsweise die Stadt Frankfurt am Main (1999) aus diesem Haushaltstitel „Leistungen aus Dotationsurkunden vom Dezember 1829 und Januar 1830 mit der katholischen Gemeinde und der evangelisch-lutherischen Gemeinde, Verträge, Patronate, u.a."[112] in der Gesamthöhe von DM 2.023.400. Im Einzelnen werden bezahlt: die Straßenreinigung und die Müllabfuhr, der Stromverbrauch, Emeritierungsgehälter und Kultkosten, Zuschüsse für das Kolpinghaus und die Hälfte der Personal- und Sachkosten der Domschatzkammer sowie die Restaurierung von Kirchenfenstern. Dafür gehören der Stadt Frankfurt allerdings 24,5 ha Weinberge, da sie 1803 die Weingüter des Karmeliterklosters und des Dominikanerklosters übernommen hat.[113] Stuttgart zahlte (ebenfalls 1999 aus diesem Haushaltstitel) nicht nur einmalig DM 4.334.200 für den Evangelischen Kirchentag, sondern auch noch DM 306.000 für den Erhalt der Kirchturmuhren und Kirchtürme.[114] Die Stadt Mainz zahlte (1998) pauschal DM 1.800.000 für kirchliche Angelegenheiten.

Um Doppelzählungen zu vermeiden, werden wir es bei den 98 Millionen direkter kommunaler Dotations-Zahlungen belassen.

6.3.2. Baulasten

In der historischen Patronatsverfassung – der Herrscher war der Patron/ Landesbischof der Kirche – sorgte der Patron = der Staat auch für die Erhaltung der Kirchengebäude, d. h, er trug u.a. die Baulasten.

In den Staatskirchenverträgen geschehen nun zwei gegensätzliche Argumentationen gleichzeitig: Zum einen wird vereinbart, dass der Staat „anstelle aller Geld- und Sachleistungen aufgrund staatlicher Baulastver-

---

[111] Statistisches Bundesamt, *Fachserie 14, Reihe 3.3.* (1998)
[112] Frankfurt am Main: *Haushaltsplan 1998/1999*, S. 391-393.
[113] *Der große Johnson.* Die neue Enzyklopädie der Weine, Weinbaugebiete und Weinerzeuger der Welt. Bern und Stuttgart: Hallwag, [9]1995, S. 283.
[114] *Haushaltsplan Stuttgart 1999*, S. 150 (3/3700 „Kirchliche Angelegenheiten")

pflichtungen an Gebäuden im kirchlichen Eigentum" nun pauschal pro Jahr eine bestimmte Summe zu zahlen hat, und gleichzeitig wird verein-bart: „Die bestehenden Patronatsrechte werden aufgehoben."

Übersicht 38: Jährliche Leistungen der Bundesländer zum Ausgleich der 'Baulast'

Bundesländer	im Jahr	DM
Baden-Württemberg	2000	0
Bayern	2000	20.950.000
Berlin	2000	300.000
Brandenburg	2000	5.500.000
Bremen	2000	0
Hamburg	2000	0
Hessen	2000	1.441.500
Mecklenburg-Vorpommern	2000	0
Niedersachsen	2000	77.000
Nordrhein-Westfalen	2000	4.745.000
Rheinland-Pfalz	2000	1.640.000
Saarland	2000	0
Sachsen	2000	0
Sachsen-Anhalt	2000	0
Schleswig-Holstein	2000	0
Thüringen	2001	1.803.100
Summe		*43.379.600*

Quellen: Haushaltspläne der Bundesländer / Thüringen: Etat des Bistums 2001

Während Bayern, Hessen und Nordrhein-Westfalen differenziert abrech-nen, tragen Berlin, Brandenburg und Mecklenburg-Vorpommern noch pauschal in Raten ab, während sich die anderen Bundesländer inzwischen anscheinend von dieser Baulast befreit haben.

Die ausgewiesenen Baulastzahlungen der Bundesländer an die Kirchen betrugen rund DM 43 Millionen. In diesem Betrag sind die Einnahmen der Kirchen aus der Denkmalspflege und die einmaligen staatlichen Zu-schüsse für einzelne besondere Projekte jedoch noch nicht enthalten.

Doch wer hat schon mit Baulastzahlungen zu tun? Betrachten wir jetzt einen Aspekt, mit dem wir alle bereits in der Schule in Berührung kamen: den christlichen Religionsunterricht.

6.3.3. Religionsunterricht

Der Religionsunterricht in Deutschland ist (neben dem Recht der Reli-gionsgesellschaften, Steuern zu erheben) der zweite Bereich, in dem die Trennung von Staat und Kirche verfassungsrechtlich nicht durchgeführt wurde. In Art. 7 Abs. 3 Satz 1 GG wird festgelegt: „Der Religionsunter-richt ist in den öffentlichen Schulen mit Ausnahme der bekenntnisfreien Schulen ordentliches Lehrfach."

Damit wurden die Regelungen der Weimarer Verfassung übernommen, denn: „Die Garantie des staatlichen Religionsunterrichtes, der staatlichen Konfessionsschulen [...] waren die stärkste Grundlage für die Fortdauer der institutionellen Verbundenheit von Kirche und Staat und für die Sicherung der öffentlichen Wirkungsmacht der Kirche innerhalb der gesamtgesellschaftlichen Entwicklung."[115] Wiederum konnte die alte sozialistische Losung „Religion ist Privatsache" (Punkt 6 des Erfurter Programms der SPD) verfassungsrechtlich nicht umgesetzt werden.

Dieser Verfassungsauftrag des Bundes hat zu den verschiedensten Ausformungen in den Länderverfassungen und der Verfassungswirklichkeit geführt. In der Praxis der westdeutschen Länder hat sich dann (mit Ausnahme von Bremen und Berlin) herausgebildet, dass Religion ein ordentliches Lehrfach ist, (dessen Versetzungsrelevanz allerdings unterschiedlich gehandhabt wird), das von Lehrern im Staatsdienst unterrichtet wird, die allerdings einer kirchlich-konfessionellen Lehrerlaubnis unterliegen („Vocatio") und im Bedarfsfall oder nach Vereinbarungen zusätzliche Lehrer im kirchlichen Dienst (über „Gestellungsverträge") beschäftigt werden, deren Kosten komplett oder teilweise an die Kirchen „refinanziert" werden.

Wie sehr die Kirchen sich an diese Praxis nicht nur als Besitzstand gewöhnt haben, sondern es als ihren Rechtsanspruch betrachten, diese 'Kindermission' (denn das ist der konfessionelle Religionsunterricht aus kirchlicher Sicht) mit staatlicher Finanzierung als ordentliches Schulfach etabliert zu haben, zeigte sich nach der Wiedervereinigung, als das Land Brandenburg sich diesem Kirchenanspruch verweigerte (und analog zu Berlin) den Religionsunterricht der Kirchen zwar finanziert, aber ausschließlich das Fach „Lebensgestaltung-Ethik-Religion" (LER) als Pflichtfach festlegte.

Die Klagen von Eltern, den drei betroffenen Diözesen und der Landeskirche sowie ein Normenkontrollantrag der CDU/CSU-Bundestagsfraktion gegen die entsprechenden Paragraphen des brandenburgischen Schulgesetzes liegen beim Bundesverfassungsgericht. Nach der mündlichen Verhandlung am 26. Juni 2001 verdeutlichte das Bundesverfassungsgericht, dass es in dieser Frage kein Urteil aussprechen will, sondern hat die Verfahrensbeteiligten aufgefordert, eine „einvernehmliche Verständigung herbeizuführen"[116]. Man darf gespannt sein.

Hinsichtlich der finanziellen Aufwendungen für den Religionsunterricht sind also zwei verschiedene Bereiche zu betrachten. Einerseits die

---

[115] Ernst Rudolf Huber: *Deutsche Verfassungsgeschichte seit 1789*, Band VI, S. 887.
[116] Bundesverfassungsgericht: Pressemitteilung Nr. 78/2001 vom 20.7.2001.

Aufwendungen für den Religionsunterricht durch Lehrer im Staatsdienst, andererseits die Bezahlung der Religionslehrer im kirchlichen Dienst über die vereinbarten „Gestellungsverträge".

Während die Zahlungen an die Kirchen (und Ordensgenossenschaften) aufgrund der Gestellungsverträge oder anderer Staat-Kirche-Vereinbarungen in den Landeshaushalten der Bundesländer speziell und differenziert ausgewiesen werden, sind die Aufwendungen für den Religionsunterricht durch staatlich beschäftige Lehrer nicht exakt zu ermitteln, da die Landesstatistiken dazu sehr unterschiedlich, unvollständig oder gar nicht vorhanden sind.

Die Anfragen bei den zuständigen Landesministerien bzw. Landeskirchenämtern und Ordinariaten erbrachten folgende Auskünfte, die hier auch so differenziert erwähnt werden, um beispielhaft die Recherche-Situation in den jeweiligen Bundesländern zu verdeutlichen.

Baden-Württemberg: „Bedauerlicherweise können wir Ihnen keine Zahlen zu Religionslehrern im Landesdienst nennen, wir bitten Sie sich direkt an die Kirchen zu wenden." Evangelische Landeskirche in Württemberg: „35.968 Lehrerwochenstunden Religion in allen Schularten, davon 21.350 durch Lehrer im Staatsdienst, 14.168 durch Lehrer im Kirchendienst." Evangelische Landeskirche Baden: „23.207 Lehrerwochenstunden, davon 12.141 durch staatliche, 11.066 durch Lehrer im kirchlichen Dienst." Diözese Rottenburg-Stuttgart: „29.666 Lehrerwochenstunden, davon 13.367 durch kirchliche, 16.299 durch staatliche Lehrer", Erzbistum Freiburg 29.023 Lehrerwochenstunden, 12.176 durch kirchliche, 16.847 durch staatliche Lehrkräfte." Summe: Von den 117.864 Lehrerwochenstunden werden 66.637 durch Lehrer im Landesdienst erteilt. / *Bayern*: In den Grund- und Hauptschulen 98.240 Lehrerwochenstunden, davon 59.345 durch kirchliche, 38.905 durch staatliche Lehrer, was umgerechnet (27,5 Std. Lehrdeputat) 1.415 Vollzeitstellen bedeutet. An den Realschulen sind 1.142 staatliche Lehrkräfte tätig, bei hälftigem Deputat 571 Vollzeitstellen. An den staatlichen Gymnasien wurden 20.502 Wochenstunden durch staatliche Lehrkräfte erteilt, was 789 Lehrern entspricht. An den öffentlichen und privaten beruflichen Schulen wurden 14.084 Lehrerwochenstunden erteilt, was 542 Vollzeitstellen entspricht. Insgesamt sind im bayerischen Staatsdienst somit 3.317 Vollzeitstellen zu berücksichtigen. / *Berlin*: Ausschließlich durch Lehrer im kirchlichen Dienst. / *Brandenburg*: „Keine Religionslehrer im Landesdienst. Religionsunterricht ist ausschließlich Angelegenheit der Kirchen." / *Bremen*: Keinerlei Religionsunterricht an staatlichen Schulen. Das Land erteilt in staatlicher Regie einen „Biblischen Geschichtsunterricht auf allgemeiner christlicher Grundlage" / *Hamburg:* Staatliche Religionslehrer für den evangelischen Religionsunterricht. Es werden nur die erteilten Lehrerwochenstunden in der Sekundarstufe II erfasst (583). Aufgrund der Annahme, dass in den Klassen 1 bis 9 mindestens der gleiche Umfang an Religionsunterricht erteilt wird, ist von zumindest 2.522 Lehrerwochenstunden auszugehen, was umgerechnet 97 Lehrer/innen bedeutet. / *Hessen*: Insgesamt erteilte Lehrerwochenstunden an öffentlichen Schulen: 54.136, was 2.082 Vollzeitstellen entspricht. / *Mecklenburg-Vorpommern*: „Im Landesdienst 265 evangelische und

9 katholische Religionslehrer." / *Niedersachsen*: 55.490 Stunden ev. und kath. Religionsunterricht, davon 4.802 Stunden durch katechetische Lehrkräfte, entspricht 50.688 Stunden durch Lehrer im Landesdienst, gleich 1.950 Vollzeitstellen. / *Nordrhein-Westfalen*: Staatliche Lehrkräfte. (Plus marginale Anzahl von Gestellungskräften, aber keine katholischen, da kein Personal dafür bei der Kirche vorhanden ist.) Erteilte Lehrerwochenstunden an öffentlichen Schulen: 171.636, an privaten Schulen: 13.729. Insgesamt 185.365 Lehrerwochenstunden. Daraus ergeben sich, umgerechnet mit den in der Regel zu erteilenden Pflichtstunden der Lehrer/innen: 6.586 Stellen für Religionsunterricht an öffentlichen Schulen und 548 an privaten Schulen, also insgesamt 7.134 Stellen für Religionsunterricht. / *Rheinland-Pfalz*: „Staatliche Lehrkräfte: Evangelische Religionslehre: 2.384, Katholische Religionslehre: 4.337, Evangelische Religion für Grund- und Hauptschulen: 3. Insgesamt 6.724 Lehrkräfte." / *Saarland*: Keine Zahlen vorhanden. Schätzung des Ministeriums: 13.400 Lehrerwochenstunden, wobei der 'Staatsanteil' durch ca. 460 Lehrer erbracht wird. Katholischer Religionsunterricht an Grundschulen wird zum Teil kostenlos durch die örtlichen Pfarrer erbracht. / *Sachsen*: 1.200 Religionslehrer im kirchlichen Dienst, 450 im Landesdienst. / *Sachsen-Anhalt*: An öffentlichen allgemein bildenden Schulen unterrichten an Grundschulen 95 Lehrer evangelischen und 18 katholischen Religionsunterricht. An Sekundarschulen 86 und 13, an Gymnasien, 2. Bildungsweg, Gesamtschulen und Sonderschulen 56/22 und an Sonderschulen 21/3 Lehrer. Insgesamt 258/56 = 314 Lehrer. Als Vergleich dazu werden im Ethikunterricht 1.114 Lehrer beschäftigt. / *Schleswig-Holstein*: „Im Landesdienst unterrichten im Fach ev. Religion 1.792 beamtete Lehrkräfte, im Fach katholische Religion 213." Insgesamt also 2.005 Lehrkräfte. / *Thüringen*: „Im Schuljahr 1998/99 unterrichteten über 800 staatliche Lehrer mit Lehrbefähigung oder Unterrichtserlaubnis oder Unterrichtsbeauftragung, dazu kommen knapp 600 Gestellungskräfte (kirchliche Bedienstete)."

Übersicht 39: Zahlungen der deutschen Bundesländer zur Finanzierung des christlichen Religionsunterrichtes, 1999 / 2000 (in DM)

Land	An die Kirchen*)	Staatsdienst**)	Summe
Baden-Württemberg	57.260.000	256.300.000	*313.560.000*
Bayern	128.600.000	331.700.000	*460.300.000*
Berlin	99.905.400	0	*99.905.400*
Brandenburg	4.000.000	0	*4.000.000*
Bremen	0	0	*0*
Hamburg	0	9.700.000	*9.700.000*
Hessen	30.700.000	208.200.000	*238.900.000*
Mecklenburg-Vorpommern	1.373.000	12.330.000	*13.703.000*
Niedersachsen	24.803.300	195.000.000	*219.803.300*
Nordrhein-Westfalen	(0)	713.400.000	*713.400.000*
Rheinland-Pfalz	27.872.800	336.200.000	*364.072.800*
Saarland	4.852.000	46.000.000	*50.852.000*
Sachsen	9.300.000	20.250.000	*29.550.000*
Sachsen-Anhalt	2.517.800	14.130.000	*16.647.800*
Schleswig-Holstein	4.141.000	100.300.000	*104.441.000*
Thüringen	10.160.000	36.000.000	*46.160.000*
Insgesamt:	*405.485.800*	*2.279.510.000*	*2.684.995.300*

Quellen: Haushaltspläne der einzelnen Bundesländer (jeweils 2000) und Auskünfte der Landesministerien, Landeskirchenämter, Ordinariate: Schuljahr 1999/2000.
*) Die Zahlungen sind exakt aus den Landeshaushalten übernommen.
**) Sind für die staatlichen Lehrer in einem Bundesland (z.B. NRW, Hamburg, Baden-Württemberg) die erteilten Lehrerwochenstunden erfasst, wurden sie mit einem Lehrdeputat von 26 Wochenstunden auf Vollzeitstellen umgerechnet und (da die Grundschullehrer geringer bezahlt werden als z.B. die Gymnasiallehrer) wurde die Stellenzahl mit DM 100.000,- (in den östlichen Bundesländern mit DM 90.000) pro Jahr multipliziert. Bei der Nennung der Lehrer im Staatsdienst mit der Fakultas „Religion" wurde pauschal von einem halben Lehrdeputat für dieses Fach ausgegangen und der anderen Hälfte für die normalerweise zweite Fakultas.

Welche Bedeutungen diese Zahlungen für die Kirchen haben, zeigt sich zum einen darin, wie viel sie durch die staatliche Finanzierung dieser 'Kindermission' insgesamt einsparen (DM 2,7 Milliarden) sowie gleichzeitig (auf Vollzeitstellen umgerechnet) rund 4.000 kirchliche Bedienstete aus der Staatskasse finanzieren. Zum anderen im Einzelfall für das Land Berlin, in dem die beiden Kirchen zusammen DM 23 Millionen Staatsdotationen erhalten, für ihre Religionslehrer im Kirchendienst jedoch das beinahe Fünffache: DM 99,9 Millionen.

Allerdings muss dazu noch erwähnt werden, dass die Unterrichtsstunden durch kirchliche Bedienstete nicht unbedingt in voller Höhe refinanziert werden. So wird in Baden-Württemberg nur ein Teil erstattet, wie auch in den Bistümern Mainz und Fulda jeweils 4,5 Millionen für den Religionsunterricht aus kirchlichen Eigenmitteln aufgebracht werden.

Als Hinweis, dass auch diese Fragen zwischen Staat und Kirche nicht ohne Konflikte sind, sei erwähnt, dass in Niedersachsen die Zahl der staatlichen Lehrer erhöht sowie die Zahlungen für Gestellungsverträge an die Kirchen reduziert und in dieser Höhe 'eingefroren' worden sind, da sie von Seiten der Kirchen nicht vereinbarungsgemäß verwendet wurden.

Zusätzlich ist bei diesen Aufwendungen nicht berücksichtigt, dass die Religionslehrer bereits auf Staatskosten ausgebildet wurden und ebenfalls die Lehrerfortbildung für die Kirchen refinanziert wird. Der Haushalt von Nordrhein-Westfalen weist dafür (2000) jeweils DM 1,15 Millionen für beide Kirchen aus und weitere DM 35.000 für die Fortbildung der Fachleiter für das Fach Religion. Rheinland-Pfalz weist für beide Konfessionen und ihre Institute jeweils DM 1,08 Millionen aus.[117] In den anderen Landeshaushalten ließen sich dazu keine Angaben finden. Berechnet man jedoch die Fortbildungskosten in diesen beiden Bundesländern zu ihren Ausgaben für den Religionsunterricht (0,42%) und bezieht diesen Prozentsatz auf die Gesamtausgaben, sind es rund DM 11.277.000.

---

[117] *Haushaltsplan NRW 2000,* 05 020, Titel 684 11, 684 12 und Titelgruppe 90, Nr. 2.4.3. *Haushaltsplan Rheinland-Pfalz,* 15 32, Titel 685 01-01 und 685 01-02.

Ebenso wären für einige Bundesländer noch die Kosten für das Ersatzpflichtfach Ethik zum Religionsunterricht hinzuzuzählen, denn ohne den Religionsunterricht gäbe es dieses Ersatzpflichtfach nicht.

6.3.4. Militärseelsorge

Ein theologisch wie kirchenpolitisch schwieriges Thema, denn „wer das Schwert nimmt, soll durch das Schwert umkommen"[118], oder wie Martin Niemöller (evangelischer Pastor und Weltkirchenrat) 1959 sagte: „Mütter und Väter sollen wissen, was sie tun, wenn sie ihren Sohn Soldat werden lassen; sie lassen sie zu Verbrechern ausbilden".[119]

Die evangelische Kirche in Deutschland hat eine starke pazifistische Tradition. Nach dem wiederum verlorenen Zweiten Weltkrieg bestand ein Grundkonsens, als auch dem (katholischen) Bundeskanzler Konrad Adenauer die Hand verdorren sollte, wenn jemals ein Deutscher wieder ein Gewehr in die Hand nehmen würde. Dieser Friede war beendet, als im Zuge der West-Integration auch Bundesdeutsche wieder zu den Waffen greifen mussten. Die Frage war nicht nur politisch umstritten, auch der Große Zapfenstreich, das Prunkstück militärischen Zeremoniells in Deutschland, funktioniert nicht ohne das sentimentale „Helm ab zum Gebet!" für die gefallenen Kameraden.

Die Katholiken hatten damit keine Probleme, schließlich wurde diese Frage bereits im (immer noch gültigen) Reichskonkordat vom 20. Juli 1933 geregelt und es ist vermutlich kein Zufall, dass der seinerzeit 'konservativste' und 'dem Papst treueste' deutsche katholische Würdenträger, der „Kämpfer gegen die moralische Erosion"[120], auch „die Axt Gottes"[121] genannt, Johannes Dyba, (Erzbischof des Bistums Fulda) gleichzeitig auch der deutsche katholische Militärbischof war.

Die Evangelische Kirche in Deutschland hätte es dagegen sowohl 1957 als auch 1991 fast zerrissen. Es war nicht nur die generelle Weigerung weiter Kreise der evangelischen Kirche – nach Nationalsozialismus und Zweitem Weltkrieg – überhaupt Waffen zu segnen, sondern auch die besondere Dienststellung der Priester im Militärdienst. Die (in anderen westlichen Demokratien übliche) Integration in militärische Strukturen wurde grundsätzlich abgelehnt. Man verhandelte und fand 1957 einen Kompromiss: Die Militärpfarrer sind inhaltlich der Kirche verpflichtet, formal aber (trotz Uniform im Manöver oder Kampfeinsatz) keine Solda-

---

[118] *Bibel*, Matthäus 26, 52
[119] „Kasseler Rede" vom 25. Januar 1959, zit. nach einem Leserbrief in: *Der SPIEGEL* vom 15.1.2001, S. 14.
[120] Überschrift der *Süddeutschen Zeitung* vom 15.9.1999, S. 7.
[121] Spiegel – *reporter* – Monatsmagazin, November 1999.

ten, sondern Bundesbeamte auf Zeit. Unterstellt sind sie dem *Evangelischen Kirchenamt für die Bundeswehr* – einer Bundesbehörde.

Diese vertragliche Regelung zwischen EKD und Bundesregierung hatte sich in der Folgezeit bewährt, da beide Seiten sehr vorsichtig miteinander umgingen, bis dann mit der Wiedervereinigung die ausgeprägt pazifistische Haltung der östlichen Gliedkirchen („Schwerter zu Pflugscharen") 1991 für große Unruhe innerhalb der EKD sorgten. Die östlichen Landeskirchen weigerten sich, den westlichen Militärseelsorgevertrag zu übernehmen.

Schließlich wurde – in bewährter evangelischer Tradition – jeder Landeskirche erlaubt, es so zu tun, wie sie es wollte, denn „von Beginn [bestand] Konsens darüber, die guten Arbeitsbedingungen der Militärseelsorge, die der Vertrag von 1957 gewährleistete, nicht zu gefährden. Dies schloss den Wunsch ein, die bisherige Finanzierung der Militärseelsorge durch den Staat beizubehalten."[122] Und so wurde ein „Sonderhaushalt Evangelische Militärseelsorge in der Bundeswehr in den neuen Bundesländern" eingerichtet, da die Soldatenseelsorger im Osten kirchliche Bedienstete bleiben.[123]

Allerdings steht auf den Koppelschlössern der Soldaten der Bundeswehr nicht mehr: „Gott mit uns", wie es seinerzeit die Soldaten des deutschen Kaiserreiches im Ersten Weltkrieg und die Soldaten der deutschen Wehrmacht im Zweiten Weltkrieg trugen. Das hat sich nach zwei verlorenen Weltkriegen wohl auch nicht bewahrheitet.

54 Millionen lässt sich die Bundeswehr diese besondere Seelsorge mittlerweile direkt kosten, obwohl sie nach den Bestimmungen des Grundgesetzes nur *zuzulassen* ist.

Übersicht 40: Staatliche Aufwendungen für die Militärseelsorge

Jahr	Personalausgaben		Andere Ausgaben	Insgesamt
1956	517.000	22,0%	1.838.000	2.355.000
1957	3.030.000	74,8%	1.020.000	4.050.000
1966	11.990.000	76,6%	3.658.000	15.648.000
1976	29.206.000	85,7%	4.857.000	34.063.000
1986	40.648.000	87,4%	5.886.000	46.534.000
1998	47.386.000	87,6%	6.696.000	54.082.000
2000	49.096.000	91,4%	4.592.000	53.688.000

Quelle: Bundeshaushaltspläne, Einzelplan 14, Kapitel 06.

---

[122] Vgl. Kirchliche und theologische Grundsatzfragen, 1. Die Debatte um den Militärseelsorgevertrag, in: *Kirchliches Jahrbuch für die Evangelische Kirche in Deutschland*, 1994, S. 5ff., S. 6-7.
[123] Besier, *Konzern Kirche*, S. 35.

Nicht unter Militärseelsorge, sondern in anderen Etattiteln des Bundesministeriums für Verteidigung werden ausdrücklich global ausgewiesen:
Telefongebühren (Anteil Militärseelsorge ca. DM 100.000) und Benzin
wie Schmiermittel für die Fahrzeuge (ca. DM 400.000), so dass die Ausgaben für die Militärseelsorge (1998) auf DM 54.600.000 steigen. Weitere Leistungen, wie die Bezahlung christlicher Wochenzeitungen durch das
Verteidigungsministerium (allein 12.000 Zeitungsabonnements des *Rheinischen Merkur*[124]), oder Zuschüsse für den Bau von 'Garnisonskirchen'
an Bundeswehrstandorten[125] etc. sind im militärischen Gesamtetat des Ministeriums verbucht. Eine genauere Aufschlüsselung der Ausgaben nach
einzelnen Titeln zeigt die überproportionale Steigerung der direkten Personalkosten und sogar das Ansteigen in den 90er Jahren, obwohl die Zahl
der Soldaten von 1990 auf 2001 von 521.000 auf 310.000 gesunken ist.

Übersicht 41: Staatliche Ausgaben für die Militärseelsorge 1956 bis 2000 (in TDM)

Ausgaben für	1956	1966	1976	1986	1998	2000
Bezüge der Beamten	11	7.550	16.517	22.000	23.150	21.664
Vergütung der Angestellten	339	3.625	11.016	16.521	21.389	20.404
Löhne der Arbeiter/innen	26	373	704	1.075	1.087	1.628
Sonstige Entgelte	0	0	0	410	500	500
Trennungsgeld, Umzüge	58	308	522	492	650	900
Versorgungsanstalt des Bundes, etc.	0	4	0	0	610	600
Erstattung an Kirchen und Orden	83	130	447	150	2.008	3.400
Zwischensumme Personalkosten	*517*	*11.990*	*29.206*	*40.648*	*47.386*	*49.096*
Geschäftsbedarf, Bücher, etc.	48	126	195	220	190	170
Porto, Rundfunk, TV	12	65	107	170	195	185
Haltung von Fahrzeugen	13	400	310	270	190	200
Gebrauchsgegenstände	0	0	40	30	25	12
Aus- und Fortbildung	6	159	248	254	181	160
Dienstreisen	47	615	1.295	1.373	1.126	1.130
Unterricht, Rüstzeiten	0	970	1.190	1.740	1.108	2.150
Gebet-/ Gesangbücher, Drucke	678	425	778	823	1.060	---
Kultgeräte, Kultkosten	---	581	122	167	85	---
Aufwandsentsch. Militärbischöfe	0	26	42	15	15	15
Vermischtes	4	25	30	30	13	70
Erwerb von Fahrzeugen	1.030	266	500	794	500	500
Insgesamt	*2.355*	*15.648*	*34.063*	*46.534*	*54.082*	*53.688*

Quellen: Bundeshaushaltspläne der entsprechenden Jahre, Einzelplan 14, Kapitel 06

---

[124] John/Schütte/Rampp: Für Meßwein, Kerzen 96.000 Mark vom Staat – was die Militärseelsorge den Steuerzahler kostet, in: *MIZ 2/1989*, S. 14.

[125] Klaus Martens, *Wie reich ist die Kirche?*, S. 59.

Bemerkenswert ist auch der Posten für Gebet- und Gesangbücher – bis 1966 mit den Kultkosten (Messwein, Altarkerzen, Altardekorationen) zusammen erfasst, um dann 2000 in den „Rüstzeiten" subsummiert zu werden –, der sich bei über einer Million eingependelt hat, was bei der hälftigen Aufteilung zwischen allgemeinen Druckkosten und dem Einkauf von Gesang- und Gebetbüchern bedeutet, dass die christlichen Verlage für Bibeln und Gesangbücher einen festen Absatz von DM 500.000 pro Jahr einplanen können. Die Grundlage dafür ist fixiert: „Nach § 63 Abs. 3 Satz 2 – BHO wird zugelassen, dass an jeden Berufssoldaten und Soldaten auf Zeit sowie an Wehrpflichtige, die den Grundwehrdienst ableisten, ein Gebetbuch unentgeltlich abgegeben wird."[126]

Neben diesen ausgewiesenen Kosten für die Militärseelsorge in der Bundeswehr sind hinzu zu rechnen:

- Seelsorge und Betreuung im Zivildienst (im Einzelplan 17 04 'Bundesamt für den Zivildienst' ausgewiesen): (2000)   DM 430.000.

Sowie eine Ausgabe, die mit der Existenz des Militärs zu tun hat und als kirchlich/gemeinnützig komplett gefördert wird. Neben dem Suchdienst des Deutschen Roten Kreuzes:

- Kirchlicher Suchdienst mit 7 Heimatortskarteien (im Etat des Bundesministeriums des Innern, Einzelplan 06 40)   DM 8.692.000.

Insgesamt belaufen sich die Ausgaben für die Militärseelsorge somit auf zumindest 63 Millionen Mark (DM 63.310.000).

Für wie wenig Geld eine Glaubensfrage entschieden wird, zeigt die Tatsache, dass diese Aufwendungen für die Militärseelsorge 0,37 Prozent des Aufkommens aus der Kirchensteuer (1999) ausmachen würden.

6.3.5. Polizeiseelsorge

In den Kirchenverträgen mit den Bundesländern wird zwar generell festgestellt, dass die Polizeiseelsorge kostenlos erbracht wird, bis auf die Stellung der Räume, deren Bereitstellung insofern eine geldwerte Leistung bedeutet, doch es gibt noch weiterer Vereinbarungen. Das Bundesinnenministerium, das gegenüber Kirchenbelangen immer recht aufgeschlossen ist, zahlte im Jahr 2000 einen Zuschuss zur seelsorgerischen Betreuung beim Bundesgrenzschutz in Höhe von DM 284.165,19[127] und das Land Nordrhein-Westfalen DM 200.000 für die Polizei und DM

---

[126]   Vgl. Haushaltsvermerk im *Bundeshaushalt*, Einzelplan 14 06.
[127]   *Bundeshaushalt, Haushaltsjahr 2000*, Kapitel 0625, Titel 539 99. Aufschlüsselung der Pauschalangaben in Erläuterung 8 des Haushaltsplanes durch das Ministerium.

200.000 für die Seelsorge bei der Feuerwehr.[128] In den anderen Landeshaushalten waren keine Angaben dazu zu finden, was allerdings daran
liegen mag, dass die Aufschlüsselung wie in Nordrhein-Westfalen, wo
diese Zahlungen auch erst einmal unter „Sonstige Zuschüsse für laufende
Zwecke im Inland" verpackt sind, dort nicht stattfindet.

6.3.6. Anstaltsseelsorge

Im evangelischen Sektor ist man stolz darauf, dass sich die Diakonie
bereits seit 150 Jahren im Sinne der christlichen Nächstenliebe selbstlos
um die Gestrauchelten der Gesellschaft kümmert. Umso erstaunlicher ist
es, dass die Anstaltsseelsorge heute (obwohl auch sie nach dem Grundgesetz nur *zuzulassen* ist) von den Justizministerien mit 17 Millionen
(DM 17.131.700) bezuschusst wird.

*Übersicht 42: Zahlungen der Bundesländer an die Kirchen für die Anstaltsseelsorge in
Justizvollzugsanstalten*

Land	Jahr	DM
Baden-Württemberg	2000	280.000
Bayern	2000	750.000
Berlin	2000	2.759.000
Brandenburg	2000	427.000
Bremen	2000	105.000
Hamburg	2000	0 *)
Hessen	2000	2.213.000
Mecklenburg-Vorpommern	2000	260.000
Niedersachsen	2000	2.159.000
Nordrhein-Westfalen	2000	4.010.300
Rheinland-Pfalz	2000	1.687.500
Saarland	2000	445.100
Sachsen	2000	420.000
Sachsen-Anhalt	2000	879.800
Schleswig-Holstein	2000	300.000
Thüringen	2000	436.000
Summe		*17.131.700*

*Quellen: Haushaltspläne der Bundesländer (Justizministerien) für die entsprechenden
Jahre bzw. Auskünfte der Justizbehörden*
**) Das Bundesland Hamburg hat 1975 durch eine Einmalzahlung von DM 2 Millionen
diese jährlichen Aufwendungen 'abgelöst'.*

Auch diese Zahlungen, die nur 0,101 Prozent des Kirchensteueraufkommens von 1999 ausmachen würden, werden in dem vertraglichen Beziehungsgeflecht zwischen Kirchen und Bundesländern aus Steuermitteln
finanziert. Warum?

---

[128] *Landeshaushalt NRW 2000*, Einzelplan 03 110, Titel 685 10, Nr.1 und Einzelplan 03
710, Titel 685 17.

6.3.7. Konfessionsschulen

Ebenso wie der staatlich zu bezahlende christliche Religionsunterricht der Kirchen 'Verfassungsauftrag' ist, hat sich der Staat auch zur Finanzierung der Konfessionsschulen verpflichtet: „Das Recht zur Errichtung von privaten Schulen wird gewährleistet" (Art. 7, Abs. 4 des Grundgesetzes). Da das gesamte deutsche Schulsystem unter staatlicher Aufsicht steht, müssen Privatschulen staatlich anerkannt sein, und deshalb sind es keine Privatschulen, sondern staatliche „Ersatzschulen" in privater Trägerschaft.

Bei Privatschulen werden die Kirchenfernen, wenn sie überhaupt welche kennen, an die 'Waldorfschulen' denken, die sich an den Prinzipien Rudolf Steiners orientieren. Das wäre allerdings zu kurz gedacht. „Über 50 Prozent der Schulen in freier Trägerschaft sind katholische Schulen. Die zuletzt erhobene Statistik (1992/93) weist für die Bundesrepublik Deutschland 1.208 katholische Schulen mit 302.695 Schülerinnen und Schülern aus. Die Verteilung auf die einzelnen Bundesländer entspricht der jeweiligen konfessionellen Zusammensetzung der Bevölkerung: die meisten katholischen Schulen bestehen in Nordrhein-Westfalen mit 347 und in Bayern mit 298."[129] In der Trägerschaft von Orden, Diözesen, kirchlichen Stiftungen oder Gemeindeverbänden befinden sich davon 332 Schulen.

Übersicht 43: Katholische Schulen in Deutschland, 1993

	111	Grund- und Hauptschulen
	159	Realschulen
	209	Gymnasien
	6	Gesamtschulen
	183	Sonderschulen
	170	Berufsbildende Schulen
	27	Abendschulen und Kollegs
	343	Internate
Summe:	*1.208*	*Schulen*

Quelle: Deutsche Bischofskonferenz / Die Zahlen beziehen sich auf alle katholischen Schulen, einschließlich der Schulen in der Trägerschaft von Ordensgemeinschaften, aber ohne die 308 Schulen des Gesundheitswesens.

Die katholischen Schulen – die sich hinsichtlich ihrer Gymnasien als 'Elite-Schulen' verstehen – werden von evangelischer Seite durch 871 Schulen mit 122.760 Schülern ergänzt. Auffallend ist dabei der vergleichsweise hohe Anteil an evangelischen Konfessionsschulen in den östlichen Bundesländern, in dem sich vermutlich ein Oppositionsverhalten gegen das staatliche Schulsystem ausdrückt.

---

[129] Deutsche Bischofskonferenz, unter: http://www.dbk.de/kirche/in_kkd03.html (S. 1, Dezember 1999).

Übersicht 44: Evangelische Schulen in Deutschland, 1999

Schultyp	Alte Länder Schulen/Schüler		Neue Länder Schulen/Schüler		Gesamt Schulen/Schüler	
Grundschulen	28	4.758	27	3.091	55	7.849
Hauptschulen	9	1.331	1	127	10	1.458
Orientierungsstufe	1	58	0	0	1	58
Real-/Mittelschulen	31	8.624	9	1.250	40	9.874
Gymnasien	63	34.440	15	6.922	78	41.362
Gesamtschulen	8	4.607	1	360	9	4.967
Sonderpädagogik	169	20.048	44	3.728	213	23.776
Berufsbezogene Schulen	383	28.485	82	4.931	465	33.416
Summe	*692*	*102.351*	*179*	*20.409*	*871*	*122.760*

Quelle: Kirchenamt der EKD, Abteilung Bildung, Referat 232

Abgerundet bedeutet es, dass von den *Privatschulen* in Deutschland sich die Hälfte in katholischer Trägerschaft und ein Drittel in evangelischer Trägerschaft befinden. Das restliche Fünftel teilen sich 165 Waldorfschulen, 300 Privatschulen mit unterschiedlichen Profilen und 30 Freie Alternativschulen.[130]

Das besondere Engagement für *katholische Schulen* in den konfessionellen Sektoren wird darin deutlich, dass 58 Prozent der Konfessionsschulen sich in katholischer Trägerschaft befinden, ebenso wie drei viertel (71 Prozent) der 'Konfessionsschüler' katholische Schule besuchen.

Die Bundesländer finanzieren die christlichen Konfessionsschulen mit insgesamt 3,8 Milliarden Mark (DM 3.803.064.000). Durchschnittlich 90 Prozent der schulischen Aufwendungen der Privatschulen werden vom Staat bezahlt. In Brandenburg sind es 100 Prozent der vergleichbaren Kosten öffentlicher Schulen,[131] in Schleswig-Holstein 80-85 Prozent,[132] in Hamburg für die katholischen Schulen allerdings nur 47 Prozent.[133]

Übersicht 45: Zahlungen der Bundesländer an die Kirchen für ihre Schulen *)

Land	Jahr	DM
Baden-Württemberg	2000	531.201.000
Bayern	2000	576.939.000
Berlin	2000	106.806.000
Brandenburg	2000	48.725.000
Bremen	2000	21.582.000
Hamburg	1999	81.398.900
Hessen	1996	139.025.000
Mecklenburg-Vorpommern	2000	21.209.000
Niedersachsen	1998	207.112.000
Nordrhein-Westfalen	2000	1.531.850.000
Rheinland-Pfalz	2000	176.633.000

[130] Petra Schnitt: Wie ein Schwein im Klee, in: *stern* vom 29.10.1998, S. 120.
[131] *Haushaltsplan Brandenburg 1998*, Kapitel 05410, S. 293.
[132] *Haushaltsplan Schleswig-Holstein 1998*, Einzelplan 07, S. 45.
[133] Angabe des Erzbischöflichen Ordinariats.

Saarland	2000	43.820.000
Sachsen	2000	96.300.000
Sachsen-Anhalt	2000	33.230.000
Schleswig-Holstein	2000	6.049.000
Thüringen	2001	154.350.000 .
Summe		*3.803.064.000*

Quellen: Haushaltspläne der Bundesländer für die entsprechenden Jahre
*) Die Zahlen wurden entsprechend der Erläuterungen in den jeweiligen Haushaltsplä-
nen zu den Privat- oder Ersatzschulen von der Gesamtzahl berechnet – also ohne Wal-
dorf-Schulen – und entsprechend dem Anteil der in kirchlicher Trägerschaft ausgewiese-
nen Schulen (z.B. Schleswig-Holstein: 10%, Bayern 45%). Waren keine derartigen Er-
läuterungen vorhanden, wurden zwei Drittel der Gesamtkosten angesetzt.

Zudem ist das **Schulgeld**, das für die Privatschulen zu bezahlen ist, zu einem Drittel steuerlich absetzbar. Bei einem durchschnittlichen Schulgeld von rund 70 Mark pro Monat, d.h. 840 Mark pro Jahr, sind DM 277 steuerlich absetzbar. Laut Subventionsbericht der Bundesregierung verzichten Bund und Länder auf 30 Millionen Mark Steuereinnahmen aufgrund des begrenzten „Sonderausgabenabzuges für Schulgeldzahlungen an private Schulen".[134] Bei einem Anteil von gut drei Vierteln an den Privatschulen werden die konfessionellen Schulen entsprechend mit rund 23 Millionen Mark subventioniert.

Der mögliche Einwand, dass die rund 3,9 Milliarden direkter Finanzierung aufgrund der allgemeinen Schulpflicht ja 'sowieso' vom Staat bezahlt werden müssten, greift deshalb nicht, weil zum einen die Schülerzahlen in den konfessionellen Grundschulen zum Teil so gering sind, dass sie in staatlicher Trägerschaft geschlossen werden würden, und zum anderen, da die besondere konfessionelle Grundausrichtung ausschließlich im kirchlichen Interesse liegt: „Wie bei der Christianisierung Europas die Schulen ein zentraler Träger der Missionierung waren, so leisten sie unter den veränderten Bedingungen unserer modernen Gesellschaft bei der Neuevangelisierung einen wertvollen Dienst."[135]

Diese zitierte Aussage bezieht sich nicht auf z.B. Afrika, sondern auf Deutschland. In diesem Sinne leistet der deutsche Staat (fünfhundert Jahre nach der Reformation) seinen „positiv neutralen" Beitrag für die Neuevangelisierung Deutschlands.

Mit dieser „Neuevangelisierung" allerdings erst in der Schule anzufangen, das wäre zu riskant, denn: „Was Hänschen nicht lernt, lernt Hans nimmermehr!"

---

[134] *Bundestagsdrucksache 14/1500* (17. Subventionsbericht), S. 195.
[135] Bonifatiuswerk der deutschen Katholiken: *Katholische Schulen bieten mehr.* April 2000, S. 2.

6.3.8. Kindertageseinrichtungen

Die katholische Kirche unterhält bundesweit über 9.300 Kindergärten. Rechtsträger sind die örtlichen Pfarrgemeinden oder die Caritas. Rund 60.000 pädagogische wie pflegerische Mitarbeiterinnen und Mitarbeiter betreuen darin rund 640.000 Kinder.[136] Im Evangelischen Sektor sind es (1998) nach Angaben der EKD insgesamt 9.531 Einrichtungen mit 570.171 Plätzen.

In einigen Bundesländer besitzen die Kirchen beinahe ein Monopol für die inzwischen gesetzlich garantierten Kindergartenplätze. So befinden sich in Bayern 2.433 (oder 42% aller Kindergärten) in katholischer Obhut und weitere 950 (oder 16%) unter evangelischer Aufsicht. In konfessioneller Trägerschaft sind somit rund 60 Prozent der bayerischen Kindergärten. In kommunaler Trägerschaft befinden sich 1.822 Kindergärten (31%) und die restlichen 652 Einrichtungen (entspricht 11%) in der Trägerschaft der Arbeiterwohlfahrt, des Deutschen Roten Kreuzes oder sonstiger 'Betreiber'.[137] Als generelle Tendenz gilt: je ländlicher, desto konfessioneller, bis zum kirchlichen Monopol.

Diese dominierende Marktposition der Kirchen hat dabei zwei Seiten. Zum einen ist es für konfessionslose Eltern immer schwieriger, in einigen Gegenden Deutschlands sogar unmöglich, einen religionsfreien Kindergartenplatz zu bekommen. Zum anderen wird die Religionsfreiheit der in den Kindergärten bereits tätigen und der zukünftigen Mitarbeiter/innen in Frage gestellt, da sie Kirchenmitglied sein oder bleiben müssen, wollen sie nicht arbeitslos werden. In dieser teilweisen Monopolstellung der kirchlichen Träger für Kindergärten verstößt das Subsidiaritätsprinzip, dass der Staat gesellschaftliche Aufgaben anderen Trägern überlässt, gegen die verfassungsmäßigen Rechte des Einzelnen. Art. 4 (1) GG: „Die Freiheit des Glaubens, des Gewissens und die Freiheit des religiösen und weltanschaulichen Bekenntnisses sind unverletzlich."

Da diese Kindergärten auf der Ebene der Gemeinden angesiedelt sind, ist es kaum möglich, die dafür gezahlten staatlichen Zuschüsse nach Ländern und Kommunen differenziert zu erfassen. Die Regelungen sind auch zwischen den Bundesländern unterschiedlich, so dass eine Hochrechnung aufgrund der Daten eines Bundeslandes keine verlässliche Basis wäre.

Das Statistische Bundesamt hat jedoch für 1994 die Tageseinrichtungen für Kinder aufgelistet und für 1998 die staatlichen Zahlungen dafür global ausgewiesen. Von den Einrichtungen der freien Träger entfallen zusammen 70,1 Prozent auf die beiden evangelischen und katholischen

---

[136] Vgl. Deutsche Bischofskonferenz, unter: http://www.dbk.de
[137] Bezugsdatum: 1.1.2000. Auskunft des Bayerischen Landesamtes für Statistik.

Trägergruppen, in denen die Tageseinrichtungen der Kirchen und ihrer Werke zusammenfasst sind. Damit zeigt sich auch an dieser Stelle die Dominanz der konfessionellen unter den „freien" Trägern.

Übersicht 46: Tageseinrichtungen für Kinder (1994)

Träger	Anzahl	%	%
Öffentliche Träger	22.108	47,4%	
Freie Träger	24.515	52,6%	
Insgesamt	*46.623*	*100,0%*	
Von den Einrichtungen freier Träger entfallen auf:			
Arbeiterwohlfahrt	1.294	5,3%	6,2%
Deutscher Parität. Wohlfahrtsverband	1.662	6,8%	8,0%
Deutsches Rotes Kreuz	754	3,1%	3,6%
Diakonisches Werk und EKD	7.699	**31,4%**	36,8%
Caritas und Katholische Kirche	9.487	**38,7%**	45,4%
Zentralwohlfahrtsstelle der Juden	7	0,03%	0,03%
Zwischensumme „Spitzenverbände"	*20.903*	*85,3%*	*100,0%*
Sonstige Religionsgemeinschaften des öff. Rechts	142	0,6%	
Jugendgruppen, -verbände	33	0,1%	
Wirtschaftsunternehmen	123	0,5%	
Sonst. jur. Personen / Andere Vereine	3.314	13,5%	
Zwischensumme weitere freie Träger	*3.612*	*14,7%*	
Einrichtungen freier Träger: Summe	*24.515*	*100,0%*	

Quelle: Statistisches Bundesamt (1996): Fachserie 13, Reihe 6.3: Einrichtungen und tätige Personen in der Jugendhilfe, 1994, S. 80 f.

Entsprechend sind, da keine weiteren Informationen über die Veränderungen zwischen 1994 und 1998 vorliegen, diese Prozentsätze für die staatlichen Zahlungen für Kindertageseinrichtungen an die Einrichtungen von freien Trägern zugrunde zu legen.

Es handelt sich dabei um die „reinen Ausgaben", d.h. die Ausgaben abzüglich der Rückflüsse aus freien Trägern gewährten Zuschüssen, von insgesamt DM 7.072.197.000. Davon erhielt der evangelische Sektor DM 2.220.670.000, der katholische Sektor DM 2.736.940.000. Beide konfessionellen Trägergruppen erhalten somit zusammen: DM 4.957.610.000 (DM 5 Milliarden).

Übersicht 47: Staatliche Zahlungen für Kindertageseinrichtungen freier Träger, 1998

Staatliche 'Zahlstelle'	DM	%
Jugendämter	4.486.853.000	63%
Landesjugendämter	422.365.000	6%
Kreisangehörige Gemeinden ohne Jugendamt	1.635.359.000	23%
Oberste Landesjugendbehörde	527.620.000	8%
Oberste Bundesbehörde	0	-
Insgesamt	*7.072.197.000*	*100 %*

Quelle: Statistisches Bundesamt (2000): Fachserie 13, Reihe 6.4: Ausgaben und Einnahmen der öffentlichen Jugendhilfe, 1998, S. 18f.

Diese Zahlungen werden sich in den nächsten Jahren nicht nur um die üblichen Steigerungsraten erhöhen, sondern deutlich höher ansteigen, da die konfessionellen Amtsträger erfolgreich damit drohen, dass sie ihre Kindertageseinrichtungen schließen werden, wenn der Staat sie nicht noch höher als bisher finanziert, so dass die Kirchen keinerlei Zuschüsse mehr zu bezahlen haben. Im Bundesland Hamburg ist dieser „Einstieg in den Ausstieg" im Juli 2001 bereits flächendeckend gelungen. Der Senat erhöht nicht nur seine bisherigen Zahlungen, sondern „alle neuen Plätze in kirchlichen Kitas im Rahmen des künftigen Ausbauprogramms werden zu 100 Prozent von der Stadt finanziert".[138]

6.3.9. Erwachsenenbildung / Kulturelle Betreuung

Zusätzlich zu den Kindergärten und dem Religionsunterricht wird auch die Erwachsenenbildung der christlichen Kirchen staatlich gefördert. Ein Bereich, der finanziell nicht zu erschließen ist. So nennt z.B. die *Katholische Bundesarbeitsgemeinschaft für Erwachsenenbildung* (KBE) für ihre Arbeit als „Zuwendungsgeber: BMBF (Bundesministerium für Bildung und Forschung), BMFSFJ (Bundesministerium für Familie, Senioren, Frauen und Jugend), BpB (Bundeszentrale für politische Bildung), AA (Auswärtiges Amt) und BMZ (Bundesministerium für wirtschaftliche Zusammenarbeit und Entwicklung).[139]

Es ließ sich nicht klären, in welchen Pauschalansätzen, welche Förderungen für welche Einrichtungen enthalten sind. Aber auch die Bundesländer beteiligen sich. Diese Zahlungen nennen sich im Land Berlin „Zuschüsse zur kulturellen Betreuung" und die lässt sich der hochverschuldete Berliner Senat 1,6 Millionen kosten.

Übersicht 48: Bundesland Berlin: Zuschüsse für kulturelle Betreuung, Ansätze 2000

Empfänger / Zweck	DM
Evangelische Kirche	360.000
Evangelische Kirche der Union	100.000
Katholische Kirche	101.300
Erwachsenenbildung der Evangelischen Kirche	242.000
Evangelische Akademie	237.410
Katholische Akademie	183.340
Erwachsenenbildung der Katholischen Kirche	68.900
Ges. für christlich- jüdische Zusammenarbeit	122.950
Evangelische Eltern-Kind-Spielkreise	81.670
Katholische Eltern-Kind-Spielkreise	61.250
Insgesamt	*1.558.820*

Quelle: Berlin: Haushaltsplan 2000, Einzelplan 17 90, Titel 684 44, S. 1674.

---

[138] *Hamburger Abendblatt* vom 10. Juli 2001, S. 11.
[139] http://www.kath.de/kbe/vorstellung/aufgabenfelder

Die Evangelische Akademie Sachsen-Anhalt e.V. erwirtschaftete im Jahr 2000 (das war schon bei der Aufstellung des Haushaltes im Jahr 1999 bekannt) ein Defizit von DM 961.747, also rund einer Million Mark. Unter dem Stichwort: „Institutionelle Förderung Kultur" liest man dann im Haushaltsplan des Landes Sachsen-Anhalt:[140]

„Der Fehlbetrag soll gedeckt werden durch
a) eigene Mittel des Zuwendungsempfängers   0
b) das Land   200.000
c) den Bund   140.000
d) sonstige Gebietskörperschaften und öffentliche Hand   601.747
e) Private   20.000".

Ebenso wird das Defizit der Stiftung Kloster Michaelstein aus dem gleichen Etat mit DM 5,05 Millionen ausgeglichen, die Domstiftung des Landes Sachsen-Anhalt bekommt DM 4.549.500 und die Stiftung Luthergedenkstätten in Sachsen-Anhalt braucht DM 5.787.500 aus Steuermitteln, um ihr Defizit auszugleichen.

Der Bund, die Kommunen und das Land Sachsen-Anhalt zahlen für diese vier kirchlichen Einrichtungen insgesamt DM 16,1 Millionen. Die evangelische Kirche der Kirchenprovinz Sachsen zahlt DM 20.000 dazu (das sind genau 0,12 Prozent des Defizits).

Das Bundesland Baden-Württemberg zahlt als regelmäßigen Zuschuss pauschal DM 500.000 pro Jahr an die evangelischen und katholischen Akademien im Lande. Der Freistaat Bayern zahlt an die evangelische Kirche für das „Kulturfonds-Projekt" der Arbeitsgemeinschaft für Evangelische Erwachsenenbildung in Bayern (AEEB) in 1999 einen Zuschuss von 3,75 Millionen Mark.

Diese Zuschüsse, die in unterschiedlicher Kombination und Höhe von Bund, Ländern und Gebietskörperschaften bezahlt werden, verweisen auf einen nicht zu klärenden Subventionsbereich, dessen Volumen im Rahmen dieser Untersuchung nicht zu beziffern ist und nur für die genannten wenigen Einrichtungen bereits DM 22,2 Millionen beträgt.

6.3.10. Kulturelle Auslandsarbeit der Kirchen

Nun gibt es die Erwachsenenbildung nicht nur in Deutschland, sondern auch im Ausland. Das nennt sich in voller Länge des Haushaltsplanes des Auswärtigen Amtes: „Internationale Aktivitäten gesellschaftlicher Gruppen und deutsch-ausländischer Kultureinrichtungen im Inland und Aus-

---

[140] Sachsen-Anhalt: *Haushaltsplan 2000*, Einzelplan 07 75, S. 139.

land, soweit nicht vom Goetheinstitut betreut".[141] Für diese 'Kulturelle Auslandsarbeit' erhalten die Kirchen rund 6 Millionen Mark.

Übersicht 49: Zuschüsse des Auswärtigen Amtes zur Kulturellen Auslandsarbeit der Kirchen (Ist-Ausgaben 1999)

Internationale Aktivität gesellschaftlicher Gruppen	
1. Kulturelle Auslandsarbeit der Kirchen	
1.1. Kirchliches Außenamt der E.K.D	2.200.000
1.2. Katholisches Auslandssekretariat	1.930.000
1.3. Evangelisches Missionswerk	915.000
1.4. Deutscher Katholischer Missionsrat	915.000
1.5. Zuwendungen an kirchliche Einrichtungen	78.000
1.6. Pflege deutscher Friedhöfe oder Einzelgräber (soweit nicht Kap. 0502 Titel. 685 11)	32.000
Summe	6.070.000
Die Zuwendungen werden als Festbeträge zu den Haushalten der Zuwendungsempfänger bezahlt.	.

Quelle: Bundeshaushaltsplan 2001, Einzelplan 05, (0504 – Titel 686 17).

Der katholische Sektor (DM 2,845 Millionen) erhielt etwas wenigewr als der evangelische (DM 3,115 Millionen). Irritierend dabei ist allerdings, dass auch das Evangelische Missionswerk und der Deutsche Katholische Missionsrat davon jeweils 915.000 Mark erhalten. Ist christliche Mission eine Staatsaufgabe?

6.3.11. Familie und Jugend

Aber auch für die 'Innere Mission' sind die Kirchen in den Bereichen Familie und Jugend mit verschiedenen Verbänden und ihren Einrichtungen tätig. Dieser Bereich ist ebenso wie die Erwachsenenbildung im Rahmen dieses Überblicks nur zum Teil aufzuschlüsseln.

Um welches Volumen es sich dabei handelt, sei am Beispiel des Freistaates Bayern erläutert: „Allein für familienbezogene Programme stehen 1997 über 2,7 Milliarden DM zur Verfügung."[142]

Das Statistische Bundesamt hat zumindest einen Teil dieser staatlichen Zahlungen unter dem Stichwort „Jugendhilfe" erfasst. Neben den bereits behandelten Tageseinrichtungen für Kinder sind dort u.a. aufgelistet: Einrichtungen der Heimerziehung / Pädagogisch betreute Wohngruppen / Kinder- und Jugenddörfer / Einrichtungen der Jugendsozialarbeit / Jugendbildungsstätten / Kinder-, Jugend- und Familienferienstätten / Erziehungs-, Jugend- und Familienberatungsstellen / Einrichtungen der Eltern- und Familienbildung.

---

[141] *Bundeshaushaltsplan 1998*, Einzelplan 05 (Auswärtiges Amt), 0504: Pflege kultureller Beziehungen zum Ausland, S. 47.
[142] http://www.bayern.de/BayernInfo/politisches Leben

Noch stärker als im Bereich der Kindertageseinrichtungen zeigt sich hier die Dominanz der freien Träger, die über knapp drei Viertel aller Einrichtungen verfügen, und wiederum die Marktposition der konfessionellen Einrichtungen, die beinahe Dreiviertel aller Einrichtungen der Spitzenverbände in ihrer Obhut betreiben.

Übersicht 50: Einrichtungen der Jugendhilfe (ohne Kindertageseinrichtungen), 1994

Träger	Anzahl	%	%
Öffentliche Träger	6.704	27,7%	
Freie Träger	17.494	72,3%	
Insgesamt	*24.198*	*100,0%*	
Von den Einrichtungen freier Träger entfallen auf:			
Arbeiterwohlfahrt	873	5,0%	7,2%
Deutscher Parität. Wohlfahrtsverband	1.858	10,6%	15,4%
Deutsches Rotes Kreuz	382	2,2%	3,2%
Diakonisches Werk und EKD	4.069	**23,3%**	33,6%
Caritas und Katholische Kirche	4.902	**28,0%**	40,5%
Zentralwohlfahrtsstelle der Juden	19	0,1%	0,2%
Zwischensumme „Spitzenverbände"	*12.103*	*69,2%*	*100,1%*
Sonst. Religionsgemeinschaften des öff. Rechts	326	1,9%	
Jugendgruppen, -verbände	1.578	9,0%	
Wirtschaftsunternehmen	434	2,5%	
Sonst. jur. Personen / Andere Vereine	3.053	17,5%	
Zwischensumme weitere freie Träger	*5.391*	*30,9%*	
Einrichtungen freier Träger: Summe	*17.494*	*100,1%*	

Quelle: Statistisches Bundesamt (1996): Fachserie 13, Reihe 6.3: Einrichtungen und tätige Personen in der Jugendhilfe, 1994, S. 80 f.

Von den Einrichtungen der freien Träger entfallen zusammen 51,3 Prozent auf die beiden evangelischen und katholischen Trägergruppen.

Da keine weiteren Informationen über die Veränderungen zwischen 1994 und 1998 vorliegen, sind diese Prozentsätze staatlicher Zahlungen für Einrichtungen der Jugendhilfe (ohne Kindertageseinrichtungen) an die Einrichtungen von freien Trägern zugrunde zu legen. Danach erhielt der evangelische Sektor DM 307.483.000 und der katholische Sektor DM 369.508.000; beide zusammen also DM 677 Millionen.

Übersicht 51: Staatliche Zahlungen für Jugendhilfe der Freien Träger, 1998

Staatliche 'Zahlstelle'	DM	%
Jugendämter	709.296.000	53,7%
Landesjugendämter	170.156.000	12,9%
Kreisangehörige Gemeinden ohne Jugendamt	83.227.000	6,3%
Oberste Landesjugendbehörde	348.790.000	26,4%
Oberste Bundesbehörde	8.201.000	0,6%
Insgesamt	*1.319.670.000*	*99,9%*

Quelle: Statistisches Bundesamt (2000): Fachserie 13, Reihe 6.4: Ausgaben und Einnahmen der öffentlichen Jugendhilfe, 1998, S. 18f.

Um welches Subventionsdickicht es sich in diesem Bereich handelt, darauf verweist auch ein Blick in „Das unmanipulierte Jugendmagazin" *X-
mag* des katholischen Weltbild-Verlages: „Redaktion Kolping-Jugend-
Magazin: (gefördert aus Mitteln des Kinder- und Jugendplanes des Bundes durch das BMFSFJ [Bundesministerium für Senioren, Familie und
Jugend])."[143]

6.4. 'Freiwillige Leistungen' des Staates an die Kirchen

Dass mit den 'Pflichtleistungen' der Staat seine Schuldigkeit getan hat,
sollte man nun nicht meinen, denn es gibt so viele staatliche Etats, aus
denen man etwas zugeteilt bekommen kann und bekommt – dieses Mal
allerdings ohne 'Rechtsanspruch'. Wobei jedoch offen bleibt, ob nicht
über das Gewohnheitsrecht aus freiwilligen Leistungen auch Rechtsan-
sprüche entstehen. Die Zahlungen sind also nicht regelmäßig, sondern auf
den Einzelfall bezogen, (theoretisch) zu beenden und sie steigen nicht,
wie die „Pflichtleistungen", gleichsam automatisch an.

6.4.1. Denkmalpflege

Ein Kerngebiet, das auch schon bei den Baulasten behandelt wurde, heißt
in diesem Zusammenhang: Denkmalpflege. Diejenigen Gebäude, die in
Deutschland unter Denkmalschutz gestellt werden, müssen erst einmal
alle Zeiten und Wirren überstanden haben. Also sind diese Gebäude vornehmlich aus hartem Stein gebaut und wer konnte früher so teuer bauen?
Der Adel und die Kirchen. Erst später kamen die reichen Handelsfamilien
und Bankiers dazu. So ein Gebäude muss aber nicht nur „alt", sondern
auch „erhaltenswertes Kulturgut" sein.

Der Anteil der Kirchen an allen denkmalgeschützten Gebäuden in
Deutschland lässt sich nicht so ohne weiteres feststellen, aber eine Übertragung z.B. der Angaben für den Kreis Potsdam-Mittelmark (von 583
Gebäuden auf der Kreisdenkmalliste sind 181 Kirchen und Klosteranlagen = 31 Prozent[144]) erscheint plausibel. Entsprechend dürfen wir annehmen, dass langfristig zumindest ein Drittel der Ausgaben für Denkmalschutz den Kirchen zufließen. Eine Bestätigung dieser Annahme wäre
auch die Tatsache, dass (1994) von den 20.025 Kirchen im Bereich der
verfassten evangelischen Kirche 11.152 (das sind 56%) unter Denkmalschutz stehen.[145]

---

[143] *X-mag*, Das unmanipulierte Jugendmagazin, Mai 2000, S. 63
[144] Vgl. *Berliner Morgenpost* vom 20.2.1997 (Von den Schätzen über und unter der Erde).
[145] Gebäude im Eigentum der verfassten Kirche, die unter Denkmalschutz stehen am 1.
       Januar 1994. Übersicht des Kirchenamtes der EKD vom 13.10.1999.

Die staatlichen Mittel für den Denkmalschutz sind überwiegend Einnahmen aus Lotteriegeldern (Zahlenlotto, Spiel 77, Erträge der Spielbanken).

Diese Gelder werden auf drei Staatsebenen gezahlt: den Gemeinden, den Ländern und dem Bund. Üblich sind Mischfinanzierungen aller Ebenen plus ein gewisser Kirchenanteil. So wurden nur im Kreis Potsdam-Mittelmark auf Grundlage des Gemeindefinanzierungsgesetzes 1995 DM 1,16 Millionen und 1996 DM 827.000 Fördermittel gezahlt,[146] was heißen würde: DM 350.000 bzw. 250.000 für kirchliche Gebäude.

Übersicht 52: Zuschüsse der Bundesländer zur Erhaltung kirchlicher Gebäude

Land	Jahr	DM
Baden-Württemberg	2000	9.953.000
Bayern	2000	19.540.000
Berlin	2000	300.000
Brandenburg	2000	1.900.000
Bremen	2000	37.000
Hamburg	2000	630.000
Hessen	2000	5.000.000
Mecklenburg-Vorpomm.	2000	2.700.000
Niedersachsen	2000	2.443.000
Nordrhein-Westfalen	2000	6.024.000
Rheinland-Pfalz	2000	4.788.000
Saarland	2000	730.000
Sachsen	2001	12.044.000
Sachsen-Anhalt	2000	3.172.000
Schleswig-Holstein	2000	500.000
Thüringen	2000	7.690.000
Summe		77.451.000

Quellen: Haushaltspläne der Bundesländer für die entsprechenden Jahre bzw. Auskünfte der Landesämter für Denkmalschutz.
Die ausgewiesenen Zahlen sind jeweils ein Drittel der Kosten, die von den Landesämtern für Denkmalschutz/-pflege an Sachinvestitionen für Denkmalpflege gezahlt werden., es sei denn, dass die Ausgaben explizit für ein Kirchengebäude ausgewiesen werden (z.B. Berlin: Berliner Dom, NRW: Kölner Dom).

Insgesamt belaufen sich die aktuell ausgewiesenen Zahlungen nur der Bundesländer an die Kirchen auf rund DM 77 Millionen.

Die Landesämter für Denkmalschutz sind organisatorisch den jeweiligen für Kultur zuständigen Ministerien zugeordnet und haben ihre eigenen Förderprogramme. So wurde, nur ein Beispiel, seit 1996 die evangelische Kirche in Zerpenschleuse im Kreis Barnim (Brandenburg) restauriert – Gesamtkosten mehr als 1,4 Millionen Mark. Anfangs wurde die Restaurierung von der Kirchengemeinde, dem Landesamt und der evangelischen Landeskirche finanziert. 1997 gab es dann ein Drittel der Ge-

---

[146]   Vgl. *Berliner Morgenpost* vom 20.2.1997 (Von den Schätzen über und unter der Erde).

samtsumme aus dem Programm „Dach und Fach" des Bundesinnen-
ministeriums, unter der Voraussetzung, dass das Land Brandenburg in
gleicher Höhe fördert – was es tat.[147] Mit anderen Worten: Mehr als zwei
Drittel der Kosten wurden aus Steuergeldern bezahlt: DM 930.000.

Wer zählt die Objekte, wer zählt die Gemeinden? Eine nicht zu bewältigende Aufgabe. Es ließen sich wiederum nur nicht plausible Schätzungen vornehmen.

Zusätzlich taucht noch das weitere Problem auf, dass die Mittel für
„Erhaltung und Wiederaufbau von unbeweglichen Kulturdenkmälern mit
besonderer nationaler Bedeutung", die bis 1998 vom Bundesministerium
des Innern vergeben wurden, nun beim Beauftragten der Bundesregierung
für Angelegenheiten der Kultur und der Medien liegen (rund DM 50
Millionen). Der zuständige Pressesprecher weigerte sich explizit, diese
global ausgewiesenen Mittel nach Empfängergruppen zu differenzieren,
da seine Behörde nur dem Parlament verantwortlich sei. Einem einzelnen
Staatsbürger Auskünfte zu erteilen, würden die Vorschriften verbieten.
Formal hat er in der Sache tatsächlich recht.

6.4.2. Bauzuschüsse

Neben den 'Baulasten' für die Kirchen, deren Staatsanteil bereits bei den
Pflichtleistungen behandelt wurde, gibt es landauf, landab eine nicht fest-
stellbare Zahl weiterer einmaliger Bauzuschüsse, von denen nur einige
benannt seien, um die Anteile der Finanzierungen zu illustrieren.

* Pfarrkirche St. Peter in Neuburg/Donau. 1990 wurde die Kirche (die
  keine besondere denkmalschützerische Bedeutung hat und neben der
  in 200 Meter Entfernung eine gleich große Kirche steht) für einen Gesamtaufwand von DM 3,8 Millionen saniert. Davon übernahmen:[148]

Freistaat Bayern	*DM*	*3.030.000*
Landkreis Neuburg-Schrobenhausen	*DM*	*25.000*
Bezirk Oberbayern	*DM*	*20.000*
Landesamt für Denkmalspflege	*DM*	*30.000*
Kirche	*DM*	*700.000*

  Der Anteil der Kirche an der Sanierung ihres ureigensten Gebäudes
  betrug also 18 Prozent.

* 1992 gab es für den Kölner Dom rund DM 8 Millionen öffentliche
  Zuschüsse und DM 10 Millionen Zuschuss für die erneute Renovierung des Münchener Liebfrauendoms – die dritte Renovierung inner-

---

[147] Vgl. *Berliner Morgenpost* vom 29.1.1997 (Make-up für das Kirchenfachwerk. Geld für
die Kirche aus mehreren Fördertöpfen).
[148] *Kirchenzeitung* der Diözese Augsburg vom 29.7.1990.

halb von fünfundzwanzig Jahren.[149] Die regelmäßigen Zahlungen (Ge-wohnheitsrecht – also Baulast) für den Kölner Dom belaufen sich jährlich auf DM 1,3 Millionen.[150]

• 1988 zahlte Bayern 3,8 Millionen für die Innenrenovierung des Re-gensburger Domes (Eigenleistung der Diözese DM 766.000) und der Dom zu Fulda soll Gesamtkosten von DM 52 Millionen verursachen.

Diese Beispiele ließen sich unzählig verlängern und es wird unmöglich sein, alle freiwilligen Zuschüsse zu erfassen, da sie auf Bundes-, Landes-, Kreis- und kommunaler Ebene gezahlt werden. Schätzungen über den jährlichen Gesamtaufwand sind mit 50 Millionen Mark sicherlich noch zu niedrig angesetzt.

6.4.3. Kirchentage

Da in Deutschland zwei große konfessionelle Sektoren bestehen, gibt es auch zwei Kirchentage: den Deutschen Evangelischen Kirchentag und den Deutschen Katholikentag. Beide finden seit geraumer Zeit im zwei-jährigen Wechsel statt, jeweils ein Jahr die Evangelischen (1999 in Stutt-gart), das nächste Jahr die Katholiken (2000 in Hamburg), dann die Evan-gelischen (2001 in Frankfurt) und so weiter. Allerdings ist zur Zeit auch ein 'Ökumenischer Kirchentag' in Planung (2003 in Berlin).

Evangelischer Kirchentag

Der Deutsche Evangelische Kirchentag ist eine rechtlich selbständige Organisation innerhalb der EKD, die *nicht* zur 'verfassten Kirche' gehört.

„Die größte Freiheit des Kirchentages besteht vielleicht darin, dass er keine langfristige Institution ist, sondern je neu von einem Kirchentag zum anderen geschaffen wird. (...) Dies wird um so schwieriger in einer Zeit, in der die Gelder knapper sind und auch die einzelnen überlegen müssen, wie sie die Mittel verteilen, die sie für Spenden aufbringen kön-nen."[151] So die damalige Generalsekretärin des Kirchentages, die inzwi-schen zur Bischöfin der Landeskirche Hannover gewählt wurde. Warum für eine Organisation, die nach eigener Darstellung „je neu von einem Kirchtag zum anderen geschaffen wird", jährlich rund DM 600.000 vom

---

[149] Vgl. *MIZ 3/92*, Meldung 1629.

[150] Nordrhein-Westfalen: *Haushaltsplan 1998*, Einzelplan 15, Kapitel 15070, S. 70/71: „Das Land gewährt dem Metropolitankapitel in Köln einen Zuschuss zu den denkmal-pflegerischen Kosten der Instandsetzung des Kölner Doms." Da dieser 'Zuschuss' aber gleichbleibend jedes Jahr bezahlt wird, ist die 'Freiwilligkeit' nicht mehr vorhanden.

[151] Dr. Margot Käßmann, Generalsekretärin des Kirchentages, in: (August 1999) http://www.kirchentag.de/dekt/spenden.html

Bundesministerium des Innern gezahlt werden, das wissen wohl nur die Götter.

Zur Flankendeckung hat man sich politische Prominenz an die Seite geholt, u.a. Dr. Reinhard Höppner (Ministerpräsident des Landes Sachsen-Anhalt, Mitglied im Kirchentagspräsidium) und Prof. Dr. Ernst Benda (Präsident des Bundesverfassungsgerichtes a.D., Kirchentagspräsident 1993-1995).

Neben den erbetenen Spenden ist der Kirchentag zur Aufbesserung der Finanzen auch im Devotionalienhandel rührig und bietet 1999 im Kirchentagsshop u.a. an:

- Abendmahlsbecher, Motiv Jerusalemkreuz   DM 7,00
- Abendmahlskrug, dito.   DM 35,00
- Socken, mit Jerusalemkreuz oder Lutherwort   DM 14,00

Die Socken können Sie in Rot mit dunkelblauer Schrift oder in Blau mit dunkelroter Schrift (gestickt) bekommen. Es gibt auch noch Tassen, T-Shirts, Trinkflaschen, Bücher, CDs ... (alle Preise inkl. MwSt.).

Doch da die 'Mutter EKD' sowie die Spenden und der Handel nicht alle Kosten abdecken, muss auch 'Vater Staat' wieder hilfreich zur Seite stehen. Aber, wie bereits bemerkt, das Geld wird mittlerweile knapper.

Evangelischer Kirchentag 1989, in Berlin: Zu den Gesamtkosten von 29 Millionen DM zahlen der Bund und das Land Berlin 26 Millionen 'Zuschuss' – obwohl der Begriff eigentlich doch eine kleinere Summe gegenüber einer größeren bedeutet –, d.h. pro (151.422) Teilnehmer einen Zuschuss von DM 172 (also mehr als die staatliche Subventionierung der teuren Staatsopernplätze). Daneben, ökonomisch eigentlich auch zu bewerten (mit ca. 10 Millionen), gab es noch 'Kirchentagsferien' für die Berliner Schüler, damit die Klassenräume für Übernachtungen und Veranstaltungen genutzt werden konnten.[152]

Evangelischer Kirchentag 1993, in München: „Obwohl von den geplanten 17,7 Millionen bereits Bund und Land zusammen etwa fünf Millionen übernehmen, fordern die Veranstalter von der hochverschuldeten Stadt weitere zwei Millionen. Außerdem wollen sie nur etwa die Hälfte der 3,7 Millionen Gebühren entrichten, die für die Nutzung von Messe- und Olympiagelände, Gasteig und Schulen anfallen. Insgesamt würden demnach die öffentlichen Kassen mehr als die Hälfte der Kosten abdecken."[153]

---

[152] Vgl. Herrmann, *Die Kirche und unser Geld*, S. 72/73.
[153] *Süddeutsche Zeitung*, vom 22.10.1992, zit. n. MIZ 1/93, Meldung 1699.

Evangelischer Kirchentag 1999, in Stuttgart. Von den 20,6 Millionen Mark Gesamtkosten übernehmen die öffentlichen Kassen aus Steuergeldern 8,7 Millionen.

Übersicht 53: Evangelischer Kirchentag 1999

Teilnehmerbeiträge	7,9 Mio.	38%
Evangelische Kirche (EKD)	4,0 Mio.	19%
Land Baden-Württemberg	4,3 Mio.	21%
Stadt Stuttgart	3,2 Mio.	16%
Bundesregierung	1,2 Mio.	6%
Gesamt	*20,6 Mio.*	*100%*

Quelle: idea-spektrum 25/1999, S. 6, nach: http://home.t-online/home/ato-stat

Da der Evangelische Kirchentag eine rechtlich selbständige Organisation innerhalb der EKD darstellt, wird natürlich in keinem Haushaltsplan der 'verfassten' Kirche EKD die Zahlung von 8,7 Millionen DM aus Steuergeldern nachgewiesen. Und dann muss in drei Haushaltsplänen nachgeschaut werden: dem der Stadt, des Landes und des Bundes.

Bemerkenswert ist dabei, dass nach Abzug der Teilnehmerbeiträge von den verbleibenden Kosten nur 31,5 Prozent von der EKD bezahlt werden und mehr als doppelt so viel (68,5 Prozent) von dem verfassungsrechtlich religiös neutralen Staat – für eine rein kirchliche Veranstaltung.

Das Argument, dass die Städte, in denen die Kirchentage stattfinden, nur ein Geringes von dem als Zuschuss bezahlen, was die Teilnehmer des Kirchentags in der Stadt wieder ausgeben (Aspekt: Tourismuswerbung[154]) und was damit der Wirtschaft zugute komme, ist falsch. So gut wie alle Teilnehmer – außer den Amtsträgern – sind (kostenlos) in Privat- oder in Massenquartieren (Schulen) untergebracht, werden zentral mit Essengutscheinen verpflegt (Einnahmen: der Kirchentag) und haben weder Zeit noch Interesse, als Touristen in der Stadt herum zu flanieren.

Von oppositionellen Evangelischen, wie dem BKM – *Bund gegen Kirchensteuermissbrauch e.V.* – wird allerdings vornehmlich der Zuschuss aus Mitteln der Kirchensteuern kritisiert, da hinter dem Evangelischen Kirchentag kein volkskirchliches Konzept stehe, sondern es sich um eine „Randgruppen-Veranstaltung mit synkretistischen Zügen"[155] handele. ('Synkretismus' ist eine Art bunter religiöser Gemischtwarenladen.) Wie immer auch diese Veranstaltung innerkirchlich bewertet wird, die Einbeziehung hochrangiger Politiker sorgt offensichtlich für den staatlichen

---

[154] So geht beispielsweise die Stadt Hamburg davon aus, dass jeder der Besucher der Musicals in der Stadt neben der Eintrittskarte noch etwa 300 Mark für Übernachtung, Essen und Einkaufen in der Stadt lässt. (*Hamburger Abendblatt* vom 30.1.2001, S. 1)

[155] Vgl. Besier, *Konzern Kirche,* S. 105.

Geldfluss, und unter dem Gesichtspunkt der 'Parität' zwischen beiden Amtskirchen dürfen wir für die Katholikentage Ähnliches erwarten.

Katholikentag

Die Katholikentage sind gemeinsame Veranstaltungen des Zentralkomitees der deutschen Katholiken (dem Dachverband der katholischen Laienorganisationen) und des Bistums, in dem der Katholikentag stattfindet.

Zahlen über die Finanzierungen der Katholikentage sind kaum zu finden. Im Programm des Katholikentages 2000 (in Hamburg) muss man schon lange suchen und schließlich findet man auf Seite 513 Hinweise auf die Sponsoren: „Der Katholikentag wird durch Zuwendungen des Bundesministeriums des Innern der Bundesrepublik Deutschland, der Freien und Hansestadt Hamburg, des Landes Schleswig-Holstein, des Landes Mecklenburg-Vorpommern und des Verbandes der Diözesen Deutschlands sowie durch Teilnehmerbeiträge finanziert." Dann folgt noch eine Liste, mit Dank an die Förderer, in der 20 Wirtschaftsunternehmen genannt sind: eine Autovermietung, Banken, Zeitungen bis hin zu Kaffeehändlern.

Zahlen dazu: Keine. Nachfrage beim Katholikentag – Antwort: Keine. Also müssen wir wieder in die öffentlichen Haushaltspläne schauen. Bei Gesamtkosten von 20,58 Millionen beteiligt sich der Staat mit 8,3 Millionen (entspricht 40 Prozent) Beihilfe.

Übersicht 54: Staatliche Zahlungen zur Finanzierung des Katholikentages 2000

Bundesinnenministerium	1.300.000
Bundesland Hamburg	6.800.000
- Schleswig-Holstein	200.000
- Mecklenburg-Vorpommern	0
Summe	*8.300.000*

Quelle: Haushaltsplan Schleswig-Holstein 2000, Kap. 0702 / 648 05, S. 25.

Dieser Beitrag von 8,3 Millionen Mark ist die Spende aller Steuerzahler für eine Basis-Veranstaltung, während der (ebenso wie beim evangelischen Pendant) – wie der zwischenzeitlich verstorbene Erzbischof Dyba einmal abwertend äußerte – „viel seichter Schwachsinn" geredet werde. Aber bekanntlich haben und hatten die studierten Theologen schon immer große Probleme mit der innigen Religiosität ihrer Untertanen (die abwertend als 'Volksfrömmigkeit' verspottet wird).

Fazit: Von der Bundesregierung werden jährlich 1,3 Millionen für die Kirchentage bereit gestellt. In den Bundesländern und Städten bewegen sich die Zuschüsse in unterschiedlicher Höhe, also nehmen wir den Mittelwert der beiden letzten Kirchentage 1999 und 2000. Damit belaufen sich die Kostenzuschüsse des Bundes und der Länder auf rund DM 8,5 Millionen.

6.4.4. Gerichtliche Bußgelder

„Von den 18,5 Millionen Mark, die bayerische Gerichte und Staatsanwaltschaften 1989 zugunsten als gemeinnützig anerkannter Einrichtungen verhängt hatten, entfielen 700.000 DM auf den katholischen *Caritas*-Verband. Nur die Verkehrswacht (1,8 Millionen DM) und das Rote Kreuz (1,2 Mio. DM) erhielten mehr Zuweisungen. Wie viel Geld auf die zahlreichen kleineren kirchlichen Einrichtungen entfiel, blieb unbekannt, da nur die vier größten Empfänger genannt wurden."[156]

In der Zusammensetzung des Mittelaufkommens werden wir im nächsten Kapitel sehen, dass z.B. auf Bundesebene das *Deutsche Aussätzigen Hilfswerk* Einnahmen aus Bußgeldern in Höhe von 773.576 Mark nachweist, *Brot für die Welt* DM 446.504 und *Misereor* DM 200.000, die dort allerdings unter Spenden subsumiert werden. Ebenso erhielt (2000) die *Christoffel-Blindenmission* DM 1.222.569 an Bußgeldern, wie die *Ärzte für die Dritte Welt e.V.* DM 2.310.000.

Ein Richter hat bei der Verhängung eines Bußgeldes zwei Möglichkeiten: Entweder er gibt schon ein konkretes Hilfswerk an, das begünstigt werden soll, oder das Bußgeld geht an einen Sammelfonds. Bei diesem Sammelfonds sind im Bundesland Hamburg ca. 2.000 gemeinnützige Organisationen registriert, von denen etwa 400 konkrete Anträge stellen. Zu welchem Organisationsbereich die Antragsteller gehören (Tierschutz, Krankheit, Soziales, Kirchliches, usw.), wird nicht bewertet und erfasst.

Insgesamt ist es unmöglich, die Summe der staatlichen Bußgelder, die an Werke, Vereine, etc. der Kirchen fließen, zusammenzubringen. Wenn allerdings schon bereits die fünf oben erwähnten Organisationen (ohne die *Caritas*) zusammen beinahe 5 Millionen (DM 4.852.649) aus gerichtlichen Bußgeldern erhielten, dürfte eine Schätzung bei 20 Millionen Mark nicht verkehrt liegen.

6.4.5. ABM-Gelder

Ein weiterer, insgesamt auch nicht genau zu beziffernder Bereich sind die Zahlungen der Arbeitsämter für Arbeitsbeschaffungsmaßnahmen, die kirchlichen Projekten zugute kommen.

---

[156] *Süddeutsche Zeitung* vom 8.8.1990, zit. nach MIZ 3-4/90, Meldung 1302, über http://www.member.aol.com/bfgmuc/kg-meld.htm

So baut beispielsweise der Zisterzienser-Orden das Kloster in Helfta wieder auf und das Arbeitsamt zahlte für die daran beteiligten ABM-Kräfte 3,5 Millionen Mark.[157] Die Johannesburg, eine Jugendeinrichtung der Norddeutschen Provinz der Herz-Jesu-Missionare Hiltrup, erhält vom Arbeitsamt in Leer jährlich einen Zuschuss von 4,2 Millionen Mark.[158]

Die Bundesanstalt für Arbeit hat die „Geförderten Arbeitnehmer in Arbeitsbeschaffungsmaßnahmen nach der Trägerschaft" zusammengestellt.

Übersicht 55: Arbeitnehmer in Arbeitsbeschaffungsmaßnahmen nach der Trägerschaft

Trägerschaft	Insgesamt	Konfessionell *)	West	Ost
Stadt oder Gemeinde	34.450	0	10.781	23.579
Landkreis	4.018	0	1.351	2.667
Landes- und Regierungsbezirk	2.239	0	1.213	1.026
Bundesbehörde	139	0	41	98
Kirche	4.753	*4.753*	1.585	3.168
Universität	642	0	364	278
Sonst. Träger des öffentl. Rechts	3.303	0	1.515	1.788
Verein, private Initiative, Stiftung	62.210	*31.105*	18.780	43.430
Wohlfahrtsverband	5.581	*2.791*	2.025	3.556
Gemeinnützige Unternehmen	14.257	*7.129*	9.173	5.084
Gemeinnützige Genossenschaft	544	*272*	81	463
ABS-Gesellschaften	32.734	0	1.708	31.026
Gemeinnützige Träger priv. Rechts	4.011	0	2.696	1.315
Re- / Privatisierte Unternehmen	1.315	0	192	1.123
Treuhandunternehmen	233	0	40	193
Verein ohne gemeinnützige Zwecke	883	0	171	712
S. priv. wirtsch. Unternehmen	9.925	0	2.343	7.582
Insgesamt	181.237	*46.050*	54.149	127.088

*Quelle: Bundesanstalt für Arbeit, Referat IIIa4, Arbeitsbeschaffungsmaßnahmen, Tabelle 9, Berichtsmonat: Januar 2001   *) Spalte „Konfessionell" eigener Zusatz*

Im Berichtsmonat Januar 2001 sind von den 181.237 Arbeitnehmern 4.753 den Kirchen direkt und schätzungsweise (bei den entsprechend ausgewiesenen Trägern rund 50%) weitere 41.000 Arbeitnehmern den konfessionellen Sektoren zuzurechnen: zusammen 45.753 Arbeitnehmer. Die durchschnittliche Förderung einer Maßnahme beläuft sich einerseits auf DM 2.900 im Monat (= 75% des Lohnes als Zuschuss des Arbeitsamtes) und wird faktisch durch Kofinanzierungen der Sozialbehörden und anderen staatlichen Einrichtungen auf 100 Prozent erhöht, so dass für jede Maßnahme rund 3.800 Mark aufgewendet werden.[159] Somit ergibt sich für

---

[157] *stern* vom 13.4.2000, S. 82 (Walter Wüllenweber: Ja, wo arbeiten sie denn? ABM im Osten).

[158] http://www.kath.de/bistum/osnabrueck (*Kirchenbote* – Kirche vor Ort: „Ausbildung für Jugendliche mit Handicap")

[159] Auskunft des Arbeitsamtes Hamburg.

ABM-Zahlungen (2001) in den konfessionellen Sektoren die Größenordnung von 2,1 Milliarden (DM 2.086.336.800).

6.5. Gesamtsumme staatlicher Zahlungen

Auf der Grundlage der Haushalte der Länder lassen sich dort explizit
ausgewiesene Zahlungen an die beiden Religionsgesellschaften in der
Gesamthöhe von rund 7,4 Milliarden feststellen (DM 7.437.813.000).

Übersicht 56. Zuordnungsfähige Zahlungen der Bundesländer für die Kirchen (TDM)*)

Land	Dotationen	Baulast	RU**)	AS**)	Schulen	Denkmal	Summe
Ba-Wü	185.785	0	313.560	280	531.201	9.953	1.040.779
Bayern	160.842	20.950	460.300	750	576.939	19.540	1.239.321
Berlin	22.523	300	99.905	2.759	106.806	300	232.593
Brand.	18.800	5.500	4.000	427	48.725	1.900	79.352
Bremen	0	0	0	105	21.582	37	21.724
Hamb.	0	0	9.700	0	81.399	630	91.729
Hessen	76.831	1.442	238.900	2.213	165.859	5.000	490.245
Meck.V.	17.283	7.000	13.703	260	21.209	2.700	62.155
Nieders.	71.647	0	219.803	2.159	207.112	2.443	503.164
NRW	38.953	4.745	713.400	4.010	1.531.850	6.024	2.298.982
Rh.-Pf.	84.825	1.640	364.073	1.688	176.633	4.788	633.647
Saarland	1.248	0	50.852	445	43.820	730	97.095
Sachsen	31.000	0	29.550	420	96.300	12.044	169.314
S.Anhalt	45.069	0	16.648	880	33.230	3.172	98.999
Schl.-H.	21.517	0	104.441	300	6.049	500	132.807
Thür.	35.468	1.803	46.160	436	154.350	7.690	245.907
Summen	811.791	43.380	2.684.995	17.132	3.803.064	77.451	7.437.813

**) Abweichungen gegenüber den einzelnen Ursprungsübersichten sind Rundungsdiffe-
renzen von DM auf TDM.   **) RU = Religionsunterricht, AS = Anstaltsseelsorge*

Da wie immer Nordrhein-Westfalen die höchsten Beträge aufweist –
schlicht deshalb, weil es das bevölkerungsreichste Bundesland ist –, wollen wir die Zahlen etwas mehr 'zum Sprechen' bringen, indem wir sie auf
die jeweilige Bevölkerungszahl der Bundesländer umrechnen.

Bezogen auf die Einwohnerzahlen der jeweiligen Bundesländer (vom
Säugling bis zum Greis) ergibt eine Umrechnung aufgrund der Bevölkerungszahl zum 31.12.1998 eine überraschende Verteilung, welche Bundesländer den beiden großen Religionsgesellschaften finanziell besonders
nahe stehen. (In diesen Zahlen sind die einmaligen Zahlungen [z.B. Kir-
chentage] und nicht aufschlüsselbare Gesamtzahlungen für Jugendpolitik,
Kulturarbeit, soziale Einrichtungen, kirchliche Krankenhäuser und Kindertagesstätten nicht berücksichtigt.)

Es ist nicht, wie ich es selber (auch) angenommen habe, das 'schwarze'
Bayern (pro Kopf: DM 103), sondern Rheinland-Pfalz (DM 157) und

Nordrhein-Westfalen (DM 128), was die regelmäßigen Überweisungen an die Kirchen und ihre Einrichtungen anbelangt.

Die generelle Tendenz scheint zu sein: Je nordöstlicher ein Bundesland und je evangelischer, desto geringer sind die staatlichen Zahlungen. Die (mögliche) Annahme eines Zusammenhanges zwischen christdemokratischer Orientierung eines Bundeslandes und der Höhe der Zahlungen an die Kirchen findet keine generelle Bestätigung.

Übersicht 57: Zuordnungsfähige Zahlungen der Bundesländer an die Kirchen und ihre Einrichtungen pro Kopf der Bevölkerung

Land	Zahlungen (DM)	Einwohnerzahl *)	DM (pro Kopf)
Baden-Württemberg	1.040.779.000	10.426.040	100
Bayern	1.239.321.000	12.086.548	103
Berlin	232.593.000	3.398.822	68
Brandenburg	79.352.000	2.590.375	31
Bremen	21.724.000	667.965	33
Hamburg	91.729.000	1.700.089	54
Hessen	490.245.000	6.035.137	81
Mecklenburg-Vorpomm.	62.155.000	1.798.689	35
Niedersachsen	503.164.000	7.865.840	64
Nordrhein-Westfalen	2.298.982.000	17.975.516	128
Rheinland-Pfalz	633.647.000	4.024.969	157
Saarland	97.095.000	1.074.223	90
Sachsen	169.314.000	4.489.415	38
Sachsen-Anhalt	98.999.000	2.674.490	37
Schleswig-Holstein	132.807.000	2.766.057	48
Thüringen	245.907.000	2.462.836	100
Summe / Mittelwert	*7.437.813.000*	*82.037.011*	*91*

) Statistisches Bundesamt, Zahlen für 1998, zit. nach Der Fischer Weltalmanach 2000, Stuttgart: Fischer, 1999, Spalte. 185 ff.

Da in diesen Zahlungen der Bundesländer die nicht aufschlüsselbaren Zahlen (Kindertageseinrichtungen, Jugendhilfe, etc.) und die Mittel aus dem Bundeshaushalt sowie den Kommunalhaushalten noch nicht enthalten sind, ergibt eine Auflistung aller direkten/indirekten Zuwendungen höhere Zahlen.

Enthalten sind in dieser Aufstellung bereits der Verzicht auf staatliche Einnahmen als Subventionierung der 'Amtskirchen' (DM 20,1 Milliarden) und Zahlen im Vorgriff auf spätere Kapitel, in denen noch weitere DM 3,5 Milliarden staatliche Zahlungen an/für die Religionsgesellschaften behandelt werden (Hilfs- und Missionswerke, Ausbildung des Nachwuchses, Krankenhausbau, etc.).

Übersicht 58: Benennbare Zahlungen / Leistungen des Bundes, der Länder und Kommunen in Deutschland an die beiden großen Kirchen

- Verzicht auf Einnahmen	20.087.902.000
- Dotationen der Bundesländer	811.791.000
- Kommunale Dotationen	97.856.000
- Baulast	43.380.000
- Religionsunterricht	2.684.995.000
- Militärseelsorge	63.310.000
- Polizeiseelsorge / BGS	684.000
- Schulen	3.803.064.000
- Kindergärten	4.957.610.000
- Kulturelle Betreuung	22.200.000
- Kulturelle Auslandsarbeit	6.070.000
- Jugendhilfe	676.991.000
- Anstaltsseelsorge	17.132.000
- Denkmalpflege	77.451.000
- Bauzuschüsse	50.000.000
- Kirchentage	8.500.000
- Bußgelder	20.000.000
- ABM-Aufwendungen	2.086.000.000
- Krankenhausbau	1.155.190.000
- Ausbildung des Nachwuchses	1.218.663.000
- Zuschüsse Hilfs- / Missionswerke	367.103.651
- Zuschüsse für Kirchliche Büchereien	14.340.000
- Zuschüsse für Handelsunternehmen	778.000
- Öffentliche Stiftungen	21.300.000
- Weltliche Orden	90.578.000
- Zivildienst in konfessionellen Einrichtungen	684.064.000
Insgesamt *DM*	*39.066.952.651*

Von diesen rund DM 39 Milliarden Zahlungen wird *ein Teil* der direkten Zuwendungen dieser Summe in den kirchlichen Haushalten auch ausgewiesen, allerdings auf zwei Ebenen. So werden, als Beispiel, in der Landeskirche Württemberg 336 Millionen dieser Einnahmen verbucht, davon 33,1 Prozent bei der Landeskirche und 66,9 Prozent bei den Kirchengemeinden.[160]

Diese Zuwendungen bedeuten eine Größenordnung, die mehr als das Zweifache des Aufkommens aus der gesamten Kirchensteuer ausmacht und im Jahr 2000 pro Kopf der Bevölkerung von 82 Millionen Einwohnern DM 476 bedeutet.

Auf die Erwerbstätigen in Deutschland bezogen (1998: 35,86 Millionen) sind das pro Kopf jedes Erwerbstätigen, also auch jedes Konfessionslosen, DM 1.089 direkte oder indirekte Zahlungen des deutschen Staates an die beiden großen Kirchen.

---

[160] Evangelische Landeskirche in Württemberg; *Jahresbericht 2000*, S. 68/69.

Fazit: In diesem Zusammenhang könnte man auch von *direkten Kirchensteuern* sprechen – das sind die Gelder, die von den kirchensteuerpflichtigen Mitgliedern bezahlt werden – und *indirekten Kirchensteuern*, die jeder steuerpflichtige Bundesbürger bezahlt, egal ob Kirchenmitglied, freier Mennonit, Konfessionsloser oder Moslem.

Bemerkenswert ist dabei allerdings, dass die heftig diskutierte direkte Kirchensteuer pro Kirchenmitglied nur rund DM 291 beträgt, die indirekte Kirchensteuer pro Kopf der Bevölkerung jedoch DM 476.

Da diese direkten Zahlungen und Steuermindereinnahmen öffentlich nicht bekannt oder nicht benannt werden, sind sie auch kein öffentliches 'Thema'.

7. Spenden und Sammlungen

*Hilfsaktionen „Brot für die Welt" und „Misereor"/ Caritas International und
Diakonie Katastrophenhilfe / Missionswerke: Adveniat, Missio, Renovabis,
Bonifatiuswerk, Kindermissionswerk, Evangelische Missionswerke /
Weitere Hilfswerke / Weitere Spenden und Sammlungen /
Steuerliche Absetzbarkeit von Spenden /
Lotterien / Wohlfahrtsmarken / Sponsoring*

Klapperten christliche Organisationen lange Zeit mit der auffordernd hingestreckten und verplombten Sammelbüchse aus Blech auf der Straße, so hat der bargeldlose Zahlungsverkehr auch die Spendensammlungen verändert.

Bei den meisten Banken und Sparkassen liegen heute vorgedruckte Überweisungsformulare von Organisationen aus, die in den Hausdruckereien der Geldinstitute gedruckt werden.

Damit alles seine Richtigkeit hat, ist für die Kleinspenden (bis DM 100) gleich die Spendenbescheinigung aufgedruckt. Und damit alles seine deutsche Ordnung hat, wird ausführlich versichert: „1. [Die Organisation] ist nach dem letzten uns zugegangenen Freistellungsbescheid des Finanzamtes [...] vom [...] Steuernummer [...] als gemeinnützigen, mildtätigen und kirchlichen Zwecken dienend im Sinne der §§ 51 ff. AO, nach § 5 Abs. 1 Nr. 9 KstG von der Körperschaftssteuer befreit."

Was nach dem Steuerrecht als „Spende" zu gelten hat, ist 'hochrichterlich' festgelegt. Ein 'neunmalkluger' Bürger kam auf die Idee, die nicht unerhebliche Aufnahmegebühr eines Golfclubs und auch den nicht billigen Mitgliedsbeitrag als Spende zur Förderung des Sports steuerlich abzusetzen. Dem wurde nicht stattgegeben, da es an der Freiwilligkeit der Zahlung mangele und deshalb ein Spendenabzug ausscheide.[161] Die kirchlichen Organisationen erhalten somit alle nur freiwillig Spenden und führen zudem das „Spendensiegel des Deutschen Zentralinstitutes für soziale Fragen (dzi)" – der TÜV für Spendensammler.

Mit dem Ansteigen der Einnahmen aus der Kirchenlohnsteuer hat sich der Anteil des Finanzaufkommens der verfassten Kirche aus Spenden stetig verringert, obwohl es nach wie vor jeden Sonntag Kollekten in den Kirchen gibt. Allerdings: Sinkt die Zahl der Gottesdienstbesucher, kommt auch weniger in die Klingelbeutel.

---

[161] FG Rheinland-Pfalz, Urteil vom 10.1.2000, DStRE 2000,399; zitiert nach: *Deutsche Stiftungen. Mitteilungsblatt des Bundesverbandes Deutscher Stiftungen*, Ausgabe 3/2000, S. 66/67.

Der einstige Vorsitzende des Rates der Evangelischen Kirche in Deutschland, Landesbischof Hermann Dietzfelbinger, meinte seinerzeit, dass es keine Probleme mit dem steigenden Kirchensteueraufkommen geben werde, wenn die Relation zwischen Kirchensteuer und freiwilligen Spenden „gesund" bleibe.[162] Lag in der EKD das Verhältnis zwischen Kirchensteueraufkommen und Spenden 1952 noch bei 2 zu 1, hatte es sich im Jahr 1968 schon auf 4,5 zu 1 verringert und hatte 1984 nur noch die Relation von 21 zu 1. (1993 soll es auf 5,5 zu 1 gestiegen sein.) In realen Zahlen betrug dieser geringe Anteil an Spenden im Jahr 1984 immerhin 249 Millionen DM für die EKD. Das ist ungefähr der Betrag, den der niederländische Staat (1981) als einmalige Ablösesumme an die niederländischen Kirchen zahlte, als er die Zahlungen des Staates an die Kirchen endgültig einstellte.

Die Einnahmen aus Spenden sollen 1993 innerhalb der verfassten Gliedkirchen der EKD (1,5 Milliarden) und der katholischen Amtskirche (900 Millionen) einen Umfang von insgesamt 2,4 Milliarden erreicht haben.

Die umständlichen Formulierungen, „innerhalb der verfassten Kirche" oder „in den Haushaltsplänen ausgewiesene Spenden" sind notwendig, um die anderen Organisationen nicht damit zu vermischen, die entweder direkt oder indirekt zur Kirche gehören, formal und finanziell aber als e.V. (eingetragene Vereine) von ihr formell unabhängig sind und ihre eigenen Haushalte haben. Deshalb erscheint es auch nur auf den ersten Blick verwunderlich, dass für die katholische Kirche das Spendenaufkommen geringer ausgewiesen wird als für die Evangelischen.

Es ist hier nicht die Stelle, die Arbeit dieser konfessionellen Hilfsorganisationen zu würdigen – denn gerade sie praktizieren, unter häufig schwierigen Bedingungen, tatsächlich das, was sich ein normaler Mensch unter Hilfe und christlicher Nächstenliebe vorstellt. Unser Augenmerk bleibt 'krude' bei den Finanzen.

Auf dem Spendenmarkt in Deutschland herrscht ein dichtes Gedränge. Der geschätzte jährliche Umsatz im Wirtschaftssektor Spenden lag (1994) bei 10 Milliarden Mark, um den sich eine Vielzahl von Organisationen bemühten. Bei dem Deutschen Spendeninstitut in Krefeld sind Ende des Jahres 2000 im „Register Deutscher Spendenorganisationen" 8.537 Organisationen dokumentiert. Allerdings haben nur 239 dieser Spenden sammelnden Organisationen ein „Mindestmaß an Informationen öffentlich gemacht".[163]

---

[162] Vgl. Martens, *Wie reich ist die Kirche?*, S. 62.
[163] http://www.spenden.org/rds/index.htm

120 Organisationen haben den Spenden-TÜV bestanden und verfügen über das DZI-Spendensiegel, was bedeutet, dass ihre Verwaltungskosten nur einen geringen Teil des Spendenaufkommens verbrauchen und dass diese Organisationen tatsächlich gemeinnützig tätig sind. Die kluge und bewährte Idee dieses Marketings ist dabei der proklamierte „gute Zweck". Die genaue Trennlinie zwischen Spendensammlern/Bettlern – wie auch Amtskirche/Sekten, Kriegsmarine/Piraten, etc. – liegt nicht in der Aktivität per se – die ist bei allen möglichen Paaren die gleiche – sondern in der vorgeblichen persönlichen „Uneigennützigkeit" oder im „Dienst an der Gemeinschaft" derjenigen, die da etwas Positives tun – im Unterschied zu der Selbstbezogenheit und Profitorientierung des Handelns der anderen, denen dann auch niedere, eigennützige Motive unterstellt werden.

In beiden konfessionellen Sektoren haben sich seit mehr als vierzig Jahren ständige Spendensammel-Organisationen etabliert. Wir werden uns dabei auf die international tätigen Organisationen beschränken (da es jeden Zeitrahmen sprengt, alle rund 9.000 in Deutschland registrierten Spendenorganisationen daraufhin durchzusehen, welche konfessioneller Art sind und welche nicht), und sie nach Hilfswerken und Missionswerken unterscheiden.

7.1. Hilfswerke

7.1.1. *Brot für die Welt* und *Misereor*

Brot für die Welt nennt sich die Hilfsaktion, die der Rat der Evangelischen Kirche in Deutschland gemeinsam mit den evangelischen Freikirchen (und den Alt-Katholiken) durchführt. Formal ist diese Hilfsaktion eine Unterabteilung des Diakonischen Werkes der EKD e.V. *Misereor* ist das (so die korrekte Bezeichnung) „Bischöfliche Hilfswerk Misereor e.V." der katholischen Bistümer in Deutschland. Die stetig über die Jahre anwachsenden (aktuell aber sinkenden) Spendeneinnahmen belaufen sich (2000) für diese beiden Hilfswerke zusammen auf 230 Millionen Mark.

Übersicht 59: Sammelergebnisse Brot für die Welt / Misereor 1959 bis 2000 (DM)

Jahr	Brot für die Welt	Misereor	Zusammen
1959	14.600.000	35.300.000	49.900.000
1969	31.100.000	58.000.000	89.100.000
1979	53.100.000	111.700.000	164.800.000
1989	96.007.000	141.300.000	237.307.000
1997	112.669.000	126.800.000	239.469.000
1998	109.918.000	129.200.000	239.118.000
2000	108.278.000	120.700.000	228.978.000

Quellen: Brot für die Welt: 1959-1994, Kirchliches Jahrbuch für die Evangelische Kirche in Deutschland 1994, S. 398 und Jahresbericht von Brot für die Welt 1998 und 2000; Misereor: Jahresbericht 1998 und 2000.

Konnten die Evangelischen anfangs (1959) nur weniger als die Hälfte dessen zusammen bringen, was im katholischen Sektor gespendet wurde, beläuft sich das Spendenaufkommen für beide Organisationen gegenwärtig auf jeweils 110 bis 120 Millionen Mark pro Jahr.

Das Spendenaufkommen ist allerdings nur eine der Einnahmequellen. Die Gesamteinnahmen setzen sich bei beiden Werken aus verschiedenen weiteren Beiträgen zusammen.

Auffallend sind 1998 bei *Misereor* der hohe Anteil von DM 149 Millionen aus Steuergeldern (Entwicklungshilfe) und der geringe Eigenbeitrag von nur DM 25 Millionen, der aus den Haushaltsmitteln der Diözesen beigesteuert werden.

Übersicht 60: Mittelaufkommen Misereor 1998 und 2000 (in DM)

Eingänge	1998	%	2000	%.
1. Spenden				
Misereor-Fastenkollekte	71.200.000	23,0	64.800.000	22,0
Direktspenden an Misereor	58.000.000	18,7	55.900.000	19,0
Zwischensumme Spenden	*129.200.000*	*41,7*	*120.700.000*	*41,0*
2. Zinsen	6.800.000	2,2	6.600.000	2,2
3. Kirchliche Haushaltsmittel	25.000.000	8,1	23.700.000	8,1
4. Zentralst. f. Entwicklungshilfe e.V.	148.800.000	48,0	143.100.000	48,7
davon: Bundesregierung	*143.700.000*	*46,4*	*137.400.000*	*46,7*
Europäische Union	*5.100.000*	*1,6*	*5.700.000*	*1,9*
Insgesamt	309.800.000	100	294.100.000	100

Quelle: Misereor: Jahresbericht 1998, S. 50, und Jahresbericht 2000, S. 34.

Warum das Hilfswerk, bei 8 Prozent aus diözesanen Mitteln, „*Bischöfliches* Hilfswerk Misereor" heißt, bleibt unerklärlich, denn 42 Prozent bezahlen die einfachen Gläubigen direkt und weitere 48 Prozent sind Staatsgelder (für Entwicklungshilfe).

Dass dabei das Jahr 1998 kein 'Ausreißer' ist, zeigt die Entwicklung der Einnahmen (ohne Zinsen): Erst waren es nur Spenden, dann begannen die Staatsgelder zu fließen, und erst danach gab es auch kirchliche Haushaltsmittel. Bemerkenswert ist dabei, wie sich *konfessionelle* Hilfswerke (am Beispiel *Misereor*) mit 'fremden Federn schmücken', d.h. immer stärker mit staatlichen Steuergeldern arbeiten, während der Anteil aus kirchlichen Haushaltsmitteln relativ gleich bleibt. Seit 1990 hat sich anscheinend ein fester Schlüssel etabliert: rund 50% Steuergelder, 42% direkte Spenden und 8% Bischöfliche Zuschüsse.

Übersicht 61: Einnahmen Misereor (ohne Zinsen) 1960 bis 2000 (in Millionen DM)

Jahr	Spenden		Staatsgelder		Kirche		Summe
1960	44,1	100%	0		0		44,1
1965	53,4	70,6%	22,2	29,4%	0		75,6
1970	58,0	56,3%	34,1	33,1%	10,9	10,6%	103,0
1975	75,2	52,2%	53,8	37,4%	15,0	10,4%	144,0
1980	111,7	53,4%	76,6	36,7%	20,7	14,4%	209,0
1985	120,5	47,3%	106,3	41,7%	28,0	11,0%	254,8
1990	122,4	42,6%	141,3	49,2%	23,7	8,2%	287,4
1995	129,4	42,6%	149,4	49,2%	25,0	8,2%	303,8
1998	129,2	42,6%	148,8	49,1%	25,0	8,3%	303,0
1999	117,6	40,4%	148,6	51,0%	25,0	8,6%	291,2
2000	120,7	42,0%	143,1	49,8%	23,7	8,2%	287,5

Quelle: Misereor: Jahresbericht 1998 (S. 51) und Jahresbericht 2000 (S. 34).

Diagramm 7: Misereor-Einnahmen 1960 bis 2000

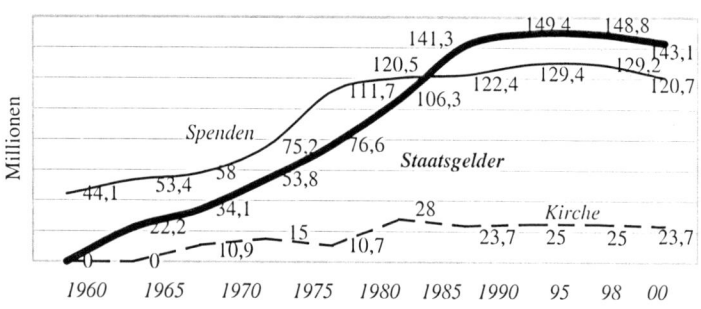

In dieser Abhängigkeit von Staatsgeldern ist die lobbyistische Kritik des *Misereor*-Hauptgeschäftsführers zu verstehen: „Wieder schränkt die Bundesregierung den Handlungsspielraum der Entwicklungszusammenarbeit durch massive Etatkürzungen ein. [...] Ich fordere deshalb Bundeskanzler Schröder zu einer glaubwürdigen Politik nachhaltiger Zukunftssicherung auf."[164] Der staatliche Zuschuss für *Misereor* wurde von 1999 auf 2000 um 3,6% gekürzt. Verschwiegen wurde allerdings in der Kritik an der Bundesregierung, dass der Zuschuss aus kirchlichen Haushaltsmitteln im gleichen Zeitraum um 5,2% gekürzt wurde.

Bezeichnend ist auch eine Aufstellung über die Anteile und Herkunft der ausgezahlten Gelder für Projekte. Während 1998 von den Projektbewilligungen 62,4% aus Staatsgeldern finanziert wurden, waren es nur 37,6% aus Spenden und kirchlichen Haushaltsmitteln. Da nicht alle Einnahmen sofort weitergeleitet werden können, werden im Vergleich zwi-

---

[164] Misereor-Jahrespressekonferenz: *Statement von Hauptgeschäftsführer Prof. Dr. Josef Sayer*, unter: http://www.misereor.de (Pressemeldungen)

schen Einnahmen und Ausgaben die 'Fremdmittel' sofort ausgegeben, während von den Spenden erst einmal ein Anteil 'auf die hohe Kante' gelegt wird.

Betrachten wir nun das evangelische *Brot für die Welt.* Die Spenden sind nicht nur direkte Spenden von Privatpersonen für *Brot für die Welt,* sondern auch Gelder aufgrund „von Kollekten der Kirchengemeinden, Aktionen und Initiativen von Gemeinden, Schulen, Aktionsgruppen, Firmen, Evangelischen Freikirchen, Mennoniten, Altkatholiken, etc."[165]

Übersicht 62: Mittelaufkommen von Brot für die Welt 1998 und 2000 (in DM)

Herkunft	1998	%	2000	%
1. Spenden	104.369.391	67,3	105.175.793	73,5
Nachlässe	5.548.807	3,5	3.102.629	2,2
2. Öffentliche Mittel	5.438.198	3,4	13.238.269	9,2
davon: Bußgelder	287.567		446.504	
Europäische Union	779.514		1.029.666	
Sonstige Zuschüsse	1.820.969		3.352.785	
Personal- und Sachkostenzuschuss	2.550.148		8.409.314	
3. Kirchliche Haushaltsmittel	22.658.450	14,5	6.972.715	4,8
davon: Mittel KED	18.092.450		6.072.715	
KED-Zuschuss Werbung / Expo	1.831.776		900.000	
KED-Zuschuss Personal	2.734.224		-	
4. Erlöse Informationsmaterial	1.226.382	1,1	942.415	0,7
5. Zinsen	15.864.549	10,2	13.726.257	9,6
Summe	155.105.777	100	143.158.078	100

Quelle: Brot für die Welt: Jahresbericht 1998, S. 30, und Jahresbericht 2000, S. 32.

Der geringe Anteil von staatlichen Zuschüssen (3,4% bzw. 9,2%) für *Brot für die Welt* braucht uns jetzt aber nicht zu irritieren. Das Prinzip der „operativen Diversifikation" ihrer verschiedenen Einrichtungen und Werke ist bei der EKD nur ein anderes System als bei den katholischen.

Ab dem 1.1.2000 hat die Evangelische Kirche in Deutschland ihre verschiedenen Einrichtungen für Entwicklungsarbeit zu einer Art Holding zusammengefasst (Evangelischer Entwicklungsdienst – EED). *Brot für die Welt* musste aber außen vor bleiben, da „wir die Aktion *Brot für die Welt* als eine Spenden sammelnde Initiative in der Transparenz, die sie in den Strukturen der Diakonie hat, belassen". Eine strukturelle Veränderung würde bei den Spendern „Misstrauen auslösen".[166] Warum?

Neben den beiden 'amtskirchlichen' Hilfswerken haben auch ihre beiden Wohlfahrtsverbände (Katastrophen-)Hilfswerke eingerichtet. Warum al-

---

[165] *Kirchliches Jahrbuch für die E.K.D.,* 1994, S. 398f.
[166] Dr. Hans-Otto Hahn, Direktor der Hauptabteilung Ökumenische Diakonie des Diakonischen Werkes der EKD, in: *der überblick,* Quartalsschrift der AGKED, 3/99 (September 1999), S. 130.

lerdings neben dem Deutschen Roten Kreuz noch weitere Hilfs- und Katastrophenwerke etabliert werden müssen, ist fraglich, denn es kann doch nicht um eine konfessionelle Profilierung gehen, wenn Menschen in Not geholfen wird.

7.1.2. Caritas International

„Caritas International sieht sich als Teil des internationalen Caritas-netzwerkes, das mit 154 Partnerorganisationen in aller Welt zu den größten seiner Art gehört." Und: „Die Kernaufgabe von Caritas International ist die Not- und Katastrophenhilfe, die vorrangig über Caritas-Partner-organisationen in den betroffenen Ländern geleistet wird."[167]

In 84 Ländern wurde bisher geholfen. In 70 Ländern davon war einer der Hilfszwecke: „Förderung von Partnerschaftsstrukturen". 1999 war besonders im Kosovo und in der Türkei nach dem Erdbeben Hilfe zu leisten und die Spenden verdoppelten sich im Vergleich zum Vorjahr.

Übersicht 63: Einnahmen Caritas International 1999 und 2000 (in DM)

Einnahmen	1999		2000	
Spenden	109.380.026	62,3%	54.672.915	44,5%
Erbschaften, Vermächtnisse	619.508	0,4%	150.697	0,1%
Zinserträge	6.701.472	3,8%	5.781.529	4,7%
Sonstiges	66.933	0,04%	4.075	0,0%
Kirchliche Haushaltsmittel	16.235.548	9,3%	18.437.886	15,0%
Europäische Caritasverbände	10.367.626	5,9%	17.730.795	14,4%
Staatliche Zuschüsse	32.081.520	18,3%	26.157.069	21,3%
- Bundesregierung	*22.205.616*		*22.416.369*	
- Europäische Union	*9.027.904*		*3.730.700*	
- Bundesländer	*848.000*		*10.000*	
Summe	175.452.633	100%	122.934.966	100%

Quelle: Caritas International: Jahresbericht 2000, S. 28

Unter dem Gesichtspunkt der 'Parität' kann natürlich der evangelische Sektor nicht der katholischen Konkurrenz alleine das Feld überlassen.

7.1.3. Diakonie Katastrophenhilfe

Die Diakonie Katastrophenhilfe ist ein eigenständiges Werk des Diakoni-schen Werkes der EKD. 1959 gegründet, ist sie seit 1995 Mitglied des vom Ökumenischen Rat der Kirchen (ÖRK) und des vom Lutherischen Weltbund (LWB) gegründeten ACT (*Action by Churches Together*), in dem über 200 evangelische Kirchen und kirchliche Hilfswerke weltweit zusammengefasst sind. Ein Viertel des ACT-Haushaltes wird von der *Diakonie Katastrophenhilfe* beigesteuert. Die Arbeit ist eng mit vielen

---

[167]   Caritas International: *Jahresbericht 1999*, S. 23.

Aspekten von *Brot für Welt* verzahnt und vor Ort ziehen Diakonie und Caritas oft am gleichen Strang.[168]

Übersicht 64: Einnahmen Diakonie Katastrophenhilfe, 1999 und 2000 (in DM)

Einnahmen	1999		2000	
Spenden	59.024.776	74%	24.135.750	53,9%
Brot für die Welt / Katastrophenfonds	9.300.000	12%	11.124.761	24,8%
Zinsen	-		2.616.414	5,8%
Sonstige Erträge	-		941.574	2,1%
Kirchlicher Entwicklungsdienst	883.187	1%	297.315	0,7%
Öffentliche Mittel	8.361.495	11%	3.532.313	7,9%
- Auswärtiges Amt (Humanitäre Hilfe)	*849.000*		*-*	
- BMZ (Not- und Flüchtlingshilfe)	*6.476.440*		*2.787.201*	
- Stadt Wiesbaden / Wuppertal	*500.000*		*210.717*	
- EU (Humanitäre Hilfe / ECHO)	*536.055*		*534.395*	
Beiträge konfessioneller Dritter	1.687.292	2%	2.126.476	4,8%
- Deutscher Caritasverband	*1.160.500*		*949.999*	
- Weitere Organisationen	*173.739*		*1.176.477*	
Summe	79.256.750	100%	44.774.603	100%

Quelle: Diakonie Katastrophenhilfe: Jahresbericht 1999, S. 6 (Zweckgebundene Zuwendungen) und Jahresbericht 2000, S. 16 (Mittelherkuft)

Die Unterschiede zwischen den beiden Jahreseinnahmen beruhen hauptsächlich auf dem um rund DM 35 Millionen geringeren Spendenaufkommen im Jahr 2000.

Vergleicht man die beiden evangelischen Hilfswerke mit den beiden katholischen ist auffallend, dass die katholischen Werke nicht nur erheblich mehr Spenden erhalten, sondern auch deutlich höhere direkte staatliche Zuschüsse.

Neben diesen großen Hilfswerken gibt es noch weitere große, dann mittlere und schließlich die kleineren, die weitgehend ohne staatliche Zuschüsse arbeiten, da sie in einem ausdrücklich erklärten und direkten Missionsauftrag tätig sind: „Die Kirche als globale Institution muss sich auch global engagieren." (Msgr. Dr. Dieter Spelthahn, Geschäftsführer der *Bischöflichen Aktion Adveniat*) Man könnte auch die evangelische Aktion *Brot für die Welt* als Missionswerk betrachten, sieht doch Pfarrer Dr. Hans-Otto Hahn (30 Jahre Direktor von *Brot für die Welt* und Vizepräsident des *Diakonischen Werkes*, die Aufgabe der Aktion darin, „mit verlässlichen Partnern in Asien, Afrika und Lateinamerika arbeiten [zu] können, die aus dem Bereich der dortigen Kirchen kommen und von säkularen Nichtregierungsorganisationen ergänzt werden".[169] In diesem

---

[168] Diakonie Katastrophenhilfe: *Jahresbericht 1999*, S. 4.
[169] Brot für die Welt, *Jahresbericht 1998*, S. 3.

Sinne wurden sie während des „Kalten Krieges" von der Bundesregierung auch politisch instrumentalisiert.

7.2. Missionswerke

„Wes Brot ich ess, des Lied ich sing ..."
(Volksweisheit)

Zu den Grundwerten christlicher Religion gehört nicht nur die Hilfe für die (politisch korrekten) Schwachen und Bedürftigen auf dieser Welt, sondern aufgrund des „Verkündigungsauftrages" Jesu Christi (Missions-*befehl*, Matthäus 28, 18-20) auch die Bekehrung Anders- und 'Nicht-gläubiger'. Allerdings habe ich manchmal den Eindruck, als müssten die beiden deutschen Kirchen diese Mission stellvertretend für die gesamte Christenheit übernehmen.

Die Zeiten, als Kaiser (Karl *der Große* und Karl V.) und Könige (Spanien) ihre Macht- und Unterwerfungspolitik noch mit Schwert *und* Kreuz bestritten, sind in dieser Form vorbei. Die Tatsache bleibt jedoch bestehen, dass die christlichen Missionare mit ihrem 'Verkündigungsauftrag' auch heute noch – ob gewollt oder aus Naivität – in gewachsene politische und kulturelle Systeme eingreifen und durch die Zerstörung von politischer/kultureller/religiöser Einheit auch die politischen Systeme destabilisieren.

Verständlich wird die fehlende Sensibilität für die Empfindlichkeiten nicht-christlicher Kulturen, wenn man das Wort 'katholisch' (von griech.: katholikos) ins Deutsche übersetzt: „alles, die ganze Welt umfassend", und auch die Arbeitsgemeinschaft der Evangelikalen betrachtet, deren Grundauffassung darauf beruht, dass nur Christen von Gott gewollte Menschen sind. Deshalb entsteht auch kein Widerspruch daraus, dass diese Mission nicht nur friedlich, sondern häufig mit Hilfe der bewaffneten imperialen Kolonialmächte etabliert wurde.

Während im katholischen Sektor Mission und Entwicklungshilfe organisatorisch voneinander unterschieden sind, besteht im evangelischen Sektor eine Quer- und Längsverflechtung von Mission und Entwicklungshilfe, die eine differenzierte Unterscheidung nur schwer möglich macht.

7.2.1. Katholische Missionswerke

Die katholische Mission wird durch den *Deutschen Katholischen Missionsrat* (DKMR) abgestimmt. Mitglieder sind die 27 Diözesen, 10 Päpstliche bzw. Bischöfliche Werke für die Weltkirche, 8 Missionsinstitute, 60 missionierende Priester- und Brüderorden und 96 missionierende Frauenorden. Die Entwicklungshilfe wird durch die katholische *Zentralstelle für*

Entwicklungshilfe e.V. koordiniert. Die saubere Trennung beruht unter anderem darauf, dass für die Missionswerke öffentliche Mittel nicht (oder kaum) in Anspruch genommen werden, während die Entwicklungshilfe überwiegend aus öffentlichen Mitteln finanziert wird.

ADVENIAT

Die bischöfliche Aktion ADVENIAT ist die jährlich im Advent durchgeführte Sammelaktion, d.h. die Weihnachts-Kollekte der Katholiken für die kirchliche Betreuung Lateinamerikas. Sie versteht sich als „Anwalt der Gerechtigkeit [für die Armen Lateinamerikas] und Verkünderin einer frohen Botschaft zugleich. Die Adveniat-Hilfe lässt die Menschen in Lateinamerika ihre Würde entdecken, stärkt ihr Bewusstsein als verantwortliche Christen und schafft die Voraussetzungen für den notwendigen sozialen Wandel."[170] Dafür wird es nach fünfhundert Jahren katholischer Herrschaft in Lateinamerika anscheinend auch endlich mal Zeit.

Konkret wird die Hilfe für den Ausbau katholischer Strukturen verwendet. Von den 473 Millionen Einwohnern Lateinamerikas werden 415 Millionen als Katholiken gezählt – also etwa die Hälfte aller Katholiken weltweit –, für die 757 Diözesen mit 25.052 Pfarreien bestehen, in denen 58.000 Priester arbeiten, geleitet von 179 Erzbischöfen und 887 Bischöfen, flankiert von 8.800 Mönchen und 129.000 Nonnen.

Übersicht 65: Einnahmen ADVENIAT 1999 und 2000 (in DM)

Art der Einnahme	1999	%	2000	%
1. Kollekten, Spenden	119.397.727	74,0	116.028.219	68,8
Patenschaftsspenden	4.517.941	2,8	4.223.236	2,5
Sonst. zweckgebundene Spenden	6.160.928	3,8	6.165.117	3,7
Projektpartnerschaften	390.312	0,3	505.610	0,3
Zwischensumme Spenden	*130.466.908*	*80,9*	*126.922.182*	*75,3*
2. Entnahme aus der Rücklage der				
Priesteraltersversorgung	8.688.169	5,4	25.527.844	15,2
3. Zuschüsse kirchlicher Stellen	9.262.840	5,7	4.425.586	2,6
4. Zinseinnahmen	5.800.340	3,6	5.764.690	3,4
5. Sonstiges	287.143	0,2	259.736	0,2
6. Zuschuss aus Projektmitteln	6.839.659	4,2	5.616.369	3,3
Summe	161.345.059	*100*	168.516.407	*100*

Quelle: http://www.adveniat.de/bericht99/jahres.htm und Geschäftsbericht 2000, S. 8

Auch bei ADVENIAT sinken die Spendeneingänge (um 2,7%) und die Zuschüsse aus kirchlichen Haushaltmitteln (um 52%). Das bessere Gesamtergebnis von DM 169 Millionen in 2000 kann nur durch eine höhere Entnahme aus der Priesteraltersversorgung erreicht werden.

---

170 http://www.adveniat.de/infos/infos.htm

missio
Begründet 1832 von dem Aachener Arzt Heinrich Hahn als „Franziskus-Xaverius-Verein zur Unterstützung der katholischen Missionen" und parallel in München vom bayerischen König Ludwig I., wurden die Missionsvereine 1922 von Rom zum „Päpstlichen Werk der Glaubensverbreitung" zusammengefasst, und seit 1972 heißen beide Werke (in Aachen und München) *missio* (Internationales Katholisches Missionswerk e.V.). Geographische Schwerpunkte der Arbeit sind Afrika, Asien (vor allem: Indien) und Ozeanien. Die Gesamteinnahmen (2000) betrugen 173 Millionen DM.

Übersicht 66: Einnahmen missio, Jahresrechnung 1998 und 2000 (in DM)

Art der Einnahme	1998	%	20000	% .
1. Kollekte Weltmission	18.445.650	10,3	18.178.983	10,5
Epiphaniekollekte für Afrika	4.155.642	2,3	4.304.580	2,5
Missionssonntag in den Gemeinden	362.710	0,2	247.061	0,1
Mitgliedsbeiträge	6.887.537	3,9	6.319.297	3,7
Spenden für Sonderaktionen	60.082.481	33,6	52.623.074	30,4
Spenden für Ausbildungsförderung	21.069.541	11,8	23.599.707	13,7
Aktion Priester helfen Priestern	4.153.124	2,3	4.121.388	2,4
Zwischensumme Spenden	*115.156.685*	*64,4*	*109.394.090*	*63,3*
2. Kirchensteuermittel	51.247.722	28,7	50.064.128	29,0
3. Nachlässe, Zinsen	12.368.245	6,9	13.255.503	7,7
Summe Einnahmen	*178.772.652*	*100*	*172.713.721*	*100*

Quelle: missio Rechenschaftsbericht 1998 und Rechenschaftsbericht 2000, S. 1

Das Volumen bewegt sich in der gleichen Größenordnung wie bei ADVENIAT. Allerdings ist der offizielle Anteil, der aus Mitteln der Kirchensteuern beigesteuert (und ebenfalls reduziert wird), rund zehnmal so hoch. Von den Gesamteinnahmen beträgt das reine Spendenaufkommen für *missio* (1998) DM 115.156.685 und sinkt (in 2000) auf DM 109.394.090.

Renovabis
Innerhalb der katholischen Weltmission ist ADVENIAT für Amerika vorgesehen, *missio* für Afrika und Asien. Da fehlt doch noch ein 'atheistischer' Bereich auf dem Globus: der europäische Osten und Russland. Dafür ist *Renovabis* zuständig, „die Solidaritätsaktion der deutschen Katholiken mit den Menschen in Mittel-, Südost- und Osteuropa".[171]

1993 auf Anregung des Zentralkomitees der deutschen Katholiken von den deutschen Bischöfen gegründet, pflegt *Renovabis* den Kontakt zu Partnern der Kirche und Gesellschaft in 27 mittel- und osteuropäischen Ländern. „Ihr Name ist für die Hilfsaktion Programm: 'Renovabis faciem

---

[171] http://www.renovabis.de

terrae – Du erneuerst das Antlitz der Erde' (Psalm 104)." Wobei die Organisatoren wie immer davon ausgehen, „dass dies nur mit der Kraft Gottes möglich ist".

Die Gesamteinnahmen summieren sich 2000 auf 74 Millionen Mark, davon DM 4,34 Millionen öffentliche Mittel. Das überraschende Auftauchen öffentlicher Zuschüsse zu einem katholischen Missionswerk erklärt sich aufgrund von Zuschüssen zu Nothilfe-Projekten in Krisengebieten.

Übersicht 67: Einnahmen Renovabis 1998 und 2000 (in DM)

Einnahme	1998	%	20000	%
1. Kollekten	18.870.000	25,2	15.982.568	21,6
2. Spenden und Erbschaften	5.960.000	7,9	7.150.137	9,6
Zwischensumme Spenden	*24.830.000*	*33,1*	*23.132.705*	*31,2*
3. Kirchliche Haushaltsmittel	38.000.000	50,6	37.084.000	50,0
4. Zuschuss der Caritas	-		1.995.000	2,7
5. Öffentliche Mittel	1.350.000	1,8	4.340.000	5,9
6. Mittel des Diaspora-Kommissariats	8.500.000	11,3	4.840.000	6,5
7. Messstipendien	310.000	0,4	293.992	0,4
8. Zinsen und sonstige Einnahmen	2.090.000	2,8	2.426.080	3,3
Summe	75.080.000	100	74.111.777	100

Quelle: Renovabis Jahresbericht 1998, S. 16, und Jahresbericht 2000, S. 22.

Bemerkenswert ist auch hier der Rückgang der Einnahmen aus Kollekten und das Ansteigen von Einzelspenden und Erbschaften/Nachlässen.

Der hohe Anteil aus kirchlichen Haushaltsmitteln verdeutlicht die kirchenpolitische Zwecksetzung dieser Missionsarbeit in Osteuropa, die von den Gläubigen offensichtlich als nicht so dringend angesehen wird, da das Spendenaufkommen nur knapp ein Drittel der Einnahmen ausmacht.

Innerhalb des katholischen Sektors wird das Geld aber durchaus auch hin- und hergeschoben: In der *Misereor*-Bilanz 1998 wird unter den Aktiva u.a. aufgelistet: „Forderungen an das Bundesministerium für wirtschaftliche Zusammenarbeit und Entwicklung im Auftrag von *Renovabis* (BMZ) – Titel 68612: DM 2.290.500."

Hinsichtlich der christlichen Missionsgebiete auf dieser Welt haben wir jedoch noch eine Gegend vergessen, von der die wenigsten wissen oder vermuten würden, dass es ein Missionsgebiet ist: Deutschland. Für diesen heidnischen Bereich wurde ein spezielles Missionswerk initiiert.

Bonifatiuswerk der deutschen Katholiken

Das *Bonifatiuswerk* wurde 1849 als „Missionsverein für Deutschland mit dem Namen Bonifatius-Verein" gegründet und 1852 vom Papst anerkannt. Es ist sozusagen das Gegenstück zum evangelischen *Gustav-Adolf-Verein* – 1842 gegründet –, der evangelische Gemeinden in katholisch geprägten Gebieten unterstützt. 1869 gründen Vorstandsmitglieder die *Bonifacius-Druckerei*, deren Reingewinn der Diaspora-Seelsorge zugute kommen soll.[172]

Die Aufgabe dieses Missionswerkes ist die Stärkung der katholischen Gemeinden in der *deutschen* Diaspora, also dort, wo die Katholiken in der Minderheit sind. Heutzutage also z.b. die Missionsgebiete nordöstlich der Weser, insbesondere das Erzbistum Hamburg und alle östlichen Bundesländer. Das lässt allerdings auch den Schluss zu, dass es mit dem christlichen Solidaritäts-Finanzausgleich zwischen den reichen und armen Diözesen in Deutschland nicht so gut funktioniert.

Seit 1995 wird, in Absprache mit *Renovabis*, auch die Diaspora des Baltikums in den Ländern Estland und Lettland vom *Bonifatiuswerk* betreut. Schwerpunkt sind Hilfen für den Bau von Kirchen, Kapellen, Schulen, Gemeindehäusern, bei der Anschaffung von Fahrzeugen für die Seelsorgearbeit und in den Bereichen der Kinder- und Jugendseelsorge.

Die 'Sammeltage' für das *Bonifatiuswerk* sind die Kollekten am Weißen Sonntag, zur Firmung und am Diaspora-Sonntag in allen deutschen Diözesen.

Auch wenn wiederum die Spenden von 1998 zu 2000 – wie auch die Zuschüsse aus den kirchlichen Haushalten – gesunken sind, kann durch Zinserträge und Verkäufe das Gesamtergebnis von rund DM 30,5 Millionen Einnahmen gehalten werden.

Übersicht 68: Einnahmen Bonifatiuswerk 1998 und 2000 (in DM)

Einnahmen:	1998	%	20000	% .
A. Über die Diözesen				
Kollekte am Diaspora-Sonntag	5.886.021	19,3	6.080.747	19,9
Sonstige Kollekten	5.665.756	18,6	5.923.650	19,4
Beiträge und Mitgliederspenden	843.419	2,8	828.691	2,7
B. Unmittelbare Einnahmen				
Spenden	8.117.899	26,6	6.818.370	22,4
Vermächtnisse, Schenkungen	6.265.264	20,5	5.747.946	18,9
Zwischensumme Spenden	*26.778.359*	*87,7*	*25.399.404*	*83,3*
Zinserträge	698.017	2,3	2.387.383	7,8
C. Bischöfliche Sonderhilfe	2.500.000	8,1	1.767.000	5,8
D. Bestandsentnahme / Verkäufe	595.884	1,9	937.390	3,1
Summe	30.572.260	100	30.491.177	100

Quelle: http://www.bonifatiuswerk.de/bilanz und Geschäftsbericht 2000, S. 3 und 7.

Bei der Überprüfung der Angaben zu den Spenden unter 'Unmittelbare Einnahmen' (1998: 8,1 Millionen) zeigt sich wieder das kirchliche Dilemma, wie man Einnahmen vor der Besteuerung schützt, da diese „Spenden" realiter Einnahmen aus eigener Wirtschaftstätigkeit sind. So

---

[172] Vgl. http://www.bonifatiuswerk.de/werk/geschich.html

kann man in der Rubrik 'Info-Material' die 500 Seiten starke Festschrift über die Geschichte des *Bonifatiuswerkes* „Zeugnis von Christen für Christen" für eine „Spende von DM 78" erwerben – eine Deklarierung von gewerblichen Erträgen als steuerfreie 'Spenden', die auch das folgende Missionswerk betreibt. Denn zusätzlich zu den genannten Missionswerken gibt es noch ein übergreifend internationales Hilfswerk, das Basisarbeit leistet, sozusagen weltweiten katholischen Religionsunterricht für Kinder.

Päpstliches Missionswerk der Kinder in Deutschland
Tausende von „kleinen Königen" (Kindern) ziehen alljährlich als „Sternsinger" zugunsten des *Päpstlichen Missionswerkes der Kinder in Deutschland* (Zentrale in Aachen) mit Unterstützung des *Bundes der Deutschen Katholischen Jugend* (BDKJ) durch die Diözesen.[173]

Mitglieder des *Kindermissionswerkes e.V.* sind, neben der Katholischen Jugend, *Adveniat, Caritas, Misereor, missio, Renovabis* und die Deutsche Bischofskonferenz. Aufgabenstellung sind internationale Hilfsprojekte, damit weltweit, durch diese materielle Hilfe, „möglichst viele Kinder Gottes gute Botschaft erhalten". Für die Projektarten werden entsprechend folgende Aufgaben genannt (in dieser Reihenfolge): Evangelisierung / Rehabilitationsprogramme / Einrichtungen für Kinder / Gesundheit / Bildung / Ernährungsprogramme / Katastrophenhilfe und Sonstiges.[174]

Die Sammeltätigkeit wird von bunt gekleideten Kindern (den 'Heiligen Drei Königen') getragen, die in der *Aktion Dreikönigssingen* von Haus zu Haus ziehen, singen, Geld erbitten und dann ihr „20 + C + M + B + (Jahreszahl)" malen. **C**aspar + **M**elchior + **B**althasar wurde dabei im Volksmund umgemünzt aus „**C**hristus **M**ansionem **B**enedicat" (Christus segne dieses Haus/diese Wohnung).[175]

Übersicht 69: Gesamteinnahmen Kindermissionswerk 1999 und 2000 (in Millionen DM)

	1999	2000
Aktion Dreikönigssingen	55,4	58,4
Projektpartnerschaften	27,1	34,0
Mitgliedsbeiträge, Kinderspenden (Taschengeld)	4,3	4,5
Verwaltungseinnahmen, weitere Spenden	19,2	3,1
Insgesamt	106,0	100,0

Quelle: http://www.sternsinger.de (Pressetext 15.3.2000) und Kindermissionswerk/Die Sternsinger: Rechenschaftsbericht zur Aktion Dreikönigssingen 2001, S. 23

---

[173] http://www.kath.de/bistum/speyer/presse/index.htm, vom 2.8.1999
[174] Vgl. Kindermissionswerk/Die Sternsinger: *Rechenschaftsbericht zur Aktion Dreikönigssingen 1999*, S. 5.
[175] http://www.sternsinger.de; dort auch alle weiteren Informationen.

Obwohl die Sammlungen von 1999 auf 2000 stiegen, sind die Gesamteinnahmen auch des Kindermissionswerkes von DM 106 auf 100 Millionen zurückgegangen.

Missionsorden

Bisher nicht berücksichtigt wurden die Spendeneinnahmen der missionierenden Ordensgemeinschaften. Eine genauere Aufteilung nach den verschiedenen Organisationen und der Zusammensetzung der Spenden ist allerdings nicht möglich. Insgesamt haben die Orden DM 215,8 Millionen (in 1995) zusammengetragen.[176]

Weitere katholische Spendenorganisationen

Neben diesen 'offiziellen' Missionswerken besteht auch im katholischen Bereich eine Anzahl von Spendenorganisationen, bei denen die Unterscheidung zwischen Mission / Entwicklungshilfe / Hilfswerk kaum möglich ist. Die Durchsicht der Angaben im Deutschen Spenden Register und der Organisationen hinsichtlich ihres Selbstverständnisses erbrachte dreizehn Organisationen, die dem katholischen Sektor zuzuordnen sind. Sie reichen vom *Adelante San Gerardo* (DM 14.000) bis zum *Deutschen Aussätzigen Hilfswerk* (29 Millionen Spenden).[177]

Übersicht 70: Einnahmen und Vermögen kleinerer Spendenorganisationen im katholischen Sektor (in TDM)

Org. *)	Jahr	Mitglieder und Spenden	Buß-Gelder	Kapital-erträge	Öffentl. Zu-schüsse	Sonst. Ein-nahme	Ver-mögen **)	Gesamt--summe
A5	1995	71	0	0,4	7	1	9	89
Adel.	1997	14	0	0	0	0	0	14
A.C.	1999	1.134		69	189	3	1.666	3.061
AKN	1997	1.200	0	0	0	0	0	1.200
Asien	1996	22	0	300	122	318	1.165	1.927
Ärzte	2000	8.162	2.310	154	4.774	0	3.850	19.250
DKÜ	1996	731	0	0,4	60	0	10	801
Dahw	2000	28.529	774	5.803	1.410	3.845	145.072	185.433
HHN	1999	1.117	8	0,4	580	143	291	2.139
Indi	1998	87	0	0	329	31	0	447

[176] Sekretariat der Deutschen Bischofskonferenz (Hg): *Kirchliches Handbuch. Statistisches Jahrbuch der Bistümer und ihnen gleichgestellten kirchlichen Gebietskörperschaften im Bereich der Deutschen Bischofskonferenz. Band XXXIV: 1995 und 1996.* Köln: Bachem, 2000, S. 206.

[177] Die in den drei folgenden Übersichten der kleineren Spendenorganisationen auftauchenden Angaben „0" könnte auch durch „keine Angabe" ersetzt werden, da in den Zahlen des Deutschen Spenden Registers zwischen diesen beiden Möglichkeiten nicht unterschieden wird.

Kind	*1995*	1.194	4	48	0	7	1.241	2.494
N.L.	*1996*	640	16	0,8	0	0	47	704
UKBS	*1996*	5.513	0	9	1	1	*218*	5.742
Summen		48.414	3.112	6.385	7.472	4.349	153.569	223.301

Quelle: Register deutscher Spendenorganisationen bzw. Angaben der Organisationen
*) A 5 = action five e.v. Bonn / Adel = Adelante San Gerardo, Hoffnung schenken
in Potosi (Bolivien) / A.C. = Aktion Canchanabury Leprahilfe Hans Reinhardt e.V. /
AKN = Aktionsgruppe Kinder in Not e.V. / Asien = Asien-Stiftung / Ärzte = Ärzte
für die Dritte Welt e.V. / DKÜ = Den Krieg Überleben / dahw = Deutsches Aussät-
zigen Hilfswerk / HHN = Human HELP NETWORK e.V. Kinderhilfsorganisation /
Indi = Indianerhilfe in Paraguay e.V. / kind = Kinderdorf Rio e.V. / N.L. = Neues
Leben Süd-Amerika e.V. / UKBS = Unsere kleinen Brüdern und Schwestern e.V.
**) Kursive Zahlen: Eigene Berechnung (auf der Basis von 4%).

Dabei gilt die Regel: Je mehr öffentliche Zuschüsse in Anspruch genommen werden, um so undeutlicher wird die konfessionelle Ausrichtung der
Organisation und desto intensiver wird auf der 'humanitären Klaviatur'
gespielt: Ausgemergelte alte Menschen oder – besonders beliebt –
schwarze Kinder mit großen Augen schauen den zum Spenden Aufgefor-
derten bittend an.

Insgesamt erbringen diese dreizehn kleineren Organisationen ein Spendenaufkommen von zusammen 48 Millionen Mark und erhalten DM 7,4
Millionen Steuergelder.

7.2.2. Evangelische Missionswerke

Wie sehr sich die Zuordnungen zwischen den Zielsetzungen vermischen,
wird im evangelischen Sektor deutlich.

Wegen der finanziell enger werdenden Situation aufgrund des geringeren Kirchensteueraufkommens wurde zum 1.1.2000 der 'Internationale
Bereich' innerhalb der EKD neu organisiert und der *Evangelische Entwicklungsdienst* (EED) gegründet. Die bisher selbständigen Organisationen wurden unter einem Dach zusammengefasst. Mitglieder sind:

- *Diakonie Katastrophenhilfe* des Diakonischen Werkes der EKD
- *Evangelische Zentralstelle für Entwicklungshilfe e.V.* (EZE)

1962 gegründet, „nachdem die (CDU-) Bundesregierung den Kirchen angeboten
hatte, ihre Entwicklungsarbeit mit Bundesmitteln zu fördern".[178] Partner in Übersee sind vor allem Kirchen, ökumenische Netzwerke und Nichtregierungsorganisationen. „Die EZE arbeitet mit staatlichen Mitteln der Entwicklungshilfe und
wird zur Unterstützung ihrer Aufgaben durch den Kirchlichen Entwicklungsdienst
(KED) unterstützt."

- *Kirchlicher Entwicklungsdienst* (KED)

1968 durch den Beschluss der Synode der Evangelischen Kirche in Deutschland
(EKD) gegründet. Arbeitsschwerpunkt sind u.a. die Stärkung kirchlicher Träger-

---

[178] Diese und die weiteren Zitate und Daten: *Brot für die Welt*, Jahresbericht 1998, S. 29.

strukturen in Übersee. Die Mittel des KED stammen aus Beiträgen der Landeskirchen, die mit abnehmender Tendenz Mittel dafür bereit stellen.

- *Dienste in Übersee e.V.* (dü)
1969 gegründet und zuständig für die Vermittlung von Fachpersonal für Entwicklungsprogramme. DÜ arbeitet mit Mitteln des *Kirchlichen Entwicklungsdienstes* (KED), der *Evangelischen Zentralstelle für Entwicklungshilfe* (EZE) und von *Brot für die Welt.*

- Evangelisches Missionswerk (EMW),
der „Ökumenisch-Missionarische Weltdienst" der EKD; 1975 als Dachverband der landeskirchlichen Missionswerke, der EKD und der evangelischen Freikirchen gegründet, ist verantwortlich für die theologische Ausbildung, kirchliche Sozialarbeit, christliche Jugendarbeit und Öffentlichkeitsarbeit zum Thema Ökumene und Mission. Das EMW arbeitet mit Mitteln des Kirchlichen Entwicklungsdienstes KED (Beiträge der Landeskirchen) und seiner Mitglieder.

Das Hilfswerk *Brot für die Welt* wurde nicht unter das Dach genommen, um die humanitär gesinnten Spender nicht zu irritieren. Intern kümmert man sich jedoch nicht darum. Von der Mittelherkunft (1998) der *Arbeitsgemeinschaft Kirchlicher Entwicklungsdienst* (AG KED) stammen 115 Mio. (30,6%) aus den Landeskirchen, 147,2 Mio. (39,2%) aus Bundesmitteln des BMZ, 2,9 Mio. (0,8%) von der Europäischen Union und 110,6 Mio. (29,4%) aus den Spenden von *Brot für die Welt.* Das dürfte den Spendern nicht bekannt sein.

Diese Zusammenfassung (oder Vermischung) der bis dahin selbständigen Organisationen von Hilfswerken, Entwicklungshilfeorganisationen und Missionswerken zu einem einzigen Missionswerk macht das gemeinsame Anliegen deutlich.

Ein Blick auf die Einnahmen von 1996 bis 2000 zeigt die parallele Tendenz wie im katholischen Sektor, dass sich die kirchlichen Mittel verringern und der Anteil der Steuergelder steigt. Betrug die 'Staatsquote' 1996 noch 52,8%, sind es in 2000 bereits 60,8%. Entsprechend sanken die Zuschüsse aus den Landeskirchen von 47,2% auf 39,2%.

Übersicht 71: Mittelaufkommen AG KED (1996-1999), EED (2000) (in Mio. DM)

Jahr	1996	1997	1998	1999	2000
Staatsgelder (EZE)	170,6	164,2	150,1	147,9	157,6
	52,8%	55,5%	56,6%	58,9%	60,8 %
Kirchliche Haushaltsmittel (KED)	152,7	131,5	115,0	103,1	101,5
	47,2%	44,5%	43,4%	41,1%	39,2%
Zwischensumme	323,3	295,7	265,1	251,0	259,1
Brot für die Welt	135,1	116,6	110,6	104,2	9,8

Quellen: Jahresberichte AG KED 1996, 1997, 1998 und Arbeitsberichte EED 1999, 2000

Dabei hat der evangelische Sektor noch das zusätzliche Problem, dass die EKD zwar traditionell mit den vielen evangelischen 'Freikirchen' zusammenarbeitet, es aber eine Zeit lang deutliche Reibungsflächen gegeben hat.

Arbeitsgemeinschaft Evangelikaler Organisationen
Gemeinsame Plattform vieler Freikirchen ist u.a. die *Evangelische Allianz*. „Die Deutsche *Evangelische Allianz* versteht sich als Basisbewegung, die ohne besondere Organisationsstrukturen Einheit und Gemeinsamkeiten der Christen fördert." Allerdings hat diese Allianz von ihr abhängige eigenständige Werke gebildet, u.a. die *Arbeitsgemeinschaft Evangelikaler Missionen* (AEM), eine direkte Konkurrenz zur *Arbeitsgemeinschaft Missionarischer Dienste im Diakonischen Werk der Evangelischen Kirche in Deutschland* (AMD) und manche „können sich sicherlich noch an die Auseinandersetzungen zwischen der Arbeitsgemeinschaft Evangelikaler Missionen (AEM) und dem EMW erinnern". Inzwischen ist es jedoch „zu einer erfreulichen Konvergenz gekommen" und der Direktor des Evangelischen Missionswerkes stellt fest: „Ich freue mich, dass wir heute an gemeinsamen Aufgaben arbeiten."[179]

Damit wird der Kreis der Organisationen, die dem evangelischen Sektor zuzurechnen sind, deutlich größer. Ähnlich wie auf der EXPO 2000 in Hannover, auf der zusätzlich zu dem Pavillon der deutschen beiden 'Amtskirchen' noch (auf der entgegengesetzten Seite des Geländes) der Walfisch-Pavillon von *CVJM, Evangelischer Allianz* und *World Vision* gebaut wurde, halten wir die Organisationen auseinander.

Dass die *Arbeitsgemeinschaft Evangelikaler Missionen*, zu der sich 55 Spendenorganisationen zählen, sich weiterhin als etwas Besonderes empfindet, macht auch ihre besondere Erwähnung im *Deutschen Spenden Register* deutlich. Allerdings haben nur elf dieser 55 Organisationen Zahlen zu ihren Einnahmen und nur fünf davon zu ihrem Vermögen veröffentlicht.

Übersicht 72: Einnahmen und Vermögen von Spendenorganisationen in der Arbeitsgemeinschaft Evangelikaler Missionen (in TDM)

Org. *)	*Jahr*	Mitgl. u. Spenden	Buß- gelder	Kapital- erträge	Öffentl Zusch.	Sonst. Einnah.	Ver- Mögen	Gesamt- summe
Cbmi	*2000*	81.786	1.134	2.780	5.631	8.145	*69.499*	168.975
CfC	*1998*	4.782	0	10	0	705	2.055	7.552
Dmg	*1996*	14.605	0	0	0	391	8.007	23.066
Inter	*1996*	1.833	0	0	0	21	634	2.488
LM	*1999*	16.200	0	0	0	0	0	16.200
MM	*1996*	5.142	0	0	26	75	958	6.201
MAF	*1995*	248	0	1	0	61	118	428

---

[179] 4. Tagung der 9. Synode der EKD, 7.-12. November 1999, Leipzig. Mündlicher Bericht des Evangelischen Missionswerkes in Deutschland (EMW), S. 1.

RMJ	2000	233	0	0	251	202	0	686
SIM	1996	1.542	0	19	7	26	472	2.066
ÜMG	1994	2.589	0	0	0	0	0	2.589
Wy	1996	0	0	0	0	0	0	6.141
Summen		128.960	1.134	2.810	5.915	9.626	81.806	236.392

Quelle: Register Deutscher Spendenorganisationen bzw. Angaben der Organisationen
*) cbmi = Christoffel-Blindenmission / CfC = Campus für Christus / dmg = Dt. Missions-
gemeinschaft – Verein für Wohltätigkeit e.V. / inter = Inter – Mission e.V. / LM = Lieben-
zeller Mission / MM = Marburger Mission GmbH / MAF = Missionsflugdienst e.V. / RMJ
= Ring Missionarischer Jugendbewegungen e.V. / SIM = SIM – Deutschland e.V. Dt.
Zweig der Indianer-Mission / ÜMG = Überseeische Missions-Gemeinschaft e.V. / Wy =
Wycliff Bibelübersetzer

Insgesamt erwirtschaften diese elf Organisationen ein deklariertes Spendenaufkommen von DM 129 Millionen und verfügen über ein Vermögen von DM 82 Millionen. Überraschend sind die staatlichen Zuschüsse von DM 5,9 Millionen für diese sich explizit als Missionswerke verstehenden Organisationen.

Betrachten wir die größte dieser Organisationen, die im medizinisch-humanitären Bereich tätig ist, einmal etwas genauer: die *Christoffel-Blindenmission* (CBM). Sie „gehört [...] zu den größten und ältesten [...] weltweit arbeitenden christlichen Hilfsorganisationen",[180] benannt nach Pastor Ernst Christoffel, der 1908 in Malatia/Türkei das erste Heim für Blinde, Taubstumme und Körperbehinderte einrichtete. (Sie ist das Pendant zum *Katholischen Blindenwerk*, denn offensichtlich kommt es nicht nur darauf an, dass die Menschen ihr Augenlicht wieder bekommen, sondern dann auch die richtige Bibel lesen.) Spendenaufkommen: DM 81,8 Millionen, staatliche Zuschüsse DM 5,6 Millionen.[181]

Die *Christoffel-Blindenmission* ist Mitglied (und Fachverband) des Diakonischen Werkes der EKD und der *Arbeitsgemeinschaft Evangelikaler Missionen* e.V. (AEM). Gerade diese letzte Zugehörigkeit macht stutzig, ob die Zuordnung zu den Hilfswerken zutrifft oder ob es sich nicht um ein reines christliches Missionswerk handelt. Anscheinend gilt das Prinzip: Der Zweck – Mission – heiligt die Mittel – humanitäre Hilfe.

Als Organisation hat sie eine „Theologische Grundlegung", in der es heißt: „Mission ist für die *Christoffel-Blindenmission* in erster Linie 'Mission Gottes'" und „Gottes Wille ist Leben, Abkehr ist Sünde". Schließlich versteht sich die Blindenmission „als eine Dienstgemeinschaft von Christen verschiedener Glaubensprägung, die in der Nachfolge Jesu

---

[180]   Herbert G. Hassold zur Christoffel-Blindenmission, in: *der überblick*, Quartalsschrift der Arbeitsgemeinschaft Kirchlicher Entwicklungsdienst (AG KED), 4/94, Dezember 1994, S. 105.
[181]   http://www.cbmi.de (Jahresrechnung 2000)

Christi die Botschaft von der Liebe Gottes in Wort und Tat verkündigen [...] und zur Ausbreitung des Evangeliums beitragen". Dazu arbeiten 160 Mitarbeiter in der Zentrale in Bensheim, die dort die Einsätze organisieren und die Spenden sammeln.

Die Mitglieder der AEM setzen für ihre Arbeit folgende Schwerpunkte (in dieser Reihenfolge): „Ausbildung und Entsendung von Missionaren / Evangelisation und Gemeindeaufbau / Ausbildung einheimischer Theologen und Mitarbeiter sowie christlicher Führungskräfte / ärztliche Dienste / ..."[182]

Weitere Evangelische Organisationen

Während die Mitglieder der *Arbeitsgemeinschaft Evangelikaler Missionen* ihre Mitgliedschaft normalerweise nicht verbergen, war die Zuordnung für weitere Spendenorganisationen, die im evangelischen Sektor arbeiten, schwieriger. Dafür musste mindestens eines von fünf Kriterien zutreffen: Mitgliedschaft in einem Werk der EKD (z.B. im Diakonischen Werk), Konto bei einer evangelischen Kirchenbank (bis auf eine Ausnahme ist es die Evangelische Kreditgenossenschaft Kassel, EKK), Gründung auf einer Synode der EKD, evangelisch-christliche Selbstdarstellung der Organisation oder die explizite Zusammenarbeit mit Organisationen der EKD.

Nach diesen Kriterien ließen sich aus dem *Deutschen Spenden Register* siebzehn Organisationen herausfiltern, bei denen die 'Chamäleons' genauso vorhanden sind wie im katholischen Sektor.

Ein Beispiel: *ORA e.V. Deutscher Hilfsfonds.* ORA (lateinisch: Bete!) steht für „Overseas Relief Assistance", versteht sich in seiner Selbstdarstellung als *„überkonfessionelles* christliches *Hilfswerk"* und verfügt über ein Konto bei der Evangelischen Kreditgenossenschaft Kassel (EKK).[183] In den Werbebriefen fungiert der Chef manchmal als *„Missionsleiter"* (Werbebrief mit Spendenzahlkarte vom 5.2.2001 und der Unterzeile „Christliches Missionswerk"), dann am 12.2.2001, als „Vorstandsvorsitzender", die Unterzeile des Briefkopfes heißt plötzlich „Christliche Hilfsorganisation" und die Briefumschläge tragen den zweifarbigen Aufdruck „20 Jahre ... im Einsatz für Menschen in Not".

---

[182] http://www.aem.de/indexdeu.htm
[183] Register deutscher Spendenorganisationen: ORA e.V., unter http://www.dsk.de/rds/03783022.htm

Übersicht 73: Einnahmen und Vermögen weiterer kleiner Spendenorganisationen im evangelischen Sektor (in TDM)

Org. *) *Jahr*	Mitgl. u. Spenden	Buß- gelder	Kapita lertr.	Öffentl. Zusch.	Sonstige Einnahm.	Vermögen **)	Gesamt- summe
A.S.	*2000*	84	0	0	0	0	34	118
A.Sü.	*1996*	2.216	15	60	486	1.567	1.866	6.210
ASW	*1999*	1.596	0	73	178	79	*1.835*	3.761
BUK	*1996*	64	0	0	349	27	*8.713*	9.153
Child	*1995*	91	0	0	0	1	35	127
CSI	*1996*	6.868	0	53	0	153	2.555	9.629
Cvjm	*1995*	2.299	0	38	60	718	*954*	4.069
DHcL	*1995*	820	0	34	0	10	1.367	2.231
Eire	*2000*	1.389	0	25	2.308	1.793	614	6.129
FIAN	*1995*	345	0	0	0	15	0	360
H+L	*1998*	181	0	7	0	0	140	328
IAM	*1999*	51	0	1	0	0	51	103
ORA	*1999*	20.584	0	42	149	2.118	3.298	26.191
Soli	*1996*	4	0	2	30	0	*40*	76
WKG	*2000*	728	0	12	0	35	711	1.486
WVD	*1996*	21.046	20	241	2.189	324	5.195	29.015
Summe		58.366	35	588	5.749	6.840	27.408	98.986

Quelle: Register Deutscher Spendenorganisationen bzw. Angaben der Organisationen
*) A.S. = Aktion Selbstbesteuerung e.V. – Friede durch gerechte Entwicklungspolitik /
A.Sü. = Aktion Sühnezeichen Friedensdienste e.V. / ASW = Aktionsgemeinschaft Solida-
rische Welt e.V. / BUK = BUKO Pharma Kampagne / Gesundheit und Dritte Welt e.V. /
Child = CHILD – Christliches Kinderhilfswerk Deutschland e.V. / CSI = Christian Soli-
darity International – CSI Deutschland e.V. / Cvjm = CVJM – Gesamtverband in
Deutschland e.V. / DHcL = Dt. Hilfsbund für christliches Liebeswerk im Orient e.V. /
Eire = Eirene – Internat. Christl. Friedensdienst e.V. (Finanzberichte für Eirene Orga-
nisation und Eirene Zentrum Neuwied) / FIAN = FIAN, Deutsche Sektion e.V. / H+L =
Hoffnung + Leben e.V. / IAM = Indien-Allianz-Mission e.V. / ORA = ORA e.V. Deut-
scher Hilfsfonds / Soli = Solidaritätsfonds Dritte Welt e.V. / WKG = Weltweite Kirche
Gottes in Deutschland / WVD = World Vision Deutschland e.V. – Christliches Hilfswerk
**) Kursive Zahlen: Eigene Berechnung (auf der Basis von 4%).

Diese 'Variationen' sind aber nicht untypisch, auch wenn sie normalerweise nicht so offensichtlich sind. Das öffentliche 'Verbergen' von *Brot
für die Welt* im Kreis des evangelischen Missionswerkes liegt auf einer
ähnlichen Ebene, ebenso die Auffälligkeit, dass größere christliche Spen-
densammelorganisationen, die normalerweise über zwei bis drei verschiedene Bankverbindungen/Konten verfügen, auf jeden Fall nicht das Konto
bei einer Kirchenbank veröffentlichen.

7.3. Zusammenfassung Hilfs- und Missionswerke

Die Mitgliedsbeiträge und Spenden belaufen sich auf DM 1,1 Milliarden.

Übersicht 74: Beiträge und Spendenaufkommen

Organisation	DM
Brot für die Welt	108.278.422
Misereor	120.700.000
Caritas International	54.823.612
Diakonie Katastrophenhilfe	24.135.750
Ordensgemeinschaften	215.800.000
Adveniat	126.922.182
Missio	109.394.090
Renovabis	23.132.705
Bonifatiuswerk	25.399.404
Kindermissionswerk	96.900.000
AG Evangelikaler Missionen	128.960.000
Evangelische kleinere Organisationen	58.366.000
Katholische kleinere Organisationen	48.414.000
Summe	1.141.226.165

Die Zinserträge liegen in der Größenordnung von DM 49 Millionen und das Geldvermögen rechnet sich auf mindestens DM 1,2 Milliarden.

Übersicht 75: Zinserträge der Spendenorganisationen / Vermögen

Organisation	Zinserträge	Vermögensbestand*)
Brot für die Welt	13.726.257	343.156.000
Misereor	6.600.000	165.000.000
Caritas International	5.781.529	144.538.000
Diakonie Katastrophenhilfe	2.616.414	65.410.000
Adveniat	5.764.690	144.117.000
Renovabis	2.426.080	60.652.000
Bonifatiuswerk	2.387.383	59.685.000
Zwischensumme	*39.302.353*	*982.558.000*
AG Evangel. Mission	2.810.000	81.806.000
Evangelische Organisationen	588.000	27.408.000
Katholische Organisationen	6.385.000	153.569.000
Zwischensumme	*9.783.000*	*262.783.000*
Summe	*49.085.353*	*1.244.981.000*

) Eigene Berechnung (Zinsen = 4 %) oder Angaben der Organisationen.

7.3.1. Staatliche Zuschüsse

Im Vergleich zu der Angabe des Bundesministeriums für wirtschaftliche Zusammenarbeit und Entwicklung (BMZ), nach der die beiden Amtskirchen (für 2000) DM 275 Millionen erhalten sollen[184], belaufen sich die

---

[184] Bundesministerium für wirtschaftliche Zusammenarbeit und Entwicklung für 2000 und 2001 unter http://www.bmz.de/medien/aktuell/haushalt/haushalt_4.html

öffentlichen Zuschüsse für die Hilfs- und Missionswerke auf mindestens DM 367 Millionen.

Übersicht 76: Staatliche Zuschüsse für Hilfs- und Missionswerke

Organisation		DM
Brot für die Welt		13.238.269
Misereor		143.100.000
Caritas International		26.157.069
Diakonie Katastrophenhilfe		3.532.313
Adveniat	Keine Angabe	
Missio	Keine Angabe	
Renovabis		4.340.000
Bonifatiuswerk	Keine Angabe	
Kindermissionswerk	Keine Angabe	
Zwischensumme 1		*190.367.651*
AG Evangelikale Missionen		5.915.000
Evangelische Organisationen		5.749.000
Katholische Organisationen		7.472.000
Zwischensumme 2		*19.136.000*
Zwischensumme 3		*209.503.651*
Evangelischer Entwicklungsdienst		157.600.000
Summe		367.103.651

Die Unterschiede in den Angaben dieser staatlichen Zuschüsse (Differenz von DM 92 Millionen) liegen u.a. darin, dass

1. das Bundesministerium unter der Rubrik „Zusammenarbeit mit Nichtregierungsorganisationen (NRO)" drei Gruppen unterscheidet: Kirchen / Politische Stiftungen / Weitere nichtstaatliche Träger. Zur dritten Gruppe der „weder amtskirchlich noch parteipolitisch gebundenen" Träger zählt das Ministerium u.a. die Caritas, Eirene, das Internationale Kolpingwerk, das Komitee Ärzte für die Dritte Welt.

2. Die entwicklungspolitischen Zuständigkeiten in der Bundesregierung sind gegenwärtig auf über zehn Ministerien verteilt.

3. Der *Verband Entwicklungspolitik Deutscher Nicht-Regierungsorganisationen* (VENRO) ist engagiert auf deutscher und europäischer Ebene aktiv. (In diesem Verband sind 1.800 lokale Initiativen und 85 bundesweit operierende Organisationen zusammengefasst und alles, was Rang und Namen hat, ist dort lobbyistisch vertreten: u.a. Arbeiterwohlfahrt, Arbeitsgemeinschaft für Entwicklungshilfe, Brot für die Welt, Bund der Deutschen katholischen Jugend, Christoffel-Blindenmission, Deutsche Kommission Justitia et Pax, Deutsche Welthungerhilfe, Caritas, Deutsches Aussätzigen Hilfswerk, Diakonie Katastrophenhilfe, Evangelische Zentralstelle für Entwicklungshilfe, FairTrade e.V., Deutsche Lions, Malteser-Hilfsdienst, Misereor, Missionszentrale der Franziskaner, Reno-

vabis, Rotary Deutschland, terre des hommes, Transfair e.V., World Vision Deutschland e.V.[185])

4. In Brüssel organisert für die Kirchen das Netzwerk *Association of World Council of Churches Related Development Organisations in Europe* (APRODEV) ebenfalls EU-Gelder.

Da es bei dieser Vielzahl von Mitbewerbern an den staatlichen 'Futter-krippen' für die einzelnen Organisationen recht schwierig ist, in die vor-derste Reihe zu kommen, hat, um nur ein Beispiel zu nennen, das Diako-nische Werk der Evangelischen Kirchen in Deutschland (DWEKD) eine Bundesmittelzentralverwaltung (BZV) eingerichtet, deren Hauptaufgabe im „optimalen Ausschöpfen von Drittmitteln, und zwar vom Erstellen des Antrags bis zum Verwendungsnachweis"[186] besteht. Dafür arbeiten in der Zentrale, die natürlich mit der Bundesregierung nach Berlin umgezogen ist, fünf Sachbearbeiter als Spezialisten für die Ministerien: BMFSFJ (Soziales, Frauen, Jugend), BMI (Inneres), BMA (Arbeit) sowie die BVA (Bundesversicherungsanstalt) und KDA-Programme (Kuratorium Deut-sche Altershilfe), denn allein für den Betreuungsbereich Aussiedler gibt es schon zwanzig verschiedene Formblätter zu beachten.

Die Aufteilung auf die verschiedensten Ministerien ist ein weiterer Hinweis darauf, dass es im Rahmen dieser Untersuchung nicht möglich sein wird, die ganze Subventionsstruktur der öffentlichen Hand, die aus den verschiedensten nur pauschal ausgewiesenen Plänen den Kirchen zufließt, zu erfassen.

Diese Mischungen illustriert beispielhaft der Finanzbericht der Organi-sation *Eirene – Internationaler Christlicher Friedensdienst e.V.*

Die staatlichen Mittel, die (2000) mit DM 2,3 Millionen 47 Prozent der Einnahmen betragen, stammen aus dem Bundesministerium für wirt-schaftliche Zusammenarbeit und Entwicklung (BMZ: DM 965.380), dem Deutschen Entwicklungsdienst des BMZ (DED: DM 289.380), der Abteilung Entwicklung der Europäischen Union (EU: DM 1.033.007), aus der Abteilung Allgemeine und berufliche Bildung, Jugend der EU (DM 515) und dem Bundesamt für den Zivildienst (BAZ: DM 10.075). Bemerkenswert ist dabei die Vielfalt (oder das Netzwerk) der Einnahme-quellen dieser vergleichsweise kleinen Organisation.

Ebenfalls sinken die Einnahmen aus den Spenden der Kirchengemein-den und die staatlichen Zuschüsse steigen auch hier (leicht) an.

---

[185]   Vgl. http://www.venro.org (Mitglieder)
[186]   http://www.diakonie.de/a2z/foerder/bvz/index.htm

*Übersicht 77: Einnahmen des Eirene – Internationaler Christlicher Friedensdienst e.V.
1999 und 2000 (in DM)*

Herkunft	1999	2000
Staatliche Mittel		
Projektzuschüsse Bundesministerium f. Z. u .E.	638.253	965.380
- BMZ über Deutscher Entwicklungsdienst DED	25.840	289.380
- Abteilung Entwicklung der Europäischen Union	1.345.978	1.033.007
- Amt für Humanitäre Hilfen der EU	195.583	0
Zuschüsse EU Freiwilligenprogramm	5.513	515
- Bundesamt für Zivildienst	10.137	10.075
Kommunale Zuschüsse	35.340	0
Zwischensumme	*2.256.644*	*2.298.357*
Beiträge und Zuschüsse von Mitgliedsorganisationen		
Mennonite Central Committee, USA	1.700	2.781
Brethren Service, USA	916	1.065
Internationaler Versöhnungsbund	500	0
Eirene-Zweig Niederlande	10.503	5.444
Eirene-Zweig Schweiz	27.663	12.903
Eirene-Zweig Deutschland	24.462	20.400
Zwischensumme	*65.744*	*42.593*
Zuschüsse von Kirchen und Hilfswerken		
EKD Kirchl. Entwicklungsdienst für Geschäftsstelle	279.000	265.000
EKD Kirchl. Entwicklungsdienst für Programme	180.000	190.500
Brot für die Welt	362.305	399.995
Landeskirchen	15.300	0
Verschiedene Zuschüsse	7.000	60.430
Aktionsgem. Dienst für den Frieden (AGDF)	35.343	34.224
Zwischensumme	*878.948*	*950.149*
Zuschüsse von Trägern der Entwicklungszusammenarbeit		
Bosch-Stiftung	0	45.735
ICCO, Novib, Niederlande	117.013	196.794
Buco, Schweiz	119.265	35.823
Friedenskreis Halle	0	59.762
Verschiedene Zuschüsse	85.317	146.999
Zwischensumme	*321.596*	*485.113*
Spenden		
Evangel. und kath. Kirchengemeinden	133.373	100.393
Aktions- und Unterstützergruppen	128.174	143.143
Einzelspender/innen	771.800	782.285
Zwischensumme	*1.033.347*	*1.025.822*
Sonstige Einnahmen:		
Zinserträge	31.652	24.555
Verschiedene Einnahmen und Erstattungen	22.703	23.677
Verkauf Bücher, Poster und Infomaterial	11.932	6.959
Zwischensumme	*66.287*	*55.191*
Gesamtbetrag	4.622.566	4.857.225

Quelle: http://www.eirene.org (Finanzberichte 1999 und 2000)

7.4. Weitere Spenden und Sammlungen

Zusätzlich zu diesen Organisationen werden regelmäßig verschiedenartigste Spendensammlungen veranstaltet, die illustrieren sollen, was im nationalen Bereich noch an weiteren Spenden eingebracht wird. Einige zufällig ausgewählte Beispiele:

Aktion Silbermöwe der Kirchenzeitung für das Bistum Speyer, mit deren Erträgen 163 Missionsstationen und Projekte in 38 Ländern unterstützt werden. Sammlung 1997 (im Bistum Speyer) DM 1,36 Millionen.

Hungermärsche. Seit 1974 durchgeführt, wobei sich die Teilnehmer von ihren Freunden, Bekannten und Verwandten ein bestimmtes 'Kilometergeld' erbitten.[187] Im Bistum Speyer beteiligten sich (1998) 4.500 Menschen an 25 Hungermärschen und sammelten DM 1,3 Millionen.

Ein Sommer-Open-Air-Konzert veranstaltete der Südwestrundfunk (SWR) am Samstag, den 14. August 1999, im Speyerer Technik Museum. Von jedem verkauften Ticket gehen drei Mark an den Dombauverein zur Renovierung des Speyerer Domes. Karten zum Preis von 35 Mark.

„Eine Spende von DM 1.000 übergaben Schüler/innen der Klasse FSS 9c der Fachschule für Sozialwesen St. Elisabeth in Mainz am Montag, 8. Dezember, an den Referenten des Verbandes Katholischer Einrichtungen der Heim- und Heilpädagogik in den Diözesen Mainz, Limburg und Fulda."[188]

„Einen großen schwarzen Dominostein brachten über fünfzig Jugendliche aus dem ganzen Bistum Görlitz [...] ins Rollen. Dieser Stein, etwa drei Kubikmeter Pappkarton, stand während des Sonntagsgottesdienstes vor der Kathedrale. [...] Mit einer Spende gaben die Gottesdienstbesucher einen Beitrag zur Finanzierung neuer Referentenstellen."[189]

„'*Kinder helfen Kindern* – Kolping ist dabei!' Unter diesem Motto veranstaltete die Kolpingjugend Markt Erlbach zum zweiten Mal einen Aktionstag zugunsten der Elterninitiative krebskranker Kinder Erlangen. [...] Bei zwei großen Supermarktketten halfen die Kinder gegen eine kleine Spende beim Schieben der Einkaufswagen. [...] Am Ende wurden 1.360 Mark gesammelt."[190]

„Der Erlös der Weinprobe kommt der Erneuerung der historischen Seuffert-Orgel in der Pfarrkirche zugute. Eintrittskarten gibt es zum Preis von 25 Mark beim Katholischen Pfarramt Kirrweiler."[191]

---

[187]   http://www.kath.de/bistum/speyer/presse/sp981110.htm
[188]   http://www.kath.de/bistum/mainz/mbn/mz971210.htm
[189]   http://www.kath.de/benno/tdh/1997/goerl/tdhg9795.htm
[190]   *Heinrichsblatt*, Zeitung des Erzbistums Bamberg, 22.8.1999, S. 28.
[191]   http://www.kath.de/bistum/speyer/presse/sp9801115.htm

Aber auch die Evangelischen sind guter Sammlung.

„Der Förderkreis Sylter Musikfreunde sammelte binnen drei Jahren 170.000 Mark für ein neues Instrument. Als ein Mäzen 1995 eine Million Mark spendete, konnte der Auftrag für die neue, etwa eineinhalb Millionen Mark teure Orgel vergeben werden."[192]

Seit dem Aufruf des Komitees für den Wiederaufbau der Frauenkirche (1991) sind in acht Jahren weltweit 135 Millionen für den Wiederaufbau dieser monumentalen 'Stadtkirche' gesammelt worden. (Und die Bundesregierung gab als 'Anschubfinanzierung' 1995 einmalig 45 Millionen Mark dazu, die sie aus dem Verkauf einer Sondermünze realisiert hatte.[193])

Und auch für die Instandsetzung der Hamburger Kirche St. Michaelis (dem 'Michel') sind in den vergangenen Jahren insgesamt 25 Millionen Mark an Spenden zusammengekommen.

Diese Beispiele ließen sich beliebig verlängern und jeder braucht nur in seine Tageszeitung zu blicken, um entsprechende Berichte oder Aufrufe zu finden.

Manchmal habe ich den Eindruck, dass die Kirchen und ihre Organisationen/Werke nichts mehr tun, ohne gleichzeitig automatisch den Spendenaufruf dafür zu veröffentlichen. Die verantwortliche bürgerliche Mentalität, dass man nur das unternehmen, veranlassen und ausgeben kann/sollte, was man auch finanzieren kann (und was jeden Normalbürger hart trifft, wenn er sein Konto über den Kontokorrent hinaus überzogen hat), diese Verantwortlichkeit ist der verfassten Kirche, ihren Werken und nahestehenden Organisationen anscheinend mehr als fremd geworden.

7.5. Zusammenfassung Spenden und Sammlungen

1984 schätzte der Referent der EKD, dass neben den 249 Millionen an Kollekten und Spenden, die in den Haushaltsplänen der EKD nachgewiesen werden, noch weitere 150 Millionen im Bereich und für die Evangelische Kirche eingesammelt werden. Für die katholischen Diözesen liegen keinerlei derartigen Schätzungen vor. Vergegenwärtigt man sich aber den geringen Unterschied zwischen dem Spendenaufkommen für *Brot für die Welt* und für *Misereor* dürfte das „nicht nachgewiesene Spendenaufkommen" im Einzugsgebiet der katholischen Diözesen mindestens genauso hoch sein. Wir müssen es allerdings bei diesen Schätzungen belassen.

---

[192]   *Hamburger Abendblatt* vom 12.8.1999, S. 7 (Eine Orgel für den Meister. Mit ihr wäre es ein Leichtes, eine dreimal so große Kirche zu bespielen wie St. Severin in Keitum).

[193]   *Bundeshaushaltsplan 1995*, Einzelplan 06 (Bundesministerium des Inneren), 0603 „Besondere Bewilligungen", S. 40.

Im Bereich Spenden, Sammlungen, Kapitalerträge, staatliche Zuschüsse und Rücklagen für Hilfswerke, Missionswerke und kirchliche Entwicklungspolitik sind innerhalb und außerhalb der verfassten Kirche in Deutschland in einem Jahr insgesamt rund DM 3,6 Milliarden vorhanden.

Übersicht 78: Nachgewiesenes Spendenaufkommen / Rücklagen / Zinserträge / Staatliche Zuschüsse der Hilfs- und Missionswerke

Spendenaufkommen	
- der EKD (1984)	249 Millionen
- der Katholischen Kirche (Schätzung)	250 Millionen
- der großen Hilfs- und Missionswerke (2000)	905 Millionen
- der kleinen Organisationen (verschiedene Jahre)	236 Millionen
Weitere Spenden im Rahmen beider Kirchen (Schätzung)	300 Millionen
Kapitalerträge	
- der großen Hilfs- und Missionswerke	39 Millionen
- der kleinen Organisationen	10 Millionen
Rücklagen / Vermögen	
- der großen Hilfs- und Missionswerke	983 Millionen
- der kleinen Organisationen	263 Millionen
Staatliche Zuschüsse	
- der großen Hilfs- und Missionswerke*)	190 Millionen
- der kleineren Organisationen	19 Millionen
- Entwicklungsdienst EKD*)	158 Millionen
Summe	*3.602 Millionen* .

*) Die Zuschüsse der Bundesregierung und EU zum katholischen Entwicklungsdienst sind bereits bei Misereor (große Hilfswerke) verbucht.

Das Aufkommen dürfte realiter noch um einiges höher liegen, da eine ganze Reihe der Organisationen entweder ihre Finanzen nicht bekannt gibt oder diese noch nicht eingerechnet wurden, da die Zugehörigkeit nicht eindeutig ist. Klärungen, ob z.B. die SOS-Kinderdörfer nicht auch zu diesen Organisationen gehören – es sollen nur christliche Hausmütter eingestellt werden –, würden den Rahmen dieser Untersuchung sprengen.

7.6. Steuerliche Absetzbarkeit von Spenden

Mit der steuerlichen Absetzbarkeit der Spenden subventioniert der Staat die Kirchen und ihre Organisationen, da nach der Logik der steuerlichen Begünstigung das Spendenaufkommen – gerade im Bereich größerer Spenden – geringer wäre, wenn der Spender damit sein zu versteuerndes Einkommen nicht verringern könnte.

Für die großen und kleinen Hilfs- und Missionswerke sind an Spenden rund 2 Milliarden Mark aufgelistet. Bei einem durchschnittlichen Steuersatz von 30 Prozent verzichtet der Staat auf rund 600 Millionen Mark Steuereinnahmen. Dieser Schätzung entsprechen die Angaben im 17.

Subventionsbericht der Bundesregierung,[194] der drei verschiedene gesetzliche Grundlagen der Steuerbegünstigung von Spenden, d.h. Mindereinnahmen des Staates, auflistet: im Einkommensteuergesetz, Körperschaftssteuergesetz und Gewerbesteuergesetz.

Übersicht 79: Staatlicher Verzicht auf Steuereinnahmen hinsichtlich Spenden

§ 10b EStG:
Steuerbegünstigung von Ausgaben zur Förderung mildtätiger, kirchlicher, religiöser, wissenschaftlicher und der als besonders förderungswürdig anerkannten gemeinnützigen Zwecke sowie von Mitgliedsbeiträgen und Spenden an politische Parteien: 1.550 Mio.
§ 9 Abs. 1 Nr. 2 KStG:
Steuerfreiheit der Spenden zur Förderung mildtätiger, kirchlicher, religiöser, wissenschaftlicher und der als besonders förderungswürdig anerkannten gemeinnützigen Zwecke, Spenden an unabhängige Wählervereinigungen   365 Mio.
§ 3 Nr. 9 und § 9 Nr. 5 GewStG:
Steuerfreiheit von Spenden zur Förderung mildtätiger, kirchlicher, religiöser, wissenschaftlicher und der als besonders förderungswürdig anerkannten gemeinnützigen (bis 1990 nur wissenschaftlichen) Zwecke   295 Mio.
Insgesamt Steuermindereinnahmen   2.210 Millionen

Die oben geschätzten Steuermindereinnahmen von DM 600 Millionen zugunsten konfessioneller Organisation sind nur 27,1 Prozent der Mindereinnahmen durch Steuerbegünstigung der Spenden – also ist der Betrag vermutlich höher.

7.7. Lotteriegelder

Auch wenn die Mitspieler an einer Lotterie meinen, das sei eine Veranstaltung, damit einer von Ihnen gewinne, so ist und bleibt es ein staatlich konzessioniertes Unternehmen, um zusätzliche Einnahmen zu erzielen – eine Art 'Einmal-im-Leben-muss-ich-doch-Glück-haben-Spende'?

Die Kirchen veranstalten keine Lotterien, da sie die reine Geberfreudigkeit wünschen und eine Lotterie die Teilnehmer grundsätzlich mit den Großgewinnen für wenige lockt. Davon haben sich die Wohlfahrtsverbände allerdings nicht abschrecken lassen.

• ZDF: *Aktion Mensch*

(bis 2000 *Aktion Sorgenkind*)[195] ist ein eingetragener gemeinnütziger Verein mit sieben Mitgliedern, dem ZDF und den sechs Spitzenverbänden der Freien Wohlfahrtspflege. Der Reinerlös (bei 558 Millionen Spielkapital) betrug (2000) fast 192 Millionen Mark plus rund 10 Millionen Mark an Spenden und rund 9 Millionen aus Zinserträgen, also insgesamt 211 Millionen Mark.

---

[194]   Deutscher Bundestag: *Drucksache 14/1500*, S. 196, 206, 211.
[195]   http://www.aktion-sorgenkind.de (Magazin)

Eine Aufschlüsselung auf die einzelnen Verbände wurde von der 'Aktion Mensch' verweigert. Nach einer geschätzten 'Marktpositionierung' von Anteilen: 35 (Caritas), 30 (Diakonisches Werk), je 12 (Deutsches Rotes Kreuz und Deutscher Paritätischer Wohlfahrtsverband), 8 (Arbeiterwohlfahrt) und 2 (Zentralwohlfahrtsstelle der Juden), würde das für die Verteilung bedeuten, dass die Caritas rund 74 Millionen und das Diakonische Werk rund 63 Millionen Mark erhält.

• ARD: *Die goldene 1* (früher: *Ein Platz an der Sonne*).

1956 gegründet, werden die Erträge durch das Deutsche Hilfswerk verteilt. Der Schwerpunkt der Ausschüttungen lag bis 1966 in der Unterstützung des *Hilfswerk Berlin*. Ab 1967 waren dann die Wohlfahrtsverbände die Hauptbegünstigten und von 1967 bis 2000 wurden Mittel in der Höhe von insgesamt DM 1,646 Milliarden verteilt. Im Jahr 2000 standen rund 29 Millionen zur Verteilung, von denen die Wohlfahrtsverbände 87 Prozent erhielten: das Diakonische Werk 20 Prozent (DM 5.799.000) und der Deutsche Caritasverband 14 Prozent (DM 4.087.800).[196]

Übersicht 80: Erlöse der ARD-Fernsehlotterie, 2000

Vergabe nach Dachverbänden	DM	%
Diakonisches Werk	5.799.000	20,3
Arbeiterwohlfahrt	4.474.513	15,6
Deutsches Rotes Kreuz	4.323.628	15,1
Deutscher Caritasverband	4.087.800	14,3
Deutscher Paritätischer Wohlfahrtsverband	3.702.130	12,9
Zentralwohlfahrtsstelle der Juden in Deutschland	1.400.000	4,9
Bank für Sozialwirtschaft	1.000.000	3,5
Zwischensumme Spitzenverbände	*24.781.071*	*86,6*
Kuratorium Deutsche Altershilfe	2.850.000	10,0
Rundfunkhilfe	750.000	2,6
Freie Träger	208.032	0,8
Summe	*28.589.103*	*100*

Die Vergabe erfolgt aufgrund beantragter Zuwendungen für einzelne Projekte und variiert entsprechend in den Jahren.

• *Glücksspirale*

Von den staatlichen Lottogesellschaften wurde ebenfalls für gemeinnützige Zwecke die *Glücksspirale* als Lotterie aufgelegt. Der Reinerlös (2000) beläuft sich auf 196,8 Millionen Mark[197] und wird ohne besondere Anträge als Zuteilung gedrittelt.[198] Jeweils 65,6 Millionen Mark erhalten

---

[196] Mitteilung der ARD-Fernsehlotterie.
[197] Mitteilung der Lottogesellschaft.
[198] Die Lottogesellschaften sind nach Ländern organisiert und so kann es Abweichungen geben. In Hamburg wird 'geviertelt' – die üblichen drei Destinatäre plus Umweltorganisationen.

die drei „Destinatäre" Deutscher Sportbund, Bundesarbeitsgemeinschaft der Freien Wohlfahrtspflege und die Deutsche Stiftung Denkmalschutz.

Nach der oben erwähnten 'Marktpositionierung' würde die Caritas 23 Millionen und das Diakonische Werk 20 Millionen Mark erhalten. Aber es gibt noch mehr aus der *Glücksspirale* für kirchliche Einrichtungen – das ist nicht so offensichtlich und braucht den Umweg über die Deutsche Stiftung Denkmalschutz, um letztendlich bei den Kirchen anzukommen (siehe Kapitel *Stiftungen*).

7.8. Wohlfahrtsmarken

Der Name sagt alles und rund 35 Millionen Mark[199] wurden (2000) durch die Zuschlagserlöse eingenommen. Nach der 'Marktpositionierung' wären das DM 12,3 bzw. 10,5 Millionen für die konfessionellen Wohlfahrtsverbände.

Zusammengefasst erhalten die beiden konfessionellen Wohlfahrtsverbände aus den Lotterien und den Wohlfahrtsmarken schätzungsweise insgesamt rund DM 212 Millionen: die Caritas 113 Millionen Mark und das Diakonische Werk 99 Millionen.

7.9. Sponsoring

Alle diese Spenden werden von den konfessionellen Organisationen aber nicht als 'automatischer Geldfluss' betrachtet, sondern es bestehen realistische Sorgen, dass es zu einer Verringerung der Spendeneinnahmen kommen wird bzw. könnte. Zum einen wird befürchtet, dass es nach der Einführung des EURO als Gemeinschaftswährung einen deutlichen Rückgang geben wird, denn obwohl sich faktisch am Geldvermögen nichts ändert, werden die Menschen plötzlich subjektiv nur noch die Hälfte des bisherigen Geldes als Einkommen oder Guthaben auf dem Konto haben und dementsprechend reagieren. Zum anderen drängen nicht nur immer mehr deutsche Organisationen mit Spendenaufrufen auf den zweitgrößten nationalen Spendenmarkt der Welt (nach den USA), sondern auch immer mehr ausländische Organisationen haben diese „Geldpumpe" für sich entdeckt – mit manchmal durchaus aggressiven Werbemethoden. Gibt es einen Ausweg? Sponsoring heißt das Zauberwort und es gibt dafür schon einige Beispiele.

Zwischen *Deutscher Bahn AG* und der Konferenz für Kirchliche Bahnhofsmission wurden 1996 Verträge geschlossen. „In diesen Verträgen verzichtet die Bahn auf Mietzahlungen und übernimmt die Kosten für

---

[199] http://www.diakonie.de/a2z/wohlfahrtsmarken/index.htm

Schönheitsreparaturen, Instandhaltung der Wasch- und Toilettenanlagen, Energie und Müllabfuhr."[200]

Die Akquisitionskosten für die „Spenderbriefe" zugunsten des Wiederaufbaus der Dresdner Frauenkirche von bisher ca. 20 Millionen Mark werden von der *Dresdner Bank* bezahlt.[201]

Die *Deutsche Telekom AG* und die beiden deutschen Telefonseelsorge-Verbände haben einen Kooperationsvertrag geschlossen. „Seit dem 1. Juli 1997 ist die Telefonseelsorge – zunächst für fünf Jahre – aus allen 5.100 Ortsnetzen gebührenfrei zu erreichen. Auch in Telefonzellen und öffentlichen Sprechstellen wird ein wichtiger Anruf bei der Telefonseelsorge nicht mehr am fehlenden Kleingeld oder der abgelaufenen Telefonkarte scheitern. Die Gebühren übernimmt die Deutsche Telekom AG."[202] Für das Jahr 1999 sind im Statistischen Jahrbuch 1,6 Millionen Anrufe bei der Telefonseelsorge genannt.

Diese drei Beispiele geschehen 'lautlos' und sind öffentlich kaum bekannt. Bei einem normalen Sponsoring will die Firma aber in irgendeiner Form genannt sein, um aus den finanziellen Zuwendungen zumindest einen ideellen Image- oder Werbeeffekt zu erzielen.

Brot für die Welt hat sich dazu Gedanken gemacht und schon einmal drei Unternehmen genannt, die für sie als Sponsor nicht in Frage kommen und als Partner undenkbar sind: *Daimler-Benz* ist auch Rüstungskonzern und stellt in einem Subunternehmen Landminen her, die *Deutsche Lufthansa* hat mit dem weißen Apartheidregime in Südafrika paktiert und *Nestlé* hat sich mit dem Babynahrungspulver für die Dritte Welt (dort gibt es normalerweise kein sauberes Trinkwasser) disqualifiziert.[203] Danach stellt sich allerdings die Frage, welcher große international agierende Konzern überhaupt noch als Sponsor in Frage kommt. Doch wie heißt es volkstümlich: „Wat dem eenen sin Ul, is dem annern sin Nachtigall" und so gehört zu den Sponsoren des Evangelischen Kirchentages in Frankfurt (13.-18. Juni 2001) u.a. die *Deutsche Lufthansa.*

Solche Diskussionen werden in den letzten Jahren – unter dem Stichwort des „ethischen rating" – auch bei den so genannten „grünen Fonds" der Investmentfonds geführt (siehe Kapitel *Banken*) und brachten auf die Frage, ob ein Konzern ins Portofolio des konfessionellen Fonds darf, manchmal überraschende Antworten.

---

[200] 2. Tagung der 9. Synode der EKD, Wetzlar 2. bis 7. November 1997, Bericht des Diakonischen Werkes der EKD, siehe unter http://www.ekd.de/synode297/berichte/dw3.html. (Seite 2)

[201] Mitteilung der *Stiftung Frauenkirche*.

[202] 2. Tagung der 9. Synode der EKD, Bericht des Diakonischen Werkes, S. 4.

[203] 2. Tagung der 9. Synode der EKD, Bericht des Diakonischen Werkes, S. 8 f.

8. Ausbildung des kirchlichen Nachwuchses

Theologische Hochschulen und Fakultäten / Forschungsförderung /
Begabtenförderung / Fachhochschulen und Fachschulen /
Weitere konfessionelle Ausbildungsstätten

In den vorangegangenen Kapiteln (*Staatsleistungen* und *Spenden/Samm-lungen*) standen Einnahmen und Vermögen der Kirchen und ihrer Organisationen im Mittelpunkt. Dieses Kapitel behandelt einen Aspekt, der in keiner kirchlichen Finanzstatistik auftaucht – obwohl er für die Zukunft der Kirche von grundlegender Bedeutung ist: Die Ausbildung des kircheneigenen theologischen Nachwuchses auf Staatskosten.

Während der Religionsunterricht an den staatlichen Schulen eher von den Eltern der Kinder in Frage gestellt wird, ziehen neuerdings prominente Vertreter der Kirche die staatliche Finanzierung dieses Kernbereiches zur Ausbildung ihrer Führungskräfte in Frage.

„Theologie darf nicht mehr an staatlichen Universitäten gelehrt werden, weil die Professoren als Staatstheologen ihre ursprüngliche Berufung verraten."[204] So Erzbischof Dyba, der vormalige 'Oberkommandierende' der Katholiken im Bistum Fulda, der immer besonders genau wusste und öffentlich vertrat, was der Vatikan wollte. Davon abgesehen fühlen sich die katholischen Bischöfe (wieder einmal) vom Staat diskriminiert, da nach neueren Richtlinien der Hochschulrektoren-Konferenz bei der Verteilung der Mittel auf die Professoren die Frauenförderung an den Universitäten stärker berücksichtigt werden soll. An den katholisch-theologischen Fakultäten, so beklagten sich die Bischöfe Nordrhein-Westfalens „sei die 'Einführung von Frauenquoten' aber 'nicht umsetzbar'."[205] Diese Auffassung ist jedoch erstaunlich sachfremd, da immerhin schon 23 Frauen als Professorinnen für Katholische Theologie arbeiten.[206]

In der Kritik an den „Staatstheologen" wird auf Fälle verwiesen, in denen katholische Hochschullehrer ihre Zugehörigkeit zur theologischen Fakultät verloren bzw. aufgeben mussten. Unter anderen:
* wegen 'Abweichung': Professor Küng (Tübingen),
* wegen Heirat [!]: die Professoren Neumann, Bartholomäus, Schweizer (alle Tübingen) und Professor Herrmann (Münster).

Für solche 'Fälle' heißt es schon sehr genau im Konkordat mit Preußen von 1929:

---

[204] *Süddeutsche Zeitung* vom 15.9.1999, S. 7 (Kämpfer gegen moralische Erosion).
[205] *Der SPIEGEL* vom 15.11.1999, S. 336.
[206] *Statistisches Jahrbuch 2000*, Personal an Hochschulen 1998, S. 387.

„Sollte ein einer katholisch-theologischen Fakultät angehörender Lehrer in seiner Lehrtätigkeit oder in Schriften der katholischen Lehre zu nahe treten oder einen schweren oder ärgerlichen Verstoß gegen die Erfordernisse des priesterlichen Lebenswandels begehen, so ist der zuständige Bischof berechtigt, dem Minister für Wissenschaft, Kunst und Volksbildung hiervon Anzeige zu machen. Der Minister wird in diesem Fall, unbeschadet der vom Staatsdienstverhältnis des Betreffenden entspringenden Rechte, Abhilfe leisten, insbesondere für einen dem Lehrbedürfnis entsprechenden Ersatz sorgen."[207]

Wenn die Kirche also einen nicht-linientreuen Hochschullehrer 'anzeigt', bleibt der weiterhin in Lohn und Brot und der Staat zahlt zusätzlich den Ersatzmann. Damit verlieren diese Hochschullehrer zwar ihre Zugehörigkeit zur Theologischen Fakultät, bleiben aber (in einer anderen Fakultät) weiter Hochschullehrer auf Lebenszeit im Staatsdienst.

Damit können sich die Theologen in Deutschland in ihren Lehrmeinungen erheblich freier bewegen, als unter rein kirchlicher Aufsicht – bei der ein Verlust der kirchlichen Lehrerlaubnis gleichzeitig Verlust des Arbeitsplatzes und Einkommens wäre – denn der Staat will schon eine präzise Begründung, wenn er für eine Hochschullehrerstelle zwei Professoren besolden soll. Dass die im Grundgesetz (GG Art. 6, ·1) besonders geschützte Familiengründung (Heirat) auch einen solchen Grund darstellt, ist ein besonderes konfessionelles Gebaren – das sich der Staat allerdings bieten lässt.

Der 'Fall Professor Küng' hatte seinerzeit für mediales Aufsehen gesorgt und das Vorurteil bestätigt, dass die katholischen Bischöfe besonders dogmatisch und intolerant seien, doch bei den Evangelischen ist es nicht anders. Beispiele: Zwischen 1949 und 1951 drohte die Evangelische Kirche in Hessen und Nassau dem prominenten Theologieprofessor Rudolf Bultmann mit dem Entzug der Prüfungsbefugnis, 1979 wurde dem Hamburger Pastoren Paul Schulz die kirchliche Lehrbefugnis entzogen, seit 1996 kämpft Professor Gerd Lüdemann (Göttingen) gegen den Entzug der Prüfungsberechtigung durch die Konföderation evangelischer Kirchen in Niedersachsen.[208]

Doch nicht nur Erzbischof Dyba, der „Ajatollah aus der Rhön"[209], wollte die Theologenausbildung aus den staatlichen Hochschulen herauslösen, auch der Dominikaner Basilius Streithofen (Berater von Alt-Bundeskanzler Helmut Kohl) plädierte für eine Konkordatsänderung: Die Kirchen übernehmen die Ausbildung in eigene Regie und der Staat zahlt

---

[207] Joseph Listl (Hg.): *Die Konkordate und Kirchenverträge in der Bundesrepublik Deutschland*, Zweiter Band, Berlin: Duncker & Humblot, 1987, S. 722.

[208] Vgl. dazu sehr ausführlich: Gerhard Besier: *Konzern Kirche*, S. 128ff.

[209] *stern*, vom 30.9.1999, S. 54 (Uli Hauser/Kai Hermann: Nicht von dieser Welt).

dafür eine Ablösesumme. Aus den Zinsen könne die Kirche ihr dann
verkleinertes Ausbildungsnetz finanzieren.[210] Aus den Zinsen? Was soll
denn das für eine Ablösesumme sein, wenn die Zinsen ausreichen sollen,
die bisherigen Zahlungen fortzuführen? Diese Ablösesumme wäre dann
nur die Verlagerung der staatlichen Aufwendungen.

8.1. Theologische Hochschulen und Fakultäten

So wie der päpstliche Nuntius in der Bundesrepublik Deutschland der
Doyen (der Sprecher/der Erste) des Diplomatischen Corps ist, sind die
Fachbereiche/Fakultäten für Theologie an den Universitäten normalerweise die Nummer 1 in der Zählung und werden großzügig ausgestattet.
Beispielsweise wird im Änderungsvertrag vom 21. Mai 1973 zum Niedersächsischen Konkordat (von 1965) mit Bezug auf die Universität
Osnabrück festgelegt: „Der Fachbereich (katholische Theologie und Religionspädagogik) wird mit sechs Professuren ausgestattet werden. [...]
Ferner sind drei Stellen für beamtete Lehrkräfte im Hochschullehrerrang
vorgesehen [...], außerdem Hilfskräfte [... die] im üblichen Umfang angemessen zur Verfügung gestellt werden."[211] Im Zusatzprotokoll vom 17.
Januar 1974 (es gab offensichtlich Klärungsbedarf) heißt es dann unauffällig: „Zu Abschnitt I Nr. 2. Die unter Buchst. a) aufgeführten Professuren sind solche der jeweils höchsten allgemein für Hochschullehrer vor-
gesehenen Besoldungsgruppe."[212]

In Deutschland bestehen zur Zeit 32 Theologische Fakultäten – 19
evangelische und 13 katholische – innerhalb der staatlichen Universitäten
und 16 eigenständige Theologische Hochschulen. Zusätzlich gibt es (in
kirchlicher Trägerschaft) die katholische Stiftung Universität Eichstätt.

Evangelisch-theologische Fakultäten bestehen innerhalb der Universitäten: Heidelberg (begründet: 1386), Leipzig (1409), Rostock (1419),
Greifswald (1456), Tübingen (1477), Marburg (1527), Jena (1558), Kiel
(1665), Halle/Saale (1694), Göttingen (1733), Erlangen (1743), Münster
(1780), Berlin (1810), Bonn (1818), Mainz (1946), Hamburg (1952),
Bochum (1965), München (1968) und Frankfurt/Main (1987).

Katholisch-theologische Fakultäten an den Universitäten Augsburg,
Bamberg, Bochum, Bonn, Erfurt, Freiburg, Mainz, München, Münster,
Passau, Regensburg, Tübingen, Würzburg.

Kirchliche Hochschulen bestehen (evangelisch) in Bethel, Wuppertal
und Neuendettelsau, (katholisch) in Fulda und (als katholische Fakultä-

---

210   Vgl. *Welt am Sonntag*, vom 18.4.1993.
211   Listl (Hg.), *Die Konkordate und Kirchenverträge...*, Bd. 2, S. 97.
212   Listl (Hg.), *Die Konkordate und Kirchenverträge...*, Bd. 2, S. 100.

ten) in Paderborn und Trier, sowie (innerhalb der Kirchlichen Gesamt-hochschule) Eichstätt, und neun weitere in der Trägerschaft von Ordens-gemeinschaften.[213] Diese Ordenshochschulen sind in Benediktbeuern (Salesianer), München und Frankfurt (Jesuiten), Münster (Franziskaner und Kapuziner), St. Augustin bei Bonn (Steyler Missionare) und in Vallendar bei Koblenz (Pallotiner)[214] – alle „staatlich anerkannt".

Die staatlich finanzierte Ausbildung des kirchlichen Nachwuchses und die damit verbundene Auffassung, dass die Theologenausbildung wie an-dere Studiengänge zu betrachten sei, trifft aus mindestens drei Gründen nicht zu. Erstens werden, als Beispiel, Wirtschaftswissenschaftler für eine sehr große, unbestimmte Anzahl von Wirtschaftsbetrieben, Verbänden, staatlichen Positionen, etc. ausgebildet, während Theologen exklusiv nur für jeweils einen einzigen zukünftigen Arbeitgeber ausgebildet werden. Zweitens geben zumindest die Wirtschaftsbetriebe über ihre Steuerzah-lungen ein Mehrfaches an den Staat zurück, was die Ausbildung auf Kosten des Staates an Steuergeldern gekostet hat. Die Amtskirchen zah-len keine Steuern. Drittens ist der Einwand, dass doch beinahe die ganze Bevölkerung christlich und deshalb die Theologenausbildung 'Gemein-schaftsaufgabe' sei, unzutreffend, da inzwischen weniger als zwei Drittel der Bevölkerung Deutschlands noch Mitglied in einer der beiden Amts-kirchen sind.

Vergegenwärtigen wir uns also, um welche Größenordnungen es sich handelt: An den Theologischen Hochschulen studierten 1998/99 insge-samt 2.367 Studenten.

Übersicht 81: Studierende an den 16 Theologischen Hochschulen (WS 1998/99)

Bundesland	Evangelische	Katholische	Insgesamt.
Bayern	148	488	636
Hessen	31	309	340
Nordrhein-Westfalen	404	316	720
Sachsen-Anhalt	202	-	202
Rheinland-Pfalz	-	376	376
Thüringen	-	93	93
Insgesamt	*785*	*1.582*	*2.367*

Quelle: Statistisches Jahrbuch 1999, S. 384

Für diese wenigen Studenten wurden (1996) ausgegeben: 50 Millionen DM, also für jeden Studierenden: DM 21.120.[215] Das ist aber nur der klei-nere Teil, denn an den theologischen Fakultäten der Universitäten studie-ren (1997/98) weitere 22.014 Studenten.

---

[213] Vgl. Besier, *Konzern Kirche*, S. 120.
[214] Vgl. Deutsche Bischofskonferenz, unter: http://www.dbk.de
[215] Die Jahresangabe 50 Millionen auf zwei Semester umgerechnet.

Übersicht 82: Studierende der Theologie / Religionslehre an Universitäten WS 1997/1998 und WS 1998/99

Studienfach	WS 97/98	WS 98/99
Evangelische Theologie / Religionslehre	11.635	10.839
Katholische Theologie / Religionslehre	10.379	10.156
Summe	22.014	20.995

Quelle: Statistisches Jahrbuch 1999, S. 386, und 2000, S. 382.

Das sind 1,2 Prozent aller Studenten (im Wintersemester 1997/1998) und die gleiche Größenordnung wie Philosophen oder Musiker/Musikwissenschaftler. Für die Ausbildung dieser 22.000 zukünftigen Theologen und Religionslehrer waren (1997/98) 1.074 Hochschullehrer und ihre 664 Mitarbeiter zu bezahlen.

Übersicht 83: Hochschulpersonal für Theologie / Religionslehre 1997 bzw. 1998

	Professoren	Dozenten	Wiss. Mitarbeiter	Summe.
Evangelische	405 / 404	145 /144	350 / 362	900 / 910
Katholische	417 / 423	107 /103	314 / 303	838 / 829
Summe	822 / 827	252 / 247	664 / 665	1.738 / 1.739

Quelle: Statistisches Jahrbuch 1999, S. 391 und 2000, S. 387.

Bei den Evangelischen kommen auf einen Professoren 29 Studenten und pro Mitglied des Lehrkörpers sind es 13 Studierende. Bei den Katholischen Fakultäten sind es sogar nur 25 Studenten pro Professor und 12 pro Mitglied des Lehrkörpers.[216]

Welche 'paradiesischen' Studienbedingungen beispielsweise Studenten der evangelischen Theologie (Ziel: Pfarramt) an den überfüllten Universitäten vorfinden, zeigt die Aufschlüsselung nach einzelnen Universitäten bzw. Kirchlichen Hochschulen. Am 'überfülltesten' ist es in Bochum (mit 47 Studenten pro Professor) und am 'intimsten' in Greifswald, wo sich sieben Studenten um einen Hochschullehrer scharen. Jedem Studenten anderer Fakultäten an deutschen Universitäten kommen da die Tränen in die Augen – aber nicht vor Ergriffenheit.

Übersicht 84: Studierende Pfarramt / Professoren, WS 1995/96

Hochschule	Studierende	Professoren	pro Stud.
Berlin	583	16	36
KiHo Bethel	318	10	32
Bochum	566	12	47
Bonn	385	14	27
Erlangen/Nürnberg	269	18	15
Frankfurt/M.	88	6	15
Göttingen	566	18	31
Greifswald	58	8	7
Halle/Wittenberg	133	12	11

---

[216] Vgl. *Statistische Jahrbücher* 1969, S. 82ff., und 1999, S. 380ff.

Hamburg	311	18	*17*
Heidelberg	824	23	*36*
Jena	123	7	*18*
Kiel	276	11	*25*
Leipzig	256	14	*18*
Mainz	109	11	*10*
Marburg	536	22	*24*
München	177	11	*16*
Münster	371	25	*15*
KiHo Neuendettelsau	204	5	*41*
Rostock	72	8	*9*
Tübingen	674	16	*42*
Wuppertal	208	12	*17*
Gesamt	*7.107*	*297*	*24*

Quelle: Gerhard Besier: Konzern Kirche, S. 122

Da für die Universitäten keine aktuellen, differenzierten Personalkosten nach Studienfächern vorliegen,[217] müssen wir uns mit den offiziellen monetären Kennzahlen für die Sprach- und Kulturwissenschaften begnügen, die immerhin aber eine realistischere Grundlage bieten, als eine Umrechnung nach Hochschullehrerstellen und Personalaufwendungen, da im medizinischen Bereich die Kennzahlen erheblich höher liegen.

Zu den so errechneten DM 451 Millionen Kosten sind noch die 50 Millionen für die Kirchlichen Hochschulen hinzuzurechnen. Damit belaufen sich die Ausgaben für die Theologenausbildung auf DM 501 Millionen.

Falls dem Vorschlag von Basilius Streithofen – dass die Kirchen die Ausbildung ihres Nachwuchses gegen eine Abfindung in eigene Regie übernehmen –, tatsächlich gefolgt werden sollte, ist nun auch der für das Personal zu zahlende Anteil dieser Ablösesumme zu benennen: rund 10 Milliarden DM.

---

[217] Die nach Fakultäten/Fachbereichen aufgeschlüsselten Angaben in der Fachserie 11, Reihe 4.5 *Finanzen der Hochschulen 1999* des Statistischen Bundesamtes können nicht als Grundlage dienen, da sie nach einer einfachen Plausibilitätsberechnung als deutlich zu gering einzustufen sind.
Die Personalausgaben für Evangelische Theologie an Universitäten (S.32) werden mit DM 101.830.000 angegeben. Nur auf die 910 Wissenschaftler umgerechnet (also ohne die nicht-wissenschaftlichen Mitarbeiter der Sekretariate, Angestellten und Arbeiter) wäre das (einschließlich der Arbeitgeberleistungen für die Sozialversicherung und Zusatzversorgung) ein durchschnittlicher Aufwand von DM 111.901 pro Jahr und (einschließlich 13. Monatsgehalt) eine durchschnittliche monatliche Zahlung von DM 8.608, die an der Realität vorbei geht. Die Personalausgaben für Katholische Theologie an den Universitäten werden mit DM 77.625.000 angegeben, was nach der gleichen Umrechnung für das wissenschaftliche Personal einen monatlichen Aufwand von DM 7.203 bedeuten würde. Dabei bleiben nicht nur die nicht-wissenschaftlichen Mitarbeiter außer Betracht, sondern ebenso die Pensionen für emeritierte Hochschullehrer, Dienstreisen, Teilnahme an wissenschaftlichen Konferenzen, etc.

Übersicht 85: Monetäre Kennzahlen *) und Stellen / Studierende der Theologie an den Universitäten, 1998

Monetäre Kennzahl	Evgl. Theologie	Kathol. Theologie	
Je Professorenstelle :	*(404)*	*(423)*	.
Grundmittel: DM 366.400	148.025.600	154.987.200	
Drittmittel:　DM　43.800	17.695.200	18.527.400	.
Je Studierende(m)	*(10.839)*	*(10.156)*	.
Mittel: DM　5.300	57.446.700	53.826.800	.
Summe	223.167.500	227.341.400	.
Gesamtsumme		450.508.900	

Quelle: Statistisches Jahrbuch 2000, S. 395　*) Zugrunde gelegt wurden die geringen Kennzahlen für die Sprach- und Kulturwissenschaften.

8.1.1. Forschungsförderung

Neben diesen direkten Hochschulausgaben ziehen Theologen aber noch weitere staatliche Mittel an sich: Zum Beispiel Gelder der *Deutschen Forschungsgemeinschaft* (DFG) – die zu 98,8 Prozent aus Steuergeldern des Bundes und der Länder finanziert wird.

Die Zusammenstellung in der folgenden Übersicht erfasst eine Größenordnung von rund 9 Millionen Mark für die Förderung der Evangelischen und Katholischen Theologie an den deutschen Universitäten.

Übersicht 86: Förderungen der Deutschen Forschungsgemeinschaft / Theologie, 1999

92 Druck- und Sachbeihilfen　Ø DM 12.821	1.179.532
Sonderforschungsbereiche:	
Nr. 534: „Judentum/Christentum: Konstituierung und Differenzierung [...]"	1.225.300
Nr. 231: „Träger, [...] pragmatischer Schriftlichkeit im Mittelalter"	1.405.000
Graduiertenkollegs:	
Nr. 127: „Kirche und Gesellschaft [...] des 15. und 16. Jahrhunderts"	449.960
Nr. 211: „Interkulturelle religiöse Studien"	35.800
Nr. 258: „Ars und scientia im Mittelalter und in der frühen Neuzeit"	380.615
Nr.　27: „Religion in der Lebenswelt der Moderne"	32.670
Nr. 197: „Religion und Normativität"	423.994
Nr. 237: „Der Kommentar in Antike und Mittelalter"	429.590
Nr. 252: „Geistliches Lied und Kirchenlied interdisziplinär"	359.280
Nr. 278: „[...] Geschlechterdifferenz in relig. Symbolsystemen"	384.060
Nr. 354: „Die Bibel – Entstehung und Wirkung"	433.760
Nr. 522: „Der Erfahrungsbegriff in der europ. Religion [...] "	47.960
14　Habilitandenförderungen　Ø DM 68.563	959.882
2　Stipendien Emmy-Noether-Programm　Ø DM 94.545	189.090
2　Stipendien Heisenberg-Programm Ø DM 217.647	435.294
1　Stipendium Gerhard-Hess-Programm　Ø DM 277.419	277.419
1　Stipendium Gottfried-Wilhelm-Leibniz-Programm　Ø DM 68.563 *)	68.563
Summe	8.687.769

Quelle: Deutsche Forschungsgemeinschaft, Jahresbericht 1999, Band 1 und 2, passim.
*) Da keine Zahlenangaben vorlagen, wurden die Habilitandenstipendien eingesetzt.

Bemerkenswert ist dabei u.a., dass für die Frage, wie die Bibel entstanden ist und welche Wirkung sie hat (Graduiertenkolleg 354) seit 1997 bereits DM 937.040 aufgewendet wurden. Eine Fragestellung, die nach 2000 Jahren sicherlich sehr aufklärungsbedürftig ist.

Neben der staatlich finanzierten *Deutschen Forschungsgemeinschaft* unterstützt eine weitere große 'Institution' wissenschaftliche Projekte, die *Volkswagenstiftung*, die beispielsweise das Forschungsprojekt „Kulturgeschichte und Theologie des Bildes im Christentum" an der Katholisch-Theologischen Fakultät der Universität Münster fördert. Es wäre jetzt müßig, bei den weiteren 290 „forschungsfördernden Institutionen"[218] in Deutschland nachzufragen; wir wollen es bei diesen Angaben belassen.

8.1.2. Begabtenförderung

Die Studierenden erhalten aus Öffentlichen Stiftungen zur Begabtenförderung – Studienstiftung des deutschen Volkes, Evangelisches Studienwerk Villingst und katholisches Cusanuswerk, alle Parteien und die Gewerkschaften – (staatlich finanzierte) Stipendien. Als einzige dieser Stiftungen verhält sich die *Studienstiftung des deutschen Volkes* weltanschaulich strikt neutral, alle anderen setzen eine Nähe zu ihren politischen Auffassungen voraus, „während bei den konfessionellen Stiftungen mehr eingebracht werden sollte als der entsprechende Taufschein".[219] Der Globalansatz im Haushaltsplan des Ministeriums für Bildung und Forschung hinsichtlich „Zuschüsse an Studentenförderungswerke" von DM 116 Millionen (in 2000) wird auf elf Werke aufgeteilt. Eine Aufschlüsselung auf die einzelnen Stiftungen wird nicht veröffentlicht. Also helfen wir uns.

Übersicht 87: Geförderte der Begabtenförderungswerke 1998

Förderungswerk	Insgesamt	Studienförderung	Promotionsf.
Studienstiftung des dt. Volkes	5.081	4.467	614
Hans-Böckler-Stiftung	1.613	1.318	295
Konrad-Adenauer-Stiftung	1.361	1.080	281
Friedrich-Ebert-Stiftung	1.283	1.051	232
Evgl. Studienwerk Villingst	821	617	204
Bischöfl. Stiftung Cusanuswerk	792	595	197
Friedrich-Naumann-Stiftung	492	336	156
Hanns-Seidel-Stiftung	442	325	117
Stiftung der dt. Wirtschaft	382	343	39
Heinrich-Böll-Stiftung	274	126	148
Insgesamt	12.541	10.258	2.283

Quelle: Statistisches Jahrbuch 2000, S. 390, Tab. 16.15 (In den Angaben des Statistischen Jahrbuches 2000 für 1998 fehlt noch die Rosa- Luxemburg-Stiftung.)

---

[218] siehe: http://www.uni-mainz.de (dort: Forschungsförderung)
[219] Universität Hamburg: *Hinweise zu Studienstiftungen*, S. 2, unter: http://www.uni-hamburg.de/PSV/Verw/RG2/Studienberatung

Eine zweite Übersicht soll die Umrechnung dieser absoluten Zahlen auf ihre prozentuale Verteilung verdeutlichen, die sich nicht so ohne weiteres erschließt.

Übersicht 88: Geförderte der Begabtenförderungswerke 1998 in Prozenten

Förderungswerk	Insgesamt	Studienförderung	Promotionsf.
Studienstiftung des dt. Volkes	40,5%	43,5%	26,9%
Hans-Böckler-Stiftung	12,9%	12,8%	12,9%
Konrad-Adenauer-Stiftung	10,9%	10,5%	12,3%
Friedrich-Ebert-Stiftung	10,2%	10,2%	10,2%
Evgl. Studienwerk Villingst	6,5%	6,0%	8,9%
Bischöfl. Stiftung Cusanuswerk	6,3%	5,8%	8,6%
Friedrich-Naumann-Stiftung	3,9%	3,3%	6,8%
Hanns-Seidel-Stiftung	3,5%	3,2%	5,1%
Stiftung der dt. Wirtschaft	3,0%	3,3%	1,7%
Heinrich-Böll-Stiftung	2,2%	1,2%	6,5%
Insgesamt	99,9%	99,8%	99,9%
Eigene Umrechnung			
Konfessionelle Werke zusammen	12,8%	11,8%	17,5%

Auch wenn es unterschiedliche Stipendien gibt, sowohl in der Höhe und mit/ohne Büchergeld, spricht der hohe Anteil der Promotionsstipendien bei den konfessionellen Werken dafür, die 12,8 Prozent als Richtzahl ihres Aufkommens beizubehalten. Mit anderen Worten: Von den 116,3 Millionen in 2000 dürften die beiden konfessionellen Begabtenförderungswerke rund 15 Millionen erhalten haben (DM 14.886.000).

Aber auch vom Auswärtigen Amt werden Stipendien „zur Pflege kultureller Beziehungen zum Ausland" vergeben. Die größte Summe erhalten der DAAD (*Deutscher Akademischer Austauschdienst*) und die Alexander von Humboldt-Stiftung. Dann folgen in der Förder-Rangliste die Stiftungen der politischen Parteien und unter „Sonstige", für die (in 1998) insgesamt 3,6 Millionen Mark zur Verfügung stehen, wird in der Fußnote erläutert: „U.a. kirchliche Organisationen, [...]."[220] Eine Aufschlüsselung ist nicht möglich.

8.2. Fachhochschulen und Fachschulen

Neben den bereits erwähnten theologischen Hochschulen in kirchlicher Trägerschaft gibt es noch weitere kirchliche Hochschulen für den eigenen Nachwuchsbedarf.

Eine besondere Rolle spielt dabei die Kirchenmusik, für die es zur Zeit 27 Ausbildungsstätten gibt. Das Land Sachsen-Anhalt zahlte 1996 einen Betrag von 1.050.000 Mark an die Evangelische Hochschule für Kir-

---

[220] *Bundeshaushaltsplan 1998*, Einzelplan 05, S. 44.

chenmusik Halle.[221] Das Land Berlin zahlt (in 2000) für die kirchenmusikalische Ausbildung der evangelischen Kirche DM 371.730 und für die Bischöfliche Kirchenmusikschule Berlin DM 191.780. Der Freistaat Bayern leistet einen 80-prozentigen Zuschuss an die Fachhochschule für Kirchenmusik (Bayreuth) in Höhe von DM 1.320.000.[222] Bei einem durchschnittlichen Zuschuss von DM 733.000 für diese vier Einrichtungen liegt der Aufwand für alle 27 Ausbildungsstätten in der Größenordnung von DM 20 Millionen.

Das Schwergewicht der weiteren Bildungseinrichtungen liegt jedoch in der Ausbildung des Nachwuchses für Diakonie und Caritas. Neben zwei Fachhochschulstudiengängen für Religionspädagogik und für Sozialwesen, die der katholischen Universität Eichstätt angegliedert sind, betreibt die katholische Kirche sieben staatlich anerkannte (d.h. bezuschusste) Fachhochschulen mit den Fachrichtungen Sozialarbeit/Sozialpädagogik, Pflege, Religionspädagogik/Kirchliche Bildungsarbeit und für Bibliothekswesen, „die sich vom staatlichen Fachhochschulwesen durch ihre besondere christliche Prägung" unterscheiden.[223] Im evangelischen Sektor bestehen elf dieser Fachhochschulen in kirchlicher Trägerschaft.

Die besondere „Kirchlichkeit" besteht in der Erfüllung des „dreifachen Auftrag Jesu an seine Jünger, zu verkündigen, zu heilen und zu befreien".[224] Die 'Verkündigung' erfolgt durch die Ausbildung in Theologie, die 'Heilung' durch Sozialarbeit und die 'Befreiung' durch Sozialpädagogik – und diese Begriffe sind religiös zu verstehen.

Die Bundesländer zahlen für kirchliche Fachhochschulen (2000) jährlich an Zuschüssen:[225]

- Saarland: FHS für Sozialwesen   DM   650.000
- Rheinland-Pfalz: FHS für Sozialwesen   DM   650.000
- Berlin: Evangelische Fachhochschule   DM 1.500.000
- Berlin: Katholische Fachhochschule   DM 1.583.000
- Hamburg: FHS für Sozialpädagogik   DM 1.238.000
- Sachsen: FHS für Sozialarbeit Dresden   DM 3.950.000

Rechnet man diese Angaben (DM 9.571.000) auf alle 18 Fachhochschulen hoch, ist es eine Größenordnung von 29 Millionen Mark.

---

[221] *Haushaltsplan des Landes Sachsen-Anhalt 1997*, Kultusministerium, Epl 0602, Allgemeine Bewilligungen, S. 16.
[222] Internationale Rundschau, Meldung 2894, in: *MIZ*, 3/2000, S. 52.
[223] Vgl. Deutsche Bischofskonferenz, unter: http://www.dbk.de
[224] Bistum Mainz zum Jubiläum der Katholischen Fachhochschule Mainz, in: *Bistumsnachrichten* vom 10.12.1997, S. 3.
[225] Vgl. die Haushaltspläne der entsprechenden Bundesländer.

Neben diesen Zahlungen werden auch noch Bauzuschüsse geleistet. So hat das Land Berlin für die Baumaßnahmen an der Katholischen Fachhochschule 1998/1999 einen Zuschuss von DM 5.583.000 und für den Umbau der Evangelischen Fachhochschule Berlin 2000-2002 insgesamt 4,5 Millionen bezahlt (von denen der Bund die Hälfte refinanziert). Also weitere 10 Millionen Mark.

Weiterhin wird noch an kirchlichen Fachschulen der eigene Nachwuchs ausgebildet. Zehn katholische Fachschulen und fünfzig evangelische Fachschulen sind zuständig für die Ausbildung von Erziehern, Altenpflegern und Heilpädagogen. Zusätzlich unterhält das *Diakonische Werk* beispielsweise für „soziale und pflegerische Berufe" 526 Fachschulen und Fort- und Weiterbildungsstätten mit 33.081 Plätzen und 4.459 Mitarbeitern,[226] und die *Caritas* betreibt 726 Ausbildungs- und Fortbildungsstätten mit 62.041 Plätzen und 3.281 Mitarbeitern.[227] Da nur zu den Schulen des Gesundheitswesens konkrete Zahlen vorliegen, lässt sich ihr finanzieller Aufwand berechnen.

Diakonie und *Caritas* bilden an ihren Schulen 95.122 „Schüler" aus, die pro Kopf DM 6.900 an Personalaufwendungen bedeuten. Bei einem staatlichen Finanzanteil von rund 66% ergibt sich eine Kostengröße in der Größenordnung von insgesamt DM 574.517.000.[228]

8.3. Weitere Ausbildungsstätten

Neben der Theologenausbildung und den Fach(hoch)schulen gibt es, als Beispiele, noch weitere staatliche Zuschüsse für:

* *Evangelische Seminare* und *Katholische Konvikte*. Baden-Württemberg zahlt (2001) DM 6,253 Millionen.
* Die *Katholische Universität Eichstätt* – eine Kirchliche Stiftung des öffentlichen Rechts der katholischen Bistümer Bayerns – erhält auf Antrag 85% des tatsächlichen Aufwandes (auch der Investitionen). In 2000 sind es DM 53.890.700.[229]

---

[226] Diakonisches Werk der EKD, *Einrichtungsstatistik* – Stand 1.1.1998 (Statistische Informationen Nr. 1/1999), S. 66.

[227] Erhebung des Deutschen Caritasverbandes e.V. (Stand: 1.1.1999): *Zusammenfassung nach Einrichtungsgruppen*, siehe unter http://www.caritas.de

[228] Vgl. Statistisches Bundesamt: Bericht über die Erhebung (gem. §7 Abs.2 Bundesstatistikgesetz) der Ausgaben und Einnahmen der privaten Bildungseinrichtungen einschl. der öffentlichen Schulen des Gesundheitswesens im Jahr 1995, Wiesbaden: März 1999, S. 21. (Eigene Berechnung: 95.122 Schüler x DM 6.900 = DM 656.351.800 = Personalausgaben. Die Personalausgaben betragen 75,4% der Gesamtausgaben, die sich damit auf DM 870.479.841 belaufen, von den 66% staatlich finanziert werden = DM 574.517.000.)

[229] *Haushaltsplan Bayern 2001*, Kapitel 15 06 Titelgruppe 71.

Der mögliche Einwand, dass nur ein Teil der Ausgebildeten in den kirchlichen Dienst gehen werden, ist richtig, aber diese zuviel angesetzten Anteile werden sicherlich durch die (nur in Bayern) bestehenden 21 *Konkordatslehrstühle* ausgeglichen. An sieben Universitäten bestehen jeweils drei 'Parallel'-Lehrstühle für Philosophie, Soziologie/Politikwissenschaft und Pädagogik, die nur mit Billigung der katholischen Kirche besetzt werden dürfen.

Nur allein diese beiden Zuschüsse belaufen sich bereits auf 60 Millionen (DM 60.143.700).

8.4. Weitere Kostenübernahmen

Dass es mit diesen Zuschüssen noch bei weitem nicht getan ist, sollen zwei Beispiele aus dem vorbildlich detaillierten Haushaltsplan des Freistaates Bayern zeigen:

- Zur *Förderung der Studentenseelsorge* werden DM 141.000 gezahlt.
- Als Zuschüsse an die Bayerischen Studentenwerke für *Erbbauzinsen* werden im Haushaltsplan DM 778.000 ausgewiesen.

Zusammen sind das weitere DM 919.000.

8.5. Fazit

Fassen wir also zusammen, was es sich der deutsche Staat kosten lässt, die Ausbildung des kirchlichen Nachwuchses mit Steuergeldern zu finanzieren. Es sind rund 1,2 Milliarden Mark öffentlicher Mittel.

Übersicht 89: Gesamte Aufwendungen für die Ausbildung des kirchlichen Nachwuchses

Ausbildung der Theologen- und Religionslehrer an		
- Universitäten	DM	450.509.000
- Kirchlichen Hochschulen	DM	50.000.000
- Studienförderung Begabtenwerke	DM	14.886.000
- Deutsche Forschungsgemeinschaft	DM	8.688.000
Ausbildung späterer kirchlicher Mitarbeiter		
- für Kirchenmusik	DM	20.000.000
- Fachhochschulen	DM	39.000.000
- Schulen des konfessionellen Gesundheitswesens	DM	574.517.000
Weitere Kostenübernahmen/Zuschüsse	DM	61.063.000
Summe	*DM*	*1.218.663.000*

Wegen des Fehlens weiterer Fachschulen und anderer kirchlicher Aus- und Fortbildungsstätten und dem nur untersten Kostenansatz bei den Universitäten wird der tatsächliche Betrag deutlich höher sein.

9. Medienunternehmen

Presseagenturen / Zeitschriften und Zeitungen / Buchproduktion / Verlage /
Druckereien / Büchereien / Film-Unternehmen / Radiosender

Wie auch in den anderen Wirtschaftsbereichen ist es müßig, die Frage zu
diskutieren, ob die verschiedenen Medienunternehmen *der* Kirche gehören, da sie sowohl von der Funktion und meist auch nach dem Firmennamen *zur* Kirche gehören. (In diesem Kapitel werden erst einmal nur die
'kircheneigenen' Medienunternehmen behandelt. Zur Arbeit der Kirchen
in den verschiedenen Medien ausführlich das Kapitel *Medienpräsenz.*)

9.1. Presseagenturen

Da der „Öffentlichkeitsauftrag" der Kirchen sich nicht nur mit dem
Läuten der Kirchenglocken realisieren lässt, verfügen beide Amtskirchen
über eigene Presseagenturen:
* den Evangelischen Pressedienst (epd),
* die Katholische Nachrichtenagentur (KNA) und
* die KNA Pressebild GmbH.

Beide Pressedienste/Agenturen geben thematisch und regional mehrere
Dienste heraus, die nicht nur die kircheneigenen Publikationen, sondern
die gesamte deutsche Presse mit kirchlichen Nachrichten und Meinungen
versorgen. Beide Presseagenturen müssen subventioniert werden. Die
Evangelische Presseagentur ist Teil des *Gemeinschaftswerk Evangeli-*
scher Publizistik, das (1997) einen Zuschuss von DM 12.630.700 benötigte und die KANN erhält 45% ihres Etats aus diözesanen Mitteln. Das
könnte den Eindruck erwecken, als fänden die kirchlichen Themen kein
marktfähiges Interesse.

9.2. Zeitungen und Zeitschriften

Obwohl die Anzahl der Titel (durch die 'Wende' im Osten) gestiegen ist,
sinken die Auflagen (absolut) und die Umsätze stagnieren (relativ). Von
den 349 Titeln (1993) haben 80 eine regionale, 269 eine überregionale
Verbreitung, mit einer Auflage von insgesamt 7.341.000 Exemplaren, von
denen 6.450.000 an Abonnenten versandt werden (das sind immerhin
88% der Auflage) und einen Umsatz von 285 Millionen DM erzielen.
Diese 285 Millionen sind jedoch nur 1,8 Prozent des Gesamtumsatzes
aller Zeitschriften in Deutschland (15,9 Milliarden).

Während jedoch für alle Zeitschriften in Deutschland hinsichtlich des Umsatzes die Relation 45 Prozent aus Vertrieb und 55 Prozent aus Anzeigen gilt, lautet diese Relation für die konfessionellen Zeitschriften 89 Prozent aus Vertrieb und nur 11 Prozent aus Anzeigen.

Übersicht 90: Konfessionelle Zeitschriften / Auflage / Umsatz

Jahr	Anzahl	Auflage	Umsatz		
			DM	*pro Anzahl*	*pro Expl.*
1986	301	8.530.000	220.000.000	731.000	26
1990	318	7.500.000	249.000.000	783.000	33
1993	349	7.431.000	285.000.000	816.619	38

Quellen: Statistische Jahrbücher, 1988, 1993, 1996.

Damit ereilt die kirchlichen Zeitungen – ähnlich wie den *Vorwärts* bei den Sozialdemokraten und neuerdings auch den *Bayernkurier* bei der CSU – das Schicksal aller 'ideologischen' Publikationen von Organisationen, die sich nur an ihre eigenen Mitglieder wenden, kein allgemeines Interesse finden, so gut wie ausschließlich nur im Abonnement verkauft werden und immer mehr Abonnenten verlieren: Sie haben keine identifizierbare Kundenstruktur, die für die Werbung interessant wäre – oder haben Katholiken ein anderes Kaufverhalten als evangelische Abonnenten?

Wie sehr die Kirchenzeitungen an Abonnenten / Auflage verloren haben, illustriert ein Kernbereich, der Vergleich ausgewählter katholischer Bistumszeitungen zwischen den Jahren 1972 und 2000.

Übersicht 91: Auflage Katholischer Bistumszeitungen 1972 zu 2000

Bistum	Auflage 1972	Auflage 2000	Relation
Bamberg	58.210	41.179	71 %
Berlin (West)/Berlin	15.336	13.693	89 %
Eichstätt	41.449	29.917	72 %
Essen	98.313	34.673	35 %
Mainz	46.780	10.943	23 %
München	110.476	49.846	45 %
Münster	213.013	150.828	71 %
Osnabrück	61.793	37.336	60 %
Paderborn	139.475	72.911	52 %
Passau	47.352	26.099	55 %
Trier	103.373	54.826	53 %
Summe	*935.570*	*522.251*	*56 %*

Quellen: 1972: Kirchliches Handbuch. Amtliches statistisches Jahrbuch der katholischen Kirche Deutschlands von Franz Groner, Bd. XXVII: 1969-1974, S. 68.
Für das Jahr 2000: http://www.mediadaten.de/titel

Parallel zu der sinkenden Zahl der sonntäglichen Kirchenbesucher hat sich die Zahl der Abonnenten beinahe auf die Hälfte reduziert. Deutliche Ausnahmen sind nur die Bistümer Bamberg, Eichstätt und Münster, die aber immerhin auch ein Viertel ihrer Auflage verloren haben. (Berlin hat sich im Vergleichszeitraum von West-Berlin zu Gesamt-Berlin gemausert.) Besonders gravierend sind die Verluste an Auflage in den Bistümern Mainz, Essen und München.

Diagramm 8: Auflagen katholischer Bistumszeitungen (1972 / 2000)

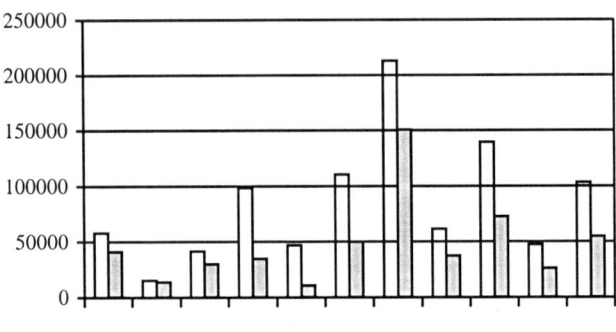

Bamberg   Eichstätt   Mainz   Münster   Paderborn   Trier
     Berlin   Essen   München   Osnabrück   Passau

Liegt es an der konfessionellen Ausrichtung, spiegelt sich darin der Stadt-Land-Gegensatz wider, ist es auch eine Frage der Leser/Abonnenten („Heute beziehen nur noch kirchenfromme Katholiken älteren Semesters eine Bistumszeitung. Schon 1994 waren acht von 10 Beziehern über 49.“[230]) oder eine Frage der Professionalität? Dem *Gemeinschaftswerk Evangelischer Publizistik* wird von Kollegen nachgesagt: „Professionalität ist Mangelware, der Laden wird von Amateuren geführt.“[231] Als „Erbauungslektüre für fromme Gemüter" bespöttelt, finanzieren die Bistumsblätter allerdings „nicht nur fast alle sich selber, sondern teilweise auch noch andere kirchliche Zwecke"[232] – welche wird allerdings nicht gesagt.

Im katholischen Sektor erscheinen insgesamt 138 Titel, als Wochenzeitungen, Monatszeitschriften oder Periodika, unterteilt in acht Pressegruppen: Bistumspresse, Sonntagszeitschriften, Magazinpresse, Frauenzeitschriften, Missions- und Ordenspresse, Jugendzeitschriften, Verbandszeitschriften, Kultur- und Fachzeitschriften.

Da die Zeitschriften und Zeitungen Gewinne erwirtschaften (sollen), werden sie nicht von den Kirchen selbst verlegt, sondern von 'externen'

---

[230]   http://www.phil.uni-sb.de/projekte/imprimatur (Ausgabe 2/2000)
[231]   Südwestpresse vom 11.1.1995, zit. nach: Besier, *Konzern Kirche*, S. 105.
[232]   Martens, *Wie reich ist die Kirche?*, S. 96.

GmbHs. So z.B. die *Nordelbische Kirchenzeitung* von der Evangelischer Presseverlag Nord GmbH, die *Evangelische Kirchenzeitung* – das Sonntagsblatt für Hessen und Nassau – in der Spener Verlag GmbH Frankfurt, das *Heinrichsblatt* (Bistum Bamberg) von der St. Otto Verlag GmbH, *Kirche und Leben* (Bistum Münster) durch die BMV Bistumszeitung Münster Verlagsgesellschaft mbH, etc.

Die beiden Flaggschiffe der überregionalen Kirchenzeitungen bringen allerdings finanziell nichts ein und müssen von der EKD bzw. den Diözesen regelmäßig subventioniert werden: (1996) der *Rheinische Merkur* (katholisch) mit 13 Millionen Mark und das *Deutsche Sonntagsblatt* (evangelisch) mit 9 Millionen Mark, bis schließlich die EKD Ende 1999 ihr *Sonntagsblatt* endgültig einstellte. Nachdem die Diözesen bereits vor dreißig Jahren mit ihrem *Publik* Projekt gescheitert waren – trotz 15 Millionen Mark Startkapital (in 1968) – ist nun auch das evangelische Sprachrohr verstummt. Seit Oktober 2000 erscheint, als Nachfolgemedium, *Chrisma*, das auf Intervention des Kölner Verlages DuMont Schauberg aufgrund der Verwechslungsgefahr mit seiner Fernsehbeilage *Prisma*, allerdings seinen Titel ab Januar 2001 in *Chrismon* ändern musste – als monatliches Supplement zur *Süddeutschen Zeitung*, der *Frankfurter Rundschau*, der *Sächsischen Zeitung* und der Wochenzeitung *Die Zeit*.

Im evangelischen Sektor gibt es zwar ein großes *Gemeinschaftswerk der evangelischen Presse*, doch ähnlich wie bei den Kirchenzeitungen der Bistümer 'köcheln' die Landesverbände ihre eigenen Publikationen. 18 regionale evangelische Kirchenzeitungen erscheinen wöchentlich in Deutschland, mit ähnlichen Problemen wie im katholischen Sektor.

Da finanzielle Interessen auch Glaubensschranken überwinden können, besteht heute eine *Konpress-Anzeigen e.G.*, in der 39 Mitgliedsverlage der katholischen und evangelischen Publizistik gemeinsam Anzeigen verwerten. Durch jährlich gemeinsame Tagungen der beiden konfessionellen Verbände wird diese finanzielle Ökumene noch vertieft.

9.3. Buchproduktion

Zu den absoluten Auflage-Spitzenreitern aller Zeiten gehört ohne Frage die christliche Bibel. (Von 'Best*sellern*' zu reden ist allerdings nicht angebracht, da die meisten Bibeln für Missionszwecke verschenkt werden.)

Ironisch ist allerdings zu fragen, wer eigentlich das Copyright für die Bibel vorweisen kann. Nach dem deutschen Urheberrecht verbleibt das Copyright bis zu siebzig Jahren nach dem Tod des Urhebers bei den Erben. Da Gott – und die Bibel ist doch Gottes Wort ? –, ewiglich lebt, also bisher wohl nicht gestorben ist, müssten die Bibelanstalten einen schriftlichen Verlagsvertrag vorlegen können, der ihnen das göttliche Copyright überträgt. Alles geklaut? Oh, Gott! Nein, die Überlegung ist falsch: Schließlich hat Gott doch wohl keine deutsche Staatsangehörigkeit. Doch nun Scherz beiseite.

In einer Übersicht der deutschen Buchproduktion werden auf Grundlage der Angaben des Börsenvereins des deutschen Buchhandels jährliche Zahlen veröffentlicht. In der Rubrik 'Sachgebiet Religion, Theologie' werden u.a. die Erstauflagen zusammengezählt. Auch wenn sicherlich in anderen Sachgebieten (Adressbücher, Kirchenrecht, Schulbücher, Gesellschaft, etc.) weitere christliche/kirchliche Titel versteckt sind, sollen uns diese Angaben genügen, da sie eine Größenordnung beziffern.

Übersicht 92: Buchproduktion Religion / Theologie in Deutschland / Erstauflagen

Jahr	Titel Insgesamt	Sachgebiet Religion, Theologie	in %
1964	20.940	1.381	6,6
1965	22.842	1.316	5,8
1978	43.270	1.844	4,3
1979	50.306	2.441	4,9
1980	54.572	3.035	5,6
1983	47.976	2.253	4,7
1984	39.978	1.917	4,8
1985	45.000	2.082	4,6
1986	50.219	2.063	4,1
1991	48.879	2.439	5,0
1993	49.096	2.654	5,4
1994	52.767	2.850	5,4
1996	53.793	2.681	5,0
1997	57.680	2.889	5,0

Quelle: Statistische Jahrbücher, nach Angaben des Börsenvereins des Deutschen Buchhandels, Frankfurt am Main.

Über die Jahre (wieder) leicht ansteigend sind fünf Prozent der deutschen Buchtitel (rund 2.800 Titel in Erstauflage) religiöse / theologische Bücher.

9.4. Verlage

Nicht immer sind christliche oder kircheneigene Verlage ohne Weiteres erkennbar. So ist der Petri-Verlag, der einen konfessionellen Bezug vermuten lässt, nach seinem Besitzer benannt und bringt die deutsche Ausgabe des Männermagazins *Penthouse* heraus.

9.4.1. Katholische Verlage

Eine Organisationsebene innerhalb des Börsenvereins des deutschen Buchhandels ist der *Katholische Medienverband e.V.* (KMV), zu dem sich 1999 die vorher selbständigen Verbände *Arbeitsgemeinschaft Katho-*

lische Presse (AKP) und der *Verband der katholischen Buchhändler und Verleger* (VKB) zusammengeschlossen haben. Ihm gehören 78 Zeitschriftenverlage, 127 Redaktionen, 103 Buchhandlungen und 61 Buchverlage an.

Weltbild-Verlag

Die Annahme, dass es sich dabei durchweg um kleinere Verlage handele, die vorwiegend religiöse oder theologische Schriften verlegen, ist nur sehr bedingt richtig. Ein Verlag, der sich im Besitz von 15 westdeutschen Diözesen befindet (also hundertprozentig katholisch, 1948 gegründet), ist der Weltbild-Verlag, genauer und aktueller: die *Verlagsgruppe Weltbild.* Jahresumsatz: (1998) 1,2 Milliarden DM. Der Hauptbestandteil des Umsatzes (DM 650.000.000) fällt dabei auf den verlagseigenen Buchversand (seit 1972), der rund 3,5 Millionen Mitglieder/Haushalte in der Kartei hat (das ist jeder zehnte Haushalt in Deutschland), die monatlich einen Katalog bekommen. Der Verlag ist sozusagen das süddeutsche (katholische) Pendant zum norddeutschen (evangelischen) Giganten Bertelsmann. Nach Selbstdarstellung ist *Weltbild* jedoch in Deutschland der „größte Versender für Bücher, Musik & Videos".[233]

Der Verlag legt großen Wert darauf, kein normaler Buchklub zu sein – es besteht also keine Abnahmeverpflichtung für die Kunden. Dafür kommt monatlich der aktuelle „Gratis-Katalog" mit einer „Fülle aktueller Angebote, Neuheiten und Schnäppchen" ins Haus.

Die *Verlagsgruppe Weltbild* beschäftigt (1998) rund 1.600 Mitarbeiter und zum Gruppen-Mix gehören:
• Buchverlage: *Schneekluth* (Belletristik), *Pattloch* (Religiöses und Soziales, Künstlerbibeln), *Battenberg* (Antiquitäten, Sammeln, Kulturen), *Steiger* (Motor, Reise, Freizeit), *Midena* (Gesundheit), *Augustus* (Kreativ-Themen, Kochen, Garten).

Auf einer 'Elefantenhochzeit' hat der Weltbild-Verlag 1999 diese Verlage in einer strategischen Allianz mit der Holtzbrinck-Gruppe (Verlage: Fischer, Rowohlt, Droemer, Knaur, etc.) zusammengefasst, in die von der Holtzbrinck-Gruppe ihre süddeutschen Verlage (*Droemer, Knaur, Scherz, Lichtenberg, Fretz & Wasmuth*) eingebracht wurden und es entstand die *Verlagsgruppe Weltbild Droemer* (50 Prozent Beteiligung).

In eigener Regie verblieben bei Weltbild die Verlage *Bechtermünz* („Gut und günstig") und *Weltbild-Buchverlag* („Das Extra für den Leser"), am *Olzog-Verlag* (München) besteht eine 50 prozentige Beteiligung.

---

[233] Vgl. http://www.weltbild.de

• Versandbuchhandel: Neben dem klassischen Kataloggeschäft werden drei Internet-Buchversender aufgebaut: *weltbild.de* als online-Katalog, *jokers-online.de* als Verramscher von Restauflagen, und *booxtra.de*, ein Gemeinschaftsunternehmen mit t-online, dem Axel-Springer-Verlag und der Holtzbrinck-Gruppe (jeweils 25 Prozent Anteil).

• Buchhandlungen: Die Weltbild*plus*-Filialen ergänzen das Versandkataloggeschäft. Diese Buchhandlungen sind ein Gemeinschaftsunternehmen mit dem größten deutschen Buchhändler *Hugendubel* aus München. Als Testprojekt 1994 mit drei Filialen gestartet, sind es im Juni 2000 bereits *160 Buchhandlungen* (als Buchhandelskette) im deutschsprachigen Raum.

• Zeitschriften: *Auflage 1/2000*
  • Das christliche Weltbild magazin   165.339
  • Frau im Leben   126.287
  • Leben und Erziehen   128.793
  • X-mag (*Kolpingwerk*)   40.311
  • Hoppla   34.548
  • Benni / Olli und Molli / Stafette / Tierfreund / Geschichte mit Pfiff / Bimbo.

• Musikverlag: *Calig*, 1924 als Caritas-Lichtbild-Gesellschaft gegründet. Seit 1993 befindet sie sich im Eigentum von *Weltbild* und produziert Klassisches.

Sebaldus-Verlag

Einst von einem Prälaten gegründet, gehörte der katholische *Sebaldus Verlag* (Nürnberg) mit seinen angeschlossenen großen Druckereien und ebenfalls über einer Milliarde Umsatz zu den größeren der Branche. Der Verlag hatte rund 200 Gesellschafter, unter anderem die Erzbischöfliche Ernestinische Seminarstiftung Bamberg, das Bischöfliche Seminar Sankt Willibald in Eichstätt oder das Missionswerk *missio* Aachen. Einer der großen Gesellschafter, mit 10,6 Prozent Anteil, war (1995) die Erzdiözese Bamberg. Pikanterweise brachte der Sebaldus Verlag in Zusammenarbeit mit dem Burda Verlag 1990 die 'Busen-Postille' *Super Illu* heraus, verweigerte sich aber dem Protest der kirchlichen Gesellschafter, woraufhin diese ihre Anteile erst 'auf Eis legten' und sie erst wieder aktivierten, nachdem der Verlag seine Anteile später an Burda veräußert hatte.[234] Die unübersichtliche Eigentümerstruktur, eine unklare Geschäftspolitik und das wiederholte Hineinreden kleinerer Gesellschafter in das Tagesgeschäft (Werbung für Dessous wurde als „anstößige Anzeigen" empfunden) führte 1997 zu einer Umwandlung der Eigentümerstruktur, in der (offiziell) alle kleinen und kirchlichen Gesellschafter ausbezahlt wurden.

---

[234] *DER SPIEGEL*, Nr. 10/1995, S. 84f.

Am Mutterunternehmen Sebaldus Beteiligungs GmbH halten seitdem die Deutsche Beteiligungs AG und die französische Alpha Beteiligungsgesellschaft jeweils 36,5 Prozent und die EKS Beteiligungsgesellschaft Stuttgart 20 Prozent.[235] Seitdem werden die Firmenanteile hin- und hergeschoben, umgegliedert und 1999 wurden alle Druckbetriebe mit der Druckerei Schlott AG zur Schlott-Sebaldus AG zusammengeführt. Beim Sebaldus Verlag verblieb eine Restbeteiligung von 25 Prozent an der *Gong Verlag GmbH* (Fernsehzeitschrift) und die Zeitschrift *Guter Rat – Ihr persönliches Verbraucher Magazin.* Bemerkenswert ist nach allen Aktien- und Besitzumschichtungen ein Blick in das Impressum des 'Flaggschiffs' des Weltbild-Verlages: das *weltbild-magazin* (Oktober 2000).

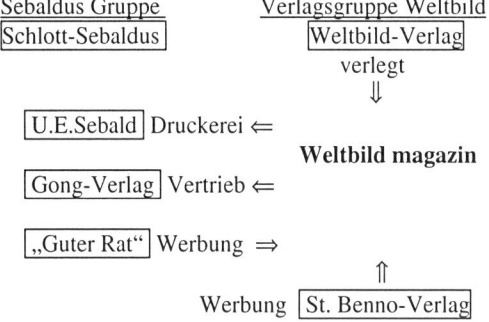

Eine Struktur, die in ihrem Gefüge überraschend an eine Aufforderung des Vorsitzenden der Bischofskonferenz, Kardinal Dr. Karl Lehmann, erinnert, der im März 2000 betont hatte: „Angesichts des Tempos der Entwicklungen insbesondere von Konzentrationen im elektronischen wie im Printbereich ringsum ist auch für unsere Kirche die Bemühung um Bündelung der Kräfte, um Konzentration und gleichzeitige Optimierung der Ressourcen angesagt."[236]

Allerdings wurde das *Weltbild magazin* im Sommer 2001 in der jetzigen Form eingestellt und kooperiert mit der Kölner Zeitschrift *Lenz* (Zielgruppe: die 49 bis 65 Jahre alten Leser der so genannten „Best-Ager"), da die bisher vorwiegend ältere Leserschaft sich dem Layoutwechsel verweigert und die Absatzzahlen rapide sinken. 1999 war eine neue Chefredakteurin eingestellt worden, die vorher als Chefreporterin bei *Cosmopolitan*

---

[235] *DIE WELT,* vom 2.1.1999, http://www.welt.de/daten/1999/11/02/
[236] Sekretariat der Deutschen Bischofskonferenz: Pressebericht des Vorsitzenden der Deutschen Bischofskonferenz, Bischof Dr. Karl Lehmann, im Anschluss an die Frühjahrs-Vollversammlung vom 13.-16. März 2000 in Mainz, Punkt IV.1. Kirchliches Engagement in den Medien, in: http://dbk.de/presse/pm2000/...

und dann als Chefredakteurin bei *Marie-Claire* – renommierten Frauenzeitschriften – gearbeitet hatte und man versprach sich ein flottes
Magazin auch für eine jugendliche Kundschaft. Doch der Spagat misslang
anscheinend: Die Älteren bleiben weg und die Jüngeren wurden nicht
erreicht.

Diözesane und weitere Verlage

Neben dem Giganten *Weltbild*, der 1948 als Gemeinschaftsunternehmen
der damaligen 15 westdeutschen Diözesen entstand, um eine überregionale Zeitschrift „Mann in der Zeit" herzustellen und zu vertreiben, die
dann zum *Weltbild magazin* mutierte und sich zur Verlagsgruppe entwickelte, haben die Diözesen seit langem ihre 'eigenen' diözesanen Verlage
vor Ort, für die sie persönlich die 'Imprimatur' besitzen (Imprimatur ist
die Veröffentlichungserlaubnis des Bischofs oder die Vor-Zensur).

Als Kirchenverlage sind zu nennen: (Katholische Diözesen): *St. Benno*,
Leipzig (Diözesen Erfurt, Dresden-Meißen, Magdeburg und Görlitz),
Bonifatius Verlag (Paderborn), *Matthias-Grünewald-Verlag* (Mainz),
Aschendorff (Münster), *Paulinus* (Trier), *Bachem* (Köln), *Pattloch* (Ver-
lagsgruppe Weltbild, München), *Bergmoser+Höller* (Aachen), *Pustet*
(Regensburg) und *Schwabenverlag* (Stuttgart).

Der größte katholische Verlag neben Weltbild, der Verlag *Herder* in
Freiburg im Breisgau, befindet sich allerdings seit 200 Jahren in Fami-
lienbesitz und ist der einzige, der in den USA, in New York, eine 'Filiale'
Crossroads aufgebaut hat. Zum Verlagshaus Herder gehören noch zu-
sätzlich die Verlage *Ploetz* (Geschichte), *Karl Alber* (Philosophie),
KeRLE (Kinderbuch), *Christophorus* (Familie, Hobby) und der *VJK
Verlag Josef Knecht* (Kultur, Gesellschaft, Religion).

„Mit einem Umsatz von 87,5 Millionen Mark, jährlich etwa 500 Neu-
erscheinungen und 170 Mitarbeitern zählt das Unternehmen zu den 40
größten Verlagen im deutschsprachigen Raum."[237]

Die beiden Beispiele Weltbild und Herder verdeutlichen das starke Ge-
fälle zwischen den 'Verlagsgruppen' und den 'Einzelkämpfern', die
durchaus geneigt sind, durch neue Wege neue Kunden zu erreichen. So
bringt der Würzburger Echter Verlag eine neue Bibel heraus, das *Bibel-
blatt* im Comic-Format, das im Schlagzeilen-Tenor gehalten ist: „Jesus
lässt die Sau raus".[238]

---

[237] Verlag Herder: Presseinformation: *200 Jahre Herder – 200 Jahre Zukunft* (Februar
2001).
[238] *Hamburger Abendblatt*, vom 2.9.1999, S. 32.

Historisch unter konkreten Anforderungen entstanden, unterscheiden die Verlage sich heute durch verschiedene Kombinationen der Bestandteile Buchverlag / Bistumszeitung / Druckerei.

9.4.2. Evangelische Verlage

Das Pendant zum katholischen Buchhändler- und Verlegerverband ist im evangelischen Sektor die *Vereinigung Evangelischer Buchhändler und Verleger e.V.*, dem u.a. 166 Buchhandlungen und 78 Verlage angehören, also deutlich mehr als der katholischen Konkurrenz. Allerdings ist ein Teil dieser Verlage auch Mitglied in der KEP (*Konferenz Evangelikaler Publizisten*) der *Evangelischen Allianz*, deren 15 Verlage angeblich „rund 60 Prozent des protestantischen Buchmarktes abdecken".[239]

Bei einer Durchsicht der Mitgliederliste der evangelischen Verlage fällt auf, dass im Vergleich zu einer Zusammenstellung vor dreißig Jahren[240] die großen Verlage wie *C.H. Beck* (München), *Walter de Gruyter & Co.* (Berlin), *W. Kohlhammer* (Stuttgart), und *J.C.B. Mohr / Paul Siebeck* (Tübingen) sich heute nicht mehr zu diesem Grundverständnis 'bekennen'.

Gütersloher Verlagshaus

Der bekannteste evangelische Verlag ist heute wohl *Vandenhoeck & Ruprecht* (Göttingen), der renommierteste Verlag ist das *Gütersloher Verlagshaus* Gerd Mohn (Gütersloh), zu dem noch die Verlage *Chr. Kaiser*, *Kiefel* und *Quell* gehören. Die wichtigsten wissenschaftlichen 'offiziellen' Veröffentlichungen der evangelischen Kirche erscheinen in dieser evangelischen 'Verlagsgruppe' (seit 1869 das *Kirchliche Jahrbuch für die Evangelische Kirche in Deutschland* – inzwischen im 121. Jahrgang[241]) und es ist wahrscheinlich kein Zufall, dass beispielsweise aufwändige Werke (*Handbuch der Christlichen Ethik*, 3 Bände mit zusammen 1.632 Seiten) bereits in den achtziger Jahre als 'joint venture' mit dem Verlag Herder verlegt wurden.

In Richtung einer 'Medien-Ökumene' weist auch die Tatsache, dass das Begleitbuch zu der Fernsehserie „Glut unter der Asche" (die von der evangelischen und katholischen Redaktion „Kirche und Leben" des ZDF redaktionell betreut und von der evangelischen *Eikon* und der katholischen *Tellux-Film* produziert wurde) im *Gütersloher Verlagshaus* erschien. Das Begleitbuch zur Serie „2000 Jahre Christentum" der ARD, die von der *IT-Media GmbH* – ein gemeinsames Unternehmen der katho-

---

[239]   http://www.kep.de (Evangelikale Medien)
[240]   Martens, *Wie reich ist die Kirche?*, S. 109ff.
[241]   http://www.gtvh.de (Gütersloher Verlagshaus)

lischen *Tellux-Film* und der *Imatel* Mediengesellschaft der Evangelischen Landeskirche in Württemberg – produziert wurde, wurde dagegen vom evangelischen *Kreuz Verlag* gemeinsam mit dem katholischen *Pattloch Verlag* aufgelegt.

Entstanden ist diese Verlagsgruppe, wie es der Sitz Gütersloh bereits vermuten lässt, aus dem Zusammenhang des *Bertelsmann Verlages*. „1835 gründete Carl Bertelsmann den C. Bertelsmann Verlag mit eigener Buchdruckerei. Der verlegerische Schwerpunkt lag auf christlicher Literatur und allgemeinbildenden Büchern. [...] Wegen der liberalen Ausrichtung und des kirchlichen Engagements des Verlages kam es zur vorübergehenden Schließung während der Nazi-Zeit. Reinhard Mohn übernahm 1947 die Alleingeschäftsführung."[242] Das *Gütersloher Verlagshaus* mit seinen Verlagen ist sozusagen die Ausgliederung oder Spezialabteilung für das traditionelle kirchliche Engagement, das für einen 'global player' wie den Bertelsmann Konzern keine Bedeutung mehr hat.

Claudius Verlag

Nun sollte man aber nicht meinen, dass keine Konkurrenz zwischen kirchlichen Verlagen bestünde. An zwei Beispielen sei das erläutert. Der *Claudius Verlag* des Evangelischen Presseverbandes für Bayern veröffentlichte 1990 den Titel „Das Enneagramm. Die 9 Gesichter der Seele"; im Jahr 2000 befand sich das Buch in der 36. Auflage und insgesamt mehr als 300.000 Exemplare waren verkauft (307 Seiten, DM 35). Im Frühjahr 2001 sind inzwischen 37 Enneagramm-Titel lieferbar (Schwerpunkte des Erscheinens 1994-1996 und 1999-2000): Neun Titel vom *Claudius Verlag*, sechs von *Droemer-Knaur*, jeweils drei von *Goldmann* und *Herder*, und weitere einzelne Titel anderer Verlage.

Ebenfalls ein 'Renner' ist das „Evangelische Gesangbuch" – auch aus dem *Claudius Verlag*: Ein 1.600 Seiten starkes Sammelwerk und seit seinem Erscheinen bereits 850.000 mal verkauft,[243] allein 600.000 mal in Bayern.[244]

Das führt uns darauf, dass der *Claudius Verlag* u.a. der 'offizielle Verlag' der Evangelisch-lutherischen Kirche in Bayern ist und das Gesangbuch korrekt heißt: „Evangelisches Gesangbuch für die Evangelisch-Lutherischen Kirchen in Bayern und Thüringen", erhältlich in neun verschiedenen Ausgaben (als Gemeindeausgabe – Kirchliches Eigentum,

---

[242] Rüdiger Liedtke: *Wem gehört die Republik? Die Konzerne und ihre Verflechtungen.* 2001. Frankfurt: Eichborn, 2000, S. 81.

[243] http://www.epv.de/epv/claudius.html

[244] http://www.claudius.de

als Geschenkausgabe, als kleine Ausgabe, als Standardausgabe mit und
ohne Harmoniebezeichnung und in Großdruck).

Wenn es also für das evangelisch-lutherische Bayern und Thüringen
ein eigenes Gesangbuch gibt ... ja, dann haben andere Landeskirchen auch
ihre eigenen evangelischen Gesangbücher. (Nicht, dass da etwa ein Lutheraner reformiert singt.) 69 Ausgaben sind lieferbar[245] und der Markt ist
nach Landeskirchen aufgeteilt: *Wichern Verlag*, Berlin (Sachsen und
Mecklenburg), *Schlüter Verlag*, Hannover (Hannover und Bremen),
Spener Verlag, Frankfurt (Hessen und Nassau), *Evangelische Verlagsanstalt*, Leipzig (Landeskirche Sachsens), *Wittig*, Kiel (Nordelbien), *Neu-
kirchener Verlag*, Neukirchen (Rheinland, Westfalen und Lippe), *Claudius Verlag*, München (Bayern und Thüringen). Und es gibt auch noch
eine „Normalausgabe", die erscheint bei *Vandenhoeck & Ruprecht*, Göttingen.

Beenden wir diese Auflistung, denn wenn man jetzt anfangen wollte zu
zählen, wie viele Ausgaben der Bibel aktuell verlegt werden – es führt
zwar nicht ins Uferlose, aber rund 1.600 verschiedene Bibel-Ausgaben
sind derzeit auf dem deutschen Buchmarkt vorhanden.

9.5. Druckereien

So wie die Mönche im Mittelalter in den Klöstern die Bibeln und Traktate
vervielfältigten, legen einige Diözesen/Landeskirchen auch heute noch
großen Wert darauf, die Vervielfältigung ihrer Publikationen unter eigener Kontrolle zu behalten, d.h. eigene Druckereien zu besitzen.

So wurde, als Beispiel für die Diözese Aachen, aus der kleinen Pau-
linus-Druckerei ein Unternehmen, das sich heute als *Paulinus Unterneh-
mungsgruppe* bezeichnet.

Bei den christlichen Hilfswerken waren wir bereits auf die *Bonifatius-
Druckerei* (Paderborn) gestoßen, die 1869 von Vorstandsmitgliedern des
Bonifatius-Vereins als eigenständiges Wirtschaftsunternehmen gegründet
worden war. Der Reinerlös des Unternehmens geht dann als 'Spende' an
das *Bonifatiuswerk* für die Diaspora-Seelsorge.

Aber auch die Mönche drucken heute noch. Nicht mehr im Handsatz
und Buchdruck, sondern mit Datenfernübertragung und Heidelberger
Vierfarben-Speedmaster-Druckmaschinen im 72 x 102 cm Druckformat:
So die klösterliche *Benedictpress*, eine Unterabteilung der *Vier-Türme
GmbH*, die wiederum ein eigenständiges Wirtschaftsunternehmen der
Benediktinerabtei in Münsterschwarzach (bei Würzburg) darstellt.

---

[245] siehe http://www.amazon.de (Suche: Evangelisches Gesangsbuch)

Der Respekt vor dem Alltag von Mönchen des Benediktinerordens, die niemandem auf der Tasche liegen, sondern ihren Lebensunterhalt selbst erarbeiten und sich dabei modernster Technologien bedienen, bekam jedoch einen heftigen Knacks, als ich las, was unter „P wie Preis" in der Selbstdarstellung „Damit Sie von A – Z über uns im Bilde sind" zu lesen steht: „Natürlich haben wir eine ganz andere Arbeitsmoral, die Ihnen nicht nur Ehrlichkeit, sondern auch faire Preise garantiert. So lautet der Wahlspruch des Heiligen Benedikt: 'Die Mönche sollen in allem, was sie tun, billiger sein als alle anderen – aus Gottgefälligkeit'. Dass dieser Preisvorteil auch einen qualitativen Gewinn bedeutet, darauf können Sie rechnen."[246] Inzwischen amüsiere ich mich darüber, dass in wirtschaftlich schwierigen Zeiten der Druckindustrie eine Druckerei ihre Dumping-preise als „Gottgefälligkeit" anpreist.

Aber es gibt auch klösterliche Rotationsdruckereien für Zeitschriften: Die Erzabtei St. Ottilien (*EOS Druck und Verlag*) druckt das Missions-magazin der deutschen Jesuiten, und die Mariannhiller Mission hat eine eigene Missionsdruckerei Mariannhill in Reimlingen.

Wo werden die gedruckten Bücher und Zeitschriften nun verwahrt?

9.6. Büchereien

Nicht von den wissenschaftlichen kirchlichen Bibliotheken und den prachtvollen Klosterbibliotheken soll jetzt die Rede sein (dazu später im Kapitel: *Kunst, Sakrales*), sondern von den rund 4.500 katholischen und den 1.038 evangelischen Büchereien (allein in den westlichen Landes-kirchen), die zumeist von den örtlichen Gemeinden getragen werden, und in denen rund 38.000 ehrenamtliche Mitarbeiter/innen selbstlos „einen wertvollen Dienst am Gemeinwohl"[247] leisten.

Allerdings sind in der offiziellen Gemeindestatistik für ganz Deutsch-land nur 135 kirchliche öffentliche Bibliotheken aufgelistet – 124 in ka-tholischer und 11 in evangelischer Trägerschaft –, für die (1998) aus öf-fentlichen Mitteln DM 14.340.000 ausgegeben wurden.[248] Der Unter-schied in den Angaben über die Anzahl der kirchlichen Bibliotheken beruht vermutlich darauf, dass die offizielle Gemeindestatistik nur solche Einrichtungen als 'öffentliche Bibliotheken' bewertet, die „die Funktion von allgemeinen öffentlichen Bibliotheken erfüllen und mit hauptamtli-chem Personal (mindestens 1 Stelle mit 20 Wochenstunden) besetzt

---

[246]   http://www.vier-tuerme.de/Druckerei/Alphabet (Seite 10)
[247]   Sekretariat der Deutschen Bischofskonferenz (http://www.dbk.de)
[248]   Deutscher Städtetag, *Statistisches Jahrbuch Deutscher Gemeinden 1999*, S. 242.

sind",[249] und die kleine Pfarrbücherei mit einer ehrenamtlichen Mitarbeiterin und vier Stunden Öffnungszeit pro Woche nicht als 'öffentliche Bibliothek' ernst genommen wird.

Als typisch seien die „katholischen öffentlichen Büchereien" in der Gemeinde St. Nikolaus / Rodgau (im Bistum Mainz) genannt. Jügesheim: 2.700 Bände. Öffnungszeiten Sonntags 9.30-11.30 Uhr, und Di./Do. 16.00-18.00 Uhr. Dudenhofen: 2.500 Bände. Öffnungszeiten So. 10.30-12.00 Uhr und Mittwochs 18.00-19.00 Uhr.

Selbstkritisch wird die Einstufung angenommen: „Ehrenamtlich geleitete Kleinstbibliotheken mit Durchschnittsbestand von 3.124 Medien gelten als Schlusslicht der bundesdeutschen Bibliothekslandschaft". Aber: „Sie bieten neben äußeren Faktoren wie geringe Distanz zur Wohnung ein wesentliches Element: personalen Kontakt."[250]

Die 135 'staatlich anerkannten' kirchlichen Bibliotheken verfügen über einen Bestand von 1.593.896 Büchern (Im Durchschnitt also 11.800 Bände). Nehmen wir für die weiteren rund 5.240 kirchlichen Büchereien den Bestand von 3.200 Büchern pro Einrichtung an, so ergibt sich ein Gesamtbestand in diesen kirchlichen Bibliotheken/Büchereien von rund 18,4 Millionen Büchern. Legen wir nun zugrunde, dass diese Bücher einen durchschnittlichen 'Flohmarkt-Wert' von fünf Mark haben, so ergeben sie einen Vermögenswert von DM 92 Millionen Mark.

9.7. Elektronische Medien

Als die modernen Medien (Rundfunk, Film, Fernsehen) ihren Siegeszug begannen, nahmen die Katholiken die Möglichkeiten engagiert wahr, die Evangelischen hatten Bedenken.

„Als der Rundfunk in Deutschland am 29. Oktober 1923 begann, brach in der evangelischen Kirche eine heftige Diskussion über eine Beteiligung los. [...] Den Gegnern erschienen kirchliche Rundfunksendungen als Konkurrenz zum sonntäglichen Gottesdienst, sie warnten davor, dass der Rundfunk die Menschen isoliere und die Kultur verflache."[251] 1923! Den heutigen Fernsehkritikern müsste das laut in den Ohren klingen.

Die alten 'pietistischen' Vorbehalte und die neuen 'Tellerränder' der Landeskirchen haben die zersplitterten Evangelischen gegenüber der

---

[249]   Deutscher Städtetag, *Statistisches Jahrbuch Deutscher Gemeinden 1983*, S. 276.
[250]   Gabriele Kassenbrock: „Die Bücher sind nur die eine Seite...", in: *BuB* (Buch und Büchereien), Nr. 52 (2000), S. 364.
[251]   Patricia Schmidt-Fischbach: Die Geschichte evangelischer Rundfunkarbeit, unter: http://www.ekd.de/rundfunk

zentral organisierten katholischen Konkurrenz gnadenlos ins Hintertreffen geraten lassen.

9.7.1. Film-Unternehmen

Bei der **Filmproduktion** ist die *Eikon GmbH* (Potsdam), die wichtigste evangelische Produktionsfirma (im Besitz von zwölf Gliedkirchen, dem Diakonischen Werk und einiger weiterer kirchlicher Einrichtungen und Werke). Sie hat zwar ihre Geschäftätigkeit über das ZDF hinaus auf Sender der ARD und Privatfunkveranstalter ausgeweitet, doch damit konnten die angelaufenen Verluste noch nicht ausgeglichen werden.[252] Letzte Produktion (1997/98): „Reise in die Nacht" (TV-Movie, Problemfilm, Vergewaltigung, Justiz),[253] Weltvertrieb: ZDF Enterprises.

Alle weiteren, kleinen Produktionsfirmen wurden von einzelnen Landeskirchen gegründet, um einen regionalen Zulieferdienst zu organisieren:

* *Imatel* Mediengesellschaft mbH (Württemberg),
* Evangelisches Fernsehen / efs (Nordelbien),
* Evangelischer Kirchenfunk / ekn (Niedersachsen),
* Evangelischer Rundfunkdienst / ERB (Baden), und das
* Evangelische Fernsehen / efs (in Bayern).

Aber: „Die evangelischen Produktionsfirmen sind miteinander konkurrierende Unternehmen, die unverbunden nebeneinander arbeiten. Kooperationen bzw. gemeinsame Produktionen finden bislang nicht statt." „Auf katholischer Seite sind die Produktionskapazitäten gebündelt worden. Unter dem Dach der *Tellux* arbeiten mehrere Firmen im Wettbewerb miteinander, aber koordiniert mit speziellen Aufgaben und unter Vermeidung unwirtschaftlicher Konkurrenz."[254]

Tellux-Gruppe

Sicherlich haben Sie bereits einen Film dieser Unternehmen gesehen, ohne darauf zu achten. Die *Tellux*-Gruppe produziert Kinofilme sowie Fernsehfilme/-beiträge und Dokumentarfilme für alle deutschen Fernsehsender.

Die *Tellux-Film* GmbH wurde 1960 in Rottenburg gegründet und nach der Fusion mit der *Provobis* nach München verlegt. Seit 1994 ist die korrekte Bezeichnung *Tellux Beteiligungsgesellschaft mbH München* und die

---

[252] Vgl. EKD-Text: *Mandat und Markt*. Perspektiven evangelischer Publizistik, Punkt 6.5., (erstellt 1997) über: http://www.ekd.de/EKD-Texte/gesamtkonzept
[253] http://www.movieline.de (dort: datenbank)
[254] EKD-Text: *Mandat und Markt*, Punkt 6.5., Kirchliche Fernseh-Produktionsfirmen.

Mehrheitsgesellschafter sind neun katholische Bistümer.[255] Die wichtig-sten Produktionsunternehmen sind die *Tellux-Film* (in München) und die *Provobis-Film* (in Hamburg), sowie die *Alpha Entertainment Film und Fernsehen GmbH* (in Mainz), die *Arena Film und TV GmbH* (in Ham-burg) und die *ABC-Studio audiovisuelle Produktionsgesellschaft mbH* (in Wiesbaden), mit der die *Tellux* eine Beteiligung am *ABC & Taunusfilm Kopierwerk* besitzt.

Bekannte Produktionen von *Tellux* bzw. *Provobis*:
- *Glut unter der Asche* (2000, TV, 7 Teile, mit *Eikon Film* für das ZDF),
- *2000 Jahre Christentum* (1999, TV, mit *Imatel* für die ARD, 13 Folgen)
- *Trillenium* (1999, TV-Weltraum Movie für SAT.1),
- *Else – Geschichte einer leidenschaftlichen Frau* (1999, TV-Movie, mit Katja Riemann und Jürgen Holtz / Koproduzent Bayerischer Rundfunk),
- *Die Braut* (1999, Kino/TV, mit Veronika Ferres und Herbert Knaup /ARD-Bei-trag zum Goethejahr),
- *Feuerreiter* (1998, Kino, Hölderlin-Film),
- *Die Farbe des Lebens* (1997, Kino/TV, nach dem Theaterstück 'Bruder unseres Gottes' von Karol Wojtyla / ARD),
- *Nikolaikirche* (1995, Kino/TV),
- *Mario und der Zauberer* (1994, Kino/TV)
und viele andere mehr, darunter *Tatort* und *Polizeiruf 110*.
- *Schwarz greift ein*, die beliebte Fernsehserie von SAT.1, wurde/wird von den ABC-Studios produziert.

Nach dem Mauerfall gründete die *Tellux* u.a. Zweigniederlassungen in Leipzig und Dresden (MDR!), und übernahm im April 1997 zu gleichen Teilen mit der MDR-Tochter *drefa* den ehemaligen DDR-Filmverleih *Progress*, der über die gesamten Verwertungsrechte der DEFA-Filme verfügt.

An der *Tellux*-Gruppe, die noch eine Reihe von technischen Service-firmen betreibt, ist mit fünf Prozent die luxemburgische *Sankt-Paulus-Gruppe* beteiligt, die über ihre Tochter *videopress* den kommerziellen Videomarkt bedient.

Tellux-Gruppe			
⇓	⇓	⇓	⇓
Produktion ⇔	Vertrieb ⇔	Rechte ⇔	Verwertung
Tellux-Film	*Progress*	*DEFA*	*Kathol. Filmwerk*
Provobis Film		*St.Paulus-Gruppe*	*videopress*
Alpha und *Arena*			

---

[255] http://www.telluxfilm.de

Der Vertrieb (d.h. Verkauf) für nicht-kommerzielle Weiterverwertung (Pfarrgemeinden, Bildungseinrichtungen, Krankenhäuser, etc.) erfolgt über das *Katholische Filmwerk*.

Somit kann sich die *Tellux*, mit ihren technischen Subunternehmen, nicht nur als kompetenter Produzent für jeden Auftraggeber andienen, sondern ist gleichzeitig zuständig für die Zweit- und Drittverwertung – eine effiziente Struktur. Zusätzlich ist die *Tellux Beteiligungsgesellschaft* im Privatradio aktiv.

Der Umsatz der *Tellux*-Gruppe belief sich 1997 auf DM 57,2 Mio., 1998 auf DM 68,8 Mio. und 1999 auf DM 68,0 Mio.

Im **Filmvertrieb** sieht neben dieser konzentrierten Kraft von *Tellux / Progress / Katholischem Filmwerk* der evangelische *Matthias-Film* gemeinnützige GmbH (in Stuttgart) recht bescheiden aus. Getragen vom Diakonischen Werk, sieben Landeskirchen, drei Presseverbänden und weiteren kirchlichen Gesellschaftern, ist er zwar der wichtigste Lizenzhändler und Lizenzauswerter im evangelischen Sektor, kann aber nur vereinzelt auf 'firmeneigene' oder 'verbundene' Produktionen zurückgreifen.

9.7.2. Radiosender

Hören Sie *Radio Vatikan*? Brauchen Sie auch nicht, denn ab sechs Uhr morgens strahlt es mit „Rosenkranz – Hörer betet mit" auch aus deutschen Landen. Über Astra Digital Radio empfangen Sie aus Immenstadt:

* *Radio Horeb*,

mit dem auch die katholische Kirche „einen Beitrag zur Neuevangelisierung im deutschsprachigen Raum leisten will".[256]

Frohgemut berichtete der Leiter des Senders im Rundbrief Mai 2000 den Freunden: „Am Rande der Frühjahrsvollversammlung der deutschen Bischöfe teilte der für die Medien zuständige Trierer Bischof Dr. Hermann Josef Spital mit, dass von der offiziellen Kirche kein eigener Hörfunk- oder Fernsehsender geplant sei."

Vier Wochen später passierte das Ungeplante im Alleingang eines Erzbistums:

* *Domradio*:

„Eigener Radiosender des Erzbistums Köln mit 24-Stunden-Programm", seit Pfingstsonntag 2000 auf Sendung. „Damit spreche das Domradio nicht nur die mit der Kirche eng verbundenen Christen an, sondern auch

---

[256] http://www.katholische-kirche.de (Plattform, Kategorie Hörfunk)

die so genannten 'Kölschen Katholiken', die eine eher lockere Verbindung zu ihrer Kirche haben."[257]

• *Paradiso*. Christliches Radio Berlin.
Seit Februar 1997 auf Sendung, ist es die 'evangelische Konkurrenz' zu *Antenne Brandenburg*. Anfänglich in der evangelischen Kirche heftig umstritten, da man Schwierigkeiten mit den öffentlich-rechtlichen Sendern befürchtete, geriet *Paradiso* im Herbst 1998 in wirtschaftliche Turbulenzen und arbeitet nun mit kleinerem Stab und Unterstützung durch die Landeskirche und die EKD. Der Jahresumsatz von *Paradiso* ist zwar nicht bekannt, dafür aber die Gesellschafter – nach dem evangelischen Motto 'In der Vielfalt liegt die Pracht': Evangelischer Presseverband (über 50%), Nordelbische Kirche (7,5%), Evangelische Darlehnsgenossenschaft (5%), Freundeskreis Radio Paradiso e.V. (12,5%), Diakonisches Werk Berlin (0,5%) und die Versicherungsgruppe HUK-Coburg (2,5%).[258]

Im Vergleich zwischen den konfessionellen Aktivitäten im Privatfunk ist der katholische Sektor weit voraus. Allein die *Tellux Beteiligungsgesellschaft* hält über ihre Firma *Astratel* (in Stuttgart) Beteiligungen an *Radio PSR* (in Leipzig) und der *Antenne Mecklenburg-Vorpommern* und versorgt mit den beiden Firmen *KiP* (in Stuttgart) und *KiP-NRW* (in Essen) – KiP = Kirche im Programm – private Rundfunksender zentral mit dem katholischen 'Radiomix'.

9.7.3. Bibel-TV

Zum Abschluss noch eine Meldung von außerhalb der 'verfassten EKD'. Ab Herbst 2001 soll ein digitales Fernsehprogramm auf Sendung gehen, das von der *Evangelischen Allianz* betrieben wird (die schon seit Jahren international mit dem ERF – *Evangeliums-Rundfunk* auf Sendung ist; Jahresetat aus Spenden: 27 Millionen Mark). 15 evangelische und katholische Werke seien beteiligt, u.a. die Studentenorganisation *Campus für Christus*. Die Anschubfinanzierung (13,5 Millionen) stellt der Verleger Norman Rentrop (Bonn) zur Verfügung. Das ganze Unternehmen hat die Form einer Stiftung und will nur Bibelfilme und Lesungen aus dem Alten und Neuen Testament ausstrahlen.[259]

---

[257] http://www.katholische-kirche.de (Aktuell, Pressemitteilung des Erzbistums Köln vom 7.6.2000)
[258] *Berliner Morgenpost* vom 8.6.1997 („Paradiso")
[259] http://www.kep.de (Pressemitteilung vom 12. Januar 2001)

9.8. Fazit

Im Bereich der Medienunternehmen erreichen die Religionsgesellschaften in den Bereichen Zeitschriften einen Umsatz von 285 Millionen Mark, bei den Verlagen 1,28 Milliarden, in der Filmbranche 68 Millionen und für ihre öffentlichen Bibliotheken erhalten sie kommunale Zuschüsse von 14 Millionen. Der Buchbestand hat einen geschätzten Gebraucht-Verkaufswert von 92 Millionen Mark, der Verlagsbereich einen Vermögenswert von rund 640 Millionen. An Einnahmen/Umsätzen ergibt sich so ein Volumen 1,6 Milliarden und ein Vermögenswert von rund 640 Millionen.

10. Grundbesitz und Immobilien

Grundbesitz / Flächen / Bewertung / Immobilien (Gebäude) / Kirchen / Pfarr- und Gemeindehäuser / Bewertung der Immobilien / Weitere kirchliche Gebäude

Den Kirchen, und insbesondere der katholischen Kirche, wird landläufig unterstellt, sie seien so vermögend, weil sie einen immensen Grundbesitz ihr eigen nennen – schon seit Jahrhunderten. Ist daran etwas Wahres?

10.1. Grundbesitz

Bemerkenswert ist, dass in Veröffentlichungen nach dem Zweiten Weltkrieg[260] die Zahlenangaben dazu sich nur auf Schätzungen aus der Nachkriegszeit beziehen und statistische Angaben, die für das vorherige Deutsche Reich vorliegen, in der Bundesrepublik Deutschland nicht weiter erhoben oder zumindest nicht veröffentlicht wurden und auch von Autoren der Nachkriegszeit bisher nicht beachtet worden sind.

10.1.1. Fläche des Grundbesitzes

Für das Jahr 1937 wird in der Statistik des Deutschen Reiches für das damalige Reichsgebiet als „Kirchlicher Besitz in der Land- und Forstwirtschaft" aufgelistet:[261] Evangelische Kirche und Anstalten: 444.231 ha, katholische Kirche und karitative Einrichtungen: 257.046 ha.

Übersicht 93: Kirchlicher Grundbesitz (1937), Land- und Forstwirtschaftliche Flächen

Besitzer	Ha
Evangelische Landes- und Provinzialkirchen	396.993 ha
Evangelische Anstalten	47.238 ha
Zwischensumme Evangelisch	*444.231 ha*
Katholisches Eigentum	202.971 ha
Katholische Karitative Einrichtungen	54.075 ha
Zwischensumme Katholisch	*257.046 ha*
Übrige	2.239 ha
Insgesamt kirchlicher Besitz	**703.516 ha**

Quelle: Wirtschaft und Statistik, Jg. 1940, Heft 13 , S. 246.

Auf das damalige Reichsgebiet bezogen entsprach dieser kirchliche Besitz 1,6 Prozent der land- und forstwirtschaftlich genutzten Flächen. Davon waren 63 Prozent im Besitz der evangelischen Kirche und 37 Prozent im Besitz der katholischen Kirche und ihrer jeweiligen karitativen Einrichtungen.

---

[260] z.B. Martens, *Wie reich ist die Kirche?* (1969)
[261] *Wirtschaft und Statistik*, Heft 23 (1939) und Heft 7/8 und 13 (1940).

Zumindest also für die 'verfassten' Kirchen stellt sich für das Deutsche Reich 1937 der angeblich erheblich größere landwirtschaftliche Grundbesitz der katholischen Kirche als Legende heraus, da die evangelischen Kirchen beinahe doppelt so viel Fläche besaßen.

Übersicht 94:   *Land- und forstwirtschaftliches Grundeigentum der Religionsgemeinschaften und konfessionellen Anstalten in den Ländern und Provinzen des Deutschen Reiches 1937 – in Hektar.*   *(Untergliedert nach der politischen Verteilung nach dem Zweiten Weltkrieg)*

Gebiet	Evangelisches Grundeigentum				Katholisches Grundeigentum			
	Kirche	Anstalt	Summe	%*)	Kirche	Anstalt	Summe	%*)
A. (Spätere) Bundesrepublik Deutschland								
Baden	13.634	871	14.505	48,9	13.766	1.307	15.073	50,8
Bayern	13.755	1.250	15.005	15,6	61.422	19.813	81.235	84,4
Berlin**)	216	0	216	83,4	1	0	1	0,4
Braunschweig	7.614	123	7.737	99,8	16	0	16	0,2
Bremen	276	4	280	99,6	1	0	1	0,4
Hamburg	377	8	385	100	0	0	0	0
Hannover	41.429	3.198	44.627	83,4	6.861	1.983	8.844	16,5
Hessen	5.483	142	5.625	70,2	2.144	231	2.375	29,6
Hessen-Nassau	11.580	1.725	13.305	72,4	3.139	1.571	4.710	25,6
Hohenz. Lande	1	0	1	0,1	1.110	93	1.203	99,9
Lippe	712	4	716	77,5	27	181	208	22,5
Oldenburg	2.933	98	3.031	58,3	1.915	250	2.165	41,6
Rheinprovinz	5.586	1.203	6.789	14,9	31.268	7.452	38.720	85,0
Saarland	387	924	1.311	61,4	686	137	823	38,6
Schaumbg.-L.	444	6	450	100	0	0	0	0
Schleswig-Hol.	12.123	1.617	13.740	98,2	115	72	187	1,3
Westfalen	5.033	1.163	6.196	20,6	19.863	3.431	23.294	77,5
Württemberg	3.598	365	3.963	28,2	8.635	1.289	9.924	70,7
Summe A.	*125.181*	*12.701*	*137.882*	*42,0*	*150.969*	*37.810*	*188.779*	*57,5*
B. (Spätere – zum Teil) Deutsche Demokratische Republik								
Anhalt	5.510	346	5.856	94,7	326	0	326	5,3
Brandenburg	53.213	7.845	61.058	95,2	2.743	441	3.184	4,9
Mecklenburg	20.231	616	20.847	99,9	7	0	7	0,03
Prov. Sachsen	60.765	3.439	64.204	96,2	1.479	989	2.468	3,7
Sachsen	21.755	1.715	23.470	85,7	345	3.543	3.880	14,2
Thüringen	17.527	191	17.718	95,9	190	9	199	1,1
Summe B.	*179.001*	*14.152*	*193.153*	*94,7*	*5.090*	*4.982*	*10.072*	*4,9*
C. (Spätere – zum Teil) Ehemalige Ostgebiete								
Ostpreußen	21.870	5.426	27.296	65,1	12.212	2.369	14.810	34,8
Pommern	59.149	13.917	73.066	91,8	6.262	202	6.464	8,1
Schlesien	11.792	1.042	12.834	25,6	28.438	8.712	37.150	74,2
Summe C.	*92.811*	*20.385*	*113.196*	*66,0*	*46.912*	*11.283*	*58.195*	*33,9*
Gesamt	**396.993**	**47.238**	**444.231**	**63,1**	**202.971**	**54.075**	**257.046**	**36,5**

*) Der Rest der nicht auf 100 Prozent aufgehenden Quersumme ist im Besitz anderer Religionsgemeinschaften und ihrer Anstalten.
**) Nicht in Ost- und West-Berlin unterteilt.

Quelle: Wirtschaft und Statistik, 1940, Heft 13, S. 247 – Eigene Umgruppierung

Eine Aufgliederung der Angaben von 1937 hinsichtlich der politischen Ordnung nach dem Zweiten Weltkrieg verdeutlicht die Veränderungen. Für das Gebiet der späteren Bundesrepublik Deutschland hatte der landwirtschaftliche Grundbesitz der Kirchen die Verteilung: Evangelische Landeskirchen und Gemeinden 125.181 ha, evangelische Anstalten und Stiftungen 12.701 ha, katholische Diözesen und Gemeinden 150.969 ha, katholische Anstalten und Stiftungen 37.810 ha. Es ist also eine Größe von 137.882 Hektar evangelisch und 188.779 Hektar katholisch, oder eine Relation von 42 zu 58 zugunsten des katholischen Sektors.

Nach dem Zweiten Weltkrieg hat bisher nur die **Evangelische Kirche** in Deutschland Angaben zu ihrem Grundbesitz veröffentlicht. 1962, 1975 und 1986 wurden innerhalb der Gliedkirchen der EKD der Bestand und die Nutzung des kirchlichen Grundeigentums statistisch erhoben. Die Angaben beziehen sich wie immer auf die Organisationen der „verfassten Kirche", d.h. die diakonischen Einrichtungen, Stiftungen und alles, was formal eigenständig ist, fehlt in diesen Angaben.

Aufgrund dieser Erhebungen gehörten den kirchlichen Körperschaften innerhalb der verfassten Evangelischen Kirche in Deutschland an Grund und Boden:

Übersicht 95: Grundeigentum der kirchlichen Körperschaften im Bereich der EKD

Art des	1962		1975		1986	
Grundeigentums	ha	%	ha	%	ha	%
Bebauter Grund	7.000	5,1	8.916	6,3	9.460	6,6
Landwirtschaft	100.000	73,3	100.603	70,6	101.006	70,0
Wald	23.000	16,8	25.436	17,8	26.328	18,2
Wege, Ödland und Gewässer	2.500	1,8	3.311	2,3	3.138	2,2
Friedhöfe	4.000	2,9	4.284	3,0	4.432	3,1
Insgesamt	*136.500*	*100*	*142.551*	*100*	*144.364*	*100*

Quelle: Dieter Rohde: Kirchliche Statistik, in: Kirchliches Jahrbuch für die Evangelische Kirche in Deutschland, 1987, Lieferung 3, Zahlen und Fakten im kirchlichen Leben, S. 34

In diesem Gesamtbesitz an Grundeigentum sind 1962 für die Bundesrepublik als „Landwirtschaft, Wald, Wege, Ödland und Gewässer" 125.500 Hektar ausgewiesen – eine Angabe, die der Zahl für das vergleichbare Gebiet von 125.181 Hektar aus 1937 als Besitz der Landeskirchen und Kirchengemeinden sehr genau entspricht. Der Vergleich und die Übereinstimmung dieser Angaben von 1937 und 1962 für die EKD lässt somit den Schluss zu, dass die Angaben für den Bereich der katholischen Kirche ebenfalls zu übernehmen sind.

Die Frage, inwieweit sich der kirchliche Grundbesitz mit der Wiedervereinigung vergrößert hat, stößt auf das Problem verschiedener oder nicht vorhandener Angaben. Auch in ihren statistischen Informationen vom Januar 2001 gibt die EKD nur ihren Grundbesitz von 1984 im Westen an.[262]

Nach internen Schätzungen der EKD (im Jahre 1947) belief sich der Besitz beider Kirchen auf insgesamt 607.099 Hektar, in der Fortschreibung der Reichseinteilung von 1937 wären es dagegen nur 529.886 Hektar an landwirtschaftlicher Fläche.

Da die Grenzziehungen in der deutschen Teilung nach dem Zweiten Weltkrieg sich zwischen der späteren Bundesrepublik und der DDR an den alten Landesgrenzen orientierten, ist die Zuordnung im Westen recht identisch. Die östliche Grenzziehung der 'Oder-Neiße-Linie' zerteilte aber die alten Länder Brandenburg, Pommern und Schlesien, so dass Vorpommern und Teile Niederschlesiens zum Staatsgebiet der DDR kamen, Teile Brandenburgs dagegen an Polen fielen. In dieser Hinsicht ist die interne Berechnung der EKD als richtige Aufteilung der Fläche des Grundbesitzes zu Grunde zu legen.

Übersicht 96: Veränderungen des kirchlichen Besitzes an land- und forstwirtschaftlichen Flächen von 1937 bis 1990 (in ha)

Jahr	Evangelisch	Katholisch	Insgesamt
1937	444.231	257.046	701.277
1945	*Verlust in den deutschen Ostgebieten: 94.178 ha* *Da Oberschlesien / Ostpreußen katholisch waren, Pommern/ Brandenburg evangelisch: Verlust 50 : 50*		
	./. 47.089	./. 47.089	./. 94.178
1946	397.142	209.957	607.099
1949	*In der SBZ / DDR befanden sich davon 219.500 ha.* *Da Mecklenburg-Vorpommern / Brandenburg / Sachsen-Anhalt / Sachsen / Thüringen überwiegend evangelisch waren:* *Verlust: für die westlichen Kirchen 95 : 5*		
	./. 208.525	./. 10.975	./ 219.500
1950	188.617	198.982	387.599
1989	*Da der kirchliche Besitz in der DDR nicht angetastet worden war,* *ist er in voller Größe erhalten geblieben:*		
	+ 208.525	+ 10.975	+ 219.500
1990	**397.142**	**209.957**	**607.099**

Quelle: Mona Langen: „Evangelischer Wohnungsbau in Bayern", S. 45-49.
Dort auch weitere Quellenangaben zu kirchlichen Archiven und Erläuterungen.
„Veränderungen": Eigene Berechnungen

Die Länder in der DDR waren das ursprüngliche Herrschaftsgebiet der „ostelbischen Junker" und der evangelischen Kirche. Während die Adeligen ihren Besitz zweimal verloren – einmal durch die russische Besat-

---

[262] Evangelische Kirche in Deutschland, *Statistische Daten*, Januar 2001.

zungsmacht, ein zweites Mal durch den Einigungsvertrag – ist der Grundbesitz der Kirchen von der DDR-Regierung nicht angetastet worden.

Für den Bereich der evangelischen Kirche und ihrer Einrichtungen ist demnach von einem land- und forstwirtschaftlichen Grundbesitz von 397.142 ha auszugehen, der sich im Westen noch um 4.972 ha erhöht hatte, insgesamt also 402.114 ha. Hinzuzurechnen sind jetzt noch an bebauten Flächen: 9.460 ha bebauter Grund im Westen (6,6%) und 15.245 ha im Osten (5%),[263] zusammen rund 24.700 ha bebauter Grund. Und schließlich noch die Friedhofsflächen von 4.432 ha im Westen (3,1%) und 6.574 ha (2,9%) im Osten, zusammen also 11.000 ha Friedhofsfläche. Damit hat sich der Grundbesitz der Evangelischen Kirche und ihrer Einrichtungen in Deutschland mit der Wiedervereinigung auf 432.000 ha erhöht – und die damit verbundenen Probleme auch. Große Ländereien, eine Vielzahl von Kirchen und kein Geld, da die zahlenden Mitglieder mittlerweile abhanden gekommen sind.

Für die **katholische Kirche** liegen bis heute keine offiziellen, eigenen Angaben über den Grundbesitz der (Erz-)Bistümer und der katholischen Kirchengemeinden vor. In einem Gespräch mit dem Leiter der Liegenschaftsabteilung eines Bistums beklagte dieser durchaus diese Unkenntnis, sah sich aber aufgrund der knappen personellen Ausstattung seines Referates nicht in der Lage, alle 1.000 Kirchengemeinden des Bistums zu befragen, was dafür notwendig gewesen wäre.

Da jedoch für die katholische Kirche und ihre Einrichtungen die gleichen Relationen wie für die evangelische Kirche angenommen werden können, müsste sie, auf Basis der Zahlen von 1937, über 209.957 ha land- und forstwirtschaftlicher Fläche verfügen, der sich durch Zukäufe im Westen entsprechend um 7.960 ha (4%) auf 217.900 ha erhöht hat.

Da (entsprechend zur evangelischen Kirche) diese Fläche 90,4 Prozent des gesamten katholischen Grundbesitzes darstellen müsste, sind noch 15.900 ha bebaute Fläche (6,6%) und 7.470 ha Friedhofsfläche hinzuzurechnen. Insgesamt müsste die katholische Kirche mit ihren Einrichtungen also über einen Grundbesitz von 241.300 ha verfügen.

Damit würde für den Grundbesitz eine Relation von 65 zu 35 zugunsten der evangelischen Kirche bestehen.

Im Gegensatz dazu wurde 1969 der Besitz der „katholischen Kirche" (im damaligen Bundesgebiet) an landwirtschaftlicher Grundfläche von einem seriösen Autor[264] auf 350.000 Hektar = 3.500.000.000 qm ge-

---

[263] Für die prozentualen Anteile im Osten wurden die EKD-Zahlen von 1962 (im Westen) zugrundegelegt, da sie den Angaben von 1937 sehr genau entsprechen.

[264] Martens, *Wie reich ist die Kirche?*, S. 145

schätzt. (Dazu kämen jetzt noch die 11.000 ha des Ostens, plus die bebauten Flächen, die Wege und die Friedhofsflächen mit rund 31.300 ha.) Also wären es heute rund 392.300 ha.

Diese hohe und runde Schätzung, aufgrund derer der katholische Sektor erheblich mehr Landbesitz aufweist als nach der vorstehenden Berechnung, kann nur darauf verweisen, dass 43 Prozent des 1969 geschätzten katholischen Grundbesitzes (rund 151.000 ha) den rechtlich selbständigen Ordensgemeinschaften gehört. Für die 8.041 klösterlichen Niederlassungen in 1969 wäre ein durchschnittlicher Grundbesitz von nur knapp 19 Hektar pro Niederlassung anzusetzen – ein sehr realistischer unterster Durchschnittswert, da die Klöster immer auf landwirtschaftliche Selbstversorgung angewiesen waren. So verfügt die (evangelische) Klosterkammer Hannover, in der im Jahre 1818 der Grundbesitz mehrerer Klöster und Stifte zusammengefasst wurde, heute noch über 37.678 Hektar Grundbesitz. Entsprechend wird in dem späteren Kapitel *Ordensgemeinschaften* der Grundbesitz nicht berechnet werden, um Doppelzählungen zu vermeiden.

Verteilung des konfessionellen Grundbesitzes		
Evangelischer Sektor	Katholischer Sektor	
Evangelische Kirche	Katholische Kirche	Ordensg.
432.800 ha (53%)	241.300 ha (29%)	151.000 (18%)

Beide konfessionelle Sektoren zusammen verfügen aufgrund dieser Angaben und Berechnungen (1990) in Deutschland über einen Grundbesitz von rund 825.100 Hektar = 8.251.000.000 qm. Diese Fläche von 8,25 Milliarden Quadratmetern entspricht etwa:

• 11 mal der Fläche des Bundeslandes Hamburg, oder
• gut der Hälfte des Bundeslandes Schleswig-Holstein, oder
• 12 Prozent der Grundfläche Bayerns, oder
• 2,3 Prozent der Gesamtfläche Deutschlands.

Insbesondere die letzte Vergleichszahl (2,3 Prozent der Gesamtfläche Deutschlands) verweist darauf, dass diese Größenordnungen plausibel sind, da die letzten offiziellen Zählungen (des Jahres 1937), die damals den bebauten Grund, die Friedhöfe und den klösterlichen Besitz nicht beinhalteten, bereits 1,6 Prozent der Gesamtfläche auswiesen.

Die öfters behauptete Einschätzung, dass die beiden großen Amtskirchen nach dem Staat der größte Grundbesitzer in Deutschland seien, ist zumindest für den Westen Deutschlands zu differenzieren. In der Hinsicht, dass die katholische Kirche und die Evangelische Kirchen in Deutschland als *eine Gesamtfirma* betrachtet werden, ist es eventuell richtig. Zu beachten ist hingegen die formale Struktur, dass die Diözesen, Landeskirchen und alle Kirchengemeinden selbständige Körperschaften darstellen – für 1937 befanden sich die 703.516 Hektar land- und forstwirtschaftlicher Fläche im Besitz von insgesamt 29.641 Körperschaften.[265]

Das Zusammenzählen aller evangelischen und katholischen Körperschaften als 'Kirche' führt zu einer anderen Vergleichsgröße, dem Grundbesitz der Familien des deutschen Adels e.V. Nur allein der Grundbesitz von fünf Adelsfamilien, die ihre Titel im Zusammenhang mit der Niederschlagung des Bauernaufstandes 1521 bis 1527 erworben haben (Löwenstein, Oettingen, Erbach, Waldeck und Walburg), umfasste 1976 insgesamt etwa 800 Millionen Quadratmeter bundesdeutschen Grund und Bodens.[266] Zwei weitere Familien: Den von Bismarcks gehört unter anderem der größte Teil des 'Sachsenwaldes' (6.000 Hektar[267]) und der Familie von Oldenburg ca. 13.800 Hektar. Und das sind nur sieben von mehreren Hundert adeligen Familien in Deutschland. In dieser Hinsicht rücken 'die Kirchen' dann nach dem Staat und dem deutschen Adel e.V. mindestens auf den dritten Platz der Rangliste der größten Grundbesitzer Deutschlands.

Galt vor dreißig Jahren noch: „Der Grundsatz von der Unveräußerlichkeit kirchlichen Grundbesitzes gilt wie eh und je",[268] ist seitdem einiges in Bewegung geraten. So ist einer Mitteilung des Bistums Berlin für den Haushalt 1998 zu entnehmen, dass „eine Defizitdeckung durch Veräußerung von Grundvermögen (7,4 Mio.)" einen ausgeglichenen Haushalt ermöglichte.[269]

Dieser Grundbesitz ist traditionell überwiegend landwirtschaftlich genutzt. Insbesondere Waldbesitz galt als sichere Kapitalanlage: Hatten doch die Waldbesitzer ihr Vermögen durch alle Krisen (Inflation, Währungsreform) und beide Weltkriege ziemlich unbeschadet hinüber gebracht.

Rund 90 Prozent des Grundbesitzes der evangelischen Körperschaften (1986, s. Übersicht 95) sind landwirtschaftliche Grundstücke (70%) und Wald (18%). Der relativ größte Zuwachs liegt jedoch im Bereich der bebauten Flächen, die sich von 1962 auf 1986 um 35 Prozent vergrößert

---

[265] *Wirtschaft und Statistik*, Jahrgang 1940, (Heft 13,) S. 246.
[266] Bernt Engelmann, *Wir Untertanen*, Frankfurt, 1976, S. 78.
[267] *Hamburger Abendblatt*, vom 13.9.1999, S. 6.
[268] Martens, *Wie reich ist die Kirche?*, S. 145.
[269] http://www.kath.de/bistum/berlin/institut/kisteuer/einaus

haben, d.h. dazu gekauft wurden, und einen Anteil von 6,6 Prozent des Grundbesitzes umfassten.

Damit ist jedoch noch keineswegs der gesamte kirchliche Grundbesitz erfasst, da beispielsweise (als Vorgriff auf spätere Kapitel) nur die drei kirchlichen Stiftungen Juliusspital (4.597 ha), die Klosterkammer Hannover (37.678 ha) und der Braunschweigische Kloster- und Studienfonds (8.300 ha) zusammengerechnet über einen Grundbesitz von 50.575 Hektar verfügen, also weiteren rund 500 Millionen Quadratmetern. Wir bleiben jedoch vorerst bei den bisher genannten Angaben.

Setzt man die Zahlen für die gesamte Bodennutzung in Deutschland in Relation zum genannten kirchlichen Grundbesitz, ergibt sich, auch wenn die Kategorien nicht ganz identisch sind, folgender Vergleich.

Übersicht 97: Bodennutzung in Deutschland, 1992 / EKD, 1986

Nutzungsart	Deutschland	EKD
Siedlungs- und Verkehrsfläche	12,2	6,6
Landwirtschaftsfläche	54,7	69,9
Waldfläche	29,1	18,2
Wasserfläche	2,1	(2,2)
Flächen anderer Nutzung	1,8	(3,1)

Quellen: Wirtschaft und Statistik 7/1991, S. 432; Dieter Rohde, Kirchliche Statistik, 1987.

Auch wenn die Verteilung des kirchlichen Grundvermögens dem Grundprinzip der allgemeinen Verteilung entspricht, ist ihr landwirtschaftlich genutzter Teil höher als insgesamt, der Waldbesitz dagegen niedriger. Und die 'lukrativen' Siedlungsflächen (Bauland) sind nur unterdurchschnittlich im Kirchenbesitz.

10.1.2. Bewertung des Grundbesitzes

Nimmt man die Prozentanteile des kirchlichen Grund und Bodens für beide Amtskirchen als vergleichbar und gleichbleibend an, ergeben sich für 1990 an konfessionellem Grundbesitz folgende Verteilungen:

Übersicht 98: Nutzungsflächen des konfessionellen Grundbesitzes

Bebaute Grundstücke	(6,6%)	544.566.000 qm
Landwirtschaftliche Flächen	(69,9%)	5.767.449.000 qm
Wald	(18,2%)	1.501.682.000 qm
Wege, Ödland, Gewässer	(2,2%)	181.522.000 qm
Friedhöfe	(3,1%)	255.781.000 qm .
Insgesamt		*8.251.000.000 qm*

Legt man für die bebauten Grundstücke einen mittleren Marktwert von DM 300/qm[270] zugrunde, haben die beiden Kirchen sowie die Ordens-

---

[270] Dieser mittlere Wert beruht auf folgender Basis: „Im Durchschnitt der westdeutschen Großstädte kostet ein Quadratmeter Bauland für ein Einfamilienhaus in normaler

gemeinschaften dadurch ein Vermögen von rund 163 Milliarden (DM 163.369.800.000). Für landwirtschaftliche Flächen ergibt sich bei einem mittleren Kaufpreis[271] von DM 21.280/ha ein Vermögenswert in der Größenordnung von 12 Milliarden (DM 12.273.131.000). Da diese landwirtschaftlichen Flächen, die sich überwiegend im Besitz der Kirchengemeinden befinden, traditionell verpachtet werden, erhalten die Kirchen jährlich, bei einem durchschnittlichen Pachtentgelt von DM 294/ha[272] eine Einnahme aus Pachten in der Höhe von DM 169.563.000. Für den Wald, bei Annahme von DM 5.000/ha, ist ein Vermögenswert von DM 750.840.000 anzusetzen.

Ohne das Ödland, die Gewässer und die Friedhofsflächen (die heutzutage ohnehin eher als Sondermülldeponien eingestuft werden) zu bewerten, ergibt sich für den Grund und Boden der beiden Sektoren ein Vermögenswert von insgesamt rund 176 Milliarden (DM 176.393.771.000).

So geht das nicht, wird sofort eingewendet werden, da die Baugrundstücke schließlich nicht mit normalen Wohn- und Geschäftshäusern bebaut seien, sondern mit unverkäuflichen Kirchen. Also schauen wir uns die kirchlichen Gebäude-Immobilien einmal genauer an.

10.2. Immobilien (Gebäude)

Dass die Kirchen Häuser besitzen, ist mehr als offensichtlich, da die 'Kerngebäude' so heißen, wie die Organisationen selber genannt werden.

Wohnlage unverändert gegenüber dem Vorjahr 480 DM. Die Preisspanne reicht von 110 DM in Bremerhaven bis zu 1.175 DM in Stuttgart. (...)" (Presseinformation des *Ring Deutscher Makler* [RDM] vom 18.3.1999.)
Das Institut für Städtebau, Wohnungswirtschaft und Bausparwesen ermittelte für 1998 einen Durchschnittspreis für Bauland in Gesamtdeutschland von 132 DM/qm (vgl. *Dresdner Neueste Nachrichten*, vom 8.10.1999, S. 6).
Eine Gewichtung zwischen Ost und West (Flächenanteile) und zwischen Stadt und Land lässt einen reduzierten Durchschnittspreis von DM 300/qm als plausibel annehmen.

[271] Der durchschnittliche Kaufpreis für Landwirtschaftsflächen lag 1992 im Westen Deutschlands bei 20.178 DM pro ha (Bayern: 55.678 DM, Schleswig-Holstein: 15.425 DM), im Osten bei durchschnittlich 9.231 DM (Thüringen: 13.983, Mecklenburg-Vorpommern: 5.775). (Vgl. *Jahrbuch der Bundesrepublik Deutschland* 1996, München, 1996, S. 176).
Eine exakte Gewichtung aller Einflussgrößen (Ost/West, Größe der veräußerten Fläche, Ertragsmesszahlen) führt zu den Ergebnissen: 1991 = DM 26.289, 1994 = DM 21.842, 1995 = DM 21.280. Vgl. Statistisches Bundesamt: *Wirtschaft und Statistik*, 1996, Heft 10, S. 600.

[272] *Statistisches Jahrbuch* 1999, S. 154f. „Pachtflächen und Pachtentgelte" (einschließlich der neuen Bundesländer).

10.2.1. Kirchen

Die Bautätigkeit der beiden großen Amtskirchen nach dem Zweiten Weltkrieg hat, nach der Anzahl der Kirchen, alle früheren Jahrhunderte übertroffen. Allerdings ist die Meinung: „Nach dem Krieg sind in Deutschland mehr Kirchen gebaut worden, als von Christi Geburt bis zum Zweiten Weltkrieg", auf ganz Deutschland bezogen, nicht richtig.[273]

Und wenn es tatsächlich so wäre, würden die Kirchen vergleichsweise weniger gebaut haben als im Wohnungsbau der (alten) Bundesrepublik Deutschland: Bereits 1972 stammte im Gesamtbestand der Wohnungen nur noch die Hälfte aus der Zeit vor 1945.[274] Die Gründe dafür sind die gleichen wie bei den 'Gotteshäusern': Kriegszerstörungen, Zustrom an Flüchtlingen, Vertriebenen und Veränderungen in der Siedlungsstruktur.

1939 hat es auf dem Gebiet der 'alten' Bundesrepublik annähernd 9.800 evangelische Kirchen gegeben. „Gut ein Viertel davon ist während des Krieges zerstört worden, (...) ein Großteil wurde wieder aufgebaut." 4.350 nicht beschädigte Kirchen sind restauriert worden und etwa 2.400 Kirchen wurden bis 1966 neu gebaut[275] – kostengünstige Zweckbauten. Auf 1966 bezogen waren von allen bestehenden Kirchen, genauer formuliert „Gottesdienststätten", der EKD also nur etwa 20% Neubauten. Zu dem engeren Bereich der Seelsorge sind dann noch weitere Kirchengebäude hinzuzuzählen – die Gemeindehäuser und die Pfarrhäuser –, die meistens neben der eigentlichen Kirche auf demselben Grundstück stehen.

Während sich der Bestand an Kirchen in den zwanzig Jahren von 1962 bis 1981 nur um 12 Prozent erhöhte, wuchs der Bestand an Gemeindehäusern um 122 Prozent und an Pfarrhäusern um 24 Prozent.

Übersicht 99: Gottesdienststätten und weitere kirchliche Gebäude der EKD

Jahr	Kirchen	Gemeindehäuser	Pfarrhäuser	Insgesamt
1962	10.334	3.916	9.692	23.942
1970	11.391	5.949	11.101	28.441
1981	11.629	8.728	12.018	32.375 .
1999	20.025	12.557	17.186	49.768 .

Quellen: Dieter Rohde: Kirchliche Statistik, in: Kirchliches Jahrbuch für die Evangelische Kirche in Deutschland, 1987, S. 298 (für 1962-1981); Kirchenamt der EKD (für 1999).

---

[273]   Für Großstädte, wie beispielsweise Hamburg, ist es allerdings kein Gerücht, sondern Tatsache. Vgl. *Baustelle Kirche*, Ausgabe 2 (25. Mai 1999), herausgegeben vom Kirchenkreis Alt-Hamburg.

[274]   Vgl. Bernhard Schäfer: *Sozialstruktur und Wandel der Bundesrepublik Deutschland*, Stuttgart, 1976, S. 240 f.

[275]   Martens, *Wie reich ist die Kirche?*, S. 69.

Für die katholische Kirche liegen keine offiziellen Zahlen zu den Kirchengebäuden vor.

Da seit der Wiedervereinigung keine Zahlen mehr veröffentlicht wurden, ergaben Nachfragen bei dem Kirchenamt der EKD und bei dem Sekretariat der Deutschen Bischofskonferenz zum aktuellen Stand die Angaben: 20.025 evangelische Kirchen (plus 1.608 Kapellen, 1.991 Friedhofskapellen sowie 3.148 Gottesdiensträume in Gemeindezentren), und 13.329 katholische Pfarrämter (womit nur die Mindestzahl der Kirchen anzunehmen ist, da es durchaus sein kann, dass zwei Kirchen zu einem Pfarramt gehören). Zusammen verfügen die beiden Körperschaften also aktuell über rund 33.350 Kirchen (ohne Berücksichtigung der weiteren Gottesdienststätten).

Der Nachholbedarf im Kirchenbau war offensichtlich Ende der sechziger Jahre erreicht und es mehrten sich Stimmen, die Kirchen „zeitgemäßer zu bauen", zum Beispiel ohne Kirchturm, da schließlich heutzutage „jeder eine Armbanduhr hat".[276] Neuerdings wenden sich sogar Kirchengemeinden gegen den Neubau einer Kirche, wie in Holm, Kreis Pinneberg, bei Hamburg, wo der Pastor eine neue Kirche bauen will. „Eigentlich hat Holm alles, was ein Dorf ausmacht: Schule, Kindergarten, Supermarkt, Sparkasse, Feuerwehrhaus. (...) Allein die Kirche fehlt in dem fast 750 Jahre alten Ort."[277] Im Ort gibt es Diskussionen und genügend Stimmen für einen Bürgerentscheid gegen den Kirchenbau sind gesammelt.

Kehren wir zu den vorhandenen Kirchen zurück: Lassen sich diese Gebäude ökonomisch bewerten? Nein, lautet die erste Antwort: Eine Kirche kann man nicht verkaufen! Es ist zwar eine Immobilie, aber kein beliebiges Handelsobjekt, sondern ein geweihter Raum. Aber auch in diese Antwort kommt Bewegung.

Was kann man denn mit einer Kirche anderes anfangen, als dort Gottesdienste abzuhalten? Schon allein die seit einigen Jahren bestehende Praxis, einzelne Kirchen für Veranstaltungen zu vermieten, verweist auf eine kommerzielle Nutzungsmöglichkeit dieser Gebäude, die über die für den Besucher ohne Eintrittsgelder zu besuchenden Gottesdienste hinausgeht.

Mit Schrecken denken viele ältere Hamburger Kirchenmitglieder noch an die 'Techno-Nacht' am 19. Februar 1996 in der Hauptkirche St. Katharinen – schließlich wollen Teile der Jugend nicht nur Klampfe und Posaune spielen und hören – und noch Jahre später (das Experiment wurde

[276] Martens, *Wie reich ist die Kirche?*, S. 72.
[277] *Hamburger Abendblatt*, vom 1.9.1999, S. 7.

nie wiederholt) fragte der damalige Hamburger Erste Bürgermeister Henning Voscherau: „Wo hört die Öffnung der Kirche auf und wo beginnt die Anbiederung?"

Lassen sich die Kirchengebäude generell, unter Beachtung des Grundsatzes: „Alles, was mit Sinnstiftung zu tun hat, passt in den Kirchenraum", aber vielleicht doch kommerzialisieren? Aus theologischer Sicht gibt es keine Probleme – zumindest aus evangelisch-lutherischer Sicht: „Ecclesia", also Kirche, ist die Gemeinde der gläubigen Menschen. Das Gebäude darum herum ist nur eine Umhüllung. Deshalb können Gottesdienste auch in jedem anderen 'profanen' Raum stattfinden. Also: nicht der Raum ist „heilig", sondern das, was darin stattfindet. Die Ansicht, dass auch das Gebäude selber „heilig" sei, entspringt eher dem „kollektiven Unbewussten mit seiner Sehnsucht nach Metaphysik".

Ein Gebäude wird durch den ersten Gottesdienst (Opferbegriff = heiliger Altar) als Kirche „gewidmet" und kann ebenso auch wieder „entwidmet" werden. Kirchenrechtlich ist die Bestimmung einer Sache für einen Zweck der „Widmungsakt", und dieser Zweck haftet an der Sache. Durch diese Widmung entsteht ein öffentlich-rechtlicher Schutz gegen Zweckentfremdung, und so ist nicht nur das Kirchengebäude geschützt, sondern auch das Pastorat ist keine 'normale' Wohnung. Die „Entwidmung" (Aufhebung des Zwecks) ist entsprechend ein kirchlicher Hoheitsakt und bedeutet auch, dass alle sakralen Teile des Gebäudes (Kreuz, Altar, Taufbecken, Fenster, etc.) entfernt werden müssen.

Katholischerseits ist die Antwort schon schwieriger, da die Frage, wem die Kirche gehört, nur in der Hinsicht eindeutig ist, dass sie *nicht* der Pfarrgemeinde gehört und das Pfarrvolk traditionell keinerlei Mitspracherecht hat. Das Pfarrvolk selber hat keinerlei Rechtsqualität, ist also „keine juristische Person, darum auch kein Selbstverwaltungskörper. Darum kann es auch keinen Anteil an dem Vermögen der Pfarrkirche haben, noch an der Verwaltung desselben beteiligt sein."[278] Auch wenn dem Pfarrvolk über das Recht der Kirchensteuererhebung vom Staat der Status einer juristischen Person zugeordnet wurde – aus kirchenrechtlicher Sicht hat sie ihn nicht. Also wird der Bischof, als Sachwalter des Heiligen, dem das Kirchengebäude gewidmet wurde, entscheiden, was zu tun ist.

Dass Kirchengebäude nicht nur theoretisch, sondern auch praktisch nicht 'unantastbar' sind, lässt sich durch zwei Beispiele verdeutlichen. In den Niederlanden und in Großbritannien ist der immer geringere Kirchenbesuch schon seit einigen Jahren ein akutes Problem und in beiden

---

[278] Frank, Kirchensteuer und Kirchengemeindeverständnis, in: Ockenfels/Kettern (Hg.), *Streitfall Kirchensteuer*, S. 196.

Ländern sind in den vergangenen zehn Jahren etwa zweihundert Kirchen verkauft worden.[279] Als abschreckende Beispiele für die neue Nutzung durch den Käufer werden seitdem in Deutschland die Bilder von einer Diskothek und einem Schwimmbad herumgezeigt, die in diese ehemaligen Kirchen eingebaut wurden. Aber auch in Köln wurde vor wenigen Jahren die Christuskirche in eine 'Kneipe' verwandelt.[280]

Historisch betrachtet, hat es die heutige Fragestellung bereits einmal aktuell zur Zeit der Aufklärung und der anschließenden Reformen (1780-1820) gegeben: Mangelndes Interesse der Gläubigen am Kirchenbesuch und zu viele Kirchen. In Hamburg wurde, als Beispiel, 1803/1806 der Mariendom (die Stiftskirche, der geheiligte Ort des Altars des Bischofs St. Ansgar) „auf Abriss verkauft". Es geht also – auch wenn es den einfachen Christen (mit oder ohne historische Kenntnisse) schlicht schaudern lässt.

Von den Kirchen selber wird der Begriff „kirchliche" Gebäude auch noch weiter gefasst, als dass damit nur die Gottesdienststätte, das Pfarr- und das Gemeindehaus gemeint sind. Neben diesen Kirchengebäuden im engeren Sinn, gibt es in der direkten Trägerschaft, d.h. im Eigentum der Kirchen noch Schulen, Büchereien, Kindergärten, Krankenhäuser, Freizeit- und Erholungsheime, Müttergenesungsheime, Familienbildungsstätten, Alten- und Pflegeheime, Heime für Jugendhilfe und Nichtsesshafte, Behinderteneinrichtungen usw. (zu den selbständigen diakonischen/ karitativen Einrichtungen später im Kapitel: *Wohlfahrtsverbände*).

Und im Rahmen der Sparmaßnahmen Mitte der 90er Jahre haben die Kirchenleitungen durchaus überlegt, Immobilien zu verkaufen. So schreibt das Bistum Trier: „Daneben bemühe man sich auch, den Immobilienbestand durch Verkauf zu verringern. Dabei habe sich jedoch deutlich gezeigt, 'dass die weitverbreitete Meinung vom großen Immobilienbesitz der Kirche wenig geldwerte Substanz hat'."[281] Auf eine Rückfrage erklärte ein Referent des Bistums, dass erste Versuche, Immobilien (Kindergärten, Kapellen, u.a.m.) zu verkaufen, nicht sehr erfolgreich gewesen seien.

Dass die Arbeit eines Immobilienmaklers generell sehr 'dornig' sein kann, war dort anscheinend noch nicht bekannt. Am Verkehrswert der Immobilien ändert sich dadurch aber erst einmal nichts.

---

[279] Die Informationen und Zitate zu diesem Abschnitt sind Mitschriften aus dem „Gebäude-Workshop" des Kirchenkreises Alt-Hamburg: *Räume der Kirche neu entdecken*, am 10. und 11. September 1999 in der Bugenhagenkirche in Hamburg-Barmbek.

[280] *DIE ZEIT* vom 22.11.1996, S. 24 (Bierselig)

[281] http://www.dioezese-trier.de/relaunch/bistum/bistum6.htm (Die Finanzen des Bistums im Überblick / Haushalt 1999)

10.2.2. Immobilien und Grundbesitz

In einem Vergleich von kirchlichen Einrichtungen / Gebäuden im direkten Besitz einer evangelischen Landeskirche (Hannover) und einer katholischen Diözese (Freiburg) stehen den 2.458 Kirchen 2.309 Gebäude weiterer kirchlicher Einrichtungen gegenüber (siehe nebenstehende Übersicht).

Kehren wir nun einen Augenblick zu dem ersten Punkt dieses Kapitels zurück, dem Grundbesitz. Für die Landeskirche Hannover wird für 1986 für „Grundstücke, die mit Gebäuden für kirchliche und soziale Zwecke bebaut sind", eine Fläche von 10.031.000 qm angegeben. Rechnet man diese Fläche auf die 1999 genannte Zahl der kirchlichen Gebäude um (1.374 Kirchen + 1.066 andere = 2.440 Gebäude) so ergibt sich eine durchschnittliche Grundstücksfläche von 4.111 qm pro Gebäude. Für die 1.066 anderen Gebäude (für soziale Zwecke) ist dadurch eine Grundfläche von 4.382.000 qm zu berechnen.

Dazu kämen jetzt noch die Grundstücksflächen der „mit sonstigen Gebäuden bebauten Grundstücke", die im Besitz der Landeskirche sind: 100.000 qm, und die „Grundstücke, die mit Erbbaurechten 'belastet' sind: 1.409.000 qm. Insgesamt hat die Landeskirche entsprechend 5.891.000 qm bebaute Grundstücksflächen, die nicht mit Kirchen bebaut sind.

Übersicht 100: Kirchliche Einrichtungen der Landeskirche Hannover / der Erzdiözese Freiburg, 1999

Einrichtung/Gebäude	Landeskirche	Erzdiözese
Kirchen	1.374	1.084
Schulen	-	15
Kindergärten und -horte	563	998
Altenwerke	-	950
Altenbegegnungsstätten		25
Alten- und Pflegeheime	126	88
Krankenhäuser	21	29
Freizeit- und Erholungsheime	59	-
Müttergenesungsheime	5	-
Familienbildungsstätten	10	-
Behinderteneinrichtungen	95	43
Büchereien	187	-
Heime für Nichtsesshafte	-	21
Heime für Jugendhilfe	-	24
Insgesamt (ohne Kirchen)	*1.066*	*(2.193)*
Insgesamt (ohne Kirchen und Altenwerke)		*1.243*

Quellen: (Landeskirche) http://www.evlka.de/statistik.html,
(Erzdiözese) http://www.kath.de/bistum/freiburg/frzahlen.htm

Legt man nun für die gesamte EKD die gleichen Relationen wie für die Landeskirche Hannover zugrunde und behandelt die katholischen Bistümer streng paritätisch, ergibt sich als 'hochwertigerer' Grundbesitz für beide Amtskirchen: bebaute Flächen insgesamt: 544.566.000 qm. Davon sind 43,3 Prozent mit Kirchen bebaut, 33 Prozent mit Gebäuden für kirchlich-soziale Zwecke, 4,2 Prozent mit sonstigen Gebäuden und 19,5 Prozent mit Erbbaurechten 'belastet'.

Die 56,7 Prozent nicht mit Kirchen, sondern 'weltlichen' Gebäuden bebauten Grundstücke entsprechen einer Fläche von 308.769.000 qm problemlos kommerzialisierbaren Grund und Bodens und ergeben bei einem Durchschnittspreis von DM 300/qm einen Vermögenswert von insgesamt rund 93 Milliarden Mark (DM 92.630.700.000).

Diese Berechnung ist nur eine Mindestgrößenordnung. Denn zusätzlich darf man davon ausgehen, dass die gesamten Flächen um die zentralen städtischen Hauptkirchen herum (Domplatz, Domhof, u.ä.) – die mit Wohn- und Geschäftshäusern bebaut sind – sich normalerweise im kirchlichen Besitz befinden. So ist beispielsweise im Niedersächsischen Konkordat von 1965 festgelegt, Artikel 11 (1): „Das Land überträgt auf den Bischöflichen Stuhl in Hildesheim das Eigentum auf den in Hildesheim, Domhof Nummern, 9, 10, 11, 17, 22, 23, 26, 27, 28, 29 und 29a und Pfaffenstieg 2 belegenen Grundstücke, sowie an dem zwischen Domhof 17 und 18 belegenen Grundstück. (...)." (2): „Das Land wird auf den Bischöflichen Stuhl das Eigentum an den in Hildesheim, Domhof 18, 19, 20, 21 belegenen Grundstücke übertragen, sobald für die dort untergebrachten Dienststellen des Landes neue Gebäude errichtet sind."[282] Weiterhin „überträgt das Land zusätzlich anstelle einer Ablösesumme das als Landesgerichtsgebäude genutzte ehemalige fürstbischöfliche Schloss an die Diözese Hildesheim."[283] Die oben erwähnten 4,2 Prozent mit „sonstigen Gebäuden" bebauten Flächen wären dann als innerstädtische Lagen mit mindestens DM 1.000/qm anzusetzen, was für diese 22,9 Millionen Quadratmeter (plus DM 700/qm) einen zusätzlichen Vermögenswert von rund 16 Milliarden bedeutet.

Die mit Erbbaurechten 'belasteten' Flächen (106 Millionen qm) erwirtschaften für die laufenden Finanzen eine jährliche Einnahme von 1,3 Milliarden an Erbbauzins.[284]

Der Grund und Boden, auf dem Kirchen stehen, von denen wir ja inzwischen wissen, dass sie nicht so heilig sind, wie man so denkt, ist höher zu bewerten, da es sich um „bessere Lagen" handelt. Traditionell stehen Kirchen im Stadt-, Stadtteil- und Dorfzentrum, also auf gesuchten Flächen für Handel und Gewerbe. Ein Verkauf dieser Flächen ist allerdings nicht ganz so einfach, da z.B. in den kommunalen Flächen-

---

[282] Listl (Hg.), *Die Konkordate und Kirchenverträge...*, Bd. 2, S. 25/26.
[283] Listl (Hg.), *Die Konkordate und Kirchenverträge...*, Bd. 2, S. 53.
[284] Berechnung: 106.190.370 x DM 300 = DM 31.857.111.000 x 4% = DM 1.274.284.440.

nutzungs- und Bebauungsplänen eine Nutzung dieser Fläche als Kirche festgelegt ist/sein kann und diese Zuweisung erst politisch geändert werden muss, um einen freien Marktpreis erzielen zu können.

Legt man für diese zentralen Lagen einen durchschnittlichen Quadratmeterpreis von DM 1.000 zugrunde, ergibt sich für den mit Kirchen bebauten Grundbesitz (235.797.000 Quadratmeter) ein Verkaufswert von 236 Milliarden (DM 235.797.000.000). Zusammenfassend wäre der konfessionelle Grundbesitz in Deutschland mit rund 342 Milliarden DM bewerten:

Übersicht 101: Bewertung des konfessionellen Grundbesitzes

Waldflächen	DM	750.840.000
Landwirtschaftliche Flächen	DM	12.273.131.000
Bauland, mittlere Preislage	DM	92.630.700.000
Bauland, zentrale Lagen	DM	235.797.000.000
Vermögen an Grundbesitz	*DM*	*341.451.671.000*

Entsprechend der Ausgangsverteilung des konfessionellen Grundbesitzes verteilt sich dieses Vermögen auf die

- Evangelische Kirche   DM   180.969.386.000
- Katholische Kirche   DM   99.020.985.000
- Katholische Orden   DM   61.461.300.000

Eine Tatsache, die manchen Bischöfen durchaus bewusst ist und die wohlmeinend, im gut gemeinten Sinn für die finanzklammen Kirchengemeinden, das Thema des Immobilienverkaufs offensiv diskutieren. Einige Gemeindevorsteher, zum Beispiel in der Landeskirche Nordelbien, stehen dem aber entschieden ablehnend gegenüber: Ihre Gemeindemitglieder seien doch alles Laien in Finanzfragen und wenn ein Gutachten die Tatsache öffentlich mache, dass die Gemeinde mehrere Hunderttausend DM einnehmen könne, wenn man ein eigentlich überflüssiges Grundstück verkaufe – es würde Begehrlichkeiten wecken und der Teufel wäre los, da natürlich jeder Arbeitskreis in der Gemeinde zu wenig Geld für seine Aktivitäten habe und versuchen würde, sich ein möglichst großes Stück aus diesem Kuchen herauszuschneiden. Auch wenn es gegenwärtig finanziell mehr als eng sei – man würde den Frieden in der Gemeinde vorziehen.

10.2.3. Bewertung der Gebäude und Kirchen

Nach der Bewertung des Grundbesitzes nun die Gebäude und Kirchen. Beiden Körperschaften gehören in Deutschland: 33.350 Kirchen, rund 30.500 Pfarr- und 22.000 Gemeindehäuser (12.557 evangelische Gemeindehäuser und -zentren, sowie geschätzte 9.730 katholische). Diese Gebäude reichen nun vom kleinen Gemeindehaus bis zum größeren Gemeindezentrum, von der kleinen Dorfkirche bis zum Kölner Dom. Lassen sich diese Gebäude überhaupt bewerten?

Kirchen

Eine Standardauskunft ist die Antwort: Den Kölner Dom kann man nicht verkaufen. Punkt. Nun war bereits deutlich geworden, dass die Meinung „kann man nicht", sowohl aus theologischer wie aus kirchenrechtlicher Sicht nicht den Tatsachen entspricht. Nur in einem Bundesland der Bundesrepublik Deutschland stimmt diese Auffassung, eine Kirche könne man nicht verkaufen, tatsächlich. Es ist der Stadtstaat Hamburg. Die Kirchen in Hamburg stehen seit Mitte des 19. Jahrhunderts auf staatlichem Grund und Boden und werden vom staatlichen Liegenschaftsamt verwaltet. Das Liegenschaftsamt hat mit den Kirchen „Überlassungsverträge" abgeschlossen, mit denen den Kirchen für einen symbolischen Geldbetrag die Nutzung des Bodens für kirchliche Zwecke überlassen wird. Deshalb zahlt das Bundesland Hamburg u.a. auch keine Staatsdotationen an die Kirchen. Nun sollte man aber nicht meinen, die Hamburger hätten die Säkularisation noch weiter voran gebracht. In der Alternative, jedes Jahr Bargeld zu bezahlen oder Grundfläche zu überlassen, von der man reichlich hatte, besitzt diese geldwerte Überlassung ihre eigene finanzielle Logik der Sparsamkeit.

Natürlich können die Hamburger Kirchen auf staatlichem Grundbesitz auch 'entwidmet' werden, nur hat das dann die Konsequenz, dass das Gebäude auf Kosten der Kirchengemeinde abgerissen werden muss, da das Liegenschaftsamt den Grund und Boden so zurück haben möchte, wie er der Kirche überlassen worden war: ohne Kirchengebäude.[285] In Hamburg würde allerdings niemand auf die Idee kommen, den 'Michel', eines der Wahrzeichen der Stadt, abreißen zu lassen, denn der „steht ja schon immer da".

Insbesondere die Großkirchen sind mehr als nur Gottesdienststätten. Sie sind Teil eines erhalten gebliebenen Kulturgutes, das zu einer Stadt „gehört". So sind diese Großkirchen (wie die Frauenkirche in München, der Dom zu Speyer, der Kölner Dom, etc.) nicht nur Kirche, sondern auch kulturelles Erbe, Denkmal und, für die meisten Touristen, Museum. Dieser Aspekt führt uns genauer zu dem Thema, ob man ein Kirchengebäude verkaufen „kann".

---

[285] Diese Informationen sind ebenfalls Mitschriften aus dem „Gebäude-Workshop" des Kirchenkreises Alt-Hamburg: *Räume der Kirche neu entdecken*, am 10. und 11. September 1999.

Die folgenden Überlegungen sind keine Aufforderung, dass die Religionsgesellschaften ihre Kirchen verkaufen sollen. Es ist nur die Frage, ob es möglich wäre und welchen Vermögenswert sie damit darstellen. Auch eine Industriefirma denkt erst einmal nicht daran, ihre Fabrikationsgebäude zu verkaufen, weil sie Bestandteil der Firmentätigkeit sind, und dennoch sind sie als Vermögenswert zu bilanzieren.

Die Frage, ob die Kirchengebäude als 'Vermögen' zu bewerten sind, liegt in der Logik eines Hausbesitzers, der in seinem eigenen Haus wohnt, es also für sich selber nutzt und deshalb auch keine Mieteinnahmen erzielt. Dennoch zählt das Haus zu seinem Vermögen. Entsprechend rechnen beispielsweise die Klosterkammer Hannover und der Braunschweigische Kloster- und Studienfonds die ihnen gehörenden Kirchen und Klöster einerseits zum Vermögen, bezeichnen es aber entweder als „nicht werbendes Vermögen", das nicht bewertet werde, da es, bis auf die Pfarrhäuser, keinen Verkehrswert besitze,[286] oder bemerken zu diesen Positionen ihres Vermögens, dass sich damit keine Erträge erwirtschaften lassen.[287]

Auch wenn es für die Kirchengebäude theologisch und kirchenrechtlich möglich ist, sie zu verkaufen, bei einer ganzen Zahl 'bedeutender' Kirchen sprechen allgemeine kulturelle Interessen dagegen. Allerdings war schon bei dem „Verkauf auf Abriss" des Hamburger Mariendomes deutlich geworden, dass sich auch eine kulturelle Auffassung verändern kann. 'Kultur' ist nur der jeweilige, historisch aktuelle Ausdruck der gesellschaftlich-politischen Auffassung dessen, was Kultur sei.

In der bundesdeutschen Politik und Gesellschaft bedeutet jede Idee, eine Kirche anders zu nutzen, als eben als Kirche, sofort die fatale Nähe zur sowjetischen Praxis, orthodoxe Kirchen zu schließen, in Museen umzuwandeln oder sogar Pferdeställe daraus zu machen. Was übrigens die französische Besatzungsarmee Napoleons aus der ehrwürdigen Hauptkirche St. Petri in Hamburg auch gemacht hat: einen Pferdestall.

Resümee: Auch den Kölner Dom kann man verkaufen, wenn man es denn so will. Also wollen wir mal. Interessenten gäbe es vermutlich genug – wie so häufig, wird es eine Frage des Preises sein. Lässt sich der Verkaufspreis des Kölner Domes (oder irgendeiner anderen Großkirche des kulturellen Erbes) feststellen? Nein. Aus dem schlichten Grund, weil er bisher nicht zum Verkauf angeboten wurde und deshalb keinen Markt-

---

[286] Klosterfonds und Klosterkammer Hannover, in: *Niedersachsen,* Zeitschrift für Heimat und Kultur, 97. Jahrgang, August/September 1997, S. XXVIII.

[287] Braunschweigischer Kloster- und Studienfonds: *Das Stiftungsvermögen,* in: http://www. bezirksregierung-braunschweig.de/ Dezernate/...

preis hat. Aber der Dom steht auf einem der teuersten Grundstücke in Köln: Beste City-Lage, direkt neben dem Bahnhof – ein wunderbarer Platz für ein modernes riesiges Einkaufszentrum mit Großkino und Veranstaltungszentrum.

Wie wird der Kölner Dom bisher genutzt? Als Gebäude für Gottesdienste und Andachten. Weitere Rechte haben die Kirchenmitglieder in dieser Bischofskirche nicht, denn zum Beispiel eine Aufbahrung mit Totenmesse ist das Privileg für den Diözesanbischof und die Mitglieder des Domkapitels. Nur zweimal wurde in den vergangenen fünfzig Jahren dieses Privileg gelockert: Für den Begründer der 'rheinisch-katholischen Bundesrepublik', den ehemaligen Bundeskanzler Konrad Adenauer (1967), und für den überaus populären „Volksschauspieler" Willy Millowitsch (1999).

In der Frage einer weitergehenden Nutzung gehen die Meinungen weit auseinander, von der totalen Verneinung: „Der is' ja immer noch nicht fertig und kostet Unsummen an Reparaturen", bis hin zur wohlmeinenden Ansicht: „Na klar, wäre doch eine tolle Event-Location, und als Eros-Center käme das richtig gut. Die roten Laternchen sind doch auch schon drin. Und die Beichtstühle sind doch gute Separées." (Diese Ansicht ist allerdings völlig unhistorisch, da die Beichtstühle im Gegenteil genau deshalb eingerichtet wurden, um die Geistlichen wegzusperren, damit sie ihre Finger – und mehr – von der vor ihnen knienden weiblichen Kundschaft ließen.)

Lassen wir diese Nutzungsüberlegungen jedoch auf sich beruhen und fragen uns eher, wie viele dieser Großkirchen es in Deutschland überhaupt gibt. Fünfzig, einhundert? Also, machen wir uns ans Zählen, und zwar sehr genau.

Übersicht 102: „Großkirchen" in Deutschland

Stadt	Bundesland	Kirche	Bauzeit
Aachen	**NRW**	**Dom**	**800-1414**
Alfeld / Leine	Niedersachsen	St. Nikolai	15. Jh.
Alsfeld	Hessen	Walpurgiskirche	13.-15.Jh.
		Dreifaltigkeitsk.	14. Jh.
Altenburg	Thüringen	Bartholomäusk.	12.-14. Jh.
Altötting	**Bayern**	**Heilige Kapelle**	**877-1489**
		Stiftskirche	1500
Amberg	Bayern	St. Martin	1421-1483
Anklam	Meckl.-Vorp.	Marienkirche	13. Jh.
Annaberg-Buch.	**Sachsen**	**St. Annen**	**1499-1525**
Ansbach	Bayern	Gambertuskirche	12.14 Jh.
		St. Johannis	15. Jh.
Arnstadt	Thüringen	Liebfrauenkirche	1180-1330
Arolsen	Hessen	Stadtkirche	1735-1787

Aschaffenburg	**Bayern**	**Stiftskirche**	**12.u.13.Jh.**
Augsburg	**Bayern**	**Dom**	**9.-14.Jh.**
		St.Ulrich-Münster	um 1500
		St. Anna	14.-17.Jh.
Bad Doberan	Meckl.-Vorp.	Klosterkirche	1294-1368
Bad Gandersheim	Niedersachsen	Stiftskirche, Dom	11. Jh.
Bad Hersfeld	Hessen	Stadtkirche	14. Jh.
Bad Schussenried	Baden-Württ.	Wallfahrtskirche	1728-1733
Bad Waldsee	Baden-Württ.	Stiftskirche	14.-17.Jh.
Bamberg	**Bayern**	**Dom**	**13. Jh.**
(Bamberg)		St. Michaelis	12.-15.Jh.
		Obere Pfarrkirche	14.-15.Jh.
Bardowick	Niedersachsen	Dom	12.-14.Jh.
Bautzen	**Sachsen**	**Petridom**	**1213-1497**
Berchtesgaden	Bayern	Stiftskirche	11.14.Jh.
Berlin	**Berlin**	**Berliner Dom**	**1894-1905**
		Deutscher Dom	1701-1708
		Französ. Dom	1701-1708
		St.Hedwigs Kath.	1747-1773
		Marienkirche	1270-1380
Bernburg	Sachsen-Anhalt	St. Ägidien	18. Jh.
		St. Marien	13. Jh.
Bergisch-Gladb.	NRW	Altenberger Dom	1255-1379
Bielefeld	NRW	Altstädter Kirche	14. Jh.
		St. Jodokus	15.-16.Jh.
Bochum	NRW	Propsteikirche	14. Jh.
Bonn	**NRW**	**Münster**	**11.-13.Jh.**
Brandenburg	Brandenburg	Dom	12.-13.Jh.
		St. Gotthardt	12. Jh.
		St. Katharinen	1395-1401
Braunschweig	**Niedersachsen**	**Dom**	**1173-1195**
		Michaeliskirche	12.-14.Jh.
		St. Magnikirche	11. Jh.
Bremen	Bremen	Dom	11.-16.Jh.
Bruchsal	Baden-Württ.	St. Peters Kirche	1742-1749
Cappenberg	NRW	Stiftskirche	12. u. 14.Jh.
Celle	Niedersachsen	Stadtkirche	14.u.17.Jh.
Chemnitz	Sachsen	St. Jacobi	12.u.17.Jh.
		Schlosskirche	12. Jh.
Coburg	**Bayern**	Moritzkirche	14.-16.Jh.
		Vierzehnheiligen	**1743-1772**
Corvey	**NRW**	**Klosterkirche**	**873-885**
Cottbus	Brandenburg	Oberkirche	15. Jh.
Crailsheim	Bayern	Johanniskirche	15. Jh.
Cunewalde	Sachsen	Dorfkirche	1780-1793
Cuxhaven	Niedersachsen	Bauerndom	13.u.16.Jh.
Darmstadt	Hessen	Ludwigskirche	18.Jh.
Dessau	Sachsen-Anhalt	St. Georg	1712-1750
		St. Peter und Paul	1854-1857
Detmold	NRW	Erlöserkirche	16. Jh.

Dießen	Bayern	Stiftskirche	1732-1739
Dinkelsbühl	**Bayern**	**St. Georg**	**1448-1499**
Donaueschingen	Baden-Württ.	St. Johann	1727-1747
Donauwörth	Bayern	Heilg-Kreuz-K.	1717-1722
Dortmund	NRW	Reinoldikirche	13. Jh.
		Marienkirche	12. u. 14.Jh.
		Petrikirche	14.-15. Jh.
Dresden	**Sachsen**	**Kathedrale**	**1738-1755**
		(Frauenkirche)	**1726-1743**
		Kreuzkirche	1764-1792
		Christuskirche	1903-1905
Eberswalde	Brandenburg	St.Maria Magdal.	14. u. 19. Jh
Eichstätt	**Bayern**	**Dom**	**11.-14.Jh.**
		Kapuzinerkirche	17. Jh.
Eisenach	Thüringen	St. Georg	14.-15. Jh.
		Nikolaikirche	12. Jh.
Eisenberg	Thüringen	St. Peter	1494
Eisenhüttenstadt	Brandenburg	Hallenkirche	1400
Eisleben	Sachsen-Anhalt	St. Andreas	15. Jh.
		St. Petri und Paul	15. Jh.
Emden	Niedersachsen	Neue Kirche	1643-1648
Erfurt	Thüringen	Dom	1154-1465
		Severinkirche	1121 ff.
		Kaufmannskirche	
		Reglerkirche	15. Jh.
Erlangen	Bayern	Hugenottenkirche	1686-1693
		Neustädter Kirche	1723-1737
		Dreifaltigkeitsk.	1709-1721
Essen	**NRW**	**Münster**	**9. – 14. Jh.**
		Abteikirche	13. Jh.
Esslingen a. N.	Baden-Württ.	St. Dionys	13.-14. Jh.
		St. Paul	1233-1268
		Frauenkirche	1321-1516
Flensburg	Schleswig-H.	St. Nikolai	14.u. 16. Jh.
		St. Johannis	12. Jh.
Frankfurt a. M.	**Hessen**	**Dom**	**13.-15. Jh.**
Frankfurt a. O.	Brandenburg	Friedenskirche	13. Jh.
		St. Gertraud	1876-1878
Freiberg	**Sachsen**	**Dom**	**1484-1501**
		Petrikirche	1404-1440
		Nikolaikirche	14.-15. Jh.
Freiburg i. Br.	**Baden-Württ.**	**Münster**	**13.-16. Jh.**
Freising	Bayern	Dom	12.-18. Jh.
Freudenstadt	Baden-Württ.	Stadtkirche	1601-1608
Fritzlar	Hessen	St. Petri Dom	12.-14.Jh.
Fulda	Hessen	Dom	1704-1712
		Michaeliskirche	822 ff.
Fürth	Bayern	Michaeliskirche	14. Jh.
Füssen	**Bayern**	**Wieskirche**	**1746-1754**
Garmisch-Partenk.	Bayern	St. Martin	1730-1733

		Alte Pfarrkirche	15.u.16.Jh.
Gera	Thüringen	Salvatorkirche	1717-1720
		Trinitatiskirche	14. Jh.
Gifhorn	Niedersachsen	St. Nicolai	1734-1744
Görlitz	Sachsen	St. Peter und Paul	1423-1497
		Nikolaikirche	1452-1520
Goslar	Niedersachsen	Jakobikirche	11.-16.Jh.
Gotha	Thüringen	Margaretenkirche	15.-18.Jh.
Göttingen	Niedersachsen	Johanniskirche	14. Jh.
		Jacobikiche	14. Jh.
Greifswald	**Meckl.-Vorp.**	**Dom St.Nikolai**	**13.-14.Jh**
		St. Marienkirche	14. Jh..
		Jakobikirche	13.-14.Jh.
Güstrow	**Meckl.-Vorp.**	**Dom**	**1226-1335**
Halberstadt	**Sachsen-Anhalt**	**Dom**	**1239-1491**
		Liebfrauenkirche	12. Jh.
Halle	**Sachsen-Anhalt**	**Marktkirche**	**16.Jh.**
		Dom	1280-1330
Hamburg	Hamburg	St. Katharinen	14.-17.Jh.
		St. Michaelis	1750-1762
		St. Jacobi	14.Jh.
		St. Petri	1844-1849
Hameln	Niedersachsen	Münster	11.-14.Jh.
Hamersleben	Sachsen-Anhalt	Stiftskirche	1111-1200
Hamm	NRW	Pauluskirche	13.Jh.
		Reginenkirche	11.-14.Jh.
		St. Pankratius	14. Jh.
Hannover	Niedersachsen	Marktkirche	14. Jh.
Havelberg	**Sachsen-Anhalt**	**Mariendom**	**12.-14.Jh.**
Hechingen	Baden-Württ.	St. Jacobus	1779-1783
Heilbronn	Baden-Württ.	Kilianskirche	13.u.15.Jh.
Heiligenstadt	Thüringen	St. Martin	14. Jh.
		St.Ägidien	14.u.15.Jh.
Herford	NRW	Johanniskirche	14. Jh.
Hildesheim	**Niedersachsen**	**Michaeliskirche**	**11. Jh.**
		Dom	**1054-1079**
Hof	Bayern	Lorenzkirche	13. Jh.
Ingoldstadt	Bayern	Münster	15.-16.Jh.
Jena	Thüringen	St. Michael	
Jerichow	**Sachsen-Anhalt**	**Klosterkirche**	**12. Jh.**
Kaiserslautern	Rheinland-Pfalz	Stiftskirche	13.-14.Jh.
Kamenz	Sachsen	St. Marien	1400-1480
		Klosterkirche	1493-1499
Kiel	Schleswig-H.	Nikolaikirche	14.-15.Jh.
Kittlitz	Sachsen	Dorfkirche	1749-1769
Klingenthal	Sachsen	Pfarrkirche	18. Jh.
Koblenz	Rheinland-Pfalz	Liebfrauenkirche	12.-15.Jh.
Köln	**NRW**	**Dom**	**1248-1880**
		Groß St. Martin	12. Jh.
		St. Gereon	11.-13.Jh.

		St. Severin	11.-15. Jh.
Konstanz	Baden-Württ.	Münster	11.-17.Jh.
Köthen	Sachsen-Anhalt	St. Jakob	15.-16.Jh.
Krefeld	NRW	St. Dionysus	1754-1768
Kyritz	Brandenburg	St. Marien	15.u.18.Jh.
Landsberg a.L.	Bayern	Stadtpfarrkirche	1458-1488
Landshut	**Bayern**	**St. Martin**	**14.-15.Jh.**
Leipzig	Sachsen	Thomaskirche	13.-15.Jh.
		Nikolaikirche	12. Jh. ff.
Lemgo	NRW	St. Nikolai	13.- 14.Jh.
Limburg	**Hessen**	**Dom**	**13. Jh.**
Lippstadt	NRW	Marienkirche	13.-16.Jh.
Löbau	Sachsen	St. Nikolai	14. Jh. ff.
Lübben	Brandenburg	Paul-Gerhardt-Kirche	15. Jh.
Lübeck	**Schleswig-H.**	**Marienkirche**	**13.-14. Jh.**
		St. Petri	13.-14. Jh.
		Dom	12.-14.Jh.
Ludwigsburg	Baden-Württ.	Stadtkirche	1718-1726
Ludwigslust	Meckl.-Vorp.	Stadtkirche	1765-1770
Lüneburg	Niedersachsen	Johanniskirche	14. Jh.
		Nikolaikirche	15. Jh.
Magdeburg	**Sachsen-Anhalt**	**Dom**	**1209-1520**
		Petrikirche	14.-15.Jh.
Mainz	**Rheinland-Pfalz**	**Dom**	**11.-13.Jh.**
		St. Stephan	14. Jh.
Mannheim	Baden-Württ.	Jesuitenkirche	1733-1760
Marburg a.d.L.	**Hessen**	**St. Elisabeth**	**1235-1283**
Meißen	**Sachsen**	**Dom**	**13.-15.Jh.**
Memmingen	Bayern	St. Martin	15.-16. Jh.
Merseburg	**Sachsen-Anhalt**	**Dom**	**10.-17. Jh.**
Minden	**NRW**	**Dom**	**11.-13.Jh.**
		Marienkirche	11. Jh.
Mönchengladbach	NRW	Pfarrkirche	1469-1533
		Münster	11.u.13.Jh.
Mühlhausen	Thüringen	Divi Blasil	13.-14.Jh.
		St. Marien	14.-16.Jh.
Mühlheim a.d.R.	NRW	Petrikirche	13.-14.Jh.
München	**Bayern**	**Frauenkirche**	**1468-1488**
		Theatinerkirche	17.-18.Jh.
		Asamkirche	1733-1746
Münden	Niedersachsen	St. Blasil	13.-16.Jh.
Münster	**NRW**	**Lambertikirche**	**14.-15.Jh.**
		Dom	1225-1265
Naumburg	**Sachsen-Anhalt**	**Dom**	**13.-19.Jh.**
		St. Wenzel	1218-1523
Neuruppin	Brandenburg	Klosterkirche	13. Jh.
Neuss	**NRW**	**Quirinusdom**	**13. Jh.**
Nordhausen	Thüringen	Dom z. hl. Kreuz	14.-16.Jh.
		St. Blasil	15. Jh.
Nördlingen	Bayern	St. Georg	1427-1501

Nürnberg	Bayern	St. Lorenz	13.-15.Jh.
		St. Sebaldus	1225-1273
Oberammergau	Bayern	Pfarrkirche	1736-1742
Osnabrück	Niedersachsen	Dom	13. Jh.
		Marienkirche	13.-15.Jh.
		Johanniskirche	13. Jh.
Paderborn	NRW	Dom	11.-13.Jh.
		St. Ulrich	12. Jh.
Pasewalk	Meckl.-Vorp.	St. Marien	14. Jh.
Passau	Bayern	Dom	1407-1530
		St. Michael	17. Jh.
Pirna	Sachsen	St. Marien	1466-1479
Plauen	Sachsen	St. Johannis	10.-13.Jh.
		Lutherkirche	1693-1722
Potsdam	Brandenburg	Nikolaikirche	1830-1837
		Friedenskirche	1845-1854
Prenzlau	Brandenburg	Marienkirche	13.-14..Jh.
Quedlinburg	Sachsen-Anhalt	Stiftskirche	12. Jh.
		St. Wiperti	12.-13.Jh.
		St. Blasil	1713-1715
		St. Nikolai	14. Jh.
		St. Benedikti	14.-15.Jh.
Ratzeburg	Schleswig.-H.	Dom	12.-13.Jh.
Ravensburg	Baden-Württ.	Stadtkirche	14. Jh.
		Liebfrauenkirche	14. Jh.
Recklinghausen	NRW	St. Peter	14.u.16.Jh.
Regensburg	Bayern	Dom	13.-16.Jh.
		Dominikanerkirche	13. Jh.
		St. Emmeran	8.-18.Jh.
Reutlingen	Baden-Württ.	Marienkirche	1247-1343
Rostock	Meckl.-Vorp.	Marienkirche	14.-16.Jh.
Rothenburg o.d.T.	Bayern	St. Jakob	1373-1436
Rottweil	Baden-Württ.	Heiligkreuz-M.	13.-15.Jh.
Saalfeld	Thüringen	St. Johannis	14.-15.Jh.
Saarbrücken	Saarland	Ludwigskirche	1762-1785
Salzwedel	Sachsen-Anhalt	St. Katharinen	15.-16. Jh.
		St. Marien	12.u.15.Jh.
Sangerhausen	Sachsen-Anhalt	St. Jacobi	14.-15.Jh.
Schleswig	Schleswig-H.	Dom	12.-15.Jh.
Schmalkalden	Thüringen	St. Georg	1437-1509
Schneeberg	Sachsen	St. Wolfgang	1515-1540
Schwäb. Gmünd	Baden-Württ.	Münster	14.-15.Jh.
Schwäb. Hall	Baden-Württ.	St. Michael	15. Jh.
Schwerin	Meckl.-Vorp.	Dom	14.-15.Jh.
Siegen	NRW	Nikolaikirche	13.u.17.Jh.
Soest	NRW	Dom St. Patrokli	12. Jh.
		Hohnekirche	13. Jh.
		Wiesenkirche	14.-15.Jh.
Speyer	Rheinland-Pfalz	Dom	11.-12.Jh.
Stade	Niedersachsen	Wilhadikirche	13.-14.Jh.

		St. Cosmae	12.u.17.Jh.
Steingaden	Bayern	Stiftskirche	1147 ff.
Steinhausen	Baden-Württ.	Dorfkirche	1728-1733
Stendal	Sachsen-Anhalt	St. Marien	15. Jh.
Stolberg	Thüringen	St. Martini-Kirche	15. Jh.
Stralsund	Meckl.-Vorp.	Nikolaikirche	13.-14.Jh.
		Marienkirche	14.-15.Jh.
		Jacobikirche	14.-15.Jh
Straubing	Bayern	St. Jakob	15.-16. Jh.
		Peterskirche	12. Jh.
Stuttgart	Baden-Württ.	Stiftskirche	12.-15. Jh.
Suhl	Thüringen	St. Marien	17. Jh.
Tangermünde	Sachsen-Anhalt	St. Stephan	14.u.16.Jh.
Torgau	Sachsen	Stadtkirche	14.-15.Jh.
Trier	Rheinland-Pfalz	St. Paulinus	1732-1754
		Dom	**11.-12.Jh.**
Tübingen	Baden-Württ.	Stiftskirche	15. Jh.
Überlingen	Baden-Württ.	Münster	14.-16.Jh.
Ulm	**Baden-Württ.**	**Münster**	**14.-16.Jh.**
Verden / Aller	Niedersachsen	Dom	1270-1490
Villingen-Schw.	Baden-Württ.	Münster	12.u.13.Jh.
Waren	Meckl.-Vorp.	St. Georg	13. Jh.
Wasserburg a.I.	Bayern	St. Michael	15.Jh.
Weimar	Thüringen	Herderkirche	15. Jh.
Weingarten	Baden-Württ.	Münster	1715-1724
Werningerode	Sachsen-Anh.	St. Sylvester	13.u.15.Jh.
Wetzlar	Hessen	Dom	12.-16.Jh.
Wismar	Meckl.-Vorp.	Nikolaikirche	14.-15.Jh.
Wittenberg	Sachsen-Anhalt	St. Marien	13.-15.Jh.
		Schlosskirche	15.u.19.Jh.
Wolfenbüttel	Niedersachsen	Hauptkirche	1607-1623
Wörlitz	Sachsen-Anhalt	St. Petri	12.u.19.Jh.
Worms	**Rheinland-Pfalz**	**Dom**	**11-12.Jh.**
		Dreifaltigkeitskirche	1709-1725
Wurzen	Sachsen	Dom	12. Jh.
Würzburg	Bayern	Dom	11.-13.Jh.
		Marienkapelle	1377-1479
		Neumünsterkirche	11.-13.Jh.
Xanten	NRW	Dom	1190-1516
Zeitz	Sachsen-Anhalt	Schlosskirche	10. Jh. ff.
Zittau	Sachsen	Johanniskirche	19. Jh.
Zwickau	Sachsen	Dom St. Marien	15. Jh.
Zwiefalten	Baden-Württ.	Münster	1744-1765

Auf Grundlage dieser langen Liste[288], die keinen Anspruch auf Vollstän-
digkeit erhebt (und die sich nur auf die verfasste Kirche beschränkt[289]),

---

[288] Zusammengestellt aus: *Baedekers Reiseführer Deutschland*, 1992.
[289] Klosterkirchen, wie in Ottobrunn oder Ettal, und besondere Dorfkirchen, wie in Seiffen,
sind dabei nicht berücksichtigt.

sind es also 308 alte Großkirchen, und davon 55 'einzigartige', von denen etwa 20 als 'Weltkulturerbe' einzustufen wären. Acht dieser Kirchen wurden bereits von der UNESCO als 'Denkmäler des Weltkulturerbes' anerkannt: der Dom in Aachen (1978), der Dom in Speyer (1982), die Wieskirche bei Füssen (1983), Dom und Michaeliskirche in Hildesheim (1985), der Dom in Trier (1986), die Stiftskirche in Quedlinburg (1994) und der Kölner Dom (1996). 112 dieser Großkirchen stehen in den ostdeutschen Ländern, 196 in den westdeutschen – davon 48 im Freistaat Bayern, dem bereits selber zwei dieser Großkirchen gehören (Theatinerkirche und Salvatorkirche in München).

Was für Kirchen, Gebäude, Kulturbauten, an denen unsere Vorfahren gebaut haben! Jahrzehntelang, erhalten über Jahrhunderte, in Erhabenheit und ... Stop: Wir wollten doch einen kühlen Kopf bewahren und den Taschenrechner auf dem Tisch bereit halten: Was sind sie wert?

Also zuerst den kühlen Kopf, oder lassen wir die Kirche doch im Dorfe stehen und fragen: Was ist in den letzten Jahrhunderten alles mit Kirchen gemacht worden bzw. wie werden einige Kirche heute genutzt?

• Als *Steinbruch* wurde nicht nur der Hamburger Mariendom (1803/1804) genutzt, auch das Kloster Churin bei Eberswalde diente im 17. Jahrhundert dafür.
• Als *Salzmagazin* dienten die Kirchen St. Lorenz in Salzwedel (von 1692 bis 1859) und St. Elisabeth in Tangermünde (im 19. Jh.), die dann 1891 restauriert und an die katholische Kirche zurückgegeben wurde.
• Als *Museum*: die Nikolaikirche in Berlin, die Spitalkirche in Biberach an der Riß, die Barfüßerkirche in Erfurt, St. Mang in Füssen, die Augustinerkirche in München, die Peterskirche in Konstanz...
• Zu *Wohnzwecken* umgebaut wurde (im 19. Jh.) die Kirche St. Nikolai in Saalfeld.
• Als *Konzerthalle/Veranstaltungszentrum* dienen heute u.a. die Schlosskirche in Eisenberg, St. Marien in Neubrandenburg, die Salvatorkirche in Passau, die Dreikönigskirche in Dresden. In Hamburg wird zur Zeit überlegt, ob die Gnadenkirche nicht als Übungsraum für das Philharmonische Staatsorchester zu nutzen wäre.
• Als *Wasserturm* (seit 1888): die Sixtikirche in Merseburg.
• Als *Bücherdepot* der Universität: die Stephanuskirche in Halle.
• Als *Litfasssäule*: die Kaiser-Wilhelm-Gedächtniskirche in Berlin, an der seit 1998 überdimensionale Werbebanner aufgehängt werden.
• Als *Bergungskirche* wurde die Nikolaikirche (älteste Kirche in Görlitz) nicht mehr für Gottesdienste genutzt, sondern als 'Lagerhalle' für das geborgene Inventar aus zerstörten oder verfallenen Kirchen in der Oberlausitz.

Von außen gesehen sind diese Gebäude immer noch intakte Kirchen, nur innen sieht es anders aus.

Durch diese Beispiele wird deutlich, dass auch die kirchlichen Körperschaften über eine Tatsache eigentlich nicht mehr hinweg sehen können: Es gibt zu viele Kirchen. Dass da aber noch Aufklärungsarbeit zu leisten ist, zeigt das Beispiel der Pastoren in Norderstedt (bei Hamburg), die im November 1999 die Kirchtürme ihrer acht (!) Kirchen mit Stoff verhängten, um auf ihre aktuelle Finanzmisere aufmerksam zu machen. Die Aktion fand nur begrenzte Zustimmung und es war erstaunlich, dass keiner der Pastoren auf die Idee gekommen war, dass das kleine Norderstedt vielleicht etwas 'überkircht' sei und man Kirchengemeinden zusammenlegen und Kirchen schließen könnte. Denn auch das 'ging', historisch gesehen.

- Schlicht *abgerissen* wurden in Hamburg Maria Magdalenen (da steht heute die Börse) und St. Johannis (da steht heute das Rathaus) und 1820 wurde das sakrale Inventar, die Altäre – als Kunstwerke für Kunstsammler – nach England *verkauft*.

Das sind alles Einzelfälle, aber die Gesamtheit aller Kirchen? Natürlich wäre das eine Revolution, vergleichbar mit 1918 in Deutschland, als die deutschen Fürsten abdanken mussten – in der Einheit von „Thron und Altar" traf es nur den Thron – und die meisten ihrer Schlösser in Staatsbesitz übergingen. Doch so, wie sich heute nur noch Historiker an die Säkularisation von 1803 erinnern, und es uns kritisch verwundert bzw. bewundern lässt, wenn sich heute in Deutschland noch ein größeres Schloss im Privatbesitz einer Adelsfamilie befindet, warum sollte es bei den Kirchen anders sein? So wie die deutschen Fürsten abgefunden wurden und wir brav Eintritt bezahlen, wenn wir eines dieser Schlösser besichtigen wollen, könnten auch die Bischöfe und Landeskirchen abgefunden werden und verwaltet würde alles von einer staatlichen 'Stiftung ehemals kirchlicher Kulturbesitz'.

Also legen wir jetzt den Taschenrechner bereit. Der Wert der Kirchen ist unbezifferbar! Nein, so bitte nicht. Das klingt so, als hätten diese Meisterwerke menschlichen Genies und Handwerks keinen Wert und Preis. Eine Frage des Geldes: Suchen wir also Vergleiche. Der Wiederaufbau der Frauenkirche in Dresden wird 'unter dem Strich' vermutlich 450 Millionen DM kosten, dieselbe Größenordnung wie zum Beispiel das neue Bundeskanzleramt in Berlin, dessen Baukosten anlässlich des Richtfestes im Oktober 1999 mit 465 Millionen angegeben wurden. Das sollten uns diese großen Schöpfungen des menschliches Geistes und seiner Kunstfertigkeit doch wohl auch wert sein.

Uns? Dem Staat, der Gesellschaft, der Kultur, den Menschen in Deutschland? Allen Bürgern, denn es geht hier um Kulturgüter und unser kulturelles Erbe, egal ob wir einer Konfession angehören oder nicht. Die alten Kirchen stehen insbesondere zu dieser Disposition. Nicht die Neubauten seit Mitte des 19. Jahrhunderts (Neogotik, Neoromanik) und die „Betonschuppen" der Nachkriegszeit.

Rund 33.200 Kirchen gibt es in Deutschland. Davon sind 20 geniale, 33 einzigartige und 255 bemerkenswerte Großkirchen. Von den anderen rund 32.900 Kirchen sind rund 4.000 nach dem Krieg gebaut, 22.000 weitere wohl noch recht gut erhalten, und 7.000 wohl nur umsonst abzugeben, da die Restaurierung sehr teuer sein wird. Entsprechend sind willkürliche Durchschnittspreise anzusetzen.

Übersicht 103: Kirchengebäude in Deutschland und ihre „Wertschätzung"

20 x 500 Millionen	DM	10.000.000.000
33 x 300 Millionen	DM	9.900.000.000
255 x 100 Millionen	DM	25.500.000.000
4.000 x 2 Millionen	DM	8.000.000.000
22.000 x 1,5 Millionen	DM	33.000.000.000
7.000 x 0	DM	0
Insgesamt	*DM*	*86.400.000.000*

Natürlich könnten diese 'Preise' auch höher beziffert werden. Aber das ist eine müßige Diskussion und ein endloser Streit, ob denn nun der Kölner Dom nicht auch mit einer Milliarde oder mehr zu beziffern sei.

Mit unseren willkürlichen Ansätzen bewegen wir uns immerhin im Bereich der plausiblen unteren Mindestwerte, wobei einzelne aktuelle Meldungen die Einstufungen als 'niedrig' bestätigen: Der Hamburger Erzbischof Averkamp weihte im Mai 2000 in Quickborn einen katholischen Kirchen-Neubau mit 400 Plätzen (20 Reihen mit jeweils 20 Plätzen – das ist recht klein). Baukosten: „Gut 3 Millionen Mark."[290]

Pfarr- und Gemeindehäuser

Wenn die Kirchen entweder als Denkmäler und Museen, nach finanziellem Ausgleich, öffentlich übernommen oder privat verkauft werden, braucht es auch keine Pfarrhäuser mehr, da ihre besondere Dienstwohnung dann nicht mehr angemessen wäre und die Pfarrer zur Miete wohnen können.

Pfarrhäuser sind in Deutschland meist mit zwei Stockwerken gebaut, sind dort doch bisher auch Teile der Verwaltung untergebracht. Ein Durchschnittspreis von fünfhunderttausend Mark, ohne Grund und Boden, ist als Minimum zu betrachten. Für 1981 sind für die EKD 17.186 Pfarrhäuser nachgewiesen. Für die katholische Kirche werden es zumindest soviel sein, wie es Pfarrgemeinden gibt, 13.329, so dass von insge-

---

[290] *Hamburger Abendblatt,* vom 29. Mai 2000, S. 11.

samt 30.515 Pfarrhäusern ausgegangen werden kann. Damit ergibt sich ein Vermögenswert von: 15 Milliarden (DM 15.257.500.000).

Für die Gemeindehäuser ist Vergleichbares anzunehmen. Bei einer Größenordnung von 12.557 Gemeindehäusern und -zentren in der evangelischen Kirche und einer geschätzten Zahl von 9.730 für die katholische Kirche ergibt sich ein Vermögenswert von: 22.287 x 500.000 = 11 Milliarden Mark (DM 11.143.500.000).

Auch hier sind es nur unterste Schätzwerte. So ist beispielsweise das Gemeindehaus der Hamburger St. Petri Kirche ein siebenstöckiger Bürobau mitten neben der Haupteinkaufsstraße, vermietet an einen Radiosender und Firmen (Wert ca. 20 Millionen) und das Gemeindehaus von St. Nikolai eine großbürgerliche Villa in bester Lage (Wert. ca. 5 Millionen). Im Stadtteil Hamburg-Neuallermöhe wird (im Jahr 2000) ein neues ökumenisches Gemeindehaus gebaut (einstöckiger Bungalow, Nutzfläche 500 qm) – Kosten: drei Millionen Mark.[291]

Weitere kirchliche Gebäude

Für alle weiteren kirchlichen Gebäude einen plausiblen Durchschnittspreis anzunehmen, stößt ebenfalls auf das Problem, dass in dieser Gruppe Kindertagesstätten, Krankenhäuser, Pflegeheime etc. zusammengefasst sind. Insgesamt handelt es sich dabei um zirka 23.000 Einrichtungen[292] in der Trägerschaft der verfassten Kirche. Natürlich ist eine derartige Zusammenstellung jeglicher (berechtigter) Kritik preisgegeben. Aufgrund der nicht vorhandenen Datenlage gibt es aber zur Zeit keinen anderen Weg, als plausible Ansätze im untersten Bereich festzulegen.

Übersicht 104: Kirchliche Einrichtungen in Deutschland (Hochrechnung)

Schulen	150	x	1 Mio.	150.000.000
Kindergärten	15.610	x	0,5 Mio.	7.805.000.000
Alten- und Pflegeheime	2.390	x	1 Mio.	2.390.000.000
Krankenhäuser	400	x	10 Mio.	4.000.000.000
Freizeit- u. Erholungsheime	640	x	1 Mio.	640.000.000
Familienbildungsstätten	100	x	0,5 Mio.	50.000.000
Behinderteneinrichtungen	1.380	x	0,5 Mio.	690.000.000
Büchereien	1.870	x	0,2 Mio.	374.000.000
Andere Heime	450	x	1 Mio.	450.000.000
Summe	*22.990*		*rund*	*16.550.000.000*

---

[291] *Hamburger Abendblatt*, Sonderbeilage vom 4.12.2000: *Die Kirchen. Dezember 2000 bis März 2001*, S. 6.

[292] Hoch- und Umrechnung der Übersicht 50. Diese Zahlen sind als Mindestzahlen anzusehen, da zwischen Kirchen und übrigen Gebäuden eine Relation von 1:1 angenommen wird. In Hamburg beispielsweise, bestehen neben 80 Kirchen und 80 Gemeindehäusern 290 weitere Gebäude im kirchlichen Besitz, eine Relation von 10:18.

Insgesamt ergeben sich nun folgende Vermögenswerte an Gebäudebesitz der EKD und der römisch-katholischen Kirche in Deutschland von rund 129 Milliarden.

Übersicht 105: Vermögenswerte kirchlicher Gebäude

Kirchen		86.400.000.000
Pfarrhäuser		15.257.500.000
Gemeindehäuser		11.143.500.000
Weitere kirchliche Einrichtungen		16.550.000.000
Summe	*DM*	*129.351.000.000*

Völlig unberücksichtigt sind in dieser Zusammenstellung die Großgebäude im Kirchenbesitz, wie die historischen Bischofpalais und -residenzen, die 'Verwaltungsgebäude' der 24 Diözesen und 27 Landeskirchen. In Berlin wurde gerade ein ehemaliges Missionsgebäude zum „Evangelischen Zentrum Berlin-Brandenburg" umgebaut, um alle bisher verstreut untergebrachten Dienststellen unter einem Dach zu haben. Kostenpunkt: 67 Millionen Mark.[293] 1993 kaufte die EKD das ehemalige Hauptgebäude der Ost-CDU (in Berlin-Mitte am Gendarmenmarkt) für 48 Millionen Mark als repräsentativen Sitz für den „Bevollmächtigten des Rates der EKD bei der Bundesregierung".[294] So spricht nichts dagegen, den Vermögenswert der kirchlichen Gebäude auf 130 Milliarden Mark aufzurunden.

Wie viele Immobilien auch dann noch in dieser Übersicht fehlen werden, sei ansatzweise an fünf Beispielen verdeutlicht:

1.) Für die EKD besteht eine Übersicht über 75.062 Gebäude im Eigentum der verfassten Kirche. Neben den bereits erwähnten Kirchen, Kapellen, Gemeinde- und Pfarrhäusern sind weitere 21.695 Gebäude genannt: 6.650 sonstige Wohnhäuser, 1.320 Wohnungen im Eigentum der Kirche, 808 Verwaltungsgebäude, 5.156 Kindertagesstätten, 143 allgemeinbildende Schulen und 7.618 sonstige Gebäude.

Wer ist Eigentümer, wer ist Besitzer, wer Träger/Betreiber einer Einrichtung? In einer zweidimensionalen Darstellung:

Eigentümer : ⇒ Betreiber: ⇓	1. Verfasste Kirche	2. Wohlfahrtsverband	3. Kommune
1. Verfasste Kirche	**11**	21	31
2. Wohlfahrtsverband	12	**22**	32
3. Kommune	13	23	**33**

---

[293] *Berliner Morgenpost,* vom 7.2.2000 (Kirche rückt zusammen).
[294] Internationale Rundschau, Meldung 1881, in: *MIZ* 1/94, S. 55, zit. nach Frankfurter Allgemeine Zeitung, vom 8.7.1993.

Die 'klaren' Verhältnisse (11, 22, 33) kommen zwar auch vor, häufiger aber sind die Mischformen, dass z.b. der Grund der Kommune gehört, das Gebäude darauf der verfassten Kirche und dass einer der beiden Wohlfahrtsverbände Träger der Einrichtung ist etc.

2.) Der norddeutschen Kirchengemeinde, deren Haushalt vorgestellt worden war, gehören drei kleine Mietshäuser, die rund 2 Millionen Vermögen bedeuten. Wie viele Immobilien dieser Art besitzen die weiteren 31.999 Kirchengemeinden? Wenn wir von diesem Wert ausgehen, fehlen uns weitere 64 Milliarden an Immobilien.

3.) Der *Cartellverband der katholischen deutschen Studentenverbindungen* (CV) besitzt 127 'Verbindungshäuser' – normalerweise mehrstöckige Großvillen mit Wohnmöglichkeiten. Setzt man einen mittleren Wert von DM 3 Mio. für jedes Gebäude an, fehlen weitere 380 Millionen.

4.) Die Evangelische Kirche betreibt 17 Akademien mit 23 Einrichtungen und im katholischen Sektor bestehen 10 Akademien. Um welche Größenordnungen es sich dabei (insbesondere in den westlichen Bundesländern) handelt? Die *Katholische Akademie Berlin*, 1999 eingeweiht, hat u.a. mehrere Seminarräume, ein klimatisiertes Auditorium für 350 Personen, ein Restaurant sowie ein Hotel mit 40 Zimmern. Die *Katholische Akademie Freiburg* hat mehrere Seminarräume und Hörsäle (von 20 bis 200 Personen), zwei Speisesäle, ein Café und 43 Gästezimmer. Der *Evangelischen Akademie Nordelbien* gehört in Hamburg eine großzügige, großbürgerliche Stadtvilla in bester Zentrumslage und eine Anlage in Bad Segeberg. Immobilienwerte zwischen 3 bis 20 Millionen.

5.) Nur allein die Erzdiözese Köln nennt 16 Tagungshäuser (von denen wir fünf noch als Familienferienstätten – im Kapitel: *Tourismus* – wiedertreffen werden). Die beiden größten Tagungshäuser des Erzbistums sind das *Maternushaus* in Köln (im Stadtzentrum, 14 Tagungsräume für bis 500 Personen, 63 Zimmer als EZ oder DZ, Restaurant für 500 Personen, 200 Parkplätze in der Tiefgarage, Kegelbahnen, ...) und das *Kardinal-Schulte-Haus* in Bensberg (mit fünf Stockwerken, 80.000 qm Park, 21 Konferenzräumen bis 500 Personen, eine Bettenkapazität für 285 Personen, Restaurant, Kneipen, Sauna, Kegelbahn, ...). Beide Einrichtungen sind mit jeweils 40 Millionen Schätzwert sicherlich nicht unterbewertet.

In dieser Hinsicht entsprechen die Kirchen dem privaten Vermögensbesitzer. Viele der derzeitigen 'Millionäre' sind es auch erst einmal nur auf dem Papier des Grundbuches / des Marktpreises ihrer Immobilie. Das heißt aber noch nicht, dass solche 'Millionäre' auch hinreichend Bares haben, was bei den Kirchen allerdings (als Vorgriff auf das Kapitel *Banken*) zutrifft.

11. Baufirmen und Siedlungswerke

Erbbaurechte / Siedlungswerke / Katholische Siedlungsgesellschaften/
Evangelische Siedlungswerke / Die Kirchen und ihre Siedlungswerke

Grund und Boden, den man einmal hat, wieder herzugeben, widerspricht nicht nur traditioneller amtskirchlicher Mentalität, sondern ist im Prinzip durch kanonisches Recht (CIC, can. 1291-1298) verboten, da es eine Verschlechterung der Vermögenslage bedeuten würde. Der kluge Ausweg heißt 'Erbbaurecht', d.h. man behält den Boden als Eigentum und lässt sich das Baurecht verzinsen.

11.1. Erbbaurechte

Der katholische Siedlungsdienst in Köln hat in der Zeit von 1947 bis 1968 über 50 Millionen Quadratmeter Kirchenland in Erbpacht für Siedlungszwecke bereitgestellt. Zu welchen Preisen? „Darüber schweigt sich die Kirche aus."[295] Die Beschreibung 'bereitgestellt' trifft den Kern der Sache, da die Erbbauzinsbindung langfristig erheblich höhere Einnahmen erbringt, als die Verlockung des (kurzfristigen) Ertrages eines Verkaufs.

In der Nachkriegszeit, als insbesondere die amerikanische Besatzungsmacht in Bayern eine Bodenreform für Siedlungszwecke forderte, was faktisch Enteignung bedeutete, konnte die katholische Kirche den Zugriff der Besatzungsmacht auf ihren Grundbesitz verhindern, indem ihre Siedlungswerke den Grundbesitz im Erbbaurecht 'übernahmen'.[296] Aktuell lässt sich mit dem Erbbaurecht ein anderes Dilemma lösen, denn: „In vielen Fällen ist die Kirche durch Vermächtnisauflagen der Stifter, aber auch durch stiftungs- und kirchenrechtliche Vorschriften gehindert, Grundstücke zu verkaufen. So bildet das Erbbaurecht oft die einzige Möglichkeit, das Grundstück baulich zu nutzen und der gewünschten sozialen Verwendung zuzuführen."[297]

Im Erbbaurecht verbleibt also das Eigentum am Grundbesitz bei dem 'Bereitsteller' und der 'Erbbauer' zahlt nur ein soziales 'Nutzungsentgelt'. Eine kluge Lösung, denn „die kirchliche Stiftung erhält durch den Erbbauzins eine regelmäßige Einnahme, mit der sie seelsorgerische, pfarrliche und karitative Aufgaben erfüllen kann".[298] Und dieser Zins wird

---

[295]   Martens, *Wie reich ist die Kirche?*, S. 116.
[296]   Vgl. ausführlich: Mona Langen: *Evangelischer Wohnungsbau in Bayern. Innerkirchliche Diskussion und Durchführung bis 1957.* Neustadt: Degener, 1997, S. 44-55.
[297]   http://www.erzbistum-bamberg.de/liegenschaftsabteilung/info/warum.htm
[298]   http://www.erzbistum-bamberg.de/liegenschaftsabteilung/info/warum.htm

ohne zeitliche Begrenzung bezahlt, denn das Grundstück bleibt im Besitz der Kirche/kirchlichen Stiftung und wird nicht für eine kurzfristig höhere Einnahme verkauft. In der Praxis sieht das so aus:

Rechenbeispiel für ein kirchliches Erbbaurecht:		.
Grundstück (400qm / 300 DM/qm, ohne Erschließung)		120.000
Bei Kauf (Baufinanzierung 6,5% ohne Tilgung)	jährlich	7.800
Bei Erbpacht (Erbbauzins 4%)	jährlich	4.800
Ersparnis durch Erbbaurecht	*jährlich*	*3.000*

Auf die oben angegebenen 50 Millionen Quadratmeter bezogen, die von den Mitgliedsfirmen des Katholischen Siedlungsdienstes bereitgestellt wurden, folgt daraus, dass sie nach heutigen Preisen (DM 300/qm) einen Vermögenswert von DM 15 Milliarden darstellen, und (bei 4% Erbbauzins) jährlich eine Einnahme von 600 Millionen Mark für die Kirche und ihre Stiftungen erbringen.

Dafür, dass das Land wirtschaftlich eigentlich nicht genutzt werden dürfte (Verkauf ist durch Vermächtnis verboten), ist das (eine vom Stifter nicht vorausgesehene wirtschaftliche Nutzung = Brachland) ein juristisch korrekter Winkelzug.

Wenn Sie Interesse an einem solchen Grundstück haben, schreiben Sie an das Liegenschaftsamt Ihrer Diözese oder schauen im Internet nach. So hatte, beispielsweise, die Erzdiözese Freiburg im Juni 2000 als aktuelles Angebot:[299] 157 Grundstücke für Wohnungsbau (90.167 qm) und 11 Gewerbegrundstücke (31.238 qm). Diese Erbpachtgrundfläche von 121.405 qm hat bei einem Durchschnittspreis von 300 DM/qm den Verkaufswert von 36 Millionen (DM 36.421.500) oder bringt dem Erzbistum bzw. den Pfarrgemeinden bei 4 Prozent Erbbauzins eine Einnahme von 1,5 Millionen (DM 1.456.860) pro Jahr. Allerdings nimmt die Erzdiözese auch Einbußen hin, oder, anders gesehen, legt sie spezielle 'Köder' aus: Für jedes minderjährige Kind werden 20 Prozent erlassen, das heißt bei fünf Kindern gibt es das Grundstück 'umsonst'.

Die Kirchen haben aber nicht nur 'für sich selbst' Gebäude errichtet. Angesichts der Kriegszerstörungen und Flüchtlingsströme des Zweiten Weltkrieges halfen die Kirchen den Menschen nicht nur mit geistlichem Zuspruch, sondern packten auch tatkräftig mit an – „Häuser bauen, heißt Döme zu bauen" – als Bauherren und Eigentümer ihrer Siedlungswerke.

---

[299] http://www.kath.de/bistum/freiburg/liegenschaften/grundstücke

11.2. Konfessionelle Siedlungswerke

Da sich das Bauen von Häusern und Wohnungen nicht als Wohltätig-keitsveranstaltung organisieren lässt, haben die konfessionellen Sied-lungswerke durchgehend die Form von Genossenschaften oder GmbHs. Sie gelten als zweitgrößter Bauherr in Deutschland (nach der öffentlichen Hand).

Da es sich um kirchliche Werke handelt, sind / waren sie nicht steuer-pflichtig. Als 1990 das *Gesetz über die Gemeinnützigkeit im Wohnungs-wesen* aufgehoben wurde, hatten die politischen Flanken für einen Aus-weg gesorgt und die Wohnungsbaugenossenschaften konnten für die neue „Vermietungsgenossenschaft" optieren, was sie taten: Sie bleiben von der Körperschaftssteuer, Vermögenssteuer und Gewerbesteuer befreit, wenn sie sich darauf 'beschränken', für ihre Mitglieder Wohnungen herzustel-len und zu bewirtschaften.[300] Alle steuerpflichtigen Geschäfte (Bauträger- und Betreuungsgeschäfte) wurden als Tochterunternehmen ausgeglie-dert.[301]

11.2.1. Katholische Siedlungsgesellschaften

Die katholischen Werke sehen sich in Tradition der Sozialenzyklika Leos XIII. von 1891. Aber: „Geholfen wird faktisch in erster Linie Familien mit katholischem Glauben, auch wenn dies nur ungern so deutlich ausge-sprochen wird."[302]

Die älteste katholische Siedlungsgenossenschaft wurde bereits 1899 in Freiburg gegründet: der *Bauverein Breisgau eGmbH*. In der Gründungs-satzung heißt es: „Zweck der Genossenschaft ist es, gesunde Wohnungen vorzüglich für die Arbeiterklasse, Kleinhandwerker und niedere Beamte möglichst billig und solide zu erbauen, oder Gebäude zu erwerben, und sie an Mitglieder unter Ausschluss des Wuchers zu vermieten."[303]

Die meisten der katholischen Siedlungsgesellschaften wurden jedoch 1948 und 1949 gegründet. Der *Katholische Siedlungsdienst e.V.* (KSD) in Köln ist der Spitzenverband von 51 Wohnungs- und Siedlungsunternehmen in katholischer Trägerschaft, d.h. er vertritt die Verbandsinteressen auf politischer Ebene. So kündigte er „erbitterten Widerstand" gegen Ab-sichten an, „das Eigenheimzulagengesetz zugunsten von höheren Wohn-

---

[300] Steuermindereinnahmen durch die Steuerbefreiung von Vermietungsgenossenschaften und -vereinen und der gemeinnützigen Siedlungsunternehmen: 10 Millionen. Vgl. *Bun-destagsdrucksache 14/1500* (17. Subventionsbericht), S. 138.

[301] Vgl. *Bauen und Siedeln*. Zeitschrift für Wohnungswesen und Städtebau des katholi-schen Siedlungsdienstes e.V. Köln, Nr. 1, März 1999, S. 18.

[302] Martens, *Wie reich ist die Kirche?*, S. 115.

[303] *Bauen und Siedeln*, Nr. 1, März 1999, S. 6.

geldzahlungen zurückzustutzen", die von Politikern aus dem linken Parteienspektrum angestrebt würden.[304] Entsprechend, als Spitzenverband, wird er zu den Anhörungen der Bundestagsausschüsse geladen und fordert z.B. im Finanzausschuss des Bundestages bei den steuerrechtlichen Regelungen der Wohnungseigentumsförderung eine stärkere Berücksichtigung von Kinderzulagen und eine Staffelung des Baukindergeldes.[305] Er spielt sozusagen die politischen Flanken für die am Markt tätigen Gesellschaften. Was diese „Kinderkomponente" den Staat kostet, lässt sich beziffern.

Übersicht 106: Steuermindereinnahmen durch Kinderzulagen, 2000

§ 34f EStG: Kinderkomponente zu § 7b EStG (Steuerermäßigung von je bis 600 DM für das zweite und jedes weitere Kind); ab 1987 zu § 10e EStG (Steuermäßigung von je bis zu 600 DM für jedes Kind); Anhebung auf 750 DM ab 1990, auf 1000 DM ab 1991; ab 1. Oktober 1991 (Investitionsbeginn) Einführung von Vor- und Rücktragsmöglichkeiten; ab 1992 Beschränkung auf die Höhe der begünstigten Anschaffungs- oder Herstellungskosten; außerdem Einkommensgrenze (vgl. § 10e EStG):   DM   1.180 Millionen
§ 9 Abs. 5 EigZulG: Kinderzulage – im Zusammenhang mit der Grundförderung: 1500 DM/Kind, – im Zusammenhang mit dem Erwerb von Genossenschaftsanteilen: 500 DM/Kind: DM   4.308 Millionen
§ 9 Abs. 2: EigZulG: Grundförderung: – Zulage des selbstgenutzten Eigentums über 8 Jahre [...] – Zulage für den Erwerb von Geschäftsanteilen an einer Wohnungsbaugenossenschaft von jährlich bis zu 2400 DM: DM   9.142 Millionen
Summe Steuermindereinnahmen   *DM 14.630 Millionen*

Quelle: Deutscher Bundestag, Drucksache 14/1500 (17. Subventionsbericht), S. 182-184.

Da die Aufschlüsselung nach Antragstellern nicht möglich ist, soll diese Größenordnung von 14,6 Milliarden nur ein Volumen anzeigen, für das auch die konfessionellen Siedlungswerke hinsichtlich ihres kinderreichen Klientels politisch gesorgt haben. Ein Blick auf die Bauleistungen ist auch ein Hinweis auf das Volumen der Steuerbegünstigungen und Zuschüsse. Kenndaten der KSD-Wohnungs- und Siedlungsunternehmen für die Zeit von 1948 bis 1998:

Übersicht 107: Katholischer Siedlungsdienst: Wohnbauleistung 1948 bis 1998

Eigenheime, Eigentumswohnungen und andere Formen des Wohneigentums	252.000	70%
Bestandswohnungen der Unternehmen	109.500	30%
Wohnungsbau Insgesamt	*361.500*	
Bau und Betreuungsleistungen: 1.627 Objekte /		
Baumaßnahmen Bauvolumen: 7,03 Milliarden		

Quelle: Bauen und Siedeln, Nr. 2, Juni 1999, S. 4.

---

[304] Vgl. *Tag des Herrn*, 48. Jg. 20/98: Bistum Erfurt, Siedlungsdienst.
[305] Vgl. Deutscher Bundestag, WIB, Heft 17 vom 5.10.1995: Finanzen: Familien mit Kindern stärker unterstützen. Anhörung im Finanzausschuss des Bundestages.

Die Verteilung des Bestandes auf die einzelnen Siedlungswerke ist sehr
unterschiedlich und reicht von 55 Bestandswohnungen der kleinsten Genossenschaft bis zu 23.000 Bestandswohnungen des größten Siedlungswerkes. Zwei Drittel der Leistungen und des Bestandes liegen bei den
Diözesan-Siedlungswerken.

Das größte dieser Werke ist die: **Aachener (Gemeinnützige) Siedlungs-
und Wohnungsgesellschaft mbH**: Am 4. Januar 1949 von den Erz-
bistümern Köln und Paderborn, und den Bistümern Aachen und Münster
in Aachen gegründet, wurde der Gesellschaftssitz 1950 nach Köln verlegt,
da das Erzbistum Köln der Hauptgesellschafter ist. Am Grundkapital sind
beteiligt:

Übersicht 108: Gesellschafter der Aachener Siedlungs- und Wohnungsgesellschaft mbH

Erzbischöflicher Stuhl, Köln	35,0 Prozent
Erzbischöflicher Stuhl, Paderborn	22,0 Prozent
Erzbischöflicher Stuhl, Münster	15,8 Prozent
Bistum Essen	13,7 Prozent
Bischöflicher Stuhl, Aachen	13,0 Prozent
16 weitere Gesellschafter	0,5 Prozent

Quelle: Martens, Wie reich ist die Kirche?, S. 116.

Da (bis auf eine Ausnahme) nicht die Bistümer die Gesellschafter sind,
sondern die 'Bischöflichen Stühle' (86 Prozent des Grundkapitals), befindet sich diese gGmbH im Eigentum der Bischöfe und die Kapitaleinlagen,
-erträge und -rücklagen erscheinen dementsprechend auch in keinem
Diözesanhaushalt, da die 'bischöflichen Stühle' ihre Haushalte exklusiv
und ohne 'öffentliche Einsicht' verwalten.

Die staatlich gewährte Gemeinnützigkeit hat den Vorteil der steuerlichen Begünstigung und des Zuschusses von öffentlichen Mitteln, aber
den Nachteil, dass nur maximal 4 Prozent Dividende an die Gesellschafter
ausgezahlt werden dürfen. Und so war es naheliegend, das angelaufene
Kapital z.B. in Immobilienfonds zu investieren.

Ein 100-prozentiger Ableger dieser Siedlungsgesellschaft ist der
Aachener-Grundfonds Nr. 1 (siehe Kapitel *Banken / Investmentfonds*) mit
einem Fondsvermögen von DM 2,45 Milliarden und auch im Eigentum
der Bischöflichen Stühle.

Die *Aachener Siedlungs- und Wohnungsgesellschaft mbH* hat von 1949
bis 1999 rund 75.000 Wohnungen und Häuser gebaut. 23.000 Wohnungen sind (1999) noch im Eigenbesitz, alles andere (70%) wurde verkauft.
(Nach heutigen Preisen ein Umsatz von DM 12 Milliarden.) Die Vermie-
tungsbüros befinden sich in Münster, Paderborn, Essen, Köln und Trier –
die Bischofssitze der Gesellschafter – und decken damit die Bundesländer

Nordrhein-Westfalen, das nördliche Rheinland-Pfalz und das Saarland ab. (Zufälligerweise gerade zwei der Bundesländer, die pro Kopf der Bevölkerung die höchsten staatlichen Zahlungen an die Kirchen leisten.) Da seit 1990 nach steuerlich begünstigt (gemeinnützig) und rein gewerblich unterschieden wird, bestehen Verbundgesellschaften, als *Aachener Gesellschaften* zusammengefasst:

Übersicht 109: „Aachener Gesellschaften", Gründung / Stammkapital

Firma	(Gründung)	Stammkapital (1999)
Aachener Siedlungs- und Wohnungsg. mbH	(1949)	72 Millionen
Aachener Allgemeine Baubetreuungsg. mbH	(1970)	10 Millionen
Bauhütte Dresden GmbH, Dresden	(1990)	6,3 Millionen
Deutsche Wohnungsges. mbH, Köln	(1950)	6 Millionen
Dewog-Treuhand Verwaltungsg. mbH,	(1971)	2,2 Millionen
Blivers Baugesellschaft mbH, Köln	(1948)	5 Millionen
Stammkapital insgesamt		*101,5 Millionen*

Quelle: http://www.aachener-grund.de/gesellschaften.htm.

Legt man die aktuellen Angebote der Gesellschaft für Eigentumswohnungen zugrunde, und geht dabei von einer durchschnittlichen Wohnungsgröße von 62 qm[306] aus, beläuft sich nur der *Vermögenswert* der 23.000 eigenen Wohnungen auf rund DM 5,2 Milliarden.

Das **Siedlungswerk gemeinnützige Gesellschaft für Wohnungs- und Städtebau mbH, Stuttgart,** schlicht „Siedlungswerk" genannt, ist die zweitgrößte Einzelfirma. Gesellschaftsanteile halten:

Übersicht 110: Gesellschafter des Siedlungswerks, Stuttgart

- Bistum Rottenburg-Stuttgart, u.a.	60%
- Landesbank Baden-Württemberg (Südwest LB) Stuttgart	20%
- Genossenschaftliche Zentralbank AG (GZB) Frankfurt/Stuttgart	20%

Quelle: http://www.siedlungswerk.de/fakten/unternehmensdaten.html.

Von 23.209 gebauten Wohnungen befinden sich noch 4.693 im Eigenbestand der gGmbH, 80 Prozent der Bauleistungen wurden verkauft und erbrachten (nach aktuellen Marktpreisen) anteilig DM 2,5 Milliarden für die Schatulle des Bistums.

Die Aktivität dieses Diözesan-Siedlungswerkes in der externen Bauleistung und -betreuung dokumentiert sich auch in seiner gemeinsamen Tochter (50:50) mit der LBS Landesbausparkasse Württemberg: die

---

[306] http://www.aachener-swg.de : (Wohnungen zwischen 47 und 92 qm.) Wohnung 62 qm in Bonn-Friesdorf, Winkelweg 72, auf einem Erbbaugrundstück der Kirchengemeinde St. Servatius. „Die Wohnungen werden in konventioneller Bauweise errichtet, Malerarbeiten innen und Bodenbelag im Wohn- und Schlafzimmer in Eigenleistung. Kaufpreis DM 227.500."

STEG – *Stadtentwicklung Südwest gemeinnützige GmbH* – „das große Dienstleistungsunternehmen für Städte und Gemeinden"; Zentrale in Stuttgart, mit Niederlassung in Dresden und Geschäftsstellen in Heilbronn, Rottweil, Berlin, Erfurt, Glauchau, Görlitz und Leipzig.

Bevor wir uns in den Details weiterer Gesellschaften verlieren, seien die Kerndaten für die Katholischen Siedlungswerke zusammengefasst. Die 109.500 vermieteten Wohnungen im Eigenbestand der Siedlungswerke erbringen hochgerechnet pro Jahr:

- Mieteinnahmen[307]   DM   971.046.000
- Bestandsvermögen[308]   DM 24.637.500.000
- Stammkapital/Rücklagen[309]   DM   4.600.000.000

Blieben die Bischöfe an Rhein und Ruhr unter sich und haben einen eigenen Fonds zur Finanzierung gebildet, suchte der württembergische Bischof den Schulterschluss mit großen Banken und Bausparkassen, so gingen und gehen manche Werke andere Wege: Sie suchen die Allianz mit Politikern.

Aufsichtsratsvorsitzender des Stephanswerk Osnabrück ist Heinrich Franke, Präsident a.D. der Bundesanstalt für Arbeit; im Aufsichtsrat des Katholischen Siedlungswerkes Regensburg sitzt auch der Oberbürgermeister der Stadt; im Präsidium des Siedlungswerkes Baden sitzt neben einem ehemaligen Staatsminister ein Landtagsabgeordneter; etc.

11.2.2. Evangelische Siedlungswerke

Aber auch amtierende Landesminister lassen sich als politische Helfer gewinnen: Präsident des *Evangelischen Siedlungswerk in Deutschland e.V.* (ESW) in Nürnberg ist seit April 1998 der (seinerzeit amtierende, inzwischen zurückgetretene) Staatsminister der Justiz in Sachsen, Steffen Heitmann.

Die evangelischen Siedlungsaktivitäten gehen bis auf Friedrich von Bodelschwingh zurück, der im April 1885 den „Verein Arbeiterheim" als Bau-Verein mit Bausparkasse begründete. Sein Motto war: „Geld zu billigen Zinsen und Berechnung gemeinsamer Vorteile mit anderen

---

[307] 109.500 x 739 (Durchschnitts-)Miete pro Monat (entspricht einem Preis von DM 10,90 pro qm) = DM 80.920.500 pro Monat x 12 = DM 971.046.000. (Durchschnittsmiete: Statistisches Bundesamt: *Datenreport 1999*, Bonn: Bundeszentrale für politische Bildung, S. 139.

[308] 109.500 Wohnungen x (bei Durchschnittsgröße 62 qm) DM 225.000 Marktpreis = DM 24.637.500.000

[309] Vgl. *Bauen und Siedeln*, Nr. 2, Juni 1999, S. 4, und Angaben in einzelnen Bilanzen: Katholisches Siedlungswerk München (142,1 Mio.), Siedlungswerk Stuttgart (347,1 Mio.).

Gleichgesinnten, ist mehr wert als tausend Reden gegen die Sozialdemo-
kratie."[310] In diesem Sinne war die *Innere Mission* also die 'theologische
Flanke' der politischen Sozialistengesetze gegen die Sozialdemokratie im
Deutschland des Reichskanzlers Bismarck.

Vor der Gründung des ersten evangelischen Siedlungswerkes nach
dem Zweiten Weltkrieg gab es die (immer wiederkehrende evangelische)
Diskussion, ob dieses Tun mit den eigentlichen Aufgaben der Kirche
vereinbar und Siedlungsbauten nicht kirchenfremde Aktivitäten seien.

Zwei Positionen standen sich unvereinbar gegenüber. Auf der einen
Seite Otto Dibelius, der eine Kirche der Tat, eine sichtbare und kämp-
fende Kirche forderte: „Dies Geschlecht muss in der Lage sein, alle Le-
bensgebiete vor das Forum des Evangeliums zu fordern." Auf der anderen
Seite der Theologe Karl Barth, der eine „Flucht in die Sichtbarkeit" beklagte: „Die Kirche kann nicht schielen: mit dem einen Auge auf Gott,
mit dem anderen auf irgendwelche menschliche Notwendigkeiten." Allei-
niger Auftrag der Kirche sei die Verkündigung.[311]

Eine besondere belastende Hypothek war die Erinnerung an den Kon-
kurs-Skandal der DEVAHEIM (*Deutsche Evangelische Heimstätten-
gesellschaft mbH*), 1926 gegründet. Getragen von der Inneren Mission
und von Seiten der Landeskirchen gefördert, galt sie als solides und ver-
trauenswürdiges Unternehmen, das dann jedoch aufgrund von mangelnder Kontrolle, Managementfehlern und -betrügereien, sowie Unterkapita-
lisierung 1931 in Konkurs ging und rund 14.000 Sparer sahen sich um
ihre Gelder betrogen.[312]

Entsprechend hielten sich die Landeskirchen anfänglich zurück, auch
wenn die Pragmatiker unter der Leitung von Eugen Gerstenmaier im
August 1945 das *Hilfswerk der Evangelischen Kirche in Deutschland*
gründeten (1957 mit der *Inneren Mission* zum *Diakonischen Werk* verei-
nigt.). Erste innerkirchliche Widerstände tauchten bereits bei der Bereitstellung von Baugrund auf, denn die evangelischen Gemeinden waren die
Organisationsebene der Siedlungsbemühungen.[313]

Im Juli 1947 wurde die *Gemeinnützige Siedlungsgesellschaft* (GSG)
als Rechtsträger der kirchlichen Siedlungsprojekte innerhalb des Hilfs-
werkes gegründet. Verbunden mit der Leonberger Bausparkasse geriet die
GSG Anfang der 80er Jahre in die Negativ-Schlagzeilen,[314] und beantragte

---

[310] Langen, *Evangelischer Wohnungsbau in Bayern*, S. 17/18.
[311] Langen, *Evangelischer Wohnungsbau in Bayern*, S. 25.
[312] Ausführlich dazu: Langen, *Evangelischer Wohnungsbau in Bayern*, S. 26-36.
[313] Ausführlich dazu: Langen, *Evangelischer Wohnungsbau in Bayern*, S. 71-95.
[314] z.B.: *DER SPIEGEL*, vom 7.9.1981, S. 72 (Die evangelische Kirche Deutschlands ist
     beim Handel mit Wohnungen ins Zwielicht geraten: Glauben verloren), *DER SPIEGEL*,

im Februar 1984 das gerichtliche Vergleichsverfahren, dem die 40 größten Gläubigerbanken zustimmten. Falsche Standortentscheidungen, Missmanagement und Liquiditätsprobleme führten zur Liquidation, die immer noch nicht abgeschlossen ist. 63.000 Wohnungen hatte die GSG gebaut und ihr selbst gehörte noch ein Bestand von rund 5.000 Wohnungen.[315]

Aktuell sind die bestehenden sechs evangelischen Siedlungsgesellschaften unter dem Dach des *Evangelischen Siedlungswerkes in Deutschland e.V.* (ESWiD) zusammengefasst.

- GSG Gemeinnützige Siedlungsgesellschaft für Wohnungs- und Städtebau mbH, Frankfurt/M.
- HWS Hilfswerk-Siedlung GmbH, Berlin
- ESW – Evangelisches Siedlungswerk in Bayern, Nürnberg
- Wichern-Baugesellschaft, Hamburg (seit 1925)
- ASH Antoniter Siedlungsgesellschaft mbH, Köln
- Aufbaugemeinschaft Espelkamp

Organisatorisch verbunden ist die Dachorganisation mit dem *Deutschen Volksheimstättenwerk* in Bonn.

Das größte evangelische Werk ist das 1949 gegründete *Evangelische Siedlungswerk in Bayern* (ESW-Bayern) – heute eine Unternehmensgruppe, deren Hauptgesellschafter inzwischen die Landeskirche ist: „50 Jahre ESW: Vom Siedlungshäuschen für Flüchtlinge zum Wohnungsunternehmen der evangelischen Kirche in Bayern."

Parallel zur bayerischen evangelischen *Acredobank* ist das ESW-Bayern inzwischen auch für die Landeskirche Mecklenburg tätig.

Übersicht 111: Stammkapital und Rücklagen der Mitglieder des Evangelischen Siedlungswerks in Deutschland e.V. (31.12.1999)

Gesellschaft	Stammkapital	Rücklagen	Summe
ESW Bayern	5.500.000	105.639.521	111.139.521
HWS Berlin	12.000.000	68.450.000	80.450.000
GSG Hessen	21.450.000	30.158.000	51.608.000
AG Espelkamp	7.250.000	23.107.840	30.357.840
ASG Antoniter	5.484.590	16.413.032	21.897.622
Wichern HH	1.200.000	5.934.000	7.134.000
Summen	*52.884.590*	*249.702.393*	*302.586.983*

Quelle: Mitgliederjahresversammlung des Evangelischen Siedlungswerk in Deutschland e.V. am 11. September 2000 in Dresden, Arbeitsmappe, Anlage 2. (Die Rücklagen wurden berücksichtigt, da sie Eigenkapitalcharakter haben).

---

vom 24.10.1983, S. 99-103 (Eine Immobilienfirma der Evangelischen Kirche verärgert mit harten Geschäftsmethoden Wohnungskäufer und Mieter).

[315] Auskunft der Leonberger Bausparkasse.

Für die im ESWiD organisierten Gesellschaften beträgt
– das *Stammkapital* (1999)   DM   302.586.983
– das *Anlagevermögen* (1997)[316]   DM   1.016.404.267
Der eigene *Wohnungsbestand* umfasst 18.124 Wohnungen
und bedeutet einen Marktwert von rund   DM   4.077.900.000
Die jährliche Mieteinnahme aus Wohnungsbestand,
Stellplätzen, Gewerbe beläuft sich auf   DM   146.575.308

Im Vergleich zu den katholischen Siedlungsgesellschaften sind die evangelischen Unternehmen nur etwa ein Viertel so groß. Von den kirchlichen
Wohnungsunternehmen wurden von 1949 bis 1978 insgesamt 382.000
Wohnungen gebaut. In eigener Bauherrschaft davon 312.000, wobei die
katholischen Werke 227.721 Wohnungen und die evangelischen 84.294
gebaut haben.[317] Aber auch aktuell geraten die evangelischen Werke
immer mehr ins Hintertreffen. Von den 1.559 Baufertigstellungen von
kirchlichen Wohnungsunternehmen im Jahre 1999 wurden nur 39 (= 2,5
Prozent) durch evangelische Unternehmen und 1.520 (= 97,5 Prozent)
durch katholische Werke vorgenommen.

11.3. Die Kirchen und ihre Siedlungswerke

Auch wenn die beiden Dachverbände, der *Katholische Siedlungsdienst*
(KSD) und das *Evangelische Siedlungswerk in Deutschland* (ESWiD),
sich 1997 zu einer formellen „Arbeitsgemeinschaft des ESWiD und
KSD" (AEK) zusammengeschlossen haben, so verweisen die unterschiedlichen Erfolge auf die Geschichte und die Einbindung der Siedlungswerke in die Kirchen.

Das Evangelische Siedlungswerk ist, trotz beständigen eigenen Bemü-
hens, noch immer nicht Mitglied im Diakonischen Werk der Evangelischen Kirche und „die Bemühungen des ESW i.D. um eine intensivere
Zusammenarbeit mit der EKD waren bisher ohne großen Erfolg". Ganz
im Gegensatz zu den Diözesan-Siedlungswerken, die von Seiten der Bischöfe von Anfang an tatkräftig gefördert wurden.

Diese Tatsache wurde von den evangelischen Siedlungswerken sehr
genau beschrieben:

- (1951) in einem Bericht des Geschäftsführers der ESW Bayerns: „Nachdem
  der Bischof von Würzburg nicht nur wohlwollend dem St. Bruno-Werk ge-

---

[316] Vgl. Arbeitsmappe Mitgliederversammlung des ESWiD, September 2000, S. 8.
[317] Evangelisches Siedlungswerk in Bayern (Hg.): *Wohnen im Wandel. Aspekte des Woh-
nungswesens und der kirchlichen Wohnungsbautätigkeit.* Nürnberg, ESW-Bayern,
1979, S. 87.

genübersteht, sondern als Initiator und ständiger Motor an der Spitze des St. Bruno-Werkes steht, ist disziplinär und ideell der Erfolg gesichert. ... Während das St. Bruno-Werk im Mittelpunkt der bischöflichen Diözesanarbeit steht, ist das ESW in Bayern heute noch eine von den vielen Einrichtungen der evangelisch kirchlichen Liebesarbeiten, ja fast möchte man sagen ein 'Unternehmen', das am Rande ein geduldetes Dasein führt."[318]

- (1956) in einem 'Hilferuf' an die Evangelische Landessynode Bayern: „Der Bischof von Eichstätt hat sämtlichen Grundbesitz seiner Diözese beleihen lassen und damit 4 Millionen DM für den katholischen Siedlungsträger St. Gundekar-Werk Eichstätt gewonnen. Der Bischof von Bamberg hat auf dem gleichen Weg (...) über 10 Millionen flüssig gemacht. Damit wird nun überall gebaut. Die Bischöfe konnten das umso leichter tun, da sämtliche katholische Grundstücke im Grundbuch nicht auf die örtliche Gemeinde, sondern auf die Diözesen eingetragen sind, so dass der Bischof darüber verfügen kann."[319]

In evangelischen Kreisen wurde damals deutlich von einer „Gegenreformation" gesprochen, die durch die katholischen Siedlungswerke vorangetrieben werde.

- (1949) „Es ist nicht zu verkennen, dass auch die bäuerliche Ansiedlungspolitik in Bayern katholischen Interessen dient, indem einerseits die Ansiedlung evangelischer Siedlungsanwärter vernachlässigt wird und andererseits versucht wird, katholische Heimatvertriebene in den evangelischen Teilen Frankens anzusiedeln. Dagegen wird streng darauf geachtet, dass evangelische Heimatvertriebene nicht im katholischen Ober- und Niederbayern Fuß fassen."[320]
- (1957) „Die Bedrohung der evangelischen Kernländer durch die systematische Siedlungspolitik der Katholischen Kirche hat sich seit 1949 noch verschärft. Das zeigen deutlich die Notrufe, die das ESW aus den evangelischen Gemeinden immer wieder erreichen. Allenthalben wird daher eine stärkere Aktivität des ESW erwartet."[321]

Einzig die Landeskirche in Bayern 'übernahm' das evangelische Siedlungswerk erfolgreich in eigene Regie und Kapitalbeteiligung, während hinsichtlich des Verhältnisses der übrigen Landeskirchen zu den evangelischen Siedlungsgesellschaften das Wort Eugen Gerstenmaiers (von 1955) noch immer gilt: „Die altüberlieferten Gewohnheiten des Behördentums haben sich in unserer ohnehin konservativ gestimmten Kirche glänzend behauptet."[322]

---

[318] Langen, *Evangelischer Wohnungsbau in Bayern*, S. 247.
[319] Langen, *Evangelischer Wohnungsbau in Bayern*, S. 234-235.
[320] Langen, *Evangelischer Wohnungsbau in Bayern*, S. 133.
[321] Langen, *Evangelischer Wohnungsbau in Bayern*, S. 209.
[322] Langen, *Evangelischer Wohnungsbau in Bayern*, S. 253.

12. Banken

Kirchenbanken / Fonds / Mitarbeiterversorgungsfonds / Investmentfonds /
Immobilienfonds / „Grüne Fonds" / Spezialfonds /
Beteiligung an verbundenen Unternehmen / Finanzverbund

> *„Man kann einen goldspuckenden*
> *Engel nicht verdammen, wenn er*
> *armen Schweinchen hilft."* [323]
> *(Credo des Vorstandsvorsitzenden der*
> *Evangelischen Darlehnsgenossenschaft)*

Ein heikles Thema: Glaube und Mammon? Der Tanz um das goldene
Kalb? Die 'Bankenpaläste' und die 'Versicherungskathedralen'? Alles
Gebäude von Organisationen, um Geld zu sammeln.

Wo haben die Kirchen ihr „Bargeld" deponiert? Die Antwort ist einfach. Sie haben es nicht in Küchenschränken, Truhen, schwarzen Kassen
oder violetten Strümpfen versteckt. Sie haben es dort, wo es auch der
normale Bürger „auf der Kante" liegen hat: bei einer Bank.

12.1. Kirchenbanken

Die kirchlichen Banken sind (ebenso wie die Versicherungen) im evangelischen Sektor „kirchliche Zweckverbände"[324] bzw. „sonstige Arbeitsbereiche und Zusammenschlüsse"[325] im katholischen Sektor.

In der Öffentlichkeit ist eine kirchliche Bank sehr negativ bekannt geworden: das *Instituto per le Opere di Religione* (Institut für die Werke der
Religion), oder verständlicher: die Vatikanbank. Anfang der 1980er Jahre
geriet sie in die Schlagzeilen, als Roberto Calvi, Direktor der mit ihr verbundenen katholischen Traditionsbank *Banco Ambrosiano*, an der Lon-
doner Blackfair Bridge (Dominikanerbrücke) mit zehn Kilo Steinen in
den Taschen erhängt gefunden wurde. Von allem war plötzlich die Rede –
von kriminellen Machenschaften, der Mafia, der Vergiftung des Papstes
Johannes Paul I., der einen Monat nach seiner Wahl überraschend tot in
seinem Bett gefunden wurde –, und alle Medien waren begeistert: Das
war der Stoff, aus dem die Geschichten über die vatikanischen Dunkel-
männer geschrieben werden.[326]

---

[323] *Handelsblatt* Nr. 120, vom 26.6.1997, S. 24.
[324] *Adressenwerk der evangelischen Kirchen*, 1999, S. 941ff.
[325] *Adressbuch für das katholische Deutschland*, 1977, S. 313f.
[326] z.B. Heribert Blondiau/Udo Gümpel: *Der Vatikan heiligt die Mittel. Mord am Bankier Gottes*. Düsseldorf: Patmos, 1999.

In Deutschland sind die Kirchenbanken außerhalb der Amtskirchen so gut wie unbekannt – nur die Kölner katholische *Pax-Bank* hat es zu einer gewissen Bekanntheit gebracht (sozusagen als 'Tresor' des angeblich reichsten Bistums der Welt) –, dabei sind in Deutschland sechs evangelische und fünf katholische Banken mit ihren Zweigstellen tätig:

Evangelische Banken:
- BKD: Bank für Kirche und Diakonie eG (Duisburg)
- DGM: Evangelische Darlehns-Genossenschaft eG (Münster)
  Sie ist die Hausbank in Westfalen, Lippe und der reformierten Kirche.
- EDG: Evangelische Darlehnsgenossenschaft eG (Kiel, *Berlin*)
- EKK: Evangelische Kreditgenossenschaft eG (Kassel, *Eisenach, Frankfurt, Hannover, Karlsruhe, Speyer, Stuttgart, Wien*). Sie gilt als Hausbank des innerkirchlichen Pietismus.
- LKG: Landeskirchliche Kredit-Genossenschaft Sachsen eG. (Dresden)
- ACREDOBANK (bis 30.6.2000 SKB: Spar- und Kreditbank in der evangelischen Kirche in Bayern eG) (Nürnberg, *München, Neuendettelsau, Rummelsberg, Schwerin*)

Katholische Banken:
- BBE: Bank im Bistum Essen eG (Essen)
- BKC: Bank für Kirche und Caritas eG (Paderborn)
- DKM: Darlehnskasse Münster eG (Münster)
- LIGA Spar- und Kreditgenossenschaft eG (Regensburg, *Augsburg, Bamberg, Dresden, Eichstätt, München, Nürnberg, Passau, Regensburg, Speyer, Stuttgart, Würzburg)*
- PAX-Bank e.G. (Köln, *Aachen, Berlin, Erfurt, Essen, Mainz, Trier, Rom*)

Auf die Einbeziehung von weiteren direkt kirchlichen Banken, die aber nicht zum Raum der beiden großen Amtskirchen gehören, soll verzichtet werden. Dabei handelt es sich u.a. um die:

- Spar- und Kreditbank Evangelisch-Freikirchlicher Gemeinden eG (Homburg v.d.Höhe), und die
- Spar- und Kreditbank des Bundes freier evangelischer Gemeinden eG (Witten).
- Ebenso das Missionssparinstitut der Steyler Missionare (St. Augustin), „die Bank mit doppelt guten Zinsen", da ein Teil der Zinsen für die Missionsarbeit der Steyler Missionare gespendet wird.

Alle haben die Rechtsform einer eingetragenen Genossenschaft mit beschränkter Haftung (eG) und gehören als Genossenschaft dem Bundesverband der Deutschen Volksbanken und Raiffeisenbanken e.V. an.

Diese Rechtsform war bei der Gründung der Banken, zumindest bei den evangelischen Neugründungen, ein Problem. Die Banken haben, eben genossenschaftlich, auf beiden Seiten ihrer Tätigkeit das identische Klientel (bei den Geldgebern wie bei den Kreditnehmern). Wenn wirtschaftliche Schwierigkeiten für die Kirche und ihre mit ihnen verbundenen Organisationen auftreten, brauchen sie als Geldgeber ihr Geld zurück, was sie dann aber als Kreditnehmer nicht zurückzahlen können, da sie die gleichen Schwierigkeiten haben.

Zu diesen evangelischen und katholischen Banken ist noch eine weitere Bank hinzuzurechnen, die

- BfS: Bank für Sozialwirtschaft AG (Berlin und Köln, *Brüssel, Dresden, Erfurt, Essen, Hannover, Karlsruhe, Leipzig, Magdeburg, Mainz, München, Stuttgart*).

In der Wirtschaftskrise 1923 als *Hilfskasse gemeinnütziger Wohlfahrtseinrichtungen Deutschlands GmbH* gegründet (1970 Bank für Sozialwirtschaft GmbH, 1997 Aktiengesellschaft) ist sie heute sowohl allgemeiner Bankbetrieb wie Spezialbank für soziale Einrichtungen und Organisationen. Gesellschafter sind exklusiv die Spitzenverbände der freien Wohlfahrtspflege (siehe Kapitel *Die Wohlfahrtsverbände*), die beiden beherrschenden Hauptgesellschafter allerdings sind die katholische Caritas (33%) und das evangelische Diakonische Werk (ebenfalls 33%).[327] Entsprechend sollen zwei Drittel der Bankwerte der BFS als „konfessionell" mit in die Zusammenstellung einbezogen werden.

Neben den jüngeren Instituten *Darlehnskasse Münster* (DKM: 1961), *Evangelische Darlehnsgenossenschaft* (EDG: 1968), *Evangelische Kreditgenossenschaft* (EKK: 1969), *Bank für Kirche und Caritas* (BKC: 1972) bestehen andere Banken, nicht nur die katholischen, bereits seit längerer Zeit (*PAX-Bank*: 1917, *ACREDO*: 1922 als Wirtschaftsverband der evangelischen Geistlichen Bayerns eGmbH, *LKG*: 1925, *DGM*: 1927 als Darlehns-Genossenschaft der Westfälischen Mission, *LIGA*: 1948).

Mitte der sechziger Jahre (die erste große Wirtschaftskrise in der Bundesrepublik Deutschland) wurden die Geschäftsbanken vorsichtiger und die Landeskirchen merkten, dass sie sich in der Warteschlange für Kredite sehr weit hinten anstellen mussten, denn die allgemeinen Geschäftsbanken fanden nicht, dass kirchliche Immobilien sehr kreditwürdig seien (kein kurzfristig kapitalisierbarer Wiederverkaufswert).

Als die Befürworter der Bankengründung dann auch noch vorrechneten, dass eine „eigene" Bank zudem günstigere Konditionen haben könnte und die Verhandlungen mit den Geschäftsbanken hinsichtlich besserer

---

[327] Vgl. *Handelsblatt*, vom 7.8.1996, S. 17.

Konditionen zu keinem zufriedenstellenden Ergebnis führten, war dann die Entscheidung gefallen, sich selbständig zu machen.

Das Prinzip, dass die Kirchen nur mit 'ihren' Banken zusammenarbeiten, ist jedoch kein Dogma. So soll die Dresdner Bank dem neu installierten Erzbischof in Hamburg dienstbeflissen jeden Wunsch erfüllt haben (z.B. eine preisgünstige Wohnung für die mit umziehende Schwester des Bischofs), um sich als kontoführendes Institut anzudienen und betreibt aktuell eine Zweigstelle im Gebäudekomplex des Erzbischöflichen Generalvikariats.

12.1.1. Regionale Aufteilung

Hinsichtlich der regionalen Aufteilung arbeiten diese Genossenschaften „flächendeckend" (vgl. Karte 1, folgende Seite), d.h. sie sind in genau gegeneinander abgegrenzten Gebieten der Landeskirchen bzw. (Erz-) Bistümer tätig. Die *Evangelische Darlehnsgenossenschaft* (Kiel) deckt zum Beispiel den nordelbischen evangelischen Raum ab, außer Mecklenburg, aber einschließlich Berlin und Vorpommern. In Mecklenburg wurde den Kirchengemeinden vom Oberkirchenrat in Schwerin verboten, mit der EDG Geschäftsbeziehungen aufzunehmen.[328] Die ACREDOBANK (ehemals: SKB *Spar- und Kreditbank in der evangelischen Kirche in Bayern eG*) hat dort eine Niederlassung. Und zufällig hat das ebenfalls in Nürnberg beheimatete *Evangelische Siedlungswerk in Bayern* ebenfalls eine Filiale in Mecklenburg. Die LIGA (Regensburg) deckt den katholischen süddeutschen Raum ab (Bayern, Württemberg und neuerdings Sachsen). Die PAX-Bank (Köln) den gesamten katholischen mittleren deutschen Raum, einschließlich Berlin und Vorpommern.

Die Listen der Filialen lesen sich beinahe wie das vollständige Ortsverzeichnis der Bischofssitze der (Erz-)Bistümer und Landeskirchen.

Allerdings werden diese 'Abgrenzungen' allmählich fließender. So ist zum Beispiel der Finanzdirektor des (neuen) Erzbistums Hamburg sowohl Mitglied im Aufsichtsrat der (katholischen) DKM wie der EDG (*Evangelischen Darlehnsgenossenschaft*, Kiel), und die Bank für Kirche und Diakonie hat ebenso eine Zweigstelle in Berlin wie die EDG.

12.1.2. Mitglieder, Aufsichtsräte und Beiräte

Mitglied werden konnten anfangs nur kirchliche und karitative Institutionen und ihre Verbände. Erst in den letzten Jahren sind auch Mitarbeiter der Kirchen als Privatkunden zugelassen (auch die ehrenamtlichen Mitarbeiter).

---

[328] Evangelische Darlehnsgenossenschaft: *1968-1998, 30 Jahre Erfolg einer Bank*, S. 33

Von den 2.245 Mitgliedern (2000) der EDG sind 1.407 Institutionen
und 838 Privatpersonen, d.h. knapp zwei Drittel der Mitglieder sind
kirchliche und karitative Organisationen. Allerdings besitzen – am Beispiel der Bank im Bistum Essen – 612 Mitglieder aus kirchlichen und
karitativen Einrichtungen wie Körperschaften (= 26,8% der Mitglieder)

Karte 1: Regionale Verteilung der Kirchenbanken

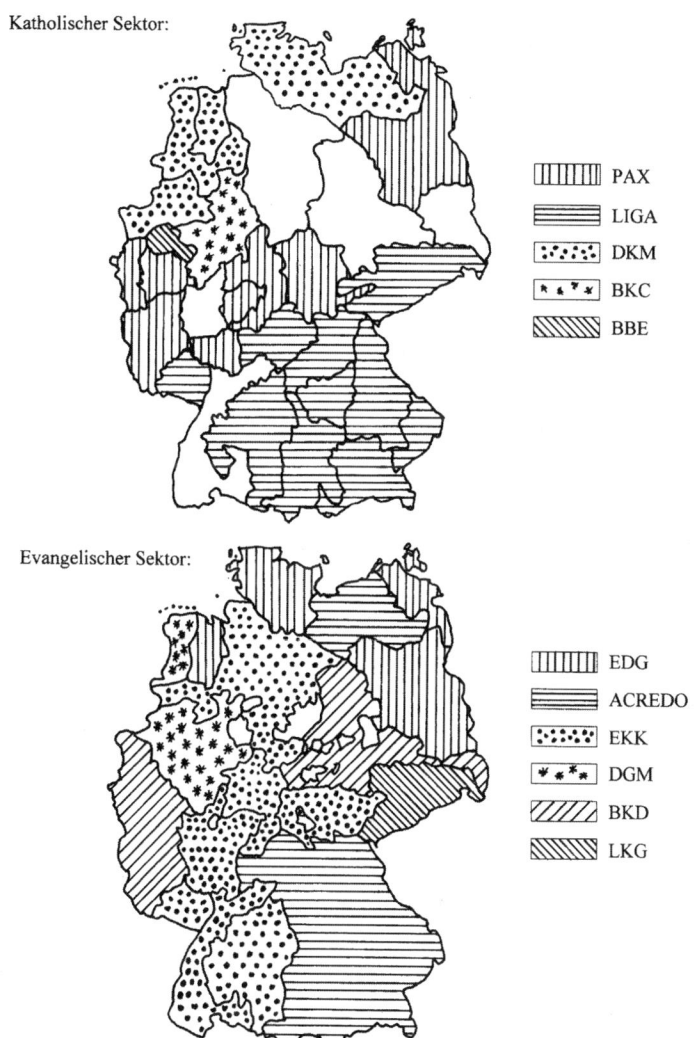

92,7 Prozent der Kundeneinlagen. Die Privatkunden haben eine durchschnittliche Einlage von DM 136.637, die institutionellen Kunden jedoch von DM 4.763.399.

In den *Aufsichtsräten* und Vorständen finden sich
- Evangelisch: Pfarrer, Superintendenten, Konsistorialräte und Direktoren des Diakonischen Werkes;
- Katholisch: Pröbste, Kultusminister, Finanzdirektoren der (Erz-) Bistümer, Prälaten und Generalvikare.

In den *Beiräten* für die einzelnen Filialen:
- Evangelisch: Finanzdirektoren des Collegium Augustinum, Richter am Finanzgericht, Direktoren der Inneren Mission, Finanzleiter der Evangelischen Zentralstelle für Entwicklungshilfe, u.a.m.
- Katholisch: Direktoren der Caritasverbände, Vorstände des Malteser-Hilfsdienstes, Generalobere, Priorinnen und Äbte, Ministerialdirigenten, Vertreter von Misereor, Kolpingwerk, Missio, Päpstlichem Kinderhilfswerk, u.a.m.

12.1.3. Entwicklung der Kirchenbanken

1969 wurde noch über die kirchlichen Banken geschrieben: „Setzt sich das überdurchschnittliche Geschäftswachstum künftig fort – und manches spricht dafür –, könnten die 'Kirchen-Banken' vielleicht schon in einigen Jahren mit einer Bilanzsumme von zusammen einer Milliarde D-Mark aufwarten."[329] Diese Annahme hat sich schneller als vorausgesagt bewahrheitet. Zwölf Jahre später (1980/81) konnten zehn der Kirchenbanken jeweils alleine bereits eine Bilanzsumme von über einer Milliarde DM aufweisen. Und von 1968 bis 2000 hat sich die Bilanzsumme von vier ausgewählten Banken von 398 Millionen auf 13,9 Milliarden erhöht.

Übersicht 112: Bilanzsummen ausgewählter kirchlicher Banken 1967 zu 2000

	1967	2000 .
Dahrlehnskasse Münster	174 Mio.	4.202 Mio.
Bank im Bistum Essen	41 Mio.	3.757 Mio.
LIGA Spar- und Kreditgenossenschaft	140 Mio.	4.264 Mio.
PAX-Bank	43 Mio.	2.511 Mio.
Summen	*398 Mio.*	*14.734 Mio.*

Quellen. 1967: Klaus Martens, Wie reich ist die Kirche?, S. 129f.; 2000: Geschäftsberichte der Banken.

Die Entwicklung der kirchlichen Darlehenskassen und -genossenschaften sei an einem Institut exemplarisch verdeutlicht. Die Entwicklung der

---

[329] Martens, *Wie reich ist die Kirche?*, S. 130.

anderen Institute verläuft, wenn auch auf unterschiedlich hohen finanziellen Plateaus, weitgehend parallel.

1968 begann die EDG – *Evangelische Darlehnsgenossenschaft in Kiel*
– mit 125 Mitgliedern und 28 Mio. Bilanzsumme, hatte dann (1981)
zwölf Jahre später 1.246 Mitglieder und eine Bilanzsumme von 1 Milliarde, 1986 bereits 2 Milliarden, 1991 dann schon 3,5 Milliarden und
schließlich 2000 eine Bilanzsumme von DM 8,4 Milliarden.

Übersicht 113: Entwicklung der Evang. Darlehnsgenossenschaft (EDG)

Jahr	Mitglieder	Bilanzsumme	Wertpapiere	Dividende
1968*)	125	28.169.000	1.673.000	-
1971	314	99.446.000	27.470.000	7%
1976	801	503.408.000	198.685.000	7%
1981	1.246	1.042.037.000	324.361.000	7%
1986	1.489	2.221.056.000	1.279.625.000	7%
1991	1.732	3.528.223.000	2.078.554.000	7%
1996	2.009	6.342.719.000	3.640.734.000	7%
1997	2.052	6.893.880.000	4.584.503.000	7% + 2%
1998	2.104	7.487.288.000	5.056.756.000	7%
1999	2.201	8.235.248.000	5.771.398.000	7%
2000	2.245	8.359.012.000	6.052.369.000	7%

*Quelle: Evangelische Darlehnsgenossenschaft eG, Kiel und Berlin: 1968-1998. 30 Jahre
Erfolg einer Bank, S. 30, 31 und Geschäftsberichte 1998, 1999, 2000.
) Gründungsjahr, ab 1. Juli

*Diagramm 9: Bilanzsummen der Evangelischen
Darlehnsgenossenschaft 1968 bis 2000*

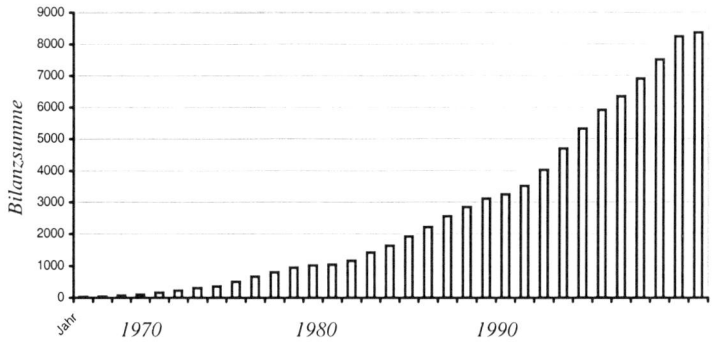

Bemerkenswert ist das ununterbrochene Ansteigen der Bilanzsummen.
Eine Tatsache, die uns gleich bei den Geldeinlagen der Kunden detail-
lierter beschäftigen wird.

Von Anfang an bestand das Bankgeheimnis, was in diesem Fall heißt, dass die Kirchenleitungen keinen Einblick in die Konten der Kirchengemeinden haben.

Das notwendige Gründungskapital der EDG wurde 1968 von zwei Versicherungen (der *Evangelischen Familienfürsorge* und dem *Ecclesia Versicherungsdienst*) und einer kirchlichen Genossenschaftsbank (*Darlehns-Genossenschaft Münster*) vorgestreckt. Da die Gründung innerhalb der Synode umstritten war, konnte die Landeskirche dafür keine Kirchensteuermittel einsetzen. (Diese immer wieder festzustellende 'Streitkultur' innerhalb der evangelischen Landeskirchen und der EKD, die im eigenen Selbstverständnis positiv als 'demokratisch' gegenüber dem 'autoritären' Katholizismus verstanden wird, führt aber tatsächlich zu keinen tragbaren Kompromissen, sondern zu Alleingängen und Sonderwegen.)

Die Dividende ist gleichbleibend jährlich sieben Prozent und in den 'Jubiläumsjahren' gibt es noch zwei Prozent extra. Und das alles auf der Basis, dass die EDG seit 30 Jahren keine Gebühren von ihren Kunden erhebt, die Einlagen höher verzinst und die Kredite günstiger vergibt als die privatwirtschaftliche Konkurrenz. Damit habe, so die EDG stolz, ihre kirchliche Kundschaft in den 30 Jahren seit Gründung insgesamt 443 Millionen Mark eingespart, die sie bei einer nicht-kirchlichen Geschäftsbank mehr hätte bezahlen müssen.

Möglich wird diese Ersparnis, da die Kirchenbanken nicht als flächendeckende, konkurrierende Geschäftsbanken ein großes, personal- und kostenintensives Filialnetz unterhalten müssen, sondern für einen begrenzten Kundenstamm in einem gegenseitig abgegrenzten und damit konkurrenzlosen Gebiet operieren. Diese Grundsätze lassen sich auf alle kirchlichen Banken übertragen.

Allerdings zeigen sich seit kurzem neue Tendenzen, indem insbesondere zwei Banken sowohl in den Kirchenzeitungen wie im Internet ihre regionale Begrenztheit zu überwinden suchen: Die *Dahrlehnskasse Münster* (DKM) inseriert als „die erste Bank-Adresse für Kirche und Caritas: *Direkt Kompetent Menschlich*" und baut einen Service für Stellenvermittlung, Ferienangebote etc. aus. Die *Evangelische Kreditgenossenschaft* (EKK) bietet sich als Partner für die „sehr günstige" Autofinanzierung an. („Voraussetzung hierfür ist eine Kaskoversicherung bei der Bruderhilfe Sachversicherung".)

Im Vergleich zu den großen Geschäftsbanken können sich die Kirchenbanken dabei durchaus sehen lassen. Während beispielsweise die zweitgrößte deutsche Geschäftsbank, die Hypovereinsbank, für eine Bilanzsumme von rund 984 Milliarden Mark (1999) insgesamt 46.170 Mitarbeiter beschäftigt (das sind 21,3 Millionen pro Mitarbeiter), erreicht die Evangelische Darlehnsgenossenschaft im gleichen Jahr die Bilanzsumme von 8,2 Milliarden mit 129 Mitarbeitern (63,8 Millionen pro Mitarbeiter).

Auch den Vergleich mit einem anderen großen und 'geheimnisvollen Geldinstitut' – der Vatikanbank IOR – bräuchte die EDG nicht zu scheuen, denn „derzeit verwaltet die Vatikanbank 700 Milliarden Lire (7 Milliarden Mark), darunter zahlreiche Beteiligungen an italienischen Unternehmen".[330]

Aufgrund ihrer Entstehung und der damit verbundenen Beschränkung auf eine überschaubare Anzahl von kapitalkräftigen, institutionellen Kunden haben die Kirchenbanken innerhalb der konfessionellen Sektoren bereits eine Situation, die von den deutschen Großbanken zur Zeit erst angestrebt wird (z.B. der Deutschen Bank, der Hypovereinsbank, der Dresdner Bank), indem das kostenintensive, wenig profitable Massengeschäft ausgegliedert oder automatisiert wird.

Übersicht 114: Kennziffern der Kirchenbanken in Deutschland, 2000

Bank	Bilanzsumme	Einlagen	Wertpapiere
Evangelische			
BKD:	4.021.192.917	3.641.170.224	1.272.550.367
EDG:	8.359.012.169	7.633.133.549	6.052.369.131
EKK:	6.924.050.551	5.701.674.157	2.687.230.422
DGM:	3.455.837.438	2.964.592.569	1.705.637.898
LKG:	822.027.330	687.464.215	378.738.847
ACREDO:	1.673.456.524	1.331.579.376	597.867.639
Summe	*25.255.576.929*	*21.959.614.090*	*12.694.394.304*
Katholische			
BBE:	3.756.537.643	3.146.844.987	1.967.251.995
BKC:	4.309.240.714	4.039.757.525	3.318.598.826
DKM:	4.202.491.992	3.971.269.349	3.024.465.452
LIGA:	4.623.886.499	4.264.419.587	2.433.829.601
PAX:	2.510.764.802	2.121.284.943	836.890.119
Summe	*19.402.921.650*	*17.543.576.391*	*11.581.035.993*
'Ökumenische'			
BFS: (2/3)	4.094.333.724	2.433.191.783	1.639.381.376
Insgesamt	**48.752.832.303**	**41.936.382.264**	**25.914.811.673**

Quellen: Geschäftsberichte der Banken für 2000

Die Geldeinlagen sind überwiegend auf mehr als fünf Jahre festgelegt (höherer Zinsertrag). Die Wertpapiere sind so gut wie ausschließlich Schuldverschreibungen und andere festverzinsliche Wertpapiere. Aktien und andere nicht festverzinsliche Wertpapiere haben stets einen Anteil

---

[330] *DER SPIEGEL*, 50/1998 (Peter Wensierski, Der Vatikan und die Weltkirche), http:// www.spiegel.de/spiegel/0.1518.10929.00.html (S. 7).

unterhalb von zehn Prozent des Wertpapierbestandes, wobei die klassischen Börsenaktien dabei den geringsten Anteil bilden.

12.1.4. Kundengelder / Geldeinlagen

Die Summe der Geldeinlagen der kirchlichen und karitativen Institutionen und der kirchlichen Mitarbeiter haben mit 42 Milliarden Mark das Volumen von mehr als zweieinhalb kompletten Jahreseinnahmen an Kirchensteuern.

Übersicht 115: Geldeinlagen bei den Kirchenbanken 1997 bis 2000 (in TDM)

Bank	1997	1998	1999	2000
BKD, Duisburg	3.275.947	3.471.601	3.609.493	3.641.170
EDG, Kiel *	6.395.662	6.934.500	7.530.701	7.633.134
EKK, Kassel *	5.130.486	5.524.988	5.857.299	5.701.674
DGM, Münster *	2.335.827	2.552.002	2.814.154	2.964.593
LKG, Dresden	601.821	615.239	642.274	687.464
SKB/ACREDO, Nbg.*	1.193.094	1.276.586	1.364.909	1.331.579
Evgl. Banken	*18.932.837*	*20.374.916*	*21.818.830*	*21.959.614*
BBE, Essen *	1.739.947	2.247.216	2.877.470	3.146.845
BKC, Paderborn	3.310.000	3.522.594	3.879.847	4.039.758
DKM, Münster *	2.793.989	3.157.047	3.678.572	3.971.269
LIGA, Regensburg *	3.555.298	3.868.572	4.019.248	4.264.420
PAX, Köln	1.935.523	2.089.380	2.141.501	2.121.285
Kathol. Banken	*13.334.757*	*14.884.809*	*16.596.638*	*17.543.577*
BFS, Köln (2/3)*	2.233.152	2.297.740	2.412.053	2.433.192
Alle Banken	**34.500.746**	**37.557.465**	**40.827.521**	**41.936.383**
Erhöhung der Geldeinlagen gegenüber dem vorigen Jahr um TDM:				
Evangelische Banken		1.442.079	1.443.914	140.784
Katholische Banken		1.550.052	1.711.829	946.939
Bank für Sozialwirtschaft		64.588	114.313	21.139
Insgesamt		*3.056.719*	*3.270.056*	*1.108.862*

* Alle Kundengelder: Spareinlagen, Täglich fällige Einlagen, Befristete Einlagen plus Inhaberschuldverschreibungen der Banken.

Wer kann als Privatmensch und Kirchensteuerzahler schon sagen, dass er zweieinhalb 'Jahresgehälter' auf der Bank deponiert hat? Sie vielleicht, ich nicht. Es sei an diesem Punkt schon einmal die Bemerkung erlaubt, dass die Klagen der kirchlichen Institutionen, sie hätten kein Geld, fragwürdig erscheinen. Dieses Vermögen steht allerdings auch in einem seltsamen Kontrast zu manchen Kirchengemeinden, die doch 'arm wie eine Kirchenmaus' sind.

Die Idee allerdings, auf diese Rücklagen zurückzugreifen, um die aktuellen Finanzprobleme aufgrund der absinkenden Kirchensteuereinnahmen zumindest zu mildern, ist fern der Realität. Ein wirtschaftlicher Grundsatz (nicht nur) des kirchlichen Haushaltens lautet, dass laufende Kosten nur aus den laufenden Einnahmen bezahlt werden und nicht aus der Substanz. Und Sparguthaben ist Vermögen, also Substanz.

Konsequent dabei ist, dass, bei sinkenden Kirchensteuereinnahmen und rigiden Sparmaßnahmen, die Kundeneinlagen bei den Banken deutlich ansteigen. Von 1997 auf 1998 erfolgte eine Erhöhung der Geldeinlagen um insgesamt 3 Milliarden Mark, 1998 auf 1999 um 3,3 Milliarden und in 2000 noch um weitere 1,1 Milliarden Mark. Ein Verhalten, das private 'Hausväter' bei geringer werdenden Einnahmen aufweisen: Das Taschengeld für die Kinder wird gekürzt, die Ehefrau muss mit weniger Wirtschaftsgeld auskommen, d.h. die laufenden Ausgaben werden möglichst reduziert und das vorhandene Gesparte wird als Reserve für vielleicht noch schlechtere Zeiten weiter aufgestockt.

Die Kirchen als Arbeitgeber sind jedoch kein kleiner 'Hausvater' und so ist es unverständlich, dass zu Lasten des Einkommens der Mitarbeiter das Vermögen erhöht wird (anstelle es für eine 'sozialverträgliche' notwendige Stellenreduzierung einzusetzen). Ein Verhalten, das bei jedem privatwirtschaftlichen Wirtschaftsbetrieb mit vehementem 'Kanzelpathos' scharf kritisiert werden würde.

„Arbeit plus heißt das Arbeitsplatzsiegel, welches die Evangelische Kirche in Deutschland an Unternehmen verleiht, die sich durch eine vorbildliche Beschäftigungspolitik auszeichnen." So z.B. für Unternehmen, die „Zeichen ihrer sozialen Verantwortung und Maßstäbe für andere" setzen.[331] Die Frage, ob die Mitarbeiter der Evangelischen Kirche dieses „Gütesiegel" ihrem eigenen Arbeitgeber zubilligen würden, lässt sich im Rahmen dieser Studie nicht beantworten.

Im Juni 2000 hat die Arbeitsgemeinschaft Christlicher Kirchen im Rhein-Main Gebiet unter dem Leitthema „Weil wenige reich sind, sind viele arm" zu einem Pilgerweg aufgerufen und täglich wurde eine Mahnwache vor einer Bank abgehalten.[332] Die Frage ist nur, ob sie diese Mahnwache auch vor den richtigen Banken veranstalteten. Wahrscheinlich waren sie aber ebenso ohne Einblick in die Finanzen der eigenen Kirchen wie der Ratsvorsitzende der EKD, Bischof Manfred Kock, der bemerkte: „Das Vermögen der evangelischen Kirche wird überschätzt. Wir verfügen nur über die uns gesetzlich zustehenden Rücklagen, die für drei Monate reichen."[333] (Meine Anfrage bei der EKD, ob das stimmen würde, wurde trotz Nachhakens schlicht nicht beantwortet.)

---

[331] http://www.arbeit-plus.de
[332] Mainzer Bistumsnachrichten Nr. 17, http://www.kath.de/bistum
[333] FOCUS Nr. 49/1998, vom 30.11.1998, S. 14 („Wir müssen Leistungen einschränken", FOCUS-Gespräch mit dem EKD-Ratsvorsitzenden).

Die relativ geringere Vermögensaufstockung der Kundengelder in 2000 (1,1 Mrd.), bei der wie in den Vorjahren mindestens 3 Milliarden zu erwarten gewesen wären (auch aufgrund der gestiegenen Kirchensteuer-einnahmen 1999), täuscht allerdings.

Drei Banken (die EKK, die ACREDOBANK und die PAX-Bank) verzeichnen 2000 sogar geringere Kundengeldereinlagen als in 1999.

Diese geringere Aufstockung und sogar die Verringerung beruhen jedoch auf dem gleichen Phänomen: Die kirchlichen Kunden legten weniger Geld auf die Konten, weil sie es (während der 'Aktieneuphorie' in 2000) lieber in Investmentanteilen und Wertpapieren anlegten, die nicht in den Bilanzen der Kirchenbanken erscheinen. Bei der PAX wurden sogar 31 Millionen der vorhandenen Einlagen in die Aktiendepots ihrer Kunden übertragen.[334] So schreibt die *Bank im Bistum Essen* zu den Kundeneinlagen: „Neben der Umschichtung in andere Anlageformen wie z.B. Termineinlagen oder die Inhaberschuldverschreibungen hat der nach wie vor anhaltende Trend zur Anlage in Aktien und Wertpapieren zum Rückgang der Sparanlagen beigetragen."[335] Ebenso die ACREDOBANK: „Die Einlagenentwicklung war durch ein verstärktes Engagement unserer Kunden in bilanzunwirksame Anlageformen wie Wertpapiere, Investment- und Immobilienfonds geprägt."[336] Ebenso bemerkt die *Evangelische Darlehnsgenossenschaft* (2000): „Die verstärkten Aktivitäten unserer Kunden im Wertpapiergeschäft führten zu erfreulichen Provisionseinnahmen" und die EDG konnte einen Zuwachs von 110% im Dienstleistungsgeschäft verbuchen.[337]

Das Geldvermögen wurden also nicht in geringerem Maße als in den Vorjahren erhöht, sondern nur das Prinzip und das Depot war ein anderes. Nach vereinzelten Angaben in den Geschäftsberichten bewegen sich die Kapitalanlagen in den (unsichtbaren) Depotkonten ihrer Kunden zwischen 15 bis 20 Prozent ihrer Geldeinlagen. Damit würde sich das Kapitalvermögen der Kunden der Kirchenbanken um weitere DM 6,3 bis 8,4 Milliarden erhöhen, also ein Gesamtvolumen von rund DM 50 Milliarden aufweisen.

Da wir uns bisher nur mit den Geldeinlagen beschäftigt haben, die bei den zwölf kirchlichen Banken bilanziert werden, führt uns das jetzt zu der Frage, was außerhalb dieser Banken an Geldvermögen vorhanden ist.

---

[334] Pax-Bank: *Bericht über das Geschäftsjahr 2000*, S. 12.
[335] Bank im Bistum Essen: *Geschäftsbericht 2000*, S. 15.
[336] ACREDOBANK: *Geschäftsbericht 2000*, S. 19
[337] Evangelische Darlehnsgenossenschaft eG: *Bericht über das Geschäftsjahr 2000*, S.16.

Die Unterstellung, dass die Kirchenbanken auch deshalb gegründet wurden, um besser verschweigen zu können (Bankgeheimnis), wie viel Geld die kirchlichen Institutionen als Rücklage liegen haben,[338] mochte vor einigen Jahrzehnten vielleicht noch stimmen (besonders für die kleine PAX-Bank in Köln, 1917 gegründet, wurden diese Unterstellungen geäußert), heute verkehrt sie sich in ihr Gegenteil, da diese Banken inzwischen (teilweise sehr engagiert) Öffentlichkeitsarbeit betreiben. Da sie als Geschäftsgrundlage nur kirchliche Institutionen und deren Mitarbeiter als Kunden haben (können), sind diese Geldvermögen dort dann sehr sichtbar. Falls die Kirchen ihr Vermögen wirklich verschleiern wollten, dann richteten sie tunlichst Konten bei normalen Geschäftsbanken, Sparkassen oder bei der Postbank ein, da sie dort tatsächlich anonym bleiben.

Da jede Kirchengemeinde, jede Einrichtung der Kirche, jedes Bistum und auch jeder Seniorenkreis frei ist, sein Geld bei einer Bank der eigenen Wahl anzulegen, erfassen die Zahlen der kirchlichen Banken nur jenen Teil der kirchlichen Sparguthaben, die bei ihnen auch eingezahlt wurden. Hinsichtlich von zufällig ausgewählten dreizehn kirchlichen Einrichtungen zeigt sich, dass sie neunzehn Konten angeben, von denen aber nur sechs eine Bankverbindung mit einer *kirchlichen* Bank sind.

Übersicht 116: Kirchengliederungen und ihre Bankverbindungen

„Institution"	Konto / Bankverbindung bei .
Hamburg, Hauptkirche St. Nikolai	Deutsche Bank
Seniorenakademie – " –	Postbank Hamburg
Hamburg, Hauptkirche St. Petri	Vereins- und Westbank
der überblick	*Ev. Darlehnsgen. Kiel*
Kirchenmusik St. Katharinen	*Ev. Darlehnsgen. Kiel*
Brot für die Welt	Postbank Köln
Bana-Fair	Hypobank Stuttgart
Blumenkampagne	*Acredobank*
Trans-Fair e.V.	*Pax-Bank, Aachen*
missio (Aachen)	Dt. Apotheker- u. Ärztebank
missio (München)	Postbank München
	LIGA Bank, München
	Reuschel & Co., München
Misereor	Sparkasse Aachen
	Pax Bank Aachen
	Postbank Köln
Christoffel Blindenmission	Sparkasse Bensheim
	Postbank Nürnberg
	Postbank Berlin

Das kann als Indikator dafür angesehen werden, dass das kirchliche Geldvermögen etwa dreimal so groß ist, wie der nachweisbare Bestand bei den

---

[338] So noch Martens, *Wie reich ist die Kirche?*, 1969.

kirchlichen Banken. Das wiederum würde heißen, dass die beiden großen Amtskirchen in Deutschland, mit all ihren Kreisen, Dekanaten, Gemeinden, Aktionen und Vereinen, Werken und Verbänden ein Vermögen von rund 150 Milliarden Mark auf der hohen Kante liegen haben.

Für diese Größenordnung spricht auch die Anzahl der Mitglieder bei den Kirchenbanken aus dem institutionellen Bereich, die aufgrund der Angaben der Kirchenbanken und vereinzelter Aufschlüsselungen bei rund 18.000 kirchlichen und diakonischen Trägern liegt. Bei 31.000 Kirchengemeinden, ebenso vielen Körperschaften im diakonischen/karitativen Bereich und einer Vielzahl von weiteren Verbänden, Werken und Einrichtungen, haben sogar deutlich weniger als ein Drittel der möglichen Mitglieder ein Konto bei einer Kirchenbank.

Die Schätzung von DM 150 Milliarden Kapitalvermögen wird jedoch kontrovers gesehen: „Im 'guten dreistelligen Milliardenbereich' liegt nach Schätzungen des katholischen Sozialethikers Johannes Hoffmann die Summe, die Kirchen und kirchliche Einrichtungen zurzeit bei Banken angelegt haben. [...] Die Schätzung Hoffmanns, dass die Kirchen eine dreistellige Milliardensumme angelegt hätten, erscheint Herborg (Leiter der Finanzabteilung der Evangelischen Kirche) allerdings 'abenteuerlich'."[339]

Unsere Schätzung wird aber auch dadurch bestätigt, dass die beiden verfassten Kirchen (bereits für 1993) Einnahmen aus Vermögen über insgesamt 5,1 Milliarden aufweisen sollen, was bei einem Zinssatz von 5 Prozent einen Vermögensbesitz von 102 Milliarden bedeuten würde[340] und alle Werke, insbesondere Diakonie und Caritas, und die konfessionellen Verbände *nicht* mit erfasste.

Bemerkenswert ist auch, welche Kontenverbindungen z.B. von konfessionellen Hilfswerken bei Spendenaufrufen angegeben werden. Anlässlich des katastrophalen Erdbebens in Indien (Januar 2001) warben auf der Web-Site der ARD-Tagesschau 16 Organisationen um Spenden. Zehn dieser Organisationen waren kirchliche Hilfswerke und nur die beiden kleinsten dieser Liste (*Ärzte für die Dritte Welt* und die *Kindernothilfe*) nannten Konten bei Kirchenbanken. Die anderen acht Organisationen (u.a. *Caritas International, Diakonisches Werk, Misereor*) gaben Konten bei Postbanken und Sparkassen an.[341]

---

[339] *Der Tagesspiegel*, vom 17.3.2000 (Ethisches Investment).
[340] Vgl. dazu das Kapitel *Kirchensteuern und übrige Einnahmen*.
[341] http://www.tagesschau.de/archiv/2001/01/26/aktuell/meldungen/spenden.html

12.1.5. Eigenkapital und Anlagevermögen (Sachanlagen)

Die Banken selber sind zudem mit Eigenkapital und Immobilien / Sachanlagen ausgestattet. Auch diese Geldwerte sind dem Vermögen der Kirchen hinzuzurechnen, da die kirchlichen und karitativen Organisationen als 'Genossen', d.h. Anteilseigner der Banken, ihre Eigentümer sind.

Übersicht 117: Eigenkapital der kirchlichen Banken, 2000

Bank	Eigenkapital
Bank für Kirche und Diakonie eG (Duisburg)	153.380.040
Evangelische Darlehns-Genossenschaft eG (Münster)	199.474.497
Evangelische Darlehnsgenossenschaft eG (Kiel)	319.713.411
Evangelische Kreditgenossenschaft eG (Kassel)	357.528.874
Landeskirchl.-Kredit-Genoss. Sachsen eG (Dresden)	35.544.713
ACREDOBANK eG (Nürnberg)	141.456.248
Summe Evangelische Banken	*1.207.097.783*
Bank im Bistum Essen eG (Essen)	135.596.221
Bank für Kirche und Caritas eG (Paderborn)	84.984.664
Darlehenskasse Münster eG (Münster)	129.789.717
LIGA Spar- und Kreditgenoss. eG (Regensburg)	224.852.680
PAX-Bank e.G. (Köln)	75.332.558
Summe katholische Banken	*650.555.840*
Bank für Sozialwirtschaft (Köln) (2/3)	124.693.659
Summe Insgesamt	*1.982.347.282*

Das bilanzierte Eigenkapital belief sich auf rund DM 2 Milliarden. Dabei ist zu berücksichtigen, dass das „Haftende Eigenkapital" noch um rund 12% höher liegt. Die Bewertung der Immobilien und anderen Sachanlagen ist aufgrund der Bilanzen nicht ohne weiteres möglich, da der Wert der Sachanlagen jährlich abgeschrieben wird.

Übersicht 118: Bilanzwerte für Sachanlagen der kirchlichen Banken, 2000

Bank	Sachanlagen
Bank für Kirche und Diakonie eG (Duisburg)	7.047.966
Evangelische Darlehns-Genossenschaft eG (Münster)	4.327.428
Evangelische Darlehnsgenossenschaft eG (Kiel)	25.480.224
Evangelische Kreditgenossenschaft eG (Kassel)	56.161.116
Landeskirchl.-Kredit-Genoss. Sachsen eG (Dresden)	1.283.640
ACREDOBANK eG (Nürnberg)	7.680.657
Summe Evangelische Banken	*101.981.031*
Bank im Bistum Essen eG (Essen)	31.348.680
Bank für Kirche und Caritas eG (Paderborn)	3.094.448
Darlehenskasse Münster eG (Münster)	20.660.343
LIGA Spar- und Kreditgenoss. eG (Regensburg)	89.118.062
PAX-Bank e.G. (Köln)	21.686.320
Summe katholische Banken	*165.907.853*
Bank für Sozialwirtschaft (Köln)	59.991.209
Summe Insgesamt	*327.880.093*

Der Vermögenswert der Sachanlagen (Immobilien etc.) dürfte sich auf das Dreifache belaufen, denn bei den Angaben in einzelnen Geschäftsberichten zu den kumulierten Abschreibungen auf die Anschaffungs-/ Herstellungskosten sind etwa zwei Drittel abgeschrieben. Der Marktwert bleibt außerbilanziell. Entsprechend der Hinweise, dass bereits mehr als zwei Drittel abgeschrieben wurden, beinhaltet das Anlagevermögen der Banken: rund DM 1 Milliarde.

12.2. Kirchliche Fonds

Immerhin kann man einen Teil des nicht bei den Kirchenbanken sichtbaren Vermögens finden, wenn man sich bestimmte Fonds ansieht.

12.2.1. Mitarbeiter-Versorgungsfonds

Im nachfolgenden Kapitel über die Versicherungen sind bei den Versorgungskassen nur die katholische KZVK (*Kirchliche Zusatzversorgungskasse des Verbandes der Diözesen Deutschlands*) und die evangelische VERKA (*Kirchliche Versorgungskasse*) erfasst. In diesen beiden Kassen sind jedoch nur 430.000 der insgesamt rund 1,4 Millionen Mitarbeiter in den beiden konfessionellen Sektoren versichert. Da diese beiden Kassen Kapitalanlagen in Höhe von rund DM 16 Milliarden aufweisen, fehlen uns also noch die übrigen Mitarbeiter-Versorgungsfonds.

So hatte, als Beispiel, die Evangelische Landeskirche in Bayern 1999 einen derartigen Fonds in Höhe von DM 924 Millionen.[342] Da die bayerische Landeskirche ziemlich genau ein Zehntel der EKD darstellt, dürfte sich der Umfang dieser Fonds innerhalb der verfassten EKD auf rund DM 10 Milliarden belaufen. Bei der Parität zur katholischen Kirche lässt sich ein Mindestvolumen von DM 20 Milliarden annehmen, das außerhalb von KZVK und VERKA angelegt ist.

Neben diesen internen Fonds bestehen noch weitere Fonds.

12.2.2. Investmentfonds

Neben der Beratung ihrer Kunden hinsichtlich Geldanlagemöglichkeiten, haben die Kirchenbanken eigene Fonds aufgelegt. Insbesondere die katholische LIGA (Regensburg) und die katholische PAX-Bank (Köln) haben gemeinsame institutseigene Investment Fonds.[343]

- *Liga-Pax-Rent-Union.* Ein internationaler Rentenfonds mit Schwerpunkt festverzinsliche Euro-Wertpapiere (Wertpapier-Kenn-Nr. 849 122, aufgelegt: 28.12.1989).
- *Liga-Pax-K-Union.* Rentenfonds aus festverzinslichen Wertpapieren mit kürzeren Laufzeiten (Wertpapier-Kenn-Nr. 975 014, aufgelegt: 1.12.1994).

---

[342] Faltblatt des Landeskirchenamtes: *Zahlen, Daten, Fakten.* Stand: Oktober 1999.
[343] Angaben nach Geschäftsberichte der beteiligten Banken, 1998; Union-Investment, Fondspreise/Fonds, im Internet unter: http://www.union-investment.de/fp/preise.html

- *Liga-Pax-Aktien-Union.* Aktienfonds mit Schwerpunkt europäische Titel wachstumsstarker, großer Unternehmen („Blue Chips") (Wertpapier-Kenn-Nr. 975 021, aufgelegt: 5.5.1997).
- *Liga-Pax-Balance-Union.* Globaler Mischfonds mit (68%) Aktien und (32%) Renten (Wertpapier-Kenn-Nr. 531 421, aufgelegt: 2.5.2000).

Von der evangelischen *Bank für Kirche und Diakonie:*

- *KD-UNION-Fonds.* Mischfonds mit europäischen festverzinslichen Wertpapieren (Renten) und Aktien (Wertpapier-Kenn-Nr. 849 127, aufgelegt: 20.2.1990).

Von der katholischen *Bank für Kirche und Caritas:*

- *KuC-Fonds-Union.* Internationaler Rentenfonds mit Aktienbeimischung (Wertpapier-Kenn-Nr. 975 000, aufgelegt: 17.12.1990).

Ein Gemeinschaftsunternehmen aller elf kirchlichen Banken in Deutschland, die einen speziellen Investmentfonds „für Ihren wohlverdienten Ruhestand" gründeten, um hinsichtlich der politischen Diskussion eines privaten Zusatzes zur gesetzlichen Rentenversicherung mit vereinter Präsenz am Markt zu sein, ist der Investmentfonds:

- *KCD-UNION-AS* (AS = Altersvorsorge-Sondervermögen) K (=Kirche) + C (= Caritas) + D (=Diakonie). Ein Vorsorgefonds mit deutschen und internationalen Aktien attraktiver Einzeltitel – (im Februar 2000) Aktien (74,3%), Renten (11,5%) und Anteile an einem Offenen Immobilienfond (12,6%) und Kasse (1,6%) (Wertpapier-Kenn-Nr. 975 772, aufgelegt: 16.10.1998). Der Offene Immobilienfonds sind Fondsanteile (im Gegenwert von DM 16,3 Mio.) des „Aachener Grund-Fonds Nr. 1", der „Platz 1 sowohl im 10- als auch im 20-Jahresvergleich"[344] der deutschen Immobilienfonds belegte.

Ähnlich wie in der europäischen Zusammenarbeit, in der zuerst die EWG (Europäische Wirtschaftsgemeinschaft) gegründet wurde und danach die EU als politische Union, vollzieht sich die Ökumene der Kirchen auch erst im finanziellen Bereich.

Aber auch katholische Hilfswerke (*Misereor, Kindermissionswerk, Malteser Werke* und *missio*) haben schon diese Anlagemöglichkeit eines Fonds für sich entdeckt. *Misereor* empfiehlt in seinen Spendenfaltblättern, in diesen gemeinsamen Fonds einzuzahlen: Die Dividende des Fonds wird zugunsten der Hilfswerke ausgeschüttet, das Fondsvermögen bleibt im Besitz der Spender:

- *Pro Mundo Fonds.* Schwerpunkt festverzinsliche Wertpapiere europäischer Rentenmärkte mit kürzeren Laufzeiten (Wertpapier-Kenn-Nr. 975 016, aufgelegt: 1.12.1995).

Missio hat noch zusätzlich einen eigenen Fonds aufgelegt, den

- *DekaLux-pro Missio.* Januar 1995 gegründet, ist es ein 'Umbrellafonds' in dem das Fondsvermögen aus verschiedenen Unterfonds gebildet wird und in dem die Netto-Erträge ausschließlich an missio e.V. ausgeschüttet werden. Es ist

---

[344] Bank für Kirche und Caritas: *Geschäftsbericht 1998,* S. 18.

nicht vorgesehen, Fondsanteile an einer Börse notieren zu lassen. Das Fondsvermögen betrug zum 31.12.1998 insgesamt DM 33.211.702,85 und hat sich
bis Februar 2001 auf 37,1 Millionen erhöht.

Zusammen haben die Fonds (am 28. Februar 2001) ein Volumen von
rund DM 2 Milliarden.

Übersicht 119: Fondsvolumen der Kirchenfonds (in DM)*

Fonds	Volumen 1998	2/2000	2/2001
Liga-Pax-Rent-Union	502,1 Mio.	553,5 Mio.	565,3 Mio.
KD-Union-Fonds		66,5 Mio.	78,2 Mio.
KuC-Fonds Union		244,5 Mio.	264,1 Mio.
Liga-Pax-K-Union	169,8 Mio.	199,5 Mio.	201,5 Mio.
Pro Mundo Fonds		56,7 Mio.	58,7 Mio.
DekaLux-pro Missio	33,2 Mio.	k. A.	37,1 Mio.
Liga-Pax-Aktien-Union	198　Mio.	432,2 Mio.	467,5 Mio.
KCD-Union-AS	83,8 Mio.	248,4 Mio.	242,5 Mio.
Liga-Pax-Balance-Union			131,1 Mio.
Summe	*986,9 Mio.*	*1.801,3 Mio.*	*2.046,0 Mio.*

*Quellen: 1998: Liga: Geschäftsbericht 1998, S. 1; 2/2000 + 2/2001: Union Investment,
(in: http://www.union-investment.de/fp/prei-se.html) und http://www.fondscheck.de
Dort differenzierte Angaben zu den einzelnen Fonds, Wertangaben dort in EURO.
) Eigene Umrechnung in DM auf der Basis 1,95583 DM = 1 EURO.

Ein Blick auf die Wertzuwächse der einzelnen Fonds vermittelt genauere
Angaben, welche Fonds am erfolgreichsten sind. Die höchsten Steigerun-
gen von 29 bzw. 37 Prozent pro Jahr hatten Anfang 2000 noch die Fonds
Liga-Pax-Aktien-Union und *KCD-Union-AS*. Es sind die spekulativen
Aktienfonds, die damals den höchsten Wertzuwachs aufwiesen und dann
nach dem 'Crash' Ende 2000 / Anfang 2001 erheblich verloren haben. Der
in 2000 noch erhebliche Unterschied zu den festverzinslichen Rentenfonds hat sich 2001 beinahe egalisiert. Deutlich wird dieses Risiko am
neu aufgelegten Liga-Pax-Balance-Union (mit 68% Aktienanteil), der
sich im 'Minus-Wachstum' befindet.

Übersicht 120 : Wertentwicklung der Kirchenfonds seit Gründung

Fonds	Seit	Wertentwicklung der Fonds			
		bis 2/2000	pro Jahr /	bis 2/2001	pro Jahr
Liga-Pax-Rent-Union	12/89	110%	10,8%	129%	11,7%
KD-Union-Fonds	2/90	127%	12,7%	136%	12,4%
KuC-Fonds Union	12/90	96%	10,4%	107%	10,7%
Liga-Pax-K-Union	12/94	27%	5,2%	33%	5,5%
Pro Mundo Fonds	12/95	16%	3,8%	59%	11,8%
Liga-Pax-Aktien-Union	5/97	84%	29,0%	69%	17,3%
KCD-Union-AS	10/98	56%	37,0%	32%	12,8%
Liga-Pax-Balance-Union	5/00*)			– 3,8%	– 3,8%

*) Rumpfgeschäftsjahr für 2001 (erst 10 Monate Laufzeit)

War die Anlagepolitik der kirchlichen Fonds bis 1995 auf die soliden festverzinslichen Wertpapiere orientiert, die zwar nur begrenzt aber beständig steigen, so ist 1997 anscheinend eine moralische und mentale Hemmschwelle übersprungen worden und man begab sich auf das glatte Börsenparkett – mit hohem Risiko, was durch breite Streuung gemindert werden soll.

Wenn die bedächtigen Kirchenbanken schon das Spekulationsfieber erfasst hat, ist es nicht verwunderlich, dass die mahnenden Worte des Paderborner Weihbischofs Reinhard Marx (gleichzeitig Vorsitzender der katholischen Kommission *Justitia et Pax*) auf taube Ohren stoßen: Zwar sei der Besitz von Aktien nicht unmoralisch, meinte er, aber: „Eine reine Spekulation ist aus katholischer Sicht sicher ethisch nicht zu verantworten." Deshalb solle sich jeder überlegen, ob er sich „an einem solchen Monopoly-Spiel beteiligen will".[345] Das Kolping-Bildungswerk Augsburg hat es sich überlegt und den

*   *Eagle Top Kolping* Aktienfonds

aufgelegt. (Mindest-Einlage: DM 3.000) Da man ausschließlich Aktien von seriösen Firmen kaufe, die im Euro-Stoxx 50 einbezogen sind (u.a. Deutsche Telekom, Nokia, France Telecom, DaimlerCrysler und Allianz), könne man nicht von Glücksspiel reden. Seit Vertriebsstart im September 1999 wurde in drei Monaten eine Wertsteigerung von 30,08 Prozent erzielt.[346]

Neben diesen genannten Investmentfonds der Kirchenbanken und von kirchlichen Werken bestehen noch andere Fonds, die sich allerdings in der Öffentlichkeit sehr zurückhalten.

*   *BFS-GarantPlus* der *Bank für Sozialwirtschaft* (Wertpapier-Kenn-Nr. 989 555).

Ein geschlossener Fonds, dessen Anteile verkauft sind und der nicht mehr am Markt gehandelt wird. Volumen unbekannt.

12.2.3. Immobilienfonds

Im Bereich beider Amtskirchen bestehen zusätzlich noch Immobilienfonds für konfessionelle institutionelle Anleger.

*   *Aachener Grundfonds Nr.1*, „der attraktive Immobilienfonds für Kirche und Caritas"[347]

Dieser Fonds wird von der *Aachener Grundvermögen Kapitalanlagegesellschaft mbH* (Köln) verwaltet – ein Tochterunternehmen der Aachener Siedlungs- und Wohnungsgesellschaft mbH (siehe: Kapitel *Siedlungs-*

---

[345] *Kolpingblatt*, März 2000, S. 2.
[346] http://www.eagle-top-kolping.de (dort Weiterführung)
[347] LIGA: *Geschäftsbericht 1998*, S. 17.

werke). Die Gesellschafter dieser Kapitalanlagegesellschaft sind die (Erz-) Bistümer Aachen, Dresden-Meißen, Essen, Köln, Münster, Paderborn und Trier.[348]

Im Mai 1974 aufgelegt, arbeitet die *Aachener Grundvermögen* unter dem Motto: „*25 Jahre* Sicherheit und Ertrag *für kirchliches Vermögen*" und hat den Zweck, „den kirchlichen Vermögensträgern eine Anlage von Substanzvermögen in Immobilien" zu ermöglichen.

„Im Oktober 1998 öffnete sich der Aachener Grund-Fonds, dessen Anteile bis dahin nur an Vermögensträger der katholischen Kirche veräußert wurden, auch für das von der Union-Investment-Gesellschaft neu aufgelegte Altersvorsorge-Sondervermögen 'KCD-Union AS'. Der Vertrieb dieser Fondsanteile an Privatpersonen erfolgt über die evangelischen und katholischen Kirchenbanken."[349] Seit Gründung (1974) hat der Grund-Fonds einen Wertzuwachs von 435 Prozent und einschließlich von zwei Spezialfonds ein Fondsvermögen[350] (März 1999) von DM 2,454 Milliarden.

• *DEFO – Deutsche Fonds für Immobilienvermögen GmbH* (Frankfurt am Main) ist ein Spezialkreditinstitut im Konzernverbund der DG (*Deutschen Genossenschaftsbank*). In der Öffentlichkeit vollkommen zurückhaltend ist dieses Institut das konfessionelle Pendant zum katholischen *Aachener Grundvermögen*, da es sich um die Kapitalanlagegesellschaft zur Verwaltung von Immobiliensondervermögen der evangelischen Landeskirchen handelt. Fondsvolumen: 2,5 Milliarden, rund 100 Fondsobjekte mit einem Flächenbestand von rund 380.000 qm in deutschen Wirtschaftszentren.[351]

Insgesamt erreichen diese Investment- und Immobilienfonds der Kirchenbanken und Kirchen ein Volumen von DM 7 Milliarden.

Übersicht 121: Kirchliches Fondsvermögen

Investment-Fonds der Kirchenbanken (2/2001)	2,05 Milliarden
Aachener-Grund-Fonds der Diözesen (1999)	2,45 Milliarden
DEFO der Evangelischen Landeskirchen (2000)	2,5 Milliarden
Insgesamt	*7,0 Milliarden*

---

[348]   http://www.aachener-grund.de/ueberuns.htm
[349]   http://www.aachener-grund.de/ertrag.htm
[350]   *Bauen und Siedeln*, Nr. 3, September 1999, S. 29.
[351]   http://www.defo.com

12.2.4. Spezialfonds

Die meisten Kirchenbanken haben 'Spezialfonds' eingerichtet – geschlossene Fonds für Anleger, vorwiegend für ihre Kunden aus dem karitativen Bereich –, zu denen die *Bank für Sozialwirtschaft* schreibt:

„Interessenten mit einem Anlagevolumen ab DM 10 Millionen bietet die Bank für Sozialwirtschaft eine spezielle Form der Vermögensverwaltung an: einen genau auf Ihre Anlagebedürfnisse zugeschnittenen Spezialfonds. [...]. Vorteile:
Bewertungsvorteile: Indem Sie selbst den Wert der Fondsanteile bilanzieren, findet im Fondsvermögen ein Ausgleich zwischen Abschreibungen und stillen Reserven der einzelnen Wertpapiere statt.
Die Wertpapiere innerhalb Ihres Fondsvermögens können wiederholt umgeschichtet werden, ohne dass Sie sich dem Verdacht der Gewerblichkeit aussetzen, d.h. ohne dass Ihre Gemeinnützigkeit gefährdet ist."[352]

Das ist doch aber sehr freundlich von der Bank, dass sie sich so um den Erhalt der Gemeinnützigkeit ihrer Kunden kümmert, nicht wahr?

12.2.5. Grüne Fonds

Neue Bedeutung – zumindest in der Diskussion – gewinnen die so genannten Grünen Fonds, von denen mittlerweile achtzehn bestehen, auch wenn das nur einen Marktanteil von 0,4% bedeutet.[353]
   Sehr früh (1991) hat die Bank für Kirche und Diakonie den
*   *KD Fonds Oeko-Invest*
aufgelegt, in dessen Portofolio nur Unternehmen aufgenommen werden, die Kriterien der Umweltverträglichkeit in Entwicklung / Herstellung / Vertrieb ihrer Produkte beachten (Wertpapier-Kenn-Nr.: 971 682, aufgelegt am 15.5.1991). Das Fondsvolumen betrug (2/2001) rund 90 Millionen Mark und befindet sich, wie 2001 auch andere Aktienfonds, nach anfänglich beachtlichen Steigerungsraten im 'Sinkflug'.
   Die *Evangelische Kreditgenossenschaft Kassel* hat den
*   *EKK Global Ethic Zertificat*
aufgelegt, den sie selber zwar als „erfolgreichen Anlagetrend des 21. Jahrhunderts" anpreist,[354] über den allerdings keine Informationen zu erhalten sind, vermutlich, weil er ins Minus abgerutscht ist (Wertpapier-Kenn-Nr.: 809 531).
   Was den beiden Evangelischen Recht ist, steht allen Kirchenbanken auch gut zu Gesicht und so hat der Kirchen+Caritas+Diakonie-Verbund

---

[352] http://www.bfs-ag.de/bfsag/bankleistungen/geldanlagen.htm
[353] http://www.umweltfonds.de
[354] http://www.ekk.de (EKK Global Ethic Zertifikat)

aller elf Kirchenbanken seinem Aktien- wie seinem Rentenfond (ab März 2001) ökologische 'Brüder' an die Seite gestellt:

- *KCD-Union Aktien Nachhaltig DJSG-Index*
  (Wertpapier-Kenn-Nr.: 532 653), und den
- *KCD-Union-Renten Plus Nachhaltig DJSG-Index*
  (Wertpapier-Kenn-Nr.: 532 652)

„DJSG-Index" bedeutet ausgeschrieben: „Dow-Jones-Sustainability-Group-Index" und bewertet Unternehmen nach ökonomischen, ökologischen und sozialen Kriterien.

Noch sind allerdings bei grünen Fonds auch 'unsaubere Beimischungen' erlaubt. So darf der *KD-Fonds Öko-Invest* bis zu 33 Prozent in Unternehmen investieren, die überhaupt nicht ökologisch aktiv sind.[355]

Zusätzlich zu diesen 'grünen' Diskussionen bestehen aber noch weitere ethische Fragen. Zwar ist man sich im 'ethischen Rating' darüber einig, dass eine Firma wie Daimler-Crysler – einer der großen Rüstungskonzerne der Welt – nicht zulässig ist, aber „darf etwa eine Firma wie Schering, die immerhin die Anti-Baby-Pille vertreibt, in den (katholischen) Liga-Pax-Aktienfonds? Die Antwort lautet 'ja', die Aktie, so heißt es, sei einfach zu gut, um nicht berücksichtigt zu werden."[356]

Die Diskussionen sind noch lange nicht abgeschlossen und es wird sich zeigen müssen, welche Marktanteile diese ethischen Interessen in einem Bereich haben, wo es schlicht um das Geld verdienen geht.

Bemerkenswert ist dabei,[357] dass seit 1999 ein

- *Fonds für Orden und Ökumene* besteht (WKN 978 407), der sich hälftig aus festverzinslichen und Aktienwerten zusammensetzt.

Von den Ordensgemeinschaften war dieses 'ethische rating' angestoßen worden, und so haben die drei katholischen Institute *Bank im Bistum Essen*, *Darlehnskasse Münster* und die *Bank für Kirche und Caritas* diesen Fonds aufgelegt. Das Fondsvolumen war nicht feststellbar, aber die Werte sind (2001) aufgrund der Aktienbeimischung im Sinken.

Kehren wir nun vom Börsenparkett zu den Banken zurück.

12.3. Anteile an verbundenen Unternehmen

Hinsichtlich ihrer Anteile an „verbundenen Unternehmen" weisen nur fünf Banken in ihren Geschäftsberichten derartige Beteiligungen (von mindestens 20%) nach. Sie haben ein Volumen von DM 56 Millionen.

---

[355] http://www.finanzen.focus.de (Umwelttechnik-Fonds)
[356] *Der Tagesspiegel* vom 2.11.1997 (Heike Jahberg: „Gottes Segen allein reicht Kirchenbanken nicht), unter: http://www2.tagesspiegel.de/archiv/1997/11/01/m_u_021197.html
[357] BBE: Geschäftsbericht 1999, S. 18, und siehe: http://www.bkc-paderborn.de (Fonds)

Übersicht 122: Ausgewiesene Beteiligungen der Kirchenbanken, 2000

Evangelische Kreditgenossenschaft	DM	49.666.000
Evangelische Darlehnsgenossenschaft	DM	5.086.817
PAX-Bank	DM	850.000
ACREDOBANK	DM	244.500
Landeskirchl. KG Sachsen	DM	395.000
Bank für Sozialwirtschaft (2/3)	DM	66.700
Summe	*DM*	*56.309.017*

Dabei handelt es sich um Beteiligungen, falls explizit genannt, an einem Rechenzentrum, anderen Service GmbHs, einem evangelischen Siedlungswerk, der HKB, Handelsgesellschaft für Kirche und Diakonie mbH (dazu im Kapitel *Handelsfirmen*) und einer Seniorenanlage „Es Castellot" des Diakonischen Werkes auf Mallorca.

12.4. Zusammenfassung Vermögenswerte

Fassen wir nun die Vermögenswerte der Kirchen im Bereich der Kirchenbanken und nach den daraus abgeleiteten Schätzungen zusammen, ergibt sich ein Volumen von rund 160 Milliarden.

Übersicht 123: Gesamte vermögenswerte Geldanlagen, 2000

- Geldeinlagen bei Kirchenbanken	41,9	Milliarden
- Außerbilanzielle Anlagen (geschätzt)	8	Milliarden
- Spar-Einlagen bei anderen Banken (geschätzt)	100	Milliarden
- Eigenkapital der Kirchenbanken	2	Milliarden
- Sachanlagen der Kirchenbanken (geschätzt)	1	Milliarde
- Investment-Fonds (2001)	7	Milliarden
- Beteiligungen	56	Millionen
Summe	*159,956*	*Milliarden*

In diesem Zusammenhang ist die Frage offensichtlich, wer eigentlich das ständige propagierte Bild einer „armen Kirche" in die Welt gesetzt oder zu verantworten hat. Diese Ansicht ist Eindruck weit verbreitet und wird von den kirchlichen Amtsträgern auch bewusst als Druckmittel eingesetzt, um noch weitere staatliche Zahlungen für ihre Einrichtungen zu erlangen, dass man nur staunen kann.

12.5. Finanz-Verbund

Partner der kirchlichen Banken und Hilfswerke im Fondsgeschäft sind einerseits die *Union-Investmentgesellschaft*, die zum Finanz-Verbund der deutschen Genossenschaftsbanken gehört, andererseits „das seit Jahren mit unserem Verbundpartner, der DEVIF Deutsche Verwaltungsgesellschaft für Investment-Fonds GmbH, Frankfurt – die zum Jahresende 1998 insgesamt ein Vermögen von DM 34,05 Mrd. verwaltete – betriebene Spezialfonds-Geschäft (...).“[358]

In Parallele zu den Konzentrationsbestrebungen in der Wirtschaft und den üblichen Marketingstrategien, den Kunden immer mehr 'Pakete' anzubieten, arbeiten auch die kirchlichen Banken in einem Finanzverbund, über den es heißt: „Unsere Partner – Ihre Partner“: HKD Handelsgesellschaft für Kirche und Diakonie GmbH, Bruderhilfe-Familienfürsorge Versicherer im Raum der Kirchen, Bausparkasse Schwäbisch Hall, Bruderhilfe e.V., Automobil- und Verkehrssicherheits-Club, Deutsche Genossenschafts-Hypothekenbank, Union Investment.[359]

Die Evangelische Kreditgenossenschaft Kassel (EKK) nennt als „Partner“: Union-Investment, DG Capital, Schwäbisch Hall, Bruderhilfe, Pax-Familienfürsorge, Deutsche Bibelgesellschaft, Diakonisches Werk, GZ-Bank, Unico Financial Services S.A. und die Evangelische Kirche in Deutschland.

---

[358]   Pax-Bank eG: *Bericht über das Geschäftsjahr 1998*, S. 17.
[359]   Evangelische Darlehnsgenossenschaft eG, Werbemappen-Aufdruck, (1999).

13. Versicherungen

*Historische Entwicklung und Strategien / Einzelne Versicherungen /
Befreundete Unternehmen / Organisatorischer Verbund /
Struktur der Kapitalanlagen*

Eine Versicherung, so könnte man meinen, widerspricht der Gewissheit des Glaubens an Gott und seinen fürsorglichen Schutz, zumindest für einen gottgefälligen Christen. Noch im 19. Jahrhundert hatten sich einige Pfarrer gegen die Einrichtung von Feuerversicherungs-Gesellschaften gewandt, „weil man damit Gott eines Mittels beraubt, die Menschen zu strafen".[360] Theologisch sicherlich sehr interessant, aber etwas lebensfremd, oder anders gesagt, gerade diejenigen, die Gottes Zorn besonders zu fürchten hätten, müssten sich dann doch besonders hoch versichern?

Heute gelten solche Ansichten nicht mehr, denn Versicherungen sind ausgezeichnete Kapital-Sammelstellen. Während bei den Banken die Geldeinlagen termingerecht gekündigt werden können, ist die Situation bei den Lebensversicherungen günstiger, da nicht alle Versicherten gleichzeitig sterben werden, und bei den Sachversicherern noch ertragreicher, es sei denn, es handelt sich um Kraftfahrzeug-Versicherungen, die sich seit einigen Jahren in einem geradezu ruinösen Tarif-Kampf befinden, nicht mehr kostendeckend arbeiten und keine neuen Rücklagen bilden können.

Während die Banken sich auf eine überschaubare Anzahl von institutionellen Kunden beschränken können, die jeweils pro Jahr mehrere hundert Millionen Mark bewegen, und sich dabei in den abgegrenzten 'Reservaten' eines institutionellen konfessionellen Gefüges eingerichtet haben, in denen Kirchensteuern und öffentliche Zuschüsse wie 'von alleine' auf die Konten fließen, haben es die Versicherungen ungleich schwerer. Eine Beschränkung auf die ca. 80.000 Rechtsträger in den konfessionellen Sektoren wäre unsinnig. Wofür/wogegen sollten sie sich versichern? Eine Betriebshaftpflicht und eine Gebäudeversicherung kämen in Frage, mehr nicht.

Versicherungen zielen auf die Abwehr der finanziellen Probleme von persönlichen „Lebensrisiken" wie Krankheit, Tod, Unfall, Sachschäden an eigenem oder fremdem Eigentum, also auf das Individuum oder, anders gesagt, auf alle einzelnen Bürger und das sind rund sechzig Millionen Menschen, die dafür in Deutschland in Frage kommen.

---

[360] Martens, *Wie reich ist die Kirche?*, S. 133.

13.1. Historische Entwicklung und Strategien

In der Nachkriegszeit haben sich bis heute sechs unterschiedliche Strategien herausgebildet, wie konfessionell orientierte Versicherungen auf diesen (seit dem 1.1.1996 geöffneten) Markt reagieren.

1. Man betreut weiterhin sein traditionelles Klientel und kooperiert unauffällig mit ausgesuchten Partnern, bis man schließlich doch die Eigenständigkeit aufgeben muss (so z.B. die *Pax-Krankenversicherung*).

2. Man ist und bleibt die verschwiegenste aller Versicherungen, arbeitet nur mit kirchlichen Organisationen zusammen, erweitert diese institutionellen Zulieferer aber differenziert über den konfessionellen Sektor hinaus, betreibt entsprechend aber keinerlei an das Publikum gerichtete Öffentlichkeitsarbeit und kommt langsam in die Bedrängnis, da der Platzhirsch auch im eigenen Terrain zu wildern beginnt (so z.B. die *Ecclesia*).

3. Man verbündet sich mit gleichgesinnten Partnern und erklärt sich recht 'lautstark' (was heißen soll: Werbeaufwand) als 'Platzhirsch' der Versicherungen für alle Mitarbeiter und Institutionen „im Raum der Kirche" (so z.B. die *Bruderhilfe/Familienfürsorge*).

4. Man firmiert neutral, bleibt für sich, erweitert sein konfessionelles Klientel erfolgreich und sehr innovativ über die traditionellen Grenzen hinaus und schafft sich mit dem Unternehmen verbundene 'Satelliten'-Firmen (so z.B. die *Lebensversicherung von 1871*).

5. Man nutzt die Situation, dass während der Zeit des Nationalsozialismus alle konfessionellen Firmenbezeichnungen geändert werden mussten, behält die neutrale Bezeichnung und wird schließlich Teil eines größeren Verbundes oder Konzerns (so z.B. die *Kölnische Lebens- und Sachversicherung* [Parion] oder die *Volkshilfe* [Aachener und Münchener]).

6. Man lässt das Publikum völlig im Unklaren darüber, warum man qualifiziert ist, sich im kirchlichen Bereich als „Partner" anzudienen, rührt aber dafür kräftig die Werbetrommel und ist aktiv in der Sponsorentätigkeit (so z.B. die HUK Coburg).

13.2. Einzelne Versicherungen

Lassen wir nun einzelne Versicherungen Revue passieren und beginnen mit dem (ursprünglich) **evangelischen Sektor**.

• *Bruderhilfe* Sachversicherung (Kassel)

Am 2. Juni 1926 gründeten 100 Pfarrer, die damals bereits ein Automobil besaßen, in Greiz die *Pfarrer-Kraftfahrer-Vereinigung (P.K.V.) e.V.* als Kaskoversicherung auf Gegenseitigkeit, aus der dann die *Bruderhilfe* hervorging.

• *Familienfürsorge Lebensversicherung* (Detmold)
Am 13. Februar 1923 in Goslar als „Evangelische Begräbnis-Unterstüt-
zungsvereinigung" gegründet.
• *Familienfürsorge Krankenversicherung* (Düsseldorf)
Entstanden 1924 als *Krankenkasse des Rheinischen Pfarrvereins*, dem
sich in den Folgejahren weitere Zuschusskassen anschlossen und die dann
zwischenzeitlich als *Pfarrerkrankenkasse VaG* firmierte.

Die drei ursprünglich eigenständigen Gesellschaften sind seit 1995
Teile des Gleichordnungskonzerns *Versicherer im Raum der Kirchen
Vertriebs-GmbH* (VRK), führen alle drei diesen Zusatz im Namen (Versi-
cherer im Raum der Kirchen) und decken das gesamte Spektrum von
Sach-, Rechtsschutz-, Lebens- und Krankenversicherungen ab. Durch
Sammelversicherungs-Vereinbarungen sollen sie einen besonders günsti-
gen Versicherungsschutz bieten.

Das Geschäftsgebiet der Unternehmen erstreckt sich auf das In- und
Ausland (Filiale in Wien) und sie verstehen sich als „Unternehmen für
alle im Raum der Kirche, Diakonie und Caritas haupt-, neben- oder
ehrenamtlich Tätigen, für kirchliche, missionarische und diakonische
Körperschaften, Vereine und sonstige juristische Personen sowie kirchliche Behörden."[361]

Für die *Bruderhilfe/Familienfürsorge* beläuft sich die Zahl der versicherten Personen auf mehr als 500.000 und gewinnbringend angelegt sind
mehr als 3,8 Milliarden DM.[362]

Typisch ist die Kooperation mit Versicherungen/Banken aus beiden
konfessionellen Sektoren, um das eigene Angebot zu ergänzen bzw. abzu-
sichern.

Die *Bruderhilfe Sachversicherung* betreibt außerhalb des Gleichordnungskonzerns mit der Familienfürsorge noch vier weitere Gesellschaften, von denen eine die *Bruderhilfe Vermittlungsgesellschaft für Versicherungen und Finanzdienstleistungen mbH* ist. Diese Gesellschaft „vermittelt das Versicherungsgeschäft, welches die *Bruderhilfe Sachversicherung* nicht selbst betreibt, an befreundete Unternehmen".[363] In diesem
Zusammenhang bestehen u.a. ein

– Kooperationsvertrag mit dem *Ecclesia Versicherungsdienst*.
– Vermittlungsverträge mit der *Gothaer Versicherungsbank aG,* der *Gothaer
  Allgemeine Versicherungs-AG* und der *Erste Allgemeine Versicherungs AG*.

---

[361] Bruderhilfe Sachversicherung im Raum der Kirchen: *Geschäftsbericht 1998*, S. 39.
[362] http://www.bruderhilfe.de/hauptbereiche/informieren/daten
[363] Bruderhilfe Sachversicherung im Raum der Kirchen, *Geschäftsbericht 1998*, S. 40/41.

– Vereinbarungen mit der *Assicuriazioni Generali AG* in München über Schadensregulierung in der Kfz-Haftpflicht, Technische Versicherung und Bauleistungsversicherungen.

– Die Hausbank der Bruderhilfe ist die *Evangelische Kreditgenossenschaft eG (EKK)* in Kassel.

• *HUK-Coburg* (Haftpflicht-Unterstützungs-Kasse kraftfahrender Beamter Deutschlands a.G. in Coburg, Versicherungsverein auf Gegenseitigkeit)

Ursprünglich war die HUK-Coburg ein 'Tochterunternehmen' der *Bruderhilfe*. Die Autoversicherung der Pastoren beschränkte sich auf die Kaskoversicherung und als Lehrer ebenfalls beitreten wollten, musste ihnen das u.a. aufgrund der Kirchenzugehörigkeitsschranke verweigert werden und die *Bruderhilfe* gründete 1933 die HUK-Coburg, als Haftpflichtversicherung für Pastoren und Lehrer. Nach dem Krieg wurde sie die Kfz-Versicherung des Öffentlichen Dienstes. Seitdem die *Bruderhilfe* die Haftpflichtversicherungen in eigener Regie betreibt, hat man sich getrennt und es ist harter 'Wettbewerb' angesagt, da beide, die *Bruderhilfe* ganz, die HUK-Coburg als ein traditionelles Segment, sich um das gleiche kirchliche Klientel bemühen. Wie stark diese Anteile bei der HUK-Coburg heute noch vertreten sind, ließ sich nicht feststellen, aber es gibt eine eigene 'Abteilung' kirchliche Dienste.

Die *HUK-Coburg-Versicherungsgruppe* verfügt über ein Grundkapital/ Eigenkapital (1998) von DM 2,5 Milliarden und Kapitalanlagen in Höhe von DM 19,2 Milliarden.

Es ist kennzeichnend für diese Konkurrenzsituation, dass die HUK-Coburg aufgrund der „gewachsenen Verbindungen zu Kirche, Caritas und Diakonie"[364] einen Sozialpreis *innovatio*[365] gestiftet hat (25.000 DM Preisgeld), mit dem das „innovativste Sozialprojekt im Raum der Kirche"[366] prämiert wird.[367] In verschiedenen Kirchenzeitungen werden Anzeigen geschaltet: „Nutzen Sie als Mitarbeiter von Kirche, Caritas und Diakonie die günstigen Beiträge der HUK-Coburg für einen Ruhestand in finanzieller Sicherheit." Ebenso wurde die Ausstellung „Glauben. Nordelbiens Schätze 800-2000" (April bis Juni 2000 in Kiel) von der HUK-Coburg (für Werbung und Schülerwettbewerb) wie der *Evangelischen Darlehnsgenossenschaft* (Katalog) gesponsert und die HUK-Coburg ist Gesellschafter des evangelischen Radiosenders *Paradiso*.

---

[364] Das Vorstandsmitglied der HUK-Coburg Versicherungsgruppe, Kurt Jaks, in: http://www.sozialpreis.de
[365] Das 't' ist in der Form eines großen Kreuzes gezeichnet.
[366] Anzeige in: *Deutsches Allgemeines Sonntagsblatt* vom 3.9.1999, S. 23.
[367] http://www.sozialpreis99.de

- *Ecclesia Versicherungsdienst GmbH*

1909 in Detmold gegründet, ist sie eine der ältesten Versicherungen im evangelischen Sektor. Als Selbsthilfeorgan von Kirche und Innerer Mission ist die *Ecclesia* Zentralstelle und Versicherungsvermittler im evangelischen wie diakonischen/karitativen Bereich und Spezialist für das kirchliche Einrichtungsgeschäft.[368] Rund 20.000 Einrichtungen im kirchlich-karitativen Bereich sind bei der/über die *Ecclesia* versichert.

Gesellschafter sind die EKD, das Diakonische Werk der Evangelischen Kirche in Deutschland e.V. und der Deutsche Caritasverband e.V. Da diese konfessionelle Zuordnung Schranken setzte, wurde 1961 der *Union Versicherungsdienst GmbH* gegründet (ebenfalls in Detmold, identische Geschäftsführer), der die Einrichtungen des Paritätischen Wohlfahrtsverbandes betreut.[369] *Ecclesia* und *Union* sind die maßgebenden Firmen innerhalb der *Ecclesia-Gruppe*, zu der noch weitere acht Versicherungsmakler und -beraterfirmen, sowie zwei Pensionskassen/-fonds gehören.

Die Ecclesia veröffentlicht keinerlei Zahlen, auch nicht die branchenüblichen Kennzahlen. Ihr Kapitalanlagebestand ließ sich nur aufgrund einer genannten Schadensquote hochrechnen: 1,2 Milliarden.[370]

- *Kirchliche Versorgungskasse VVaG (VERKA) in Berlin*

1924 gegründet, bot sie schon fünfzig Jahre, bevor es im katholischen Sektor so weit war, für die Mitarbeiter in der evangelischen Kirche und Diakonie eine betriebliche Alters(zusatz)versorgung an.[371] Die Kapitalanlagen belaufen sich auf DM 2.625.839.197 und das Eigenkapital beträgt DM 10.659.634 (eine Summe von DM 2.636.498.831).

Während die Versicherungen im evangelischen Sektor gradlinig bei sich geblieben sind, haben die **katholischen Versicherungen** vorrangig andere Wege genommen.

- Die ehemalige *Kölnische Lebensversicherung*

ist heute Bestandteil der *Berlin-Kölnischen Versicherungen*, die wiederum Teil des Parion-Konzerns sind. 1895, nach der Enzyklika „Rerum

---

[368] http://www.ecclesia.de

[369] http://www.union-verdi.de

[370] Ecclesia Versicherungsdienst GmbH: *Informationsdienst 2/2000*, S. 9: Zahlungen für Schäden: 350 Mio. DM. Entsprechend der Schadensquote der *Provinziale Feuerversicherung* (62%) – Branchendurchschnitt 57,1% – lässt sich auf verdiente Brutto-Beiträge von ca. 565 Mio. DM schließen. Damit läge die *Ecclesia* in der Rangliste der Feuer- und Sachversicherer zwischen Rangplatz 11. und 13., deren gemittelter Kapitalanlagenbestand sich auf DM 1,194 Milliarden beläuft. (Vgl. Jahresbericht des Bundesaufsichtsamtes für das Versicherungswesen.)

[371] VERKA, Kirchliche Versorgungskasse VVaG: *Geschäftsbericht 1999*, S. 18/19

novarum" von Papst Leo. XIII., als *Central-Sterbekasse Leo* gegründet, firmierte sie erst als *Leo Volksversicherungsbank* und dann unter politischem Zwang (1937) als „Kölnische". 1959 übernahm sie den Versicherungsbestand der in Schwierigkeiten geratenen *Katholischen Hilfswerk Lebensversicherung*. Bereits 1953 sanierte sie den kirchlichen *Versicherungsverein gegen Haftpflicht a.g.* (von 1899) und gründete dafür die

• (ehemals) *Kölnische Sachversicherung*,

eine 90prozentige Tochter, seit 1998 *Asstel Sachversicherung*. Im Jahr der Verschmelzung von Kölnische Lebensversicherung und Berliner Verein Lebensversicherung zur Berlin-Kölnischen Lebensversicherung (seit 1998 unter dem Namen *Asstel Lebensversicherung*) betrug die Relation zwischen den beiden VVaGs mit Bezug auf ihre jeweiligen Bilanzsummen 6,5 : 1 (Kölnische: DM 1.974.534.000; Berliner Verein: DM 305.706.000).[372] Entsprechend sind 86 Prozent der neuen Gesellschaft der Kölnischen und damit dem katholischen Sektor zuzurechnen.

• *Lebensversicherung von 1871 a. G. München*

1871 als *Christkatholischer Begräbniß-Verein* gegründet, firmierte sie bis 1969 als *Münchener Begräbnis- und Lebensversicherung a.G.* An ihrem Kapital sei (1968) zu 49,2% die italienische *Riunione Adriatica*-Gruppe beteiligt gewesen, die zum Einflussbereich des Vatikans gehören soll;[373] eine unbelegte Behauptung, die bei einer Versicherung auf Gegenseitigkeit auch schwer nachzuvollziehen ist.

1998: „Die LV 1871 überschreitet die 10. Bestandsmilliarde".[374] 1999: Auszeichnung mit dem Innovationspreis des Wirtschaftsmagazins *Capital*. Die LV 1871 ist einziger Aktionär der *Delta Direct Lebensversicherung AG* und der *Trias (Unfall-)Versicherung AG*.

Lebensversicherung von 1871 a.G. München (1999)[375]

Kapitalanlagen	DM	3.328.730.514
Eigenkapital	DM	81.500.000
Delta Direkt Lebensversicherung AG: Kapitalanlagen	DM	44.000.989
Eigenkapital	DM	34.810.519
TRIAS Versicherungs AG: Kapitalanlagen	DM	5.000.000
Eigenkapital	DM	3.955.897
Summe	*DM*	*3.497.997.919*

---

[372]   Vgl. Bundesaufsichtsamt für das Versicherungswesen: *Jahresbericht 1998*, Berlin 1999, Teil B, Tabelle 100.

[373]   So Martens, *Wie reich ist die Kirche?*, S. 141

[374]   http://www.lv1871.de/Lebenslauf/lebenslauf_1998.htm

[375]   Lebensversicherung von 1871 a.G. München: *Geschäftsbericht 1999*, S. 18/19.

• Die ehemalige *Volkshilfe Lebensversicherung AG*
ist das deutlichste Beispiel für das Verschwinden einer sichtbaren konfessionellen Zuordnung. Hervorgegangen aus der vornehmlich vom Deutschen Caritasverband e.V. getragenen *Versicherungszentrale der Katholischen Wohlfahrts- und Kulturpflege*, die in den Jahren 1926 bis 1929
unter der Bezeichnung „Caritas-Vorsorge" einen erheblichen Versicherungsbestand für die Atlas Lebensversicherung aufbaute, dann 1929 die
Katholische Volkshilfe gründete und danach den Kleinlebens-Bestand der
Atlas-Versicherung übernahm. 1938 musste sie auf NS-Anweisung das
„Katholisch" im Firmennamen streichen und firmierte nur noch als
„Volkshilfe". 1970 wurde sie (als die größere Firma) mit der Aachener
und Münchener zur *Volkshilfe Aachener und Münchener Lebensversiche-
rung* verschmolzen, bis sie Mitte der siebziger Jahre völlig aus dem
Firmennamen verschwand.

Mit der Verschmelzung 1970 startete die *Aachener und Münchener
Versicherung AG* eine 'Einkaufsreise' (Beteiligungen bzw. Übernahme
von: *Badenia Bausparkasse*, *Central Krankenversicherung*, *Cosmos-
Direct Versicherung*, *Blumenauer Immobilien*, *AdvoCard*, *Volksfürsorge*),
bis sie dann selber 1998 von der *Assicuriazioni Generali* mehrheitlich
übernommen wurde, die ebenfalls dem Einflussbereich des Vatikans zugerechnet wird.

Bei der Verschmelzung mit der *Aachener und Münchener Lebensversicherung* (7/1970) betrug die Relation im Kapitalbestand zwischen der
Volkshilfe (DM 1.014.896.000) und der Aachener und Münchener Lebensversicherung (DM 412.400.000), dem auch die selbstverdienten Beiträge entsprachen, 71 : 29.[376] Entsprechend sind 71 Prozent der Kapitalanlagen der *Aachener und Münchener Lebensversicherung* (die weiterhin
ihren Sitz in Aachen hat) dem katholischen Sektor zuzurechnen: DM
18.462.130.000.

• *Pax-Krankenkasse im Bereich der katholischen Kirche – Versicherungsverein auf Gegenseitigkeit*, Köln
1882 von 24 katholischen Priestern als *Priester-Verein zur Unterstützung
schwer erkrankter Mitglieder* gegründet, nannte der Verein sich 1924
Pax-Krankenkasse katholischer Priester Deutschlands und firmierte seit
Juli 1997 unter der jetzigen Bezeichnung, um deutlich zu machen, dass
nicht nur Mitglieder des Klerus Mitglied werden können. Bei ihr „können
sich alle Personen versichern, die für die Katholische Kirche oder in Ein-

---

[376] Bundesaufsichtsamt für das Versicherungs- und Bausparwesen, Berlin: *Jahresbericht
1970*, Berlin, 1971, Tabelle 36.

richtungen, die ihr zugerechnet werden können, hauptberuflich, neben-
beruflich oder ehrenamtlich tätig sind".[377]

Der Kapitalanlagenbestand der *Pax Krankenkasse im Bereich der katholischen Kirche* belief sich (1998) auf DM 214.364.000 und das Eigenkapital betrug DM 10.750.000 (zusammen DM 225.114.000).

Im Mai 2000 wurde beschlossen, rückwirkend ab dem 1.1.2000 die Pax
mit der Familienfürsorge Krankenversicherung zur *Pax-Familienfürsorge
Krankenversicherung* zu verschmelzen. Dadurch wird deutlich, dass eine
Versichertenzahl von 68.214 Tarifversicherten auf dem gegenwärtigen
Versicherungsmarkt nicht mehr hinreichend wettbewerbsfähig ist.

• *Kirchliche Zusatzversorgungskasse des Verbandes der Diözesen
Deutschlands, Anstalt des öffentlichen Rechts* (KZVK) in Köln.

Diese Zusatzversorgungskasse wurde 1976 gegründet und versteht sich
als „ihr starker Partner für die zusätzliche Altersversorgung". Versicherte
(2/2000): 664.831, davon 350.303 Pflichtversicherte und 314.528 bei-
tragsfrei (ehemalige) Versicherte.

Die Hälfte aller Versicherten, bei rund 45.000 Arbeitgebern, sind in
der Krankenversorgung tätig. Auch die weiteren Zahlen für Kindergärten,
Altenheime, etc. verweisen auf den 'Caritas-Konzern' außerhalb der verfassten Kirche.

Übersicht 124: Beteiligungsbestand bei der KZVK, 2/1999

Einrichtungen	Anzahl Versicherte
Krankenhäuser	175.787
(Erz)Bistümer, Kirchengemeinden, -stiftungen	43.650
Caritasverbände, kirchlich-soziale Einrichtungen	43.510
Verschiedene kirchliche Einrichtungen, sozialer Art	38.041
Altenheime, Alteneinrichtungen	33.609
Kindergärten, -heime, Jugendeinrichtungen	22.345
Klöster, Orden, geistliche Gemeinschaften	5.846
Schulen, Bildungseinrichtungen, Tagungshäuser	5.270
Summe	*368.058*

Auf Grundlage der großen Zahl der Versicherten hat die KZVK entsprechende Kapitalanlagen von 13.245,7 Millionen gebildet.[378] (Ohne die
Rückstellungen für zukünftige Leistungen, die sich zusätzlich auf DM
13,5 Milliarden belaufen.)

---

[377] http://www.pax-kranken.com
[378] Vgl. *Achtzehnter Tätigkeitsbericht der KZVK über das Geschäftsjahr 1998*, S. 7.

13.3. Fazit

Eine Zuordnung der Versicherungen zum 'Raum der Kirche' ist nur bei der *Bruderhilfe/Familienfürsorge*, der *Ecclesia*, der *Lebensversicherung von 1871*, *Kirchlichen Versorgungskasse* (VERKA) und der *Kirchlichen Zusatzversorgungskasse der Diözesen Deutschlands* (KZVK) eindeutig vorzunehmen. Alle anderen Versicherungen werden nur mit ihrem jeweiligen Verschmelzungsanteil bewertet. Bei den nicht eindeutig kirchlichen Versicherungen – wie bei der HUK-Coburg – ist redlicherweise gar nichts anzusetzen.

Fassen wir also zusammen, was sich auf den Konten der 'Kapitalsammelstellen' Versicherungen inzwischen gesammelt hat, dann erreichen sie ein Gesamtvolumen von rund 49 Milliarden.

Übersicht 125: Kapitalanlagen und Eigenkapital kirchlicher und kirchennaher Versicherungen, 1998/99

Versicherung	Kapitalanlagen + Eigenkapital
Evangelische:	
Bruderhilfe Sachversicherung	300.668.606
Familienfürsorge Krankenversicherung	324.780.140
Familienfürsorge Lebensversicherung	3.316.566.858
Ecclesia Versicherungsdienst GmbH	(1.194.000.000)
Kirchliche Versorgungskasse (VERKA)	2.636.498.831
Summe Evangelische Versicherungen	*7.772.514.435*
Katholische:	
Berlin-Kölnische Krankenversicherung (86%)	1.814.688.580
Asstel Lebensversicherung (86%)	3.420.220.000
Lebensversicherung von 1871 a.G.	3.497.997.919
Aachener und Münchener Lebensversicherung (71%)	18.462.130.000
Liga Krankenkasse	86.523.000
Pax-Krankenkasse	225.114.000
Pax-Lebensversicherung	228.000.000
Kirchliche Zusatzversorgungskasse (KZVK)	13.245.700.000
Summe Katholische Versicherungen	*40.980.373.499*
Summe Insgesamt	48.752.887.934

Quelle: Zahlen aufgrund der einzelnen Geschäftsberichte bzw. der Angaben im Jahresbericht des Bundesaufsichtsamtes für das Versicherungswesen, 1998.

Im Vergleich zu den sichtbaren Einlagen bei den Kirchenbanken hatten die evangelischen Kirchenbanken mehr Kapitaleinlagen als die katholischen Banken. Bei den Versicherungen ist es umgekehrt: Den DM 41 Milliarden Kapitalanlagen und Eigenkapital der katholischen Versicherungen und Kassen stehen nur DM 8 Milliarden des evangelischen Sektors gegenüber.

Auch wenn diese Gesamtsumme von 49 Milliarden nur 3,3 Prozent der Kapitalanlagen aller deutschen Versicherungsunternehmen darstellt (DM

1.465.507.000.000 oder 1,47 Billionen), bewegt sich diese Größenord-
nung – mit Ausnahme des Versicherungsgiganten *Allianz* – über dem
Volumen der Großen am Markt, wie *Deutscher Herold, DBV Winterthur,
Gerling, R+V* oder *Axa Colonia.*

Eine Differenzierung nach Versicherungssparten verweist darauf, dass
die kirchlichen Versicherungen überwiegend im guten Mittelfeld ihrer
Sparte liegen.

Übersicht 126: Rangplätze der Versicherungen im Raum der Kirchen

Versicherungssparte	Unternehmen	Rang	von insgesamt
Leben	(Aachener und Münchener)	5	123
	Familienfürsorge	59	123
	Lebensversicherung v. 1871	60	123
	Asstel Lebensversicherung	62	123
	Pax-Lebensversicherung	110	123
Krankheit	(Berlin-Kölnische KV)	15	57
	Familienfürsorge KV	30	57
	Pax-KV	34	57
	Liga KV	39	57
Schaden/Unfall	Bruderhilfe	75	271
Pensionskassen	Kirchliche Versorgungskasse	9	142

*Quelle: Bundesaufsichtsamt für das Versicherungswesen: Jahresbericht 1998, Tabellen
160, 260, 460, 560.*

Neben diesen institutionellen Rechtsträgerschaften ist es noch angebracht,
auf zwei weitere Aspekte zumindest zu verweisen.

13.4. „Befreundete" Unternehmen

Freundschaft meint hier die personalen Verbindungen über gemeinsame
Mitglieder im Aufsichtsrat, Vorstand oder Beirat. Beispiele:

Im Beirat der *Bruderhilfe Sachversicherung* sitzen (1998) neben den
kirchlichen Vertretern (Kirchenämter, Heilsarmee, Ordensobere), der
Direktor der *Evangelischen Kreditgenossenschaft eG*, ein Vorstandsmitglied der Spar- und Kreditbank in der evangelischen Kirche in Bayern,
der Vorstandsvorsitzende der Darlehenskasse im Erzbistum Paderborn
und der Vorsitzende der Vorstände der Parion oHG wie Parion Finanz-
holding AG, der weitere neun Aufsichtsrat-/Vorstandsmandate bei
Gothaer bzw. Berlin-Kölnischen Versicherungen innehat.

Ein Mitglied des Aufsichtsrates der *Lebensversicherung von 1871 a.G.*
ist gleichzeitig Vorsitzender des Aufsichtsrates der HUK-Coburg Versicherungsgruppe, sowie Mitglied des Aufsichtsrates bei der TRIAS Versicherung AG (München), der *Berlinischen Lebensversicherung* (Wiesbaden) und der *Delta Direkt Lebensversicherung AG* (München).

Aus diesen Angaben und den benannten Kooperationsbeziehungen ergibt sich ein Firmenverbund, dem neben den ausgewiesenen kirchlichen Versicherungen die Branchengrößen *Aachener und Münchener Gruppe* sowie die *Gothaer Versicherungen* und die *HUK-Coburg* zuzurechnen sind.

13.5. Organisatorischer Verbund

Neben der vertraglich vereinbarten Zusammenarbeit im gemeinsamen Außendienst mehrerer Versicherungsunternehmen, besteht hinsichtlich der Versorgungskassen ein besonderer Verbund. Alle kirchlichen Versorgungskassen sind Mitglied der *Arbeitsgemeinschaft kommunale und kirchliche Altersversorgung e.V.*, unter dessen Dach sich 32 Zusatzversorgungseinrichtungen des öffentlichen und kirchlichen Dienstes zusammengefunden haben.[379] Damit sind 80 Prozent der Mitarbeiter des öffentlichen und kirchlichen Dienstes in Deutschland erfasst.

Zweck der Arbeitsgemeinschaft ist die Möglichkeit der Übertragung von Rentenanwartschaften. Alle kommunalen und kirchlichen Unternehmen sind in beiden Richtungen 'durchlässig' und so können Mitarbeiter des kirchlichen Dienstes ohne Nachteile für ihre Altersversorgung in den öffentlichen Dienst wechseln und umgekehrt.

13.6. Struktur der Kapitalanlagen

Die Annahme, dass sich die Kapitalanlagen der Versicherungen und die Geldeinlagen der Kirchenbanken überschneiden, d.h. dass das Kapitalvermögen der Banken erheblich reduziert werden müsste, um eine Doppelzählung zu vermeiden, lässt sich generell nicht bestätigen.

Übersicht 127: Struktur der Kapitalanlagen der deutschen Versicherungen, die der Bundesaufsicht unterstehen, 1998

Anlageart	Millionen	%
Grundstücke, Bauten	54.756	3,7
Anteile an verbundenen Unternehmen	106.976	7,3
Ausleihungen an verbundene Unternehmen	8.240	0,6
Beteiligungen	17.971	1,2
Ausleihungen an Unternehmen / Beteiligung	5.905	0,4
Aktien	56.142	3,8
Investmentanteile	258.058	17,6
Andere nicht festverzinsliche Wertpapiere	10.703	0,7
Inhaberschuldverschreibungen / festverzinsliche Wertpapiere	180.486	12,3
Hypotheken, Grundschuld u.ä. Forderungen	126.962	8,7
Namensschuldverschreibungen	379.018	25,9
Schuldscheinforderungen / Darlehen	223.130	15,2

---

[379] http://www.aka-altersversorgung.de

Darlehen und Vorauszahlungen auf Vers.	9.906	0,7
Übrige Ausleihungen	6.933	0,5
Einlagen bei Kreditinstituten	15.903	1,1
Andere Kapitalanlagen	4.418	0,3
Summe der Kapitalanlagen	1.465.507	100 .

Quelle: Bundesaufsichtsamt für das Versicherungswesen: Jahresbericht 1998, Tabelle 040

Die Übersicht des Bundesaufsichtsamtes für das Versicherungswesen in Berlin verweist für die Zusammensetzung der Kapitalanlagen aller Versicherungssparten auf die Bevorzugung renditestarker und sicherer Kapitalanlagen, und das sind *nicht* die Einlagen bei Banken. Nur 1,1 Prozent der Kapitalanlagen der Versicherungen sind bei Kreditinstituten angelegt.

Diese Angaben beziehen sich auf die Zusammenfassung von 677 Unternehmen mit Kapitalanlagen von insgesamt 1,47 Billionen Mark. Da diese 1,1 Prozent Einlagen bei Kreditinstituten den Geldwert von knapp 16 Milliarden bedeuten, ist eine 'Gegenprobe' notwendig.

Übersicht 128: Struktur der Kapitalanlagen einzelner kirchlicher und kirchennaher Versicherungen, 1998/1999

Anlageart	Bruderhilfe		Familienfürsorge KV		LV 1871 .	
	TDM	%	TDM	%	TDM	%.
Grundstücke, Bauten	34.384	*13,9*	281	*0,1*	269.055	*8,1*
Anteile an v. Untern.	18.650	*7,5*	9.414	*3,0*	32.971	*1,0*
Beteiligungen	3.050	*1*	75	*0,0*	-	
Aktien / Investmentp.	33.570	*13,6*	17.098	*5,5*	1.593.216	*47,9*
Festverz. Wertpapiere	35.131	*14,2*	105.870	*33,8*	-	
Hypotheken u.ä.					317.550	*9,6*
N.schuldverschreibung	48.615	*19,5*	102.798	*32,8*	1.063.093	*31,9*
Darlehen	23.000	*9,3*	42.649	*13,6*	4.649	*0,1*
Vorauszahlungen auf Vers.					17.698	*0,5*
Einl. bei Kreditinstituten	37.731	*15,3*	35.000	*11,2*	20.000	*0,6*
Andere Kapitalanlagen	13.428	*5,4*	45	*0,0*	10.500	*0,3*
Summe Kapitalanlagen	247.559	*100*	313.230	*100*	3.328.732	*100*

Quelle: Jahres- / Geschäftsberichte der Versicherungsunternehmen

Die durchschnittliche Zahl von 1,1 Prozent lässt sich nicht verallgemeinern, da die Bruderhilfe 15 Prozent, die *Familienfürsorge Krankenversicherung* 11 Prozent und die *Lebensversicherung von 1871* nur 0,6 Prozent ihrer Kapitalanlagen als Einlagen bei Kreditinstituten liegen haben. Das Schwergewicht der Kapitalanlagen der Versicherungen liegt jedoch eindeutig bei den Aktien/Investmentanteilen und den Inhaber- wie Namensschuldverschreibungen, so dass die mögliche Überschneidung mit den Geldeinlagen auf den Kirchenbanken als marginal zu betrachten ist.

14. Klosterbräu und Bischofswein

Bier und Klosterbrauereien / Schnaps / Wein

Nachdem in den letzten Kapiteln die Materie etwas trocken war, wird es jetzt freundlicher und feuchter. Nicht nur die Erde ist ein Wasserplanet, auch der Mensch besteht zu etwa 80 Prozent aus Wasser. Bekanntlich verdunstet Wasser, beim Menschen nennt man das schwitzen, und so muss zur Erhaltung des Pegelstandes ständig nachgefüllt werden. Wenn der Mensch nach dem Ebenbild Gottes geschaffen wurde, ...? Wer weiß das schon – aber durch den göttlichen Schöpfungsplan hat der Mensch nun, verdammt noch mal oder gottlob, ständig Durst.

14.1. Bier und Klosterbrauereien

Die dickbäuchigen Mönche – die sowohl bunte Werbeplakate als auch Flaschenetiketten und Bierkrüge zieren – sind allgemeines Kulturgut in Deutschland und es gibt einige Sorten von „Klosterbräu".

Historisch gesehen, war es ursprünglich vor allem der kalorienreiche Ausgleich während der Fastenzeiten. Daher auch die Bezeichnung des Bieres als 'Flüssig Brot'. Entstanden zu Zeiten des Mittelalters, als alles und jedes streng reglementiert war, bedurfte es eines besonderen Privileges durch den Fürsten, das Stadtregiment, oder wer immer dafür die Erlaubnis zu erteilen hatte (und dafür seine Provision bekam), um Bier brauen zu dürfen. Eifersüchtig achteten die Brauberechtigten darauf, dass sich keine Konkurrenz in ihrem Vertriebsgebiet ausbreitete. Mit anderen Worten: Bier brauen bedeutete bares Geld. Für die Klöster war das von grundlegender Bedeutung, denn die Mönche mussten sich ihren Lebensunterhalt selbst erwirtschaften. Offensichtlich wurde gut verdient, oder ist es ein Zufall, dass die Klostergebäude und Klosterkirchen der Brauerei-Orden (vorwiegend Benediktiner) besonders prachtvoll ausfielen, beispielsweise Kloster Ettal?

Auch wenn heute die Mönche nicht mehr das Holzfeuer unter der Braupfanne anzünden und es auch keines besonderen Privilegs mehr bedarf, Bier brauen zu dürfen, es gibt sie immer noch, die Klosterbrauereien.

'Paulaner', 'Salvator', die vom Namen her einen kirchlichen Besitz vermuten lassen, sind während der 'Säkularisation' an die Fürsten gefallen und damit dem kirchlichen Besitz entzogen worden. (Heute sind beide

Brauereien Unternehmen der Bayerischen BrauHolding AG, die zur
Schörghuber-Gruppe gehört.)

Weihenstephan („älteste Brauerei der Welt"[380] und ehemals Benediktinerkloster) ist heute die „Bayerische Staatsbrauerei", also im Besitz des
Freistaates Bayern. (Jahresproduktion: 200.000 Hektoliter.)

Das *Hochstiftliche Brauhaus Fulda* wurde bereits 1791 dem Fürstbischof in Fulda von einem Privatmann abgekauft und die *DOM-Brauerei*
in Köln ist ein Name für das Lokalkolorit, die nichts mit dem Kölner
Domkapitel zu tun hat.

Von den 1.277 Brauereibetrieben in Deutschland produzieren 1.060
Brauereien weniger als 50.000 Hektoliter im Jahr. Zwei Drittel des Bier-
Ausstoßes von 112,3 Millionen Hektolitern (1999) wird von 15 Brauerei-
gruppen und Privatbrauereien erzeugt.

Als 'Klosterbräu' werden u.a. gehandelt:
* *Alpirsbacher Klosterbräu* im Schwarzwald (6 Biersorten, 320.000
  Hektoliter, Jahresumsatz 50 Millionen DM),[381]
* *Klosterbrauerei Neuzelle* in Brandenburg (mit 10 Biersorten),[382]
* *Irseer Klosterbräu* im Allgäu,
* *Klosterbräu Bamberg* (10 Biersorten),
* *Eschweger Klosterbräu.*

Diesen Brauereien ist allen eines gemeinsam: Es sind keine Klosterbrauereien. Sie befinden sich im Privatbesitz.

Wenn Sie also meinen, das sei dann aber ein Etikettenschwindel, dann
sind Sie einer Meinung mit dem Prior des Benediktinerklosters Andechs,
der gegen die Neugründung einer „Klosterbrauerei" (1993) auf der grünen
Wiese in Dargun (Mecklenburg-Vorpommern) durch einen dänischen
Konzern gerichtlich vorging. „In dem Musterprozess bekamen die Benediktinermönche von Andechs und ihre Glaubensbrüder vom Kloster Ettal
höchstrichterlich bestätigt, dass nicht jede x-beliebige Brauerei ihr Bier
mit dem Namen 'Kloster' oder einem anderen religiösen Begriff versehen
darf."[383] Das Hamburger Oberlandesgericht hatte (1997) entschieden, dass
der Begriff nur für eine privatwirtschaftliche Brauerei zulässig sei, „die
sich auf eine ungebrochene Traditionslinie zurück zu einem früheren
Klosterbetrieb berufen kann". Auch für „wiederbelebte" Klosterbetriebe,
bei denen die klösterliche Tradition „nachhaltig unterbrochen war" sei
diese Bezeichnung unzulässig.[384]

---

[380] http://www.brauerei-weihenstephan.de
[381] http://www.deutsche-brau-kooperation.de/alpirs.htm und http://www.alpirsbacher.de
[382] http://www.neuzeller-bier.de
[383] http://www.eschwege.de (*Werra-Rundschau* vom 26.11.1997)
[384] http://www.mainz-online.de/on/97/11/18/topnews/kloster.html

Pater Bilgri, der Benediktinerprior von Kloster Andechs, hat schon kampfeslustig weitere „schwarze Schafe" unter den Brauereien ins Visier genommen. Die Alpirsbacher und Eschweger winken ab: Sie haben eine ununterbrochene Familientradition oder genügend Indizien, seit sie die Klosterbrauereien übernommen haben. Der Prior weiß um den guten Namen des 'Klosterbräu' und verteidigt die klösterlichen Marktanteile. Um ihre besondere Marktposition zu betonen, tragen die Flaschenetiketten des Andechser Bieres ein lilafarbenes, geschütztes Handelszeichen: Q®, umgeben von dem Wort „Ordensqualität".

Während katholische Ordensgemeinschaften vor dreißig Jahren (1969)[385] noch siebzehn Klosterbrauereien in Bayern besaßen und betrieben, sind es 1999 noch fünf von sieben kirchlichen Brauereien.

- *Klosterbrauerei Andechs*
  in Erling-Andechs über Starnberg bei München. Die bekannteste 'echte' Klosterbrauerei (7 Biere).
- *Klosterbrauerei Ettal* (die auch Brände herstellt).
- *Klosterbrauerei Weltenburg* GmbH (7 Biere),[386] verpachtet an die bischöfliche Brauerei Bischofshof.
- *Klosterbrauerei Kreuzberg* (Rhön), seit 1731 brauen dort Franziskaner.
- *Klosterbrauerei Mallersdorf* (Niederbayern), seit 1881 brauen die 'Armen Schulschwestern' (Benediktinerinnen) ihr Bier zum Eigenbedarf und Verkauf.

Im Besitz katholischer Diözesen befinden sich zwei Brauereien:

- *Brauerei Hacklbräu*
  in Hacklberg über Passau. Bis 1803 'Hochfürstliches Brauhaus', dann 'Königliches Brauhaus', 1849 Privatbesitz, seit 1897 wieder im bischöflichen Eigentum (11 Biere, Bierausstoß 1997: 331.576 Hektoliter). 1970 wird die Brauerei Dirr bei Burgheim und 1979 das Brauhaus in Fürsteneck übernommen. 1981 eröffnet das Bräustüberl mit dem größten Biergarten in Passau.[387]
- *Brauerei Bischofshof* (Regensburg)
  Eine (bischöfliche) Stiftung öffentlichen Rechts, deren Stiftungszweck die Unterstützung des Priesternachwuchses im Bistum Regensburg ist. Sie besteht seit 1649, wurde 1810 säkularisiert und 1852 von der Kirche zurück erworben. Seitdem wird ununterbrochen gebraut.

---

[385] Vgl. Martens, *Wie reich ist die Kirche?*, S. 142/143. Die Angabe scheint aber fraglich zu sein, da eventuell alle 'Klosterbrauereien' gezählt wurden.
[386] http://www.breworld.com/weltenburg
[387] http://www.hacklberg.de

Der kirchliche Besitz an Brauereien hat sich im Laufe der letzten Jahrzehnte sehr reduziert. Einer der Gründe dürfte dabei auch der akute Nachwuchsmangel der klösterlichen Ordensgemeinschaften sein. Das wiederum wirft die Frage auf, ob z.b. das Andechser Klosterbräu überhaupt noch ein solches ist. 1968 starben die beiden letzten Mönche, die als Braumeister aktiv tätig waren. Heute wird das Bier ausschließlich von gewerblichen Arbeitern hergestellt, die zwar unter der Wirtschaftsleitung des Klosters stehen, sonst aber haben die Mönche nichts mehr mit der Bierherstellung zu tun (Weiteres bei *Ordensgemeinschaften*).

Auch die Klosterbrauerei Weltenburg ist von den Benediktinern verpachtet worden. Ist es dann noch eine Klosterbrauerei?

Die Umsatzzahlen lassen sich aufgrund der Ausstoßmenge recht gut berechnen. Ein Hektoliter Bier kostet in Deutschland ab Brauerei im Durchschnitt 162 Mark.[388] Die kirchlichen Brauereien haben einen Gesamtausstoß von 556.000 Hektolitern, was einem Umsatz von rund 90 Millionen Mark entspricht.

Übersicht 129: Umsätze kirchlicher Brauereien, 1998/1999

Brauerei	Ausstoß/Hektoliter	Umsatz/DM
Kloster Andechs	90.000	14.580.000
Kloster Ettal	15.000	2.430.000
Kloster Weltenburg	30.000	4.860.000
Kloster Kreuzberg	6.000	972.000
Kloster Mallersdorf	3.000	486.000
Hacklbräu	332.000	53.784.000
Bischofshof *)	(80.000)	(12.960.000)
Summe	(556.000)	(90.072.000)

Quellen: (Hektoliter) Auskünfte der Brauereien; (Umsatz) eigene Berechnung (DM 162/hl)

*) Schätzung (aufgrund der Mitarbeiterzahl), da die Bischöfliche Brauerei telefonisch eine schriftliche Anfrage wünschte und dann schriftlich explizit jede Mengenangabe verweigerte.

Zusätzlich darf man davon ausgehen, dass diese (hoffentlich) als gewerbliche Aktivitäten eigenständigen Brauereien in den Genuss der Steuervergünstigungen kommen, die für kleinere Brauereien gelten.[389]

---

[388]   Nach Angaben des Deutschen Brauer-Bundes betrug der Branchengesamtumsatz (1999) insgesamt 18,3 Milliarden DM, bei einem Ausstoß von 112,8 Millionen Hektolitern. (Vgl. http://www.brauer-bund.de und dort: Statistik)
[389]   Nach § 2 BierStG 1993 werden alle Brauereien mit einer Ausstoßmenge von unter 200.000 hl steuerlich begünstigt, um die Vielfalt der kleineren Brauereien zu erhalten. Vgl. *Bundestagsdrucksache 14/1500* (17. Subventionsbericht), S. 163.

14.2. Schnaps

Wenn Sie einmal in den Bergen verunglücken oder im Schnee festsitzen sollten, keine Panik, denn bald taucht ein großer Hund auf – ein Bernhardiner – der trägt ein Fässchen Schnaps um den Hals geschnallt und wird Sie damit erquicken. Beim Schnaps geht es also nicht wie beim Bier um den Basis-Durst, sondern eher um eine besondere Erquickung und Belebung. Das ist natürlicher teurer als schlichtes Trinken.

Da jedes anständige Kloster einen großen Obst- und Kräutergarten besaß und die Brüder auch schon chemisch experimentierten, als es andere noch nicht durften – das Schießpulver wurde in Europa von einem Mönch zusammengemischt – was lag da näher, die Kräuter nicht nur für das Essen und das Obst als Nachtisch zu verwenden, sondern auch ein bisschen zu 'köcheln', zu kosten und probieren und Schnaps zu brauen, korrekt: Branntwein zu brennen. Dabei soll jetzt nicht zwischen 'Schnaps' und 'Likör' unterschieden werden, denn vom Alkoholgehalt unterscheiden sie sich nicht und Likör ist, verkürzt gesagt, ein mit Zucker oder Fruchtsaft 'veredelter' Schnaps.

Wie bereits bei den Bieren sind es vorwiegend Benediktiner, die Likör herstellen – nun aber auch die Benediktinerinnen.

• Die berühmtesten dieser hochprozentigen Süßlichkeiten sind die *Klosterliquere aus Ettal* (erhältlich in jedem besseren Spirituosengeschäft in ganz Deutschland). Likör Grün oder Gelb (0,5 l/DM 22,90), Likör Heidelbeer (0,5 l/DM 21,50), Kloster Geist, Magenbitter, Mehrzweckpackungen, Geschenkpackungen, sowie Ettaler Likörkugeln.
• *Klosterlikör aus Chiemsee* (38%, als Klosterlikör, Halbbitter und Magenbitter),
• *Wallfahrer-Tropfen* der fränkischen Abtei St. Walburg,
• *Wallfahrer-Tropfen* des Instituts der Englischen Fräulein in Altötting.

14.3. Wein

Während in der evangelischen Kirche beim Abendmahl, wenn überhaupt, an handelsüblichem Wein genippt wird – die Tendenz ging in den vergangenen Jahren zu rotem (alkoholfreiem) Traubensaft – lieben es die katholischen Priester exklusiver: Die Erzdiözese Hamburg „bezieht ihren Messwein von einigen wenigen, als Messweinlieferanten vereidigten Erzeugern. (...) Dabei handele es sich um naturreinen, speziell deklarierten Weißwein, der anderweitig nicht verkauft werden darf."[390]

---

[390] *Hamburger Abendblatt* (Beilage *Die Kirchen* September bis Dezember 1999, S. 10).

Auf die Frage, welchen Wein der Hamburger Erzbischof beim Abendmahl in der Domkirche trinke, antwortete der Domküster: „Vor einem Jahr noch verwendeten wir als Messwein 'Samos-Muskat' aus Griechenland, die Flasche für 14,50 Mark. Weil sich der Preis verteuerte, entschieden wir uns nun für den Messwein Nr. 7 'Valencia Muskat' aus Spanien. Die Flasche kostet nur 9,50 Mark."[391] Dieses Kostenbewusstsein lässt auf entsprechende Mengen schließen und es ist erstaunlich, dass in diesem Marktsegment Wein offensichtlich eine scharfe Trennung, d.h. kaum eine Kooperation zwischen kirchlichen Erzeugern und kirchlichen Konsumenten besteht.

Der Weinbau gehört(e) zu den klassischen Domänen der Kirche und der Klöster und ist für frühere Klöster bereits seit dem 10. Jahrhundert urkundlich belegt. Gingen 1803 auch die meisten Weingüter an die Fürsten verloren, so verweisen die auch noch heute verwendeten Bezeichnungen für die Lagen (das sind die Weinberge/Rebflächen) auf ihre ursprünglichen Besitzer: Piesporter Domherr, Graacher Dompropst, Graacher Himmelreich, Wehlener Klosterberg, Winkeler Jesuitengarten, Rüdesheimer Bischofsberg, usw. usf. Bereits daran ist zu erkennen, dass wir uns auch weiterhin – allerdings nicht ausschließlich – im katholischen Sektor bewegen.

Die heute bekanntesten staatlichen Weingüter in Deutschland waren bis zu ihrer Enteignung im Kirchenbesitz. Der „Staatliche Hofkeller" an der Residenz Würzburg (seit 1814 Bayerische Staatsdomäne) gehörte den Fürstbischöfen von Würzburg und die hessische Staatsdomäne, „einer der großartigsten Weinbaubetriebe der Welt", verweist bereits in ihrem Namen darauf, wem sie früher gehörte: Staatsweingüter Kloster Eberbach. Aber nicht nur die Fürsten haben die kirchlichen Weingüter übernommen, sondern z.B. auch die Stadt Frankfurt, die 1803 die Weingüter des Karmeliterklosters und des Dominikanerklosters in Frankfurt säkularisierte. (Dafür zahlt die Stadt heute noch Dotationen an die Kirchengemeinden.)

Sechs nennenswerte Weingüter befinden sich gegenwärtig im katholischen Besitz – abgesehen von kleinen Lagen, die zu einer Pfarrei gehören und im *Großen Johnson* nicht extra aufgelistet werden.[392]

• Das Weingut der *Pfarrkirche Leiwen* / Bernkastel (6 ha), das der katholischen Kirchengemeinde gehört;

---

[391] *Hamburger Abendblatt* (Beilage *Die Kirchen* September bis Dezember 1999, S. 23).
[392] *Der große Johnson. Die neue Enzyklopädie der Weine*, Weinbaugebiete und Weinerzeuger der Welt, Bern und Stuttgart: Hallwag, 9 1995, S. 255ff.

- das Weingut des *Cusanusstiftes / St. Nikolaus-Hospital* in Bernkastel-Kues (8 ha) – eine Stiftung des Theologen und Gelehrten Kardinal Nikolaus von Kues und seiner Brüder (im 15. Jh.);
- die *Vereinigten Hospitien* in Trier (54 ha) – eine der großen karitativen Einrichtungen Triers mit den ältesten Kellern in Deutschland;
- die *Bischöflichen Weingüter Trier* (104 ha) – 1966 durch den Zusammenschluss von drei bis dahin getrennten kirchlichen Besitzungen geschaffen: den Gütern des Priesterseminars (34 ha), der Domkirche (24 ha) und des Bischöflichen Konviktes (39 ha), sowie inzwischen weiteren gepachteten Kirchengütern;
- das Weingut des *Juliusspitals* in Würzburg (161 ha) – 1576 vom Fürstbischof Julius Echter von Mespelbrunn gegründet – heute das drittgrößte Weingut Deutschlands;
- das *Bischöfliche Weingut Rüdesheim* des Bistums Limburg (8 ha). Es produziert nicht nur für den Markt, sondern erzeugt auch Messwein. 1984 übernahm das Bistum die Weinberge von zwei katholischen Kirchengemeinden und fasste sie 1996 nach dem Ankauf weiterer Weinberge als Bischöfliches Weingut zusammen.

Bis auf das Weingut der Kirchengemeinde sind die anderen fünf Weingüter Stiftungen, die bis auf das 15. und 16. Jahrhundert zurückreichen und die Säkularisation überstanden, da sie als Stiftungen karitative Aufgaben wahrnahmen. Die *Vereinigten Hospitien* in Trier wurden sogar von Napoleon – der nun wahrlich kein Kirchenfreund war – aus verschiedenen kleineren Einrichtungen zusammengefasst und begründet.

Zum Trost für die evangelischen Weinliebhaber bestehen aber auch, neben den kleineren Rebflächen evangelischer Kirchengemeinden, zwei Weingüter im landeskirchlichen Besitz:

- Das Weingut der *Evangelischen Kirche in Hessen-Nassau* in Oppenheim. In den 20er Jahren von der Landeskirche gekauft – die genauen Unterlagen sind im Zweiten Weltkrieg vernichtet worden – erzeugt es auf 5 ha eigenen Wein und ist gleichzeitig Kellerei für die umliegenden Kirchengemeinden. Zum Evangelischen Kirchentag 2001 in Frankfurt gab es einen „Kirchentagssekt", den 1998er Niersteiner Schloss-Schwabsburg.
- Das Weingut der *Evangelischen Kirche im Rheinland* ist verpachtet, da es rote Zahlen schrieb und die Landeskirche keine weiteren Zuschüsse zahlen wollte.

Bei einem 10-Jahresdurchschnitt der Erträge von 114 hl/ha[393] (Spannweite von 86 bis 169 hl/Jahr) werden von diesen Weingütern auf 346 ha Weinbergen 39.444 hl (= 3.944.400 Liter) erzeugt – eine Menge, die 5,26 Millionen Flaschen à 0,75 l entspricht.

Das *Juliusspital* und das *Bischöfliche Weingut Rüdesheim* vertreiben ihre Weine auch über den Direktverkauf im Internet, die *Vereinigten Hospitien* verschicken (August 2000) Prospekte „An alle Haushalte mit Tagespost".

Die Preise der angebotenen Weine bewegen sich dabei, abgesehen von sehr teuren Sorten kleiner Menge, in der Spanne von 8 bis 15 DM. Bei einem mittleren Abgabepreis von DM 11,50 erzielen diese Weingüter entsprechend einen Umsatz von rund 61 Millionen Mark.

---

[393] Alles über Wein – Zeitschrift für Weinkultur, Reise, Gastronomie, Nr. 1/2001, S. 44.

15. Handelsunternehmen

Kaffee, Tee und Fairer Handel / Devotionalienhandel / Souvenirhandel / Großeinkäuferrabatte / Weiterer Handel

> *„Das Reich Gottes ist nicht indifferent*
> *gegenüber den Welthandelspreisen!"*
> *(Würzburger Synode, 1975)*[394]

Zwar kann man mit einem Priester nach der Beichte nicht über die Buße verhandeln, sonst aber wird von kirchlichen Organisationen mit mehr gehandelt, als es der unbedarfte Bürger so annimmt.

15.1. Kaffee, Tee ... und ... Fairer Handel

Lange Zeit folgte die sich als alternativ verstehende Jugend Deutschlands zumindest in einer Gewohnheit noch ihren Eltern: Morgens gab es einen Pott Kaffee zum Aufwachen. So, wie manche 'revolutionäre Internationalisten' sich solidarisch mit dem bitter scharf gerösteten Kaffee aus Nicaragua den Magen verdorben haben (was nicht heißt, dass der revolutionäre Elan deshalb verloren ging, vielleicht eher das Gegenteil), so entwickelten die christlich-ökologischen Internationalisten einen basisorientierten Kaffeehandel.

Auf dieses Wirtschaftssegment sei ausführlicher eingegangen, weil sich im Unterschied zu den verschwiegenen Religionsgesellschaften öffentlich deutlich zeigt, was wirtschaftliches Handeln auf christlicher Grundlage konkret heißt, wenn Konkurrenz oder kritische Betrachtung angesagt ist.

Angefangen hatte es mit kirchlichen Basisgruppen, die sich in der Weltladen-Bewegung zusammenfanden. Organisiert wurde dieser fortschrittliche Handel im Raum der Kirchen dann durch die *Gepa Fair Handelshaus mbh* (Gepa = Gesellschaft zur Förderung der Partnerschaft mit der Dritten Welt). Gründungsmitglieder waren 1975 der *Kirchliche Entwicklungsdienst* (KED) der Evangelischen Kirche in Deutschland, das Bischöfliche Hilfswerk *Misereor* der katholischen Kirche, die Jugendorganisationen beider Kirchen sowie der Verein der Basisgruppen der *Aktion Dritte Welt Handel e.V.* und der *Arbeitsgemeinschaft Dritte Welt Läden e.V.*[395]

---

[394] Zit. nach http://www.misereor.de/Seite7.htm (Fairer Handel)
[395] *Handelsblatt* vom 16.8.1996, S. 14 (Gepa sucht neue Märkte – „Ethische Preise" für kaufkräftige Kunden – Operatives Ergebnis noch leicht negativ).

„Das Kirchenunternehmen sieht sich als größte Fair-Trade-Organisation Europas." Das Sortiment der *Gepa* umfasste (1996) 3.000 Artikel, was sich inzwischen (1999) auf 200 bereinigt hat.[396] Vorrangig ist das Kaffeegeschäft (60%), gefolgt von Tee, Kakao, Schokolade, Zucker, Honig (26%) und Kunsthandwerk (14%).[397] Eingekauft wurde (1995) in 41 Entwicklungsländern für 26 Millionen DM – der Umsatz der *Gepa* betrug 1995 DM 53,9 Millionen und 1998 DM 56 Millionen. Wichtigste Vertriebsschiene sind die Eine-Welt-Läden (59%), sowie der Lebensmittelhandel (12%), Großverbraucher (11%), Export (11%), Biohandel und Kataloggeschäft (7%).

Nach Jahren des stetigen Wachstums schrieb die *Gepa* 1992/93 zum ersten Mal rote Zahlen. (Irgendwie hatte die 'Jesus-Latschen- und Latzhosen-Mentalität' anscheinend ihren Höhepunkt überschritten.) Personal wurde entlassen, Sozialleistungen ausgesetzt, die Firma umstrukturiert, eine Beteiligungsgesellschaft gegründet und der Begriff 'Fair' verbreitete sich.

Der Caritasverband in Konstanz hat beispielsweise 1998 ein Gebrauchtwarenkaufhaus „Fairkauf" initiiert, dem verschiedene Reparaturwerkstätten angegliedert sind. „38 Prozent der Kosten erwirtschaftet das Sozialprojekt aus dem Umsatz der Betriebe – mit steigender Tendenz. Der Rest kommt aus Mitteln des Arbeitsamtes und des Sozialamtes."[398] Auf der 'Eine-Welt-Regionaltagung Sachsen 1999' in Dresden referierten u.a. Vertreter des *Fairkauf-Handelskontor e.G.* (München) und der *F.A.I.R.E Warenhandelsgenossenschaft e.G.*

„Fairer Handel – Konvention der Weltläden. [...] Die Konvention umfasse mehr Aspekte als nur Einkaufsbedingungen für die Rohstoffe, erklären dazu die Sprecher der Weltläden."[399] (Das richtet sich direkt, wie der kundige 'Insider' weiß, gegen die erfolgreichere Konkurrenz in der gleichen Markt-Nische.) Beispielhaft für den Typ der 'Dritte/Eine-Welt-Läden' ist das Unternehmen *dritte-welt-partner*, das seit 1989 besteht. „Heute importieren wir über 1.000 fair gehandelte Kunsthandwerksartikel und ca. 100 Lebensmittelprodukte."[400]

Diese Fairness-Intention (wobei schon der englische Begriff darauf hinweist, dass es eine evangelische Erfindung ist – Katholiken hätten einen lateinischen genommen) treibt mittlerweile die seltsamsten Blüten.

---

[396] *Süddeutsche Zeitung* vom 17.11.1999, S. L5 (Das gute Gewissen im Regal. Tengelmann will Fair-Handels-Produkte fördern).
[397] Zahlen für 1995/96, vgl. *Handelsblatt* vom 16.8.1996, S. 14.
[398] *Deutsches Sonntagsblatt* vom 2.10.1998: Innovatio-Preis I „Land in Sicht".
[399] http://www.kath.de/bistum/mainz/mbn/mz960613.htm
[400] http://www.dwp-rv.de

So firmiert eine Umzugsfirma in Hamburg unter der Bezeichnung 'Fair-Pack', es gibt eine 'FairMed', einen 'Fairsicherungsladen' und die *Aktion Hoffnung – Hilfe für die Mission*, die sich insbesondere um Altkleider-sammlungen als Geldeinnahmequelle kümmert, und deren Verkauf als „Fair-Wertung"[401] bezeichnet. Das Ganze treibt auch seine betrügerischen Blüten, indem sich Kredithaie „Fair-Finanz" nennen.[402]

Ausgegangen ist diese begriffliche Fair-wirrung von zwei Organisa-tionen. Der FAIRTRADE-Verein – korrekt: *Fair Trade e.V. Verein zur För-derung von Gerechtigkeit im Welthandel* –, eine 100%-Tochter der *Gepa*, mit Sitz in Wuppertal, handelt nicht selbst, sondern stellt Kontakte zwischen den Erzeugern und Handelsfirmen her und hat „die Aufgabe, nach neuen interessanten Produkten für den fairen Markt zu suchen".[403] Vermarktet werden außer den klassischen Produkten inzwischen Fuß-bälle, Marmor, Edelstahl, Streichhölzer, Kaugummi, etc. 1994 von den Mitgliedern der *Gepa* gegründet, wird der FAIRTRADE-Verein vornehm-lich von *Brot für die Welt* und *Misereor* finanziert, deren beide Vertreter mit dem Geschäftsführer des Vereins den Vorstand bilden und deren Arbeit effektiv und unspektakulär geschieht.

Davon zu unterscheiden ist TRANSFAIR, der *Verein zur Förderung des Fairen Handels mit der „Dritten Welt" e.V.*, mit Sitz in Köln. Der Verein handelt ebenfalls nicht selbst, sondern vergibt sein (kostenpflichtiges) „Gütesiegel" für kontrolliert Fairen Handel an Firmen, die sich vertrag-lich zur Einhaltung der jeweiligen Kriterien verpflichten. Vereinsmitglie-der sind mittlerweile knapp 40 Organisationen, u.a. wieder *Brot für die Welt* und *Misereor*, aber auch die *Ärzte für die Dritte Welt*, die *Deutsche Welthungerhilfe*, das *Kolpingwerk*, die *Friedrich-Ebert-Stiftung*, die *Konrad-Adenauer-Stiftung*, *terre des hommes*, *UNICEF*, und die *Wirt-schaftsstelle Evangelischer Missionsgesellschaften*. Die Marktstrategie des TRANSFAIR-Siegels besagt, dass den Kaffeebauern in Asien, Mittel- und Südamerika von den Handelsfirmen, die den Rahmenvertrag von TRANSFAIR zu unterschreiben haben, bessere Preise bezahlt werden, als von der kapitalistischen Konkurrenz.

Das TRANSFAIR-Siegel (wobei schon der Begriff „Siegel" für ein 'Babberl' eine hohe Seriosität suggeriert) soll das Gewissen der ökologi-schen Konsumenten beruhigen und das gute Gefühl vermitteln, mit dem Kauf der gesiegelten Produkte etwas für die Ökologie und die notleiden-den Menschen in den Entwicklungsländern zu tun. Dieses auffallende

---

[401] siehe http://www.aktion-hoffnung.de („Fair-Wertung")
[402] *Hamburger Morgenpost*, vom 8.12.1999, S. 29.
[403] http://www.fairtrade.de/deutsch/aktueu4.html

TRANSFAIR-Siegel, (das in seiner schwarz-weißen Gestaltung spontan an das Ying und Yang Symbol erinnert,) hat nur einen 'Schönheitsfehler': Es suggeriert zwar, bedeutet aber eben nicht, dass Kaffee, Tee etc. aus ökolo-

gischem Anbau stammt, wie es der wohlmeinende Konsument annimmt und z.B. Antje Vollmer (MdB Bündnis 90/Grüne) es ausspricht: „TRANSFAIR bietet eine ideale Möglichkeit aktiv zu werden. Denn als Verbraucherinnen und Verbraucher haben wir es beim täglichen Einkauf selber in der Hand, die sozialen und ökologischen Rahmenbedingungen der (Welt-)Wirtschaft zu verändern."[404]

Bereits 1995 hatte es harte interne Kritik gegeben – hinsichtlich der mangelnden Ökologie –, als die holländische Max-Havelaar-Organisation und ihr deutscher Nachahmer TRANSFAIR e.V. den Handel 1992 internationalisierten (TRANSFAIRINTERNATIONAL) und von ihren US-amerikanischen Freunden eben genau dies vorgehalten bekamen. Die Amerikaner verlangten ein 'Super-Siegel' (Ökologie – oder wie es präziser heißt: Organischer Anbau – inklusive). Dem verweigerte sich das holländisch-deutsche Duett aber, weil man es den armen kleinen Kaffeebauern nicht auch noch zumuten könne, die Umstellung und Kosten des organischen Anbaus zu bezahlen.[405] 1999 ist die interne Abwehr der ökologischen Ansprüche noch härter geworden und der Vorstand der TRANS-FAIR-Vereins spricht von „Öko-Kolonialismus" [!], „würden wir von den Produzentinnen und Produzenten in der 'Dritten Welt' ökologisch einwandfreie Anbaumethoden und Erzeugnisse verlangen."[406]

Wenn irgendwo im kirchlichen Bereich ein Etikettenschwindel betrieben wurde, dann hier, im wahrsten Sinne des Wortes. Dass dadurch privatwirtschaftliche Kaffeeunternehmen, die sehr wohl die Fragen der Zeit erkannt haben und auf eigene Rechnung organischen Kaffee anbauen lassen, massiv behindert werden, ist anscheinend unerheblich.

Statt auf ökologische/organische Produktqualifizierung zu setzen, ging man über zur Produktvielfalt und inzwischen gibt es das TRANSFAIR-Siegel nicht nur für (fünfzig) Kaffeesorten und Tee, sondern auch für „fair" gehandelte Bananen, Schokolade, Honig, Bonbons und Orangen-

---

[404] http://www.transfair.org/tfair/freund.htm
[405] *der überblick*, Quartalsschrift der Arbeitsgemeinschaft kirchlicher Entwicklungsdienst, 2/96 (Juni 1996), S. 105.
[406] http://www.transfair.org/tfair/oeko.htm

saft. TRANSFAIR-Partner als Verkaufsstellen sind neben vielen kleineren Firmen immer mehr größere Unternehmen (Karstadt, Lekkerland, Darboven, u.a.m.), die sich gerne ein soziales Image geben.

Die intensiven Informationskampagnen von TRANSFAIR gehen – missionarisch – durchaus auch bemerkenswerte Wege. Gehörte es schon zum Standard, dass die Damen des kirchlichen Seniorenkreises einen Supermarkt besuchten und den Geschäftsführer freundlich darauf hinwiesen, dass keine Waren mit TRANSFAIR-Siegel im Regal stehen würden, und fragten, ob er da wohl Abhilfe schaffen könne, gab es Anfang Dezember 1999 eilige Rundbriefe (der Versand wurde über die *Misereor*-Medienproduktion und Vertriebsgesellschaft mbH abgewickelt) an alle Freunde von TRANSFAIR, dass die Supermarktkette *plus* (innerhalb der Tengelmann-Gruppe die Billig-Schiene) den TRANSFAIR-gesiegelten Kaffee aus dem Regalen entfernt habe, da er zu wenig Umsatz bringe, und jeder Einzelne solle doch zu einem *plus*-Geschäft gehen und mit dem Geschäftsführer reden ... wohl nicht über die Weihnachtsdekoration.

So hilft man sich zwar gegenseitig (die *Dienste in Übersee* bieten schon mal einen Inlandsvertrag – mit finanzieller Unterstützung – für die Öffentlichkeitsarbeit bei TRANSFAIR an und *Brot für Welt* wirbt in seinen Anzeigen ebenfalls für das Siegel), insgesamt aber ist die Situation durch Konkurrenz untereinander geprägt.

Inzwischen stagniert das Geschäft in den 750 Dritte-/Eine-Welt-Läden und die *Gepa* baut neue Partnerschaften auf. Etwa eine unbefristete Kooperation mit dem Otto-Versand, der im Weihnachtskatalog 1997 erstmals zwei Seiten mit Kunsthandwerk der *Gepa* abdruckte und gegenüber vergleichbaren Produkten auf 20% seiner Marge verzichtet haben soll.[407]

Brot für die Welt setzt auf die Devise „Mit biologischen Produkten in den Fairen Handel"[408] und unterstützt sowohl den Verein *BanaFair* (Gelnhausen), der seit 1988 mehr als 450 Läden, Schulen und Kirchengemeinden mit fair gehandelten Bananen beliefert, wie auch die „Blumenkampagne". Als 1998 auch TRANSFAIR den gesiegelten Bananenhandel für sich entdeckte, war man tunlichst bemüht, eine ähnliche Konfrontation wie in der Schweiz zu vermeiden, als 1996 die holländische Max-Havelaar-Organisation heftigen Streit mit der *gebana* (Arbeitsgemeinschaft Gerechter Bananenhandel) bekam, die bereits seit Mitte der achtziger Jahre in der Schweiz mit alternativen Bananen handelte.[409]

---

[407] *Handelsblatt* vom 16.10.1997, S. 17.
[408] Brot für die Welt: *Jahresbericht 1998*, S. 19.
[409] epd (evangelischer presse-dienst)-entwicklungspolitik 4/98, nach: http://www.epd.de/ep/1998/4glaser.html

Seitdem klären sich die 'Frontlinien': Der „alternative" Handel (etwa 750 *Weltläden* und rund 6000 Aktionsgruppen sowie *Brot für die Welt*) behält seinen ökologisch-politischen Anspruch und bleibt bei „alternativen" Vertriebsstrukturen, während der „faire" Handel (*Gepa, Misereor* und TRANSFAIR) kommerzielle Vertriebswege für sich nutzt.

Aufgrund der Gemeinsamkeit, die Arbeits- und Lebensbedingungen der arbeitenden Menschen in Entwicklungsländern zu verbessern, wird der Unterschied im Selbstverständnis zwischen alternativem und fairem Handel sichtbarer, wenn man sich die TRANSFAIR-Jahresrechnung für 2000 ansieht. Da geht es nicht um einen kleinen kirchlichen Eine-Welt-Laden, in dem nette Hausfrauen und Jugendliche ehrenamtlich 'Dienst' haben. Die Raumkosten des Vereins betragen pro Monat DM 5.790, das Durchschnittsgehalt (nach Abzug der Arbeitgeberanteile) DM 6.400 brutto, an Reisekosten werden DM 409.000 ausgegeben und schließlich DM 471.000 für Bildungs- und Öffentlichkeitsarbeit. Und die Einnahmen?

Übersicht 130: TransFair-Jahresrechnung – Erträge 1998, 1999, 2000

Einnahme	1998	%	1999	%	2000	%
Mitgliedsbeiträge	30.600	*1,4%*	26.100	*1,3%*	31.600	*1,7%*
Staatliche Zuschüsse*)	470.532	*21,2%*	499.329	*25,5%*	604.277	*31,9%*
Lizenzeinnahmen	1.656.328	*74,6%*	1.385.792	*70,6%*	1.171.939	*61,8%*
Spenden	2.430	*0,1%*	5.682	*0,3%*	12.091	*0,6%*
Zinserträge	3.251	*0,1%*	2.587	*0,1%*	2.430	*0,1%*
Mieteinnahmen	24.395	*1,1%*	41.864	*2,1%*	41.992	*2,2%*
sonstige Einnahmen	32.991	*1,5%*	701	*0,0%*	32..486	*1,7%*
Gesamt	2.220.527	*100%*	1.962.055	*99,9%*	1.986.815	*100%*

Quelle: TransFair e.V.: Jahresbericht 1999, S. 17, Jahresbericht 2000, S. 14-15.
*) Nach einer Information im Text sind nur 90% der Zuschüsse staatlicher Herkunft.

Eine Organisation, die zu drei Vierteln von ihren Lizenzeinnahmen durch das TRANSFAIR-Siegel abhängig ist, muss die 'Fair-Siegelung' kommerziell massiv vorantreiben, insbesondere, wenn (wie 1998) die Lizenzeinnahmen aus dem Kaffee-Siegel (von 83% auf 74% der Lizenzeinnahmen) absinken.

Trotz des positiv gestimmten Marketings „Bio boomt" sinken die Umsätze des 'gesiegelten' Handels und entsprechend – absolut und relativ – die Lizenzeinnahmen (74,6%, 70,6% und 61,8%). Als Ausgleich steigen die Zuflüsse aus dem staatlichen 'Zapfhahn' (21,2%, 25,5% und 31,9%), so dass Lizenzeinnahmen und staatliche Zuschüsse immer ein Paket von rund 95% der Einnahmen bilden.

Am 16. Mai 2000 hat das Magazin *Frontal* (im ZDF) einen Beitrag gesendet: „Unfaire Geschäfte über 'Transfair' – Wer vom Handel mit Ländern der Dritten Welt profitiert." Der Journalist war in Afrika 2.000 km

durch Ghana gefahren, hatte mit Kakao-Bauern gesprochen und die örtliche Partner-Organisation von TRANSFAIR *Kuapa Kokoo Farmers Trust*
besucht. Die Ergebnisse waren niederschmetternd:

> Die Bauern würden keinen Pfennig mehr als üblich erhalten. / Pro Sack Kakao
> bekomme TRANSFAIR 100 Mark Lizenzgebühr, die örtlichen Bauern erhielten
> jedoch nur 10 Pfennige. / Die vielen finanzierten Projekte der direkten Entwick-
> lungshilfe vor Ort seien vier Brunnen, eine Gemeinschaftstoilette und eine dörf-
> liche Seifenküche. / Statt Förderung des umweltverträglichen Anbaus würde in
> Ghana gespritzt, was das Zeug hält: Fungizide, Pestizide und Insektizide, darunter
> krebserregendes Lindan. / Ohne Atemschutz und Schutzkleidung arbeiteten die
> Kakaobauern im Sprühnebel, der ihre Lungen zerfresse. / Die Waagen der An-
> kaufstelle von *Kuapa Kokoo* zeigten sechs Kilo weniger an, als das tatsächliche
> Gewicht. / Das Geld, das den Bauern zustehe, habe *Kuapa Kokoo* gebunkert (fast
> 700.000 Mark zinsbringend auf dem Konto). / In sieben Jahren hätte sich ein
> Prüfer von TRANSFAIR ganze vier Mal in Ghana aufgehalten, im vergangenen
> Jahr sei er drei Tage dort gewesen.[410]

Als Reaktion auf den kurzen Fernsehmagazinbeitrag wurden die medialen
Sturmglocken in den konfessionellen Sektoren geläutet. TRANSFAIR, die
Gepa, der Diözesanmissionsdirektor der Diözese Limburg und sogar der
peruanische Kaffeekleinbauernverband CEPICAFÈ (anscheinend sieht
man dort das deutsche Fernsehen über Satellit) schickten Protestnoten an
das ZDF.[411] Tenor: „In sieben Minuten wurde die Aufbauarbeit von sieben
Jahren in Frage gestellt."

An Richtigstellung wurde von TRANSFAIR geäußert: Die Mehrerlöse gehen
immer an die Genossenschaft, nicht an die Bauern. Die Genossenschaft entschei-
det in eigener Kompetenz, was mit den Einnahmen finanziert wird. / TRANS-
FAIR erhält pro Sack Kakao keine 100 Mark, sondern umgerechnet lediglich rund
DM 32,50 und die Kleinbauern erhalten keine Prämie von 10, sondern von 25
Pfennigen / Der Pestizide-Einsatz sei nicht zutreffend. In sechs Dörfern [was verschwiegen wird: von 275, d.A.] sei die Kakaoernte bereits zertifiziert. / Für die
Kontrolle sei nicht TRANSFAIR zuständig, sondern, im Rahmen der FLO (Fairtrade Labelling Organizations International), ein Mitarbeiter der Schweizer Max
Havelaar-Stiftung, der regelmäßig Westafrika bereise. Dafür habe TRANSFAIR
1998 DM 510.298 bezahlt. / Im übrigen sei das alles Sensationsjournalismus,
schlecht recherchiert und wer wisse denn schon, ob die Filmaufnahmen tatsächlich die Waagen der Partner-Organisation zeigen würden?

In Gerichtsverfahren gegen das ZDF musste TRANSFAIR Niederlagen
hinnehmen. Aber dann kam per Brief ein Hochglanz-'Extra-Blatt' von
TRANSFAIR ins Haus: „Sonderausgabe Ökologie und Fairer Handel

---

[410] Vgl. http://www.zdf.msnbc.de/news/54559.asp (Mai 2000)
[411] Vgl. http://www.transfair.org/info/frontal.htm; http://www.gepa.org/frontal1.htm;
http://www.kath.de/bistum/limburg/presse/2000/id00253.htm

Juni/2000" (die Druckkosten hatten die Friedrich-Ebert-Stiftung und der Kirchliche Entwicklungsdienst der Evangelischen Kirchen in Deutschland bezahlt) und der erste Satz hieß: „TRANSFAIR ist ein Sozialsiegel und kein Biolabel." Tja, wer hatte das gedacht.

Seit 1999 ist TRANSFAIR mit der RUGMARK-Initiative gegen die Kinderarbeit in der Teppichproduktion organisatorisch verbunden. Die RUGMARK-Einnahmen betrugen (2000) DM 2.463.385, davon DM 566.570 Zuschüsse von der EU-Kommission, der GTZ/BMZ, Mitgliedsorganisationen und Landesämtern für Entwicklungszusammenarbeit.

Nach dreißig Jahren 'fairen Handels' drängen *Misereor*, *Brot für die Welt* und die *Friedrich-Ebert-Stiftung* darauf, den politischen Einfluss zu verstärken und den fairen Handel in die deutsche Entwicklungspolitik einzubinden.[412] Doch – neben den sinkenden Umsätzen – stehen die Zeichen anscheinend nicht allzu günstig.

Zum einen: „Umweltschützer und Kämpfer für Sozialstandards gelten bei den Regierungen der Dritten Welt und in ihren Ländern als verkappte Protektionisten."[413] Zum anderen sind inzwischen anscheinend Grenzen der Akzeptanz erreicht, da z.B. Spielwarenhersteller (Aktion „fair spielt"), schon allein die Einladung, genauer, die Aufforderung zu einem aufklärenden Gespräch über die Herstellungsbedingungen ihres Spielzeuges schlicht ignorierten.[414]

Fassen wir also zusammen: *Gepa*-Umsatz (1999/2000) DM 58 Millionen, TRANSFAIR/RUGMARK-Einnahmen (2000) DM 2,5 Millionen, davon Zuschüsse DM 864.437 – aus staatlichen Quellen (90%): DM 777.993.

15.2. Devotionalienhandel

Neben diesem vergleichsweise neuen Marktsegment des 'fairen Handels' gibt es den klassischen Devotionalienhandel.

Sie wissen nicht, was Devotionalien sind? Ganz einfach, das Wort sagt es selbst, Gegenstände, vor denen Sie sich 'devot' verbeugen, also 'Ehrwürdiges' oder 'Heiliges'. Im Vatikan können Sie z.B. so genannte 'Wackelbilder' kaufen (wenn Sie das Bild kippen, wird ein darunter liegendes zweites Bild sichtbar): Jesus am Kreuz mit geschlossenen Augen und als 'gekipptes Bild' öffnet ER die Augen.

Den Papst, Entschuldigung, das Konterfei des Heiligen Vaters gibt es sehr variantenreich: Als Wandbild, Taschentuch, Flaschenöffner, als

---

[412] Gemeinsame Pressekonferenz 2000, z.B. unter: http://www.misereor-medien.de/scripts/service/seite3111

[413] *DIE ZEIT*, vom 25.11.1999, S. 30 (Thomas Fischermann: Neues Spiel im Welthandel).

[414] So auf der Spielwarenmesse Februar 2000 in Nürnberg. Misereor Pressemeldung.

Postkarte, als Schlüsselanhänger (wenn man darauf drückt, ertönt der Segen 'urbi et orbi' – erhältlich in den meisten Weltsprachen), auch als Schal, usw. usw. Der Vatikan soll eine Art Preisliste haben, von der einfachen Postkarte (DM 1), einem gedruckten päpstlichen Segensspruch (DM 15), einem persönlich unterzeichneten Segen mit repräsentativer Urkunde (DM 5.000) bis hin zur päpstlichen Privataudienz (DM 30.000) inklusive Video. Für Betuchtere gäbe es einen Ehrendoktortitel (für eine Spende von DM 50.000) oder einen Orden (Ordensstern zum Großkreuz des St. Sylvester- oder des St.-Gregor-Ordens) für DM 120.000, einen von der Kurie verliehenen Barontitel (für DM 300.000) und schließlich die Erhebung in den Fürstenstand (bis zu DM 2,5 Millionen). Alles Preise auf der Basis von 1990.[415] Davon kann ein deutscher Diözesanbischof natürlich nur träumen, ein evangelischer Bischof noch nicht einmal daran denken. Der Personenkult um den Papst und seine Vermarktung lässt sich so nicht auf andere Kirchenführer übertragen.

Dieser Exklusivität steht eine 'Masse' entgegen, die sich wirtschaftlich kaum erfassen lässt. Wer kennt nicht die mit christlichem 'Kitsch' überladenen Buden und Geschäfte der Devotionalienhändler an einschlägigen kirchlichen Tourismus- oder Wallfahrtsorten. Daneben gibt es aber einen geschmackvolleren Handel, der zum Beispiel von *misereor* (als gewerblicher Versandhandel: Misereor Medien- und Vertriebsgesellschaft mbH) mit 'Hungertüchern' betrieben wird.

Und es gibt einen religiösen Fachhandel, wie z.B. die Firma Albrecht GmbH, „Kirchenbedarf seit 1931". „Das Angebot umfasst Artikel für alle Anlässe des Kirchenjahres: Ostern, Weihnachten, Lichtmess, etc. Ebenso stehen Kerzen und Brauchtumsartikel in großer Auswahl zur Verfügung" und Schriften „von der Kinderbibel über den liturgischen Abreißkalender bis zum Fürbittbuch (...) gehören zur Abrundung des Sortiments hinzu".[416] Oder, wer es wiederum exklusiver mag, kann seine Einkäufe bei der Fa. Josef Janauschek, „Päpstliche Hoflieferanten", in Wien tätigen, die seit Oktober 2000 zum Münchener Unternehmen für „Kirchliches Kunsthandwerk" C. Ludwig gehört, dem „größten Spezialausstatter für den Klerus im deutschsprachigen Raum". Diese Firmen sind korrekte privatwirtschaftliche Unternehmen: angemeldet, steuerpflichtig, etc.

Welche Tricks vonnöten sind, wenn kirchliche Organisationen ihre Handelstätigkeit nicht formell ausgliedern, zeigt das Beispiel des *Päpstlichen Kindermissionswerkes in Deutschland*. Unter der Rubrik 'Materia-

---

[415] Vgl. *Forbes* (Wirtschaftsmagazin), Heft 8/90, S. 60 ff., zit. nach http://www.ibka.org (MIZ-Meldung 1349)
[416] http://www.christlicheartikel.de

lien' werden 65 Artikel angeboten: Von der Adventslaterne, bunten Spardosen, Dia-Serien, Holzkreuzen, Puzzles, CDs, Märchenpuppen, bis hin zu Videos und Werkbüchern. Die Informationsbroschüre „Ihr Vermächtnis" gibt es kostenlos, für die kleineren Materialien heißt es: „Wir bitten zur Deckung unserer Kosten um einen Spendenbeitrag", für eine CD: „Wir bitten zur Deckung unserer Kosten um einen Spendenbeitrag in Höhe von 13,00 DM" und für die Dia-Serien „... um einen Spendenbeitrag in Höhe von 19,80 DM". Alles keine gewerblichen Einnahmen aus Verkauf, sondern 'Verwaltungseinnahmen' und steuerlich begünstigte weitere Spenden von immerhin DM 19,2 Millionen.

15.3. Souvenir-Handel

Eine ganze Reihe von kirchlichen Organisationen und Werken haben für sich entdeckt, dass der spezifische Souvenir-Handel (nennt sich 'neudeutsch': Merchandising) eine zusätzliche Einnahmequelle darstellt. Auch für diesen Bereich lässt sich der Umsatz nicht beziffern, sondern nur das Angebot beschreiben.

Den 'Kirchentagsshop' bei den evangelischen Kirchentagen hatten wir bereits kennengelernt. Auch der Katholikentag bietet eine „Katholikentags-Kollektion" an: Sanduhren, T-Shirts, Sweat-Shirts, Ringe, „echt Silber (925), mit aparter Tiefgravur", Armbanduhren, Regenschirme, Baseball-Caps, sympathische Plüschtiere, etc. „Mindestbestellwert DM 25!"[417] Was den Kirchentagen recht ist, gilt auch für den „Kolping-Shop"[418] (Sweat-Shirts, T-Shirts, Jeanshemden, Buntstifte, Kaffee, Mousepads, Feuerzeuge etc.) oder den „Diakonie Shop", den Zentralen Vertrieb des Diakonischen Werkes der EKD e.V. in Stuttgart, der neben Kalendern, Jahresplanern, Gummibärchen und Keramiktassen auch – wie die anderen 'Shops' – Armbanduhren und Regenschirme anbietet. (Aufgrund dieses Angebotes weiß die Kundschaft anscheinend entweder nicht, was die Stunde geschlagen hat oder sie steht ständig im Regen?)

15.4. Großeinkäuferrabatte und Rahmenverträge

'Handel' kommt ursprünglich von 'Verhandeln', also man spricht über Konditionen und Preise – volkstümlich: feilschen. Was anderen Konzernen und Berufsgruppen recht ist, soll auch den Kirchen billig sein: Großeinkäuferrabatte durch die *Handelsgesellschaft für Kirche und Diakonie – HKB*. Ein Tochterunternehmen der Evangelischen Darlehnsgenossen-

---

[417] Anlässlich des 94. Deutschen Katholikentages in Hamburg 2000. Seinerzeit unter: http://microshop.de/katholikentag
[418] http://www.kolping-dv-augsburg.de/shop

schaft eG, Kiel. Motto: „Die Kirche stellt in ihrer Gesamtheit ein Markt-
potential dar, das es gegenüber Anbietern geltend zu machen gilt."[419]
Geltungsbereich: „für alle Bereiche die der NEK, Nordelbischen Ev.-
Luth. Kirche und allen Diakonischen Werken in Hamburg und Schleswig-
Holstein zugeordnet werden". Rabatte je nach Warengruppe bis zu 35%.
Es bestehen Kooperationen mit 13 Fahrzeugherstellern, Europcar, DeTe-
Mobil, Firmen für Bürobedarf, u.a.m.[420] Obwohl es heißt: „Die Angebote
gelten auch für alle anderen Landeskirchen und deren Einrichtungen", hat
das Diakonische Werk parallel bzw. in Ablösung dazu Rahmen-Verträge
mit Autovermietern, sowie Unternehmen der Stromversorgung und Tele-
kommunikation abgeschlossen:[421]

- Die *Europcar* Autovermietung (eine Tochter der Volkswagen AG)
  gewährt ab dem 1.1.2000 einen Preisnachlass von durchschnittlich
  60% auf die Standardpreise im Inland. (Entsprechende Kreditkarten
  werden von *Europcar* kostenlos in der erforderlichen Anzahl hergestellt.)
- Mit der *PreussenElektra* AG/Stadtwerke Hannover wird für die Mit-
  telspannungsebene (Energiemix) ein maximal zu zahlender mittlerer
  Strompreis von 15 (Pf/kWh) vereinbart (Laufzeit 1999-2002). Allerdings: „Versorgung mit ausschließlich regenerativen Energien zzgl.
  8,0 (Pf/kWh)".
- Mit *Mannesmann Arcor* wurden ab dem 1.1.2000 die Tarife „Kirche
  standard" und „Kirche optional" vereinbart. „Der neue Tarif 'Kirche
  optional' zeichnet sich dadurch aus, dass gegen eine monatliche
  Grundgebühr in Höhe von 8,90 DM noch günstigere Minutentarife für
  regionale (0,06 DM/0,04 DM), nationale (0,10 DM/0,08 DM) und internationale Gespräche (ab 0,39 DM) angeboten werden."

In diesem Mobilfunk-Rahmenvertrag (der anlässlich der Übernahme von
o.tel.o durch *Mannesmann Arcor* erneuert wurde) wird ausdrücklich erklärt: „Auch *o.tel.o*, der Rahmenvertragspartner der Evangelischen Kirche
in Deutschland (EKD), des Verbandes der Diözesen Deutschlands
(VDD), des Diakonischen Werkes der EKD und des Deutschen Caritasverbandes, ist von dieser Entwicklung betroffen." Somit darf daraus geschlossen werden, dass (wieder einmal) Parität zwischen den konfessionellen Sektoren besteht, sozusagen eine 'Rahmenvertrags-Ökumene'.

---

[419] HKD: *Einkaufswegweiser*, Stand: Juni 1999, S. 2.
[420] http://www.hkd.de
[421] http://www.diakonie.de (Intern)

Da keine unplausiblen Schätzungen eingesetzt werden sollten, soll es bei diesem Überblick bleiben, da die einzelnen Aktivitäten für einen Außenstehenden nicht zu bewerten sind.

15.4. Weiterer Handel

Zum Abschluss jedoch noch zwei Hinweise.

Erstens: Wenn Sie Bücher kaufen, was Sie ja offensichtlich tun, und beim Kauf über das Internet ein evangelisches Missionswerk unterstützen wollen, dann gehen Sie nicht direkt zu dem weltweit größten Internet-Buchhändler *amazon.de*, sondern gönnen Sie dem Missionswerk *World Vision* einen Partnerschaftsrabatt. „Der Partnerschaftsrabatt ist eine Idee des Amazon-Buchversandes. Bei jeder Onlinebestellung von unserer Website aus, werden 5% des Nettoverkaufspreises pro Buch erstattet. (Bei Buchbestellung aus unserem 'Buchreport' sind es sogar 15%!) Dieser Anteil fließt dann direkt in eines unserer Hilfsprogramme."[422]

Zweitens: Wenn sie Kiwi für ein neuseeländisches Obst halten, sind Sie nicht mehr auf dem neuesten Stand. In Norddeutschland bedeutet Kiwi: *Kirchliche Windkraftanlagen* zur Stromerzeugung durch einen Förderverein, der in der Nähe von Magdeburg vier Windrotoren betreibt. Für kirchliche Abnehmer soll umweltfreundlich Strom erzeugt und die Gewinne sollen für Projekte in der Dritten Welt verwendet werden.[423]

---

[422] http://www.worldvision.de/html/bookshopinformation
[423] *Deutsches Allgemeines Sonntagsblatt*, vom 2.10.1998, nach http://www.sonntagsblatt.de/artikel/1998/40/40-s13.htm

16. Touristik, Hotels und Gastronomie

*Touristik / Christliche Reisebüros / Kirchliche Reisebüros /
Ferienwerke / Hotels: Verband Christlicher Hotels, Hotels des CVJM, Kolping-
Hotels, Hotels von Ordensgemeinschaften /
Gastronomie: Die christlichen Amateure, die christlichen Profis*

16.1. Touristik

Gab es in der christlichen Touristik früher Pilgerreisen zu Fuß und blieb man im eigenen Lande (außer nach Rom und Lourdes), schlief in einfachen Heimen oder Pensionen und begann den Tag mit einem fröhlichen Gebet, so gibt es heute „Schwarztouristik" – ein „Dauerbrenner-Thema für die Branche".[424]

Diese touristischen Unternehmungen heißen nicht so, weil der Priester schwarz gewandet eine kleine Gruppe von Gläubigen nach Rom führt, sondern weil gerade im Kirchenbereich (aber auch bei Volkshochschulen) die Tradition der selbst organisierten Gruppenreisen praktiziert wird, die gesetzliche Regelungen, zum Beispiel zur Kundengeldsicherung, nicht kennen oder zumindest nicht beachten. Ebenso hat jeder, der für andere mehr als eine Reise pro Jahr organisiert, dies gewerblich anzumelden und ist als kommerzieller Reiseveranstalter steuerpflichtig. Schon seit ein paar Jahren sollen „Steuerfahnder den Auftrag haben, pro Jahr mindestens 20 Millionen DM bei solchen Vereinen einzutreiben, die illegal Schwarztouristik betrieben und dabei gegen die Körperschaftssteuerpflicht verstießen".[425]

Ein Blick in die kirchlichen Gemeindeblätter und Kirchenzeitungen verdeutlicht, was damit gemeint ist. Beispiele: „Die katholische Gemeinde St. Annen in Hamburg-Ochsenzoll lädt ein zu einer Pilgerfahrt vom 22. bis 29. September (1999) nach Lourdes für Gesunde, Behinderte und Kranke. Der Preis: 1085 Mark (Kranke und Behinderte 850 Mark) für eine Fahrt im Liegewagen und mit Vollpension in Lourdes. Inbegriffen sind geistliche Leitung und ärztliche Betreuung."[426]

„'Leben wie Gott in Frankreich'. Unter diesem Motto lädt der VKRG nächstes Jahr wieder zu einer Mitgliederreise ein. Diesmal geht es nach

---

[424] *fvw* (Fremdenverkehrswirtschaft) vom 17.4.1998, S. 12.
[425] Nach Angaben des CVJM-Reisedienstes, in: *fvw* vom 11.11.1996, S. 45.
[426] *Hamburger Abendblatt*, „Sonderbeilage Kirche" 9/1999, S. 24.

Frankreich, genauer ins Burgund. (...) Der Termin liegt in den bayerischen Pfingstferien (3.-9.6.2001)."[427]

Bei diesen Reisen geht es um die Verteilung eines nicht unbeträchtli-
chen Marktsegmentes: Auf zwei Milliarden DM Umsatz wird das Volumen kirchlicher Gruppenreisen in Deutschland geschätzt,[428] den natürlich
auch die Reisebüros gerne in ihre Obhut nehmen würden. Bei einem geschätzten Branchenumsatz von rund 100 Milliarden DM wäre das ein
Anteil von 2 Prozent.

Doch es sind nicht nur die fröhlich singenden Kirchenkreise, die in
deutschen Landen und Europa unterwegs sind, „aus Deutschland sind
ständig 80.000 Leute im Ausland auf Missionsreise" unterwegs. So der
Geschäftsführer der Anfang 1995 in Kassel gegründeten *Missionsreisedienst GmbH* (MRD).[429] Die *Missionsreisedienst GmbH* erhält „von vielen
Fluggesellschaften zweckgebundene Preisnachlässe bis zu 33 Prozent".
Zweckgebunden heißt, dass diese verbilligten Tickets ausschließlich bei
Reisen „für kirchliche Zwecke" verwendet werden können. Das Volumen
dieser internationalen kirchlichen Reisen wird dabei auf dreistellige Mil-
lionenbeträge geschätzt.

Doch in der „Schwarztouristik" sind auch andere Veranstalter aus dem
kirchlichen Bereich aktiv. So gibt die Diözese Münster einen Katalog
heraus, in dem sich Angebote finden, wie etwa „Segeln mit Christen in
der Karibik".[430] Da werden die Segel dann wahrscheinlich unter dem
Absingen von Kirchenliedern aufgezogen?

Aber was sollen die Diözesen tun, wenn die braven und traditionell etwas biederen Angebote ihrer Ferienwerke (preiswerter Familienurlaub auf
den Nordseeinseln oder in den Alpen) der verwöhnten Kundschaft nicht
mehr reichen? Sie können Reisen bei christlichen Reiseveranstaltern buchen, die Exotisches anbieten.

16.1.1. Christliche Reiseveranstalter

Etwa bei *Oekumene-Reisen*, (in Schortens), „einem Partner für Kirchen
und Bildungseinrichtungen",[431] der nicht nur „Gottesdienste, Taufen und
Andachten" im Reiseplan berücksichtigt, und neben Begegnungsreisen
auch Wallfahrten im Programm hat. Und falls ein Gruppenplaner indivi-

---

[427] *inform* (Mitgliederzeitung des Bundesverbandes der Gemeindereferenten/innen und
Religionslehrer/innen und des Verbandes katholischer Religionslehrer/innen und Ge-
meindereferenten/innen in Bayern – VKRG), Nr. 1/2000, S. 17.

[428] Siegmar Lahme von CVJM-Reisen, in: *fvw*, 25/1996, S. 45.

[429] *fvw*, Nr. 23/1996, S. 15.

[430] *fvw*, Nr. 10/1998, S. 12.

[431] Vgl. http://www.oekumene-reisen.de

duell die Reise 'erkundet', bekommt er das Geld zurück, wenn er innerhalb der folgenden zwei Jahre eine Gruppenreise bucht.

Damit auch alles im Raum der Kirche bleibt, werden die Reisen dieses Veranstalters auch von der Evangelischen Zeitung der Landeskirche Hannover als 'Leserreise' angeboten: „Zum guten Gelingen unserer Reisen tragen auch unsere fürsorglichen, geistlichen Reisebegleiter bei, die mit der Reiseleitung des Veranstalters vor Ort Hand in Hand zusammenarbeiten."[432] Mai 1999: „Auf den Spuren des Apostel Paulus. (Griechenland) Sieben Tage: DM 1.695 pro Person im DZ, inkl. HP und kl. Ausflugspaket. Einzelzimmerzuschlag: DM 245."

Neues Leben Reisen GmbH (Altenkirchen) „ist ein wichtiger christlicher Reiseveranstalter, dessen Ziel die Verbindung zwischen reizvollen Urlaubsdomizilen und Urlaub für Leib, Seele und Geist ist."[433] Aus der Arbeit des Missionswerkes Neues Leben hervorgegangen, liegt der Schwerpunkt des Angebotes in einer firmeneigenen Ferienanlage in Calvi, Korsika.

16.1.2. Kirchliche Reisebüros

Mittlerweile sind auch die Amtskirchen 'aufgewacht' und haben eigene Reisebüros gegründet: „Im April 1998 beschloss das Bistum Trier, seine Pilgerstelle und seinen Feriendienst neu zu organisieren und ging mit der Eröffnung des 1. kirchlichen Reisebüros 'Arche-Noah-Reisen' am 11. September 1998 in die Offensive."[434] „Offensive" macht deutlich, dass die traditionellen kirchlichen Reise- und Ferienveranstaltungen offensichtlich immer weniger Zulauf hatten und die Kirchen angetreten sind, sich ihre Marktanteile zurückzuholen.

Arche-Noah-Reisen „bietet Ihnen täglich eine große Auswahl an preiswerten Reiseangeboten, egal ob Sie kurzfristig verreisen möchten oder Ihren Traumurlaub planen". Im Kernbereich stehen aber immer noch die Pilgerreisen, insbesondere im Frühjahr und Herbst nach Lourdes, zu denen der Geistliche Pilgerleiter des Bistums „ganz herzlich einlädt". Pro Person im Doppelzimmer ab DM 900. Aus dem Bistum pilgerten 1998 über 1.200 Gläubige nach Lourdes. Das erbrachte (mindestens) einen Umsatz von 1,1 Millionen Mark und nach einem Branchendurchschnitt, dass bei Pauschalreisen 12 Prozent des Umsatzes „im Reisebüro hängen" bleiben,[435] kamen DM 132.000 Pilgergeld in die Kasse der Diözese.

---

[432] Vgl. http://www.evlka.de/extern/ez/reisen/rei_main.html
[433] Vgl. http://www.reisen.neues-leben.de
[434] Arche-Noah-Reisen, Prospekt 'Aktuell', Ausgabe 1/2000.
[435] Vgl. *Hamburger Abendblatt* vom 10.11.1999, S. 21 (Die Schlacht um den Urlaub).

Mit der Auffassung, das erste kirchliche Reisebüro zu sein, steht die *Arche Noah* aber alleine da, denn die Missionare sind schon länger unterwegs.

So zum Beispiel *raptim Deutschland GmbH, Internationaler kirchlicher Reisedienst.* 1949 von christlichen Missionsgesellschaften in den Niederlanden gegründet (*Romana Associatio Pro Transvehendis Itinerantibus Missionariis*), wurde die Idee bereits 1951 von *missio-aachen* aufgegriffen, und mit *raptim*-Charterflügen flogen die Missionare kostengünstig ins Missionsgebiet. Ab „1990 öffnete sich *raptim* dann für neue Zielgruppen. Heute kann jedermann mit *raptim* fliegen." Slogan: „Unterwegs zu Freunden."[436] Und das weltweit, denn weltweit sind auch die Missionare unterwegs.

Auch ein weiterer Veranstalter würde der *Arche-Noah* widersprechen, die Nr. 1 zu sein: *Biblische Reisen GmbH* des Ökumenischen Arbeitskreises für Biblische Reisen e.V. Dieser Reisedienst (der einen 254-seitigen Farbkatalog herausgibt) ist 1982 von den evangelischen Bibelgesellschaften und katholischen Bibelwerken begründet worden. „Er bietet Reisen zu Orten biblischen Geschehens an und begleitet Sie dort in einer der biblischen Botschaft angemessenen Weise. Wir erfüllen damit seit 35 Jahren einen wichtigen bibelmissionarischen und -pastoralen Auftrag."[437] Bemerkenswert ist dabei, dass dieses Reiseunternehmen nicht in den konfessionellen Adressbüchern genannt wird – vielleicht weil die Bibelwerke bereits seit 30 Jahren zusammenarbeiten, und damals war 'Ökumene' noch ein 'Sündenfall'?

Die Logik der *Kolping-Reisen* ist eher die eines auf Autarkie besonnenen Familienvaters. Da die Kolpingfamilien 1999 in Deutschland 276.000 Mitglieder hatten, warum sollen die mit einem anderen Reisebüro nach Mallorca fliegen, wenn das Kolpingwerk selbst das Geld für die Reisevermittlung verdienen kann. Um alles in kommerziell geordnete Formen zu bringen und gleichzeitig eine größere Öffentlichkeit zu erreichen, wurde im Februar 2000 in Köln das erste *Kolping-Reisebüro* eröffnet. Daneben gibt es allerdings auch noch die *Kolping Tours GmbH* in Augsburg und die *Kolping-Interra Reisen GmbH* in Dresden.

Die Liste der Reiseveranstalter ließe sich jetzt noch erheblich erweitern, z.B. Viator-Reisen, MBK-Reisen, Rotala-Reisen, Liborius-Reisedienst, anders-reisen, etc.

Nur noch vier Beispiele: Die „Katholische Fernseharbeit beim ZDF hat in Zusammenarbeit mit *Tobit – Reisen zwischen Himmel und Erde e.K.*

---

[436] http://www.raptim.de
[437] Biblische Reisen, *Gesamtkatalog 2000*, S. 8.

ein Reiseprogramm erstellt, das sich am Aufbau und Anliegen der Fernsehgottesdienste 2000 orientiert".[438] Das Ferienwerk der Diözese Speyer erklärt: „Als Reiseveranstalter der Diözese Speyer bieten wir seit vielen Jahren Pilger-, Studien-, Wander-, Festspiel- und Erholungsreisen an. Wir gewähren Ihnen Zuverlässigkeit und Kompetenz. Katalog anfordern."[439] Auch das Katholische Ferienwerk Oberhausen e.V. ist schon seit langem aktiv: „Wir sind seit über 45 Jahren der Reiseveranstalter für Jugend- und Aktivreisen und für Sprachreisen. Wir sind Spezialanbieter für Familienreisen, Mutter/Kind-Kuren, Aktivreisen für Erwachsene, für Seniorenreisen und für Studienfahrten und Städtereisen."[440] Als letztes Beispiel sei das Ferienwerk des Bundesverbandes der katholischen Jugend genannt, deren „Sommerkatalog 2001" angefordert werden kann[441] und wo es von Lappland bis in die Dolomiten, von Dänemark und bis nach Mexiko geht.

16.1.3. Pilgerreisen

Der deutliche Unterschied zu normalen Reiseveranstaltern und Reisebüros, die sie ja auch alle sind, liegt darin, dass ein christlicher Reiseveranstalter – ähnlich wie die christlichen Verlage, die eine Bibel im Programm haben – eine besondere Sparte bedient: die Pilgerreisen. Traditionell hat jede Diözese eine Diözesanpilgerstelle. In Bayern, auf dessen Staatsgebiet sich sieben Diözesen befinden, ging man schon früh den Weg einer Koordinierung im *Bayerischen Pilgerbüro*. 1925 als gemeinnütziger e.V. gegründet, sind seine Mitglieder die sieben bayerischen (Erz-)Bistümer und im Zuge der Zeit wurde 1978 ein zweites Unternehmen angegliedert, die *Bayerisches Pilgerbüro Studienreisen GmbH*. Rund 40.000 Reisende nehmen jährlich an über 1.000 vom Bayerischen Pilgerbüro organisierten Reisen teil.

Die wichtigsten Pilgerreisen gehen nach Lourdes in Frankreich, Fatima in Portugal, Santiago in Spanien, nach Rom und ins 'Heilige Land'. Etwas ausgefallener sind schon Pilgerfahrten nach Tschenstochau oder Wanderungen auf dem Jakobusweg in Spanien.

Während „Lourdes – 5tägig" sich bei DM 998 eingependelt hat, das Marienheiligtum Fatima für rund DM 1.600 stabil steht, gibt es bei den 'Exoten' deutlichere Variationen. 12 Tage Wanderreise auf dem Jakobusweg per Bus (Bayerisches Pilgerbüro) ab DM 2.198 oder als Flugreise (des bayerischen *Sonntagsblattes*) DM 3.175. Anlässlich seines 75-jährigen Bestehens bot das *Bayerische Pilgerbüro* im Juli 2000 einen drei-

---

438 http://www.wurzeln-visionen.de/reisen
439 http://www.kath.de/bistum/speyer/ferienwerk
440 http://www.kforeisen.de
441 http://www.bdkj-ferienwerk.de

prozentigen Rabatt an. Allerdings: „Dieser Rabatt gilt bei Buchungen über die Diözesanpilgerstelle oder direkt beim Pilgerbüro in München, nicht jedoch für Buchungen über Reisebüros."

Die Umsätze der einzelnen Unternehmen sind nicht bekannt. Aber z.B. werden (1996) für den *CVJM Reisedienst* DM 10 Mio., den *Missionsreisedienst* rund 5 Mio. und das *Bayerische Pilgerbüro* rund 40 Millionen genannt.[442] Die anfangs genannte Schätzung von zwei Milliarden Mark für kirchliche Gruppenreisen hatte dennoch ihre Berechtigung. An den Beispielen der konfessionellen Verbände und Vereine und ihrer Mitgliederreisen kann man eine einfache Berechnung anstellen: Wenn nur in allen rund 31.000 Kirchengemeinden (mit ihren diversen Gruppen innerhalb der Gemeinden) pro Jahr zwei Gruppenreisen mit 30 Teilnehmern (einem Autobus) unternommen werden, sind das rund 1,9 Millionen Reiselustige und das wäre, bezogen auf 2 Milliarden Mark Umsatz, pro Teilnehmer ein Betrag von DM 1.053 pro Reise. Und dafür gibt es kaum eine Reise zu buchen.

16.1.4. Konfessionell initiierter Tourismus

Die beiden Orte in Deutschland, wo der 'katholische Bär tanzt', liegen in Bayern und haben gemeinsam, dass der Tourismus zwar 'konfessionell' initiiert ist, aber die politischen Gemeinden und privaten Gewerbetreibenden die Umsätze und Profite einstreichen.

Altötting, im Bistum Passau, ist der berühmteste deutsche Wallfahrtsort mit sieben katholischen Kirchen wie Kapellen und zwei Klöstern. In der Gnadenkapelle werden die Herzen der verstorbenen Wittelsbacher, das ehemalige bayerische Königshaus, aufbewahrt und jährlich über eine Million Besucher geben sich die Ehre. Entsprechend heißt die Touristeninformation „Wallfahrts- und Verkehrsbüro der Stadt Altötting" und um alles zu organisieren, gibt es genau festgelegte Termine, wann welcher Pilgerzug aus welcher Diözese eingeplant ist, wann es Soldatenwallfahrten gibt und wann die Heimatvertriebenen mit ihren Fahnen zu Wallfahrt und Gebet aufmarschieren.[443]

Die Passionsspiele in *Oberammergau* (alle zehn Jahre) werden von der politischen Gemeinde als Träger veranstaltet, die katholische Kirche hat nur das Patronat und die Hoheit über den Text, der auf der Bühne vorgetragen wird. Von den Einnahmen in Höhe von 67 Millionen Mark aus dem Kartenverkauf sieht sie nichts und die rund 500.000 Touristen, die

---

[442] Schätzungen eines Fachredakteurs bei der Zeitschrift *Fremdenverkehrswirtschaft*.
[443] Siehe: *Wallfahrts- und Kulturkalender*. Hrsg. vom Wallfahrts- und Verkehrsbüro der Stadt Altötting mit Unterstützung der Bischöflichen Administration der Heiligen Kapelle.

dort etwas essen und trinken, tun das nicht in der Kirche. Und auch die weiteren rund drei Millionen aus dem Katalogverkauf gehen in die Gemeindekasse.[444]

Wenden wir uns jetzt Bereichen zu, wo Anlass, Träger und Einnahmen 'in einer Hand' bleiben: Urlaub im Kloster, Familienferien und Jugendreisen.

16.1.5. Urlaub im Kloster

Urlaub im Kloster sind spezielle Angebote in den konfessionellen Sektoren, die andere Organisationen nicht anbieten können. (*Exerzitien* werden im Kapitel *Ordensgemeinschaften* behandelt.) Die Anmeldung findet entweder direkt bei den Klöstern statt, aber auch über Reiseveranstalter.

Das Franziskanerkloster im niederbayerischen Eggenfelden bietet „Kloster zum Mitleben" an – allerdings nur für Männer und der Aufenthalt kostet nichts. Wer will, kann eine Spende geben. Im Kloster Benediktbeuern der Salesianer Don Boscos werden Männer und Frauen aufgenommen, wohnen im Gästehaus und die Übernachtung mit Frühstück im Einzelzimmer kostet 48 Mark, Vollpension 78 Mark pro Tag.

Wer es allerdings mit Programm möchte, kann über Reiseveranstalter buchen, seien es Wochenenden im Gästehaus des Klosters Helgoland/Eifel der Franziskanerinnen mit „Gospeln singen, Qi Gong, Meditativem Tanz, u.a.m." und zahlt für zwei Tage am Wochenende DM 390, für drei Tage DM 490 und für eine Woche DM 790 (jeweils Vollpension). Auch in der Benediktinerabtei Ottobeuren können Wochenkurse „Fasten, Wandern, Meditieren" oder „Aquarell-Malen rund um das Kloster" gebucht werden. Inklusive Vollpension DM 995 bis 1.150.[445]

Die Klöster müssen sich selber finanzieren und die Urlauber alles aus eigener Tasche bezahlen. Das bleibt übersichtlich. Unübersichtlicher wird es nun im Folgenden, denn da geht es u.a. auch um staatliche Zuschüsse.

16.2. Ferienwerke und Freizeiteinrichtungen

Für den klassischen Familienurlaub von christlichen Familien waren die deutschen Lande das Reiseziel und die Unterkunft ein Heim in christlicher Obhut. Auch wenn heute der moderne Massentourismus außerhalb Deutschlands die Umsätze erbringt, die klassischen christlichen Ferienwerke gibt es immer noch. Sie treten nicht auf dem normalen kommerziellen Markt auf, denn: „Aufgrund ihrer Aufgabe sind sie gemeinnützig

---

[444]   Vgl. *stern*, vom 14.4.2000, S. 94 (Joachim Rinhardt: „Jesus Lebt!").
[445]   Katalog der „SKR – Studien Kontakt Reisen", Bonn.

und werden von der Bundesregierung sowie den Landesregierungen gefördert."[446] Alle Wohlfahrtsverbände betreiben innerhalb ihrer Organisation derartige Einrichtungen, wobei allerdings die konfessionellen Werke eine zusätzliche, besondere Aufgabe haben.

16.2.1. Evangelische Familienerholung

Die Evangelische Familienerholung ist im Diakonischen Werk der EKD zusammengefasst und gehört dort zu der „Abteilung Missionarische Dienste"[447] [!], denn „das Diakonische Werk nimmt als Werk der Evangelischen Kirche in Deutschland (EKD) diakonische und volksmissionarische Aufgaben im Sinne der Grundordnung der EKD wahr. Es sorgt für die Ausrichtung kirchlicher Arbeit in diakonischer und volksmissionarischer Verantwortung." [Satzung des Diakonischen Werkes der EKD, § 1]. Entsprechend haben die konfessionellen Familienferienstätten durchgängig (mit nur wenigen Ausnahmen) eine eigene Kapelle oder einen Andachtsraum.

Sechzig evangelische Familienferienstätten soll es geben, vierundfünfzig davon sind in der Übersicht erfasst.

Übersicht 131: Evangelische Familienferienstätten in Deutschland

PLZ / Ort	Träger	Betten/ Zimmer	Wert Mio.
01762 Schmiedeberg	Martin-Luther-King-Haus	105 Betten	3,2
01904 Neukirch	Louisenstift gGmbH	12 FW	1,5
02747 Herrnhut	Brüder-Unität	2 H./ 90 Betten	3,0
02796 Jonsdorf	LV Landesk. Sachsen e.V.	50 Betten	2,3
17628 Groß Dölln	St. Elisabeth Stiftung	31 Häuser	10,0
18181 Graal-Müritz	Diakonissen Dresden	55 Betten	2,0
18374 Zingst	Diakonie Wichern	6 App. + 5 H.	3,0
18513 Turow	LK-G.-Verband e.V.	45 B. (8 ha)	2,0
18586 Sellin	LK-G.-Verband e.V.	70 B./ 35 DZ	2,0
23679 Fehmarn	Ferienwerk Martini	3 H. / 73 B.	2,5
23946 Boltenhagen	Kur- u. Erh. gGmbH	FW – 8 Pers.	2,0
24794 Bünsdorf	Zentrum Wittensee e.V.	18 App.	1,5
26465 Langeoog	LV Innere Mission	33 FW	3,5
26467 Spiekeroog	Regionalverb. Ffm.	24 Zi.	1,2
26467 Spiekeroog	LV Innere Mission	21 FW	2,1
26474 Spiekeroog	Diakon. Werk Hamm	48 Betten	3,5
26474 Spiekeroog	Diakonie Gütersloh	30 Zi.	1,2
26548 Norderney	LV Innere Mission	26 FW. + 5 Zi.	2,8
26757 Borkum	CVJM – GV Kassel	124 Zi. + App.	20,0
26757 Borkum	Evgl.-reformierte Kirche	35 Zi. + 6 FW	2,0
26757 Borkum	Diakon. Werk Hamm	92 Betten	3,2

446 http://www.diakonie.de (Familienferienstätten)
447 http://www.diakonie.de (Mission)

26757 Borkum	Diakon. Werk Hamm	48 Betten	1,5
26757 Borkum	Kirchengemeinde Duisburg	17 Bungalows	3,8
35510 Butzbach	Heilandsgemeinde	80 B., 2 FW	3,5
35619 Braunfels	Methodisten	56 EZ und DZ	5,0
36142 Tann, Rhön	Familienerholung e.V.	10 Häuser	1,5
36358 Herbstein	CVJM-Feriendorf e.V.	10 Häuser	7,0
37339 Bodenstein	Kirchenprov. Sachsen	42 DZ / 16 App.	20,0
37359 Bad Grund	Familienerholung e.V.	10 Häuser	1,5
37444 St. Andreasberg	Familienerholung e.V.	9 Häuser	1,4
37586 Dassel	CVJM – GV Kassel	3 Häuser / 90 Zi.	5,0
38885 Werningerode	CVJM – Sachsen-Anhalt	90 Betten	2,5
55583 Bad Münster	Ebernburg-Verein	115 Betten	20,0
56479 Rehe	Stiftung „Westerwald"	111 Zimmer	4,0
57299 Burbach	Blaues Kreuz	k. A. (100 Zi.)	3,0
59872 Meschede	D.W. Hochsauerland	38 Zimmer	1,5
61276 Weilrod	Regionalverb. Ffm.	bis 300 Personen	4,0
61389 Schmitten	Evgl.-Freikirchl. Werk	170 Betten	8,0
63667 Nidda Kohden	Familienerholung e.V.	7 Häuser	1,0
64853 Otzberg	Familienerholung e.V.	5 Häuser	0,8
66459 Kirkel	Familienlandheim e. V.	11 App.	1,0
71566 Althütte	CVJM Ludwigsburg e.V.	k. A.	2,0
72469 Meßstetten	Verein f. Familienerholung	40 Häuser	3,8
72532 Gomadingen	Evgl. Gemeinde Stuttgart	40 FW	4,5
74417 Gschwend	Karlshöhe Ludwigsburg	15 Häuser	2,4
74595 Langenburg	Verein f. Familienerholung	38 Häuser	8,0
75378 Bad Liebenzell	Liebenzeller Mission	12 H. + 120 B.	8,0
77876 Kappelrodeck	Familienerholung e.V.	12 Häuser	2,0
79539 Grenzach	Ev. FF Rührberg e.V.	7 Häuser	3,0
86989 Steingaden	Langau e.V.	47 Betten	1,5
91332 Heiligenstadt	Familienzentrum. e.V.	10 FW + JH	2,8
92360 Sülzburg	Freundesring e. V.	k. A.	2,0
93191 Rettenbach	Diakon. Werk Regensburg	20 App. + 4 JH	4,0
95100 Selb	Jugendwerk Berlin	120 Betten	3,6
54 Einrichtungen	*40 Träger*		*218*
	Summe „Wert" ohne Einrichtungen des CVJM		*182*

D.W. = Diakonisches Werk, FD = Feriendorf, FF = Familienferienstätte,
FW = Ferienwohnungen, GV = Gesamtverband, JH = Jugendhäuser,
LK-G.= Landeskirchlicher Gemeinschaftsverband, LV = Landesverein.

Quelle: Evangelische Familienerholung im Diakonischen Werk der EKD, unter:
http://www.diakonie.de oder http://www.ev-familienerholung.de

Von besonderem Interesse sind dabei nicht die „Wert-Schätzungen" von rund 182 Millionen Mark,[448] und auch nicht der geschätzte Umsatz von rund 36 Millionen Mark,[449] sondern die Vielzahl der vierzig Träger, von

---

[448] Diese Schätzungen wurden mit Unterstützung eines Immobilienmaklers eingesetzt. Grundlage dafür waren die Fotografien der Häuser und Anlagen, Angaben zur Ausstattung und besondere Lagen (eigener Badestrand, großer Grundbesitz, u.a.m.).

[449] Die genannten Einrichtungen verfügen über insgesamt rund 6.500 Betten. Legt man einen Mittelpreis von DM 17 im Ferienhaus und DM 45 im DZ pro Person zugrunde,

denen nur vier zur „verfassten Kirche" gehören. Die anderen Träger sind eingetragene Vereine, Stiftungen, gemeinnützige GmbHs, Diakonische Einrichtungen. Dadurch wird die anfangs dieser Untersuchung so detailliert behandelte Frage, was „Kirche" ist, und die in den Finanzübersichten immer wiederholte Betonung der „verfassten Kirche" in ihren Ein- und Ausgrenzungen, ihren Rechtsträgerschaften und Zuständigkeiten plötzlich völlig überflüssig, denn „Kirche" ist offensichtlich alles das, was nach Kriterien der Beliebigkeit dazu gezählt wird oder eben auch nicht. Diese Beliebigkeit gilt nicht nur für den evangelischen Sektor, sondern gleichfalls für den katholischen Sektor.

Nicht nur diese diversen Trägerschaften sind irritierend, sondern auch die Unvollständigkeit. Um nur zwei Einzelbeispiele zu nennen: In der diakonischen Auflistung wurden zwei Einrichtungen des *Kirchlichen Werkes für Freizeit und Erholung* der Evangelischen Kirche in Frankfurt am Main genannt (Spiekeroog und Mauloff), das dritte Haus aber (in Bad Salzhausen) wird nicht erwähnt.[450] Ebenso fehlt das Haus des Diakonischen Werkes im Kirchenkreis Hamm e.V. in Usseln.[451]

Noch gravierender ist dieser Aspekt bei der Erfassung der Einrichtungen des CVJM. Fünf Einrichtungen werden genannt, der CVJM verfügt aber über 26 Einrichtungen. Besonders erwähnenswerte Objekte sind dabei u.a. das Haus „Viktoria" auf Borkum, direkt an Strand und Kurpromenade, die Burg Wernfels in Bayern und das Schloss Mansfeld in Sachsen-Anhalt.

Übersicht 132: Freizeithäuser des CVJM in Deutschland

PLZ / Ort / Name	Betten / Zimmer,	„Wert"
06343 Schloss Mansfeld	80 Betten (19 Zimmer)	10,0 Mio.
07907 Dörflas	24 Betten (7 Zimmer)	0,5 Mio.
09509 Pockau / Strobelmühle	80 Betten (17 Zimmer)	1,5 Mio.
10178 Berlin / Sophienhof	k. A.	2,0 Mio.
10787 Berlin / Jugendgästehaus	80 Betten (23 Zimmer)	2,5 Mio.
14778 Mötzow / Haus am See	50 B. (16 Zi.) + 11 FW à 4	1,0 Mio.
15377 Waldsieversdorf	50 Betten (EZ, DZ, MBZ)	2,5 Mio.
15859 Storkow	35 Betten (7 Zi.)	2,0 Mio.
23743 Grömitz	65 Betten in 3 Häusern	2,5 Mio.
24631 Langwedel / Waldheim	22 FH (287 Betten) (11h a)	5,0 Mio.
25859 Hallig Hooge /Volkertsw.	4 Häuser (90 Betten)	2,5 Mio.
26474 Spiekeroog / Sturmeck	82 Betten (MBZ) + 5 EZ	1,5 Mio.
26757 Borkum / „Viktoria"	124 Zi. + App. (338 Betten)	20,0 Mio.
26757 Borkum / Waterdelle	183 Betten (MBZ) + 14 EZ	2,0 Mio.

ergibt das einen Durchschnittspreis von DM 31 pro Übernachtung. Bei 300 Tagen Öffnungszeiten und 60 Prozent Auslastung ergeben sich 36,3 Millionen Mark.

[450] http://www.dike.de/evangelische-kirche-frankfurt/freizeit
[451] http://www.diakonie-hamm.de/usseln

29223 Celle / Marwede	46 Betten (3 Häuser)	1,8 Mio.
32699 Extertal	30 Betten (8 Zimmer) (2 ha)	1,5 Mio.
34323 Malsfeld / Hof Largesberg	40 Betten (10 Zimmer)	1,2 Mio.
36358 Herbstein / Feriendorf	10 Häuser (15 ha)	7,0 Mio.
37586 Dassel /Haus Solling	91 Zimmer (f. 210 Pers.)	5,0 Mio.
38885 Wernigerode / Huberhaus	24 DZ., App. (90 Betten)	2,5 Mio.
38885 Wernigerode /Mütterheim	33 Betten 13 Zimmer)	1,5 Mio.
56368 Ergeshausen/Lindenmüh.	61 Betten (EZ, DZ, MBZ)	1,0 Mio.
57234 Wilnsdorf / Siegerland	140 Betten (DZ + MBZ)	4,5 Mio.
71566 Althütte / H. Lutzenberg	k. A.	2,0 Mio.
72202 Nagold	49 Betten (12 Zimmer)	1,0 Mio.
83486 Ramsau / H. Hintersee	164 Betten (58 Zimmer)	5,0 Mio.
91174 Spalt / Burg Wernfels	167 Betten (EZ, MBZ)	20,0 Mio.
97769 Bad Brückenau	(ehem. Fürstenschloss)	15,0 Mio.
Summe		*124,5 Mio.*

Quelle: http://www.cvjm.org/angebote (Häuser), dort einzelne Verweise und Landesverbände, z.B. http://www.cvjm-berlin.de

Der Schätzwert aller Freizeiteinrichtungen des CVJM liegt bei 125 Millionen und der Jahresumsatz bei rund 25 Millionen.

16.2.2. Katholische Familienferieneinrichtungen

Für die Katholischen Familienferieneinrichtungen gilt das gleiche wie für den evangelischen Sektor. In der folgenden Übersicht sind 35 Einrichtungen erfasst, nach Angaben des Vorsitzenden des „Katholischen Arbeitskreises für Familien-Erholung" sollen es aber rund siebzig sein. Ihre „Wert-Schätzung" liegt bei 70 Millionen und der Umsatz wird sich in der Größenordnung von 28 Millionen belaufen.[452] Von den 35 aufgeführten Einrichtungen befinden sich nur fünf in der Trägerschaft der „verfassten Kirche" (der Diözesen), die anderen Träger sind eingetragene Vereine, die Caritas, Missionsschwestern, eine Stiftung, die Katholische Arbeitnehmerbewegung, das Katholische Landvolk, u.a.m.

Übersicht 133: Katholische Familienferienstätten in Deutschland

PLZ / Ort	Träger	Betten/Zimmer	„Wert"
01796 Struppen	Caritasverband – Meißen	46 Betten (EZ, DZ)	0,8
02681 Schirgiswalde	Kolping FFW e.V.	19 FH (f. 117 Pers.)	3,0
14774 Kirchmöser	k. A.	16 App. + 9 DZ	1,8
17139 Gorschendorf	Kolping FFW GmbH	42 Zi. (EZ, DZ, App.)	3,0

---

[452] Im Gegensatz zu den evangelischen Familienferienstätten sind bei den katholischen Einrichtungen die Preise immer genannt. Mit Vollpension kostet der Aufenthalt für einen Erwachsenen pro Tag im Durchschnitt DM 52 und für Kinder je nach Alter DM 45 / 41 / 38 / 35 und 22. Für eine Familie mit 2 Erwachsenen und einem 8 bzw. 12 jährigem Kind kostet ein Tag DM 183. In den Einrichtungen sind rund 3.400 Betten vorhanden, also 850 dieser Familien unterzubringen. Bei 300 Tagen Öffnung und 60 Prozent Auslastung ergeben sich 153.000 Familienübernachtungen x DM 183 = 27.999.000.

18181 Graal-Müritz	Missionsschwestern M.	98 Betten (App., DZ)	3,0
25980 Rantum	Stegerwald-Stiftung, Köln	k.A. (App.)	2,0
26474 Spiekeroog	Kath.Ferienw. Oberhausen	22 MBZ, 6 EZ	1,8
26548 Norderney	Förderring Jugend ... e.V.	9 App.	1,4
27476 Cuxhaven	Familien-Ferien-Trägerw.	27 Fam. App.	1,8
33034 Brakel	FEW Erzbistum Paderborn	55 Zi. (f. 120 Pers.)	5,0
36115 Hilders	Institut St. Bonifatius	54 EZ, DZ , MBZ	1,8
37318 Uder	Kath.Landvolkshochschule	12 FH (f. jw. 7 Pers.)	2,4
38644 Goslar	Caritasverband	12 FW (10 Pers.)	3,5
38700 Braunlage	Caritasverband	8 App. (8 Pers.)	0,8
38700 Braunlage	Caritasverband	18 EZ , 4 DZ	0,8
42929 Wermelskirchen	Familien-Ferien-Trägerw.	73 DZ, 14 EZ	4,5
53518 Honerath	Familien-Ferien-Trägerw.	17 DZ, 5 EZ, 3 MBZ	1,2
53949 Dahlem-Baasem	Kath.Ferienw. Oberhausen	44 Zi.	1,8
54497 Horath	k. A.	100 Betten	3,0
54538 Bengel	Familien-Ferien-Trägerw.	3 Geb. (f. 96 Pers.)	2,4
56412 Hübingen	e.V. der Diözese Limburg	Div. Häuser (5 ha)	3,0
57399 Kirchhundem	KAB – Rahrbach	59 DZ	3,2
57462 Olpe	FEW Erzbistum Paderborn	28 App. (f. Familien)	1,8
57462 Olpe	Kolping-FFW – Münster	42 App. (Fam.)	2,8
57581 Elkhausen	Caritas – Essen	100 Betten (EZ, DZ)	3,0
58769 Nachrod	Kolping FFW e.V.	63 Zi.	2,2
59955 Winterberg	FFH Elkeringhausen e.V.	100 Betten + JH	2,5
78479 Reichenau	FEW Erzdiöze Freiburg	26 App. m. 1-3 Zi.	3,0
79682 Todtmoos	Kath.Ferienw. Oberhausen	39 Zi.	2,5
79868 Feldberg	FEW Erzdiöze Freiburg	14 App. + 6 DZ	1,2
83229 Aschau	KAB – München+Freising	110 Betten	3,3
83730 Fischbachau	Caritasverband – Bamberg	9 FH / 10 FW	1,5
88149 Nonnenhorn	FFW im Familienbund ...	12 FW (bis 8 Pers.)	2,2
94379 St. Eglmar	Caritasverband–Regensbg.	21 DZ	0,8
97816 Lohr a. Main	Familien-Ferien-Trägerw.	100 Betten (48 Zi.)	2,0
Summe: 35 Einrichtungen	*15 Träger(gruppen)*		*80,8*
	Summe (in Mio.) ohne Einrichtungen des Kolpingwerkes		69,8
FF= Familienferienstätte, FEW = Familienerholungswerk, FFW = Familienferienwerk, KAB = Katholische Arbeitnehmer Bewegung			

Quellen: Katholischer Arbeitskreis für Familienerholung, unter: http://www.familiener-holung.com und Angaben der Darlehnskasse Münster (DKM) unter: http://www.dkm.de /Freizeit

Von den Einrichtungen des Kolpingwerkes sind vier Einrichtungen erwähnt, dabei verfügt das **Kolping-Familienferienwerk** in Deutschland über 14 Ferienstätten mit jährlich rund 50.000 Gästen. Weitere 15 Familienferienstätten des Kolpingwerkes befinden sich im europäischen Ausland (Italien, Schweiz, Dänemark, Frankreich). Das Kolping Familienferienwerk versteht sich selber als „der größte Anbieter von Familienferienstätten in Deutschland" und wendet sich „an junge Familien, Frauen jeden Alters, Ehepaare und Senioren", „unabhängig von Konfession und Kolpingmitgliedschaft".

Übersicht 134: Familienferienstätten des Kolping-Familienferienwerkes e.V.

PLZ / Name / Ort	Betten/Zimmer/Park	„Wert"
02681 Schirgiswalde	19 Häuser (117 Betten)	3,0 Mio.
17139 Salem	42 App.	3,0 Mio.
36358 Herbstein	29 Bungalows	6,4 Mio.
37115 Duderstadt	k. A. (2 ha)	2,0 Mio.
55430 Oberwesel	32 Zi. (82 Betten)	15,0 Mio.
57399 Oberhundem	44 Zi. (DZ, App.)	1,8 Mio.
57462 Olpe	42 App.	2,8 Mio.
58769 Wiblingwerde	63 Zi.	2,2 Mio.
77887 Hohritt	2 Häuser (175 Betten) (8 ha)	5,2 Mio.
83317 Teisendorf	4 Appartementhäuser	4,0 Mio.
87459 Pfronten	k.A. (App.)	2,0 Mio.
87497 Wertach	176 Betten	4,0 Mio.
93462 Lambach	App. (250 Betten)	5,0 Mio.
95505 Immenreuth	k. A.	1,5 Mio.
	Summe	*57,9 Mio.*

Quelle: http://www.kolping.de/familienferienwerk/feriienstaetten (nur Deutschland

Die Anlagen sind regional nur auf den katholischen Westen und Süden Deutschlands verteilt. Der Schätzwert der deutschen Einrichtungen liegt bei DM 58 Millionen und der jährliche Umsatz dürfte sich auf rund 36 Millionen belaufen.[453] (Ein besonderes Objekt ist das Kolpinghaus auf Schönburg in Oberwesel: Eine 1000 Jahre alte Ritterburg im Tal der Loreley.)

Da die Familienferienstätten alle gemeinnützig sind, bekommen sie entsprechend staatliche Zuschüsse. Sowohl die antragsberechtigten Familien (mit niedrigem Einkommen) wie die Familienferienstätten selber erhalten diese staatlichen Zuschüsse. Ein Beispiel (Freistaat Bayern) soll das illustrieren.

Übersicht 135: Zuschüsse des Freistaates Bayern zur Familienerholung, 2001

Zuschüsse:	
- zu Maßnahmen der Familienerholung in Familienferienstätten und ähnlichen Einrichtungen	DM 2.250.000
- für Müttergenesung bzw. Mutter/Kind-Kuren	DM 950.000
- zur Verbesserung von Familienferienstätten	DM 550.000
Summe	*DM 3.750.000*

Quelle: Haushaltsplan Bayern 2001, Einzelplan 10 07.

Da sie nur als globale Aufwendungen ausgewiesen werden, sind sie nicht bestimmten Trägern zuzuordnen. Ein Teil davon wird auch bereits in den

---

[453] Die Preislisten der Einrichtungen sind recht identisch und legt man als 'typisch' für die 50.000 Buchungen eine Familie (Eltern und zwei Kinder, 8 und 13 Jahre) zugrunde (= 12.500 Familien), zahlte diese für zwei Wochen in 1998 mit Vollpension DM 2.847,60.

Staatlichen Zuwendungen für Einrichtungen der Jugendhilfe (s. Übersichten 49 und 50) erfasst sein.

16.2.3. Jugendfreizeiteinrichtungen

Auch ein weiterer Bereich, die Jugendfreizeiteinrichtungen, sind im Rahmen dieser Untersuchung nicht zu erfassen. Um aber zu verdeutlichen, um welche Größenordnungen es sich handelt, sei als Beispiel das Bistum Regensburg gewählt. Der BDKJ (Bund Deutscher Katholischer Jugend) des Bistums nennt 30 Jugendhäuser in seinem Bereich, die im Eigentum von konfessionellen Trägern sind: 25 katholische und 5 evangelische. Träger der katholischen Einrichtungen sind Kirchengemeinden (5 Häuser), die Diözese (4), das Kolpingwerk (3), die KJR (3), der Caritasverband , die Katholische Landjugend und Klöster (je 2), Pfadfinder St. Georg, KAB, BDKJ und eine Pfarrstelle (je 1).

Rechnet man diese 30 Häuser auf alle Landeskirchen und Diözesen hoch, wird es vermutlich rund 1.500 dieser Jugendhäuser in Deutschland geben – und das sind beileibe keine karg ausgestatteten Hütten. Aber belassen wir es bei diesem Hinweis und wenden uns nun den 'unverblümt' kommerziellen Unterkünften zu.

16.3. Hotels

Bei den christlichen Hotels ist zu unterscheiden, wer der Eigentümer ist und wer der Betreiber. So gehört zum Beispiel das Design-Hotel am Gendarmenmarkt in Berlin einem Fonds der Kirche, Betreiber ist jedoch die Dorint-Gruppe.[454] Das Hotel gehört der evangelischen DEFO – einer verschwiegenen Kapitalanlagegesellschaft für Immobilien (siehe Kapitel *Banken/Immobilienfonds*).

16.3.1. Verband Christlicher Hotels

Offensichtlicher ist die konfessionelle Zugehörigkeit bei dem „Verband Christlicher Hotels – die älteste Hotelkooperation Deutschlands (seit 1904). VCH-Hotels – immer die richtige Wahl".[455]

Früher hießen diese Hotels alle 'Hospize' und, was so nach billiger Pilgerunterkunft anmutet, sind heute durchweg gepflegte Mittelklasse- bis First-Class-Hotels, die sich überwiegend in zentralen Stadtlagen befinden. Obwohl einige Hotels die Bezeichnung 'Hospiz' heute noch führen, wird sie in Zukunft wohl nicht mehr in den Hotelnamen erscheinen, da der

---

[454] *Die Welt,* vom 15.10.1999, S. R3 (Heinz Horrmann: In Berlin erfüllen sich Dorint-Visionen)

[455] Vgl. http://www.euro-hotel.de/vch/hauptteil_index.htm

Begriff einen Bedeutungswandel erfahren hat und die 'Hospiz-Bewegung' heute für das 'Sterben in Würde' steht.

Die Bezeichnung der Hotels in Dänemark und Norwegen verdeutlicht, welcher Gedanke diesen VCH-Hotels zugrunde liegt: *Danmarks Missionshoteller* bzw. *Norske Misjonshoteller*.[456] Entstanden um die Mitte des vorigen Jahrhunderts, nannten sie sich 'Hospiz', „zum Unterschied von gewöhnlichen Hotels oder Gasthöfen, um zu zeigen, dass sie auf christlicher Grundlage und nicht auf ausschließlich gewerblicher Grundlage arbeiteten".[457] Und weiter heißt es, unter der Überschrift „Der missionarische Auftrag der Christlichen Hospize": „Wollten wir ihn [diesen Auftrag, d.A.] leugnen, so müssten wir das Wort 'christlich' aus unserm Namen streichen." Aber: „Ein Hospiz ist kein Wohlfahrtsunternehmen, auch dann nicht, wenn es einen Teil seiner Erträge an Einrichtungen der Inneren Mission abführt. (...) Auch ein Hospiz muss nach streng kaufmännischen Gesichtspunkten geleitet werden." „Die Schwierigkeit des missionarischen Auftrags liegt in der Art seiner Ausführung."

Doch drei Prinzipien galten für jedes Haus: 1. Christliche Andachten, 2. das Auslegen der Heiligen Schrift in den Zimmern und 3. die Atmosphäre einer christlichen Hausgemeinschaft. „Es muss in einem Hospiz der Direktor der Hausvater werden (...) und aus dem Personal die Schar treuer Helfer und Helferinnen."[458] Wie Mitarbeiter berichten, trifft das auch heute noch zu.

Von ihrer Entstehungsgeschichte her gehören diese Hotels zum evangelischen Sektor und sind heute noch als 'Fachverband' Mitglied des Diakonischen Werkes der EKD. Zum deutschen Verband gehören 55 Hotels, in Europa sind es 200. Bleiben wir in Deutschland. Der Durchschnittspreis pro Bett liegt bei DM 108 und 21 Hotels verfügen noch über die klassische Ausstattung eines Andachtraumes.

Fünf Hotels sind in direktem kirchlichen Besitz (das *Evangelische Zentrum Rissen* in Hamburg, das *Evangelische Allianzhaus* in Bad Blankenburg, das *Hotel Lancaster Hall* in London, das *Hotel am Wollmarkt* in Braunschweig und das *Lutheran Hospice*, das Gästehaus des Propstes von Jerusalem).

---

[456] Diese und weitere Informationen sind zitiert nach dem Gesamtprospekt der Kooperation: *VCH-Hotels in Deutschland 1999*

[457] Verband Christlicher Hospize und Erholungsheime: *Fünfzig Jahre*. 1904-1954, Berlin (1954), S. 7.

[458] Ebenda, S. 16-21.

*Übersicht 136: Mitglieder im deutschen Verband christlicher Hotels *)*

Stadt	Hotel	EZ/DZ	Andacht
Aachen	Hotel am Marschiertor***	20/30	-
Bad Bergzabern	Kurhotel Friedrichsruhe***	29/6	ja
Bad Blankenburg	Evangelisches Allianzhaus***	39/23	ja
Baiersbronn-Tonbach	Schwarzwaldgrund	App.	-
Berlin	Hotel Albrechtshof***	5/102	ja
	Hotel Allegra**	38/41	ja
	Hotel Christophorus Haus	46/52	ja
	Hotel Dietr.-Bonhoeffer-Haus	20/25	ja
	Hotel Haus der Begegnung	2/36	ja
	Hotel Hospiz Friedenau	7/9	-
Biberach	Landhotel Maselheimer Hof***	6/17	-
Braunschweig	Hotel am Wollmarkt**	14/16	ja
Bremen	Hotel Bremer Haus	32/39	-
Buckow	Seminarh. Haus Wilhelmshöhe	28/23	-
Chemnitz	Hotel am RabensteinCenter***	0/12	-
Chorin	Hotel Haus Chorin****	11/52	ja
Dresden	Hotel Martha Hospiz***	15/35	ja
Eisenach	Hotel Glockenhof***	10/30	-
	Hotel Haus Hainstein***	22/24	ja
Engelsbach	Hotelanlage Engelsbach****	0/47	ja
Essen	Hotel Essener Hof*****	54/38	-
Falkenberg	Privathotel Villa Fontane	0/8	-
Halle	Hotel Martha-Haus***	10/10	ja
Hamburg	Hotel Baseler Hof***	108/47	-
	Evangel. Zentrum Rissen	50/22	ja
	Scheideholzer Hof***	6/24	ja
Hannover	Hotel Loccumer Hof****	48/39	-
Hasel	Landgasthof Erdmannhöhle***	15/5	-
Hirschegg	Das Alphotel***	1/35	-
Juliusruh Seebad	Hotel Atrium	4/48	ja
Kassel	Hotel Garni „KÖ 78"	13/10	-
Leipzig	Hotel Michaelis***	15/44	ja
Loßburg-Wittendorf	Feriendorf Sonnenrain	App.	-
Ludwigsburg	Hotel Favorit	76/15	-
Mannheim	Hotel Wartburg****	36/97	-
Meiningen	Hotel an der Kapelle	2/12	-
Mieseitz	Hotel Wutzler***	0/24	-
Neukirchen/Pürgl	Hotel Feriendorf Pürgl	0/54	-
Oberstdorf	Hotel Viktoria***	2/18	-
	Hotel-Pension Wiesenblick	3/14	ja
Schwarzenbruck/Rummelsberg	Waldhotel Hospiz	10/10	-
Stuttgart	Kronen-Hotel****	70/15	-
	Waldhotel Degerloch***	32/18	-
	Hotel Wartburg***	64/18	-
Tübingen	Hotel Hospiz***	20/28	-
Waldachtal-Oberwaldach	Feriendorf Waldachtal	App.	-
Weimar	Amalienhof Hotel***	13/18	-
Wiesbaden	Hotel Oranien***	50/35	-
Wittenberg	Art Hotel***	5/11	ja
Ede/Lunteren (NL)	Hotel Belmont****	0/50	ja

Gaschurn (A)	Hotel Saladina***	o. A.	ja
Jerusalem	Lutheran Hospice	1/22	-
London (GB)	Lancaster Hall Hotel	0/80	-
Rom (I)	Hotel Casa Valdese	0/29	-
Straßburg (F)	Hotel Pax	0/52	-
Gesamt		*1.052/1.569*	*21*
		= 4.190 Betten	

*) Hotels ohne *-Klassifizierung haben an der freiwilligen Hotelklassifizierung bisher nicht teilgenommen.*

Unter Berechnung der durchschnittlichen EZ/DZ-Zimmerpreise und einer Annahme von 60 Prozent Auslastung übers Jahr (überwiegend zentrale Stadtlagen) erreichen diese VCH-Hotels einen Jahresumsatz (ohne Gastronomie) von rund 100 Millionen DM. Dabei reicht die Spanne von ca. acht Millionen im *Hotel Albrechtshof* in Berlin bis zum kleinen *Privathotel Villa Fontane* in Falkenberg mit etwa 300.000 Mark.

Bei einem durchschnittlichen Gewinn in der Hotelbranche von 8-9% Prozent des Umsatzes, verbleiben bei den VCH-Hotels dann rund 8,5 Millionen DM an Gewinnen. Wenn davon nun die Hälfte an diakonische Einrichtungen gespendet wird, bedeutet das eine Einnahme von 4 Millionen DM für kirchliche Einrichtungen.

16.3.2. Hotels des CVJM

Der CVJM ist ebenfalls organisatorisch ein Verband des Diakonischen Werkes der Evangelischen Kirche in Deutschland. Weltweit gehören dem (deutschen) CVJM 30 Hotels. Allerdings sind die Besitzverhältnisse nicht immer offensichtlich. Während die bereits erwähnten christlichen Hotels des CVJM in London (*Hotel Lancaster Hall*) und Braunschweig (*Hotel am Wollmarkt*) tatsächlich dem deutschen Verein gehören, finanzieren sich Neugründungen anders. Der CVJM ist dabei sehr klug, die gewerblichen Hotelaktivitäten mit sozialem Engagement und entsprechender öffentlicher Förderung zu verknüpfen.

In Dresden wurde mit ABM-Kräften ein Schiff der 'Weißen Flotte' zu einem schwimmenden Hotel umgebaut. In Hamburg ist das Hotel *Junges Hotel* (135 Zimmer, Eröffnung März 2000) „ein besonderes Projekt: Eigentümer ist ein Immobilienfonds, der den Neubau mit 30 Millionen finanziert. Pächter ist die CVJM-Tochter *Junges Hotel e.V.* Von den 40 Arbeitsplätzen im Haus sind 18 Stellen für Langzeitarbeitslose bestimmt."[459] (Über die Fördermittel des Hamburger Senates und des Arbeitsamtes waren andere Hotelbetreiber verärgert.)

---

[459] *Hamburger Abendblatt* vom 14.3.2000, S. 12 (Hotel bietet Jobs – Hamburg zahlt dazu)

16.3.3. Katholische Hotels

Im katholischen Sektor ist eine Hotel-Kooperation wie der evangelische VCH nicht bekannt. Nur zwei Hotels konnten ausfindig gemacht werden, die sich im konfessionellen Eigentum (außerhalb des Kolpingwerkes) befinden: das *St. Raphael* in Hamburg, das dem *Raphaelswerk* gehört, und das Hotel *Ludwig der Bayer*, das zum Eigentum des Klosters Ettal zählt.

Entweder liegt es daran, dass die katholischen Eigentümer keinen Wert darauf legen, wie die VCH-Hotels, ein entsprechendes Schild an der Tür anzubringen – es könnte nicht-katholische Gäste abschrecken – oder es gibt tatsächlich keine weiteren 'katholischen' Hotels, weil die Akademien, Tagungshäuser und die Klöster den Reisenden immer schon Unterkunft geboten haben und es einen katholischen Verband gibt, der diese 'Hospize' schon sehr früh gegründet hat.

Kolping-Hotels

Das katholische Kolpingwerk besitzt in Deutschland 26 Hotels, von denen 11 vom Kolpingwerk selbst betrieben und 15 von Pächtern geführt werden.[460] Im Unterschied zu den Häusern des *Verbandes Christlicher Hotels* und den CVJM-Hotels, die sich in der oberen Mittelklasse der Drei- und Vier-Sterne-Kategorie befinden, sind die Kolping-Hotels, als Zwei- und Drei-Sterne-Häuser, die Fortführung früherer Kolpinghäuser, in denen ein Teil des Gebäudes als „Hotel" ausgegliedert wurde. Abgesehen von einem Hotel in Berlin steht keines der Häuser in der deutschen 'Diaspora', d.h. in Gebieten Deutschlands, in denen die Katholiken in der Minderheit sind.

Außerhalb der traditionellen Kolping-Struktur befinden sich aber neuerdings, in der Trägerschaft von Kolping-GmbHs, weitere Hotels, die zum Teil in der Spitzenklasse angesiedelt sind und deren Eigentumsverhältnisse auch nicht gerade an die 'große Glocke' gehängt werden, da sie nach dem Selbstverständnis des Kolpingwerkes rechtlich selbständige Unternehmungen sind. Als Beispiele: *Seminar-Zentrum Rückersbach* (eine Einrichtung der Kolping-Mainfranken gGmbH), das Hotel und Tagungszentrum *Schloss Schweinsburg*, *Kolping Hotel Atrium* in Leipzig, das *Hotel am Bonhoefferplatz* und das *Appartementhaus Schäferstraße* in Dresden (Einrichtungen des Kolping-Bildungswerkes Sachsen e.V.), *Schwarzwald Hotel Hohritt* und das *Seminarhotel Hotel Alpenblick* bei München, die beide zur „Kolping Gruppe" gehören, Ausbildungs- und Tagungshotel *Bigger Hof* in Olsberg (Träger: Kolping-Bildungswerk,

---

[460] http://www.kolping.de/vkh/hotels

Berufsförderungszentrum Amsberg), und weitere Gästehäuser anderer Kolping-Berufsbildungswerke.

Auf eine ökonomische Bewertung soll hier verzichtet werden, sie dürfte aber im dreistelligen Millionenbereich liegen.

16.3.4. Weitere konfessionelle Hotels

Als Hinweis, dass diese Hotels, die bisher beschrieben wurden, nur einen Teil aller Hotels konfessioneller Träger darstellen, seien noch zwei evangelische Beispiele genannt, die nicht in einem EKD-Verzeichnis zu finden sind.

Am Ostufer des Starnberger Sees bei München befinden sich zwei Schlösser im Eigentum der evangelischen Missionsgesellschaft *Wort des Lebens, Deutschland*: Schloss Seeburg und Schloss Unterallmannshausen. „*Wort des Lebens* ist ein Jugendmissionswerk, das vom Freistaat Bayern als Freier Träger der Jugendpflege und Jugendfürsorge und als gemeinnützig anerkannt"[461] und Mitglied der Evangelischen Allianz ist.

In der Holsteinischen Schweiz in Schleswig-Holstein ist die evangelisch-freikirchliche *Elim-Stiftung* Eigentümerin des großzügigen Hotels *Seeschloss am Kellersee*, plus einem 'Nebenhaus' *Bethesda*.

Mit diesen Beispielen wollen wir den Hotel-Bereich verlassen und uns abschließend der Gastronomie zuwenden.

16.4. Gastronomie

Neben der 'Schwarz-Touristik' gibt es auch noch eine 'Schwarz-Gastronomie', die zwar viele kennen und auch gerne daran teilnehmen, aber nicht wissen, wie es die Fachbranche betrachtet.

16.4.1. Die christlichen Amateure

Es ist zwar fröhlich, und auch gut für die Gemeindekasse, wenn der Pfarrer vor der Kirche das Bier zapft, der Diakon die Limonade verkauft und die Gemeindeschwester die selbst gebratenen Frikadellen und gebackenen Kuchen anbietet – für die örtlichen Gastronomen ist das ärgerlich, auch wenn die Sport- und Schützenvereine es nicht anders handhaben. Von der Kirche erwartet man eben mehr als vom Sportverein.

Und so haben Kirchenleitungen Empfehlungen ausgearbeitet, um die Besonderheit der Pfarrfeste zu verteidigen und Frieden zu stiften. Nach den Leitsätzen: „Pfarrfeste unterscheiden sich wesentlich von kommerziellen Festen!" (Weniger äußerer Aufwand, einfacheres Essen, Getränke deutlich billiger...), „Pfarrfeste dienen in erster Linie der persönlichen

---

[461] http://www.wdl.de

Begegnung untereinander!", „Zu einem Pfarrfest gehört der festliche Gottesdienst dazu!" u.a.m. wird schließlich ermahnt: „Auf gesetzliche Vorschriften achten!" (Versicherungsfragen, GEMA, gesundheitspolizeiliche Bestimmungen, ...) und schließlich wird empfohlen: „Überlegen Sie, ob Sie nicht die Organisation und Durchführung des nächsten Pfarrfestes nicht in professionelle Hände, d.h. eines Wirtes geben. Er hat die Erfahrung und kennt die Vorschriften. Und wenn die Pfarrgemeinde das Personal ehrenamtlich stellt, schaut sicher auch noch ein Gewinn heraus."[462]

Unauffälliger ist es schon, wenn das 'Event' innerhalb der Kirche stattfindet: Die Elisabeth-Gemeinde in Hamburg veranstaltete unter dem Motto „Ribbecks Buben in Gottes Stuben" Übertragungen von der Fußball-Europameisterschaft. Die Spiele der deutschen Mannschaft wurden auf Großleinwand live im Kirchenraum übertragen und Snacks und Getränke für einen Unkostenbeitrag angeboten.

16.4.2. Die christlichen Profis

Bei ihnen fehlt wahrscheinlich der Charme des Selbstgemachten, dafür stimmen aber die Umsätze.

Kloster Andechs: „Busladungen aus Bottrop und Bangkok suchen den Heiligen Berg von heute heim, da hilft kein Mönchsgelübde, wohl aber der gigantische Parkplatz." 1,5 Millionen Besucher sind es im Jahr und die wollen Essen und Trinken: „Täglich 8.45 bis 20.45 Uhr. Ausschank bis 20 Uhr. Sitzplätze: 2.500; durchweg Holztische. Essen: Große Auswahl. Hax'n, Bergkäs; am Steckerlfischstand: Fischfilet im Klosterbierteig gebacken. Bier: Andechser. Fazit: Karawanserei mit sagenhaftem Bier."[463] Umsatz der Klostergaststätten:[464] DM 40 Millionen (1999).

In München wird das „Andechser am Dom" betrieben und eine bundesweite Kette von 20 original Andechser-Gaststätten ist in Planung. Die erste hat bereits geöffnet.

---

[462]   http://www.kath.de/bistum/regensburg/pgr/pfarrfe.htm (Oktober 1999)
[463]   http://www.biergarten.com/fuehrer/h0152.htm (Kloster Andechs)
[464]   http://www.worldonline.de/leis/leis-center/kirche

17. Stiftungen

Kirchliche Stiftungen / Katholische Stiftungen / Evangelische Stiftungen /
Klosterkammern / Private Stiftungen / Öffentliche Stiftungen

Stiftungen sind, ökonomisch gesehen, die juristische Form, eine Vermö-
gensmasse (Geld- oder Aktienkapital, Immobilien, Grundbesitz, etc.) aus
einer privaten Verfügungsgewalt auszugliedern und sie einem in der Satzung festgelegten Stiftungszweck zuzuführen. Menschlich gesehen sind
Stiftungen die (steuerbegünstigte) Möglichkeit, sich selbst ein Denkmal
zu setzen.

Die Stiftungen stehen in einer Jahrhunderte alten Rechtstradition und
gelten im Allgemeinen als gemeinnützig, was jedoch im Einzelfall nicht
zutreffen muss. 95 Prozent aller deutschen Stiftungen sind jedoch als
gemeinnützig anerkannt und dadurch von der Schenkungs- und Erb-
schaftssteuer befreit. Grundlegendes Prinzip und ein Unterscheidungs-
merkmal zum gemeinnützigen Verein ist dabei, dass das Stiftungsvermögen nicht angetastet wird und nur die Erträge aus dem Vermögen oder
andere Einnahmen für den Stiftungszweck verwendet werden. Bei der
zunehmenden Tendenz, staatliche Einrichtungen (z.B. Museen) als Stiftungen zu betreiben, liegt die Logik darin, dass sie als Stiftungen, neben
den weiter laufenden staatlichen Zahlungen, sich auch eigene Einnahmequellen erschließen dürfen und als Rechtsträger mit eigenen Leitungs-
und Kontrollgremien organisiert sind.

Da der Mensch zu Lebzeiten sein Geld normalerweise selbst genießen
will – es sei denn, er hat mehr als genug davon –, sind es die Erbschaften
und Vermächtnisse, um die es hier geht. Die Aufbau-Generation kommt
jetzt in die Zeit des Sterbens und ab den Jahren um die Jahrtausendwende
sollen in Deutschland rund 2,1 Billionen Privatvermögen vererbt werden.
Das sind DM 2.100.000.000.000 und entsprechend groß sind die Begehrlichkeiten, einen Teil dieses Geldes in Stiftungen umzuleiten. Der Staat
hat bereits reagiert und das Stiftungsrecht insoweit geändert, dass ab dem
1.1.2000 Zuwendungen an Stiftungen bis zur Höhe von DM 40.000 von
der Einkommensteuer abgesetzt werden können und für neu gegründete
Stiftungen bis zu DM 600.000 innerhalb von zehn Jahren.

Bekannte Stiftungen sind vornehmlich im staatlich-kulturellen Bereich
zu finden (z.B. Stiftung Preußische Schlösser und Gärten, Stiftung Haus
der Kunst), im Wissenschaftsbereich (z.B. Stifterverband für die Wissenschaft, Stiftung Jugend forscht e.V.) und insbesondere die Stiftungen von
Unternehmen/Unternehmern (z.B. Bertelsmann Stiftung: DM 12,3 Mrd.

Kapital, Robert Bosch Stiftung: 3,5 Mrd., Volkswagen Stiftung: 3,3 Mrd., „Zeit" Stiftung: 1 Mrd. und die Körber Stiftung: 650 Millionen).

Die Zahl der vom *Bundesverband Deutscher Stiftungen* in Deutschland erfassten Stiftungen wird für das Jahr 2000 mit 9.663 beziffert. „Die Ermittlung der Stiftungen, ihrer verantwortlichen Organe und Adressen, ihrer Zwecke und finanziellen Verhältnisse gestaltete sich (und gestaltet sich auch heute noch) als mühsame Detektiv- und Überzeugungsarbeit",[465] und man ist sich dort bewusst, noch bei weitem nicht alle Stiftungen in Deutschland erfasst zu haben.

Nach Schätzungen des *Maecenata Instituts für Dritter-Sektor-Forschung GmbH* in Berlin existierten 1998 ca. 100.000 Kirchen- und Kirchenpfründenstiftungen in Deutschland,[466] die aufgrund dieser großen Anzahl vom Institut nicht einzeln erfasst wurden. Eine Zahl allerdings, die vom *Bundesverband Deutscher Stiftungen* dem Jahr 1900 zugeordnet wird und von denen die meisten in der Inflation ihr Vermögen verloren haben, also nicht mehr (tatsächlich) existieren.

Alle Zahlenangaben beruhen zum einen darauf, dass man die Stiftung überhaupt 'kennt', und zum anderen auf der Auskunftsbereitschaft der Stiftungen, die insbesondere in finanziellen Fragen öfters nicht vorhanden ist.

17.1. Kirchliche Stiftungen

Eine Besonderheit sind die kirchlichen Stiftungen – „(fabrica ecclesiae), auch Kirchenfabrik, Gotteshausvermögen, Fabrikfonds, Kirchenpflege"[467] genannt.

Es gilt die Verordnung: „Für kirchliche Stiftungen mit eigener Rechtspersönlichkeit sind gesonderte Haushaltspläne aufzustellen. Das gleiche gilt für sonstige Stiftungen, wenn die Veranschlagung ihrer Einnahmen und Ausgaben im Haushaltsplan nicht zweckmäßig erscheint."[468] Mit anderen Worten: Das Vermögen und die Finanzmittel der kirchlichen

---

[465] Christoph Mecking: Einführung: Stiftungswirklichkeit in Deutschland, in: Bundesverband Deutscher Stiftungen (Hg.): *Verzeichnis Deutscher Stiftungen 2000.* Darmstadt: Hoppenstedt, 2000, S. IX.

[466] Vgl. http://www.genios.de/sheets/Stiftung.htm

[467] „Kirchenstiftung", in: *Lexikon für Theologie und Kirche.* Sechster Band. Freiburg: Herder, 1997, S. 67.

[468] § 16 der Rechtsverordnung, in: Kirchengesetz, Rechtsverordnung und Ausführungsbestimmungen zum Haushalts-, Kassen- und Rechnungswesen, Lutherische Verlagsgesellschaft Kiel, 1986, S. 34.

Stiftungen werden zwar im Haushaltsplan der Landeskirchen nicht aus-gewiesen, sie gehören aber ausdrücklich zum „Sondervermögen".[469]

Die Größenordnungen reichen dabei von der Pfarrpfründestiftung einer Kirchengemeinde, aus deren Erträgen das Gehalt des Pfarrers aufgebes-sert wurde/wird, bis hin zu bedeutenden und altehrwürdigen Stiftungen mit dreistelligen Millionen-Vermögen. Das erste Problem dabei ist, dass sie nicht immer als kirchliche Stiftungen zu erkennen sind. Oder würden Sie in der (evangelischen) *Amalie-Sieveking-Stiftung* oder in der (katholi-schen) *Karl-Kübel-Stiftung* eine kirchliche Stiftung vermuten?

Seit einigen Jahren bemühen sich die Kirchen (als Körperschaften des öffentlichen Rechts, die öffentliche Aufgaben erfüllen), neue Stiftungen unter die eigene Rechtsaufsicht zu nehmen: als kirchliche Stiftung.

Im April 1999 wurde in der Diözese Mainz unter der Schirmherrschaft des Bischofs (gleichzeitig der Vorsitzende der deutschen Bischofskonfe-renz, Prof. Dr. Karl Lehmann) das *Zentralinstitut für kirchliche Stiftungen* (ZkS) gegründet, um „kirchliche Stiftungen, besonders die aus privatem Willen geschaffenen – gleichsam 'unsterbliche' Wertschöpfungen menschlicher Sehnsucht – zeitgemäß fortzuentwickeln und nachhaltig zu fördern".[470] Denn: Der Bestand und die Qualität gemeinnütziger Dienste zur christlichen Welt- und Lebensprägung seien durch die großen Defizite öffentlicher und kirchlicher Kassen bedroht. „Viel zu wenig ist bekannt, dass jeder Stifter und jede Stifterin ihre Stiftung, auch mit dem eigenen Namen, kirchlicher Obhut und Mitsorge anvertrauen kann, ohne dass hier Kirchenvermögen entstünde."

Partner der Diözese Mainz für das neu gegründete *Zentralinstitut für kirchliche Stiftungen* (und gleichzeitig die Postadresse des Zentralinstitu-tes) ist die *Dresdner Private Banking* – ein Tochterunternehmen der Dresdner Bank, das sich sehr beratungsintensiv um vermögende Privat-kunden kümmert – und deshalb wird auch verständlich, warum betont wird, dass mit diesen neuen kirchlichen Stiftungen kein Kirchenvermögen entstehe: Das potenziale, vermögende Klientel der *Dresdner Private Ban-king* soll vermutlich nicht verschreckt werden, sondern es betont eher, dass die Kirchen eine bessere Garantie für die Stiftungsaufsicht sind als staatliche Einrichtungen, die ja bekanntlich sehr viel häufiger ihre Rechts-form gewechselt haben als die katholische Kirche.

---

[469] Kirchengesetz, Rechtsverordnung und Ausführungsbestimmungen zum Haushalts-, Kassen- und Rechnungswesen, Rechtsverordnung § 15.

[470] Neues Zentralinstitut für kirchliche Stiftungen (ZkS) errichtet, in: http://www.kath.de/ bistum/mainz/texte/zks/zks1.htm (8/1999)

Warum sie dann 'kirchliche' Stiftungen heißen, wird zwar nicht erläutert, lässt sich jedoch im deutschen Schenkungssteuergesetz nachlesen. In § 13, Absatz 1, Punkt 6 b. heißt es: „Steuerfrei bleiben Zuwendungen an inländische Körperschaften, Personenvereinigungen und Vermögensmassen, die nach der Satzung, dem Stiftungsgeschäft (...) ausschließlich und unmittelbar kirchlichen, gemeinnützigen oder mildtätigen Zwecken dienen."

Nach der AO (Abgabenordnung) § 54 sind 'Kirchliche Zwecke' eine Tätigkeit, die darauf „gerichtet ist, eine Religionsgemeinschaft, die Körperschaft des öffentlichen Rechts ist, selbstlos zu fördern" (Erhaltung von Gotteshäusern, Ausbildung von Geistlichen, Erteilung des Religionsunterrichtes, Verwaltung des Kirchenvermögens, Besoldung der Geistlichen und deren Altersversorgung).

„Gemeinnützig" ist eine Tätigkeit nach § 52 AO, wenn sie „darauf gerichtet ist, die Allgemeinheit auf materiellem, geistlichem oder sittlichem Gebiet selbstlos zu fördern". 'Mildtätigkeit' liegt nach § 53 AO vor, wenn die „Tätigkeit darauf gerichtet ist, Personen selbstlos zu unterstützen, 1. die infolge ihres körperlichen, geistigen oder seelischen Zustandes auf die Hilfe anderer angewiesen sind oder 2. deren Bezüge nicht höher sind als das Vierfache des Regelsatzes der Sozialhilfe ...".

Es ist zwar richtig, dass mit einer kirchlichen Stiftung juristisch kein Kirchenvermögen entsteht, da die Stiftung eigenständig ist (entsprechend wurden Stiftungen 1803 auch nicht säkularisiert) – aber, je nach Stiftungszweck (Nießbrauch, § 868 BGB) oder Besetzung des Vorstandes (tatsächliche Verfügungsgewalt, § 854 BGB), gehört sie faktisch zum kirchlichen Besitz. Alles andere sind Wortklaubereien oder formale juristische Finessen.

Jede Stiftung hat eine eigene Rechtspersönlichkeit und ist in diesem Sinne ihr eigenes Eigentum. An einem prominenten Beispiel soll nun geklärt werden, ob es sich bei diesen kirchlichen Stiftungen um kirchliches Vermögen handelt – wobei 'Kirche' nicht auf 'die verfasste Amtskirche' eingegrenzt wird. Erläutert werden soll diese Situation am *Juliusspital* in Würzburg, dessen Weingut bereits erwähnt worden war (Kapitel *Klosterbräu und Bischofswein*).

17.1.1. Kirchliche Stiftungen?

1576 begründete der Würzburger Fürstbischof Julius Echter von Mespelbrunn „für allerhand Sorten Arme, Kranke, unvermugliche, auch schadhafte Leut, die Wund- und anderer Arznei notdürftig sein, desgleichen verlassen Waysen und dann fürüberziehende Pilgram und dörftige Personen"[471] per Fundationsurkunde diese Stiftung. Zweck der Stiftung war es, in der Gegenreformation durch soziale Fürsorge den katholischen Machtbereich zu stärken. Eine sehr kluge Maßnahme, die auch heute noch angewandt wird, z.B. von den moslemischen 'Fundamentalisten' in Ägypten, die durch kostenlose medizinische Versorgung und Suppenküchen die Menschen in den Armenvierteln Kairos für sich gewinnen.

Damit sie ihrer Aufgabe entsprechen konnte, ließ Fürstbischof Julius Echter von Mespelbrunn ein Spital bauen und stattete seine Stiftung (mit der er sich selber ein Denkmal setzte) mit reichen Pfründen aus: Landwirtschaft, Forsten und Weinbergen bester Lagen.

Die Fürstbischöfe waren weltlicher Herrscher (Fürst) und geistliches Oberhaupt (Bischof) in einer Person. Mit der Mediatisierung wurde ihr bis dahin reichsunmittelbares Territorium anderen Staaten einverleibt, d.h. die Fürstbischöfe verloren ihren Status als Fürsten und territoriale Herrscher. Diese weltliche Funktion fiel an den Staat.

Das Juliusspital ist als Stiftung heute eine Körperschaft des öffentlichen Rechts und untersteht formal der Rechtsaufsicht des bayerischen Innenministeriums in München. Inhaltlich trifft jedoch der Bischof von Würzburg die Entscheidungen, da entsprechend der Stiftungssatzung der 'Oberpflegeamtsdirektor' (Amtsbezeichnung des Stiftungsvorsitzenden) auf seinen Vorschlag hin ernannt wird. Auch die Erträge kommen zum Teil immer noch den karitativen, mildtätigen Aufgaben der Stiftung zugute, obwohl die Stiftung selber großen Wert darauf legt, *nicht* zum Caritas e.V. zu gehören.

Unter diesen beiden Kriterien (tatsächliche Verfügungsgewalt, Nießbrauch) ist die Stiftung unzweifelhaft dem kirchlichen Besitz zuzurechnen. Ebenso trifft das weitere Kriterium einer kirchlichen Stiftung zu: Die Tatsache „ihrer besonderen organisatorischen Verbindung"[472] zur katholischen Kirche, da faktisch der Bischof den Oberpflegeamtsdirektor ernennt.

Das Juliusspital – so wird die gesamte Stiftung mit allen ihren Einrichtungen genannt – gilt als „mustergültiges katholisches Haus"[473], auch wenn eine Mitarbeiterin mir fröhlich mitteilte: „Uns wird immer eine katholische Prägung nachgesagt – wir merken nur nichts davon." Das mag daran liegen, dass seit 1993 ein Oberpflegeamtsdirektor die Ge-

---

[471] Alle Zitate und Angaben, soweit nicht anders angegeben, in: http://www.juliusspital.de

[472] Hein Ulrich Röder: Unter dem Dach der Kirche. Kirchliche Stiftungen sind unzureichend erforscht, in: *Deutsche Stiftungen*, Mitteilungen des Bundesverbandes Deutscher Stiftungen, Ausgabe 3/2000, S. 52.

[473] *stern* vom 17.9.1998, S. 160 (Daniela Horvath: Wein & Wohlfahrt).

schäfte führt, der die Stiftung so sieht: „Das Juliusspital ist heute eine Holding mit einzelnen profit centers und klaren Gewinnvorgaben."[474]

Nach ihrer Selbstdarstellung hat die Stiftung vier Einnahmequellen: Krankenhaus, Berufsfachschule, Senioren-, Pflege- und Pfründestift, landwirtschaftliche Güter, Waldbesitz und das Weingut. Als Vermögen an Grundbesitz sind zu berechnen:[475]

Landwirtschaft: 1.044 ha x DM 41.577/ha   =   DM 43.406.388
Waldbesitz: 3.390 ha x DM 5.000/ha   =   DM 16.950.000
Weinberge: 163 ha x DM 50.000/ha   =   DM 8.150.000
Grundbesitz   *4.597 ha*   =   *DM 68.506.388*

An Immobilienbesitz sind zu nennen: das barocke Juliusspital mit 380 Betten, das Senioren-, Pflege- und Pfründestift mit 200 Plätzen, das Tagungszentrum Zehntscheune mit vier Veranstaltungsräumen und Gartenpavillon, der Rotkreuzhof mit „herrschaftlichem Gutshaus", der „gut ausgestattete Gutshof" des Jobsthaler Hofes und die „mächtigen Scheunen und Wohnhäuser" des Gut Seligenstadt. Immobilienwert (Schätzung) DM 32.000.000.

Der Weinumsatz war schon im entsprechenden Kapitel berechnet worden, die landwirtschaftlichen Erträge dürften ebenfalls bei mehreren Millionen liegen, da vornehmlich Saatgut erzeugt wird.

Im Altenheim sind für ein Einzelzimmer mit Nasszelle DM 2.394 pro Monat zu bezahlen und im Pflegeheim, je nach Pflegestufe und Einzel-/Mehrbettzimmer zwischen DM 2.297 bis DM 5.168 pro Monat – eine Einnahme von 5-8 Millionen Mark pro Jahr.

Diese eigene Berechnung/Schätzung des Stiftungsvermögens des Juliusspitals von insgesamt rund 105 Millionen Mark konnte dann zufällig mit der offiziellen Angabe des Juliusspitals verglichen werden, die selber 138 Millionen als Vermögen beziffert und 1999 zusätzlich einen 'Umsatz' von 109 Millionen (aus Leistungsentgelten für Krankenhaus und Altenheim) aufweist.[476]

---

[474] *stern* vom 17.9.1998.
[475] In Abweichung von den Berechnungen für den allgemeinen Grundbesitz, für den die gesamtdeutschen Durchschnittszahlen verwendet wurden, beziehen sich die Wertangaben für landwirtschaftliche Flächen hier auf die Flächen des „früheren Bundesgebietes" für 1995. Vgl. Statistisches Bundesamt: *Wirtschaft und Statistik*, Nr. 10/1996, S. 600f.
[476] Bundesverband Deutscher Stiftungen (Hg.): *Zahlen, Daten, Fakten zum deutschen Stiftungswesen*, Darmstadt: Hoppenstedt, 2000, S. 14, und ebenso: Hein Ulrich Röder (der die Erhebung durchgeführt hat): Unter dem Dach der Kirche, in: *Mitteilungen des Bundesverbandes Deutscher Stiftungen*, Ausgabe 3/2000, S. 51-52.

Kirchliche Stiftungen waren uns schon in den vorangegangenen Kapiteln öfters begegnet. Bei den Konkordaten, der Steuergesetzgebung (Steuerbefreiung), der Katholischen Universität Eichstätt, bei den Siedlungswerken und den Weingütern. Schon diese Beispiele verweisen darauf, dass kirchliche Stiftungen insbesondere im katholischen Sektor zu finden sind. Hinsichtlich der Zuordnung „kirchliche Zwecke" listet der Bundesverband Deutscher Stiftungen 350 Stiftungen auf, darunter u.a. das Juliusspital in Würzburg, die katholische Universität Eichstätt, ebenso wie die evangelische Stiftung zur Bewahrung kirchlicher Baudenkmäler in Deutschland oder die Stiftung evangelischer Ostpreußen.

Dieser spezifische Stiftungszweck erfasst jedoch nur einen kleinen Teil der kirchlichen Stiftungen, da zum Beispiel die ältesten Stiftungen in Deutschland zwar alle konfessionell sind, aber allesamt keine kirchlichen sondern 'soziale Zwecke' verfolgen.

Übersicht 137: Die ältesten, noch existierenden Stiftungen in Deutschland

Seit	Name der Stiftung	Sitz	Zweck
900	Vereinigte Pfründnerhäuser	Münster, NRW	Wohlfahrt
950	Hospitalstiftung Wemding	Wemding, Bayern	Alte
1100*)	Stiftung Magdalenenhospital	Münster, NRW	Alte
1150	St. Nikolaispital-Stiftung	München, Bayern	Mildtätigkeit
1161	Johannishofstiftung von 1161	Hildesheim, Nds.	Alte
1172	Hospitalfonds St.Benedikti	Hannover, Nds.	Alte
1173	St. Johannis-Jungfrauenkloster	Lübeck, S.-H.	Alte
1180	St. Elisabeth-Hospital Stiftung	Ellingen, Bayern	Alte
1200*)	Hl. Geistspitalstiftung	Landshut, Bayern	Alte
1200*)	Hospital-Stiftung	Lauingen, Bayern	Wohlfahrt
1200*)	Hospital „Zum heiligen Geist"	Heiligenstadt, Thür.	Alte
1200*)	Siechenhauspflege	Würzburg, Bayern	Alte
1200*)	Stiftung Ehehaltenhaus	Würzburg, Bayern	Alte
1200*)	St. Johannis-Spital-Stift	Passau, Bayern	Alte
1200*)	Unterhospitalstiftung	Memmingen, Bayern	Alte

Quelle: Bundesverband Deutscher Stiftungen (Hg.) Zahlen, Daten, Fakten zum deutschen Stiftungswesen. Darmstadt: Hoppenstedt, 2000, S. 11.
*) Historisch bedingte Unklarheiten bei der Fixierung des genauen Entstehungsjahres.

17.1.2. Katholische Stiftungen

Hinsichtlich der Anzahl der kirchlichen Stiftungen sind nach einer Umfrage des Erzbischöflichen Ordinariats in München im Bereich der katholischen Kirche 19.327 rechtsfähige, selbständige Stiftungen tätig und werden von den Diözesen beaufsichtigt. So besoldet beispielsweise das Erzbistum Bamberg (918 Stiftungen) aus dem Diözesanhaushalt 558 Mitarbeiter des „Kirchenstiftungspersonals".[477]

---

[477] Siehe http://www.erzbistum-bamberg.de/inzahlen.htm

Daneben würden im katholischen Bereich noch 2.122 nicht rechtsfähige, unselbständige Stiftungen wie Nachlässe, Legate bestehen, über
deren tatsächliche Gesamtzahl jedoch „bei der Kirche, aber auch allgemein keine Klarheit" besteht.[478]

Übersicht 138: Rechtsfähige katholische kirchliche Stiftungen, 1999

(Erz-)Diözese	Gesamtzahl	Davon: Stiftungen des ...	
		öffentl. Rechts	Privaten Rechts
Aachen	1.312	1.300	12
Augsburg	2.500	2.485	15
Bamberg	918	916	2
Berlin	7	3	4
Dresden-Meißen	2	1	1
Eichstätt	900	900	-
Erfurt	59	59	0
Essen	16	0	16
Freiburg	2.521	2.519	2
Fulda	154	152	2
Görlitz	1	1	0
Hamburg	4	4	0
Hildesheim	5	4	1
Köln	2.033	2.010	23
Limburg	15	-	-
Mainz	18	7	11
München u. Freising	2.375	2.375	0
Münster	1.491	1.401	90
Osnabrück	6	1	5
Paderborn	28	0	28
Passau	678	678	0
Regensburg	1	0	1
Rottenburg-Stuttgart	2.105	2.084	21
Speyer	658	658	0
Trier	24	12	12
Würzburg	1.496	1.495	1
Gesamt	*19.327 *)*	*19.065*	*247*

Quelle: Christoph Mecking: Einführung: Zur Stiftungswirklichkeit in Deutschland, in:
Bundesverband Deutscher Stiftungen (Hg.):Verzeichnis Deutscher Stiftungen 2000.
Darmstadt: Hoppenstedt 2000, S. X, und (Autor der Erhebung): Hein Ulrich Röder:
Unter dem Dach der Kirche. Kirchliche Stiftungen sind unzureichend erforscht, in:
Mitteilungen des BDS, 3/2000, S. 51-52.   *) Die Gesamtzahl ist um 15 höher als die
Quersumme, da zu Limburg keine Differenzierungen angegeben wurden.

Aber auch diese hohe Zahl der Stiftungen beinhaltet noch nicht alle katholischen Stiftungen, da alle nord- und ostdeutschen Bistümer (aufgrund
des preußischen Gesetzes über das kirchliche Vermögensrecht von 1924)

---

[478] Christoph Mecking: Einführung: Stiftungswirklichkeit in Deutschland, in: Bundesverband Deutscher Stiftungen (Hg.): *Verzeichnis Deutscher Stiftungen*. Darmstadt: Hoppenstedt, 2000, S. X.

keinerlei Rechtsaufsicht über z.B. die Pfarrpfründestiftungen besitzen. So nennen die vierzehn (Erz-)Bistümer Berlin, Dresden-Meißen, Erfurt, Essen, Fulda, Görlitz, Hamburg, Hildesheim, Limburg, Mainz, Osnabrück, Paderborn, Regensburg und Trier zusammen nur 237 Kirchenstiftungen (Durchschnitt pro Diözese: 17 Stiftungen).

Die anderen zehn (Erz-)Bistümer nennen zusammen 18.329 Stiftungen unter kirchlicher Aufsicht (Durchschnitt: 1.833 Stiftungen). Auch wenn im norddeutschen Raum die Zahl der katholischen Stiftungen erheblich geringer ausfallen wird, verweist es darauf, dass die Gesamtzahl der katholischen Stiftungen um mindestens 10.000 höher liegt, wie die ausgewiesene Zahl von 19.327 Stiftungen.

17.1.3. Evangelische Stiftungen

Im evangelischen Sektor werden von dem *Evangelisch-lutherischen Pfründestiftungsverband* 1.700 Stiftungen verwaltet. Dabei dürfte es sich um kleinere Pfarrpfründestiftungen und Pfarrwitwentümer handeln, d.h. vorwiegend Immobilien und Grundbesitz auf Gemeindeebene, aus denen traditionell Zuschüsse für das Pastorengehalt und die Witwenrenten erwirtschaftet werden. Allerdings gibt es durchaus sehr vermögende Pfarrpfründestiftungen, vornehmlich an den Stadträndern der sich ausdehnenden Großstädte (wie München, Hamburg, Frankfurt etc.), die ihr billiges Weideland sehr lukrativ als teure Baugrundstücke vermarkten konnten.

Für andere evangelische Stiftungen besteht keine zusammenfassende Übersicht. Von den bereits erwähnten 350 Stiftungen für kirchliche Zwecke gehören, aufgrund der Stiftungsbezeichnung, 74 eindeutig zum evangelischen Sektor. Gerade jedoch im evangelischen Sektor dürfte sich die Anzahl der Stiftungen noch sehr deutlich erhöhen, insbesondere bei den großen Stiftungen, da z.B. die größte Anstaltsträger-Stiftung, die SRH-Holding (Vermögen: DM 637 Mio.), zum Diakonischen Werk gehört. Von den 15 größten Anstaltsträger-Stiftungen in Deutschland gehören sieben Stiftungen, die insgesamt ein Vermögen von DM 2,2 Milliarden nachweisen, zum evangelischen Sektor (s. Übersicht 139).

Bei der EKD, und auch stichprobenartig bei einzelnen Landeskirchen, war jedoch keinerlei Kenntnis über evangelische Stiftungen vorhanden. Allein die Evangelische Landeskirche in Bayern, die eine Ausstellung mit dem Titel „Stiften gehen' oder: Wann macht Geld glücklich"[479] realisiert hat , kennt die Zahl der kirchlichen Stiftungen in ihrer Landeskirche: 150.

---

[479]   http://www.bayern-evangelisch.de/aktuell/thema/stiftung (1/2001)

Übersicht 139: Die 15 größten Anstaltsträger-Stiftungen, 2000

Kirchliche Stiftung		Vermögen	Ausgaben **)
SRH-Holding (Stift. Rehabilitation Heidelberg)	E	637.000.000	752.300.000
Stiftung Liebenau		557.561.000	76.233.000
Braunschw. Verein. Kloster- und Studienfonds	E	400.000.000	8.942.000
Evangelisches Johannesstift Berlin	E	350.259.000	136.690.000
Evangelische Stiftung Alsterdorf	E	277.273.000	263.021.000
Stiftung Meyer'sche Häuser		277.000.000	30.000.000
Spitalstiftung Konstanz *)		202.808.000	160.135.000
Fürst Donnersmarck-Stiftung Berlin	E	200.000.000	60.500.000
Blindeninstitutsstiftung		198.000.000	100.180.000
Anstalt Bethel	E	189.448.000	631.745.000
Hofrat Hessingstiftung		177.000.000	67.960.000
Stiftung Juliusspital Würzburg		138.045.000	109.127.000
Evangelische Wohltätigkeitsstiftung	E	118.056.000	35.084.000
Summe		*3.722.450.000*	*2.271.782.000*
Nicht berücksichtigt:			
Waisenhaus-Stiftung des öff. Rechts		130.128.000	26.791.000
Karl Schlecht Stiftung (KSG)		400.000.000	1.000.000

*) Die Zuordnung des Bürgerspitals Konstanz kann bestritten werden, da sich in ihrer Geschichte ein Jahrhunderte alter Streit zwischen der Kirche und der Stadt Konstanz darstellt, wer der Träger dieser Stiftung ist. Aktueller Stand: die Bürger von Konstanz. Ausgangspunkt waren jedoch eine Stiftung des Bischofs und „fromme Schenkungen".
**) Die Gesamtausgaben dieser Stiftungen resultieren in der Regel nicht aus der Vermögensanlage, sondern aus Leistungsentgelten, wie z.B. Pflegesätzen.

Quelle: Bundesverband Deutscher Stiftungen e.V. (Hg.): Zahlen, Daten, Fakten, S. 14.
(Zuordnung nach Selbstdarstellung / Rücksprache mit den jeweiligen Stiftungen).

Geht man davon aus, dass die Evangelische Landeskirche zehn Prozent der EKD bedeutet, wären im evangelischen Sektor, neben den bereits genannten 1.700 Pfarrpfründestiftungen noch weitere rund 1.500 kirchliche Stiftungen anzusetzen.

Allerdings haben 15 der 24 evangelischen Landeskirchen inzwischen auch erkannt, dass Stiftungen nützlich sind und (im März 2001) ca. 160.000 Info-Blätter herstellen lassen (für Kirchengemeinden, Hotels, Arztpraxen, Rechtsanwaltskanzleien), mit der klaren Aussage zu den zu erwartenden zwei Billionen Mark Erbschaften: „Ein Teil dieser Vermögen soll der Kirche zugute kommen."[480]

17.2. Klosterkammern

Eine Besonderheit der kirchlichen Stiftungen sind die Klosterkammern. Dabei handelt es sich um den evangelischen *Allgemeine Hannoversche Klosterfonds* der Klosterkammer Hannover, den evangelischen *Braunschweigische Allgemeine Kloster- und Studienfonds* sowie die ökumeni-

---

[480] Pressemitteilung der EKD vom 26.3.2001.

sche *Vereinigte Kirchen- und Klosterkammer* in Erfurt (60 Prozent katholisch, 40 Prozent evangelisch). Alle diese selbständigen Einrichtungen sind durch die staatliche Zusammenfassung verschiedener Klöster und kirchlicher Stiftungen entstanden (Hannover und Braunschweig nach der Reformation, Erfurt nach dem Zweiten Weltkrieg), die jedoch nicht mit dem staatlichen Vermögen verschmolzen wurden, sondern als Sondervermögen und Stiftungen für kirchliche Zwecke zwar in staatliche Verwaltung überführt wurden (als Landesbehörde oder Sonderdezernat), dabei jedoch juristisch und finanziell selbständig geblieben sind. Im Sinne der Reformation wurden sie also nicht enteignet, sondern in ihrem kirchlichen Zweck neu bestimmt, d.h. reformiert und in den Stiftungszwecken vom 'katholischen Aberglauben' befreit.

Übersicht 140: Einnahmen und Vermögen der Klosterkammern

	Einnahmen	*... aufgrund =*	*Vermögen*
Klosterkammer Hannover (Allg. Hannoverscher Klosterfonds) 1996			
Erbbauzinsen	19.270.000	1.161 ha (4% Zins)	481.750.000
Mieten/Pachten	1.020.000		
Bodenschätze	1.480.000		
Landwirtschaft	4.740.000	11.000 ha / DM 21.287	234.157.000
Forsten / Wald	9.370.000	25.514 ha / DM 5.000	127.570.000
Kapitalvermögen	3.790.000	(zu 4% Verzinsung)	94.750.000
Sonstiges	530.000		
Summe	*40.200.000*	*37.678 ha*	*938.227.000*
Braunschweigischer Vereinigter Kloster und Studienfonds (1999)			
Summe			*400.000.000*
Vereinigte Kirchen- und Klosterkammer Erfurt (1997)			
Ackerland		1.340 ha / DM 21.287	28.524.600
Wald		217 ha / DM 5.000	1.085.000
Summe		*1.557 ha*	*29.609.600*
Insgesamt			***1.367.836.600***

Quellen:
- Klosterkammer Hannover: Klosterfonds und Klosterkammer Hannover, in: Niedersachsen. Zeitschrift für Heimat und Kultur, 97. Jg., August/September 1997, S. I-XLIV.
- Braunschweigischer Vereinigter Kloster- und Studienfonds: Bundesverband Deutscher Stiftungen: Zahlen, Daten, Fakten, 2000, S. 14.
- Vereinigte Kirchen- und Klosterkammer Erfurt: 50 Jahre Vereinigte Kirchen- und Klosterkammer, in: Tag des Herrn, 14/97, Bistum Erfurt, nach: http://www.kath.de/benno/tdh/1997/erfurt/tdhe9714.htm.
Umrechnung der Angaben von Einnahmen auf Vermögen eigene Berechnung.

Das Vermögen nur dieser drei Stiftungen beläuft sich auf insgesamt 1,4 Milliarden Mark (DM 1.367.800.000).

- Klosterkammer Hannover	DM 938.227.000
- Braunschweigischer Fonds	DM 400.000.000
- Vereinigte Klosterkammer Erfurt	DM 29.610.000

Diese drei Stiftungen verweisen darauf, dass die beträchtlichen Größen-
unterschiede zwischen den großen vermögenden Stiftungen und kleinen
Pfarrpfründestiftungen im evangelischen Sektor ebenfalls vorhanden sind.

17.3. Zusammenfassung / Bewertung kirchlicher Stiftungen

Nach den oben erwähnten Angaben bestehen in Deutschland insgesamt:
> 19.327 rechtsfähige katholische Stiftungen,
> (2.122 nicht rechtsfähige katholische Stiftungen),
> 1.700 evangelische Pfründestiftungen, und

als Schätzung   1.500 evangelische Stiftungen.

Hinsichtlich des Vermögens und der jährlichen Ausgaben dieser Stiftun-
gen ist eine erste Annäherung die Übersicht über die 15 größten An-
staltsträger-Stiftungen in Deutschland, von denen 13 den konfessionellen
Sektoren zuzurechnen sind und die über ein Vermögen von 3,7 Milliarden
(DM 3.722.450.000) verfügen und an Gesamtausgaben insgesamt 2,3
Milliarden (DM 2.271.782.000) bewegen (vgl. Übersicht 139).

Für alle bestehenden Stiftungen liegen keine derartigen Zahlen vor und
wenn sie vorhanden sind, wie es mir gesagt wurde, werden sie nicht veröffentlicht. So müssen wir einen plausiblen Annäherungswert erreichen,
indem wir die Vermögensklassen der vom *Bundesverband Deutscher Stiftungen* erfassten Stiftungen als übertragbare 'Normalverteilung' betrachten und sie in ihren prozentualen Anteilen auf die kirchlichen Stiftungen
übertragen.

Übersicht 141: Vermögensklassen deutscher Stiftungen und katholischer Stiftungen, 2000

Vermögens-Klasse (in TDM)	Stiftungen BDS	Proz-ent	Katholische Stiftungen	Mittelwert Vermögen	Gesamt-Vermögen
Bis zu 1.000	2.722	60,0	11.596	500	5.798.000
Bis zu 2.500	598	13,2	2.551	1.250	3.188.750
Bis zu 5.000	420	9,3	1.797	2.500	4.492.500
Bis zu 10.000	280	6,2	1.198	5.000	5.990.000
Bis zu 25.000	271	6,0	1.160	12.500	14.500.000
Bis zu 50.000	102	2,2	425	25.000	10.625.000
Bis zu 100.000	62	1,4	271	50.000	13.550.000
Bis zu 500.000	61	1,3	251	125.000	31.375.000
Bis zu 1.000.000	11	0,2	(39)	-----	----
Mehr als 1.000.000	11	0,2	(39)	-----	----
Summe	*4.538*	*100,0*	*19.327*	*(4.632)*	*89.519.250*

*Quelle: Vermögensklassen + Anzahl der Stiftungen BDS: Bundesverband Deutscher
Stiftungen: Zahlen, Daten, Fakten. Darmstadt: Hoppenstedt, 2000, S. 7. Kirchliche Stiftungen: siehe Textteil, Mittelwert + Gesamtvermögen: eigene Umrechnungen*

Ohne Berücksichtigung der beiden obersten Größenklassen aller deutscher Stiftungen, in denen sich nur die wenigen großen Industrie- und

Staatsstiftungen befinden, errechnet sich daraus ein Vermögen der 19.327 katholischen Stiftungen von 89 Milliarden (DM 89.519.250.000) und für die 3.200 evangelischen Stiftungen ein Vermögen von 15 Milliarden (DM 14.897.500.000), zusammen also haben alle kirchlichen Stiftungen, als Richtwert, ein Mindestvermögen von 104 Milliarden Mark.

Übersicht 142: Vermögensklassen deutscher Stiftungen und evangelischer Stiftungen, 2000

Vermögens-Klasse (in TDM)	Stiftungen BDS	Prozent	Evangelische Stiftungen	Mittelwert Vermögen	Gesamt-Vermögen
Bis zu 1.000	2.722	60,0	1.920	500	960.000
Bis zu 2.500	598	13,2	422	1.250	527.500
Bis zu 5.000	420	9,3	298	2.500	745.000
Bis zu 10.000	280	6,2	198	5.000	990.000
Bis zu 25.000	271	6,0	192	12.500	2.400.000
Bis zu 50.000	102	2,2	71	25.000	1.775.000
Bis zu 100.000	62	1,4	45	50.000	2.250.000
Bis zu 500.000	61	1,3	42	125.000	5.250.000
Bis zu 1.000.000	11	0,2	6	-----	----
mehr als 1.000.000	11	0,2	6	-----	----
Summe	*4.538*	*100,0*	*3.200*	*(4.655)*	*14.897.500*

Quelle: Vermögensklassen + Anzahl der Stiftungen BDS: Bundesverband Deutscher Stiftungen: Zahlen, Daten, Fakten. Darmstadt: Hoppenstedt, 2000, S. 7. Kirchliche Stiftungen: siehe Textteil, Mittelwert + Gesamtvermögen: eigene Umrechnungen

Die außerordentliche Unterschiedlichkeit in den Größenordnungen wird dadurch verdeutlicht, dass 60 Prozent der kirchlichen Stiftungen nur 6,5 Prozent des Stiftungsvermögens zur Verfügung haben.

Das rechnerische Durchschnittsvermögen aller kirchlichen Stiftungen von jeweils 4,6 Millionen geht an der Realität dieser Diskrepanzen deutlich vorbei. Diese Größenordnung wird bei Neugründungen jedoch angestrebt, da DM 5 Millionen Stiftungsstock bei 6 Prozent Verzinsung DM 300.000 Erträge erbringt, die zumindest notwendig sind, soll eine 'ernst zu nehmende' Aktivität der Stiftung möglich sein.

Legen wir nun im nächsten Schritt zu Grunde, dass die meisten der kirchlichen Stiftungen im sozialen Bereich tätig sind, d.h. ihre Gesamtausgaben vorwiegend durch Leistungsentgelte gedeckt werden, so erbringt eine parallele Berechnung in der Verteilung nach Größenklassen (Übersicht 143) der kirchlichen Stiftungen ein Haushaltsvolumen der Gesamtausgaben in der Höhe von 80 Milliarden (DM 79.896.322.500).

Die auf den ersten Blick vielleicht irritierend hohe Summe beruht u.a. darauf, dass insbesondere die karitativen Stiftungen Einnahmen aus Leistungsentgelten, wie z.B. Pflegesätzen, erzielen. Deutlich wird das an dem Beispiel der Stiftung Anstalt Bethel, die, bei einem eigenen Vermögen von 189 Millionen Mark, Gesamtausgaben in der Höhe von 632 Millionen realisiert. Die Annahme jedoch, dass die Stiftung Anstalt Bethel damit zu den 'reichen Stiftungen' gehört, geht durchaus an der Realität vorbei, da die Ausgaben durch Zahlungen aus den öffentlichen Kassen finanziert werden, die sich zum Beispiel nicht an den notwendigen Investitionen zur Instandhaltung des vorhandenen Anlagevermögens orientieren.

Übersicht 143: Gesamtausgaben in Klassen deutscher Stiftungen, 2000, für Stiftungen mit dem Schwerpunkt „Soziale Zwecke" / Alle kirchlichen Stiftungen

Gesamtausgaben-Klasse / DM	Stiftungen BDS	Prozent	Kirchliche Stiftungen	Mittelwert Ausgaben	Gesamt-Ausgaben
Bis zu 10.000	439	16,2	3.649	5.000	18.245.000
Bis zu 25.000	284	10,5	2.365	12.500	29.562.500
Bis zu 50.000	280	10,3	2.320	25.000	58.000.000
Bis zu 100.000	320	11,8	2.658	50.000	132.900.000
Bis zu 250.000	346	12,7	2.861	125.000	357.625.000
Bis zu 500.000	238	8,8	1.982	250.000	495.500.000
Bis zu 1.000.000	156	5,7	1.284	500.000	642.000.000
Bis zu 5.000.000	321	11,8	2.658	2.500.000	6.645.000.000
Bis zu 10.000.000	103	3,8	856	5.000.000	4.280.000.000
Bis zu 25.000.000	91	3,3	743	12.500.000	9.287.500.000
Bis zu 50.000.000	58	2,1	473	25.000.000	11.825.000.000
Bis zu 100.000.000	43	1,6	360	50.000.000	18.000.000.000
Bis zu 250.000.000	27	1,0	225	125.000.000	28.125.000.000
Bis zu 500.000.000	6	0,2	45	-----	-----
Mehr als 500.000.000	6	0,2	45	-----	-----
Summe	*2.718*	*100*	**(22.524)*	*(3.551.000)*	*79.896.332.500*

Quelle: Vermögensklassen + Anzahl der Stiftungen BDS: Bundesverband Deutscher Stiftungen: Zahlen, Daten, Fakten. Darmstadt: Hoppenstedt, 2000, S. 33. Kirchliche Stiftungen: siehe Textteil, Mittelwert + Gesamtvermögen: eigene Umrechnungen.
* ( ) Die Summe beläuft sich aufgrund der Prozentuierungen nicht auf 22.527 Stiftungen.

17.4. Private Stiftungen

Neben den kirchlichen Stiftungen bestehen Stiftungen, die sich nicht im kirchlichen Besitz befinden, deren Tätigkeit aber teilweise den Kirchen zugute kommt, da die Kirchen zu den 'gesellschaftlich relevanten' Verbänden gezählt werden.

Deutsche Stiftung Denkmalschutz: Eine private Stiftung mit über 95.000 Mitgliedern, der auch regelmäßig Lotteriegelder aus der *Glücks-Spirale* und zeitweilig Bundesmittel zugesprochen werden.

Von 1991 bis 1998 hat die Stiftung 357 Millionen (davon 290 Millionen aus den Erlösen der *GlücksSpirale*) für die Erhaltung von über 1.400 Baudenkmälern in der Bundesrepublik aufgewendet.[481] 1997 (36 Millio-

---

[481] Deutsche Stiftung Denkmalschutz, Pressemitteilung vom 8.11.1999: „Seht, welch' kostbares Erbe".

nen) war der Schwerpunkt der Förderung „die Rettung von ‚zum Teil dramatisch bedrohten' Dorf- und Stadtkirchen in den neuen Bundesländern".[482]

Von 1990 bis 1997 wurde, als Beispiel, die Restaurierung der St. Georgenkirche zu Wismar – „Nutzung: derzeit keine, zukünftig kirchlich und kulturell" – mit DM 14.172.326 gefördert.[483] DM 500.000 wurden für die Sanierung der Orgel der St. Johannis-Gemeinde in Ursberg beigesteuert (Gesamtkosten DM 700.000), den Rest übernahmen die Bayerische Landesstiftung und die Kirchengemeinde.[484]

Wenn wir wiederum von 30 Prozent Kirchen-Denkmälern ausgehen, sind aus den Mitteln der Stiftung insgesamt DM 119 Millionen an die Kirchen geflossen, allein in 1997 ca. 11 Millionen.

Um einzelne Objekte dauerhaft zu betreuen und zu sichern, hat die *Deutsche Stiftung Denkmalschutz* private Stiftungen initiiert, die sie treuhänderisch verwaltet. Kirchlichen Einrichtungen zugute kommen z.B. die

- *Ernst Allmendröder-Stiftung* für die Philippuskirche im thüringischen Kleinwerter;
- *Dr. Frigga Beetz-Stiftung* für den Westchor des Domes in Naumburg;
- *Dr. Alfred Fischer-Stiftung* für die Stephanskirche in Tangermünde;
- *Bodenstein-Stiftung* für die Stiftskirche von Gernrode im Harz.[485]

Auch andere private Stiftungen erbringen Leistungen für die Kirchen. So finanziert z.B.

- die *Bertelsmann Stiftung* kirchliche Tagungen und Konferenzen, Publikationen Evangelischer Akademien und das Langzeitprojekt „Geistige Orientierung. Die Zukunft der Kirche" (1995-1999);[486]
- die *ZEIT-Stiftung* (Ebelin und Gerhard Bucerius) stellt für die Jahre 2001-2003 insgesamt 1,5 Millionen Mark für die Restaurierung historischer Orgeln in Kirchen Mecklenburg-Vorpommerns zu Verfügung;[487]
- die *Körber-Stiftung* unterstützt „maßgeblich" einen zweijährigen postgraduierten Master-Studiengang „Gemeinwesenökonomie" der Evangelischen Hochschule des Rauhen Hauses in Hamburg ab April 2001;[488]
- die *Commerzbank-Stiftung* unterstützt mit einem 10.000 DM-Scheck das Projekt „Job Management" der Theologischen Fakultät Erfurt.[489]

---

[482] Vgl. *Berliner Morgenpost* vom 9.9.1998 (36 Millionen für den Denkmalschutz).
[483] Deutsche Stiftung Denkmalschutz, unter: http://www.denkmalschutz.de/denkmal/wismar.htm
[484] Deutsche Stiftung Denkmalschutz, Pressemitteilung vom 19.11.1999
[485] MONUMENTE. Magazin für Denkmalkultur in Deutschland, 10. Jahrgang., Nr. 7/8, August 2000, S. 63/63 und S. 74.
[486] http://www.stiftung.bertelsmann.de (Suchfunktion „Kirche")
[487] *Hamburger Abendblatt*, vom 30.9./1.10.2000, S. 11.
[488] *Hamburger Abendblatt*, vom 4.12.2000 (Sonderbeilage „Die Kirchen. Dezember 2000 bis März 2001", S. 12).

17.5. Öffentliche Stiftungen

Aber auch öffentliche Stiftungen, d.h. Stiftungen mit staatlich begründetem Stiftungsstock, tun für die Kirche Gutes:

• Die *Kulturstiftung der Länder*,

seit 1988 tätig, hat sich die „Förderung und Bewahrung von Kunst und Kultur nationalen Ranges"[490] zur Aufgabe gemacht. Zu den „Highlights" der „herausragenden Förderprojekte" zählen u.a. der berühmte mittelalterliche Kirchenschatz von Quedlinburg und ein 800 Jahre altes Elfenbeinkreuz in Köln, die in „öffentlichen Besitz" überführt wurden. Für den Rückkauf von 12 Teilen des Quedlinburger Kirchenschatzes, die ein amerikanischer Offizier 1945 gestohlen hatte, zahlte die Kulturstiftung (die maximal ein Drittel zahlt) 1993 einen Anteil von 4,5 Millionen Mark.[491]

• Die *Deutsche Bundesstiftung Umwelt*

1990 wurde der Verkaufserlös der bundeseigenen Salzgitter AG (DM 2,519 Milliarden) als Stiftungsstock eingebracht – und von den seitdem mit 1,4 Milliarden geförderten 3.200 Projekten sind 190 Projekte Kirchenrestaurierungen aus dem Förderbereich 12 der Stiftung: „1. Beseitigung von Umweltschäden und Schutz vor negativen Umwelteinflüssen, 2. Erhaltung von Kulturgütern unter Umweltaspekten."[492] So meldet das Bistum Erfurt stolz: „Domfenster aus dem Mittelalter werden restauriert."[493] Vier Jahre werden die Arbeiten brauchen. Zuschuss der Stiftung: 9,5 Millionen. Bei einer durchschnittlichen Förderung von DM 400.000 pro Projekt hat die Stiftung in den vergangenen zehn Jahren 76 Millionen für die Beseitigung von Umweltschäden an Kirchengebäuden ausgegeben. 1999 hat die Stiftung 58 Projekte für „Kirchliche Institutionen" mit einer Bewilligungssumme von 7 Millionen Mark (DM 7.255.861) gefördert.[494]

Aus diesen öffentlichen Stiftungen sind also zumindest 21,3 Millionen Mark zugunsten der Kirchen ausbezahlt worden. Nur allein diese Beispiele zeigen, dass sicherlich noch weitere private und öffentliche Stiftungsmittel an die Kirchen fließen.

---

[489] http://www.kath.de/bistum/erfurt/aktuell/2000/18.htm (8. Februar 2000)
[490] http://www.kulturstiftung.de/Aufgaben
[491] *ZDF-Sendung* „Kulturstifter in Zeiten des Rotstifts" vom 7. Januar 2001, 22.30 h.
[492] http://www.dbu.de/foerderung
[493] http://www.kath.de/bistum/erfurt/aktuell/2000 (17. Februar 2000)
[494] Deutsche Bundesstiftung Umwelt: *Jahresbericht 1999*, S. 153.

18. Ordensgemeinschaften

Religiose Orden / Benediktiner / Weltliche Ordensgemeinschaften /
Deutscher Orden / Malteser / Johanniter / Orden vom Heiligen Grab

In diesem Kapitel werden wir die 'Religiosen', d.h. die Ordensgenossenschaften der Nonnen und Mönche, sowie die anerkannten weltlichen
Ordensgemeinschaften behandeln.

18.1. Religiose Orden

Die christlichen, so gut wie ausschließlich katholischen Ordensgemeinschaften, die seit 1983 amtlich „Institute des gottgeweihten Lebens" heißen, (es gibt aber auch dreißig evangelische „Kommunitäten") erhalten
keinerlei Zuwendungen aus den Kirchensteuern. Sie brauchen, als katholische Orden, zwar die Genehmigung durch den Papst, sind aber sonst in
eigenen Strukturen und Provinzen organisiert und unterstehen keinem
Diözesanbischof. In diesem Sinne sind sie selbständige Teilbereiche des
katholischen Sektors.

Explizit oder implizit sind uns die Ordensgemeinschaften schon in den
vorangegangenen Kapiteln begegnet.

In den Beiräten der kirchlichen Banken werden genannt:

• PAX-Bank: Pater Manfred Richter SJ (Superior des Ignatiushauses), Pater
Andreas Müller OFM (Missionszentrale der Franziskaner e.V.), Schwester
Gisela Happ OSB (Priorin der Benediktinerabtei St. Hildegard e.V.), Bruder
Berndward Norbert Elsner (Generaloberer der Kongregation der Barmherzigen
Brüder von Maria Hilf), Abt Ansgar Schmidt OSB (Benediktinerabtei St.
Matthias). Also: Jesuiten, Franziskaner, Benediktinerinnen und Benediktiner.

• LIGA (im Aufsichtsrat): Sr. Gonzaga Helmich, Augsburg (Frauenorden), Karl
Adolf Kreuser, München, SJ (Priester- und Brüderorden).

Die *Bank für Sozialwirtschaft* hat im Oktober 1998 erstmalig eine Kapi-
talerhöhung – seit ihrer Umwandlung in eine Aktiengesellschaft – eintra-
gen lassen: 5 Millionen. „Als Vorzugsaktionäre ohne Stimmrecht sind
nun in erster Linie eine Reihe von Ordensgemeinschaften (...) an der
Bank beteiligt."[495] Um Bettelorden wird es sich also vermutlich nicht
handeln.

In diesem Zusammenhang ist bemerkenswert, dass am Fachbereich
Katholische Theologie der Johann Wolfgang Goethe-Universität in
Frankfurt am Main ein „Forschungsprojekt Ethisch-ökologisches Rating"

---

[495] Bank für Sozialwirtschaft: *Geschäftsbericht 1998*, S. 33.

betrieben wird.[496] Inhalt des Projektes ist die Frage, wie man sein Kapital in ethisch-ökologisch 'saubere' Firmen oder Fonds investieren kann. Dabei ist bemerkenswert, dass „die Thüringische Provinz der Franziskaner als institutioneller Anleger Interesse an ethisch-ökologischen Ratings bekundet. Aufgrund der Franziskanischen Ordensgrundsätze sehen es die Franziskaner in unserer Gesellschaft als prophetische Aufgabe an, mit ihrem Anlagekapital nach ethischen Kriterien umzugehen." Also betrachten wir einmal, wie die wirtschaftliche Situation der Ordensgemeinschaften aussieht.

Bei den Klosterbrauereien wurden sie schon genannt, ebenso bei der Touristik sowie bei den Banken und auch bei den staatlichen Zahlungen für den Religionsunterricht. Und bei diesen Zahlungen für den Religionsunterricht wird ein besonderes Problem der Ordensgemeinschaften sichtbar: ihr Nachwuchsmangel.

Im Haushaltsplan des Bundeslandes Bayern 1997/98 werden von den insgesamt 125 Millionen für den Religionsunterricht 10,6 Millionen an Lehrer „kirchlicher Genossenschaften" ausbezahlt. Im Haushaltsplan 2000, der insgesamt 128 Millionen für den Religionsunterricht bereit stellt, sind es nur noch 9 Millionen, die für Religionslehrer der Ordensgemeinschaften gezahlt werden. In Nordrhein-Westfalen werden neben den staatlichen Religionslehrern auch vereinzelt Gestellungsverträge mit den Kirchen vereinbart, allerdings kein einziger mit der katholischen Kirche, da sie dafür kein Personal mehr bereit stellen kann.

Gab es 1969 noch 829 Niederlassungen 'männlicher Religiosen' mit 12.049 Mitgliedern, so waren es 1974 nur noch 808 Niederlassungen mit 10.651 Mitgliedern. Bei den Nonnen, den 'weiblichen Religiosen', sanken die Zahlen im gleichen Zeitraum parallel: Von 7.212 Niederlassungen mit 87.489 Schwestern auf 6.404 mit 77.329 Schwestern. Reduzierte sich also die Zahl der Mitglieder sowohl bei den Mönchen wie den Nonnen auf 88 Prozent, so sank die Zahl der Novizen bei den Mönchen von 282 auf 152 und bei den Nonnen von 1.149 auf 405 Novizinnen, d.h. eine Reduzierung auf 54 bzw. 35 Prozent innerhalb von fünf Jahren.

Dieser stetige Verlust an Mitgliedern und Niederlassungen, von jährlich rund zwei Prozent, zeigt sich auch in den aktuellsten Zahlen für 1999. Bei den weiblichen Religiosen bestehen nur noch rund 3.000 Niederlassungen (1974 noch 6.404) mit 32.715 Schwestern (1974 noch 77.329). Bei den männlichen Religiosen hat sich die Zahl der Niederlassungen von 808 auf 590 verringert und die Zahl der Mitglieder ist von 10.651 auf 5.859 zurückgegangen.

---

[496] Siehe http://www.rz.uni-frankfurt.de/fb6b/rating/prjekt.html

Die Zahl der Novizen und Novizinnen gleicht noch nicht einmal zehn Prozent der Verstorbenen aus. Besonders betroffen sind die Nonnen, deren Altersstruktur das Problem gravierend zeigt: 1996 sind von den 36.265 Schwestern noch 13.682 (38%) jünger als 65 Lebensjahre, dagegen bereits 22.583 (62%) älter als 65 Jahre. Schreibt man die Mitgliederverluste linear fort, werden es bei den Frauenorden (durchschnittlicher jährlicher 'Verlust' 1.560 Nonnen) in 21 Jahren nur noch etwa 3.000 Nonnen und 250 Frauenklöster vorhanden sein. Aktuell wird versucht, durch den Einsatz von Nonnen aus Asien Ersatz zu schaffen.

Der gleiche Mitgliederverlust gilt für die Brüderorden. Nur die Priesterorden werden nach dieser Logik noch 42 Jahre bestehen.

Übersicht 144: Klosterstatistik der Jahre 1969-1974 und 1996-1999

Jahr	Männliche Religiosen					
	Niederl.	*Priester*	*Kleriker*	*Laienbrüd.**)	*Novizen*	*Summe*
1969	829	6.752	922	4.093	282	12.049
1970	830	6.765	782	3.955	212	11.714
1971	815	6.825	685	3.904	206	11.620
1972	807	6.696	562	3.718	172	11.148
1973	807	6.649	471	3.676	129	10.925
1974	808	6.589	397	3.513	152	10.651
-	-	-	-	-	-	-
1996	-	4.083	267	1.825	100	6.275
1997	-	4.009	254	1.770	80	6.113
1998	-	3.944	215	1.732	77	5.968
1999	590	3.885	210	1.665	99	5.859
Jahr	Weibliche Religiosen			
	Niederlassungen	*Schwestern*	*Novizinnen*	*Summe*
1969	7.212	86.430	1.149	87.489
1970	7.064	84.638	893	85.531
1971	6.927	82.634	695	83.329
1972	6.709	80.660	563	81.223
1973	6.567	78.885	465	79.350
1974	6.404	76.924	405	77.329
-	-	-	-	-
1996	3.000	36.265	169	36.434
1997	-	35.160	175	35.335
1998	-	33.699	153	33.852
1999	-	32.570	145	32.715

Quellen: *1969-1974 : Kirchliches Handbuch. Amtliches statistisches Jahrbuch der katholischen Kirche Deutschlands von Franz Groner, Bd. XXVII: 1969–1974, S. 41; 1996/1999 http://www.orden.de/ Allgemeines/Frauen-Statistik.html bzw. Maenner-Statistik.html, 1996-1999: Wegbereiter. Magazin für Berufe der Kirche. Unter: http://www.kath.de/magazin/wegbereiter* *) Priesterorden und Brüderorden

Die durchschnittliche Zahl der 'Belegung' (1999) der Männerklöster beträgt 7 Mönche, die der Frauenklöster 12 Nonnen.

Da es sich um alt-ehrwürdige Orden handelt, geht es auch klassisch zu:
Die 'Mädels' dienen, backen, sticken, jäten Unkraut und sind für das Gute
im Menschen zuständig, die 'Burschen' brauen, drucken, werkeln und
haben die Leitungsaufsicht.

Von den 36.265 Ordensfrauen (1996) sind 10.389 im Öffentlichen Bereich in Pflegeberufen, in der Erziehung, Seelsorge, Lehrtätigkeit und
Sozialarbeit tätig.[497] (Weitere 23.596 arbeiten innerhalb der Klostermauern und 2.280 Nonnen gehören kontemplativen Orden an.)

Übersicht 145: Tätigkeiten der Ordensschwestern in öffentlichen Einrichtungen, 1996

Tätigkeiten	Schwestern	Unter 65 Jahren	Über 65 Jahre
Pflegeberufe	5.451	3.376	2.075
Erziehung	1.799	1.520	279
Seelsorge	1.352	944	408
Lehrtätigkeit	1.339	1.150	189
Sozialarbeit	448	312	136
Summe	*10.389*	*7.302*	*3.087*
In Ausbildung	277	257	20
Gesamt	10.666	7.559	3.107

Quelle: http://www.orden.de/Allgemeines/Frauen-Statistik.html

Geht man nun davon aus, dass die im Öffentlichen Bereich arbeitenden
Nonnen im Monat DM 2.000 verdienen (von denen sie persönlich allerdings nur ein 'Taschengeld' erhalten), dann erwirtschaften sie für ihre
Orden jährlich rund DM 250 Millionen Einnahmen. Die innerhalb der
Klostermauern Arbeitenden (Oblatenbäckereien, Paramentenstickereien,
etc.), die monatlich zumindest DM 1.000 erwirtschaften dürften, erarbeiten so für ihre Gemeinschaften eine Einnahme in der Größenordnung von
280 Millionen. Zusammen eine Größenordnung von 530 Millionen Mark.

Ein weiteres Segment der Einnahmen sind die Exerzitien in den Klöstern, z.B. eine Fastenwoche im Exerzitienhaus des Benediktinerinnen-
Klosters Marienrode bei Hildesheim. (Eine Woche ist generell die emp-
fohlene Exerzitiendauer.) Kostenpunkt 590 DM pro Person.[498] 232 Klöster
bieten diese Möglichkeiten an.[499]

Die Zahl der katholischen Exerzitienteilnehmer betrug 1972: *92.084*,
1973: *105.542*, 1974: *109.422* und 1975: *95.905* Teilnehmer.[500] Danach

---

[497] http://www.orden.de/Allgemeines/Frauen-Statistik.html (Dazu steht allerdings eventuell
im Widerspruch, dass allein in den Einrichtungen der Caritas 12.253 Ordensangehörige
arbeiten, was allerdings bedeuten mag, dass auch Mönche dort arbeiten.)

[498] http://www.bistum-hildesheim.de (Pressedienst vom 9. Mai 2000)

[499] Vereinigung der Ordensoberinnen Deutschlands und Vereinigung Deutscher Ordensobern (Hg.): *Atem holen. Stille, Nachdenken, Gemeinschaft im Kloster. Angebote der
Frauen- und Männerorden in Deutschland.* 52 Seiten, Stand April 1997.

[500] *Kirchliches Handbuch*, Amtliches statistisches Jahrbuch der katholischen Kirche in
Deutschland von Franz Groner, Direktor der Amtlichen Zentralstelle für kirchliche Sta-

gibt es keine Zahlen mehr, da der zuständige Bearbeiter des Kirchlichen Handbuches die Arbeit beendete, die Redaktion nach Bonn umzog und keiner mehr Interesse daran hatte, diese Angaben mühevoll zusammenzutragen. Die Zahlen dürften aber in den letzten Jahren nicht weiter gesunken sein, da bereits in den siebziger Jahren 60 Prozent der Teilnehmer Frauen waren und die heutigen Angebote sehr dem 'Bedürfnis nach Esoterik' vieler Frauen entsprechen.

Für die Teilnehmer geben die Ordensgemeinschaften vier Möglichkeiten vor, wie sie die Teilnahme honoriert sehen möchten. 1. Kostenloser Aufenthalte, für den eine Spende aber gerne angenommen wird. 2. Kostenloser Aufenthalt, sofern mitgearbeitet wird. 3. Bezahlung nach Tagessätzen. 4. Bezahlung nach individueller Regelung. Die Durchsicht der Angebote zeigt die entsprechenden Anteile:

Übersicht 146: Exerzitienteilnahme und Bezahlung, 1997

„Bezahlung"	Männerorden	Frauenorden	Summe
1. In absoluten Zahlen			
Kostenlos, für Spende dankbar	28	25	53
Kostenlos bei Mitarbeit	7	11	18
Bezahlung: feste Tagessätze	34	51	85
Bezahlung: individuelle Sätze	24	52	76
Summen	93	139	232
2. In Prozenten			
Kostenlos, für Spende dankbar	30%	18%	22,8%
Kostenlos bei Mitarbeit	7%	8%	7,8%
Bezahlung: feste Tagessätze	37%	37%	36,6%
Bezahlung: individuelle Sätze	26%	37%	32,8%

Quelle: Vereinigung der Ordensoberinnen Deutschlands und Vereinigung Deutscher Ordensobern (Hg.), Atem holen. (Prozente eigene Umrechnung.)

Was bei den Frauenorden so sympathisch aussieht, der hohe Satz der individuellen Regelung der Tagessätze, täuscht allerdings, wenn man annimmt, es sei preisgünstiger als der feste Tagessatz. Im Benediktinerinnenkloster Marienfelde in Hildesheim kostet der Tagessatz (inkl. Vollpension) DM 65 (die Woche also DM 455), für Nichtkonfessionelle dagegen pro Tag DM 95 (die Woche also DM 665).[501]

Gehen wir nach den Verteilungen des kostenlosen bzw. zu bezahlenden Aufenthalts davon aus, dass in 161 der 232 Klöstern die Teilnahme zu bezahlen ist, müssen von den angenommenen 100.000 Teilnehmern 69.000 den Aufenthalt bezahlen. Da eine Woche als Aufenthalt empfoh-

---

tistik des katholischen Deutschlands, Band XXVII (1973-1974) und Band XXVIII (1975 und 1976).
[501] http://www.wordonline.de/home/marienrode/exerzhaus.htm

len wird, und die Woche im Schnitt DM 590 kostet, erbringt das den Klöstern eine weitere Einnahme von rund 41 Millionen Mark.

Auch die 30 evangelischen „Kommunitäten" bieten das „Kloster auf Zeit" an.[502] Allerdings gibt es dazu keinerlei Zahlen über Teilnehmer und Preise.

Bei den Männerorden im katholischen Sektor sind die zahlenmäßig stärksten Ordensgemeinschaften die Benediktiner (957 Mitglieder), die Franziskaner (555), die Jesuiten (416), die Salesianer Don Boscos (396), die Steyler Missionare (375) und die Pallotiner (346).[503]

18.1.1. Benediktiner

Wirtschaftlich am aktivsten sind die Benediktiner (Ordensregel: Ora et labora – Bete und Arbeite). Es bestehen 37 Niederlassungen von 28 rechtlich selbständigen Abteien. Mehrfach sind sie uns schon begegnet: beim Unterricht, Drucken, Brauen, Brennen und in der Gastronomie. Betrachten wir nun eine der 'Hochburgen'.

Kloster Andechs

Dort, „wo sich Himmel und Erde die Hand reichen", leben ein paar Benediktinermönche abseits der lärmenden Großstadt München ihr beschauliches Leben in gottgefälliger Abgeschiedenheit. Sie arbeiten, beten, brauen etwas Bier, um die schmale Klosterkost aufzubessern und einen zufällig vorbeikommenden Wanderer gastfreundlich zu erfrischen... So fangen Märchen an. Dieser 'Zauberberg' ist korrekt: das *Wirtschaftsgut* der Benediktinerabtei St. Bonifaz in München. (Wirtschaftsgut heißt, dass dort das Geld und die Lebensmittel erzeugt werden, die zum Lebensunterhalt der Mönche in der Stadt gebraucht werden.)

Inzwischen leben in Kloster Andechs wieder acht Mönche (bis vor kurzem waren es nur noch sechs) und haben die Oberaufsicht über sieben Wirtschaftsbetriebe, in denen insgesamt 170 gewerbliche Mitarbeiter beschäftigt sind.

Unter dem neuen Prior (Pater Anselm Bilgri, 1991 Cellerar – Wirtschaftsleiter – und seit 1994 Prior des Klosters und Träger des Bundesverdienstkreuzes) wird das Kloster dynamisch zum Profit-Center weiterentwickelt. Die Gaststätten und die wenig profitable Landwirtschaft – wahrscheinlich wird ein Golfplatz daraus –, sind verpachtet. Brauerei, Brennerei, Versandhandel, Klostershop, Gaststätte „Andechser am Dom" in München und die im Entstehen begriffene bundesweite Restaurantkette

---

[502]   http://www.ekd.de/kloster
[503]   http://www.orden.de/Allgemeines/Maenner-Statistik.html

„Der Andechser" (erste Eröffnung am 10. März 2000 in Goslar/Niedersachsen) sowie das geplante Tagungs- und Kongresszentrum in Andechs sind/werden/bleiben Wirtschaftsbetriebe des Klosters.

Den Bierumsatz hatten wir bereits kennengelernt. 90.000 Hektoliter entsprechend rund DM 15 Millionen Umsatz. 9.000 Hektoliter werden in Andechs vor Ort ausgeschenkt, zum entsprechend höheren Endverbraucherpreis, was sich auf ca. zusätzliche 750.000 DM summiert. Gibt jeder der 1,5 Millionen jährlichen Besucher im Schnitt nur DM 15 in Andechs aus (für Essen, Wein, Säfte, Souvenirs, Bücher) erbringt das weitere 22,5 Millionen Umsatz. Zusammengerechnet erwirtschaftet das Kloster demnach (schätzungsweise und ohne den bereits erfassten Bierumsatz von 15 Millionen) mindestens weitere 23 Millionen Umsatz.

Lassen Sie sich durch den Touristenrummel nicht stören, wandern in der schönen Voralpenlandschaft, besuchen das Grab des Komponisten Carl Orff oder bestaunen Sie die herrliche Wallfahrtskirche, die durch die fleißigen Mönche frisch restauriert wurde – und Sie irren sich. Denn die Wallfahrtskirche des Kloster Andechs gehört dem bayerischen Staat, der für Sanierungsmaßnahmen an Fassade, Turm und Kircheninnern 1997/98 schon 2,1 Millionen Mark bereit gestellt hat.[504]

Bevor wir uns jetzt in der ausführlichen Beschreibung der weiteren 'Hochburgen' – Kloster Ettal, Maria Laach, Münsterschwarzach, Ottobeuren, St. Ottilien, Weltenburg – und der anderen 589 Niederlassungen der männlichen Orden und der rund 3.000 Niederlassungen der Ordensfrauen verlieren, betrachten wir den Aspekt Immobilien der Ordensgemeinschaften in der Zusammenfassung.

18.1.2. Immobilien der Orden

Der **Grundbesitz** der Ordensgemeinschaften wurde bereits mit einer durchschnittlichen Fläche von 19 ha pro Niederlassung bei dem Grundbesitz der konfessionellen Sektoren mit berücksichtigt und ausgewiesen. Als Hinweis auf den Grundbesitz der Ordensgemeinschaften sollen jetzt nur zwei Zahlen als Illustration genügen: Kloster Marienthal (Zisterzienserinnen) bei Ostritz (Sachsen): 900 Hektar (entspricht 9 Millionen Quadratmetern) und das kleine Benediktinerkloster „St. Ansgar" in Nütschau (Schleswig-Holstein) besitzt 84 ha.

In den vergangenen dreißig Jahren wurden rund 4.300 Niederlassungen aufgegeben, d.h. verkauft, verpachtet oder verschenkt. Bei einem mittleren Wert von 2 Millionen handelt es sich dabei um einen Immobilienwert von rund DM 8,6 Milliarden.

---

[504] Freistaat Bayern: *Haushaltsplan 1997/1998*, Einzelplan 5, S. 276.

Für die bestehenden 3.590 Klöster erscheint die Bewertung entsprechend der plausiblen Unterteilung der Kirchengebäude als sinnvoll.

Übersicht 147: Immobilienwert von Klöstern*)

Prozent	Zahl	Einzelwert	Summe der Gruppe
0,06 %	2	500 Mio.	1.000.000.000
0,11%	4	300 Mio.	1.200.000.000
0,83%	30	100 Mio.	3.000.000.000
12,0 %	431	2 Mio.	862.000.000
66,0 %	2.369	1,5 Mio.	3.553.500.000
21,0 %	754	0	0
Summe	3.590		9.615.500.000

Quelle: Anzahl der Klöster / Niederlassungen nach: http://www.orden.de
*) Berechnung analog der Prozentanteile bei Kirchengebäuden in Übersicht 103

Entsprechend dieser Bewertung reicht die Spanne von zwei als einzigartig zu bewertenden Klosteranlagen bis zu 2.369 'kleinen Anlagen'. 754 Klöster/Niederlassungen wurden nicht bewertet. Als Immobilienwert ergibt sich daraus ein Betrag von rund DM 10 Milliarden.

Zusammengefasst erzielen die religiosen Ordensgemeinschaften rund DM 854.588.000 Einnahmen (DM 30.521.000 aus Pachtentgelten, DM 229.317.000 aus Erbbauzins, DM 530.000.000 aus eigener Arbeit, DM 41.000.000 durch Exerzitien und DM 23.750.000 in Kloster Andechs). Als Vermögenswerte dürften sie über DM 71.076.800.000 verfügen (DM 61.461.300.000 an Grundbesitz und DM 9.615.500.000 an Gebäuden).

18.2. Weltliche Orden

Neben den 'Religiosen' bestehen heute noch acht Ordensgemeinschaften in Deutschland, von denen allerdings nur vier geistlich anerkannte[505] (weltliche) Ordensgemeinschaften sind: Drei sind katholisch: Die deutsche Brüderprovinz des *Deutschen Ordens*, der *Orden vom Heiligen Grab zu Jerusalem* und der *Malteserorden*. Einer ist evangelisch: der *Johanniterorden*. Während die *Malteser* und die *Johanniter* in der Öffentlichkeit hauptsächlich durch ihre Rettungs- und Krankendienste (u.a. bei Großveranstaltungen) bekannt geworden sind, hat ein altehrwürdiger Orden (gegründet im Jahr 1190), der bis dahin recht unbekannt war, im Jahre 2000 für Schlagzeilen gesorgt.

---

[505] Die nicht anerkannten Orden: Lazarusorden, der Ritterorden „Ordre Equestre du Saint Sauveur du Mont Réal" (OESSM), die Templer und der Ökumenische Templer-Orden.

18.2.1. Deutscher Orden

„Der Deutsche Orden ist ein klerikales Institut des gottgeweihten Lebens päpstlichen Rechtes, dessen Wirkungsfeld das Apostolat in der Welt ist."[506] Seit 1996 ist der bayerische Ministerpräsident Edmund Stoiber als 'Familiar' Mitglied des Deutschherrenbundes, der Laienorganisation des Ordens, und nachdem die Deutsche Brüderprovinz des Ordens im Mai 1998 als gemeinnützige Körperschaft des öffentlichen Rechts durch den Freistaat Bayern anerkannt wurde (= Steuerfreiheit, keine Bilanzen), zog die deutsche Zentrale des Ordens von Frankfurt am Main nach Kloster Weyarn in Bayern um.

Seit 1993 sind „rund 120 Kranken-, Alten- und Sozialeinrichtungen, die ehemals von kirchlichen, kommunalen oder freien, gemeinnützigen Trägern geführt wurden"[507] in den Besitz der Deutsche Brüderprovinz des Deutschen Ordens übergegangen. Grundlage war die vertrauensvolle und kostenlose Überschreibung der karitativen Einrichtungen von zehn kleinen und überalterten Schwesterngemeinschaften.

In seiner Selbstdarstellung bezeichnet sich der Deutsche Orden wechselnd als „DO-Konzern" bzw. „DO-Unternehmensgruppe", denn neben dem DOH (*Deutscher Orden Hospitalwerk*), besitzt der Orden inzwischen 26 Prozent der *Jericho Motel Company* (erstes 4-Sterne-Hotel im zukünftigen Staat Palästina), 50 Prozent der schweizerischen *Stemcup AG*, die Hüft-Implatate herstellt, und betreibt im Unternehmensbereich „Produkte, Handel und Dienstleistungen" die Reinigung und das Catering ihrer Einrichtungen durch die zum Konzern gehörende Firma Tressler. Seit 1997 lässt die DO-Unternehmensgruppe Massenartikel wie gepuderte und ungepuderte OP- und Untersuchungshandschuhe als DO-Eigenmarke in Asien produzieren, ebenso wie in Kliniken benötigte Textilwaren, die über das Duisburger Vertriebszentrum ausgeliefert werden. 1999 wurde eine neue „Tochter" gegründet: die Krankenhaus-Managementgesellschaft AGP, die 15 Häuser mit einem Umsatzvolumen von rund 250 Millionen Mark verwaltet.

Den eigenen Angaben zufolge war der Deutsche Orden inzwischen zu einem der acht größten Sozialunternehmen Deutschlands aufgestiegen, beschäftigte 5.500 Mitarbeiter und verwies stolz auf seine „solide Finanzbasis": Das Eigenkapital betrug DM 84.000.000 und das Vermögen umfasste DM 524.000.000 (davon 337 Millionen in Immobilien und Grund-

---

[506] Diese und alle weiteren Finanzangaben, soweit nicht anders angegeben, nach der Selbstdarstellung des Deutschen Ordens im Internet http://www.deutscher-orden.de/ Deutsche Bruederprovinz/...

[507] *Die Woche,* vom 21.7.2000, S. 30 (Irene Stratenwerth: Kreuzzug mit dem Scheckheft).

besitz). Der Fördermittelbestand erreichte DM 174.000.000. (*Zwischen-summe Kapital/Vermögen DM 782.000.000*), und der Umsatz (1999) DM 490.000.000.

Im Juli 2000 tauchten in den Medien erste Berichte auf, nach denen das *Deutscher Orden Hospitalwerk* (DOH) mit finanziellen Schwierigkeiten zu kämpfen hätte und andere Ordensgemeinschaften bei der Überlassung der Krankenhäuser und Einrichtungen 'über den Tisch gezogen habe'. Der Deutsche Orden dementierte heftig: alles „Meinungen, Interpretationen, Unterstellungen".[508] Doch dann, Anfang Dezember 2000, überschlugen sich die Meldungen und Reaktionen: Der Deutsche Orden sei zahlungsunfähig und könne die Dezembergehälter der Mitarbeiter nicht mehr auszahlen. Gegen Ministerpräsident Stoiber wurde Strafanzeige wegen 'Beihilfe zur Untreue' erstattet[509] und Bayern sollte 25 Millionen 'Überbrückungshilfe' zahlen.[510] Der Prior der deutschen Provinz und der Geschäftsführer des DOH wurden schließlich vom Hochmeister in Wien ihrer Ämter enthoben.[511] Die Bischofskonferenz wollte finanziell einmalig aushelfen, „um den dringendsten Bedürfnissen in einzelnen Einrichtungen abzuhelfen".[512] Noch ist alles weitere offen und die Homepage der Deutschen Brüderprovinz im Internet vermeldete ab März 2001 lapidar: „Unsere Seiten sind zur Zeit nicht erreichbar."

Mit weniger Aufruhr, und auch weniger großspurig, sind die anderen Orden tätig. Die Johanniter und die Malteser sind wirtschaftlich vor allem durch ihre Rettungseinsätze und Krankentransporte, sowie ihre Kranken- und Alteneinrichtungen von Interesse für uns. Hinsichtlich dieser Arbeit ist die *Johanniter-Unfall-Hilfe* Fachverband des Diakonischen Werkes und die Werke der Malteser wurden mit Hilfe der Caritas gegründet. Sie sind sozusagen die motorisierten Abteilungen der konfessionellen Groß-Verbände. Da beide Verbände sich jedoch in der Trägerschaft ihrer Orden befinden, sollen sie hier kurz dargestellt werden. Die Zahlen dieser Werke sind ein erster Hinweis darauf, was in Deutschland im karitativen Bereich umgesetzt wird und ein 'Vorgeschmack' auf die Größenordnungen der beiden großen Wohlfahrtsverbände Diakonisches Werk und Caritas.

---

[508] http://www.deutscher-orden.de (Pressemeldung: „Meinungen, Interpretationen, Unterstellungen – und die Fakten", in der sich der Orden gegen Berichte im SPIEGEL und im *stern* verteidigte.)
[509] http://www.sueddeutsche.de/nachrichten/woche49/stoiber.htm
[510] *stern* vom 7.12.2000, S. 23.
[511] http://www.erzbistum-muenchen.de (Pressemeldung KNA vom 5.12.2000)
[512] http://dbk.de/presse/pm2000 (Pressemeldung vom 8.12.2000)

18.2.2. Johanniterorden

Die Johanniter (amtlich: „Balley Brandenburg des Ritterlichen Ordens vom Spital in Jerusalem, genannt 'Der Johanniterorden'") waren ursprünglich Teil des Malteserordens und ihr Orden wird nach wechselvoller Geschichte 1852 von König Friedrich Wilhelm IV. von Preußen als selbständiger evangelischer Ritterorden wieder hergestellt. Seit 1693 ist der Herrenmeister in Erbfolge immer eine S.K.H. („Seine Königliche Hoheit"), ein Hohenzollernprinz, zur Zeit S.K.H Oskar Prinz von Preußen. Aufgaben der Johanniter sind ihr diakonischer Auftrag und das Eintreten für den christlichen Glauben. Neben Deutschland sind die Johanniter auch noch in Namibia (Afrika) tätig.

Der Orden selbst[513] ist Träger von 20 Krankenhäusern, 26 Altenpflegeheimen und 151 Kindertageseinrichtungen. Der Immobilienwert beträgt als Richtgröße rund DM 755 Millionen.

Die *Johanniter-Unfall-Hilfe* (JUH) ist eines der Ordenswerke. 1999 wurden 846.341 Einsätze gefahren, d.h. an jedem Tage des Jahres leisteten sie alle 20 Sekunden einen Einsatz. Die Jahreseinnahmen beliefen sich auf 739 Millionen Mark.

Übersicht 148: Vermögen und Einnahmen der Johanniter, 1999

Immobilienvermögen:	
20 Krankenhäuser, Ø 214 Betten à DM 20 Mio. =	400.000.000
26 Altenpflegeheime, Ø 118 Plätze à DM 9 Mio. =	234.000.000
151 Kindertageseinrichtungen, Ø 66 Plätze à DM 0,8 Mio. =	121.000.000
Summe	*755.000.000*
Einnahmen: Johanniter Unfall Hilfe (JUH)	
- Eigenleistungen (76,2%)	563.118.000
- Mitgliedsbeiträge, Spenden (16,8%)	124.152.000
- Öffentl. Zuschüsse (7,0%)	51.730.000
Zwischensumme JUH (100 %)	*739.000.000*
Einnahmen Soziale Dienste/Fahrdienste:	
- Krankenhäuser und Altenheime*)	855.880.340
- Mahlzeitendienst: 4.382.594 x DM 10	43.825.940
- Hausnotruf: 31.353 Teilnehmer x DM 100 x 12 Monate	37.623.600
- Fahrdienste: Linie: 204.770 x DM 5	1.023.850
Individuell: 157.789 x DM 50	7.889.450
Zwischensumme Soziale Dienste	*946.243.180*
Gesamtsumme	2.440.243.180
*) entsprechende Umrechnung der Zahlen der Malteser (DM 116.478 pro Bett/Platz)	

Quellen: Vermögen: http://www.johanniterorden.de (Werte eigene Berechnungen)
Einnahmen: http://www.johanniter.de/statistik/wirtschafts_und_finanzdaten.html
Berechnung x DM sind eigene Ansätze aufgrund von Vergleichen.

---

[513]   http://www.johanniterorden.de/krankenh.htm

563 Millionen davon sind Eigenleistungen, 124 Millionen Mitgliederbeiträge und Spenden, sowie 52 Millionen öffentliche Zuschüsse.[514] (Seit
1994 – Umsatz: DM 527 Millionen – eine Steigerung um 40 Prozent.)
Bemerkenswert ist der hohe Anteil von Zivildienstleistenden bei den
Johannitern. Neben dem normal bezahlten Personal (6.627 Mitarbeiter)
leisten noch 3.143 Zivildienstleistende viel Arbeit für billige Entlohnung.

Ohne die Bewertung der drei Flugzeuge, der 234 Rettungstransportwa-
gen und 254 Krankentransportwagen und der Umsätze der Krankenhäuser
und Altenpflegeeinrichtungen sind die Johanniter für rund 2,2 Milliarden
Mark gut.

18.2.3. Malteserorden

Der Malteserorden (mit vollem Namen: Souveräner Ritter- und Hospital-
orden vom Hl. Johannes zu Jerusalem, genannt von Rhodos, genannt von
Malta) ist nach seiner Selbstdarstellung „der einzige heute noch in unge-
brochener Kontinuität bestehende geistliche Ritterorden, der seit seiner
Gründung zudem seinen Charakter unverfälscht erhalten konnte. Er ist ein
aus katholischen Laien bestehender Krankenpflege-Orden und zugleich –
als Folge seiner früheren Landesherrschaft in Rhodos und Malta – ein
staatsähnliches souveränes Völkerrechts-Subjekt [...] und unterhält di-
plomatische Beziehungen zu rund hundert Staaten und internationalen
Organisationen."[515] Die deutsche Assoziation ist in ihrer heutigen Form
1993 gebildet worden, hat 550 Mitglieder und ein Mensch muss schon
adelig sein, um Ritter werden zu können. Präsident: Leo Ferdinand Graf
Henckel zu Donnersmark. Generaloberin der Schwesternschaft: Elisabeth
Gräfin Stauffenberg. Die Assoziation ist Initiatorin und Trägerin verschiedener Ordenswerke.

In der MTG Malteser Trägergesellschaft gGmbH sind die Krankenhäuser und Alteneinrichtungen zusammengefasst. 4.300 Mitarbeiter erwirt-
schafteten 1998 einen Umsatz von fast 380 Millionen Mark.[516] Der Mal-
teserhilfsdienst fuhr 600.000 Einsätze, was im Vergleich zur Johanniter-
Unfallhilfe[517] eine Einnahme in der Größenordnung von 435,6 Millionen

---

[514] http://www.johanniter.de/statistik (und)..../wirtschafts_und_finanzdaten.htm
[515] http://www.malteser.de/malteserorden
[516] Setzt man die Zahl der Mitarbeiter und den Umsatz in Beziehung, erwirtschaftet ein
       Mitarbeiter einen Umsatz von DM 88.370. Diese Zahl ist insofern hilfreich, weil auch
       das *Deutscher Orden Hospitalwerk* 1999 den gleichen Betrag pro Mitarbeiter erzielt
       (490 Mio. Umsatz / 5.500 Mitarbeiter = 89.000 Mark).
[517] 614.848.000 Einnahmen durch Eigenleistung und Zuschüsse / 836.341 Einsätze = ∅
       726 pro Einsatz.

bedeutet.[518] Ohne die Fahrzeuge sind die Malteser-Einrichtungen also für rund DM 1,3 Milliarden Mark gut.

Übersicht 149: Vermögen und Einnahmen der Malteser, 1999

Immobilienvermögen:	
11 Krankenhäuser, ∅ 221 Betten à DM 20 Mio. =	220.000.000
10 Altenpflegeeinrichtungen, ∅ 87 Plätze à DM 9 Mio. =	90.000.000
Zwischensumme:	*310.000.000*
Einnahmen: Malteser Rettungswesen:	
- Eigenleistungen 152.687 Notfalltransporte	
296.622 Krankentransporte	
38.417 Notarzt-Einsätze	
66.570 Kassenärztlicher Notfalldienst	
58..079 Sonstige Einsätze	
Zwischensumme 608.775 Einsätze x DM 665) =*	*404.835.375*
Einnahmen Soziale Dienste / Fahrdienste:	
- Krankenhäuser / Altenhilfe	384.492.484
- Mahlzeitendienst: 4.544.541 x DM 10 =	45.445.410
- Hausnotruf / Teilnehmer: 21.694 x DM 100 x 12 Monate =	26.032.800
- Fahrdienste Behinderte: Linie: 6.121.100 x DM 5 =	30.605.500
Individuell: 565.740 x DM 50 =	28.287.000
Zwischensumme Dienste	*514.863.194*
Auslandseinsätze	30.000.000
Gesamtsumme	*1.259.698.569*
*) Entsprechend dem durchschnittlichen Ertrag/Eigenleistung der Johanniter Einsätze.	

Quelle: Alle Angaben nach: Malteser „Jahresbericht 1999", diverse Seiten.
Immobilienwert / Multiplikationen nach eigenen Schätzungen und Vergleichen.

Was allerdings in den beiden Übersichten zu den Johannitern und den Maltesern noch fehlt, sind die „Zuweisungen für Investitionen des Rettungsdienstes", d.h. für die Beschaffung von Kraftfahrzeugen und für Bauvorhaben.

So listet nur der Landeshaushalt von Nordrhein-Westfalen für 1998 in Einzelplan 07 070 auf:

- Zuschüsse an Hilfsorganisationen in der Unfallhilfe
  (Förderung der Rettungssanitäterausbildung)   DM   430.000
- Zuweisungen für Investitionen des Rettungsdienstes
  (Kraftfahrzeuge, Bauvorhaben)   DM   17.363.000

18.2.4. Orden vom Heiligen Grab

Der dritte katholische Orden, der Orden vom Heiligen Grab zu Jerusalem, hat von alledem nichts zu bieten, eher das Gegenteil. Zwar hat er 1.200 Mitglieder in Deutschland, doch, so der Sprecher der Grabesritter, Helmut

---

[518] Entsprechend der Unterteilung bei den Johannitern sind davon 92% Eigenleistung (= DM 400.752.000) und 8% Zuschüsse (= DM 34.848.000).

Müller: „Wir müssen uns dringend verjüngen, sonst sterben wir aus –
Kandidaten über 60 Jahre werden zunehmend unbeliebt."[519]

Großprior als geistliches Oberhaupt der deutschen Statthalterei ist der
Bischof von Speyer. Die Ordensmitglieder entstammen der mittleren bis
oberen Gesellschaftsschicht. „Seine Mitglieder dürfen nicht Organisationen angehören, die im Widerspruch zur Lehre der Katholischen Kirche
stehen und auch nicht anderen Institutionen mit vermeintlich ritterlichem
Charakter, die nicht vom Heiligen Stuhl anerkannt oder von souveränen
Staaten zugelassen wurden." Neue Mitglieder werden ausschließlich
durch den Orden berufen und nach einjähriger Probezeit vom Papst ernannt. (Mitglieder waren/sind u.a. die ehemaligen Ministerpräsidenten
Streibl und Filbinger.[520])

Männer werden zu Rittern geschlagen, Frauen werden Ordensmitglieder. Der Orden vom Heiligen Grab sieht eine seiner Hauptaufgaben in
„der Verteidigung der Rechte der katholischen Kirche, insbesondere im
Heiligen Land"[521] und unterstützt die Christen im Nahen Osten, Schulen
und Kindergärten in Israel, Waisenhäuser und Behindertenheime in Israel,
Jordanien, Zypern und Palästina. Dafür bringt die deutsche Statthalterei
jährlich zwei Millionen Mark auf.

Hinsichtlich seiner Geschichte, mit seinen internationalen Verbindungen und seinen Mitgliedern wird dieser Orden aber nicht nur als mildtäti-
ger Honoratiorenclub gesehen, sondern von verschiedenen Autoren mit
dem (im nächsten Kapitel behandelten) *Opus Dei* in Verbindung gebracht.[522]

[519]   *Die Welt* vom 21.10.1997, nach: http://www.welt.de/daten/1997/10/21
[520]   Thomas Geisen, Investiturfeier der „Ritter vom Heiligen Grab zu Jerusalem", in: *MIZ,
Nr. 3/1995*, S. 18-21.
[521]   http://www.ritterorden.de/genauer04.htm
[522]   Egmont R. Koch und Oliver Schröm. *Das Geheimnis der Ritter vom Heiligen Grabe.
Die Fünfte Kolonne des Vatikans.* Hamburg: Hoffmann & Campe, 1995, 334 Seiten;
Lutz Overbeck & Viola Gräfin von Bethusy-Huc, Das QUO VADIS Syndrom, in: *MIZ
3/1995*, S. 10-17.

19. Konfessionelle Verbände

Katholische Verbände: Opus Dei / Kolpingwerk / Evangelische Verbände: CVJM

In diesem Kapitel werden wir uns mit drei kirchlichen Organisationen beschäftigen, die bundesweit aktiv sind und weder zu den Ordensgemeinschaften gehören noch in die amtskirchliche Hierarchie eingebunden sind. Das *Opus Dei* steht stellvertretend für alle 'Geheimgesellschaften' und ihre finanzielle Macht. *Kolpingwerk* und *CVJM* sind wir bereits mehrfach begegnet, nun soll das Bild dieser beiden Verbände abgerundet werden – insbesondere im Hinblick auf das Spezifische ihrer Unterorganisationen.

19.1. Katholische Verbände

Der Papst wird älter, der Vatikan zunehmend ein bürokratischer Apparat, auf den immer weniger Menschen hören, die Jesuiten werden immer weniger... Doch bevor vielleicht eine Lücke im Weltverschwörungsepos auftaucht, hat sich rechtzeitig eine Organisation dafür angeboten, die als erzkonservativer, mächtiger und reicher Drahtzieher hinter allem Bösem steckt und die Weltherrschaft anstrebt.

19.1.1. Opus Dei

Das Opus Dei („Das Werk Gottes"): Eine Organisation, die wie dafür geschaffen erscheint, allen bösen Mutmaßungen Recht zu geben – elitär, verschwiegen und machtvoll.

1928 gegründet, verlieh der Papst dem Opus Dei bereits 1947 den Status eines *Säkularinstitutes* und nach dem II. Vatikanischen Konzil (Stärkung der Laienorganisationen) räumte Papst Johannes Paul II. der Vereinigung 1982 die einzigartige Rechtsform einer *Personalprälatur* ein (ein weltweites Bistum ohne Territorium) mit dem vollständigen Namen: „Prälatur vom Heiligen Kreuz und Opus Dei", dessen auf Lebenszeit gewählter Prälat vom Papst zum Titular-Bischof ernannt wird. Das Besondere an dieser Personalprälatur ist der damit verliehene besondere Rechtsstatus, der die innere Organisation des Verbandes dem eigenen Recht überlässt.

Neben den Priestern als Mitglieder (des Heiligen Kreuzes), haben die katholischen männlichen und weiblichen Laien (des Opus Dei) den Status von 'Numerariern' (mit besonderen Pflichten) und Nicht-Katholiken den Status von 'Mitarbeitern', die durch Gebet oder Geldmittel die Arbeit des Opus Dei unterstützen.

In Deutschland ist die Prälatur mit elf Zentren präsent: In Bonn (seit 1953), Köln (1956), Essen (1968), Aachen 1971), Münster (1975), München (1978), Berlin und Trier (1979), Euskirchen (1985) Frankfurt und Augsburg (1988). Der Sitz des deutschen Regionalvikariates befindet sich in Köln. Die Mitgliederzahl in Deutschland (weltweit rund 84.000) liegt bei ca. 1.000 Personen.[523]

Seit 1983 ist das Opus Dei in die öffentliche Kritik geraten. Der Widerspruch in der Öffentlichkeit reibt sich daran, dass Opus Dei einerseits von sich selber sagt: „Die Zielsetzung ist ausschließlich pastoraler (geistlicher) Natur." „Die Mitglieder des Opus Dei sorgen als berufstätige Bürger selbst für ihren Unterhalt." Und „daher besitzt die Prälatur als solche grundsätzlich keine materiellen Mittel." Andererseits bestehen die rechtsfähigen „korporativen apostolischen Werke des Opus Dei", doch „die Unternehmungen sind nicht kirchlicher, sondern ziviler Natur. Sie sind deswegen auch nicht Eigentum der Prälatur, denn sie werden nicht vom Opus Dei, sondern von den jeweiligen Initiatoren betrieben."[524] Dieses Selbstverständnis wird von der (vorwiegend katholischen) Kritikern aber nicht akzeptiert.

In der Praxis sieht das dann so aus: In Ettal wurde 1995 das einstige Hotel 'Benediktenhof', mit großem Areal, für 5,5 Millionen Mark zum Verkauf angeboten. Den Benediktinern im nahen Kloster Ettal, denen das Objekt auch angeboten worden war, war der Preis zu hoch und den Zuschlag erhielt der katholische *Deutsch-Internationale Kulturverein* aus Köln, und die Benediktiner nahmen sachlich zur Kenntnis, „dass der Name Ettal nun auch von einer anderen katholischen Organisation verwendet wird". Als dann aber bekannt wurde, dass sich hinter dem Käufernamen das Opus Dei verbarg, wurde das Verhältnis sehr frostig.[525] (Das Objekt heißt heute: Tagungshaus Zieglerhof.)

Und diese „Tarnung" ist das Problem. Wenn das Opus Dei von sich selber behauptet, es hätte nur die „geistige Leitung", sonst aber nichts mit diesen Einrichtungen zu tun, wird das schlicht als Etikettenschwindel betrachtet.

Der schon erwähnte *Deutsch-Internationale Kulturverein e.V.* ist die Dachorganisation für die Fraueneinrichtungen des Opus Dei in Deutschland, die *Studentische Kulturgemeinschaft* das männliche Pendant. Von diesen Vereinen werden u.a. betrieben:

[523] Vgl. dazu: http://www.opusdei.org/deutsch (Selbstdarstellung des Opus Dei), http://www.ref.ch/zh/infoksr/opus.html (Reformierte Kirche in der Schweiz)
[524] Vgl. Selbstdarstellung des Opus Dei, Paragraphen 54, 55, 61, 65.
[525] Vgl. *Garmisch-Partenkirchener Tagblatt* vom 3.8.1999 (Bischof Echevarria zu Gast), unter: http://www.kloster-ettal/zeitung/990803

- *Studentenheime* in Schweidt (Köln), Althaus (Bonn), Widenberg (Münster), Erk (Aachen).[526]
- *Studentinnenheime* in Müngersdorf (Köln), Heristal (Aachen), Hogesteg (Münster), Altor (Trier), Aurach (München).
- *Bildungszentren* in Althaus (Bonn), Maarhof (Köln), Erk (Aachen), Widenberg (Aachen), Am Städel (Frankfurt), Am Lakfeld (Düsseldorf), Rüttenscheid (Essen) und in Bogenhausen (München), Euskirchen und Ettal.
- *Hauswirtschaftliche Bildungsstätte* in Müngersdorf, Köln.

Daneben bestehen noch die
- *Fördergemeinschaft für Schulen in freier Trägerschaft e.V.*, und die
- *Rhein-Donau-Stiftung*, als deren Präsident vormals Fritz Pirkl fungierte (Vorsitzender der Hanns-Seidel-Stiftung und MdEP/CSU), gegenwärtig ist es Aribert Wolf (MdB/CSU; unter anderem Mitglied des Ausschusses für Menschenrechte und humanitäre Hilfe und Mitglied des Kuratoriums der Bundeszentrale für politische Bildung).[527]

Die Verflechtung dieser korporativen Werke zeigt sich z.B. darin, dass die beiden Studentenheime in Köln für nur DM 720 pro Monat Unterkunft, Vollpension und Service anbieten. Für dieses „Full-Service-Programm" sorgt die „dem ISM (Internationales Studentinnenheim Müngersdorf) angeschlossene hauswirtschaftliche Ausbildungsstätte (Verpflegung, Wäsche, Reinigung der Bäder- und Gemeinschafts-räume)."[528]

Bei den 'Herren der Schöpfung' werden noch zusätzlich die Zimmer gereinigt, und man unternimmt „studentische Entwicklungshilfeprojekte: 'Schule statt Straße', in Nicaragua, in Zusammenarbeit mit der Stiftung FUNDACEN und der Rhein-Donau-Stiftung".[529]

Auch wenn in Untersuchungen über das Opus Dei ein ehemaliger Mitarbeiter zitiert wird: „Die Organisation ist reich und versteckt diesen Reichtum hinter juristischen Tricks",[530] und auch an weiteren Stellen immer wieder auf den Reichtum des Opus verwiesen wird, der Nachweis wird nicht erbracht. Die einzige Zahlenangabe sind die Kosten des Bildungszentrums „Hardtberg" in Euskirchen, die sich auf rund 30,8 Millionen belaufen. (Die nordrhein-westfälischen Bistümer zahlten dafür einen Zuschuss von fünf Millionen Mark).[531]

---

[526] http://www.uni-koeln.de/studenten/schweidt/links
[527] http://www.bundestag.de/mdb14/bio/wolf
[528] http://www.uni-koeln.de/studenten/muengersdorf
[529] http://www.uni-koeln.de/studenten/schweidt
[530] Peter Hertel: *Geheimnisse des Opus Dei. Geheimdokumente – Hintergründe – Strategien.* Freiburg: Herder, ³1996, S. 191.
[531] Peter Hertel: *Geheimnisse des Opus Dei*, S. 194.

Der Immobilienwert der neun Heime und zehn Bildungseinrichtungen des Opus Dei liegt schätzungsweise in der Größenordnung von etwa 80 Millionen Mark. Das Eigenkapital der *Rhein-Donau-Stiftung* beläuft sich (nach eigenen Angaben) auf DM 1,5 Millionen.

Wer jetzt an den Verschwörungstheorien von Dunkelmännern stricken möchte, dem ist es ein Leichtes – mit schneller Hilfe der Suchmaschinen im Internet – über das Auftreten oder die Namensnennung von einzelnen „bekannten Opus-Dei-Mitgliedern" ein konspiratives Netz zu spannen, in dem sich finden lassen: *Paneuropa-Union Deutschland*, *EOS-Verlag* der Erzabtei St. Ottilien, *Deutschlandfunk*, die Zeitschrift *Epoche*, eine konservative Informationsbasis im Internet (konservativ.de), das *Deutschland-Magazin*, die *Tagespost*, die CDU, die *Konrad-Adenauer-Stiftung*, die CSU, die *Hanns-Seidel-Stiftung* sowie die *Evangelische Allianz*, u.a.m. Das verweist jedoch nur darauf, dass sich in verschiedensten gesellschaftlichen, wirtschaftlichen Gruppen, Verbänden und politischen Parteien so genannte ‘Seilschaften' bilden, die sich aufgrund ihrer ähnlichen Grundauffassungen gegenseitig fördern. Ob sie dadurch zu einer ‘Macht hinter den Kulissen' werden, ist zumindest für das Opus Dei bisher nicht nachgewiesen worden. Dass der Anspruch besteht, sei dahingestellt.

Es scheint eher die Übertragung von Informationen, Kenntnissen und Vermutungen aus dem katholischen spanischen und südamerikanischen Raum zu sein, in dem unter Diktaturen solche personellen Netzwerke effizient funktionieren. So mag es auch kein Zufall sein, dass für Mitteleuropa in Frankreich hochrangige Politiker dazu gezählt werden, wobei als bekannt vorausgesetzt werden muss, dass das französische zentralistische Regierungssystem sich durch Vetternwirtschaft und Nepotismus auszeichnet – zumindest in einem nationalen Ausmaß, das im föderativen Deutschland in dieser Weise nicht bekannt und so wohl auch nicht möglich ist.

Dass im Vatikan ein ‘Machtkampf' zwischen konservativen und liberaleren Auffassungen besteht, und der Kardinalstaatssekretär Sodano (so etwas wie der Premierminister des Vatikans) und der Pressesprecher zum Opus Dei gerechnet werden – wen wundert's, ist doch der Papst Johannes Paul II. selbst ein konservativer Bischof. Und „das Opus Dei ist dem Papst blind ergeben und ideologisch voll auf seiner Linie – von der Ablehnung jeder Empfängnisverhütung, des Frauenpriestertums bis zum glühenden Antikommunismus".[532]

---

[532] *Der SPIEGEL*, 50/1998 (Peter Wensierski: Der Vatikan und die Weltkirche), http://www.spiegel.de/spiegel/0.1518.0929.00.html (S. 8)

Neben dem Opus Dei bestehen, als Mitglieder im Zentralkomitee der deutschen Katholiken – wozu das Opus Dei nicht gehört –, noch weitere 69 katholische Verbände[533]: Von der Ackermann-Gemeinde über die *Arbeitsgemeinschaft katholischer Studentenverbände* (AGV), den DJK-Sportverband – Deutsche Jugendkraft, die Katholische Landvolkbewegung Deutschlands und den *Sozialdienst katholischer Frauen* bis zum Verein vom Heiligen Karl-Borromäus e.V. und St. Michaels-Bund, und alle haben Gebäude, Büros, Bankkonten, etc. Lassen wir sie aus Platzgründen vorerst auf sich beruhen.

Bleiben wir, als Beispiele, bei zwei konfessionellen Verbänden – aus jedem konfessionellen Sektor einen – dem katholischen Kolpingwerk und dem evangelischen CVJM, denen wir schon bei den Hotels und den Familienferienstätten begegnet waren.

Beiden Verbänden gemeinsam ist einerseits eine traditionelle und ähnliche Struktur – Kolpingwerk/Diözesanverbände/Kolpingfamilien bzw. CVJM-Gesamtverband/Landesverbände/CVJM-Gruppen – andererseits aber, und besonders in den letzten Jahren, entstehen in beiden Verbänden neue 'Werke', die neben und damit außerhalb dieser traditionellen Verbandsstruktur aufgebaut werden und insbesondere auf die staatlichen Gelder zur Förderung für Bildung und Berufsförderung hin ausgerichtet sind.

Skizzieren wir die beiden konfessionellen Verbände kurz in ihren wichtigsten Strukturen.

19.1.2. Kolpingwerk

Das Kolpingwerk umfasst derzeit 276.000 Mitglieder und ist entsprechend der Struktur des katholischen Sektors in 27 Diözesanverbände und dann in 2.774 Kolpingfamilien untergliedert. Mehr als 800 Straßen und Plätze sind in Deutschland nach dem Begründer Adolph Kolping benannt, 47 Abgeordnete des Bundestages (Fraktionsstärke) sind Kolping-Mitglieder und zum 150-jährigen Jubiläum des Werkes gab es im September 2000 eine Sonderbriefmarke der Deutschen Bundespost.[534]

Entstanden als „katholischer Gesellenverein", der sich um die seinerzeit unverheirateten Gesellen auf Wanderschaft kümmerte, ihnen in den „Gesellenhäusern" Unterkunft und 'Geborgenheit' gab, haben sich die Einrichtungen des Kolpingwerkes inzwischen ausdifferenziert. Bei den Kolping-Hotels und den Kolping-Familienferienstätten waren wir zwei dieser Facetten bereits begegnet.

---

[533] Siehe *Adressbuch für das katholische Deutschland*, Ausgabe 1997, S. 128-132.
[534] http://www.kolping.de/zentral/grund/zahlen.html

„Bei Kolping sind noch Zimmer frei" bezieht sich auf die (Jugend) Wohnheime des Kolpingwerkes, von denen 54 in Betrieb sind. Die geographische Übersicht (siehe Karte 2) spiegelt recht genau den konfessionellen Charakter des Werkes wieder, da sie ziemlich genau deckungsgleich mit der „Diaspora-Karte" des Bonifatiuswerkes ist.

Eine Übersicht über die Häuser, die hier jetzt nicht alle aufgelistet werden sollen, ermittelt 5.658 Plätze in diesen Wohnheimen, d.h. eine mittlere Größe von 105 Plätzen pro Heim, bei einer Spannweite von 14 bis 514 Plätzen.[535]

Übersicht 150: Größenklassen der Kolping-Wohnheime

Größenklasse	Anzahl der Häuser	Plätze insgesamt
14 – 50 Zimmer	18	613
51 – 100 Zimmer	15	1.091
101 – 150 Zimmer	7	930
151 – 200 Zimmer	6	1.033
201 – 250 Zimmer	4	903
251 – 300 Zimmer	2	574
514 Zimmer	1	514
*Summe *)	*53*	*5.658*
*) Ein Haus ohne Angaben.		

Quelle: Verband der Kolpinghäuser e.V.: Verzeichnis der Kolping-Wohnheime, 1998

Geht man nun davon aus, dass diese Wohnheime alle und zum Teil über umfangreiche Gemeinschaftsräume zusätzlich zu den Zimmern verfügen und legt für den Bau eines Zimmers plus Gemeinschaftsanteil und Grundstücksanteil pauschal DM 40.000 zugrunde, ergibt sich für die 54 Kolping-Wohnheime ein Immobilienwert von 226 Millionen (DM 226.320.000).

Legt man für die Zimmerpreise einen mittleren Monatspreis von DM 400 zugrunde,[536] beläuft sich der jährliche Umsatz auf 27,3 Millionen Mark. Und da für jeden Mietvertrag eine Kaution von üblicherweise DM 500 hinterlegt werden muss, kommen noch einmal 2,8 Millionen 'auf die hohe Kante'. Rechnet man jetzt noch die 236 Kolpinghäuser auf der Basis von 2 Mio. pro Haus, kommen noch weitere 472 Millionen Mark zum Immobilienbesitz hinzu.

Das sind die Zahlen für die traditonelle Kolpingstruktur als zentraler Verband in der Diözesanstruktur.

---

[535] Verband der Kolpinghäuser e.V.: *Verzeichnis der Kolping-Wohnheime 1999/2000.* Für junge Menschen in Ausbildung.

[536] Im KCC-Dresden kostet ein Zimmer DM 550, im größten Haus in Greifswald kosten die Zimmer zwischen 265 und 598, in Düsseldorf sind es zwischen 320 bis 395 DM.

Karte 2: Wohnheime des Kolpingwerkes in Deutschland

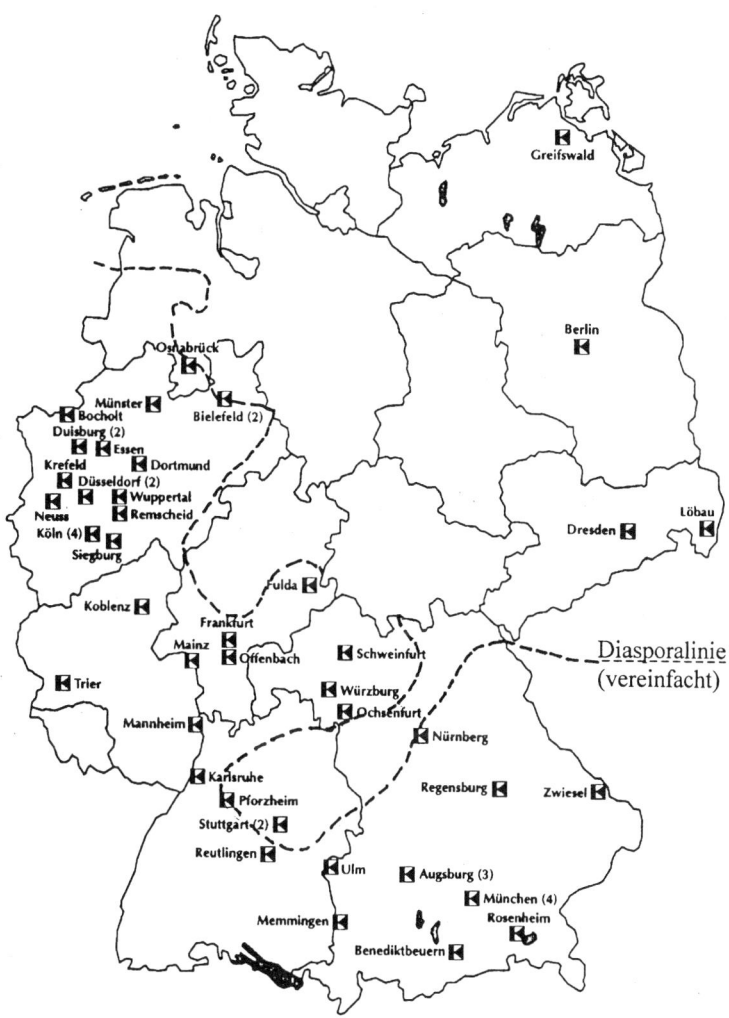

Neben den Diözesanverbänden haben sich, vornehmlich in den letzten Jahren, regionale Organisationen entwickelt, wie *Kolping-Mittelfranken*, *Kolping-Sachsen*, die als eingetragene Vereine oder gemeinnützige GmbHs als Berufsförderungszentren oder Bildungswerke arbeiten – streng entlang der staatlichen Förderrichtlinien und Zuschüsse.

Die regionalen Grenzen der Diözesen und der Diözesanverbände 'passen' nicht zu der föderalen Untergliederung der Bundesrepublik Deutschland in Bundesländer. (Das gleiche gilt, wenn auch in anderer Form, für die evangelischen Landeskirchen). Nur 12 der 27 deutschen Diözesen befinden sich innerhalb eines Bundeslandes, neun Diözesen überschneiden sich bereits mit zwei Bundesländern, fünf weitere mit jeweils drei Bundesländern und das Erzbistum Berlin berührt die Territorien von vier Bundesländern (Berlin, Brandenburg, Sachsen-Anhalt und Mecklenburg-Vorpommern).

Was das unter verschiedenen Aspekten bedeutet, sei kurz am *Kolping-Bildungswerk Sachsen e.V.* erläutert.[537] 1990 von den Kolping-Diözesanverbänden Dresden/Meißen, Görlitz und Berlin gegründet, wurden in zehn Jahren unter dem Dach dieses einen eingetragenen Vereins Firmen installiert, die in den verschiedensten Bereichen tätig waren:

- *Bildungseinrichtungen*: 9 Bildungszentren, 3 Schulen, 1 Akademie und das Tagungs- und Managementzentrum Schloss Schweinsburg;
- *Reisen/Ferien*: Reisebüro Kolping-Interra-Reisen, Ferienhäuser am Fuchsberg, Hotel und Tagungszentrum Schloss Schweinsburg, Kolping-Appartementhaus Dresden, Hotel Bonhoefferplatz, Hotel Atrium, Gästehaus Kolping-Centrum Berlin;
- *Kindereinrichtungen*: 6 Kindertagesstätten, 1 Kinderhort, 1 Schullandheim und 2 Jugendclubs;
- *Gastronomie*: 6 Restaurants, 1 Jugendcafe, 3 Catering-Dienste;
- *Dienstleitungen:* jeweils ein Blumengeschäft, Call Center, Digitaldruckerei, Event Management, Fahrschule, Hausmeisterdienst, Pflegedienst, Studentenhaus, Tagungscenter, Immobilienverwaltung und eine Werbeagentur.

Unter dem Dach des Vereins wurden für diese verschiedenen Aktivitäten vierzehn GmbHs, neun gemeinnützige GmbHs und eine GmbH & Co. KG gegründet. Abgesehen von drei Firmen beginnen alle Firmenbezeichnungen mit Kolping: *Kolping-ConCept GmbH, Kolping-Leben und Wohnen GmbH, Kolping-Bildungszentrum Pirna GmbH*, etc.: 1.200 Mitarbeiter, über 50 verschiedene Standorte, Vermögen: 90 Millionen Mark. Festgestellt beim Insolvenzantrag im Dezember 2000, da die Verbindlichkeiten inzwischen auf 180 Millionen angewachsen waren.[538]

Das kann jedem passieren und ist nichts Ungewöhnliches (zu schneller Aufbau, Managementfehler, Fehlinvestitionen). Bemerkenswert ist eher, wie das Kolpingwerk selber reagierte: Außer freundlichen Beratungen erklärte man sich für nicht zuständig, da das Bildungswerk und alle seine

---

[537] Vgl. http://www.kolping-sachsen.de
[538] Vgl. mehrere Pressemeldungen unter: http://www.kolpingwerk.de („Aktuell" aus den Monaten Dezember 2000 bis Februar 2001)

Einrichtungen eigene Rechtsträger seien. Der Insolvenzverwalter forderte einen finanziellen Beitrag der Kirche, dann seien die Gläubiger bereit, auf eigene Forderungen zu verzichten. Reaktion: keine.

Bemerkenswert ist zusätzlich – als Hinweis auf die internen Kommunikationsstrukturen –, dass sich im April 1998 eine „Initiative Ost" gebildet hat, an der der *Bund Katholischer Unternehmer e.V.* (BKU), der *Bundesverband der Katholiken in Wirtschaft und Verwaltung e.V.* (KKV) und das *Kolpingwerk Deutschland* beteiligt sind. Das Anliegen: „Die Zahl der Pleiten ist in den neuen Bundesländern durchschnittlich doppelt so hoch wie in den alten Bundesländern. Viele Unternehmen scheitern in den ersten Jahren am Markt. Manche Unternehmensidee wäre erfolgreich zu realisieren, wenn ein gestandener Unternehmer in schwierigen Phasen begleitend zur Seite stände."[539]

19.2. Evangelische Verbände

Ebenso wie im katholischen sind auch im evangelischen Sektor eine Vielzahl von Verbänden aktiv. Unterteilt werden sie in pflegerische und fürsorgerische Zusammenschlüsse (24), Missionarische Dienste (15), Publizistik (4), Erziehung, Bildung und Wissenschaft (15), Dienste an einzelnen Gruppen (28), ... Wir wollen uns jetzt auf den CVJM beschränken, da wir ihm schon mehrfach begegnet waren.

19.2.1. CVJM

Der Christlicher Verein Junger *Menschen*, wie sich der 'Jung-Männer-Verein' seit 1985 nennt, ist so selbstverständlich eine Organisation im evangelischen Deutschland, dass man sich immer erst ins Gedächtnis zurückrufen muss, dass es die deutsche 'Tochter' einer amerikanischen 'Mutter' ist, des YMCA. So war es kein Zufall, dass der CVJM zusammen mit *World Vision* (einer ebenfalls amerikanischen Bibel- und Missionsgesellschaft) und der *Evangelischen Allianz* auf der EXPO 2000 den bekannten 'Walfisch-Pavillon' errichtet hatte.

Als „befreundete Werke" nennt der CVJM-Landesverband Bayern: CVJM-Gesamtverband, den Evangeliums-Rundfunk ERF, CINA – Christliche Internetgemeinschaft und den EC-Bayern – alles Organisationen der *Evangelischen Allianz* (siehe Kapitel *Spenden und Sammlungen*).

Der CVJM-Gesamtverband (Sitz: Kassel) hat rund 260.000 Mitglieder in Deutschland, gliedert sich in dreizehn selbständige Landesverbände mit rund 2.500 CVJM-Gruppen, und betreibt selbständige Werke, wie den *CVJM-Weltdienst*, den *CVJM-Reisedienst* und das *Christliche Jugend-*

---

[539] Faltblatt der „Initiative Ost"; erhalten auf dem 94. Katholikentag.

dorfwerk Deutschlands (CJD) – alles eigenständige eingetragene Vereine. Rund 600 hauptamtliche Mitarbeiter werden von ca. 25.000 ehrenamtlichen Mitarbeitern unterstützt.

Den 'Weltdienst' hatten wir schon kurz bei den Missionswerken kennengelernt, die Hotels sowie Freizeithäuser und Familienferieneinrichtungen im Besitz des CVJM im Kapitel Tourismus, so dass wir uns jetzt noch kurz dem *Christlichen Jugenddorfwerk Deutschlands* zuwenden wollen. Dieses *Christliche Jugenddorfwerk e.V.* betreibt in Deutschland 54 Einrichtungen. „Die Arbeit des CJD finanziert sich aus staatlichen Fördermitteln, die aus den Sozial- und Arbeitsgesetzen abgeleitet sind."[540] Präsident des CJD ist der ehemalige Landtagspräsident von Baden-Württemberg, Erich Schneider, und 7.900 hauptamtlich Mitarbeitende sind in den Bereichen Bildungszentren, Berufshilfeeinrichtungen, Berufsförderungswerk, Berufsfachschulen und neuerdings in der integrativen Hochbegabten-Förderung tätig. Die Umsätze des CJD steigen entsprechend: 1998: DM 842,3 Mio., 1999 DM 912,8 Mio.

Es wäre jetzt im Prinzip sehr sinnvoll, weitere Verbände zumindest ansatzweise zu skizzieren, wie beispielweise die *Schönstatt-Bewegung*, die nördlich von Koblenz, in Vallendar, im Ortsteil Schönstatt, ihr internationales Zentrum aufgebaut hat: „Rund um das Urheiligtum, im Tal und auf den Bergen, befinden sich die Zentralhäuser der verschiedenen Gemeinschaften der Schönstatt-Bewegung, sowie Bildungshäuser und Unterkünfte für TagungsteilnehmerInnen, Besucher und Wallfahrer."[541] Inzwischen mit Schönstatt-Zentren in 23 der 27 deutschen Diözesen, unterteilt in 25 geistliche Gliederungen, mit Säkularinstituten und Bünden – alle rechtlich selbständig – nach marianischer Lebensform. Der Immobilienbesitz allein in Vallendar ist eine eigene 'Kleinstadt'.

Oder der *Christliche Gewerkschaftsbund Deutschlands* mit 305.000 Mitgliedern und Betreiber von Akademien und Bildungsstätten,[542] oder die *Katholische Arbeitnehmer-Bewegung*, mit 254.100 Mitgliedern und mehreren Ferien- und Bildungsstätten, dem Ketteler-Ferienwerk (als Reiseveranstalter), Berufsbildungseinrichtungen, etc.[543]

Aber, es sind einfach so viele Verbände, Gemeinschaften, Gruppen in beiden konfessionellen Sektoren aktiv, dass man sieben Leben haben müsste, um sie alle zu beschreiben.

---

[540] http://www.cjd.de
[541] http://www.kath.de/schoenstatt
[542] http://www.dhv-cgb.de
[543] http://www.kab.de

20. Kunst, Sakrales und 'Unverkäufliches'

Kirchenausstattung / Kirchliche Kunstgegenstände / Wertigkeit der Kunstschätze / Schatzkammern / Bibliotheken

In diesem Kapitel werden wir uns zuerst mit all dem beschäftigen, was aus einer Kirche hinaus getragen werden kann, also nicht integraler Bestandteil des Gebäudes ist – wie Fresken, Säulen, Kirchenfenster, etc. – sondern zu seinem „Inventar" gehört, und dann mit den großen Bibliotheken.

Historisch betrachtet und auch in der Gegenwart begeben wir uns jetzt keineswegs auf 'heiliges' Gelände. So wurden, nur zwei Beispiele, 1803 das sakrale Inventar und die Altäre der Johannis-Kirche in Hamburg als Kunstwerke nach England verkauft, und 1999 kaufte die nordelbische Landeskirche eine lädierte Gutenberg-Bibel für 3,5 Millionen. Verkäufer: eine Kirchengemeinde, die aus den USA ein Angebot über 5 Millionen erhalten hatte.

Dass es sich bei dem sakralen Inventar der Kirchen um Kunstwerke handelt, ist unstreitig und braucht nicht erst den Beweis der ansteigenden Zahl der Kirchendiebstähle, um auch seinen ökonomischen Handels- und Verkaufswert sowie die Nachfrage auf dem Kunst- und Antiquitätenmarkt zu beweisen. Aber: „Der für unseren Kulturkreis folgenreichste Bildersturm in der Reformation im 16. Jahrhundert wurde von umherziehenden, agitatorischen Predigern immer wieder entfacht."[544] Uns verweist auch diese Phase der Bilderstürmerei auf die schlichte Tatsache, dass Heiliges bzw. Sakrales nur für den existiert, der auch daran glaubt.

Wie damit auch von Seiten der katholischen Kirche umgegangen wurde, soll eine kurze Passage aus der Geschichte der Kirchengemeinde St. Martin/Weinstraße zeigen:

„Empfindliche Verluste hat die St. Martiner Kirche weniger durch Kriegsgeschehen, als vielmehr durch Anpassung an Stilepochen hinnehmen müssen. Den bedauernswertesten Verlust erlitt die Kirche 1890, zur Zeit des Historismus, als man der Auffassung war, mit dem Kunstschaffen der Zeit im Gleichschritt gehen zu müssen. Da die Kirche ein gotisches Bauwerk darstellt, ließ man alles entfernen, was dem widersprach. Die barocken Altäre mit allen Skulpturen wurden als 'minderwertig' zu Minipreisen an die Einwohner verkauft. Auch das Kreuz, das seither über dem Altar hing, entging nicht der Aberkennung seines Wertes. Zum Niedrigstpreis erwarb es ein hiesiger Winzer. Dieser konnte es in seiner Wohnung

---

[544] *Hamburger Abendblatt*, vom 13.3.2001, Beilage 'Wissen', S. 1 (Christoph Rind: Bildersturm – fast der Normalfall).

an keiner Wand anbringen, weil es zu lang war. Kurzerhand gab er das Kunstwerk Pfarrer Schäfer wieder zurück. Dieser ließ es auf dem Kirchenspeicher niederstellen. (...) Die Madonna, ein Kunstwerk aus dem 15. Jahrhundert, entging der Veräußerung. 'Sie hat es ihren gotischen Formen zu verdanken', schrieb Pfarrer Hermann Wittwer ins Pfarrgedenkbuch. Die Räumung ließ die Fachwelt aufhorchen und rief sie auf den Plan. Nach und nach verließ ein Meisterwerk nach dem anderen seinen neuen Besitzer.'"[545]

Selbst der Vatikan stellt 'Sakrales' zur wirtschaftlichen Disposition. Darauf verweisen Berichte, die 1995 in mehreren Magazinen veröffentlicht wurden: „Priester verkauft Kirchenschätze". Der Pfarrer der Kirchengemeinde in Fürth am Wald stand auf den Fotos inmitten von Messkelchen, Monstranzen, etc. unter denen Preisschilder aufgestellt waren. Und wie es hieß, „bedurfte er dazu sogar einer Genehmigung des Heiligen Vaters in Rom".[546] Die Nachrecherche stellte die Meldung 'auf die Füße': Der Papst selber hatte „in einem, mit Verlaub, eigenartigen" Brief die katholische Kirchengemeinden aufgefordert, sich zugunsten der Armen der Welt von einem Teil ihrer Kirchenschätze zu trennen und die Aktion des Pfarrers war sozusagen der Protest dagegen, als Aufruf, Bares zugunsten der Armen zu spenden.

Für immer noch Zweifelnde eine weitere kleine Meldung: Zwei Ölbilder aus dem 16. Jahrhundert waren 1899 von der Hamburger St. Katharinen Kirche als Leihgabe an die Hamburger Kunsthalle ausgelagert worden. Zur 750-Jahr-Feier der Kirche kamen „die Schätze im Wert von einer Million Mark" im Juli 2000 für vierzehn Tage zurück.[547]

Wir werden bei dieser Frage erwarten dürfen, dass im evangelischen Sektor weniger Pretiosen vorhanden sind, da zum einen die evangelischen Kirchen weniger Wert auf Kirchen- und Altarschmuck legen, in der 'Bilderstürmerei' der Reformation viel verloren gegangen ist und keine evangelische Hauptkirche etwas Vergleichbares wie eine katholische Domschatzkammer aufweisen kann. Beispielhaft dafür ist die Ausstellung „Glauben. Nordelbiens Schätze 800 bis 2000", April bis Juli 2000 im Kieler Schloss: Die wertvollsten Reliquiare, Abendmahlskelche, etc. waren aus dem adeligen Chorherrenstift Kloster Preetz entliehen worden, ein Stift, das allerdings *nicht* zur Landeskirche gehört, sondern sich im Eigentum der adeligen Ritterschaft in Schleswig-Holstein befindet.

Nähern wir uns der Frage an, indem wir einmal abschätzen, was eine ganz normale Kirchenausstattung heutzutage kostet, wenn eine neugebaute Kirche eingerichtet werden muss.

---

[545] http://home.germany.net/100-484465/Chronik
[546] *Der SPIEGEL* Nr. 10/1995, S. 77.
[547] Vgl. *Hamburger Abendblatt* vom 10.7.2000, S. 16.

20.1. Kirchenausstattung

Als Inventar wird vieles gebraucht: Stühle, Gesangbücher, eine große Altarbibel, mehrere Leuchter, Messkelche, Reliquiare, Monstranzen, Altardecken, etc. Dafür gibt es jährliche Kirchenfachmessen,[548] doch das lässt sich heutzutage auch per Katalog bestellen und so wollen wir einmal eine kleine Kirche ausstatten, 200 Plätze und nur das Notwendigste. Es ist ganz bewusst der aktuelle Einkaufswert angesetzt worden, da die Gebrauchtwerte nach oben und unten abweichen werden.

Übersicht 151: Einrichtung und Ausstattung einer katholischen / evangelischen Kirche

Artikel	Mittlerer Preis	Evangelisch
Kasel mit Stola	1.200	
Festtags-Kasel	4.800	
Pfingstkasel mit Überstolen	1.880	
Überstolen (2 à 360)	720	720
Diakonstola	190	190
Chormantel für Hochfeste	3.920	
Baldachin mit Traggarnitur	6.900	
Kirchen-Aushangfahne (5 x 1,6 m)	190	190
Prozessionsfahne (60 x 100 cm)	4.200	
Fahnentragstange und Zubehör	530	
Albe (Standardausführung)	290	
Rochett	330	
Ministrantenrock (2 à 150)	300	
Ministranten-Chorhemd (2 à 180)	360	
Mesner-Talar	820	
Kelchwäsche, 4-teilig	120	120
Altartuch (5 x 1,30 m)	420	420
Altarteppich (4 x 1 m)	440	440
Kirchenteppich (Kokos, 20 m)	1.100	1.100
Ministrantenkissen (2 Stück)	50	
Kelch (einfache Ausführung)	720	720
Hostienschale (einfache Ausführung)	330	330
Ciborium (einfache Ausführung)	760	760
Kelchpatene (einfache Ausführung)	200	200
Kelchlöffel	140	
Hostienlöffel	100	
Ciborien-Vele	440	440
Handwaschgarnitur	290	290
Messweinwärmer	350	350
Messweinkännchen	60	60
Messgarnitur	610	610
Ölgefäß – Krankenöle	170	
Ölgefäß – Taufe	60	
Messkoffer (mit Inhalt)	1.330	
Versehtasche	550	

---

[548] Siehe http://www.ecclesia-online.de

Altarglocken 4-Klang	590	
Karfreitags-Klappern (Paar)	70	
Monstranz	2.700	
Custodia	1.300	
Reliquiar	280	
Ostensorium	410	
Rauchfass mit Schiffchen	1.420	
Rauchfasskohlenanzünder	130	
Kerzenanzünder	200	
Kerzenlöschhorn	200	
Taufgarnitur	1.430	
Taufbecken	5.800	5.800
Weihwasser-Wandkessel (2 à 260)	520	
Weihwasser-Tragkessel	280	
Aspergill	180	
Weihwasserbehälter (30 Liter)	1.290	
Trauringpatene	190	
Standschale für Kerze (4 à 20)	80	80
Tabernakel (28 x 25 x 20 cm)	2.300	
Ambone (Messingguss)	1.700	
Messbuch- / Bibelpult	140	140
Evangeliar mit Prachteinband	2.880	
Messbuch	970	
Messbuch für die Karwoche	210	
Messlektionare in 8 Bänden	850	
Gesangbücher (100 Expl. à 28)		2.800
Ewiglichtglas (Brenndauer 8 Tage)	90	
Ewiglicht-Ölkerzen (-"-, 20 Stück)	140	
Ewiglicht-Ampel	1.420	
Ewiglicht-Ampelseil (5 m) und Quaste	530	
Altarleuchter (40 cm) (2 à 190)	380	380
Altarkreuz (45 cm)	200	200
Osterkerzenleuchter (120 cm)	2.450	2.450
Standopferstock	1.170	1.170
Klingelbeutel	180	
Vortragekreuz	380	
Opferlichtständer	370	
Sediliengarnitur	1.400	
Altar	7.000	7.000
Kirchenstühle, Polster (200 à 200)	40.000	40.000
Gesangbuchwagen	830	830
Schaukasten, wetterfest (160 x 106)	2.270	2.270
-"- Ständer zur Freiaufstellung	380	380
Madonna (115 cm) (antik gefasst)	9.000	
Pieta (100 cm)	12.000	
Auferstandener Christus (110 cm)	6.500	
Heiliger Bischof (100 cm)	6.700	
Kreuz (220 cm)	7.400	7.400
Kreuzweg (14 Stationen, 45 x 30 cm)	13.000	
Adventkranzständer	400	400

Christbaumständer	280	280
Weihnachtskrippe (19 Figuren, à 40 cm)	12.600	12.600
Summe	**188.060**	**91.120**

Quelle: Katalog C. Ludwig, Kirchliches Kunsthandwerk, München, Filiale Wien Josef Janauschek „Päpstlicher Hoflieferant", Ausgabe 1/2000. Die Stühle durch die Fa. Dalemans, Wertheim, die dort deutlich günstiger sind.

Es überrascht nicht, wenn eine katholische Grundausstattung rund 190.000 Mark kostet, die einer evangelischen Kirche hingegen nur DM 91.000. (Und dabei sind Mikrofonanlagen und elektrische Beleuchtung noch gar nicht mit eingerechnet.) Auf die Kirchen hochgerechnet (13.200 katholische und 20.000 evangelische) errechnen sich für den katholischen Sektor rund 2,5 Milliarden Mark (DM 2.508.000.000) und für den evangelischen Sektor 1,8 Milliarden Mark (DM 1.820.000.000), zusammen also rund vier Milliarden – für eine konventionelle Katalogausstattung, um nicht zu sagen „Massenware".

Falls noch eine kleine Orgel gebraucht werden sollte, z.B. das Modell 'Protégé AP-2' mit zwei Manualen zu je 61 Tasten, 24 klingenden Registern und Lautsprechern: Mit DM 17.800 sind Sie dabei.[549] Falls also alle 33.200 Kirchen damit ausgestattet wären, kämen noch weitere 591 Millionen Mark hinzu.

Nun kann jeder in seine Kirche hineinschauen und vergleichen, was alles zusätzlich zu dieser Liste noch mehr vorhanden ist und den Pfarrer fragen, was denn seine Monstranz und das Kruzifix gekostet haben oder wie teuer er die Orgel einschätzt, und es mit den Preisen in der Liste vergleichen. Die 'Wert-Schätzung' in Preisen wird dann vermutlich deutlich höher ausfallen.

20.2. Kirchliche Kunstgegenstände

Bevor wir uns den „unschätzbaren Werten" zuwenden, soll versucht werden, festzustellen, wie groß die Anzahl der Kunstgegenstände im kirchlichen Bereich ist. Eine Frage, die durchaus als Richtwert beantwortet werden kann.

„Gehen Sie auf Böden und öffnen Sie Schränke!"[550] Das war 1986 die Aufforderung an den Kunsthistoriker Rolf-Günther Lücke, als er sein Amt als Kunstbeauftragter des Bistums Erfurt antrat. Vierzehn Jahre hat er dafür gebraucht, die Kirchen des gesamten Bistums zu besuchen und alle Kunstobjekte zu fotografieren, zu beschreiben und zu katalogisieren.

---

[549] http://www.musikhaus-cremer.de (Preis auf tel. Nachfrage)
[550] Anlässlich der Pensionierung des Kunsthistorikers im Juli 2000, unter http://www.kath. de/bistum/erfurt/aktuell/2000 (Pressemitteilung des Bistums vom 3. Juli 2000)

Rund 15.000 Kunstobjekte waren es schließlich (ohne den Dom zu Erfurt). Da das Bistum 167 Pfarrgemeinden hat, sind das pro katholischer
Kirche rund 90 Kunstobjekte. Da die Kirchen des Bistums Erfurt sicherlich nicht zu den Wohlhabendsten gehören, ist das als Mindestzahl anzusehen und bedeutet für die 13.239 katholischen Kirchen eine Zahl von 1,2
Millionen Kunstobjekten (1.191.510). Da die evangelischen Kirchen
karger ausgestattet sind und keine Zahlen vorliegen, nehmen wir etwa 30
Objekte pro Kirche an. Das wären für die 20.025 Kirchen ein Bestand von
600.750 Kunstobjekten. Zusammen eine Größenordnung von 1,8 Millionen Kunstobjekten in deutschen Kirchen – und wenn wir alle Kapellen
und Döme hinzurechnen, noch mehr.

Da es allerdings völlig unplausibel ist, nun noch eine weitere – und
dann nicht begründbare – Schätzung über den durchschnittlichen Wert
anzunehmen, soll es bei der Benennung dieser Größenordnung bleiben.

20.2.1. Wertigkeit der Kunstgegenstände

Wenden wir uns jetzt den Kunstschätzen zu, von denen unisono immer
wieder gesagt wird, sie seien von einem 'unschätzbaren Wert' und die
nicht nur in normalen Kirchen zugänglich sind – wie der Isenheimer Altar
Tilman Riemenschneiders in Colmar –, sondern auch entsprechend in den
Domschatzkammern gesichert aufbewahrt werden.

Um welche finanziellen Größenordnungen es sich dabei handelt, soll
ein Beispiel verdeutlichen. Eine Pfälzer Familie hatte seit Generationen
eine 79 cm hohe Madonna mit Kind im Hause und nach Bedarf wurde
mal ein Gewinde eingesetzt, um sie bei Prozessionen auf einer Stange
mitzuführen, mal der Rücken angebohrt, um sie an der Hausfassade zu
befestigen, Pilze nisteten sich ein, irgendwann verlor das Jesuskind die
Arme, dann wurde ihm der Penis abgesägt und schließlich wurden Mutter
und Kind auch noch im Laufe der Jahrhunderte mit 28 Farbschichten nach
dem jeweiligen Zeitgeschmack übermalt.[551] Eine Nachbarin der Familie
hatte eine Ahnung, die ramponierte Figur kam in eine Restaurierwerkstatt
und es stellte sich heraus, dass es sich um ein Werk von Tilman
Riemenschneider handelt. Das Mainfränkische Museum in Würzburg
wollte es erwerben (Riemenschneider lebte in Würzburg) und der Kaufpreis wurde ausgehandelt: drei Millionen Mark. (Aus den USA lagen
angeblich Angebote in zweistelliger Millionenhöhe vor.) Die Würzburger
Bürger mussten als ihren Beitrag DM 500.000 an Spenden aufbringen,
der andere Teil wurde von Land und Bund bezahlt.

---

[551] *stern* vom 29.7.1999, S. 116 (Rupp Doinet: Die Madonna und die Millionen).

20.2.2. Dom-Schatzkammern

Besonders stolz ist man im katholischen Sektor auf die Dom-Schatzkammern in denen in der Art eines sakralen Kunstgewerbemuseums die besonderen Schätze verwahrt werden und die tausendjährige Existenz der katholischen Kirche verdeutlicht wird.

Natürlich haben diese Ausstellungsstücke alle einen Marktwert, doch es wird einer besonderen Untersuchung bedürfen, diesen Wert zu ermitteln. An den einzelnen vorangestellten Beispielen sind bereits einige Größenordnungen benannt worden. Besondere Einzelobjekte, wie z.B. die „Goldene Madonna" des Essener Domschatzes, werden in der Größenordnung von 200 Millionen Mark bewertet.[552] Doch um Phantastereien zu begrenzen, werden sie insgesamt den Wert eines einstelligen Milliardenbetrages nicht überschreiten. Eine Größenordnung, die uns inzwischen nicht mehr allzu sehr beeindrucken dürfte.

20.3. Bibliotheken

Besondere 'Schätze' befinden sich dann noch in den Bibliotheken. Die alten wunderbaren Evangeliare gehören ebenso zu den 'unschätzbaren Werten', was hier allerdings im Kontrast dazu steht, dass z.B. das *Evangeliar Heinrich des Löwen* für DM 32,5 Millionen ersteigert wurde, und damit stolz als das „teuerste Buch der Welt" bezeichnet wird.[553]

Beginnen wir aber auch hier mit dem 'Banalen' und der Frage, was in kirchlichen Bibliotheken als Bücherbestand in den Regalen steht.

Für den **evangelischen Sektor** besteht der *Verband kirchlich-wissenschaftlicher Bibliotheken in der Arbeitsgemeinschaft der Archivare und Bibliotheken in der evangelischen Kirche* und nennt etwa 100 evangelische kirchlich-wissenschaftlichen Bibliotheken in Deutschland (und in der Schweiz) „mit einem Buchbestand von insgesamt etwa 4 Millionen Bänden".[554] Die Gründungsjahre liegen überwiegend zwischen 1890 und 1971, so dass keine besonderen Inkunabeln (Drucke bis zum Jahr 1500) oder Handschriften zu erwarten wären und dennoch befinden sich in den evangelischen Bibliotheken 4.432 solcher wertvolleren Bände.

Eine Besonderheit bildet das Landeskirchliche Archiv Wolfenbüttel, das seit 1569 besteht und u.a. Handschriften aus dem 11. Jahrhundert besitzt. Das oben erwähnte Evangliar Heinrichs des Löwen steht aller-

---

[552] Meldung der dpa (Deutschen Presse-Agentur) vom 6. Juni 2001, die auf Mitteilungen des Pressesprechers der Diözese und des Kustos des Diözesanmuseums beruhen, die wiederum auf Schätzungen von Experten verweisen.
[553] http://www.luth-braunschweig.de/luth-bs/dom/evangeliar
[554] http://www.ekd.de/bibliotheken

dings in der Herzog-August-Bibliothek in Wolfenbüttel, ist also im Staatsbesitz.

Nehmen wir für die normalen Bibliotheken einen durchschnittlichen Gebrauchtpreis von DM 20 pro Buch[555] an, so bedeutet dies ein evangelisches Bibliotheksvermögen von rund 80 Millionen Mark, plus die Inkunabeln (mit einem angenommenen Durchschnittspreis von DM 1.000) mit einem Schätzwert von 4,4 Millionen, insgesamt also rund 85 Millionen Mark.

Im **katholischen Sektor** besteht die *Arbeitsgemeinschaft Katholisch-Theologischer Bibliotheken*, „ein Zusammenschluss von derzeit 152 wissenschaftlichen Bibliotheken in Trägerschaft der Katholischen Kirche".[556] Die Übersicht über die Mitgliedsbibliotheken beinhaltet auch 69 Klosterbibliotheken – womit wieder eindeutig der Raum der „verfassten Kirche" verlassen wird. Diese Bibliotheken repräsentieren (1999) einen Bestand von 13 Millionen Bänden (und über 100.000 Bände kommen jährlich hinzu) – auf der Basis von wiederum einem Verkaufspreis von DM 20 antiquarischen Wertes also ein Vermögenswert von 260 Millionen Mark.

11.500 Inkunabeln werden in diesen katholischen Bibliotheken verwahrt, 3.060 in den Klosterbibliotheken und 8.440 in den 'amtskirchlichen' Bibliotheken, was einen Mindestwert von weiteren DM 11,5 Millionen bedeutet, also insgesamt rund 272 Millionen Mark katholisches 'Buch-Vermögen'.

Wie die 9.500 Handschriften zu bewerten sind, lässt sich nicht beurteilen. Auch besondere Bücher, wie z.B. „eine kostbare Pergamenthandschrift" das *Limburger Evangeliar* aus dem 11. Jahrhundert (Kölner Dombibliothek) oder eine *Niederdeutsche Kölner Bibel* von 1477 und das *Stundenbuch des Adrian van Liesfeld* von 1494 (beides in der Erzbischöflich Akademischen Bibliothek Paderborn) sollen hier nicht bewertet werden – obwohl sie sich vermutlich im Millionenbereich bewegen –, sondern nur verdeutlichen, dass der zusammengerechnete Betrag von 357 Millionen Mark 'Buch-Vermögen' der kirchlichen Bibliotheken nur als unterster Richtwert zu betrachten ist.

---

[555] Vgl. z.B. das Doublettenangebot zeitgenössischer Bücher der Erzabtei St. Ottilien, unter: http://www.erzabtei.de/antiquariat
[556] http://www.akthb.de

21. Medienpräsenz

Fernsehen / Hörfunk / Zeitungen / Internet

Im Unterschied zum Kapitel, das sich mit den Medienunternehmen der Kirchen befasste, ist das Thema dieses Abschnitts die kostenlose Nutzung von öffentlich-rechtlichen oder privaten Medien – mit der die Kirchen also eine geldwerte Leistung erhalten.

21.1. Fernsehen

21.1.1. Öffentlich-rechtliche Sender

Das *Wort zum Sonntag* am Samstagabend im Ersten Deutschen Fernsehen dürfte allgemein bekannt sein. Betrachten wir nun einmal, was an einem ganz normalen Sonntag im öffentlich-rechtlichen Fernsehen an kirchlichen Sendungen zu sehen ist. Also, ein Blick in die Kirchenzeitung, Zufallsauswahl: Sonntag, der 22. August 1999[557]: Erst ein Gespräch mit Kardinal Höffner, dann Schamanen oder Orgellandschaften zum ersten Kaffee und schließlich Frühstücken während des Gottesdienstes. Aufgrund des sonntäglichen Mittagsschlafes am Nachmittag verpassen wir ein paar Sendungen, dann erfahren wir das Neueste über den Exorzismus und schließlich am Abend ein kirchlicher Spielfilm von der *Tellux*-Gruppe.

Übersicht 152: Kirchensendungen, Sonntag 22.8.1999, ARD + ZDF

Zeit	Sender	Thema
7.00	3sat	Joseph Kardinal Höffner im Gespräch
9.00	Phoenix	Glaube und Leben – Götter, Geister und Schamanen
9.15	ZDF	Zur Zeit (Kirche und Gesellschaft)
9.15	3sat	Soli Deo Gloria. Die Orgellandschaft Thüringens
9.30	ZDF	Katholischer Gottesdienst, übertragen aus Kranenburg am Niederrhein
9.30	Phoenix	Glaubenswelten: Himmel, Hölle und Nirwana
10.15	BR	Stationen: Montecassino – Benedikts heiliger Berg
10.30	BR	Kinderkanal: Verbotene Geschichten
11.30	Hessen3	Licht über Afrika. Die *Christoffel Blindenmission* in Kenia
16.30	Südwest	Jeder Zweite kommt durch. Bericht
17.30	ARD	Die Exorzisten. Anfang des Jahres wurde für die Weltkirche ein neues Exorzismus-Ritual in Kraft gesetzt
18.00	3sat	Tagebuch
20.15	ARD	Nikolaikirche. Spielfilm über Funktionärsfamilie, Stasi und zwei Kirchengemeinden in Leipzig

---

[557] *Heinrichsblatt*. Kirchenzeitung für das Erzbistum Bamberg, Nr. 34, 106. Jahrgang, vom 22.8.1999.

Falls jemand meint, dieser Sonntag gebe ein schiefes Bild, der kennt die öffentlich-rechtlichen Fernsehanstalten nicht, denn dort gibt es feste Stundenpläne: Der Sonntag beginnt um 7.55 Uhr mit Glockenläuten, dann kommt der Gottesdienst in die gute Stube, und den Tag über stehen acht verschiedene Magazine zur freien Auswahl. Montag bis Freitag werden in fester Folge Magazine, Features und Gespräche angeboten, bis dann am Samstagabend das Wochenende mit Glocken eingeläutet wird und man mit dem Wort zum Sonntag schlafen geht.

Übersicht 153: Festliegende Kirchensendeplätze in ARD und ZDF

Sonntag:		
07.55 – 08.00	MDR	*Glockenläuten* + Kirche der Region
08.00 – 08.30	MDR	*Glaubenszeichen* (Feature: Religion, ...)
09.15 – 09.30	ZDF	*Zur Zeit* (Magazin) (im Wechsel mit ARD)
09.30 – 10.15	ZDF	*Gottesdienst* (im Wechsel mit ARD)
10.15 – 11.00	BR	Sendeplatz Religion (je nach Angebot)
11.00 – 11.30	SFB	*Kirchplatz* (Reportagen aus Berlin, etc.)
11.15 – 11.45	DW	*Glaubenssachen* (Portraits Gemeinden)
11.30 – 12.00	HR	*Glaubenssachen* (Reportagen, Features)
13.30 – 14.00	ORB	*Himmel und Erde* bzw. *Kirche und Welt*
14.30 – 15.00	WDR	*Gott und die Welt aktuell* (Magazin)
15.30 – 16.00	DW	*Glaubenssachen* (s. 11.15h)
16.30 – 17.00	SWR	*Paternoster* (Magazin)
17.30 – 18.00	ARD	*Gott und die Welt* (Doku, Reportage)
18.00 – 18.15	3sat	*Tagebuch* (Magazin) .
Montag:		
10.30 – 11.00	SWR	*Paternoster* (Wh. von So. 16.30h)
16.00 – 16.45	3sat	*Blickfeld* (Feature)
20.15 – 21.15	BR-alpha	*Forum* (Gespräche über Religion) .
Dienstag:		
19.30 – 20.15	BR	*Stationen* (Aktuelles, Reportagen, ...)
22.15 – 22.45	ZDF	*37°* (Doku zu Lebensumbrüchen, ...) .
Mittwoch:		
12.30 – 13.00	3sat	*37°* (Wh. von Di. 22.15h) .
Donnerstag:		
10.30 – 11.00	3sat	*Orientierung* (Religionsmagazin / ORF)
13.30 – 14.00	WDR	*Gott und die Welt aktuell* (s. So. 14.30h)
22.15 – 23.15	HR	*Horizonte* (Magazin, Streitgespräch)
22.30 – 23.00	MDR	*Glaubenszeichen* (Feature, Magazin)
23.00 – 23.30	ZDF	*Doku* (6-10 x jährlich) .
Freitag:		
11.40 – 11.55	3sat	*Tagebuch* (Wh. v. So. 18.00h)
13.00 – 13.30	ORB	*Kirche u. Welt ...* (Wh. v. So. 13.30h) .
Samstag:		
18.45 – 18.50	MDR	*Glockenläuten* (s. So. 7.55h)
18.20 – 18.40	WDR	*Gott und die Welt* aktuell (s. So. 14.30h)
22.20 – 22.25	ARD	*Wort zum Sonntag* (Verkündigung) .

Quelle: „Kirche, Religion und Theologie im Fernsehen", unter
http://www.ekd.de/rundfunk/fernsehen/fernsehen-m.html

Zu besonderen Ereignissen gibt es dann noch, außerhalb der Feiertage Ostern und Weihnachten – wahre Höhepunkte christlichen Fernsehens –, Schwerpunktsendungen. „Als kleiner Trost für alle, die in Hamburg nicht dabei sein können: Trotz der beginnenden EXPO berichtet das Fernsehen recht ausführlich über den Katholikentag. Hier eine kleine Auswahl." Es folgt eine Übersicht von insgesamt 14 Sendestunden in ARD, ZDF, Phoenix, N3, ORB, B1 und BFS.

Wenn nun im Statistischen Jahrbuch Deutschlands zu lesen ist, dass innerhalb des Sendeprogramms der ARD 1994 auf das Ressort „Religion" 73 Sendestunden entfallen und 1997 dann 77 Stunden, erscheint das wenig. (Das ZDF führt diese Rubrik erst gar nicht auf, dürfte nach Parität aber eben so viele oder sogar noch mehr senden.)[558] Das wären 150 Stunden Sendezeit.

Die Summe der bereits festgestellten festen Sendezeiten (Übersicht 153) erbringt jedoch für eine Woche 835 Minuten, entspricht 13,9 Stunden. Hochgerechnet auf ein Jahr (52 Wochen) sind das 723 Stunden. Hinzuzurechnen wären jetzt noch die zusätzlichen Sendungen zu Ostern und Weihnachten, zu den Kirchentagen, etc., aber die Ressortzuweisungen sind anders: „Ben Hur" oder „Die Zehn Gebote" sind Spielfilme, und die volkstümliche Benefizgala für *misereor* und *Brot für die Welt* ist Unterhaltung, die Berichte über den Papst-Besuch in Israel sind Nachrichten aus Politik und Gesellschaft, usw.

Aber: Sie können sich sicher sein, wenn ein Priester auf der Mattscheibe erscheint (auch im *Tatort*), ist es eine Sendung unter Mitwirkung der Beauftragten für das Kirchenprogramm. Bei einem Krimi im Kloster ist das nicht unbedingt der Fall, da die Drehbuchautoren die ständigen Bordelle und die 'Striptease-Schuppen' im Rotlicht-Milieu allmählich leid sind und nach 'exotischeren Locations' suchen: Wer von uns war denn schon einmal in einem Kloster?

Nun könnte man einwenden, dass es (ebenso wie für die folgenden Hörfunksendungen) die Unterscheidung von zwei Programmsäulen zu beachten gilt. Zum einen gibt es die religiösen „Verkündigungssendungen", das sind die Gottesdienste und Predigten, die in der inhaltlichen Verantwortung der Kirchen liegen, und das andere sind journalistische Beiträge von unabhängigen Redaktionen innerhalb der Rundfunkanstalten, die auch die inhaltliche redaktionelle Verantwortung dafür tragen und deshalb ist es unzulässig, sie als Kirchensendungen zu bezeichnen.

---

[558] Vgl. *Statistisches Jahrbuch 1996*, S. 417, und Statistisches Jahrbuch 1999, S. 411.

Bauen wir also eine Brücke: Die ARD teilt ihre Sendungen in zwölf Ressorts ein, und eines dieser Ressorts ist „Religion". 1999 wurden in der ARD gesendet:

Übersicht 154: TV-Sendungen der ARD, Ressort „Religion", 1999

Erstes Programm, ARD	3.153 Minuten	53 Stunden
Dritte Programme	32.150 Minuten	536 Stunden
3sat	1.753 Minuten	29 Stunden
Summe	*37.056 Minuten*	*618 Stunden*

Quelle: ARD: Jahrbuch 1999, S. 403 ff. (Tab. 1, 9 und 13)

Die auf 723 Stunden noch fehlenden 135 Stunden sind dem ZDF zuzurechnen, wovon 52 Stunden bereits durch die Gottesdienstübertragungen – wöchentlich im Wechsel zwischen katholisch und evangelisch – beigetragen werden. Die katholische und evangelische Fernseharbeit beim ZDF 'mischt' sich mit anderen Redaktionen, z.B. sind 32 Sendungen der Reihe *37°* von den Redaktionen 'Kirche und Leben' katholisch (15) wie evangelisch (17 Sendungen). Von der *ZDF-Dokumentation* entstammen zehn Sendungen aus den kirchlichen Redaktionen, ebenso wie zwölf *Sondersendungen* und zehn Sendungen in der Reihe *blickpunkt*.[559]

Beide Kirchen haben eigene Programmabteilungen für ihre Fernseharbeit, deren Platzierung auch institutionell abgesichert ist. Bei den öffentlich-rechtlichen Sendern (ARD und ZDF mit ihren Ablegern: 3sat, arte, Kinderkanal, Phoenix) ist die Beteiligung der Kirchen als „gesellschaftlich relevante Gruppen" in den Rundfunkräten sichergestellt. Sie bestimmen mit und brauchen zudem für ihr „Drittsenderecht" nichts zu bezahlen.

Der finanzielle Aufwand, den die Sender ARD und ZDF damit als geldwerte Leistung für die Kirchen erbringen, wird in der kirchen-kritischen Szene auf 300 Millionen DM[560] geschätzt. (Diese Zahl ist 1992 von der Landesarbeitsgemeinschaft „Trennung von Staat und Kirche" der Grünen in Nordrhein-Westfalen in die Welt gesetzt worden und wird seitdem unbefragt weiter und weiter getragen: als „Schätzung von Fachleuten".) Eine Angabe, die bei den Finanzressorts der Sender Erstaunen hervorruft, denn diese Zahlen hat dort noch niemand berechnet. Jede Sendung hat ihre spezifischen eigenen Kosten, die sich in der Spannweite von rund DM 350.000 für eine Gottesdienstübertragung (d.h. DM 7.778 pro Minute) bis DM 65 für die Minute einer Wiederholung bewegen. Ein Annäherungswert der geldwerten Ersparnis der Kirchen, der auch noch sehr problematisch weil pauschal bleibt, lässt sich aufgrund der Sende-

---

[559] Vgl. *ZDF Jahrbuch 1999*, S. 371 ff.
[560] So http://www.staat-und-kirche.de

minuten/Selbstkosten auf Vollkostenbasis pro Ressort plus Kosten der Ausstrahlung berechnen.[561]

Fügen wir die Sendezeiten mit den Selbstkosten zusammen, ergibt sich für die Fernsehsendungen der ARD (einschließlich Dritte Programme und 3sat) eine Größenordnung von rund 69 Millionen DM und, auf einer vergleichbarer Kostenbasis für das ZDF 15 Millionen DM (14.967.140).

Übersicht 155: Sendungen „Religion" und Selbstkosten der Sender

Sendekette (ARD) / Art	Min./Woche	x	Selbstkosten	=	Summe
1. Kette – Erstsendung	220		4.063		893.860
– Wiederholung	45		65		2.925
3. Kette – Erstsendung	425		967		410.975
– Wiederholung	145		68		9.860
Summe	*835*				*1.317.620*
Wochensumme 1.317.620 x 52 Wochen = im Jahr DM 68.516.240					

Quelle: ARD: Jahrbuch 1999, S.. 370 f.

Von beiden Kirchen ist die katholische dabei die aktivere im Fernsehen und ökonomisch am vielfältigsten. Die „Katholische Fernseharbeit beim ZDF", dem die EKD nichts Vergleichbares parallel zu setzen hat, bietet zusätzlich zum Fernsehen noch Bücher und Videokassetten zum Kauf an, und vermittelt unter dem Obertitel „Wurzeln und Visionen": Urlaubsreisen.[562]

21.1.2. Private Fernsehsender

Auch mit SAT.1 und RTL haben die Kirchen Rahmenverträge abgeschlossen, die ihnen 45 Minuten Sendezeit pro Woche bzw. 20 Stunden Sendezeit im Jahr einräumen. „Derzeit [1997] sind die Kirchen mit 1888 Sendeminuten im Jahr vertreten, davon die evangelische Seite mit 152 Minuten, die katholische Seite mit 1736 Minuten! Die katholische Kirche, vertreten durch sieben Unternehmen und die *Tellux*-Gruppe als Dachorganisation, befindet sich nach verhältnismäßig geringen Vorleistungen mittlerweile in der Gewinnzone."[563]

Regelmäßige Kirchensendungen bei SAT.1:

* *Schwarz greift ein.* Eine sehr erfolgreiche Abend-Serie.
  Jeweils Pilotfilm und 13 Folgen: immer mittwochs, 20.15 Uhr. Zu den Produktionskosten haben die Kirchen 10 Prozent beigesteuert (1,5 Millionen), d.h. sie haben eine geldwerte Ersparnis durch 'Privatfinanzierung' von 13,5 Millio-

---

[561] Vgl. ARD: *Jahrbuch 1999*, S. 370f. (Tabelle 37)
       Die Selbstkosten für das Ressort „Religion" betragen im Hauptprogramm (erste Senderkette) DM 3.998 pro Minute plus Abspielung DM 26 und Ausstrahlung DM 39 = DM 4.063. In der dritten Senderkette sind die Selbstkosten DM 899 plus 19 Abspielung plus 49 Ausstrahlung = DM 967 pro Minute.
[562] http://www.kath.de/kfa/produkte.htm
[563] Besier, *Konzern Kirche*, S. 93.

nen Mark. Da inzwischen bereits die dritte Staffel gesendet wird, beläuft sich die Ersparnis mittlerweile auf 41 Millionen Mark. Für ihren zehnprozentigen Finanzierungsanteil erhält die katholische Kirche die gesamten in- und ausländischen Vermarktungsrechte.[564]

- *So gesehen* (im monatlichen Wechsel mit der evangelischen Kirche). Die SAT.1-Pfarrer deuten aktuelle Ereignisse aus Kirche und Gesellschaft im christlichen Dialog. Wöchentlich, sonntags: 6.10 Uhr und gegen 0.00 Uhr.
- *Sunday-Up.* Prominente erzählen, wie sie den Sonntag verbringen und welche Bedeutung dieser Tag für sie hat. Wöchentlich, sonntags, in der Morning-Show 'Weck-Up', 8.00 bis 9.00 Uhr.
- *StaRccato* hat keinen festen Sendeplatz. Es kommt 'floatend' ins Programm. Über 40 Prominente aus dem SAT.1-Programm erzählen über sich, Gott und die Welt.
- *Club der tausend Träume*, Doku-Soap, Mai/Juni 1999. Im Rahmen des Kirchenprogramms reizte den kirchlichen Beauftragten die Einbindung eines Pfarrers in das Clubgeschehen.[565]

Die Annahme jedoch, dass diese Zusammenarbeit zur beiderseitigen Zufriedenheit abläuft, ist falsch. SAT.1 hat sich bisher geweigert, einen 'Rechtsanspruch' der Kirchen auf einen *festen* Sendeplatz anzuerkennen – das Senderecht in besonderen 'Kirchenfenstern' am frühen Sonntagmorgen sei den Kirchen auch nur großzügig gewährt worden –, die allerdings immer mehr auf ihre 'verbrieften' Rechte pochen (Rundfunkstaatsvertrag § 42 Abs. 1 und Lizenzbescheid für SAT.1).

Gottesdienstübertragungen kommen sowieso nicht in Frage – wo sollen die Sender die Werbeblöcke platzieren? Wenn der Priester zur Gemeinde sagt: „Wir unterbrechen jetzt den Gottesdienst für eine kurze Werbepause"? Geht nicht, da es entsprechend der Rundfunkverträge verboten ist.

Die Kirchen und SAT.1 verhandelten 1998-1999 ohne Erfolg, dann produzierten beide Kirchen, auf eigene Rechnung (!), einen Pilotbeitrag für ein 'Kirchenmagazin' auf SAT.1, dessen Übernahme der Sender aber ablehnte. Folge: die Kirchen haben am 18. April 2000 bei der Medienaufsichtsbehörde ein förmliches Aufsichtsverfahren gegen SAT.1 beantragt – da „sich SAT.1 nur über eine juristisch bestätigte Anspruchsposition zu einer konstruktiven Mitwirkung bewegen lasse".[566] Stand des Streits im Juli 2001: Noch ist nichts entschieden.

Obwohl es eigentlich ind er Logik der Privatsender liegen würde, zur Finanzierung bezahlte Werbeblöcke von kirchlichen oder kirchennahen

---

[564] Internationale Rundschau, Meldung 2130, in: *MIZ* 3/95, S. 48.
[565] Alle Angaben nach: http://www.kath.de (Medien/TV SAT.1 kath.)
[566] http://www.ekd.de/rundfunk/news/meldungen (Mai 2000)

Firmen zu verlangen, wird den Kirchen, wie im öffentlich-rechtlichen Fernsehen, die Sendezeit kostenlos zur Verfügung gestellt. Dadurch haben die beiden Kirchen (auf der Basis der geringeren Selbstkosten der dritten ARD-Kette, da SAT.1 auf Anfrage keine Selbstkosten nennen konnte oder wollte) eine geldwerte Ersparnis von DM 1.830.000 und eine Ersparnis an Produktionskosten von DM 13,5 Millionen Mark.

Übersicht 156: Geldwerte Leistung aller Fernsehsender

ARD	DM	68.516.240
ZDF	DM	14.967.140
SAT.1	DM	15.330.000
Insgesamt	*DM*	*98.813.380*

21.2. Radiosender

Bei der überschaubaren Anzahl der Fernsehsender lässt sich die Zahl der Fernsehsendungen noch einigermaßen erfassen. Bei der Vielzahl der regionalen Radiosender in Deutschland ist es nur beispielhaft möglich. Es sind im Laufe der Woche (mindestens) 77 Sendungen, die über den Äther gehen. Schwerpunkt ist, ebenso wie im Fernsehen, der Sonntag, an dem regional flächendeckend Gottesdienste übertragen werden.

Übersicht 157: Feste Sendeplätze für Kirchensendungen im öffentl.-rechtlichen Hörfunk

Zeit	Sender	Sendung
Sonntag		
06.05 – 06.30	BR 5	*Die Kirchen* (Aktuelles Magazin)
06.05 – 06.30	NDR 4	*Lebenswelten* (Feature)
07.05 – 07.30	NDR 4	*Blickpunkt: Diesseits* (Magazin)
07.05 – 10.00	SWR 1	*Sonntag Morgen* (Magazin)
07.15 – 07.30	NDR 4	Verschiedene Religionsgemeinschaften (Verkündigung)
07.30 – 08.00	DLR	*Morgenfeier* (Verkündigung)
07.30 – 08.00	DRB	*FeierTag* (Verkündigung)
07.30 – 07.45	MDR Kultur	*Aus Religion und Gesellschaft* (Magazin)
07.45 – 08.00	MDR info	*Aus Religion und Gesellschaft* (Magazin)
07.45 – 08.00	MDR 1	*Wort am Sonntag* (Verkündigung)
07.45 – 08.00	NDR 1	*Sonntags bei uns* (Über kirchl. Leben)
07.45 – 08.00	NDR 1/MV	*Treffpunkt Kirche* (Magazin)
07.45 – 08.00	WDR 5	*Das geistliche Wort* (Beitrag mit Musik)
08.00 – 09.00	Klassik Radio	*Sonntagskantate* (Magazin)
08.05 – 08.30	HR 1	*Kirche und Welt* (Berichte)
08.05 – 08.20	NDR 1	*Sonntags bei uns* (Teil 2)
08.05 –	SFB 4	*Von Abraham bis Zarathustra*
08.10 – 08.30	DLF	*Am Sonntagmorgen* (Feature)
08.25	InfoRadio	*Kirche kompakt* (Infos)
08.30 – 08.55	HR 1	*Evgl. Morgenfeier* (Verkündigung)
08.30 – 09.00	WDR 3	*Lebenszeichen* (Essay bis Hörspiel)
08.40 – 09.00	NDR 3	*Glaubenssachen* (Essays)
08.40 – 08.55	ORB	*Apropos Sonntag* (Beiträge)
08.45 – 09.00	MDR Info	*Aus Religion und Gesellschaft* (s. 7.30h)

09.00 – 09.30	BR 2	*Evgl. Perspektiven* (Feature)
09.00 – 09.30	SFB/ORB	*Gott und die Welt* (Feature)
09.05 – 09.30	NDR 4	*Blickpunkt: Diesseits* (s. 7.05h)
09.10 –	SWR 1	*Bibel im Gespräch*
10.00 – 11.00	MDR Kultur	*Gottesdienst*
10.00 – 11.00	NDR 4	*Gottesdienst*
10.00 – 11.00	RB 2	*Gottesdienst*
10.00 – 11.00	SFB/ORB	*Gottesdienst*
10.00 – 11.00	WDR 5	*Gottesdienst* (monatlich)
10.04 – 10.59	SR 2	*Gottesdienst*
10.05 – 10.35	BR 1, SR 2	*Morgenfeier* (Verkündigung)
10.05 – 11.00	DLF, DW	*Gottesdienst*
10.30 – 11.00	SR 2	*Orientierung* (Feature)
11.03 – 11.29	HR 2	*Camino – Religionen auf dem Weg* (Rep.)
11.30 – 11.55	HR	*Evgl. Morgenfeier* (s. 8.30h)
12.05 – 12.30	SWR 2	*Glaubensfragen* (Monothematisch)
13.30 – 14.00	WDR 5	*Diesseits von Eden* (Magazin)
15.35 – 16.00	BR 5	*Die Kirchen* (s. 6.05h)
17.05 – 17.30	NDR 4	*Aus Religion und Gesellschaft* (s. 7.45h) .
Montag		
09.35 – 10.00	DLF	*Tag für Tag* (Magazin)
13.06 – 13.30	SR 2	*Bilanz am Mittag* (Magazin)
17.36 – 18.00	SR 2	*Bilanz am Abend* (Magazin) .
Dienstag		
09.30 – 09.56	HR 2	*Die Alternative* (Feature)
09.35 – 10.00	DLF	*Tag für Tag* (Magazin)
13.06 – 13.30	SR 2	*Bilanz am Mittag* (Magazin)
17.36 – 18.00	SR 2	*Bilanz am Abend* (Magazin) .
Mittwoch		
09.30 – 10.00	SR 2	*Forum: Sinn- und Glaubensfragen*
09.30 – 09.59	SR 2	*Krankensendung* (monatlich)
09.35 – 10.00	DLF	*Tag für Tag* (Magazin)
13.06 – 13.30	SR 2	*Bilanz am Mittag* (Magazin)
17.05 – 18.00	HR 2	*Forum Leib und Seele* (Magazin)
17.36 – 18.00	SR 2	*Bilanz am Abend* (Magazin)
19.00 – 19.30	BR 2	*Bedenkzeit* (meditativ bis feuilleton.)
19.05 – 19.30	SWR 4	*Abendgedanken* (Heiter-Erbauliches)
20.10 – 20.30	DLF	*Studiozeit* (Feature)
21.05 – 22.00	ORB	*Kreuz und quer* (Berichte) .
Donnerstag		
09.35 – 10.00	DLF	*Tag für Tag* (Magazin)
13.06 – 13.30	SR 2	*Bilanz am Mittag* (Magazin)
15.05 – 16.00	WDR 5	*Tischgespräch* (Gespräch zur Person)
17.36 – 18.00	SR 2	*Bilanz am Abend* (Magazin)
19.05 – 19.30	SFB/ORB	*Zwischen Himmel und Havel* (Magazin) .
Freitag		
09.30 – 09.56	HR 2	*Die Alternative* (Feature)
09.35 – 10.00	DLF	*Tag für Tag* (Magazin)
13.06 – 13.30	SR 2	*Bilanz am Mittag* (Magazin)
17.36 – 18.00	SR 2	*Bilanz am Abend* (Magazin)
18.30 – 18.55	BR 2	*Kirche und Welt* (Magazin)
22.00 – 23.00	SFB/ORB	*Erdkreis, Mensch ...* (monatlich) .

Samstag		
07.40 –	MDR	*Kirchliche Nachrichten*
08.30 – 09.00	WDR 3	*Lebenszeichen* (Essay bis Hörspiel)
13.15 – 14.00	SFB/ORB	*Das Gespräch* (Gespräch)
17.30 – 18.00	DRB	*BeispielsWeise*
18.00 – 18.30	SR 2	*Erste Welt-Dritte Welt* (monatlich)
19.05 – 20.00	RB 2	*Geist und Zeit* (Feature)

Quelle: Kirche, Religion und Theologie im Hörfunk, Auflistung unter
http://www.ekd.de/rundfunk/hoerfunk/radio-m.html

In dieser langen Übersicht der festen Sendeplätze fehlen u.a.: die Fünf-Minuten-Andachten auf fünfzehn Sendern an den Werktagen, die Sendungen mit eindeutiger Kirchenmusik (z.B. *Kantate/NDR 3*: Schütz: „Christ ist erstanden...“), die 'Sondersendungen' zu Ostern (viermal päpstlicher Segen 'urbi et orbi' je eine halbe Stunde), von Weihnachten gar nicht zu reden, die Sendungen mit Kirchenthemen im allgemeinen Programm (z.B. *Studiozeit/MDR Kultur*: „Der Gottesgedanke" von Karl Jaspers), sowie die wenigen, aber immerhin vorhandenen Sendungen im Privatfunk (z.B. *Moin Chef/delta radio*: Show mit Gott und Martin Welck). Sendungen, die sich auf mehrere Stunden pro Woche summieren.

Abgesehen von dieser 'Dunkelziffer', sind in der Übersicht pro Woche 2.160 Minuten Kirchensendungen aufgelistet, also 36 Stunden pro Woche. Auf ein Jahr hochgerechnet sind das 1.872 Stunden – und, wenn Sie pro Tag acht Stunden schlafen und die anderen sechzehn Stunden pro Tag im Radio eine Sendung nach der anderen hören: 117 Tage oder vier Monate könnten Sie dann ununterbrochen Kirchensendungen empfangen.

Zur Berechnung der geldwerten Leistung – Kosten, die von den Kirchen nicht bezahlt zu werden brauchen – können als Anhalt die Selbstkosten der Rundfunkanstalten für „Magazinsendungen" zu Grunde gelegt werden:[567] 2.160 Sendeminuten (à DM 195) pro Woche = DM 421.200 x 52 Wochen = DM 21.902.400 im Jahr 1999.

Insgesamt erhalten die Kirchen von den öffentlich-rechtlichen Fernseh- und Rundfunksendern sowie den privaten Sendern eine geldwerte Leistung in der Größenordnung von DM 121 Millionen.

Übersicht 158: Geldwerte Leistungen für die Medienpräsenz

Öffentlich-rechtliches Fernsehen	DM	83.483.380
Öffentlich-rechtlicher Hörfunk	DM	21.902.400
Summe	*DM*	*105.385.780*
plus Privatfernsehen und Radio	DM	15.330.000
Insgesamt	*DM*	*120.715.780*

---

[567] Vgl. ARD: *Jahrbuch 1999*, S. 372 „Durchschnittsselbstkosten je Sendeminute". Magazinsendungen: DM 188 plus DM 7 Ausstrahlung = DM 195 pro Minute.

21.3. Zeitungen

Das deutsche Presserecht legt für Zeitungen und Zeitschriften sehr klare Maßstäbe dafür fest, was ein 'redaktioneller Beitrag' und was 'Werbung' ist. Insbesondere bei Artikeln, die wie ein normaler redaktioneller Beitrag aussehen, *muss* darüber 'Anzeige' gedruckt sein, wenn es sich um eine (verkappte) Firmenwerbung handelt.

Da die Kirchen der Form nach keine gewerblichen Unternehmungen sind, erfüllen sie ihren Verkündigungsauftrag nicht wie beispielsweise eine Gartenbaufirma, die ihre Handelsware zwecks Verkauf und Umsatzsteigerung 'redaktionell verpackt' anpreist. So braucht aus zwei Gründen über dem Pastorenwort zum Wochenende („Gott und die Welt") nicht der Hinweis 'Anzeige' zu stehen. Erstens, weil es sich um Information handelt, und zweitens, weil die Kirchen für diese 'redaktionellen Beiträge' nichts zu bezahlen haben – die Pastoren sind sozusagen kostenlose 'freie Mitarbeiter'.

Exkurs: Internet

Aufschlussreich ist es, wenn man dieses 'moderne Orakel' einmal mit Hilfe der vorhandenen explizit „christlichen Suchmaschinen" nach „Kirchenvermögen" befragt.

Die Ergebnisse: *feuerflamme*: „Suche erfolglos", *leviathan*: „Ihre Suche ergab folgenden Fehler: kein passendes Ergebnis gefunden", *jesus.de*: „0 Einträge gefunden", (*EKD: Kirche interaktiv*): „Zusammenfassung der Suche nach 'Kirchenvermögen': Suche fand 0 Treffer in 0 Dateien". Dann, Überraschung, *Kath.de* vermeldet: „Treffer 1 bis 4 von 4 gefundenen Dokumenten werden angezeigt." Aber alle vier Meldungen beziehen sich auf das *Zentralinstitut für kirchliche Stiftungen* (siehe Kapitel: *Stiftungen*), in denen immer wieder geschrieben wird, dass kirchliche Stiftungen nicht zum Kirchenvermögen gehören würden.

Also verlassen wir die christlichen Suchmaschinen, die nichts finden, worüber nicht auch gesprochen werden darf, und schicken die Suchmaschine *fireball* ins Feld: 92 Meldungen, mit durchaus interessanten Aspekten historischer Beschreibungen und juristischer Ratschläge, z.B. wie sich Kommunen gegen die Baulast-Forderungen von Kirchengemeinden wehren können.

22. Die Wohlfahrtsverbände

Caritas / Diakonisches Werk / Duale Finanzierung

„Caritas", „Innere Mission" – die römischen Katholiken nennen ihre Werke mit Vorliebe lateinisch, die Evangelischen traditionell deutsch. (Obwohl gerade das Wort 'Diakon' – „der Diener" – auch griechisch-lateinischen Ursprungs ist.)

Sowohl die *Caritas e.V.* wie das *Diakonische Werk e.V.* (beides eingetragene Vereine!) gehören zur 'Oberliga ihrer Branche', korrekt zu den 'Spitzenverbänden' der freien Wohlfahrtspflege und bilden zusammen mit den anderen Spitzenverbänden (Arbeiterwohlfahrt, Deutscher Paritätischer Wohlfahrtsverband, Deutsches Rotes Kreuz und Zentralwohlfahrtsstelle der Juden in Deutschland) die *Bundesarbeitsgemeinschaft der freien Wohlfahrtspflege* (BAGF). „Die Mitgliedschaft ist mit besonderen Privilegien verbunden und sichert eine Monopolstellung für die Erbringung sozialer Dienstleistungen und die Zusammenarbeit mit dem Staat."[568]

Von unfreundlichen Zeitgenossen werden sie auch als die 'Mafia in der deutschen Wohlfahrtsindustrie' bezeichnet, weil sie eine Wirtschaftsbranche dominieren und kontrollieren, in der Milliarden umgesetzt werden, und – als 'Spitzenverbände' – über einen exklusiven Zugang zu den staatlichen und öffentlichen Stellen verfügen.

Zudem haben diese sechs Verbände eine eigene Bank gegründet (die bereits dargestellte *Bank für Sozialwirtschaft AG*). „Jährlich vergibt sie zinslose Darlehen in Höhe von rund 20 Millionen DM aus Mitteln des Bundesministeriums für Familie, Senioren, Frauen und Jugend. (...) Dieser Darlehensfonds hat ein Gesamtvolumen von rund 340 Millionen DM und eine Laufzeit bis zum Jahr 2045."[569]

Die Verbände geben aber bei ihren Spendenaufrufen andere Geldinstitute an – normalerweise die Postbank.

Als die von der Bundesregierung eingesetzte unabhängige *Monopolkommission* in ihrem Hauptgutachten 1996/1997 in Kapitel VI auch das deutsche Gesundheitswesen begutachtete, schrieb sie u.a. über die Wohlfahrtsverbände: „Kennzeichnend für die Stellung der Freien Wohlfahrtspflege ist das enge Kooperations- und Austauschgeflecht, das diesen

---

[568] Martina Scholz: *Zur Anwendbarkeit der ökonomischen Theorie nicht-erwerbswirtschaftlicher Organisationen auf kirchliche Einrichtungen in Industrieländern und in Ländern der Dritten Welt.* Texte der Forschungsstelle der Evangelischen Studiengesellschaft, B 20, 1993, S. 45.

[569] Bank für Sozialwirtschaft: *Geschäftsbericht 1998*, S. 32.

Sektor mit dem Staat auf seinen föderativen Ebenen und den Sozialversicherungen verbindet. Im Resultat wird dieser Sektor abseits der wettbewerblichen Marktordnung koordiniert. Diese *neokorporatistischen Strukturen* finden ihre Grundlage teils in sozialgesetzlichen Bestimmungen. Die enge Kooperation der Sozialleistungsträger mit den freigemeinnützigen Einrichtungen und Organisationen wird beispielsweise im SGB I [Sozialgesetzbuch] explizit vorgegeben."[570]

Diese gesetzliche Fixierung des Prinzips der Subsidiarität hat sozialkaritative Strukturen geschaffen, die in den Darstellungen der Kirchen immer eine bzw. sogar die wichtigste der angeführten Legitimationen für die Kirchensteuer darstellt: „Das deutsche Kirchensteuerwesen ist effizient und dient im Letzten sowohl der Kirche als auch dem Staat selbst, der durch die zahlreichen sozial-karitativen kirchlichen Einrichtungen von vielen Tätigkeiten entlastet wird, die er bei Wegfall der Kirchensteuer selbst übernehmen müsste."[571] Dieser Sichtweise ist immer wieder widersprochen worden, da die Kirchen ihre Sozialorganisationen nur mit etwa 10 Prozent des Kirchensteueraufkommens bezuschussen, also (1999) mit etwa 1,7 Milliarden Mark.

Die Unterstützung des Staates für die Kirchen durch die vollständige Abzugsfähigkeit der Kirchensteuer als 'Sonderausgabe' wird mit 6,8 Milliarden beziffert.[572] Für den Staat wäre es in diesem Zusammenhang 'billiger', die Religionszugehörigkeit tatsächlich als Privatsache zu betrachten, die Kirchensteuer nicht mehr zu bevorzugen und die kirchlichen sozial-karitativen Einrichtungen in 'eigene Regie' zu übernehmen. Das würde für den Staat rund 5 Milliarden weniger an Einnahmeverlusten bedeuten, als bei den bestehenden Regelungen.

Allerdings wurde mir hinsichtlich dieser Argumentation entgegnet, dass sie schlicht falsch sei, weil der Staat dann für diese Einrichtungen Miete bezahlen müsste, da sie ja der Kirche gehören. Das ist soweit richtig. Verschwiegen wurde allerdings, dass die meisten dieser Einrichtungen auf Staatskosten oder mit staatlichen Zuschüssen errichtet wurden, der Staat also Miete für Einrichtungen zahlen soll, die er vorher bezahlt hat.

Hingegen würde eine solche Übernahme auch innerkirchlicher Kritik an den beiden Sozialorganisationen entsprechen, die feststellt, dass beide

---

[570]   Monopolkommission: *Hauptgutachten 1996/1997*: Marktöffnung umfassend verwirklichen. Baden-Baden: Nomos, 1998, S. 330.

[571]   Sekretariat der Deutschen Bischofskonferenz: „Kirchensteuer", in: http://www.debk.de/stichwoerter, S. 1 (August 1999).

[572]   Vgl. Kapitel: *Staatlicher Verzicht auf Einnahmen*.

Verbände erst aktiv werden, wenn die staatlichen Geldmittel fließen. So heißt es für den Bereich der Diakonie selbstkritisch:

„Es ist offensichtlich, wie wenig kirchliche Sozialarbeit gerade hier [bei neuen Problemstellungen, d.A.] in den vergangenen Jahren geleistet hat. Weil staatliche Mittel (noch) nicht bereit standen, wurden ganze Arbeitsbereiche zwar gesehen und öffentlich für sich angemahnt, aber dann nicht aus eigenem diakonischen Antrieb besetzt. Das ist deshalb besonders beschämend, weil es teilweise besonders bedrängende Nöte sind und waren, die dann durch (bisweilen aggressiv antikirchliche) Selbsthilfegruppen wegweisend eingenommen worden sind, obwohl sie doch in das klassische Aufgabengebiet der Diakonie nicht nur gepasst, sondern ureigentlich gehört hätten." Als Beispiele: Frauenhäuser und AIDS-Hilfe.[573]

Das gleiche gilt aber auch für den Bereich der Caritas, in dem der *Sozialdienst katholischer Frauen* (mit Unterstützung des Zentralkomitees der deutschen Katholiken) im September 1999 den Verein *Donum Vitae* gründete. 100 Beratungsstellen sollten bis Ende 2001 eingerichtet werden. Oktober 2000 waren es erst elf Beratungsstellen, weil die staatlichen Zuschüsse noch an die katholischen Bistümer fließen. „Beratungsstellen [von *Donum Vitae*, d.A.] gibt es bislang nur in den Ländern, in denen der Staat sie finanziert."[574]

Das sollten nur zwei Beispiele sein, um interne finanzielle Fragen der beiden Verbände darzustellen, die zudem unter den Wohlfahrtsverbänden eine besondere Stellung einnehmen: „Die Diakonie verbindet die eigentliche Sozialarbeit mit einem kirchlichen Sendungsauftrag, der sich aus der gelebten Nächstenliebe ergibt. Produktionstheoretisch wird ein Kuppelprodukt erstellt, dessen Outputs – soziale Hilfe und religiöse Betreuung – dem Hilfeempfänger angeboten und gegebenenfalls als Einheit zugeführt werden."[575]

Oder wie es die Kirche selber in die Präambel der Satzung des Diakonischen Werkes schreibt: „Die Kirche hat den Auftrag, Gottes Liebe zur Welt in Jesus Christus allen Menschen zu bezeugen. (...) Da die Entfremdung von Gott die tiefste Not des Menschen ist und sein Heil und Wohl unmittelbar zusammengehören, vollzieht sich Diakonie in Wort und Tat als ganzheitlicher Dienst am Menschen."[576]

Die dominierende Position der sechs 'Spitzenverbände', und dabei die besondere Situation der beiden christlichen Verbände, ist allerdings kein

---

[573] Markus Rückert: *Diakonie und Ökonomie, Verantwortung, Finanzierung, Wirtschaftlichkeit*, Gütersloh: Gütersloher Verlagshaus, 1990, S. 187.

[574] Der Zweite Vorsitzende von Donum Vitae Hamburg, in: *Hamburger Abendblatt* vom 4.1.2001, S. 14.

[575] Monopolkommission, *Hauptgutachten 1996/1997*, S. 329.

[576] Satzung des Diakonischen Werkes der Evangelischen Kirche in Deutschland e.V. vom 6.6.1975 i.d.F. vom 29.11.1978.

'deutsches' Phänomen, sondern eine 'westdeutsche' Besonderheit. Verdeutlichen lässt sich dieser Unterschied in einer Übersicht der Tageseinrichtungen für Kinder. Während im Westen zwei Drittel von freien Trägern betrieben werden, sind es im Osten nur 16 Prozent.

Übersicht 159: Tageseinrichtungen für Kinder in Deutschland, 1994

| Träger | Anzahl | % | "Alte" Länder | | "Neue" Länder | |
			Anzahl	%	Anzahl	%
Öffentliche	22.108	47%	11.613	34%	10.495	84%
Freie Träger	24.515	53%	22.558	66%	1.957	16%
Summe	*46.623*	*100*	*34.171*	*100*	*12.452*	*100*

Quelle: Statistisches Bundesamt (1996): Fachserie 13, Reihe 6.3: „Einrichtungen und tätige Personen in der Jugendhilfe 1994", S. 18-19, 80-81, 96-97.

Diese extreme Unterschiedlichkeit in der Verteilung der Einrichtungen der Freien Träger lässt sich nicht nur durch die Staatseinrichtungen der ehemaligen DDR erklären, sondern in der weiteren Differenzierung nur der Einrichtungen der Freien Träger zeigt sich der Unterschied in der 'Konfessionalisierung' auch als mentaler Unterschied.

Übersicht 160:   Tageseinrichtungen Freier Träger für Kinder: Insgesamt / Alte Länder / Neue Länder / Anteil der neuen Länder an allen Einrichtungen

| Freier Träger | Anzahl | % | „Alte Länder" | | „Neue Länder" | | % N.L. |
			Zahl	%	Zahl	%	
AWO	1.294	5,3	918	4,1	376	19,2	29,1
DPWV	1.662	6,8	1.235	5,5	427	21,8	25,7
DRK	754	3,1	493	2,2	261	13,3	34,6
D.W. + EKD	7.699	31,4	7.227	32,0	472	24,1	6,1
Caritas + k. Kirche	9.487	38,7	9.322	41,3	165	8,4	1,7
ZWStJ	7	0,03	7	0,03	-	-	0
S. Religionsgemein.	142	0,6	123	0,6	19	1,0	13,4
Jugendverbände	33	0,1	27	0,1	6	0,3	18,2
Wirtschaftsuntern.	123	0,5	116	0,5	7	0,4	5,7
Sonstige Träger	3.314	13,5	3.090	13,7	224	11,4	6,8
Summe	*24.515*		*22.558*		*1.957*		*8,0*

Gegenüber ihrem Marktanteil innerhalb der freien Träger von 73 Prozent in den westlichen Ländern erreichen die beiden konfessionellen Verbände in den östlichen Ländern nur 33 Prozent und der Anteil ihrer Einrichtungen im Osten beträgt nur 8 Prozent ihrer gesamten Tageseinrichtungen.

Bleiben wir jedoch auf der Ebene des gesamten Deutschlands, da die Zahlen nur selten so differenziert vorliegen. Etwa 600.000 hauptamtliche Mitarbeiter – das sind knapp 80 Prozent aller in der freien Wohlfahrtspflege beschäftigten hauptamtlichen Mitarbeiter – wurden 1990 von den beiden größten konfessionellen Verbänden beschäftigt.[577] 1998 sind es

---

[577]   Scholz, *Zur Anwendbarkeit der ökonomischen Theorie*, S. 5.

bereits 895.624 hauptamtliche Mitarbeiter, 476.186 Mitarbeiter/innen bei der Caritas und 419.438 im Diakonischen Werk.

Eine Veränderung, die sich nicht nur durch den 'Aufbau-Ost' erklären lässt. Darin zeigt sich auch die Tatsache, dass beispielsweise eine Gemeindeschwester, die bisher von der Kirchengemeinde beschäftigt wurde, ohne Veränderung ihrer Aufgaben plötzlich zum Diakonischen Werk oder der Caritas gehört – mit der einfachen Logik, dass diese Gemeindeschwester, die bisher von der Kirche bezahlt wurde, nun aus öffentlichen Kassen finanziert wird.

Schon allein die Größenordnung der Beschäftigten verweist darauf, dass diesen Organisationen jeweils eigene, umfangreiche Untersuchungen zu widmen wären. Das würde allerdings den Rahmen dieses Buches völlig sprengen und so werden wir auf einer bundesweiten Ebene verbleiben, um zumindest als Richtwert die Größenordnungen zu beziffern, die bei diesen kirchlichen Werken eine Rolle spielen.

22.1. Caritas

Die Caritas (e.V.) bündelt die Arbeit der katholischen Kirche für die Bereiche Gesundheit, Pflege, soziale Hilfen und ist der bedeutendste Wohlfahrtsverband mit etwa 40 Prozent Marktanteil der Spitzenverbände. 1987 betrieb die Caritas 25.801 Einrichtungen.[578] 1999 sind es 26.063 Einrichtungen mit insgesamt 1.238.711 Betten/Plätzen und die Caritas beschäftigte 282.961 hauptamtliche und 193.225 teilzeitbeschäftigte Mitarbeiter, also insgesamt 476.186 Mitarbeiter – darunter 12.253 Ordensangehörige[579] (siehe Übersicht 161). Das alles ist nicht nur nach den staatlichen Fördertöpfen und den Bestimmungen der sozialversicherungsgemäßen Kostenerstattungen organisiert, sondern auch noch auf Diözesanebene (27 Verbände), mit weiterer Unterteilung in 636 Dekanats-, Bezirks-, Kreis- und Ortscaritasverbände. Das Ganze wird dann 'quer gebürstet' in 19 zentrale Fachverbände, neben denen es dann noch weitere 276 karitative Ordensgemeinschaften und Vereinigungen gibt.

Den Vorsitz hat zwar der „Protektor" der Bischöflichen Kommission „Caritas und Fürsorge", aber dennoch üben alle Verbände und Vereinigungen ihre satzungsmäßigen Tätigkeiten selbständig aus (§ 4 Abs. 5 der Satzung des Deutschen Caritasverbandes). Das hat z.B. zur Folge, dass der in diesen Rechtsträgerschaften unkundige Bürger auch einzelne Teile

---

[578] Bühler, Hans Harro: Die katholischen Einrichtungen der Caritas in Deutschland, in: Deutscher Caritasverband (Hg.): *Caritas 89*, Jahrbuch des deutschen Caritasverbandes, S. 21ff.
[579] Vgl. http://www.caritas.de/2ver/stat/80603.htm

der Caritas für das Ganze hält und der ctt-Skandal (*Caritas Trägergesellschaft Trier*) das Ansehen des gesamten Verbandes schädigt. Zur politischen Dimension (u.a. Rücktritt des damaligen Bundesverkehrsministers Klimmt, der seinerzeit als Ministerpräsident 'mit gekungelt' hatte) schweigen kirchliche Stellen. Hinsichtlich der Verurteilung des ctt-Geschäftsführers wegen Betrugs und Bestechung schreibt der Deutsche Caritasverband in einem Informationsblatt: „Die ctt ist eine rechtlich eigenständige Institution [als gemeinnütziger kirchlicher Verein, d.A.]. Sie ist Mitglied des Caritasverbandes der Diözese Trier. Die ctt untersteht aber weder der Weisung des Caritasverbandes der Diözese Trier noch der des deutschen Caritasverbandes in Freiburg. Die Kontrollmechanismen seitens des Bistums haben hier viel zu spät gegriffen. Dies ist ein schweres Versäumnis, das nicht schön geredet werden kann."[580] Dabei wird gerne übersehen, dass es neben den persönlichen Motiven des Geschäftsführers auch seine (erfolgreiche) Strategie war, im 'Verteilungskampf' auf dem Gesundheitsmarkt die bestehende Position der ctt zu erhalten. Und es ist ein Beispiel der Umorientierung im karitativen Bereich auf profitorientierte Unternehmen, die nicht mehr von 'netten Ordensschwestern' sondern von 'harten Managern' geführt werden. Da wir jedoch diese internen Puzzleteile nicht beachten wollten, bleiben wir bei dem Gesamtverband.

Legt man für das *Finanzvolumen* der Caritas als plausible Bezugsgröße die durchschnittlichen *Gehaltszahlungen* der Erzdiözese Köln zugrunde,[581] dann führt dies für die 476.186 Mitarbeiter der Caritas zu einem Aufwand von rund 30 Milliarden Mark (DM 29.899.719.000) für die Löhne und Gehälter der Mitarbeiter. Um abzuschätzen, was diese Lohn- und Gehaltszahlungen über das gesamte Finanzvolumen aussagen, betrachten wir einen Bereich genauer, für den offizielle Zahlen des Statistischen Bundesamtes vorliegen: die Krankenhäuser.[582]

Die Caritas betreibt in eigener Regie 527 Krankenhäuser mit 121.748 Betten. (Das sind 21 Prozent aller deutscher Krankenhäuser und ebenfalls 21 Prozent aller Krankenhausbetten.) Aufgrund einer durchschnittlichen Auslastung der Betten von 80,7 Prozent ergeben sich aufs Jahr gerechnet 35.862.000 Pflegetage, die (1997) im Schnitt DM 557 kosten, also, multipliziert, insgesamt einen Gesamt-Aufwand von 20 Milliarden bedeuten (DM 19.975.134.000). In diesen Krankenhäusern der Caritas sind 189.383

---

[580] Caritas International: *Caritas Intern: Sie fragen, wir antworten.* DIN A-4 Beilage.
[581] DM 583.631.000 für 9.295 Mitarbeiter, einschließlich aller Arbeitgeberleistungen, etc. bedeutet einen finanziellen Durchschnittsaufwand von DM 62.790 pro Beschäftigtem.
[582] „Krankenhäuser und Krankenhauskosten 1995-1997", in: *Der Fischer Weltalmanach 2000*, Spalte 225.

Mitarbeiter beschäftigt, die nach der oben erläuterten Berechnung einen Personalanteil von DM 11,9 Milliarden kosten, was genau 60 Prozent der Gesamtkosten entspricht.[583]

Übersicht 161: Einrichtungen/Mitarbeiter der Caritas am 1.1.1999 nach Fachbereichen

Einrichtungen im Fachbereich	Zahl	Betten / Plätze	Hauptamtliche Insges. / Orden		Teilzeit Insges. / Orden		Mitarb. Insges.
Gesundheitshilfe							
- KH und Heime	778	133.248	129.296	2.965	64.660	1.005	193.956
- Tageseinrichtg.	44	3.891	127	0	134	0	261
- E. offenen Hilfe	2.148	0	12.114	430	16.191	177	28.305
- Ausbildungsstätt.	330	19.908	2.159	95	1.200	15	3.359
---Zwischensumme	*3.300*	*157.047*	*143.696*	*3.490*	*82.185*	*1.197*	*225.881*
Jugendhilfe							
- Heime	778	41.468	11.457	869	5.120	268	16.577
- Tageseinrichtg.	10.668	729.861	42.691	801	37.561	248	80.525
- E. offenen Hilfe	1.401	0	2.787	16	2.949	19	5.736
- Ausbildungsstätt.	130	14.850	784	117	822	50	1.606
--- Zwischensumme	*12.977*	*785.909*	*57.719*	*1.803*	*46.452*	*585*	*104.444*
Familienhilfe							
- Heime	166	9.062	640	62	681	21	661
- E. offenen Hilfe	1.014	0	1.273	17	1.701	14	2.974
- Ausbildungsstätt.	11	247	16	4	47	4	63
--- Zwischensumme	*1.191*	*9.309*	*1.929*	*83*	*2.429*	*39*	*3.698*
Altenhilfe							
- Heime	1.812	119.488	39.928	2.545	35.638	1.200	75.566
- Tageseinrichtg.	101	1.211	147	1	202	5	349
- E. offenen Hilfe	1.036	0	1.290	12	1.105	11	2.395
- Ausbildungsstätt.	86	6.079	185	18	312	7	497
--- Zwischensumme	*3.035*	*126.778*	*41.550*	*2.576*	*37.257*	*1.223*	*78.807*
Behindertenhilfe							
- Heime	724	38.950	15.912	444	11.841	170	27.753
- Tageseinrichtg.	624	63.093	10.556	55	5.065	37	15.621
- E. offenen Hilfe	373	0	1.568	2	1.281	2	2.849
- Ausbildungsstätt.	26	2.113	112	1	79	7	191
--- Zwischensumme	*1.747*	*103.796*	*28.148*	*502*	*18.266*	*216*	*46.414*
Weitere soziale Hilfen							
- Heime	560	33.463	1.490	107	1.005	54	2.495
- Tageseinrichtg.	94	3.295	363	1	174	2	537
- E. offenen Hilfe	3.016	0	6.646	56	4.636	48	11.282
Ausbildungsstätt.	143	19.114	1.420	200	821	71	2.241
--- Zwischensumme	*3.813*	*55.872*	*9.919*	*364*	*6.636*	*175*	*16.555*
Summen	**26.063**	**1238.711**	**282.961**	**8.818**	**193.225**	**3.435**	**476.186**

Quelle: http://www.caritas.de/2ver/stat/80603.htm

---

[583] Auf den durchschnittlichen Umsatz pro Mitarbeiter umgerechnet, ergeben sich somit DM 105.000. Gegenüber den Vergleichszahlen der Malteser Trägergesellschaft für Krankenhäuser und des *Deutschen Orden Hospitalwerkes*, die beide bei 89.000 liegen, sind das 20 Prozent mehr und evtl. ein Hinweis, dass unsere Zahlen eine Abweichung nach oben beinhalten.

Legt man nun diesen durchschnittlichen 60 Prozent-Anteil der Personal-kosten der Krankenhäuser für alle Einrichtungen zugrunde und rechnet sie auf 100 Prozent hoch, dann ergibt sich als *Umsatz* der Caritas für ihre Einrichtungen eine Größenordnung von insgesamt 50 Milliarden Mark (DM 49.833.000.000). Das ist ein Mindestwert; nach internen Informationen aus der Caritas ist deren Umsatz aufgrund der unübersichtlichen Rechtsträgerstrukturen kaum zu berechnen, wird intern allerdings (für 1998) auf ca. 150 Milliarden geschätzt.

Hinsichtlich des *Anlagevermögens* sind in der Unterscheidung von Krankenhäusern und Heimen/Tageseinrichtungen/Einrichtungen der offenen Hilfe/Aus- und Fortbildungsstätten für unsere Fragestellung vor allem die Krankenhäuser und Heime (4.818 Einrichtungen mit 375.319 Plätzen) und die Kindergärten (9.685 Einrichtungen mit 688.181 Plätzen) von Bedeutung. Eine vorsichtige Bewertung dieser Einrichtungen und ihres Immobilienwertes (s. Übersicht 162) liegt in der Größenordnung von 60 Milliarden Mark (DM 59.518.000.000). In dieser Übersicht sind zwar nur 56 Prozent aller Einrichtungen der Caritas erfasst, jedoch 86 Prozent aller Betten/Plätze. Rechnet man die restlichen 14 Prozent der in der Übersicht fehlenden Plätze auf die volle Summe dazu, dann ergibt sich ein *Immobilienwert* für Gebäude und Einrichtungen in der Größenordnung von rund 70 Milliarden Mark (DM 69.207.000.000).

Für den *Grundbesitz* können wir nur von pauschalen Angaben ausgehen. Legen wir nur für die 4.818 Krankenhäuser und Heime einen durchschnittlichen Grundbesitz von 4.111 qm zugrunde,[584] so ergibt sich ein Vermögenswert dieses Grundbesitzes von rund 6 Milliarden Mark (DM 5.942.000.000). Mit dem Grundbesitz bewegt sich der Immobilien- und Grundbesitz der Caritas in der Größenordnung um 75 Milliarden Mark. Somit befindet sich die Caritas hinsichtlich Umsatz und Vermögen in der Größenordnung von 125 Milliarden.

Übersicht 162: Krankenhäuser und Heime der Caritas, 1999

Art der Einrichtung	Anzahl	Plätze/Betten Insg. / ØHaus		Beschäf-tigte	Ø Wert Einrichtg.	Summe (Mio.)
Gesundheitshilfe						
Allgem. Krankenhäuser	383	104.916	274	170.098	50 Mio.	19.150
KH Säuglinge / Kinder	9	1.408	156	2.557	15 Mio.	135
KH Orthopädie	6	557	93	795	10 Mio.	60
KH Gynäkologie	5	349	70	617	10 Mio.	50
Entbindungsheim	1	110	110	84	8 Mio.	8
KH Psychatrie / Neurol.	31	6.227	201	6.427	20 Mio.	620

---

[584] Siehe Übersicht 100, zur Verteilung des kirchlichen Grundbesitzes auf ihre Einrichtungen.

Art der Einrichtung	Anzahl	Plätze/Betten Insg./ ØHaus		Beschäf- tigte	Ø Wert Einrichtg.	Summe (Mio.)
KH Suchtkranke/Drogen	37	1.769	48	997	5 Mio.	185
Sonstige FachKH	50	5.959	119	7.218	20 Mio.	1.000
KH für Geriatrie	5	453	91	590	10 Mio.	50
Hospize (stationär)	39	313	8	375	1 Mio.	39
Therapeut. WGs	72	1.124	16	429	1 Mio.	72
Kurkliniken f. Kinder u. J.	11	1.373	125	964	10 Mio.	111
Erholungsheime Kinder	21	1.676	80	146	5 Mio.	105
Kurkliniken f. Erwachsene	22	2.268	103	1.070	15 Mio.	330
Müttergenesungshäuser	39	2.912	75	1.055	10 Mio.	390
Erholungsh. Erwachsene	47	1.834	39	534	5 Mio.	235
Zwischensumme	*778*	*133.248*	*-*	*193.956*	*-*	*22.540*
Jugendhilfe						
Heime f. Erziehungshilfe	329	15.704	48	11.467	5 Mio.	1.645
Kinder- / Jugenddörfer	12	1.045	87	731	1 Mio.	12
Jugend-WGs	85	1.087	13	583	1 Mio.	85
Jugendwohnheime	143	10.749	75	1.857	4 Mio.	572
Schüler(innen)heime	107	7.980	75	1.327	4 Mio.	428
Förderschulwohnheime	19	1.480	78	288	4 Mio.	76
Wohnheime für Azubis	83	3.423	41	324	3 Mio.	249
Zwischensumme	*778*	*41.468*	*-*	*16.577*	*-*	*3.067*
Familienhilfe						
Heime f. Mutter und Kind	42	793	19	322	2 Mio.	84
WGs f. Mutter und Kind	9	126	14	51	1 Mio.	9
Frauenhäuser	53	1.047	20	262	2 Mio.	106
Familienferienstätten	62	7.096	114	686	10 Mio.	620
Zwischensumme	*166*	*9.062*	*-*	*1.321*	*-*	*819*
Altenhilfe						
Einrichtg. M. Wohnungen	190	8.134	43	1.564	12 Mio.	2.280
Altenwohnheime	56	2.632	47	713	9 Mio.	504
AH ohne Pflegeabteilung	80	2.907	36	1.520	5 Mio.	400
AH mit Pflegeabteilung	1.001	86.863	87	59.287	13 Mio.	13.013
Pflege- / Krankenheime	178	12.272	69	9.743	7 Mio.	1.246
Kurzzeitpflegeheime	196	1.421	7	1198	0,4 Mio.	78
AH f. Ordensangehörige	92	4.277	46	1.790	5 Mio.	460
Altenerholungsheime	19	982	52	215	5 Mio.	95
Zwischensumme	*1.812*	*119.488*	*-*	*75.566*	*-*	*18.076*
Behindertenhilfe						
WH für Körperbehinderte	35	2.484	71	2.063	4 Mio.	140
WG für Körperbehinderte	7	136	19	57	1 Mio.	7
WH f. Hör- u. Sprachgesch.	13	986	76	801	7 Mio.	91
WH Sehbehind. u. Blinde	7	393	56	334	4 Mio.	28
Wohnheim f. Behinderte	304	24.344	80	19.526	8 Mio.	2.432
WG für Lernbehinderte	87	1.244	14	724	1 Mio.	87
WH Berufsbildungswerke	18	2.871	160	648	5 Mio.	90
WH f. psychisch Kranke	102	3.507	34	2.261	3 Mio.	306
WG f. psychisch Kranke	112	1.523	14	551	1 Mio.	112
ÜgH f. psychisch Kranke	32	754	24	413	1 Mio.	32
KH f. Behinderte	3	266	89	362	5 Mio.	15

Art der Einrichtung	Anzahl	Plätze/Betten Insg./ ØHaus		Beschäf-tigte	Ø Wert Einrichtg.	Summe (Mio.)
WH für Angehörige	4	82	21	12	1 Mio.	4
Zwischensumme	*724*	*38.590*	*-*	*27.753*	*-*	*3.344*
Weitere Soziale Hilfen						
Personalwohnheime	171	10.146	59	625	6 Mio.	1.026
WH f. Student(inn)en	135	13.030	97	624	5 Mio.	675
Seemannsheim	1	91	91	14	4 Mio.	4
Übernachtungsheime	27	708	26	127	1 Mio.	27
WH Pers. Bes. soz. Schw.	97	3.981	41	805	1 Mio.	97
WG Pers. Bes. soz. Schw.	76	1.074	14	190	1 Mio.	76
WH für Aussiedler	29	3.145	108	38	2 Mio.	58
Sonstiges	24	1.288	54	72	1 Mio.	24
Zwischensumme	*560*	*33.463*	*-*	*2.495*	*-*	*1.987*
Kindertageseinrichtungen						
Kindergärten	*9.685*	*688.181*	*71*	*74.395*	*1 Mio.*	*9.685*
Gesamtsumme	**14.503**	**1063.500**	**-**	**391.963**	**-**	**59.518**

Quelle: Caritas-Statistik, nach: http://www.caritas.de/2ver/stat/...

22.2. Diakonisches Werk

Werfen wir nun einen Blick auf die konfessionelle Konkurrenz. 1957 schlossen sich die 1848 von Johann Hinrich Wichern gegründete *Innere Mission* und das 1945 von Eugen Gerstenmaier gegründete *Evangelische Hilfswerk* zusammen: „Das Diakonische Werk der Evangelischen Kirche in Deutschland e.V." Gegliedert in Landes- und 88 (!) Fachverbände ist es „der Sammelpunkt für die gesamte diakonische und volksmissionarische Arbeit der deutschen evangelischen Christenheit".[585]

Allerdings, wie wir gesehen hatten, ohne die evangelischen Siedlungswerke, denn die Mitgliedschaft im Diakonischen Werk ist so etwas wie eine evangelisch-lutherisch-theologische 'Unbedenklichkeitsbescheinigung'. Wirtschaftlich riskante Unternehmungen (Wohnungsbau) oder Einrichtungen, die zu sehr nach Geld aussehen (Banken), werden nicht aufgenommen.

Obwohl 'nur' ein Verein, ist das *Diakonische Werk e.V.* mit den Sonderrechten eines Betriebes mit Tendenzschutz ausgestattet und gilt – aufgrund der institutionellen Verflechtung mit der Evangelischen Kirche – als steuerlich privilegierte Religionsgemeinschaft. Dadurch hat das Diakonische Werk – ebenso wie die Caritas – im Vergleich zu anderen Wohlfahrtsverbänden eine besondere, vom Grundgesetz garantierte Unabhängigkeit in der Ordnung seiner eigenen Angelegenheiten.

Wir haben in den vorausgegangenen Kapiteln schon eine ganze Reihe der Mitglieder betrachtet (die *Christoffel-Blindenmission*, den *Verband*

---

[585] Martens, *Wie reich ist die Kirche?*, S. 85.

Christlicher Hotels, CVJM, u.a.) und werden uns jetzt nur auf den engeren Bereich dessen beziehen, was allgemein unter 'Diakonie' verstanden wird: die wohl- und mildtätigen Einrichtungen des evangelischen Sektors, d.h. die Krankenhäuser, Heime und Sozialeinrichtungen.

In diesem Bereich gab es 1978 insgesamt 17.780 Einrichtungen mit 713.038 Betten/Plätzen und 215.000 Mitarbeitern.[586] 1998 waren es 30.139 Einrichtungen mit 1.078.207 Betten/Plätzen und 419.438 Mitarbeitern. Bemerkenswert an diesen Zahlen sind die Veränderungen. Während die Anzahl der Einrichtungen um 70% gestiegen ist, die Betten/ Plätze um 51%, hat sich die Zahl der Mitarbeiter um 95% erhöht.

1966 wurde der „Wiederbeschaffungswert" des Anlagevermögens mit 9,4 Milliarden Mark angegeben und entsprechend stolz erklärte damals der Referent für Wirtschaftsfragen in der Hauptgeschäftsstelle des Diakonischen Werkes: „Die evangelische Diakonie verfügt mit ihren Einrichtungen über ein Vermögen, das dem des BASF-Konzerns entspricht, und erzielt damit einen 'Umsatz', wie er etwa beim Bosch-Konzern oder von den Karstadt-Warenhäusern erreicht wird."[587] Heute würden solche Aussagen nicht mehr zutreffen, da die Wirtschaftskonzerne zu 'global players' geworden sind, die ganz andere (internationale) Umsätze bilanzieren.

Entsprechend den ausführlichen Erläuterungen bei den Berechnungen zur Caritas seien jetzt die Umsätze und das Anlagevermögen der Diakonie berechnet.

Für die 419.438 Mitarbeiter bewegt sich die Lohn- und Gehaltssumme bei 26 Milliarden Mark (DM 26.336.512.000) und entsprechend der Umsatz in der Größenordnung von 42 Milliarden (DM 41.804.000.000).

Bei dem Immobilienwert der Einrichtungen (s. Übersicht 163) handelt es sich nur für den stationären Bereich und die Kindergärten um 40 Milliarden, und auf der Grundlage, dass damit 84 Prozent aller Betten/Plätze erfasst sind, um insgesamt eine Größenordnung von 47 Milliarden Mark (DM 47.345.000.000).

Da sich hinsichtlich des Grundbesitzes der stationären Einrichtungen eine Größenordnung von rund 7 Milliarden Mark als plausibel annehmen lässt,[588] bewegt sich die Diakonie hinsichtlich Umsatz und Vermögen in der Größenordnung von insgesamt 96 Milliarden.

---

[586] Alfred Jäger: *Diakonie als christliches Unternehmen*. Gütersloh: Gütersloher Verlagshaus, 1986, S. 155.

[587] Martens, *Wie reich ist die Kirche?*, S. 86.

[588] Für 5.414 stationäre Einrichtungen (ohne die weiteren 8.953 Kindergärten) sind es 22,257 Millionen qm x 300 = 6,677 Milliarden Mark.

Übersicht 163 : Krankenhäuser und Heime des Diakonischen Werkes, 1998

Art der Einrichtung	Zahl	Plätze/Betten Insg./ Ø Haus		Beschäf-tigte	Ø Wert der Einrichtung	Summe Wert
Gesundheitshilfe						
Allgemeine Krankenhäuser	203	53.229	262	88.870	50 Mio.	10.150
Rehabilitationskliniken	25	2.496	100	3.139	12 Mio.	180
Kinderkrankenhäuser	8	1.291	161	1.877	15 Mio.	120
Orthopäd. Krankenhäuser	13	1.955	150	2.409	15 Mio.	195
Gynäk./ Geburtshilfe KH	1	81	81	111	10 Mio.	10
KH Psychiatrie / Neurologie	24	3.710	155	3.078	15 Mio.	360
Suchtkliniken	30	1.902	63	917	8 Mio.	240
Stat. Einr. Drogenabhängige	5	141	28	80	2 Mio.	10
KH chron. Kranke/Geriatrie	27	3.016	112	3.293	10 Mio.	270
Sonst. Fachkrankenhäuser	28	3.442	123	4.704	15 Mio.	420
Sanatorien und Kureinr.	5	340	68	160	5 Mio.	25
Mitarbeiter in zentralen D.	-	-	-	7.921	-	-
Zwischensumme	*369*	*71.063*	*-*	*116.559*	*-*	*11.980*
Jugendhilfe						
Heime für Mutter und Kind	25	660	26	292	2 Mio.	50
Säuglingsheime	1	41	41	9	1 Mio.	1
Heime für Kinder und Jug.	229	9.495	41	6.920	2 Mio.	458
Heilpädagogische Heime	69	3.141	46	2.621	2 Mio.	138
Kinder- und Jugenddörfer	2	154	77	134	1 Mio.	2
Wohngemeinschaften	44	597	14	223	1 Mio.	44
Betreutes Wohnen	149	1.511	10	567	2 Mio.	298
Außenwohngruppen	119	2.471	21	1.573	3 Mio.	357
Schulinternate	44	2.855	65	1.632	5 Mio.	220
Heime der Erziehungshilfe	106	3.417	32	2.395	2 Mio.	212
Wohnheime für Jugendliche	82	6.025	73	1.223	3 Mio.	246
Internat f. Aussiedlerkinder	4	528	132	122	4 Mio.	16
Therap. Einr. Jugendliche	12	132	11	89	1 Mio.	12
WGs f. Jugendliche	7	98	14	32	1 Mio.	7
Freizeitheime	52	3.228	62	152	2 Mio.	104
Kurheime für Jugendliche	27	2.634	98	575	4 Mio.	108
Übernachtungsheime	7	400	57	85	2 Mio.	14
Mitarbeiter in zentralen D.	-	-	-	1.441	-	-
Zwischensumme	*979*	*37.387*	*-*	*20.085*	*-*	*2.287*
Familienhilfe						
Müttergenesungsheime	30	2.029	68	711	3 Mio.	90
Erholungs- und Kurheime	44	2.898	66	505	3 Mio.	132
Schwesternerholungsheime	14	474	34	244	3 Mio.	42
Familienferienstätten	68	5.133	75	431	8 Mio.	544
Übernachtungsheime -	1	30	30	5	0,5 Mio.	0,5
Freizeitheime	111	5.900	53	731	0,5 Mio.	55,5
Frauenhäuser	41	724	18	196	2 Mio.	82
Kurzzeitpflegeeinrichtungen	5	38	8	23	0,4 Mio.	2
Hospize	3	37	19	44	0,7 Mio.	2
Mitarbeiter zentrale Dienste	-	-	-	180	-	-
Zwischensumme	*317*	*17.263*		*3.070*		*950*

Art der Einrichtung	Zahl	Plätze/Betten Insg./ Ø Haus		Beschäftigte	Ø Wert der Einrichtung	Summe Wert
Altenhilfe						
Einr. mit Altenwohnungen	267	11.225	42	863	12 Mio.	3.204
Altenwohnheime	110	7.317	67	889	5 Mio.	550
Altenwohnheime mit Pflege	46	4.798	104	1.506	13 Mio.	598
Altenheime ohne Pflege	88	4.199	48	1.571	3 Mio.	264
Altenheime mit Pflege	870	76.268	88	43.789	3 Mio.	2.610
Betreutes Wohnen	50	1.05521	21	86	2 Mio.	100
Altenpflegeheime	425	38.226	90	24.46	8 Mio.	3.400
Gerontopsychiatr. Heime	21	1.613	77	1.155	3 Mio.	63
Altenheime für Schwestern	87	3.576	41	520	2 Mio.	174
Kurzzeitpflegeeinrichtungen	83	845	10	520	2 Mio.	166
Heime f. Bildungsstätten	2	157	79	58	1,5 Mio.	3
Mitarbeiter in zentralen D.	-	-	-	5221	-	-
Zwischensumme	*2.049*	*149.279*	*-*	*81.180*	*-*	*11.132*
Behindertenhilfe und psychisch Kranke						
Heime, psych. Kranke	138	5.466	40	2.803	3 Mio.	414
Wohngruppen	17	280	16	124	0,5 Mio.	9
Wohngemeinschaften	104	2.085	20	300	2 Mio.	208
Übergangsheime	30	866	29	450	2 Mio.	60
Anst. f. mehrf. Behinderte	128	19.533	153	15.871	5 Mio.	640
WH für mehrf. Behinderte	156	8.218	53	4.033	3 Mio.	468
WH für geistig Behinderte	231	11.469	50	7.006	3 Mio.	693
Wohngr. f. geistig Beh.	71	2.661	37	1.836	2 Mio.	142
WGs f. geistig Behinderte	77	1.157	15	433	1 Mio.	77
Heime für Körperbehinderte	30	1.352	45	933	3 Mio.	90
WH für Körperbehinderte	27	1.278	47	1.542	4 Mio.	108
Außenwohngruppen	12	97	8	76	1 Mio.	12
WGs für Körperbehinderte	17	356	21	256	2 Mio.	34
Heime f. Hör-/Sprachgesch.	12	1.239	103	590	4 Mio.	48
Heime für Blinde	2	151	76	36	2 Mio.	4
Kurzzeitpflegeeinrichtungen	5	53	11	72	1 Mio.	5
Internate Berufsbildungsw.	29	5.730	198	1.435	7 Mio.	203
Erholungsheime Behinderte	11	393	36	58	2 Mio.	22
Mitarbeiter in zentralen D.	-	-	-	2..881	-	
Zwischensumme	*1.097*	*62.384*	*-*	*40.795*	*-*	*3.237*
Personen in besonderen sozialen Situationen						
Wohnheime für Obdachlose	108	5.339	49	1.286	2 Mio.	216
WGs für Obdachlose	34	473	14	104	1 Mio.	34
Übernachtungsheime f. –"–	36	1.397	39	264	1 Mio.	36
–"– für Haftentlassene	31	526	17	148	1 Mio.	31
Nachsorgeeinr. Suchtkranke	54	1.047	19	401	1,5 Mio.	81
Übergangsh. Suchtkranke	64	714	11	232	1 Mio.	64
Übergangsh. f. Flüchtlinge	25	2.784	111	283	2 Mio.	50
Übergangsh. für Aussiedler	27	2.286	85	115	1 Mio.	27
WH ausl. Arbeitnehmer	2	110	55	4	1 Mio.	2
Heime d. Seemannsmission	7	411	59	62	2 Mio.	14
Übernacht. Binnenschiffer	1	2	2	2	-	-
Übernacht.Bahnhofsmission	4	44	11	16	0,5 Mio.	2

Art der Einrichtung	Zahl	Plätze/Betten Insg./ Ø Haus		Beschäf-tigte	Ø Wert der Einrichtung	Summe Wert
Mitarbeiter in zentralen D.	-	-	-	180	-	
Zwischensumme	*393*	*15.133*	-	*3.097*	-	*557*
Sonstige Heime und stationäre Einrichtungen						
Internate der Ausbildungsst.	49	2.163	44	177	3 Mio.	147
Wohnheime für Studierende	52	3.308	64	131	3 Mio.	156
Wohnheime für Berufstätige	54	1.939	36	62	3 Mio.	162
WH der VHS u. Bildungsst.	33	1.385	42	324	3 Mio.	99
Hospize, Hotels, u.ä.	22	1.086	49	257	5 Mio.	110
Mitarbeiter in zentralen D.	-	-	-	180	-	-
Zwischensumme	*210*	*9.881*	-	*1.131*	-	*674*
Summe stat. Einrichtg.	**5.414**	**362.930**	-	**265.917**		**30.817**
Kindergärten /-tagesstätten	8.953	540.837	60	61.893	1 Mio.	8.953
Gesamtsummen	**14.367**	**903.767**	-	**327.810**	-	**39.770**

Quelle: Diakonisches Werk der EKD: Einrichtungsstatistik – Stand 1.1.1998 (=Statisti-sche Informationen 1/1999), Stuttgart, 1999, S. 7-21. Umrechnung auf Ø Betten/Plätze und Wertansätze/Vermögenswerte eigene Ansätze und Berechnungen.

22.3. Duale Finanzierung

Zusätzlich zu den Betriebskosten (Umsatz) wird der Bau, die Erhaltung und Modernisierung der Krankenhäuser überwiegend aus staatlichen Mitteln finanziert. Bis 1997 galt das Prinzip der *dualen Finanzierung*, d.h. die Betriebskosten- und die Investitionskostenfinanzierung waren vonein-ander getrennt. Bund und Länder übernahmen aufgrund von Anträgen oder Pauschalförderungen Investitionskosten und auch Kosten für die Wiederbeschaffung von Anlagegütern. Seitdem werden verschiedene Systeme anderer Finanzierung ausprobiert, z.B. die Instandhaltungsauf-wendungen durch die Krankenkassenfinanzierung.

Da die Zahlen nur bedingt nach einzelnen Verbänden / Trägern aufge-schlüsselt werden können, soll wenigstens an einem Bundesland das Vo-lumen staatlicher Maßnahmen aufgezeigt werden.

Übersicht 164: Nordrhein-Westfalen (1998): Aufwendungen für freie gemeinnützige Krankenhäuser

- Wiederschaffung kurzfristiger Anlagegüter	400.000.000
- Zuweisungen für laufende Zwecke	25.274.000
Summe	*425.274.000*

Quelle: Haushaltsplan NRW, 1998, Einzelplan 07 070, S. 238

Die Aufgliederung der gesamten Krankenhausbaumaßnahmen nach ihren Trägern verdeutlicht noch einmal die 'marktbeherrschende' Position der Verbände der Freien Wohlfahrtspflege, die in Nordrhein-Westfalen 76 Prozent aller staatlichen Mittel für diese Baumaßnahmen erhalten.

Übersicht 165: Nordrhein-Westfalen: Krankenhausbaumaßnahmen, 1985-1996

Baumaßnahmen für:	Millionen	Anteil
Staatliche Kliniken	103,6	4,0%
Staatliche Krankenhäuser	464,0	18,1%
Knappschaftskrankenhäuser	51,2	2,0%
KH von freien Trägern der Wohlfahrtspflege	1.945,6	75,9%
Summe	*2.564,4*	*100,0%*

Quelle: Haushaltsplan NRW, 1998, Einzelplan 07 070, Beilage 4

Da diese Ausgaben die Zusammenfassung aller Baumaßnahmen innerhalb von elf Jahren erfassen, erhalten die Krankenhäuser der Freien Wohlfahrtspflege jährlich im Durchschnitt rund DM 176.873.000 für Baumaßnahmen. Zusammen mit den erstgenannten kurzfristigen Aufwendungen sind es somit pro Jahr rund 602 Millionen Mark an staatlicher Finanzierung. Da nach der Marktpositionierung rund zwei Drittel dieser Krankenhäuser konfessionelle Häuser sind, ist anzunehmen, dass Diakonie und Caritas nur in Nordrhein-Westfalen jährlich rund 400 Millionen *zusätzlich* zu den Betriebskosten erhalten.

Legt man für eine Hochrechnung dieser Investitionshilfen zugrunde, dass das Bundesland Nordrhein-Westfalen mit seinen 18 Millionen Einwohnern 22 Prozent der Bundesbevölkerung stellt, wären es rund DM 2 Milliarden, die von den Bundesländern jährlich für Baumaßnahmen an konfessionellen Krankenhäusern aufgewendet werden. Diese Art der Hochrechnung geht allerdings an der Realität vorbei.

Nordrhein-Westfalen – was uns nicht überraschen sollte, da es ja bereits pro Kopf der Bevölkerung die zweithöchsten Zahlungen an die Kirchen leistet – weist auch einen auffallend abweichenden Bestand an freigemeinnützigen Krankenhausträgern auf. Im Bundesdurchschnitt sind es 40 Prozent der Allgemeinen Krankenhäuser, die von den Trägern der Freien Wohlfahrtspflege betrieben werden, in Nordrhein-Westfalen 76 Prozent. Von den insgesamt 823 Allgemeinen Krankenhäusern in Deutschland in freigemeinnütziger Trägerschaft gehören 203 zum Diakonischen Werk/EKD und 383 zur Caritas/katholischen Kirche, insgesamt 586 Einrichtungen oder 71 Prozent (Diakonisches Werk/EKD 24,7%, Caritas/Katholische Kirche 46,5%).

Die 303 Allgemeinen Krankenhäuser in Nordrhein-Westfalen sind immerhin 37 Prozent aller 823 Krankenhäuser in freigemeinnütziger Trägerschaft in Deutschland. Ein weiterer Hinweis darauf, dass in Nordrhein-Westfalen eine deutlich größere Nähe des Staates zu den Kirchen und ihren Werken besteht als beispielsweise in Bayern.

Übersicht 166: Allgemeine Krankenhäuser / Bundesländer / Träger, 1998

Bundesland	Anzahl	Staatlich	%	Freie	%	Privat	%
Baden-Württ.	291	130	45%	73	25%	88	30%
Bayern	376	210	56%	59	16%	107	28%
Berlin	67	16	24%	32	48%	19	28%
Brandenburg	45	26	58%	19	42%	.	.
Bremen	8	5	62%	.	.	3	38%
Hamburg	35	10	29%	21	60%	4	11%
Hessen	164	50	30%	75	46%	39	24%
Meckl.-Vorp.	28	16	57%	12	43%	.	.
Niedersachsen	192	73	38%	78	41%	41	21%
NRW	398	70	18%	303	76%	25	6%
Rheinl.-Pf.	102	22	22%	66	65%	14	14%
Saarland	11	11	100%	.	.	-	-
Sachsen	91	51	56%	19	21%	21	23%
Sachsen-Anhalt	54	35	65%	16	30%	3	5%
Schl.-Holstein	82	32	39%	19	23%	31	38%
Thüringen	52	31	60%	10	19%	11	21%
(o.A.)	34	0	0%	21	62%	13	38%
Summe	2.030	788	39%	823	40%	419	21%

Quelle: Statistisches Bundesamt (2000): Fachserie 12, Reihe 6.1. „Grunddaten der Krankenhäuser und Vorsorge- oder Rehabilitationseinrichtungen, 1998", S. 30-31.

Auf das Bundesgebiet hochgerechnet[589] belaufen sich entsprechend die Zuschüsse für Baumaßnahmen an konfessionellen Krankenhäusern auf 1,2 Milliarden (DM 1.155.190.000) von denen der katholische Sektor 65 Prozent erhält (DM 750.874.000) und der evangelische Sektor 35 Prozent (DM 404.316.000). Weiterhin verzichtet der Staat mit der Steuerbefreiung der Krankenanstalten der Wohlfahrtsverbände (in 2000) auf 8,15 Milliarden Steuereinnahmen.[590] Nach der Zweidrittelannahme kämen davon rund 5,4 Milliarden den konfessionellen Einrichtungen direkt zugute.

Betrachtet man den Umsatz im sozial-karitativen Bereich der konfessionellen Sektoren, der sich nach internen Schätzungen der Caritas auf rund 270 Milliarden beläuft, dann wären die DM 1,7 Milliarden Kirchenbeitrag nur noch 0,6 Prozent für einen Bereich, dessen Tätigkeit zur gesellschaftlichen Legitimation nicht nur der Kirchensteuer dient. Sollten die Kirchen sich also nicht – ebenso wie es für die politischen Parteien gefordert wird – aus den Bereichen zurücknehmen, in denen eine konfessionelle Ausrichtung nichts zu suchen hat? Ein Krankenhaus ist eine medizinische Einrichtung und keine Missionsstation.

---

[589] 602 Millionen NRW durch 37 Prozent Anteil an Freien Trägern x 71 Prozent Anteil der konfessionellen Träger.

[590] Deutscher Bundestag: *Drucksache 14/1500* (17. Subventionsbericht), S. 213, lfd. Nr. 51, unter Beachtung der Stellungnahme, dass sich die Angaben nur auf die Krankenanstalten beziehen.

23. Mitarbeiter der Kirchen

Hauptamtliche / Ehrenamtliche / Zivildienstleistende

Als besondere Körperschaften des öffentlichen Rechts (und als 'Tendenz-betriebe') haben die Religionsgesellschaften eine sehr weitgehend freie Hand, wie sie die inneren Bedingungen ihrer Organisationen selbständig ausgestalten. Dieses problematische Thema (Mitarbeitervertretungen, Bezahlung, Glaubensfreiheit, u.a.m.) kann hier jedoch nicht vertieft werden.

23.1. Hauptamtliche Mitarbeiter

„Als Arbeitnehmer im Sinne dieses [Betriebsverfassungs-] Gesetzes gelten nicht: Personen, deren Beschäftigung nicht in erster Linie ihrem Erwerb dient, sondern vorwiegend durch Beweggründe karitativer oder religiöser Art bestimmt ist."[591] (Das klingt beinahe so, als ob die Mitarbeiter dort nicht tätig sind, um das Geld für ihren Lebensunterhalt zu verdienen, sondern nur um zu beten.)

„Die Dienste der kirchlichen Mitarbeiter sind dem Pfarramt zugeordnet, es sind 'Hilfsdienste' oder 'Zubringerdienste' wie z.B. die Dienste: Küster, Organist, Totengräber, Jugendwart, Gemeindeschwester, Sekretärin, u.a. [...] In der Person des Pastors (als Vorsitzender des Kirchenvorstandes) sind 'Verkündigungsauftrag' (geistliche Arbeit), 'Regierungsauftrag' (Gemeindeleitung) und 'die Funktion des Vorgesetzten' (Dienst- und Fachaufsicht) miteinander verkoppelt."[592] Eine Machtfülle, die in der deutschen Gesellschaft ihresgleichen sucht. Hat der Pastor seine zweijährige Probezeit überstanden und wird vom Kirchenvorstand bestätigt, kann er, im Rahmen der geltenden Gesetze, so ziemlich tun und lassen, was er will.

Wie viele Mitarbeiter sind nun von diesen Arbeitsbedingungen betroffen? Genaue Zahlen über die Anzahl der Menschen in Deutschland, deren Arbeitgeber die Kirche ist, sind allerdings offiziell nicht bekannt. Die letzte Statistik der Evangelischen Kirche in Deutschland stammt aus dem Jahre 1992 und nennt 208.389 hauptamtliche Mitarbeiter/innen (Frauenanteil 70% = 146.622 Mitarbeiterinnen). Diese Zahlen sind aber nicht nach Vollzeit- und Teilzeitstellen aufgelistet, und seit 1992 (rückläufiges

---

[591] *Betriebsverfassungsgesetz* (vom 15. Januar 1972), § 5, 2, 3
[592] Evangelische Akademie Nordelbien: *Arbeitgeber Kirche – Kirchliche Arbeitnehmer*, Dokumentation einer Tagung vom 4.-6. Juli 1977 in Bad Segeberg, S. 2.

Kirchensteueraufkommen) hat sich gerade in dieser Frage einiges getan – vermutlich im 'Stellenabbau'.

Die Zahl der Mitarbeiter in der katholischen 'verfassten Kirche' ist dagegen völlig unbekannt und wie ein Referent der Bischofskonferenz sagte, „interessiert sie uns auch überhaupt nicht. Das ist doch nur eine tote Statistik." Seine Vermutung war, die Anzahl wäre wohl genauso wie bei der EKD. Weitere Nachfragen ergaben aus dem Bereich der Bischofskonferenz eine Schätzung von rund 190.000 Mitarbeitern innerhalb der 'verfassten' katholischen Kirche. Diese Unkenntnis ist allerdings mehr als verwunderlich, denn auf welcher Grundlage will der Arbeitgeber Kirche – bei den immer wieder betonten hohen Personalausgaben – seine Finanzplanungen aufbauen, wenn er nicht die ziemlich genaue Zahl der Mitarbeiter kennt?

Bleiben wir also im ersten Schritt bei den kleinen 'Vorstandsvorsitzenden', so ist die Zahl der Geistlichen, d.h. der Theologen und der Priester beider Konfessionen relativ eindeutig, denn sie werden jährlich genau gezählt.

Übersicht 167: Anzahl der Geistlichen beider Konfessionen

Jahr	Evangelische Kirche		Katholische Kirche	
	Gemeinden	*Theologen*	*Pfarreien*	*Priester*)*
1953	9.124	9.766	8.670	24.209
1954	9.129	10.026	8.709	24.291
1966	10.404	14.412	9.896	26.437
1970	10.707	14.762	10.252	26.468
1976	10.637	15.378	12.430	24.909
1982	10.662	16.118	12.748	23.842
1994	18.220	24.197	13.321	12.383
1995	18.243	24.798	13.328	10.934
1996	17.991	24.725	13.329	11.108
1997	18.145	24.814	13.324	10.934
1998	18.145	24.977	13.253	11.063

Quellen: Statistische Jahrbücher der Bundesrepublik Deutschland
Außer: katholische Priester 1991-1999: http://www.kath.de/magazin/wegbereiter
*) 1957-1982: Summe der aktiven Diözesanpriester und der aktiven Ordenspriester. 1999er Anteile: 10.668 plus 3.885 = 14.573. In der Gesamtzahl der katholischen Priester ist die Quote gleichbleibend 75:25 Welt- /Ordenspriester. 1991-1998: Nur die aktiven Diözesanpriester. Dazu wären, so man will, pro Jahr rund 4.100 'Emeriten' (Ruheständler) hinzuzurechnen.

Im Laufe der Jahre hat sich die Anzahl der theologisch examinierten Mitarbeiter in den beiden konfessionellen Sektoren allerdings genau umgekehrt. War 1954 die Relation zwischen evangelischen Theologen / katholischen Priestern noch 10.026 zu 24.291, hat sie sich bis 1998 auf 24.977 zu 11.063 (bzw. 14.573) geändert. Im katholischen Sektor variieren die

Zahlen, je nachdem ob die Welt- und Ordenspriester zusammengezählt werden oder ob nur die Weltpriester / Diözesanpriester gezählt werden.

Zählt man nur die Diözesanpriester, sind es 1999 genau 10.668 aktive Priester – und falls man die jährliche 'Verlustquote' von durchschnittlich 269 Priestern linear fortschreibt, so wird es in 40 Jahren in Deutschland kaum noch Diözesanpriester mehr geben und die Bischöfe stehen dann so ziemlich alleine da.

Das sieht im evangelischen Sektor diametral anders aus. Waren 1969 noch ein Drittel der Ausgaben im evangelischen Sektor Personalausgaben, so hat sich dieser Anteil im Laufe der letzten zwanzig Jahre auf mehr als zwei Drittel erhöht (römisch-katholische Kirche: 60 Prozent; evangelische Kirchen in Deutschland: 70-80 Prozent), da eine Pfarrstelle normalerweise vier weitere vollzeitliche Stellen nach sich zieht. Von 1982 bis 1998 hat sich die Zahl der Theologen um 8.859 erhöht. Das bedeutet (nach heutigen Kosten) ein Anstieg von 1,2 Milliarden DM für die Theologen und 3,1 Milliarden für die den Pastoren zugeordneten Mitarbeiter, also Mehrausgaben von 4,3 Milliarden DM pro Jahr. Die theologisch examinierten Mitarbeiter sind eben nur der kleinste Teil der Mitarbeiter in kirchlichen Diensten und desto entscheidender wäre es, die Zahl der weiteren Mitarbeiter zu kennen.

Für die Gesamtzahl der Mitarbeiter der beiden Arbeitgeber Kirchen gab es nach eigenem Selbstverständnis für 1969 die Schätzung von 120.000 Menschen[593] – und das waren damals 15.000 Menschen mehr als in allen deutschen Werken des VW-Konzerns zusammen. Heute sind es, wie oben schon beschrieben, rund 400.000 Mitarbeiter.

Für die evangelische Kirche wird die Gesamtzahl der hauptamtlichen Mitarbeiter für 1996 mit „mehr als 570.000 Menschen" angegeben.[594] Und für 1999: ca. 200.000 in der verfassten evangelischen Kirche und ca. 400.000 in der Diakonie. In der katholischen Kirche sind einschließlich Caritas ca. 600.000 Personen beschäftigt.[595] Da in der Caritas 476.000 Mitarbeiter beschäftigt sind, würden für die verfasste katholische Kirche dann aber nur noch 124.000 Mitarbeiter 'übrig' sein.

Bleiben wir bei dieser Zahl (und nicht bei der Mutmaßung aus dem Bereich der Bischofskonferenz), so sind es 208.000 in der evangelischen Kirche und 124.000 in der katholischen, zusammen also 322.000 Beschäftigte innerhalb der „verfassten Kirchen".

---

[593] Schätzung des Präsidenten der Evangelischen Kirche in Deutschland für den gesamten Kirchenbereich. Vgl. Martens, *Wie reich ist die Kirche?*, S. 67.

[594] Besier, *Konzern Kirche*, S. 100.

[595] Vgl. EKD-Texte: *Kirchensteuer*, unter: http://www.ekd.de

Sofern diese amtskirchlichen Mitarbeiter tatsächlich alle aus den kirchlichen Haushalten bezahlt werden,[596] würde dies eine Lohn- und Gehaltssumme von rund 21 Milliarden Mark bedeuten. Tatsächlich ist es aber so, dass die hauptamtlichen Mitarbeiter der Kirchen (und ihrer Werke) gar nicht alle von der Kirche bezahlt werden. Rechnet man die Mitarbeiter in den verschiedenen Segmenten annäherungsweise zusammen und die jeweiligen gezahlten Summen (z.B. der Staatsdotationen zur Besoldung der Geistlichen und die staatlichen Zuschüsse für kirchliche Bedienstete im Religionsunterricht, bei den Hilfswerken, etc.) auf die Mitarbeiterzahl um,[597] zeigt sich das überraschende Ergebnis, dass nur 16 Prozent der hauptamtlichen kirchlichen Mitarbeiter auch tatsächlich von der verfassten Kirche selbst bezahlt werden.

Übersicht 168: Hauptamtliche Mitarbeiter der Kirchen

Träger	Mitarbeiter	Davon bezahlt			Eigene Mittel
		Kirchen	*Staat*	*Öffentl.*	*Mittel*
Kirche	322.000	217.000	105.000		
Diakon. Werk	419.438		63.500	355.938	
Caritas*)	463.933		48.200	415.733	
Rel. Orden	38.592		200	12.253	26.139
Dt. Orden	5.500			5.500	
Mission**)	80.000	3.000	5.900		71.100
Verbände	12.700			12.700	
Unternehmen	12.000				12.000
Summe	*1.354.163*	*220.000*	*222.800*	*802.124*	*109.239*
Summe %	*100%*	*16,2%*	*16,5%*	*59,2%*	*8,1%*
*) ohne Ordensangehörige			**) nach Angaben des Missionsreisedienstes		

Für diese Mitarbeiter zahlt die Kirche eine Größenordnung von 13,8 Milliarden Mark an Gehältern. Da das Kirchensteueraufkommen 1999 rund 17 Milliarden betrug, sind diese Mitarbeiter also aus der Kirchensteuer zu bezahlen und es brauchte auf kein weiteres Geldvermögen zurückgegriffen werden. Da die übrigen Einnahmen der Kirchen (aus Zinsen, Entgelten, etc.) sich in der gleichen Größenordnung bewegen, könnte also im

---

[596] Diese Thematik war bereits im Kapitel *Kirchensteuerreform / Personalkosten* für das Erzbistum Köln bearbeitet worden (Übersicht 20).

[597] Auf der Basis Akademiker (DM 100.000) und andere Mitarbeiter (DM 62.700) ergeben sich für die einzelnen Bereiche an staatlich finanzierten Mitarbeitern:
Kirche: Kindertageseinrichtungen: 39.537, ABM: 4.753, Weltliche Orden: 1.400, Anstaltsseelsorge: 170, Auslandsarbeit: 600, Kulturelle Betreuung: 350, Schulen: 38.530, Militärseelsorge: 760, Religionsunterricht: 4.000, Staatsdotationen: 12.900, Bildung, Forschung, Büchereien: 2.000. Summe = 105.000;
Diakonie: Kindertageseinrichtungen: 19.767, Zivildienstleistende: 22.317, ABM: 1.953, Jugendeinrichtungen: 4.904, CVJM: 14.558. Summe = rund 63.500;
Caritas: Kindertageseinrichtungen: 19.767, Zivildienstleistende: 20.571, ABM: 1.953, Jugendeinrichtungen: 5.893. Summe = rund 48.200.

Prinzip die Kirchensteuer ganz wegfallen, ohne dass nur eine/r der Mitarbeiter/innen entlassen werden müsste und noch rund drei Milliarden für Baumaßnahmen etc. vorhanden wären.

Auch wenn es formaljuristisch in Deutschland keine 'Staatskirche' mehr gibt, hinsichtlich der Bezahlung ihrer Mitarbeiter werden die beiden großen Religionsgesellschaften zu 76 Prozent öffentlich und staatlich finanziert. Für ein bürgerliches Selbstverständnis, das sein Selbstbewusstsein auch daraus erhält, dass es seine Aufwendungen aus eigener Kraft finanziert und niemandem auf der Tasche liegt, ist das eine problematische Tatsache.

Welche kostenintensiven „Apparate" die verfassten Kirchen inzwischen aufgebaut haben, sei an zwei Beispielen verdeutlicht.

Rechnet man die Zahlen der Mitarbeiter auf die Kirchengemeinden um, sind es pro evangelischer Kirchengemeinde (208.000/18.100) jeweils elf Mitarbeiter und pro katholischer Pfarrgemeinde (124.000/13.239) neun Mitarbeiter. Da der größte Teil der Kindergärten von Caritas und Diakonischem Werk getragen werden, sind es pro Gemeinde normalerweise nur fünf Mitarbeiter (Pfarrer/Pastor[in], Diakon/Pastoralreferent[in], Küster, Musiker, Gemeindesekretärin [1/2] und Putzkraft [1/2]).

Das hieße, dass im evangelischen Sektor rund 90.500 Mitarbeiter in den Gemeinden arbeiten und 117.500 in den übergeordneten Leitungen, Kirchenkreisen, Landeskirchenämtern, Akademien, etc. beschäftigt sind; eine Relation von 44 zu 56. Im katholischen Sektor würden auf dieser Basis 66.000 Mitarbeiter in den Pfarrgemeinden arbeiten und 58.000 in den Dekanaten, Diözesanverwaltungen, Akademien, Tagungshäusern, etc.; eine Relation von 53 zu 47. Dieser amtskirchliche „Wasserkopf" oberhalb der Gemeinden lässt sich auch daran verdeutlichen, dass für eine(n) evangelischen(n) Pastor(in) (183.000/25.000) weitere sieben Mitarbeiter beschäftigt werden, hingegen für die Arbeit eines katholischen Pfarrers (113.000/11.000) weitere zehn Mitarbeiter.

Damit übertrifft insbesondere die katholische Kirche z.B. die Relation der US-Armee in Vietnam, bei der für einen 'Frontsoldaten' neun weitere Soldaten notwendig waren: im Nachschub, der Logistik, etc. Auch jeder Wirtschaftskonzern wäre krisengeschüttelt, wenn die Relation zwischen Außendienst/Innendienst oder produzierendem Teil/Verwaltung derartige Relationen hätte.

Und neben diesen hauptamtlichen Mitarbeitern wären die konfessionellen Sektoren nach eigenen Angaben nicht leistungsfähig, wenn es nicht eine mehrfache Zahl von nicht bezahlten Mitarbeitern geben würde.

23.2. Ehrenamtliche Mitarbeiter

Nach amtlicher katholischer Auffassung engagieren sich in Gemeinden und Verbänden (nach Schätzungen) rund eine Million ehrenamtliche Mitarbeiter. Was heißt das finanziell, denn diese unbezahlten Ehrenamtlichen erbringen eine geldwerte Leistung?

„Nach Berechnungen aufgrund überprüfbarer Daten entlastet allein die caritative Tätigkeit der katholischen Kirche durch Eigenleistung für den laufenden Unterhalt der Einrichtungen, für Investitionen und für Personalausbildung sowie mit Bewertung der ehrenamtlichen, also unbezahlten Arbeit von Freiwilligen den Staat um mehr als 10 Milliarden DM."[598] Setzen wir als Eigenleistung der Kirche zehn Prozent an (staatliche Finanzierung 20 bis fast 100 Prozent, Sozialversicherungsträger, Krankenkassen, Pflegeversicherungen zahlen den 'Löwenanteil'), dann zahlt die katholische Kirche selber weniger als eine Milliarde DM für ihre sozialen Einrichtungen und mit mehr als 9 Milliarden 'Gottes-Lohn' bewertet sie die geldwerte Leistung ihrer Ehrenamtlichen, d.h. pro Ehrenamtlichem wären das rund DM 9.200 Ersparnis im Jahr.

Für das Diakonische Werk der evangelischen Kirche werden für 1998 ca. 300.000 bis 400.000 ehrenamtliche Helfer/Mitarbeiter angegeben[599] und die EKD, die ihre eigenen Mitarbeiter seit 1992 nicht mehr gezählt hat, gibt für 1998 die exakte Zahl von 937.543 Ehrenamtlichen innerhalb der 'verfassten Kirche'[600] an, zusammen also etwa 1,3 Millionen ehrenamtliche Mitarbeiter/innen im evangelischen Sektor. Auf der gleichen Basis wie im katholischen Sektor (DM 9.200 Ersparnis pro ehrenamtlichem Mitarbeiter) wären das DM 12 Milliarden.

Somit beläuft sich die geldwerte Leistung der Ehrenamtlichen auf rund DM 21 Milliarden. Ein Betrag, der um rund vier Milliarden höher ist als das gesamte Aufkommen aus der Kirchensteuer.

23.3. Zivildienstleistende

Von den 121.795 Zivildienstleistenden in Deutschland (im April 2001) arbeiten 22.317 (18,3 %) in Einrichtungen des Diakonischen Werkes und 20.571 (16,9 %) in Einrichtungen des Deutschen Caritasverbandes.[601] Mit anderen Worten: 35 Prozent aller Zivildienstleistenden oder 42.888 Mitarbeiter dieser beiden konfessionellen Werke werden aus der Staatskasse besoldet.

---

[598] http://www.dbk.de/kirche/in_kkd05.html
[599] Diakonisches Werk: Statistische Informationen 1/1999, S. 4.
[600] http://www.ekd.de/statistik
[601] Bundesamt für den Zivildienst: *Tischvorlage zur Lage im Zivildienst*, 20.4.2001.

Ein Zivildienstleistender erhält folgende Zahlungen (ohne individuelle Mobilitätszuschläge, Mietkosten, Reisekosten):

Übersicht 169: Kosten eines Zivildienstleistenden

Sold:	1.-3. Dienstmonat jeweils DM 435	= DM	1.305
	4.-6. Dienstmonat jeweils DM 480	= DM	1.440
	7.-11. Dienstmonat jeweils DM 525	= DM	2.625
Verpflegungsgeld pro Monat DM 351 (x 11)		= DM	3.861
Arbeitskleidung pro Monat DM 69 (x 11)		= DM	759
Weihnachtsgeld		= DM	375
Entlassungsgeld		= DM	1.500
Summe		*= DM*	*11.865*

Quelle: Bundesamt für den Zivildienst: „Was kostet ein Zivildienstleistender?"
Summen eigene Berechnung

Für die 42.888 Mitarbeiter in den beiden konfessionellen Werken werden entsprechend DM 508.866.120 aus Staatsmitteln gezahlt.

Zusätzlich erhalten die Zivildienststellen „für die Aufwendungen, die ihnen durch den Einsatz von Zivildienstleistenden entstehen, einen anteiligen Pauschalbetrag in Höhe von 12,23 kalendertäglich je Dienstleistenden".[602] Entsprechend werden weitere DM 4.085 je Zivildienstleistenden an die Einrichtungen gezahlt (DM 12,23 x 334 Tage), was einem weiteren Aufwand von DM 175.197.480 entspricht.

Insgesamt belaufen sich die staatlichen Zahlungen an die beiden konfessionellen Werke auf DM 684.063.600. Davon erhält die Caritas DM 328.350.240 (= 48%), das Diakonische Werk DM 355.713.360 (= 52%).

Die letzteren pauschalen Zahlungen an die Zivildienststellen, d.h. die Einrichtungen, in denen die Zivildienstleistenden beschäftigt werden, sind aber unverständlich, da davon ausgegangen werden kann, dass die Einrichtungen pro Zivildienstleistenden monatlich etwa DM 2.500 an Lohn einsparen, die für einen normalen Beschäftigten zu zahlen wären (DM 3.500 Brutto im Monat.)

Somit beträgt die geldwerte Leistung von Zivildienstleistenden im kirchlichen Bereich, die von den konfessionellen Einrichtungen durch diese Beschäftigten eingespart werden, auf das Jahr gerechnet rund 1,3 Milliarden Mark (DM 1.286.640.000).

---

[602] Bundesamt für den Zivildienst: *Was kostet ein Zivildienstleistender?*

24. Sonstiger Besitz

Von 1953 bis 1999 hat die Evangelische Kirche in Deutschland zusammengerechnet 188 Milliarden nur aus der Kirchenlohnsteuer eingenommen (genauer: DM 187.614.940.000). Die 'übrigen Einnahmen' sind noch einmal in der gleichen Größenordnung anzusetzen, also insgesamt DM 375 Milliarden. Da die Einnahmen der katholischen Bistümer in der gleichen Größenordnung liegen dürften, kann man davon ausgehen, dass die beiden großen Amtskirchenverbände in Deutschland von 1953 bis 1999 insgesamt rund DM 750 Milliarden Einnahmen verbuchen konnten.

Da diese Einnahmen nicht nur für Gehälter und Altarkerzen ausgegeben wurden, sollen jetzt noch Anschaffungen betrachtet werden, die in den vorangegangenen Kapiteln noch nicht behandelt wurden. Inwiefern die Kirchen Teile dieser Einnahmen in Immobilien etc. investiert haben, wurde schon behandelt (vgl. Kapitel *Grundbesitz* und folgende). Nehmen wir jetzt noch andere Positionen, die zu der Berechnung des Anlagevermögens noch nicht erwähnt wurden, um noch fehlenden Angaben für eine Gesamtübersicht zusammenzutragen.

24.1. Kraftfahrzeuge

Bis 1962 wird in den Statistischen Jahrbüchern der Bundesrepublik Deutschland unter „Bestand an Kraftfahrzeugen und Kraftfahrzeuganhängern" in der Untergliederung nach „Gewerbe und Beruf des Halters" auch aufgeführt: „Kirchen, kirchliche Einrichtungen".

Übersicht 170: Kraftfahrzeuge im Kirchenbesitz

Art des Kraftfahrzeuges	Anzahl der Fahrzeuge		
	1958	*1959*	*1962*
Krafträder	5.236	3.851	2.121
Personenkraftwagen	16.372	18.511	25.479
Kombinationskraftwagen	257	305	498
Kraftomnibusse	6	5	10
Lastkraftwagen	234	217	243
Zugmaschinen	319	309	301
Sonderkraftfahrzeuge	33	35	46
Insgesamt	*22.457*	*23.233*	*28.698*

Quelle: Statistische Jahrbücher der Bundesrepublik Deutschland, Kapitel XV. Verkehr, C. Straßenverkehr, Nummer 3.

1963 wurden die Zuordnungskriterien der Wirtschaftsgliederung der Fahrzeughalter so geändert, dass seitdem die Kirchen und ihre Einrichtungen nicht mehr erfasst werden. Die neue Kategorie „Organisationen ohne Erwerbscharakter" kann aufgrund der darin erfassten Zahlen nicht die Fortschreibung der vorherigen Kirchenfahrzeuge sein.

Wir müssen uns also auf die Angaben bis 1962 beziehen. Auf den gesamten Bestand an Kraftfahrzeugen in der damaligen Bundesrepublik bezogen, waren die Kirchen für 0,35/0,33/0,30 Prozent des Gesamtbestandes als Halter gemeldet. Da nun keine weiteren Zahlen mehr vorliegen, begeben wir uns wieder ins unsichere Gelände.

Aufgrund der Plausibilität, dass die Motorisierung der kirchlichen Mitarbeiter und Dienste in ähnlicher Weise vorangeschritten ist, wie in der Gesamtgesellschaft – an Geldmitteln hat es nicht gefehlt und auch die Gemeindeschwester kommt heute nicht mehr zu Fuß oder auf dem Motorrad – bleiben wir bei einem Prozentsatz von 0,3 Prozent des Gesamtbestandes. 1998 waren in Deutschland 49.586.488 Kraftfahrzeuge zugelassen[603], davon 0,3 Prozent sind 148.760 Kraftfahrzeuge. Aufgrund der Annahme, dass der mittlere Verkaufswert auf dem Gebrauchtfahrzeugmarkt bei DM 10.000 liegt, ist der Marktwert des geschätzten Fahrzeugparks der Kirchen und ihrer Werke mit etwa DM 1.487.594.600 anzusetzen, also rund 1,5 Milliarden.

24.2. Inventare

Für weitere Bereiche wäre es angebracht, entsprechende Anschaffungen zu bewerten, z.B. Inventarübersichten der kirchlichen Verwaltungen. Bei rund 31.000 Kirchengemeinden mit Pastor, Diakon, Küster, Gemeindesekretärin dürften entsprechend 124.000 Schreibtische und Stühle vorhanden sein, bei den Kreiskirchenämtern / Dekanaten und Landeskirchlichen wie Diözesanverwaltungen weiteres, so dass eine Größenordnung von 150.000 anzunehmen ist. Da Schreibtisch und Stuhl zusammen einen Trödelwert von etwa DM 100 haben, wären das rund 15 Millionen, die in den Amtsstuben stehen.

Wie viele Teller, Bestecke, Stühle gibt es in den Kindertageseinrichtungen, wie viele Regale in den Büchereien und Bibliotheken, wie viele Schulmöbel, usw. usw.

Wir wollen jetzt aber hier zum Schluss nicht mit einer „Erbsenzählerei" beginnen. Lassen wir es dabei bewenden.

---

[603] Vgl. *Statistisches Jahrbuch 1999*, S. 305.

25. Zusammenfassung

„Man teilt das Kirchenvermögen ein in *res sacrae*, die zu den Zwecken des Gottesdienstes bestimmten Sachen, und *res ecclesiaticae*, Gegenstände, die entweder zur Unterhaltung der Kirchendiener bestimmt sind (Benefizialgüter) oder zur Erhaltung der Kirchengebäude und zur Bestreitung des äußeren Aufwandes des Gottesdienstes. Die Veräußerung von Gegenständen des Kirchenvermögens ist durch Verbote beschränkt bzw. erschwert, der Erwerb zum Kirchenvermögen staatlich beschränkt."[604] Nun, das war 1924.

Zur Zeit des 'alten' Rom – also zu der Zeit, als die römische Kirche gegründet wurde – galt das Kirchenvermögen (= die der Gottheit geweihten Sachen) als dem göttlichen Recht angehörig (res divini juris) und als dem bürgerlichen Rechtsverkehr (res extra commercium) entzogen.[605] Davon wollen wir uns jetzt aber nicht erschrecken lassen, denn: „Die Zweckrichtung allen Kirchenvermögens lässt dieses als Einheit erscheinen (Gütergemeinschaft trotz der Vielfalt der konkreten Vermögensträger; vgl. cc. 1271, 1273)."[606]

Also fassen wir jetzt die jeweiligen Zwischenergebnisse aus den einzelnen Kapiteln in der nachfolgenden Übersicht schlicht zu eben dieser Einheit zusammen.

---

[604] *Meyers Lexikon*, Siebente Auflage, 1924, Sechster Band, Sp. 1344.
[605] *Meyers Lexikon*, Siebente Auflage, 1924, Sechster Band, Sp. 1344.
[606] Walter Kasper (Hg.): *Lexikon für Theologie und Kirche*. Freiburg: Herder, Sechster Band, 1997, Sp. 80.

Einnahmen und Vermögen der beiden konfessionellen Sektoren in Deutschland   (in TDM).

Aus dem Kapitel	Einnahmen	Staatsleistungen	Vermögen	Geldwertes
Kirchensteuern	**16.944.449**			
- Lohnkirchensteuer	*16.893.156*			
Weitere KiSt, Kirchgeld	*51.293*			

Übrige Einnahmen der Bistümer / Landeskirchen (ohne Staatsleistungen, 1993)

	11.000.000			
- davon Zinsen	*5.100.000*			

Haushalte der Kirchengemeinden (ohne Kirchensteuern und Kindergärten, 1999)

	33.965.258			
Staatliche Zuwendungen (2000)		**16.582.224**		
davon: Staatsdotationen Bundesländer		*811.791*		
Zahlungen von Gemeinden		*97.856*		
Baulast		*43.380*		
Religionsunterricht		*2.684.995*		
Konfessionsschulen		*3.803.064*		
Kindertagesstätten		*4.957.610*		
Kulturelle Betreuung		*22.200*		
Kulturelle Auslandsarbeit		*6.070*		
Jugendhilfe		*676.991*		
Militärseelsorge		*63.310*		
Polizeiseelsorge / BGS		*684*		
Anstaltsseelsorge		*17.132*		
Denkmalpflege		*77.451*		
Bauzuschüsse		*50.000*		
Krankenhausbau		*1.155.190*		
Kirchentage		*8.500*		
Gerichtliche Bußgelder (S)		*20.000*		
ABM-Maßnahmen (S)		*2.086.000*		
Staatl. Verzicht auf Einnahmen:		**20.087.902**		
davon: Einzug der Lohnkirchensteuer		*2.000.000*		
Kirchensteuer = Sonderausgabe		*6.800.000*		
Steuerbefreiung der Kirchen		*5.264.902*		
Steuerliche Absetzbarkeit: Schulgeld		*23.000*		
- von Spenden		*600.000*		
Steuerbefreiung Konf. KH		*5.400.000*		
Ausbildung des Nachwuchses		**1.218.663**		
davon: Hochschulen , FHS		*559.509*		
Studentenförderungswerke		*14.886*		
Deutsche Forschungsgemeinschaft		*8.688*		
Spenden und Sammlungen:				
Hilfs-/Missionswerke				
- Spenden	1.141.226			
- Zinserträge / Rücklagen	49.085		1.244.981	
- Staatszuschüsse		367.104		
Weitere Spenden (S)	799.000			
Wohlfahrtsmarken	22.800			
Lotterien (2000)	189.887			
Medienunternehmen:				
Film	68.000			
Zeitschriften / Zeitungen	285.000			
Verlage	1.288.000		600.000	
Bibliotheken		14.340	92.000	

Aus dem Kapitel	Einnahmen	Staatsleistungen	Vermögen	Geldwertes
Grundbesitz / Immobilien :				
Grundbesitz	139.042		279.990.330	
Gebäude			129.301.000	
Erbbauzins	1.044.913			
Ev. Siedlungswerke	146.575		5.396.891	
Kath. Siedlungswerke	971.046		29.237.500	.
Kirchenbanken:			**71.975.038**	
davon: Geldeinlagen			*41.936.382*	
Eigenkapital Banken			*1.982.347*	
Sachanlagen Banken			*1.000.000*	
Beteiligungen der Banken			*56.309*	
Fondsvermögen (2001)			*7.000.000*	
Mitarbeiterfonds (Schätzung)			*20.000.000*	.
Weitere Geldeinlagen (Schätzung)			100.000.000	.
Versicherungen: Kapitalanlagen			48.752.888	.
Bier	90.072			
Wein	60.490			.
Handelsunternehmen	59.685	778		.
Touristik (S)	2.000.000			
Familienferienstätten	125.000		434.200	
Hotels (Schätzung)	100.000			
Gastronomie	40.000			.
Stiftungen:				
Kirchliche	79.896.333		104.416.750	
Denkmalschutz	11.000			
Öffentliche Stiftungen		21.300		.
Ordensgemeinschaften:				
Religiose Orden	854.588		71.076.800	
Weltliche Orden				
- Deutscher Orden	490.000		782.000	
- Johanniterorden	1.633.513	51.730	755.000	
- Malteserorden	910.851	38.848	310.000	
- O. v. Heiligen Grab	2.000			.
Konfessionelle Verbände:				
Opus Dei (Schätzung)			80.000	
Kolpingwerk	30.000		698.000	
CVJM	912.800			.
Kunst, Sakrales und Unverkäufliches:				
Kirchenausstattung			4.919.000	
Bibliotheken			357.000	
Medienpräsenz				120.716
Sozialorganisationen:				
Diakonisches Werk	41.804.000		54.022.000	
Caritas	49.833.000		75.149.000	.
Mitarbeiter:				
Ehrenamtliche				21.000.000
Zivildienstleistende		684.064		1.286.640 .
Kraftfahrzeuge (Schätzung)			1.487.595	.
Inventar (Schätzung)			15.000	.
Endsummen	*246.907.613*	*39.066.953*	*981.092.973*	*22.407.356* .

-- (1.289.474.895) -------------------------------

Auch wenn sich als Summe rund 1,3 Billionen DM ergibt, was fehlt noch darin und gibt es zwischen den einzelnen Bereichen Überschneidungen, also Doppelzählungen?

Fehlende Zahlenangaben sind u.a.:
- tatsächliche Umsätze von Caritas und Diakonie   (180 Mrd. ?)
- die Immobilien der Kirchengemeinden   (64 Mrd. ?)
- die Immobilien der Akademien, Tagungshäuser, Jugend
  bildungsstätten und die Immobilien des CVJM und aller
  nicht erwähnten (ca. 80) konfessionellen Verbände   (40 Mrd. ?)
- die Kinderkomponente im konfessionellen Wohnungsbau
  und ihren Eigentümern   (9 Mrd. ?)
- Staatl. Zuschüsse zur Familien- / Jugendarbeit   (20 Mrd. ?)
- BAföG für Theologiestudenten   (?)
- Vermögenswerte der Domschatzkammern   (?)

Doppelzählungen, d.h. 'Überschneidungen' zwischen den einzelnen Kapiteln, wird es geben für:
- Konfessionelle Stiftungen und konfessionelle Verbände zu den Wohlfahrtsverbänden,
- Kindergärten, deren Trägerschaft nicht zuzuordnen ist,
- Stiftungsvermögen zu Geldeinlagen bei Kirchenbanken.

Bezogen auf die vorhandene Datenbasis müssen wir aber diese Probleme akzeptieren. Möglicherweise werden sie sich gegenseitig ausgleichen.

Auf die jeweiligen Anteile des Gesamtvolumens bezogen, sind
- die Einnahmen / Umsätze   19,1 %
- die staatlichen Zuwendungen   3,0 %
- das Vermögen   76,1 %
- die geldwerten Leistungen   1,7 %

Insbesondere der erhebliche Vermögensanteil ist doch überraschend und gleichzeitig in seiner Verteilung normal. Von den rund 981 Milliarden **Vermögen** sind rund 620 Milliarden, also knapp zwei Drittel, Grundbesitz und Immobilien der verfassten Kirche, ihrer Ordensgemeinschaften, Zweckverbände und Werke. Gottesdienststätten – also Kirchen – und der Grund und Boden, auf dem sie stehen, sind davon allerdings nur 86,4 Milliarden plus 235,8 Milliarden, zusammen 322 Milliarden Mark des Immobilienvermögens. Die weiteren 298 Milliarden sind 'problemlos' kommerzialisierbarer Immobilien- und Grundbesitz.

Das entspricht den meisten privaten 'Millionären', deren Haus und Grundbesitz auch den 'Vermögensstock' bildet und insofern erst einmal auch nur auf dem Papier vorhanden ist. Ob der Grundbesitz und die Immobilien ihren Wertansatz 'auf dem Markt' realisieren können, hängt von den verschiedensten Faktoren ab.

Gleichzeitig ist der Anteil der direkten **staatlichen Zuwendungen** (18,9 Mrd. = 1,4 %) und der Anteil der 'indirekten' Subventionierungen (20 Mrd. = 1,6 %) mit knapp drei Prozent des Gesamtvolumens (ohne Wohlfahrtsverbände!) erheblich geringer, als es die öffentlichen Diskussionen vermuten lassen würden. Aber es sind eben – einschließlich weiterer Zahlungen für die Ausbildung des Nachwuchses, Hilfswerke, etc. – jährlich DM 39,1 Milliarden, die aus allgemeinen Steuergeldern bezahlt werden (oder auf deren Einnahme verzichtet wird, was im Endeffekt dasselbe bedeutet), und das sind nun wahrlich keine „Peanuts" – sowohl angesichts der Sparmaßnahmen der öffentlichen Haushalte, wie für die konfessionslosen Steuerzahler.

Besonders betroffen davon sind die Haushalte der Länder und Gemeinden, denn sie sind es, die nicht nur die staatlichen Zuwendungen von rund 14 Milliarden (außer der Militärseelsorge und den ABM-Maßnahmen) bezahlen, sondern denen von den Steuermindereinnahmen des Staates[607] rund 53 Prozent in den Kassen fehlen (d.h. 10,6 Milliarden), und die somit insgesamt 24,6 Milliarden für die beiden Religionsgesellschaften aufwenden müssen.

Bemerkenswert ist in diesem Zusammenhang gleichzeitig, dass die heftig diskutierte **Kirchensteuer** einerseits nur weniger als die Hälfte dessen beträgt, was an staatlichen Geldern an die Kirchen bezahlt wird und zum anderen im Gesamtvolumen nur 1,3 Prozent ausmacht und von den gesamten Einnahmen / Umsätzen nur 6 Prozent.

Da sich aus den reinen Zahlen nicht die jeweiligen Anteile für die Größenordnungen der einzelnen Bereiche hinsichtlich der Einnahmen/ Umsätze wie auch des Vermögens erschließen, sei das anhand von zwei Diagrammen verdeutlicht.

---

607   Vgl. Bundestagsdrucksache 14/1500, *17. Subventionsbericht*, passim.

Diagramm 10: Anteile Einnahmen / Umsätze

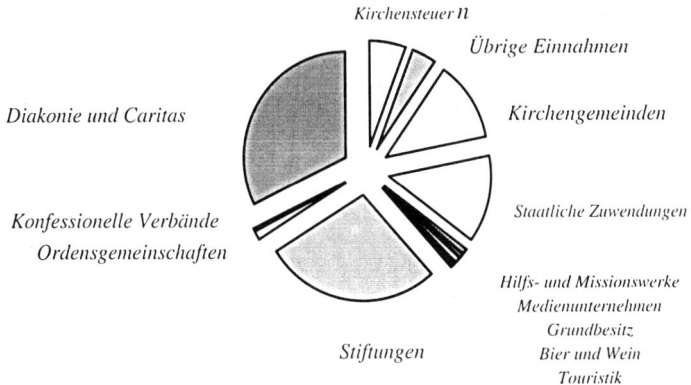

Kirchensteuer n

Übrige Einnahmen

Diakonie und Caritas

Kirchengemeinden

Konfessionelle Verbände
Ordensgemeinschaften

Staatliche Zuwendungen

Hilfs- und Missionswerke
Medienunternehmen
Grundbesitz
Bier und Wein
Touristik

Stiftungen

Bei den Einnahmen/Umsätzen lauten die Anteile (in der Reihenfolge ihrer Anteile): Diakonie/Caritas (31%), Stiftungen (28%), Staatliche Zuwendungen (14%), Kirchengemeinden (12%), Kirchensteuern (6%), weitere Einnahmen der verfassten Kirche (4%), alle anderen Bereiche (1% und weniger).

Diese Reihenfolge verdeutlicht noch einmal, welchen geringen Ausschnitt die „verfasste Kirche", d.h. die so genannte „Amtskirche" im Gesamtgefüge der Kirche als Gesamtorganisation aller ihrer Werke und Einrichtungen darstellt.

Das gleiche gilt jedoch nicht für die Vermögensverteilung, in der die Vermögensteile der „verfassten Kirche" die Hauptbestandteile bilden.

In der Reihenfolge ihrer Anteile: Grundbesitz der Kirchen (28%), Kapitalvermögen kirchlicher und karitativer Institutionen (18%), Gebäudeimmobilien der Kirche (13%), Immobilien von Diakonie und Caritas (13%), Stiftungsvermögen (11%), Grundbesitz und Immobilien der Ordensgemeinschaften (7%), Kapitalanlagen der Versicherungen (5%), Immobilienbesitz der Siedlungswerke (4%) und alle anderen Bereiche (um oder unter 1%).

Ebenfalls wird aber deutlich, dass die Beschränkung auf die „Amtskirchen" wiederum nur einen Teil der Realität abbilden würde.

Diagramm 11: Anteile am Vermögen

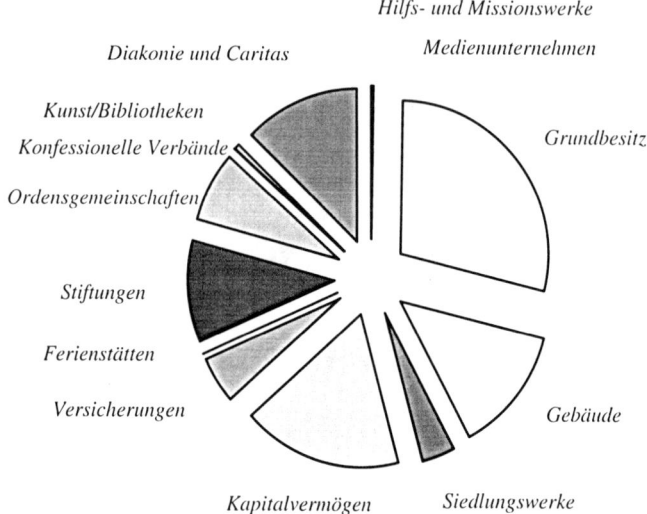

Da in dem Gesamtvolumen beide konfessionellen Sektoren jeweils zusammengefasst aufgelistet wurden, erscheint es nun angebracht, die Zahlenangaben wieder in den evangelischen und den katholischen Sektor zu differenzieren.

Dazu ergibt sich die nachfolgende Übersicht.[608]

---

[608] Die Prozentangaben beziehen sich auf den Anteil im Vergleich beider konfessioneller Sektoren. Steht ein 'S' vor der Prozentzahl ist es eine Schätzung. Waren 'ökumenische' Einrichtungen zu berücksichtigen, wurden sie hälftig aufgeteilt.

Aufteilung nach Sektoren (TDM):	Evangelisch /	Katholisch /	Summe
Kirchensteuer (49 / 51)	8.302.780	8.641.669	16.944.449
Übrige Einnahmen, ohne Staat (44 / 56)	4.800.000	6.200.000	11.000.000
Haushalte der Kirchengemeinden (59 / 61)	20.039.502	13.925.756	33.965.258
Zwischensumme 1 (54 / 46)	*33.142.282*	*28.767.425*	*61.909.707*
Staatsdotationen Bundesländer (56 / 44)	457.634	354.156	811.790
Zahlungen von Gemeinden (S = 50 / 50)	48.928	48.928	97.856
Baulast (S = 40 / 60)	17.352	26.028	43.380
Religionsunterricht (S = 50 / 50) 1.342.498	1.342.498	2.684.996	
Konfessionsschulen (36 / 64)	1.369.103	2.433.961	3.803.064
Kindertagesstätten (S = 45 / 55)	2.220.670	2.736.940	4.957.610
Kulturelle Betreuung (S = 50 /50)	11.100	11.100	22.200
Kulturelle Auslandsarbeit (52 /48)	3.156	2.914	6.070
Jugendhilfe (45 / 55)	307.483	369.508	676.991
Militär- / Polizeiseelsorge (S = 50 / 50)	31.997	31.997	63.994
Anstaltsseelsorge (S = 50 / 50)	8.566	8.566	17.132
Denkmalpflege (S = 50 / 50)	38.726	38.726	77.452
Bauzuschüsse (S = 50 / 50)	25.000	25.000	50.000
Krankenhausbau (S = 35 / 65)	404.316	750.874	1.155.190
Kirchentage (50 / 50)	4.250	4.250	8.500
Bußgelder (S = 50 /50)	10.000	10.000	20.000
ABM-Maßnahmen (S = 60 / 40)	1.251.600	834.400	2.086.000
Ausbildung des Nachwuchses (S = 45 / 55)	548.398	670.265	1.218.663
Staatl. Verzicht Einnahmen (S = 48 / 52)	9.642.193	10.445.709	20.087.902
Zwischensumme 2: (47 / 53)	*17.742.970*	*20.145.820*	*37.888.790*
Hilfs- / Missionswerke.: Spenden (31 / 69)	350.428	790.798	1.141.226
- Rücklagen Vermögen (48 / 52)	596.908	648.073	1.244.981
- Zinserträge (40 / 60)	19.740	29.345	49.085
- Staatszuschüsse (51 / 49)	186.034	181.070	367.104
- Weitere Spenden (S = 50 / 50)	399.000	400.000	799.000
- Wohlfahrtsmarken (47 / 53)	10.500	12.300	22.800
- Lotterien (ARD, ZDF, Lotto) (47 / 53)	88.799	101.088	189.887
Zwischensumme 3: (43 / 57)	*1.651.409*	*2.162.674*	*3.814.083*
Zeitschriften / Zeitungen (S = 40 / 60)	114.000	171.000	285.000
Verlage (- / 100)	-	1.888.000	1.888.000
Filmunternehmen (- / 100)	-	68.000	68.000
Bibliotheken: - Staatl. Zuschüsse (8 / 92)	1.147	13.193	14.340
- Buchbestand (15 / 85)	14.000	78.000	92.000
Zwischensumme 4: (6 / 94)	*129.147*	*2.218.193*	*2.347.340*
Grundbesitz (Pacht / Vermögen) (65 / 35)	182.084.092	98.045.280	280.129.372
Gebäude (S = 60 / 40)	77.580.600	51.720.400	129.301.000
Erbbauzinsen (S = 65 / 35)	675.371	369.543	1.044.914
Siedlungswerke: Einnahmen (13 / 87)	146.575	971.046	1.117.621
- Vermögen (16 / 84)	5.396.891	29.237.500	34.634.391
Zwischensumme 5: (59 / 41)	*265.883.529*	*180.343.769*	*446.227.298*
Kirchenbanken: Geldeinlagen (55 / 45)	23.176.210	18.760.172	41.936.382
- Eigenkapital (64 / 36)	1.269.444	712.903	1.982.347
- Sachanlagen (40 / 60)	400.000	600.000	1.000.000
- Fondsvermögen (36 / 64)	2.500.000	4.500.000	7.000.000
- Beteiligungen (98 / 2)	55.425	884	56.309
- Mitarbeiterfonds (S = 50 / 50)	10.000.000	10.000.000	20.000.000

Aufteilung nach Sektoren (TDM):	Evangelisch /	Katholisch /	Summe
Weitere Geldeinlagen (S = 50 / 50)	50.000.000	50.000.000	100.000.000
Versicherungen Kapitalanlagen (16 / 84)	7.772.514	40.980.374	48.752.888
Zwischensumme 6 (43 / 57)	*95.173.593*	*125.554.333*	*220.727.926*
Bier und Wein (1 / 99)	655	149.907	150.562
Handelsunternehmen (100 / -)	60.463	-	60.463
Touristik (S = 30 / 70)	600.000	1.400.000	2.000.000
Familienferienstätten - Wert (71 / 29)	306.500	127.700	434.200
- Umsatz (49 / 51)	61.000	64.000	125.000
Hotels (100 / -)	100.000	-	100.000
Gastronomie (- / 100)	-	40.000	40.000
Zwischensumme 7 (39 / 61)	*1.128.618*	*1.781.607*	*2.910.225*
Kirchliche Stiftungen: Umsatz (14 / 86)	11.185.487	68.710.846	79.896.333
- Vermögen (14 / 86)	14.897.500	89.519.250	104.416.750
Öffentl. u. private Stiftungen (S = 50 / 50)	16.150	16.150	32.300
Zwischensumme 8: (14 / 86)	*26.099.137*	*158.246.246*	*184.345.383*
Religiose Kommunitäten / Orden (- / 100)	-	71.931.388	71.931.388
Weltliche Orden - Vermögen (41 / 59)	755.000	1.092.000	1.847.000
- Umsatz (54 / 46)	1.685.243	1.441.699	3.126.942
Konfessionelle Verbände (53 / 47)	912.800	808.000	1.720.900
Zwischensumme 9: (4 / 96)	*3.353.043*	*75.273.087*	*78.626.130*
Medienpräsenz (S = 50 / 50)	60.358	60.358	120.716
Kirchenausstattung (44 / 56)	2.176.000	2.743.000	4.919.000
Wiss. Bibliotheken (24 / 76)	85.000	272.000	357.000
Zwischensumme 10: (43 / 57)	*2.321.358*	*3.075.358*	*5.396.716*
Diakon. Werk / Caritas - Umsatz (46 / 54)	41.804.000	49.833.000	91.637.000
- Vermögen (43/57)	54.022.000	75.149.000	129.171.000
Ehrenamtliche Mitarbeiter (57 / 43)	12.000.000	9.000.000	21.000.000
Zivildienstleistende (52 / 48) Staat	355.713	328.350	684.063
- Geldwerte Leistung (52 / 48)	669.053	617.587	1.286.640
Zwischensumme 11: (45 / 55)	*108.850.766*	*134.927.937*	*243.778.703*
Kraftfahrzeuge (S = 50 / 50)	743.797	743.797	1.487.594
Inventar (58 / 42)	8.700	6.300	15.000
Zwischensumme 12: (50 / 50)	*752.497*	*750.097*	*1.502.594*
Summe (43 / 57)	**556.228.349**	**733.246.546**	**1.289.474.895**

Was jetzt auf den ersten Blick das übliche Vorurteil bestätigt, dass 'die katholische Kirche' reicher sei, ist schlicht verkehrt, denn über den Zusammenfassungen steht eindeutig „Sektor" und nicht „Kirche" und die Relationen sehen deutlich anders aus, wenn wir alles das, was wir als 'Sektor' zusammen behandelt haben, wieder in seine unterschiedlichen Teile aufteilen.

Der katholische Sektor unterscheidet sich vom evangelischen Sektor in seiner Struktur durch eine andere Geschichte und Tradition, und wenn wir aus dem katholischen Sektor zwei Bereiche herausnehmen, die sich außerhalb der verfassten Kirche befinden, ergibt sich folgendes Bild:
- Grundbesitz und Einnahmen der katholischen Orden   71.931 Mio.

Im Vergleich zu den evangelischen Einrichtungen haben aufgrund der besonderen katholischen Tradition und des Glaubens ein Plus:
- Katholische Stiftungen   132.147 Mio.
- Missionswerke   511 Mio.

Zusammen gerechnet sind es 204.589 Millionen, die der evangelische Sektor nicht haben kann und wenn das von den obigen Auflistungen abgezogen wird, ergeben sich für den katholischen Sektor DM 529 Milliarden und für den evangelischen Sektor DM 556 Milliarden.

Um diese Unterschiede noch einmal zu verdeutlichen, seien die Segmente der konfessionellen Sektoren gegenüber gestellt.

Verteilung der einzelnen Segmente in den Sektoren (in Mio. / %)	
Evangelischer Sektor	**Katholischer Sektor**
„Verfasste" Kirche (Ki.St., übrige Einnahmen, ohne Staat):	
33.142 (54%)	(46%) 28.767
Staatliche Zuwendungen:	
17.743 (47%)	(53%) 20.146
Hilfs- und Missionswerke / Spenden:	
1.651 (43%)	(57%) 2.163
Medienunternehmen:	
	(94%) 2.218
Grundbesitz / Immobilien der verfassten Kirchen	
260.339 (63%)	(37%) 150.134
Siedlungsgesellschaften:	
(16%)	(84%) 30.298
Banken, Fonds und Versicherungen:	
95.174 (43%)	(57%) 125.554
Handel und Touristik:	
1.129 (39%)	(61%) 1.782
Stiftungen:	
(14%)	(86%) 158.230
Orden und Konfessionelle Verbände:	
	(96%) 75.273
Diakonisches Werk und Caritas:	
95.826 (43%)	(57%) 124.982
Sonstiges:	
16.116 (54%)	(46%) 13.700

26. Fazit

Es wäre jetzt völlig fehl am Platz, allgemeine Einschätzungen zu äußern, da in den einzelnen Kapiteln bereits ansatzweise die Eigenart des jeweiligen Themas und des einzelnen Wirtschaftsbereiches erläutert wurde und dadurch u.a. die Verschiedenartigkeit deutlich wurde, die allgemeine Vorschläge unsinnig macht.

Abschließend zuerst der Versuch, die eingangs gestellte Frage: „Wie reich sind die Kirchen?" aus verschiedenen Blickwinkeln zu beantworten

1. Das private Geldvermögen (abzüglich Bau- und Konsumschulden) in Deutschland betrug (2000) insgesamt rund 8,2 Billionen Mark.[609] Pro 'Nase' der Bevölkerung (82.037.000 Einwohner) sind das DM 99.995. Das entsprechende Geldvermögen (das sich aus Geldeinlagen bei Banken, Versicherungen, in Aktien zusammensetzt) beträgt im Raum der Kirchen rund 222 Milliarden (DM 222.129.451.000) und das sind pro Kirchenmitglied (54.253.000) gerade einmal DM 4.094.

2. Es ist bei einer Organisation, wie den Kirchen und ihren Werken, die sich insgesamt aus rund 31.000 Körperschaften der verfassten Kirchen und einer weiteren unbekannten Zahl von Rechtsträgern der Werke – deren Zahl allerdings niemand kennt – zusammensetzt und rund 1.431.000 hauptamtliche Beschäftigte zu versorgen hat, immer das Prinzip der großen Zahl, bei der die aufsummierten Beträge auf den ersten Blick so gigantische Größenordnungen annehmen lässt, dass es dem Normalbürger den Atem verschlägt.

3. Allerdings steht dieses Geldvermögen im Raum der Kirchen nicht in seinem gesamten Umfang zur Verfügung 'der Kirche'. Dieser Betrag dürfte sich in der Größenordnung von rund 170 Milliarden Mark bewegen.

4. In diesem Sinn sind die Kirchen sicherlich als 'sehr wohlhabend' zu bezeichnen, da sie immerhin rund zehn 'Jahresgehälter' auf der hohen Kante liegen haben, was die meisten ihrer Mitglieder oder aller Einwohner Deutschlands sicher nicht von sich sagen können – aber 'Reichtum' bewegt sich in anderen Dimensionen.
Um so verwunderlicher ist es, dass die Religionsgesellschaften, die, betrachtet man sie als Einheit, der zweitgrößte Arbeitgeber (nach den staatlichen Gebietskörperschaften) in Deutschland sind, sich so sehr scheuen, offensiv über ihre Finanzen zu reden.

---

[609] „Armutsbericht" der Bundesregierung vom April 2001, zitiert nach: *Hamburger Abendblatt* vom 25.4.2001, S. 2.

Entweder, man kann es nur vermuten, ist es die Scheu, damit zuzuge-
ben, dass die Kirche, als Arbeitgeber, auch ein Wirtschaftsunternehmen ist, das solide wirtschaften muss, oder es ist die Scheu, zugeben
zu müssen, wie sehr die Religionsgesellschaften von der staatlichen
Subventionierung abhängig sind, oder es hat nur mit dem 'deutschen
Nationalcharakter' zu tun, dem es peinlich ist, über das eigene Geld zu
sprechen – mit Ausnahme der Haltung, zu beklagen, dass es zu wenig
sei, weil doch alles so teuer geworden ist?

5. Hinsichtlich des Vermögens hatten wir bereits festgestellt, dass unter
   Nicht-Berücksichtigung der Kirchengebäude (Gottesdienststätten) und
   des Grund und Bodens, auf dem sie stehen, eine Größenordnung von
   687 Milliarden an kapitalisierbarem Vermögen in den konfessionellen
   Sektoren vorhanden ist.

   Das führt uns zur oft geäußerten Behauptung oder Vermutung, das
   Erzbistum Köln sei das reichste Bistum der Welt. Diese Behauptung
   lässt sich in dieser Form nicht belegen, da das Erzbistum Köln in der
   Reihe der Weltbistümer, von der Anzahl der Katholiken her, an 35.
   Stelle steht. Mit 2,3 Millionen Katholiken ist es das größte Bistum in
   Deutschland und hat entsprechend die höchsten Kirchensteuereinnahmen aller deutschen Bistümer. Umgerechnet auf die Anzahl der Katholiken hat das Bistum Limburg aber ein höheres Pro-Kopf-Einkom-
   men, ist also 'reicher'.

   Gemeint ist mit dieser Annahme vermutlich ein einzelner Rechtsträger
   innerhalb des Erzbistums: der Bischöfliche Stuhl. Als größter Gesellschafter besitzt der Bischöfliche Stuhl zu Köln 35 Prozent des Grundkapitals der *Aachener Gesellschaften* (siehe Kapitel *Siedlungsgesellschaften*) und verfügt über ein Stammkapital von 36 Millionen Mark.
   Von den 24.000 Wohnungen im Eigenbestand der *Aachener Gesellschaften* wären entsprechend 8.575 im Eigentum des Bischöflichen
   Stuhles und bedeuteten einen Marktwert von rund 1,9 Milliarden. Von
   dem Jahresgewinn 1998 gingen entsprechend 3,7 Millionen DM in die
   Kasse des Bischöflichen Stuhles. Weitere Beteiligungen (beim *Weltbild-Verlag*, der *Tellux*-Gruppe) seien dahingestellt, lassen aber den
   Schluss zu, dass der Bischöfliche Stuhl zu Köln tatsächlich der „reichste" in Deutschland ist, aber nicht das Erzbistum.

6. Diese Rechtsträgerschaften gelten auch für eine Zuordnung des bereits
   erwähnten kapitalisierbaren Vermögens von 687 Milliarden. Wenn
   wir nun davon ausgehen, dass in beiden konfessionellen Sektoren rund
   81.000 Rechtsträger bestehen (31.000 Kirchengemeinden, 20.000 Stiftungen, 30.000 Rechtsträger im Diakonischen Werk und in der

Caritas), dann sind ja sie und nicht das einfache Kirchenmitglied der Eigentümer und das bedeutet, bei allen Unterschiedlichkeiten, einen durchschnittlichen Vermögensbesitz von 8,5 Millionen Mark pro Rechtsträger.

7. Auch bei den Kirchenbanken war die auffallende Tendenz festzustellen, dass trotz seit 1993 sinkender Kirchensteuereinnahmen das bei den Banken eingezahlte Geldvermögen deutlich ansteigt. Allein von 1997 auf 2000 erhöhte sich das dort 'sichtbare' Geldvermögen um weitere rund 7,5 Milliarden Mark – und das bei öffentlich erklärter 'Verarmung'.

Diese stetige Ansammlung von Vermögen verweist auf einen historischen Zusammenhang, denn man kann die Frage auch überraschend anders beantworten.

Versucht man das ökonomische Verhalten der Kirchen auf einen theoretischen 'Nenner' zu bringen, so weisen sie in ihrem Wirtschaftsverhalten alle Merkmale auf, die für die „vorkapitalistische Marktwirtschaft" gelten: „Formen der Bereicherung sind:
- Handelsgewinn
- Darlehensgeschäft und Leihzins
- großbetriebliche Nutzung von Sklaven
- Erhebung von Geldtributen aller Art bei unterworfenen Völkern."

Setzt man zeitgemäßere Begriffe ein, klingt es nicht mehr ganz so fremd: Staatliche Zuwendungen / Banken und Zinserträge / Ehrenamtliche Mitarbeiter / Kirchensteuern.

Und: „Was vorbürgerlichen Gesellschaften durchaus fremd bleibt, ist die Kapitalakkumulation, der Nichtverzehr des Gewonnenen und sein systematischer Wiedereinsatz für Zwecke der erweiterten Produktion. Selbst hochentwickelte Gesellschaften (wie etwa die des alten Athen und Rom seit dem 7. bzw. 3. Jh. v. u. Z.) kennen nur zwei Arten, von erworbenem Geldreichtum Gebrauch zu machen: Verbrauch oder Schatzbildung – nicht aber: regelmäßige, systematische Rückverwandlung von Gewinn in Produktivvermögen."[610]

In diesem Zusammenhang ist aufschlussreich, wie der Begriff der „Amortisation" – im heutigen Verständnis der Plan der Rückzahlung einer Schuld, Hypothek etc. – früher verwendet und gemeint wurde:

„Amortisation (v. franz. amortir, 'ertöten'), urspr. Hingabe liegender oder beweglicher Güter an die Kirche, die im Mittelalter die Tote Hand

---

[610] Werner Hofmann: *Grundelemente der Wirtschaftsgesellschaft.* Reinbek: Rowohlt [10]1977, S. 48 und S. 49.

(manus mortua) hieß, weil sie ihre Vermögen festhielt, nicht mehr in den Verkehr brachte. Um übermäßigem Anwachsen kirchlichen Vermögens, das überdies noch steuerfrei war, zu begegnen, erließen die Herrscher schon seit dem 14. Jh. Amortisationsgesetze (leges de non amortizando), die den Erwerb der Kirche verboten oder an staatliche Genehmigung knüpften."[611]

Wirtschaften die Kirchen immer noch wie im Mittelalter?

---

[611] Meyers Lexikon, Siebente Auflage, 1924, Erster Band, Sp. 504.

27. Fragen

Diese Untersuchung begann mit einer einfachen Frage. Die Antwort darauf eröffnet unter verschiedenen Aspekten eine Vielzahl von Fragen, von denen abschließend einige benannt seien.

1. Warum stellen die Kirchen ihr Vermögen „zur toten Hand" und setzen es nur zinsbringend ein?
2. Warum sind die Kirchen nicht stolz auf ihr Vermögen? Was fürchten sie? Dass man sie fragt, was sie damit eigentlich machen?
3. Was machen die Kirchen mit ihrem Vermögen? Nichts? Warum nicht? Warum verzichten sie nicht für ein einziges Jahr auf das weitere Aufstocken des Kapitalvermögens und investieren diese drei Milliarden in beispielhafte Projekte? Problemfelder gibt es genug: Versteckte Armut, Beschäftigungsinitiativen, kinderreiche Familien,...
4. „Geben ist seliger denn nehmen." Haben die Kirchen vergessen, ihre moralische Aufforderung (an die eigenen Mitglieder und an die Gesellschaft) auch an sich selbst zu stellen?
5. Warum besinnen sich die Kirchen nicht darauf, dass in den Jahren des staatlichen Sparzwangs die Subsidiarität auch eine wechselseitige Beziehung ist? Was der Staat nicht machen kann, das können die gesellschaftlichen Organisationen – also auch die Kirchen – übernehmen? Oder verstehen die Kirchen die Subsidiarität, die ihnen weite Felder der (staatlich und öffentlich finanzierten) Betätigung und eigener Einflussnahme überlassen hat, nur als Politik der fordernden Hand?
6. Warum nutzen die Kirchen für das Kirchenvermögen nicht ihre gesetzliche Privilegierung?
   Entsprechend der Abgabenordnung des Steuerrechts (AO § 62) braucht die (steuerbegünstigte) Vermögensbindung für kirchliche Stiftungen, Orden und Werke nicht in der Satzung festgelegt zu werden. Nach einem Urteil des Bundesfinanzgerichtshofes (BFH-Urteil R 35/94 vom 24.7.1996) bleibt die Steuerbefreiung des Kirchenvermögens erhalten, auch wenn damit keine mildtätigen oder gemeinnützigen Zwecke, sondern gewerbliche Aktivitäten erfolgen, sofern die Erträge einem kirchlichen Zweck dienen.
7. Warum wird (auch von Bischöfen) von einem „Konzern Kirche" gesprochen, wenn sie die Quantität ihrer Organisationen meinen, die entscheidende Qualität, die zentrale Konzernleitung, aber schlicht nicht vorhanden ist?
8. Wer hat eigentlich das Gerücht von der „armen Kirchen" in die Welt gesetzt und zu verantworten? Ein Gerücht, das auch von den kirchli-

chen Amtsträgern immer wieder öffentlich verbreitet wird. Warum schweigen die Kirchenleitungen nicht nur zu ihren Finanzen und ihrem Vermögen – was noch zu verstehen wäre –, sondern stellen sie in der Öffentlichkeit (bewusst?) falsch dar?

9. Warum gibt es reiche Kirchengemeinden, die einen Neubau für vier Millionen Mark problemlos aus ihren vorhandenen Rücklagen finanzieren können und arme Kirchengemeinden, die im Winter die Kirche schließen müssen, weil sie kein Geld für die Heizkosten haben? Ist es das System der „Schlüsselzuweisungen" an die Gemeinden: Wer viele Kirchenmitglieder hat – und eigentlich mehr bräuchte – bekommt weniger? „Wer hat, dem wird gegeben..."?

10. Haben die Kirchen Angst vor ihren Mitgliedern? Im Vergleich zum Spendenaufkommen der Freien Evangelischen Gemeinden müssten sie entweder DM 64 Milliarden „Kirchenbeiträge" von ihren Mitglieder bekommen oder bräuchten nur 10 Millionen Mitglieder, um das jetzige Kirchensteueraufkommen als Spenden zu realisieren. Setzen die Amtskirchen mit ihrer Kirchensteuer lieber auf „Masse" statt auf „Klasse"?

11. Ist den Finanzministern des Bundes und der Länder schon einmal aufgefallen, dass sie (im Jahr 2000) DM 6,8 Milliarden mehr Steuern eingenommen hätten, wenn sie nur zwei Wörter aus dem Einkommensteuergesetz streichen würden (EStG, Sonderausgaben, § 10 (1) 4: „gezahlte Kirchensteuer")?

12. Könnte es nicht angebracht erscheinen – hinsichtlich der tatsächlichen Bezahlung – 75 Prozent der kirchlichen Mitarbeiter direkt in den Öffentlichen Dienst zu integrieren? Damit ließe sich auch das Problem der Abhängigkeit der kirchlichen Einrichtungen von der staatlichen Finanzierung lösen.

Bisher legte der Staat bei guten Einnahmen Projekte auf und die konfessionellen Organisationen stellten die Mitarbeiter dafür ein. Bei knapperen Kassen kürzen die staatlichen Stellen die Finanzierungen und die kirchlichen Organisationen haben das Problem der vorhandenen Mitarbeiter.

Literatur/Internet-Adressen

Adressbuch für das katholische Deutschland. Ausgabe 1997. Herausgegeben vom Sekretariat der Deutschen Bischofskonferenz und dem Generalsekretariat des Zentralkomitees der deutschen Katholiken. Paderborn: Bonifatius, 1997, 414 Seiten.

Adressenwerk der evangelischen Kirchen 1999. Frankfurt am Main: Lembeck, 1999, 1.193 Seiten.

Allensbacher Jahrbuch der Demoskopie, 1993 bis 1997. München: Sauer und Allensbach am Bodensee: Verlag für Demoskopie, 1997, 1.268 Seiten.

Beck, Reinhart: *Sachwörterbuch der Politik*. Stuttgart, Kröner, 1977, 1.003 Seiten.

Benz, Hartmut: *Finanzen und Finanzpolitik des Heiligen Stuhls*. Römische Kurie und Vatikanstaat seit Papst Paul VI. Stuttgart: Steiner, 1993, 183 Seiten

Besier, Gerhard: *Konzern Kirche*. Das Evangelium und die Macht des Geldes. Neuhausen-Stuttgart: Hänssler, 1997. 258 Seiten.

Branahl, Matthias/Winfried Fuest: *Kirchensteuer in der Diskussion*. Köln: Deutscher Instituts-Verlag, 1995, 52 Seiten (= Beiträge zur Wirtschafts- und Sozialpolitik/Institut der Deutschen Wirtschaft, Köln, Bd. 224)

Bühler, Hans Harro: Die katholischen Einrichtungen der Caritas in der Bundesrepublik Deutschland, in: Deutscher Caritasverband (Hg): *Caritas 89*, Jahrbuch des Deutschen Caritasverbandes, S. 21-31.

Campenhausen, Axel von: *Staatskirchenrecht*, Ein Studienbuch, 3., überarb. und erg. Auflage, München: Beck, 1996, XIV, 484 Seiten.

Czermak, Gerhard: *Staat und Weltanschauung*. Eine Auswahlbibliographie. Mit einer Abhandlung zu Entwicklung und Gegenwartslage des sogenannten Staatskirchenrechts, Berlin-Aschaffenburg: IBDK, 1993, 354 Seiten, sowie Bd. 2 (1993-1997), Aschaffenburg: Alibri, 1999, 283 Seiten.

Czermak, Gerhard: Das System der Religionsverfassung des Grundgesetzes, in: *Kritische Justiz*, 2000, S. 229-247.

Denzler, Georg (Hg.): *Kirche und Staat auf Distanz*. Historische und aktuelle Perspektiven. München: Kösel, 1977, 265 Seiten.

Deschner, Karlheinz: *Die beleidigte Kirche* oder Wer stört den öffentlichen Frieden? Gutachten im Bochumer § 166-Prozeß. Mit einem Vorwort des verteidigten Rechtsanwaltes Gottfried Niemetz. Freiburg: Ahriman, 1986, 60 Seiten.

Deutscher Bundestag, 14. Wahlperiode: *Drucksache 14/1500*. Bericht der Bundesregierung über die Entwicklung der Finanzhilfen des Bundes und der Steuervergünstigungen gemäß § 12 des Gesetzes zur Förderung der Stabilität und des Wachstums der Wirtschaft (StWG) vom 8. Juni 1967 für die Jahre 1997 bis 2000 (*17. Subventionsbericht*), 244 Seiten.

Diakonisches Werk (Hg): *Statistische Informationen des Diakonischen Werkes der Evangelischen Kirche in Deutschland*, Nr. 1/1999. 70 Seiten.

Engelmann, Bernt: *Wir Untertanen*. Ein Deutsches Anti-Geschichtsbuch. Frankfurt: Fischer, 1976, 365 Seiten.

Feldhoff, Norbert: Wo bleibt die Kirchensteuer?, in: Wolfgang Ockenfels/Bernd Kettern (Hg.): *Streitfall Kirchensteuer*. Paderborn: Bonifatius, 1993, S. 27-60.

Fetzer, Joachim (Hg): *Kirche in der Marktgesellschaft*. Gütersloh: Kaiser, Gütersloher Verlagshaus, 1999. 237 Seiten. (= Leiten, Lenken, Gestalten, Bd. 6) (= Kongress in Hofgeismar, 1997)

Foth, Peter J.: Die Mennoniten und ihr Geld. Nachfolge Christi im kreativen Finanzchaos, in: Lienemann Wolfgang (Hg): *Die Finanzen der Kirche*. München: Chr. Kaiser, 1989, S. 797-816.

Frank, Isnard W.: Kirchensteuer und Kirchengemeindeverständnis. Zur Entstehungsgeschichte der Kirchensteuer, in: Wolfgang Ockenfels/Bernd Kettern (Hg.): *Streitfall Kirchensteuer*. Paderborn: Bonifatius, 1993, S. 185-212.

Herrmann, Horst: *Die Kirche und unser Geld*. Daten, Tatsachen, Hintergründe. Hamburg: Rasch und Röhrig, 1990, 272 Seiten.

Herrmann, Horst: *Die Caritas-Legende*. Wie die Kirchen die Nächstenliebe vermarkten. Hamburg: Rasch und Röhring, 1993. 363 Seiten.

Hertel, Peter: *Geheimnisse des Opus Dei*. Geheimdokumente – Hintergründe – Strategien. Freiburg: Herder, [3]1996, 222 Seiten.

Hofmann, Werner: *Grundelemete der Wirtschaftsgesellschaft*, Ein Leitfaden für Lehrende. Reinbek: Rowohlt, 10. Aufl., 1977, 186 S.

Jeand'Heur, Bernd und Stefan Korioth: *Grundzüge des Staatskirchenrechts*, Stuttgart u.a.: Boorberg, 2000, 291 Seiten.

Junge, Hubertus: Öffentliche Förderung und freie Wohlfahrtspflege, in: Deutscher Caritasverband (Hrsg.): *Caritas 89*, Jahrbuch des Deutschen Caritasverbandes, S. 41-48.

Kasper, Walter (Hg.): *Lexikon für Theologie und Kirche*. Freiburg: Herder, 10 Bände, 1993 ff.

Kastning, Karin: Kirchliche Statistik, in: *Kirchliches Jahrbuch 1994*, Lieferung 3, Kirchliche Statistik, S. 365 ff.

Kirchengesetz, Rechtsverordnung und Ausführungsbestimmungen zum Haushalts-, Kassen- und Rechnungswesen. Kiel: Lutherische Verlagsanstalt, 1986, 71 Seiten

Kirchliche und theologische Grundsatzfragen, 1. Die Debatte um den Militärseelsorgevertrag, in: *Kirchliches Jahrbuch für die Evangelische Kirche in Deutschland*, 1994, S. 5ff.

Kirchliches Handbuch. Amtliches statistisches Jahrbuch der katholischen Kirche Deutschlands von Franz Groner. Bd. XXVII: 1969-1974. und Band XXVII: 1975 und 1976. Seit 1978: Statistisches Jahrbuch der Bistümer und ihnen gleichgesellten kirchlichen Gebietskörperschaften im Bereich der deutschen Bischofskonferenz. Herausgegeben vom Sekretariat der Deutschen Bischofskonferenz.

Kirchliches Jahrbuch für die Evangelische Kirche in Deutschland. Begründet von Johannes Schneider, Verschiedene Jahrgänge, verschiedene Herausgeber. Gütersloher Verlagshaus Gerd Mohn.

Kleinmann, Dieter: Probleme und Möglichkeiten bei der Ausgestaltung eines Kirchensteuersystems aus theologischer und ökonomischer Sicht, in: Wolfgang Lienemann (Hg.): *Die Finanzen der Kirche*. München: Chr. Kaiser, 1989, S. 919-944.

Langen, Mona: *Evangelischer Wohnungsbau in Bayern.* Innerkirchliche Diskussion und Durchführung bis 1957. Neustadt: Degener, 1997, 315 Seiten. (= Einzelarbeiten aus der Kirchengeschichte Bayerns, 72. Band)

Liedtke, Rüdiger: *Wem gehört die Republik? 2001.* Die Konzerne und ihre Verflechtungen. Frankfurt: Eichborn, 2000, 592 Seiten.

Lienemann, Wolfgang (Hg.): *Die Finanzen der Kirche.* Studien zur Struktur, Geschichte und Legitimation kirchlicher Ökonomie. München: Chr. Kaiser, 1989, 991 Seiten. (= Forschungen und Berichte der Evangelischen Studiengemeinschaft, Bd. 43)

Listl, Joseph: *Die Konkordate und Kirchenverträge in der Bundesrepublik Deutschland.* Textausgabe für Wissenschaft und Praxis. Berlin: Duncker & Humblot, 1987. Zweiter Band, 802 Seiten.

Martens, Klaus: *Wie reich ist die Kirche?* Der Versuch einer Bestandsaufnahme in Deutschland. München: Moderne Verlags GmbH, 2. Auflage, 1969. 213 Seiten.

Mecking, Christoph: Einführung: Stiftungswirklichkeit in Deutschland, in: Bundesverband Deutscher Stiftungen (Hg.): *Verzeichnis Deutscher Stiftungen 2000.* Darmstadt: Hoppenstedt, 2000, S. IX-XIV.

Merten, Detlef: *Subsidiarität als verfassungsrechtliche Perspektive für Europa.* Köln: Bachem, 2000, 16 S. (= Kirche und Gesellschaft, Nr. 270. Herausgegeben von der Katholischen Sozialwissenschaftlichen Zentralstelle Mönchengladbach.)

Meuthen, Jörg: Die Eignung der Kirchensteuer als Einnahmequelle von Religionsgemeinschaften aus finanzwissenschaftlicher Perspektive, in: Wolfgang Ockenfels/Bernd Kettern (Hg.): *Streitfall Kirchensteuer.* Paderborn: Bonifatius, 1993, S. 145-184.

Monopolkommission: Hauptgutachten 1996/1997: *Marktöffnung umfassend verwirklichen.* Baden-Baden: Nomos, 1998.

Nichtweiß, Barbara (Hg.): *Hat die Kirche unser Geld verdient?* Ein Arbeitsbuch. Limburg, Lahn-Verlag, 1996, 69 Seiten.

Niemeier, Hans-Martin: Die Rechtsprechung staatlicher Gerichte in Kirchensteuersachen in der Bundesrepublik Deutschland, in: Wolfgang Lienemann (Hg.): *Die Finanzen der Kirche.* München: Chr. Kaiser, 1989, S. 211-249.

Nothelle-Wildfeuer, Ursula: *Religionsunterricht.* Kein Kirchenprivileg, sondern Dienst an der Demokratie. Köln: Bachem, 1998, 16 Seiten. (= Kirche und Gesellschaft, Nr. 251. Herausgegeben von der Katholischen Sozialwissenschaftlichen Zentralstelle Mönchengladbach.)

Ockenfels, Wolfgang/Bernd Kettern (Hg.): *Streitfall Kirchensteuer.* Paderborn: Bonifatius, 1993, 228 Seiten. (= Bonifatius Kontur, Band 7796)

Oschwald, Hanspeter: *Vatikan – die Firma Gottes.* München: Piper, 2000. 397 Seiten.

Püttmann, Andreas: *Leben Christen anders?* Befunde der empirischen Sozialforschung. Köln: Bachem, 1998, 16 Seiten. (= Kirche und Gesellschaft, Nr. 248. Herausgegeben von der Katholischen Sozialwissenschaftlichen Zentralstelle Mönchengladbach.)

Rampp, Gerhard: Kirche und Geld: Die untrennbaren siamesischen Zwillinge, in: Clara und Paul Reinsdorf (Hg.): *Drahtzieher Gottes*. Aschaffenburg/Berlin: IBDK/Alibri Verlag, 1995, S. 17-44.

Reinsdorf, Clara und Paul (Hg.): *Drahtzieher Gottes*. Die Kirchen auf dem Marsch ins 21. Jahrhundert. Aschaffenburg – Berlin: IBDK/Alibri Verlag, 1995, 200 Seiten.

Riedel-Spangenberger, Ilona: Kirchenzugehörigkeit und Kirchensteuer. Zum Verhältnis von staatlichem und kirchlichem Recht, in: Wolfgang Ockenfels/Bernd Kettern (Hg.): *Streitfall Kirchensteuer*. Paderborn: Bonifatius, 1993, S. 109-129.

Röder, Hein Ulrich: Unter dem Dach der Kirche. Kirchliche Stiftungen sind unzureichend erforscht, in: *Deutsche Stiftungen*, Mitteilungen des Bundesverbandes Deutscher Stiftungen, Ausgabe 3/2000, S. 51-52.

Rohde, Dieter: Zahlen und Fakten zum kirchlichen Leben, in: *Kirchliches Jahrbuch der EKD, 1985*, 112. Jahrgang, Lieferung 1.

Rohde, Dieter: Zahlen und Fakten zum kirchlichen Leben, in: *Kirchliches Jahrbuch der EKD, 1986*, 113. Jahrgang, Lieferung 1.

Rohde, Dieter: Kirchliche Statistik, in: *Kirchliches Jahrbuch der EKD, 1987*, 114. Jahrgang, Lieferung 3, S. 3-190.

Rückert, Markus: *Diakonie und Ökonomie*, Verantwortung, Finanzierung, Wirtschaftlichkeit. Gütersloh: Gütersloher Verlagshaus Gerd Mohn, 1990, 219 Seiten.

Schäfer, Bernhard: *Sozialstruktur und Wandel der Bundesrepublik Deutschland*. Stuttgart: Enke und dtv, 1976, 337 Seiten.

Schätzler, Wilhelm: *Die europäische Einigung und die Kirchen*. Köln: Bachem, 1998, 16 Seiten. (= Kirche und Gesellschaft, Nr. 251. Herausgegeben von der Katholischen Sozialwissenschaftlichen Zentralstelle Mönchengladbach.)

Schedel, Gunnar: Zwischen Propaganda und Kontrolle. Kirchliche Medienstrategien im Informationszeitalter, in: Clara und Paul Reinsdorf (Hg.): *Drahtzieher Gottes*. Berlin/Aschaffenburg: IBDK/Alibri Verlag, 1995, S. 72-90.

Scholz, Martina: *Zur Anwendbarkeit der ökonomischen Theorie nicht-erwerbswirtschaftlicher Organisationen auf kirchliche Einrichtungen in Industrieländern und in Ländern der Dritten Welt*. Texte der Forschungsstelle der Evangelischen Studiengesellschaft, B 20, 1993, 107 Seiten.

Statistisches Bundesamt (Hg): *Statistisches Jahrbuch der Bundesrepublik Deutschland*. Alle Jahrgänge.

Steigleder, Klaus: *Das Opus Dei*. Eine Innenansicht. München: Heyne, 1983, 304 Seiten.

Stammler, Eberhard: Evangelische Kirche und Staat in der Bundesrepublik Deutschland, in: Georg Denzler (Hg.): *Kirche und Staat auf Distanz*. München: Kösel, 1977, S. 126-136.

Thermann, G.: Was es kostet, wer es zahlt. Aufwand und Finanzierung diakonischer Arbeit, in: *Diakonie 11* (1985), S. 137-140.

Tietzel, Manfred/Marion Weber: Von Betrügern, Blendern und Opportunisten – Eine ökonomische Analyse, in: *Zeitschrift für Wirtschaftspolitik*, 40. Jg., 1991, Heft 2, S. 109-137.

Walf, Knut: Querelles allemandes?, in: Georg Denzler (Hg.): *Kirche und Staat auf Distanz*. München: Kösel, 1977, S. 215-219.
Wilken, Waldemar: *Unser Geld und die Kirche*. München: Claudius, 1964, 135 Seiten.

Zeitschriften

der überblick. Zeitschrift für Ökumenische Begegnung und internationale Zusammenarbeit. Quartalsschrift der Arbeitsgemeinschaft Kirchlicher Entwicklungsdienst (AGKED). Verlag Dienste in Übersee. Arbeitsgemeinschaft evangelischer Kirchen in Deutschland e.V., Leinfelden-Echterdingen.
MIZ – Materialien und Informationen zur Zeit. Politisches Magazin für Konfessionslose und Atheist*innen*, Aschaffenburg. Herausgegeben vom Internationalen Bund der Atheisten und Konfessionslosen e.V. (IBKA)
Bauen und Siedeln. Zeitschrift für Wohnungswesen und Städtebau des Katholischen Siedlungsdienstes e.V. Köln

Internet-Adressen

Bei den Internet-Adressen ist zu beachten, dass sie aus dem Zeitraum Herbst 1999 bis Frühsommer 2001 stammen, sich inzwischen manchmal verändert haben und eventuell nicht aktualisiert wurden.

Evangelische Kirche:
Evangelische Kirche in Deutschland (EKD): http://www.ekd.de
Landeskirchen:
- Anhalt: http://www.landeskirche-anhalts.de
- Baden: http://www.ekiba.de
- Bayern: http://www.bayern-evangelisch.de
- Berlin-Brandenburg: http://www.ekibb.com
- Braunschweig: http://www.luth-braunschweig.de
- Bremen: http://www.kirche-bremen.de
- Hannover: http://www.evlka.de
- Hessen-Nassau: http://www.ekhn.de
- Kurhessen-Waldeck: http://www.ekkw.de
- Lippe: http://www.lippische-landeskirche.de
- Mecklenburg: http://www.kirchemv.de
- Nordelbien: http://www.nordelbien.de
- Oldenburg: http://www.ev-kirche-oldenburg.de
- Pfalz: http://www.evpfalz.de
- Pommern: (siehe Mecklenburg)
- Reformierte: http://www.reformiert.de
- Rheinland: http://www.ekir.de
- Kirchenprovinz Sachsen: http://www.ekd.de/kps
- Landeskirche Sachsens: http://www.landeskirche-sachsen.de
- Schaumburg-Lippe: http://www.kirche-shg.de
- Schlesische Oberlausitz: http://www.eksol.de
- Thüringen: ourworld.compuserve.com/homepages/LandeskirchenamtEisenach
- Westfalen: http://www.ekvw.de

- Württemberg: http://www.elk-wue.de
Diakonisches Werk e.V.: http://www.diakonie.de
Kirchentag: http://www.kirchentag.de

Katholische Kirche:
Sekretariat der Deutschen Bischofskonferenz: http://www.dbk.de
Katholische Kirche in Deutschland: http://www.kath.de
    (mit Links zu allen Diözesen, Pressemitteilungen, etc.)
    aber auch: http://www.katholische-kirche.de   .
(Erz-)Bistümer:
- Aachen: http://www.bistum-aachen.de
- Augsburg: http://www.bistum-augsburg.de
- Bamberg: http://www.erzbistum-bamberg.de
- Berlin: http://www.kath.de/bistum/berlin
- Dresden-Meißen: http://www.kath.de/bistum/dresden-meissen
- Eichstätt: http://www.ku-eichstätt.de/bistum
- Erfurt: http://www.kath.de/bistum/erfurt
- Essen: http://www.bistum-essen.de
- Freiburg: http://www.kath.de/bistum/freiburg
- Fulda: http://www.bistum.fulda.net
- Görlitz: http://www.kath.de/bistum/goerlitz
- Hamburg: http://www.erzbistum-hamburg.de
- Hildesheim: http://www.bistum-hildesheim.de
- Köln: http://www.erzbistum-koeln.de
- Limburg: http://www.kath.de/bistum/limburg
- Magdeburg: http://www.kath.de/bistum/magdeburg
- Mainz: http://www.kath.de/bistum/mainz
- München / Freisg.: http://www.erzbistum-muenchen-und-freising.de
- Münster: http://www.bistum-muenster.de
- Osnabrück: http://www.kath.de/bistum/osnabrueck
- Paderborn: http://www.erzbistum-paderborn.de
- Passau: http://www.bistum-passau.de
- Regensburg: http://www.kath.de/bistum/regensburg
- Rottenburg-Stuttgart: http://www.drs.de
- Speyer: http://www.kath.de/bistum/speyer
- Trier: http://www.dioezese-trier.de
- Würzburg: http://www.bistum-wuerzburg.de
Caritas: http://www.caritas.de
Katholikentag: http://www.katholikentag.de

Spendenorganisationen
Deutsches Spenden Register: http://www.spenden.org/rds

Kirchliche Hilfswerke:
Brot für die Welt: http://www.brot-fuer-die-welt.de
misereor: http://www.misereor.de
Caritas International: http://www.caritas-international.de

Diakonie Katastrophenhilfe: http://www.diakonie-katastrophenhilfe. de

Päpstliche / Bischöfliche Missionswerke:
Adveniat: http://www.adveniat.de
Bonifatiuswerk: http://www.bonifatiuswerk.de
Kindermissionswerk: http://www.sternsinger.de
missio: http://www.missio.de
Renovabis: http://www.renovabis.de

Weitere katholische Hilfs- und Missionswerke
action five: http://privat.schlund.de
Adelante San Gerardo: http://home.t-online.de/home/awklawitter
Aktion Canchanabury: http://www.canchanabury.de
Aktionsgruppe Kinder in Not: http://www.kinder-in-not.de
Ärzte für die Dritte Welt: http://www.rz.uni-frankfurt.de/Aerzte-3Welt
Asien-Stiftung: http://www.asienhaus.org
Den Krieg überleben: http://www.refugees.net
Deutsches Aussätzigen Hilfswerk: http://www.dahw.de
Human HELP NETWORK: http://www.hhn.org
Indianerhilfe in Paraguay: http://www.indianerhilfe-paraguay.de
Kinderdorf Rio: http://www.spenden.org/rds/05372.htm
Neues Leben Süd-Amerika: http://www.spenden.org/rds/04689.htm
Unsere kleinen Brüder und Schwestern e.V.:
                   http://www.spenden.org/rds/03640.htm

Evangelische Hilfs- und Missionswerke
Aktion Selbstbesteuerung: http://www.aktion-selbstbesteuerung.de
Aktion Sühnezeichen: http://www.ipn.de/asf
Aktionsgemeinschaft Solidarische Welt: http://www.ASWnet.de
BUKO Pharma Kampagne: http://www.dsk.de/rds/22147022.htm
CHILD – Christliches Kinderhilfswerk: http://www.child-ev.de
Christian Solidarity International: http://www.hoffnungszeichen.de
CVJM-Gesamtverband Deutschland: http://www.dsk.de/rds/05507.htm
Deutscher Hilfsbund für christliches Liebeswerk im Orient e.V.:
                   http://www.spenden.org/rds/18610.htm
Eirene: http://www.eirene.org
FIAN: http://www.fian.de
Hoffnung + Leben: http://www.spenden.org/rds/24748.htm
Indien-Allianz-Mission: http://www.spenden.org/rds/27414.htm
ORA e.V.: http://www.ora-international.org
Solidaritätsfonds Dritte Welt: http://members.aol.com/Solifonds
Weltweite Kirche Gottes: http://www.wcg.org/de
World Vision Deutschland: http://www.wvi.org

Evangelikale Organisationen
Arbeitsgemeinschaft Evangelikaler Missionen: http://www.aem.de
Christoffel-Blindenmission: http://www.cbmi.de

Campus für Christus: http://www.spenden.org/rds/19434.htm
Deutsche Missionsgemeinschaft Verein für Wohltätigkeit e.V.:
    http://www.dmgint.de
Inter-Mission e.V. : http://www.inter-mission.base.org
Liebenzeller Mission: http://www.liebenzell.org
Marburger Mission: http://www.marburger-mission.org
Missionsflugdienst: http://www.spenden.org/rds/17705.htm
Ring Missionarischer Jugendbewegungen: http://www.rmj.de
SIM – Deutschland / Indianer Mission: http://www.spenden.org/rds/18647.htm
Überseeische Missions-Gemeinschaft: http://www.omf.org
Wycliff Bibelübersetzer: http://www.wycliff.de

Entwicklungspolitik
BMZ – Bundesministerium für wirtschaftliche Zusammenarbeit:
    http://www.bmz.de
VENRO – Verband Entwicklungspolitik deutscher
    Nichtregierungsorganisationen e.V. : http://www.venro.org

Medienunternehmen:
Evangelische Kirchenzeitungen: http://www.kirchenpresse.de
Weltbild-Verlag: http://www.weltbild.de
Claudius Verlag: http://www.claudius.de
Gütersloher Verlagshaus Gerd Mohn: http://www.gtvh.de
Paulinus-Unternehmensgruppe: http://www.paulinus.de
Benedictpress: http://vier-tuerme.de/Druckerei
Tellux / Pro Vobis: http://www.telluxfilm.de
Radio-Horeb: http://www.horeb.org
Domradio: http://www.domradio.de

Banken:
Bank für Sozialwirtschaft: http://www.bfs-ag.de
Bank für Kirche und Caritas: http://www.bkc-paderborn.de
Bank für Kirche und Diakonie: http://www.BKDBank.de
Darlehenskasse Münster: http://www.dkm.de
Evangelische Darlehensgenossenschaft: http://www.edg-kiel.de
Evangelische Kreditgenossenschaft Kassel: http://www.ekk.de
LIGA Spar- und Kreditgenossenschaft: http://www.ligabank.de
PAX-Bank: http://www.pax-bank.de
Spar- und Kreditbank (Nürnberg): http://www.skb-nbg.de

Investmentfonds:
Aachener Grundvermögen: http://www.aachener-grund.de
Deutsche Fonds für Immobilienvermögen: http://www.defo.com
Kolpingfonds: http://www.eagle.top-kolping.de
Union-Investment: http://www.union-investment.de/fonds...
Umweltfonds: http://www.umweltfonds.de

Versicherungen:
Bruderhilfe/Familienfürsorge: http://www.bruderhilfe.de
Lebensversicherung von 1871 a. G.: http://www.lv1871.de
Ecclesia – Versicherung: http://www.ecclesia.de
HUK-Sozialpreis: http://www.sozialpreis.de
Pax-Krankenversicherung: http://www.pax-kranken.de
Kirchliche Zusatzversorgungskasse der Diözesen Deutschlands:
                 http://www.kzvk.de

Klosterbräu und Bischofswein:
Brauereien:
- **Alpirsbach:** http://www.alpirsbach.de
- **Andechs:** http://www.andechs.de
- **Ettal:** http://www.ettaler-kloster.com
- **Hacklberg:** http://www.hacklberg.de
- **Neuzelle:** http://www.neuzeller-bier.de
- **Weltenburg:** http://www.breworld.com/Weltenburg
Weingüter:
- **Juliusspital:** http://www.juliusspital.de
- **Bischöfliches Weingut Rüdesheim:** http://www.bistumlimburg.de/weingut

Handelsunternehmen:
FairTrade e.V.: http://www.fairtrade.de
TransFair: http://www.transfair.org
Gepa: http://www.gepa3.de
Albrecht GmbH: http://www.christlicheartikel.de
Handelsgesellschaft für Kirche und Diakonie: http://www.hkd.de
Dritte-Welt-Partner: http://www.dwp-rv.de

Touristik:
Ökumene-Reisen: http://www.oekumene-reisen.de
Neues Leben Reisen GmbH: http://www.reisen.neues-leben.de
Arche Noah Reisen: http://www.kath.de/bistum/trier
             oder: http://www.arche-noah-reisen.de
Raptim-Deutschland: http://www.raptim.de
Katholische Fernseharbeit beim ZDF: http://www.wurzeln.visionen.de
Katholisches Ferienwerk Oberhausen: http://www.kforeisen.de

Hotels:
Verband Christlicher Hotels: http://www.euro-hotel.de/vch
Kolping-Hotels: http://www.kolping.de/vkh/hotels
CVJM: http://www.cvjm-haeuser.de

Stiftungen:
Zentralinstitut für kirchl. Stiftungen: http://www.kath.de/bistum/mainz
Braunschweigischer Kloster- und Studienfonds:
             http://www.bezirksregierung-braunschweig.de (Dezernate)

Bundesverband Deutscher Stiftungen: http://www.stiftungen.org
Deutsche Stiftung Denkmalschutz: http://www.denkmalschutz.de
Bertelsmann Stiftung: http://www.stiftung.bertelsmann.de
Deutsche Bundesstiftung Umwelt: http://www.dbu.de
Kulturstiftung der Länder: http://www.kulturstiftung.de

Ordensgemeinschaften:
Katholische geistliche Orden (Übersicht): http://www.orden.de
Evangelische Kommunitäten: http://www.ekd.de/kloster
Kloster Andechs: http://www.andechs.de
Kloster Ettal: http://www.kloster-ettal.de
Deutscher Orden: http://www.deutscher-orden.de
Johanniterorden: http://www.johanniterorden.de
Malteserorden: http://www.malteser.de

Konfessionelle Verbände:
Opus Dei: http://www.opusdei.org
Kolpingwerk: http://www.kolping.de
CVJM: http://www.cvjm.org
Schönstatt-Bewegung: http://www.kath.de/schoenstatt

Kunst, Sakrales:
Kirchenfachmessen: http://www.ecclesia-online.de
Kirchliches Kunsthandwerk: http://www.c-ludwig.de
Stühle, etc: http://www.dalemans.de
Orgeln: http://www.musikhaus-cremer.de

Medienpräsenz:
Das Wort zum Sonntag: http://www.das-erste.de/wort
Katholische Fernseharbeit beim ZDF: http://www.kath.de/kfa
und: http://www.wurzeln-visionen.de
Kirchenfunk / -fernsehen:
- im Bayerischen Fernsehen: http://www.br-online.de/stationen

Kirchenkritiker:
Bibel: http://www.die-bibel.de
AG Grüne, NRW: http://www.staat-und-kirche.de
Bund für Geistesfreiheit Augsburg: http://www.bfg-augsburg.de
Internationaler Bund der Konfessionslosen und Atheisten (IBKA) e.V.:
http://www.ibka.org

Übersichten

Politisches Sachbuch

Colin Goldner
Die Psycho-Szene
642 Seiten, gebunden, ISBN 3-932710-25-8, • 32.-

Guido und Michael Grandt
Waldorf Connection. Rudolf Steiner und die Anthroposophen
3. Auflage, 365 Seiten, kartoniert, ISBN 3-932710-40-1, • 18,50

Clara und Paul Reinsdorf
Drahtzieher Gottes. Die Kirchen auf dem Marsch ins 21. Jahrhundert
200 Seiten, kartoniert, ISBN 3-9804386-2-7, • 14,50

Christoph Bördlein
Das sockenfressende Monster in der Waschmaschine.
Eine Einführung ins skeptische Denken
ca. 200 Seiten, kartoniert, ISBN 3-932710-34-7, ca. • 13.-

Michael Shermer / Lee Traynor
Heilungsversprechen. Zwischen Versuch und Irrtum. Skeptisches Jahrbuch III
256 Seiten, kartoniert, ISBN 3-932710-18-5, • 15.-

Colin Goldner
Dalai Lama – Fall eines Gottkönigs
455 Seiten, 40 Abbildungen, kartoniert, ISBN 3-932710-21-5, • 20.-

Ali Dashti
23 Jahre. Die Karriere des Propheten Muhammad
381 Seiten, kartoniert, ISBN 3-9804386-5-1, • 18,50

Bernd Harder
Nostradamus. Ein Mythos wird entschlüsselt
153 Seiten, kartoniert, ISBN 3-932710-23-1, • 12,50

Marvin Chlada (Hrsg.)
Das Universum des Gilles Deleuze. Eine Einführung
208 Seiten, kartoniert, ISBN 3-932710-22-3, • 14,50

Alibri Verlag, Postfach 100 361, 63703 Aschaffenburg, Fon/Fax 06021 – 581 734